U0525306

执行异议之诉二十四讲

审判原理与疑难问题深度释解

王毓莹 著

法律出版社 LAW PRESS·CHINA
北京

图书在版编目（CIP）数据

执行异议之诉二十四讲：审判原理与疑难问题深度释解／王毓莹著． -- 北京：法律出版社，2025（2025.8重印）．
ISBN 978-7-5244-0318-0

Ⅰ．D925.04

中国国家版本馆 CIP 数据核字第 2025J2T332 号

执行异议之诉二十四讲：
审判原理与疑难问题深度释解　　　王毓莹　著
ZHIXING YIYI ZHISU ERSHISI JIANG：
SHENPAN YUANLI YU YINAN WENTI SHENDU SHIJIE

策划编辑　薛　晗　魏艳丽
责任编辑　魏艳丽　陈玥蓉　敬梓源
装帧设计　汪奇峰　贾丹丹

出版发行　法律出版社	开本　710 毫米×1000 毫米　1/16
编辑统筹　法商出版分社	印张 33.25　字数 578 千
责任校对　杨锦华	版本　2025 年 8 月第 1 版
责任印制　胡晓雅	印次　2025 年 8 月第 2 次印刷
经　　销　新华书店	印刷　三河市兴达印务有限公司

地址：北京市丰台区莲花池西里 7 号（100073）
网址：www.lawpress.com.cn　　　　　　销售电话：010-83938349
投稿邮箱：info@lawpress.com.cn　　　　客服电话：010-83938350
举报盗版邮箱：jbwq@lawpress.com.cn　　咨询电话：010-63939796
版权所有·侵权必究

书号：ISBN 978-7-5244-0318-0　　　　　定价：128.00 元

凡购买本社图书，如有印装错误，我社负责退换。电话：010-83938349

穿越迷雾,"一站式"解读执行异议之诉

执行异议之诉,既是近年来民商事审判实践中难啃的"硬骨头",也是民事诉讼与民商法理论研究的"学术高地",其复杂性、思辨性以及多样性的问题面向,使相关研究如雾里看花,扑朔迷离。唯穿越迷雾,破解之为快。令人欣慰的是,毓莹教授做到了。值此《最高人民法院关于审理执行异议之诉案件适用法律问题的解释》颁布之际,毓莹教授潜心之作《执行异议之诉二十四讲》一书面世,嘱我为之作序,我欣然应允。

毫不夸张地说,毓莹教授是国内执行异议之诉问题领域的开拓者、先行者、深耕者。《最高人民法院关于审理执行异议之诉案件适用法律问题的解释》于十年前立项,立项伊始,毓莹教授便开始作为主笔人深度参与其中,其间每次研讨交流,毓莹教授对执行异议之诉问题的深刻认知总是令人惊叹。其撰写的《执行异议之诉案件的裁判理念与思路》一文,一经推出,即被业内各大微信公众号纷纷转载、传播,在业界引起广泛反响。其起草的执行异议之诉司法解释初稿,几乎涵盖了这一领域的绝大部分问题,虽新出台的解释与之尚有出入,但其对于执行异议之诉搭建的框架体系与探索的问题,至今仍有重要的现实意义。此后十年间,毓莹教授一直深耕这一领域。我曾和她一起中标了最高人民法院2018年课题"执行异议之诉中排除执行的权利研究",并共赴多地法院调研。鉴于其在执行异议之诉领域取得的卓越成就,国家法官学院、国家检察官学院以及数十家地方法院邀请其讲授执行异议之诉,相关课程叫好叫座,其为巡回区法官视频培训的课件《86张PPT"一站式"详解案外人执行异议之诉》,刊载在"法盏"公众号上,瞬间点击量破万。其调任最高人民法院民二庭后,作为案外人救济制度部分的执笔人,全程参与了《全国法院民商事审判工作会议纪要》的起草工作。华丽转身至高

校后,其旋即中标并主持了国家社科基金项目"执行异议之诉实体审查规则研究",继续深挖这一学术富矿。因此,呈现在读者面前的这本书可以说是毓莹教授集十余年功力的潜心之作。

　　一直以来,我对此书充满期待,毓莹教授实践经验丰富、理论功底深厚,才华卓著又坚毅卓绝。其一场场行云流水的庭审、一份份力透纸背的判决、一篇篇传道解惑的文章、一个个落地生根的妙想,以及直抵人心的温暖的随笔文章都给我留下难以磨灭的印象。书稿寄我后,我马上一睹为快,果然不负我望。毓莹教授在本书中立足本土司法生态,紧扣执行异议之诉的演进脉络,尤其是2025年《最高人民法院关于审理执行异议之诉案件适用法律问题的解释》的新发展,系统梳理制度逻辑。其同时也将借名买房、隐名持股等充满实践争议的中国特色问题纳入研究视阈,彰显其立足实践的理论自觉和把著作写在祖国大地上的学术担当。司法实践是丰富多彩的,司法解释不可能对于实践中的所有问题作出规定。毓莹的这本书恰可以弥补这一遗憾。其穿越迷雾,"一站式"解读执行异议之诉。

　　本书的内容不仅涵盖执行异议之诉的制度演进、范畴界定、价值功能、程序困境、实体困境、与其他执行异议之诉的关系、与纠错程序的关系、与另行起诉的关系、构成要素、要件分析等程序问题,而且包括无过错不动产买受人、消费购房人、其他涉房的案外人、不动产预告登记权利人、涉行政权的不动产的案外人、涉及动产的案外人、涉及典型担保的案外人、优先权人、非典型担保的权利人、租赁权人、共有权人、涉及到期债权的案外人、涉及股权的案外人提起的执行异议之诉是否足以排除强制执行的实体问题。

　　本书的特点可以概括为以下四点。

　　1.强烈的中国问题意识。毓莹教授二十年最高审判机关的司法实务工作经验,塑造了其关注本土问题、倾力中国实践的学术品格。本书二十四讲,皆围绕我国案外人执行异议之诉的难点、痛点展开,借名买房、隐名持股、以房抵债以及离婚协议的约定能否对抗申请执行人等等热点话题充斥其间,不回避、不取巧,直面问题的"风暴中心",读之十分解渴。毓莹教授以数百份裁判文书为样本,提炼出无过错买受人、消费购房人等八类主体排除执行的裁判规则,将抽象学理转化为可操作的司法技术。书中对执行异议前置程序存废、虚假恶意诉讼识别等争议的剖析,直指司法痛点,为实务工作者提供了亟需的方法论工具箱。

2. 读者友好型的编排体例。互联网时代,碎片化阅读已然不可避免地成为大多数人通常的阅读方式,大块头著作,时常会令读者迟疑却步。为了激发读者的阅读欲望,提升读者的阅读体验,本书采用了专题式的章回体写法,共分二十四讲,每一讲专注一个核心命题,各讲逻辑连贯却又适度独立。这种编排体例,使读者可以有效利用碎片化阅读时间,逐一击破各个问题,获得即时满足的阅读体验。

3. 精彩绝伦的案例分析。本书中,毓莹教授共整理、分析了一百余个典型案例,可谓琳琅满目、应接不暇。这些案例多为最高人民法院指导性案例,人民法院案例库入库案例以及公报案例,有些是毓莹教授参与审理的案例,具有较高的参考价值。其提炼出无过错买受人、消费购房人等八类主体排除执行的裁判规则,将抽象学理转化为可操作的司法技术。和以往的案例分析不同的是,毓莹教授作为曾经的裁判者、现今的学者,总能以其独特的全新视角为我们呈现出经典案例的别样分析,精妙绝伦。

4. 跨学科的广博知识体系。案外人执行异议之诉,处在民商事实体法与程序法的结合部,属于跨学科、跨法域问题。毓莹教授以执行救济制度的功能划分为经纬,针对案外人执行异议之诉与其他执行异议之诉、纠错程序以及确权之诉等长期困扰实务的程序选择难题,以规范溯源与典型案例为双翼,厘清程序分野。同时对于排除执行的实体规则进行系统化的梳理,并给出确定的答案。执行异议之诉问题领域的传统研究,多聚焦于民事诉讼法学界,程序法有余而实体法关照不足。毓莹教授既是民商法学教授,又兼具审判实务经验,其知识体系横跨实体法、程序法两大法域,得益于此,本书的知识体系、思维方法,横跨多个学科,视野广博、思路开阔,读之豁然。

本书付梓之际,正值我国强制执行法立法进程加速推进。毓莹教授以敏锐的学术洞察力和丰富的实务积淀,对案外人执行异议之诉制度展开系统性研究,其选题之精准、视野之开阔、论证之严谨,令人钦佩。相信此书不仅可为司法者提供裁判镜鉴,更能为立法者沉淀实践经验,为研究者开拓新的论域。

是为序。

张勇健

2025 年 7 月

与执同行,相伴十年

十年在历史的长河中或许只是弹指一挥间,但对于一部司法解释的酝酿、打磨、成型而言,对于一位亲历其间的法律人的学术生命而言,却显得尤为厚重与漫长。这份厚重感于我,更显真切。我何其有幸,自解释立项之初,便深度参与其中。2015年7月,执行异议之诉司法解释立项,彰显了最高人民法院直面实践难题、统一该领域裁判尺度的决心。彼时,我们怀抱热忱,却未曾预料,从最初构想到最终落地,这条路竟跋涉十年之久。这十年,承载了太多法律人的殷切期盼,凝聚了无数法官的实践探索与学者的聪慧智识,堪称集体理性与专业精神的结晶。

回顾往昔,感慨万千。解释立项伊始,我作为最初的执笔人,首要任务是在杜万华专委的领导下,和最高人民法院民一庭的法官们共同对司法实践中困扰各级法院已久的执行异议之诉难题进行系统梳理。经过深入调研和反复研讨,我最终形成了一份近三万字的调研报告,对其复杂成因进行了系统剖析,并尝试提出体系化的解决方案。同时形成《执行异议之诉案件的裁判理念与审理思路》一文。我受命起草了执行异议之诉司法解释的初稿,试图初步搭建该问题的框架结构。2017年8月,我调任最高人民法院第一巡回法庭。置身于审判一线,直面大量鲜活、复杂甚至尖锐的执行异议之诉案件,使我对此类纠纷的实践样态有了更为直观、深刻的认识。审判实务的磨砺,非但未使我中断对执行异议之诉的理论探索,反而为研究注入了源源不断的实践动力与问题意识。正是在这段宝贵的时光里,在张勇健庭长的领导下,我们中标了2018年最高人民法院课题"执行异议之诉中排除执行的权利研究"。张勇健庭长多次强调,执行异议之诉的核心在于平衡案外人实体权益保护与执行程序效率、维护生效裁判既判力之间的复杂关系,并需充分考虑不同权利类型的优先顺位问题。这使我们的研究得以迅速聚焦于权利冲突的本质、裁判理念的差异以及统一规则构建的路径等核心命题，极大地提升了课题研究的理论深度与实践价值。

为了凝聚共识、破解困局，我们在中国人民大学民商事法律科学研究中心和中国政法大学商法研究中心召开了两次学术研讨会，姚辉教授与赵旭东教授分别主持了研讨会。令我难以忘怀的是恩师赵旭东教授抱病主持第二次会议。其佩戴口罩，坚持全程参加研讨，仔细聆听每一位与会者的发言，就关键问题提出深邃而富有建设性的意见。他略显疲惫却无比专注的眼神，以及那透过口罩依然传递出的坚定与热忱，不仅是对我这个尚在摸索中的后辈学生的莫大鼓舞与全力托举，更是以其学术大家的深厚学养和拳拳之心，为破解执行异议之诉难题、推动中国司法进步而倾注心血。两次学术研讨会上民法学者、商法学者与民诉法学者华山论剑，热烈与深入的探讨，充分印证了该问题在理论层面引发的广泛共鸣与高度关注。带着问题与思考，我们深入第一巡回法庭辖区法院、第二巡回法庭、北京高院与上海高院，与一线法官们坦诚交流。我调到最高人民法院民二庭后，在刘贵祥专委的领导下，受命执笔起草《全国法院民商事审判工作会议纪要》中关于案外人救济程序的相关条款。起草期间，与民二庭领导、同事的数次集中研讨、交流，使我受益匪浅，于我而言又是一次将理论研究与实践经验凝练为规范性指导的宝贵尝试。这段经历，使我更深切地体会到执行异议之诉规则形成的复杂性。同时，我也在关注程序方面的竞合问题，对执行异议之诉与确权之诉、执行异议之诉与审判监督程序以及执行异议之诉与第三人撤销之诉的关系进行深入研究。我有幸参与到最高人民法院审判理论研究会主持的中国法院类案检索与裁判规则专项研究中，主编了《第三人撤销之诉案件裁判规则》一书，并在法律出版社出版。

投身学术界后，我继续以学者的身份，参与到司法解释的论证、修改和完善工作中，从学术研究的角度贡献绵薄之力。同时，得益于在这个领域的持续努力，我有幸中标了国家社科基金项目"执行异议之诉实体审查规则研究",深化对执行异议之诉相关法律问题的系统研究。随着研究的深入和思考的沉淀,分享与传播成为自然的需求。我开始尝试走出书斋,将我对执行异议之诉的理解、困惑与思考,带到更广阔的讲台。在国家法官学院、国家检察官学院的课堂上,在各省高级人民法院的业务培训中,在律师协会的专业论坛上,我一次次地与业界同仁交流执行异议之诉的理论脉络、实践难点与可能的解决之道。这个过程,对我而言是巨大的挑战,更是珍贵的锻炼机会。正是这一次次的宣讲、交流、辩论,迫使我不断深化思考、精练表达,在思想的碰撞中检验理论的成色,在实践的反馈中校准认知的偏差。同时,我也将思考凝结成文字,撰写了一系列关于执行异议之诉的专业文章,试图为理论研究的积累和实践难题的解决贡献涓滴之力。

到最高人民检察院第六厅挂职副厅长后,在冯小光厅长的领导下,我接触和审理了针对各地法院的执行异议之诉抗诉案件。我发现,执行异议之诉裁判规则的缺失,使不同的审判组织就同类案件作出的裁判大相径庭,法官的成长经历、学识水平、价值取向、性格心理等主观因素差异在案件中可能会被放大。这导致人民法院的裁判可预测性降低,也间接导致了当事人诉讼行为的无序性。这更加坚定了我深耕这一领域,并写一本书的想法。

与执同行期间,尤其值得铭记的是,在河南高院的一次调研授课期间,一个想法悄然萌生并落地生根——我创办了个人微信公众号"法盏"。彼时是2018年,我的初衷是为了更及时、更灵活地分享法律知识、实务心得和学术思考,搭建一个与法律同仁乃至社会公众交流的小小平台。"法盏"甫一创立,我便设立了执行异议之诉专栏,将其作为持续关注、记录、探讨这一领域的重要阵地。七载光阴,倏忽而过。这盏小小的"法灯",默默记录着我的思考轨迹,也忠实地陪伴并见证着执行异议之诉司法解释从孕育、阵痛到最终呱呱坠地的全过程。它仿佛是我与这部司法解释之间一段特殊缘分的具象化载体,承载了这漫长岁月里的求索、期待、艰辛与喜悦。专栏中的文章,从早期对实践问题的剖析、对理论争议的梳理,到后来对立法动态的关注、对司法解释草案要点的探讨,直至今日对解释正式条文的解读与思考,既清晰地勾勒出我个人认知的深化轨迹，也映射着这部司法解释逐步走向成熟的曲折历程。

与执同行的十年，是我个人在学术与实务道路上跋涉的十年，更是执行异议之诉规则体系从混沌走向明晰的十年。如今，这部万众期盼的司法解释在最高人民法院民一庭法官们的不懈努力下终于得以出台。功成不必在我，有幸作为这段历程的参与者与见证者，我怀着敬畏之心，将十年间对执行异议之诉的点滴思考与实践体悟，融注于本书之中。拙作尝试立足解释的新精神与新规则，结合既有理论积淀与实践案例，对执行异议之诉的核心问题进行阐释。倘能对实务同仁稍启思路，或为理论探索聊供参考，于理解适用这部凝聚众智的司法解释、推动制度完善略尽绵薄，便不负初心。

此刻窗外的阳光正好，洒在案头摊开的司法解释文本上。十年历程，如光影流转，我的人生轨迹与这部司法解释的演进历程紧密交织，相互塑造。2015年在最高人民法院民一庭受命执笔初稿，2017年赴一巡锤炼，2019年回民二庭深耕，2022年到最高人民检察院进修，再到步入学术殿堂持续探索……人生没有预设的标准答案，每一次选择都充满未知。重要的并非绝对"正确"的起点，而是在选择的道路上，如何以不懈的努力、严谨的治学和对法治的信仰，赋予选择以意义，使之趋向"正确"。选我所爱，爱我所选，每一步都行走在热爱里。

> 十载萤窗苔径浅，
> 溪云偶驻即春山。
> 拾得半檐清露在，
> 分与东风共微澜。

王毓莹
2025年7月

目录

绪 论 　　　　　　　　　　　　　　　　　　　　　　　　　　　1

第一讲　案外人执行异议之诉的制度演进　　　　　　　　　　　5
　【导语】　　　　　　　　　　　　　　　　　　　　　　　　5
　　问题一　案外人执行异议之诉的前身　　　　　　　　　　　5
　　问题二　案外人执行异议之诉的设立　　　　　　　　　　　7
　　问题三　案外人执行异议之诉的发展　　　　　　　　　　　8
　　问题四　案外人执行异议之诉的演变特点　　　　　　　　　9

第二讲　案外人执行异议之诉的范畴界定　　　　　　　　　　　11
　【导语】　　　　　　　　　　　　　　　　　　　　　　　　11
　　问题一　案外人执行异议之诉的概念　　　　　　　　　　　11
　　问题二　案外人执行异议之诉的特点　　　　　　　　　　　14

第三讲　案外人执行异议之诉的价值功能　　　　　　　　　　　17
　【导语】　　　　　　　　　　　　　　　　　　　　　　　　17
　　问题一　案外人执行异议之诉的制度价值　　　　　　　　　17
　　问题二　案外人执行异议之诉的功能定位　　　　　　　　　19

第四讲　案外人执行异议之诉的程序困境　　　　　　　　　　　22
　【导语】　　　　　　　　　　　　　　　　　　　　　　　　22
　　问题一　案外人执行异议之诉前置审查程序的必要性　　　　22
　　问题二　案外人执行异议之诉中虚假恶意诉讼问题　　　　　26
　　问题三　案外人执行异议之诉中价值和技术问题　　　　　　28

第五讲　案外人执行异议之诉的实体困境　　30
【导语】　　30
问题一　案外人执行异议之诉权益冲突的问题表现　　30
问题二　案外人执行异议之诉权利冲突的裁判进路　　33

第六讲　案外人执行异议之诉与其他执行异议之诉的关系　　36
【导语】　　36
问题一　案外人执行异议之诉与申请执行人执行异议之诉的区分　　36
问题二　案外人执行异议之诉与债务人执行异议之诉的区分　　41
问题三　案外人执行异议之诉与追加、变更被执行人执行异议之诉的区分　　50
问题四　案外人执行异议之诉与参与分配方案执行异议之诉的区分　　62

第七讲　案外人执行异议之诉与纠错程序的关系　　72
【导语】　　72
问题一　案外人执行异议之诉与案外人申请再审的关系　　72
问题二　案外人执行异议之诉与第三人撤销之诉的关系　　81

第八讲　案外人执行异议之诉与另行起诉的关系　　89
【导语】　　89
问题一　案外人执行异议之诉与另提确权之诉的交叉情形　　90
问题二　案外人执行异议之诉与另案确权之诉的冲突处理　　98

第九讲　案外人执行异议之诉的构成要素　　105
【导语】　　105
问题一　案外人执行异议之诉的当事人　　105
问题二　案外人执行异议之诉的诉讼标的　　117
问题三　案外人执行异议之诉的诉讼请求　　119

第十讲　案外人执行异议之诉的要件分析　　129
【导语】　　129
问题一　案外人执行异议之诉的要件审判法　　129
问题二　案外人执行异议之诉排除式和冲突式要件模型的构建　　131

第十一讲　案外人执行异议之诉的其他程序问题　　133
【导语】　　133
问题一　案外人在执行异议之诉中提出给付请求的处理　　133
问题二　案外人执行异议之诉程序的中止与终结　　145

第十二讲　无过错不动产买受人提起的案外人执行异议之诉　　153
【导语】　　153
问题一　一般的无过错不动产买受人提起的案外人执行异议之诉　　153
问题二　车库或车位的买受人提起的案外人执行异议之诉　　173

第十三讲　消费购房人提起的案外人执行异议之诉　　184
【导语】　　184
问题一　消费购房人提起的案外人执行异议之诉　　185
问题二　无过错买受人与消费购房人提起的案外人执行异议之诉的关系　　204

第十四讲　其他涉房的案外人执行异议之诉　　211
【导语】　　211
问题一　以房抵债债权人提起的案外人执行异议之诉　　211
问题二　借名买房人提起的案外人执行异议之诉　　226

第十五讲　不动产预告登记权利人提起的案外人执行异议之诉　　248
【导语】　　248
问题一　不动产预告登记权利人提起的案外人执行异议之诉　　249
问题二　不动产备案登记权利人提起的案外人执行异议之诉　　265

第十六讲　涉行政权的不动产的案外人执行异议之诉　276
【导语】　276
　　问题一　被拆迁人提起的案外人执行异议之诉　276
　　问题二　涉及违法建筑物的案外人执行异议之诉　288

第十七讲　其他涉及不动产的案外人执行异议之诉　296
【导语】　296
　　问题一　合作开发人或者联建房屋人提起的案外人执行异议之诉　296
　　问题二　涉及小产权房的案外人执行异议之诉　311

第十八讲　涉及动产的案外人执行异议之诉　323
【导语】　323
　　问题一　涉及机动车等特殊动产的案外人执行异议之诉　323
　　问题二　涉及货币等特殊动产的案外人执行异议之诉　338

第十九讲　涉及典型担保的案外人执行异议之诉　353
【导语】　353
　　问题一　涉及抵押权的案外人执行异议之诉　353
　　问题二　涉及留置权的案外人执行异议之诉　367
　　问题三　涉及质权的案外人执行异议之诉　376

第二十讲　优先权人、非典型担保的权利人提起的案外人执行异议之诉　387
【导语】　387
　　问题一　优先权人提起的案外人执行异议之诉　387
　　问题二　非典型担保的权利人提起的案外人执行异议之诉　402

第二十一讲　租赁权人提起的案外人执行异议之诉　414
【导语】　414
　　问题一　租赁权人提起的案外人执行异议之诉　414
　　问题二　租赁权人的其他执行救济路径　429

第二十二讲	共有权人提起的案外人执行异议之诉	437
【导语】		437
问题一	共有权人提起的案外人执行异议之诉	437
问题二	涉及夫妻共有财产的案外人执行异议之诉	446

第二十三讲	涉及到期债权的案外人执行异议之诉	466
【导语】		466
问题一	涉及到期债权的案外人执行异议之诉	466
问题二	案外人以其系债权受让人提起的案外人执行异议之诉	483

第二十四讲	涉及股权的案外人执行异议之诉	495
【导语】		495
问题一	股权代持情形下实际出资人提起的案外人执行异议之诉	495
问题二	股权让与担保情形下担保人提起的案外人执行异议之诉	512

绪 论

《最高人民法院关于人民法院民事执行中查封、扣押、冻结财产的规定》第2条规定:"人民法院可以查封、扣押、冻结被执行人占有的动产、登记在被执行人名下的不动产、特定动产及其他财产权。未登记的建筑物和土地使用权,依据土地使用权的审批文件和其他相关证据确定权属。对于第三人占有的动产或者登记在第三人名下的不动产、特定动产及其他财产权,第三人书面确认该财产属于被执行人的,人民法院可以查封、扣押、冻结。"据此,执行人员仅能依据权利外观对执行标的权利归属作出判断。换言之,在民事强制执行程序中,被执行人责任财产的调查奉行形式化原则,只要不动产、特殊动产、其他财产权登记在被执行人名下,或动产由被执行人占有,执行人员就可予以查封、扣押、冻结。原因在于,如果执行法官像审判法官那样通过"雍容华贵"的审判程序来判断执行标的的权属,不仅会导致执行程序与审判程序在原理和运作上混同,而且会极大地降低民事执行的效率,背离审执分离的基本宗旨。[①] 事实上,形式化原则被认为是执行程序与审判程序二分的结果,是执行机关与审判机关之间特殊分工的表现,执行程序应以形式化原则为出发点,是毫无争议的。[②]

问题是,形式物权、权利外观与实质物权、真实权利之间仅仅具有高度的吻合性,并非完全一致。比如,在案外人将动产借给被执行人使用时,动产的权利外观虽然由被执行人占有,但动产的真实权利却归案外人所有。再如,在借名买房语境中,案外人与被执行人签订借名买房合同,约定案外人借用被执行人之名购买

---

① 参见肖建国:《执行标的实体权属的判断标准——以案外人异议的审查为中心的研究》,载《政法论坛》2010年第3期。
② 参见[德]弗里茨·鲍尔、霍尔夫·施蒂尔纳、亚历山大·布伦斯:《德国强制执行法》(上册),王洪亮、郝丽燕、李云琦译,法律出版社2019年版,第120页。

房屋,此时房屋的形式物权虽然属于被执行人,但不少观点认为案外人对房屋享有实质物权。因此,基于形式化原则,就难免出现执行人员误将案外人的财产作为被执行人的责任财产予以执行的不当执行行为。但这并不会影响形式化原则的正当性,从程序法来看,强制执行追求效率价值,为达到迅速执行之目的,执行机关依据的是格式化、标准化、普适性、形式主义的识别判断标准,可执行的客体满足形式要求即可,符合该形式化标准的财产可以作为债务人的责任财产加以执行。如果该财产事实上属于第三人,执行案件尽管可能违反了实体法的规定,但在强制执行法层面也是合法的。第三人的实体权利须通过另行提起案外人执行异议之诉解决,在执行实施中仅适用外观调查原则这与执行标的之非抗辩性特征是一致的。① 换言之,在执行人员不当执行案外人财产时,案外人需要根据《民事诉讼法》第238条的规定提起案外人执行异议之诉,通过诉的方式寻求救济。案外人执行异议之诉是案外人寻求实体权益救济的法定途径,是对执行行为进行后端纠正的必要手段。

2016年3月13日,时任最高人民法院院长周强在向全国人大报告人民法院工作时,明确提出要用两到三年的时间基本解决执行难问题。此后,基本解决执行难战役进入攻坚阶段,人民法院投入大量的人力、物力,改良工作方式方法,吹响了向"老赖"全面进攻的号角,执行活动的广度、力度和深度均创造了历史。但与此同时,执行行为的大量增加也带来了不当执行行为的增加,致使更多的案外人通过执行异议、案外人执行异议之诉寻求救济。尤其是随着涉及房屋买卖等领域纠纷的增加,执行异议之诉案件呈逐年上升趋势,从2017年的2.6万件增加到2023年的8万件。随着案外人执行异议之诉案件数量的激增,大量新型疑难复杂问题以及传统的理论争议相继浮出水面。② 这些问题既包括案外人执行异议之诉的诉讼请求、管辖法院、与另案诉讼、再审程序、第三人撤销之诉、破产程序的关系等程序问题,也包括案外人享有哪些足以排除强制执行的民事权益等实体问题。

作为一类诞生较晚的诉讼类型,案外人执行异议之诉的法律规范长期以来呈现出原则性、概括性规定较多,具体性、可操作性规范较少的特征。2015年颁布实施的《最高人民法院关于适用〈中华人民共和国民事诉讼法〉的解释》对案外人执行异议之诉的程序问题作出了系统详尽的规定,同年施行的《最高人民法院关于

---

① 参见肖建国:《强制执行形式化原则的制度效应》,载《华东政法大学学报》2021年第2期。
② 参见庄诗岳:《案外人执行异议之诉异议事由论——基于实体法与诉讼法的双重视角》,法律出版社2024年版,第2页。

人民法院办理执行异议和复议案件若干问题的规定》对案外人执行异议程序中的事实认定及法律适用作出了规定，但《最高人民法院关于人民法院办理执行异议和复议案件若干问题的规定》第32条又规定其适用范围为执行异议和复议案件，并不能当然适用于案外人执行异议之诉。综合来看，在《最高人民法院关于审理执行异议之诉案件适用法律问题的解释》发布前，案外人执行异议之诉的裁判规范仍然处于极为零散、未成体系的状态，其裁判标准高度依赖于各地人民法院的摸索。

虽然江苏、山东、江西、黑龙江、吉林、浙江、安徽、北京、广东、广西、河南等省（直辖市）的高级人民法院相继发布了执行异议之诉案件审理指南、指导意见、疑难问题解答、裁判要旨汇总等文件。① 但不同地域、不同级别的人民法院在审理案外人执行异议之诉时的裁判标准存在较大差异，在个别实体法律关系的认定处理上存在极大争议。根据笔者的实践调研，案外人执行异议之诉二审案件发改率非常高，一度是其他民事二审案件的2倍。因此，对案外人执行异议之诉进行系统研究，建立逻辑体系完整、法律依据充分的裁判规则体系迫在眉睫。

2024年12月14日，最高人民法院审判委员会召开会议，专题研究执行异议之诉案件裁判规则。最高人民法院院长、首席大法官张军主持会议。此次会议特别指出："执行异议之诉关系执行工作的顺利开展，关系权利人合法权益的维护，法律关系复杂、争议大、关注度高。如何贯彻落实中央经济工作会议精神，依法规范执行异议之诉案件审理，依法平等保护各方当事人合法权益，促进增强信心、提振消费，维护交易秩序，推动房地产市场止跌回稳？如何贯彻落实党的二十届三中全会精神，以依法审理执行异议之诉案件促进执行工作规范化建设？如何惩治虚假诉讼等借执行异议之诉扰乱市场的行为，维护经营主体和商品房消费者合法权益，促进全国统一大市场建设？"由此，对于案外人执行异议之诉的关注提升到了更高的程度。

2025年7月23日，《最高人民法院关于审理执行异议之诉案件适用法律问题的解释》正式颁布。《最高人民法院关于审理执行异议之诉案件适用法律问题的解释》对案外人执行异议之诉的管辖法院、诉讼请求及其与确权给付请求的合并审理、起诉条件、与再审程序及破产程序的协调处理等程序问题作出了明确规定，也对案外人主张排除强制执行的各类实体性异议事由，尤其是不动产以及相关权

---

① 参见庄诗岳：《案外人执行异议之诉异议事由论——基于实体法与诉讼法的双重视角》，法律出版社2024年版，第2页。

利争议情形下的执行异议事由作出了类型化的详细规定,具有重大意义。不过,《最高人民法院关于审理执行异议之诉案件适用法律问题的解释》并未对实践中争议较大的所有问题作出回应,而且其所规定的问题在理论上仍然存在较大分歧。本书旨在结合现行的法律、法规、司法解释、地方性文件等规范以及民事实体法和民事诉讼法基础理论,对案外人执行异议之诉中的程序问题和实体问题作出系统性研究,以期为《最高人民法院关于审理执行异议之诉案件适用法律问题的解释》的正确理解与适用提供参考。

第一讲 案外人执行异议之诉的制度演进

导 语

由于执行法采形式化原则,执行人员不当执行案外人财产的现象早已有之。但是,案外人执行异议之诉并非于《民事诉讼法》立法之初就得以设立,而是经历了一个较为漫长的演变过程。具言之,1982年《民事诉讼法(试行)》第162条,针对执行人员不当执行案外人财产的行为,首次赋予了案外人提起执行异议寻求实体性执行救济的权利,但并未规定案外人执行异议之诉制度。2007年《民事诉讼法》修正时,第204条正式规定了案外人执行异议之诉制度。此后,《最高人民法院关于人民法院办理执行异议和复议案件若干问题的规定》《最高人民法院关于审理执行异议之诉案件适用法律问题的解释》等司法解释陆续发布,案外人执行异议之诉的程序规则和异议事由不断完善。

问题一 案外人执行异议之诉的前身

案外人执行异议之诉的前身是案外人执行异议程序。案外人执行异议程序最早被规定在1982年《民事诉讼法(试行)》第162条中,由于当时理论上尚未对民事强制执行法学展开深入研究,以及实践中审执不分、程序上的执行救济方法与实体上的执行救济方法不分,权利救济保护观念不足,执行案件不多,1982年《民事诉讼法(试行)》第162条"搭执行异议制度的便车",赋予了因不当执行行为受到侵害的案外人以救济路径。[①] 该条规定:"执行过程中,案外人对执行标的

[①] 参见庄诗岳:《论案外人实体性执行救济路径的模式抉择——以案外人执行异议程序的批判为中心》,载《当代法学》2024年第4期。

提出异议的,执行员应当进行审查。无理由的,予以驳回;有理由的,报院长批准中止执行,由合议庭审查或者审判委员会讨论决定。"

不难看出,1982年《民事诉讼法(试行)》第162条体现出对执行行为的异议与对执行标的异议杂糅处理的特点,但该条中对执行标的的实体异议也表现出了一定不同于对执行行为的异议的特点,即对执行标的的实体异议应当交由合议庭审查或审判委员会讨论决定。随着1982年《民事诉讼法(试行)》的公布施行,相关问题在司法实践中逐渐暴露,当然经验也随之积累。

1991年,《民事诉讼法》正式公布施行,在案外人实体性执行救济方面基本上承继了1982年《民事诉讼法(试行)》的规定,同时进行了细化规定。1991年《民事诉讼法》第208条规定:"执行过程中,案外人对执行标的提出异议的,执行员应当按照法定程序进行审查。理由不成立的,予以驳回;理由成立的,由院长批准中止执行。如果发现判决、裁定确有错误,按照审判监督程序处理。"不难看出,1991年《民事诉讼法》第208条与1982年《民事诉讼法(试行)》第162条的差别不大,但是前者将针对执行标的的异议中与原判决、裁定有关的部分分离出去,准确界定了执行中的异议与对原判决、裁定的异议。此外,1991年《民事诉讼法》第208条删去了"由合议庭审查或者审判委员会讨论的决定"的规定,将中止执行的审批权交由法院院长行使。由此可见,当时的司法理念更加倾向于保护债权人的利益,决策方式也偏行政化。

虽然1991年《民事诉讼法》未明确规定案外人执行异议之诉,但早在1991年《民事诉讼法》公布施行前后,学术界与实务界就已开始论证是否应在民事诉讼法中正式设立案外人执行异议之诉制度。彼时的主流观点认为,案外人执行异议不同于域外的案外人执行异议之诉,我国尚不具备引入案外人执行异议之诉制度的条件。当时的主要法律规范尚未完全得到确立,一应规则尚待落实,实践中执行难问题十分突出,倘若细化案外人执行异议程序,将执行人员不当执行行为引发的实体争议分流到案外人执行异议之诉中,将会使执行程序变得过于复杂,对于债权人利益保护而言十分不利。因此虽然立法讨论时即有了设置专门的案外人执行异议之诉的呼声,但相关建议最终未能被采纳,1991年《民事诉讼法》最终形成了执行审查与审判监督交叉并行的救济途径。

问题二 案外人执行异议之诉的设立

随着我国理论界对民事强制执行法学的研究不断深入、民事执行案件的数量不断增加等,要求区分程序上的执行救济方法与实体上的执行救济方法并构建独立的执行异议之诉制度的呼声日益高涨。为了回应民事强制执行的理论与实践需求,2007 年修正的《民事诉讼法》第 204 条确立了案外人执行异议之诉制度。[①]

2007 年修正的《民事诉讼法》第 204 条规定:"执行过程中,案外人对执行标的提出书面异议的,人民法院应当自收到书面异议之日起十五日内审查,理由成立的,裁定中止对该标的的执行;理由不成立的,裁定驳回。案外人、当事人对裁定不服,认为原判决、裁定错误的,依照审判监督程序办理;与原判决、裁定无关的,可以自裁定送达之日起十五日内向人民法院提起诉讼。"由此,围绕案外人实体权益的救济制度形成了"案外人执行异议—案外人/申请执行人执行异议之诉或审判监督程序"的基本模型。

2017 年、2021 年与 2023 年修正的《民事诉讼法》,均维持了 2007 年修正的《民事诉讼法》第 204 条的规定。

2017 年修正的《民事诉讼法》第 227 条规定:"执行过程中,案外人对执行标的提出书面异议的,人民法院应当自收到书面异议之日起十五日内审查,理由成立的,裁定中止对该标的的执行;理由不成立的,裁定驳回。案外人、当事人对裁定不服,认为原判决、裁定错误的,依照审判监督程序办理;与原判决、裁定无关的,可以自裁定送达之日起十五日内向人民法院提起诉讼。"

2021 年修正的《民事诉讼法》第 234 条规定:"执行过程中,案外人对执行标的提出书面异议的,人民法院应当自收到书面异议之日起十五日内审查,理由成立的,裁定中止对该标的的执行;理由不成立的,裁定驳回。案外人、当事人对裁定不服,认为原判决、裁定错误的,依照审判监督程序办理;与原判决、裁定无关的,可以自裁定送达之日起十五日内向人民法院提起诉讼。"

2023 年修正的《民事诉讼法》第 238 条规定:"执行过程中,案外人对执行标的提出书面异议的,人民法院应当自收到书面异议之日起十五日内审查,理由成立的,裁定中止对该标的的执行;理由不成立的,裁定驳回。案外人、当事人对裁

---

① 参见庄诗岳:《论案外人实体性执行救济路径的模式抉择——以案外人执行异议程序的批判为中心》,载《当代法学》2024 年第 4 期。

定不服,认为原判决、裁定错误的,依照审判监督程序办理;与原判决、裁定无关的,可以自裁定送达之日起十五日内向人民法院提起诉讼。"

问题三　案外人执行异议之诉的发展

自 2007 年修正的《民事诉讼法》第 204 条正式确立案外人执行异议之诉制度以来,案外人执行异议之诉相关规范的制定频率明显加快。具体来说,2015 年施行的《最高人民法院关于人民法院办理执行异议和复议案件若干问题的规定》对案外人执行异议的成立要件作出了系统列举。在《最高人民法院关于审理执行异议之诉案件适用法律问题的解释》正式公布以前,《最高人民法院关于人民法院办理执行异议和复议案件若干问题的规定》的相关规定,尤其是其中的第 27、28、29、30、31 条,在案外人执行异议之诉的审理过程中也被广泛参照适用,实质上成为案外人执行异议之诉中适用的实体规范。

2016 年至 2018 年陆续公布施行的《最高人民法院关于人民法院办理财产保全案件若干问题的规定》《最高人民法院关于人民法院办理仲裁裁决执行案件若干问题的规定》《最高人民法院关于公证债权文书的执行若干问题的规定》,将案外人执行异议之诉的适用范围拓展到财产保全裁定、仲裁裁决和公证债权文书的执行程序中,使案外人执行异议之诉制度基本覆盖了全部执行领域。比如,《最高人民法院关于人民法院办理财产保全案件若干问题的规定》第 27 条规定:"人民法院对诉讼争议标的以外的财产进行保全,案外人对保全裁定或者保全裁定实施过程中的执行行为不服,基于实体权利对被保全财产提出书面异议的,人民法院应当依照民事诉讼法第二百二十七条规定审查处理并作出裁定。案外人、申请保全人对该裁定不服的,可以自裁定送达之日起十五日内向人民法院提起执行异议之诉。人民法院裁定案外人异议成立后,申请保全人在法律规定的期间内未提起执行异议之诉的,人民法院应当自起诉期限届满之日起七日内对该被保全财产解除保全。"

2025 年 7 月 23 日,《最高人民法院关于审理执行异议之诉案件适用法律问题的解释》正式颁布。《最高人民法院关于审理执行异议之诉案件适用法律问题的解释》对案外人执行异议之诉的管辖法院、诉讼请求及其与确权给付请求的合并审理、起诉条件、与再审程序及破产程序的协调处理等程序问题作出了明确规定,也对案外人主张排除强制执行的各类实体性异议事由,尤其是不动产以及相关权利争议情形下的执行异议事由作出了类型化的详细规定,案外人执行异议之诉的司法解释规定得到了飞跃式发展。

问题四　案外人执行异议之诉的演变特点

案外人执行异议之诉制度的发展历程见表1.1。

表1.1　案外人执行异议之诉制度的发展历程

时间	法律规范	内容	主要发展变化
1982年	《民事诉讼法(试行)》	规定了案外人执行异议的审查方式	确立了执行案外人救济制度
1991年	《民事诉讼法》		—
1998年	《最高人民法院关于人民法院执行工作若干问题的规定(试行)》	规定了案外人执行异议的形式、审查内容以及案外人执行异议审查与执行程序的衔接	细化了案外人执行异议审查的程序
2004年	《最高人民法院关于人民法院民事执行中查封、扣押、冻结财产的规定》	规定了被执行人与案外人所涉财产是否可以查封、扣押、冻结的标准	为案外人执行异议审查提供了实体标准
2007年	《民事诉讼法》	规定了案外人执行异议之诉制度	将案外人执行异议发展为案外人执行异议之诉
2014年	《最高人民法院关于适用〈中华人民共和国民事诉讼法〉的解释》	对案外人执行异议之诉的程序性事项作出了完善的规定	规范了案外人执行异议之诉的受理标准和裁判方式,确立了案外人执行异议之诉和申请执行人证明标准恒定原则
	《最高人民法院关于人民法院办理执行异议和复议案件若干问题的规定》	对案外人执行异议之诉的成立要件作出了一定的列举	进一步明确了案外人执行异议审查的实体标准
2016—2018年	《最高人民法院关于人民法院办理财产保全案件若干问题的规定》《最高人民法院关于人民法院办理仲裁裁决执行案件若干问题的规定》《最高人民法院关于公证债权文书执行若干问题的规定》	将案外人执行异议之诉的适用领域延伸到保全裁定执行、仲裁裁决执行和公证债权文书执行活动中	使得案外人执行异议之诉制度覆盖了除承认和执行外国法院、仲裁机构的裁判、裁决外的全部执行领域

续表

时间	法律规范	内容	主要发展变化
2025 年	《最高人民法院关于审理执行异议之诉案件适用法律问题的解释》	对案外人执行异议之诉的管辖法院、诉讼请求及其与确权给付请求的合并审理、起诉条件、与再审程序及破产程序的协调处理等程序问题作出了明确规定,也对案外人主张排除强制执行的各类实体性异议事由,尤其是不动产以及相关权利争议情形下的执行异议事由作出了类型化的详细规定	使案外人执行异议之诉的程序规则和异议适用,进一步完善

综合来看,案外人执行异议之诉在我国起步较晚,虽然早在20世纪即陆续出现针对执行异议的程序规则,其后在部分法院的实践过程中还逐步衍生出不少以诉讼方式解决执行异议的变通方式。例如,"一些法院借执行体制改革的契机,将执行权划分为执行实施权和执行审查权,也有一些法院是由人大常委会创制地方性法规或者由高级人民法院下发司法规范性文件的形式,在执行程序中建立执行异议和复议制度,将执行程序中实体异议也一并纳入执行异议和复议程序的审理范围"[1]。但真正意义上起到归纳统一裁判尺度功能的体系性的案外人执行异议之诉规则,直至2007年《民事诉讼法》修正才得到确立。其后随着《民事诉讼法》的几次修改,以及最高人民法院出台各项司法解释,案外人执行异议之诉的基本框架才得以逐步丰满。

饶是如此,案外人执行异议之诉规则的体系仍有诸多尚待完善之处,"我国有关执行异议之诉的制度设置较为简单,规定较为凌乱,尚未形成完整制度体系"[2]。这些规则杂糅交织,导致理论与实践对相关问题存在较大分歧。从当前的制度运行和学界研究来看,案外人执行异议之诉目前的争议焦点主要包括:前置审查程序有无必要,即"案外人执行异议—案外人执行异议之诉"的二阶程序构造是否应当转变为纯粹的案外人执行异议之诉的一阶程序构造;案外人执行异议之诉与其他诉的竞合问题;案外人执行异议之诉中权益冲突的裁判问题;等等。这些问题将在本书的后续章节展开详细阐述,此处不再赘述。

---

[1] 范向阳:《执行异议之诉的规则与裁判》,人民法院出版社2019年版,第11页。
[2] 廖中洪:《执行异议之诉立法问题研究》,载《甘肃政法学院学报》2020年第1期。

第二讲 案外人执行异议之诉的范畴界定

导 语

案外人执行异议之诉源于对民事执行行为正当性的质疑,随着《民事诉讼法》的修正,不当执行案外人财产的实体性执行救济路径已经由最初的非诉程序案外人执行异议程序转变为诉讼程序案外人执行异议之诉。经历了较长时间的演变,目前关于案外人执行异议之诉的规则体系已基本形成。虽然案外人执行异议之诉已经取得长足进步,但在制度设计和具体操作层面仍存在诸多不足之处。因此,有必要回归案外人执行异议之诉的基本范畴,明确案外人执行异议之诉的特点,这有助于推动法律体系的完善,进而更好地保护案外人和当事人的合法权益。

问题一 案外人执行异议之诉的概念

概念界定是从抽象到具体的前提,案外人执行异议之诉的概念界定也需遵循抽象与具体、概念与经验的演绎过程。然而,由于各国对于案外人执行异议之诉的规则建构存在差异,目前对案外人执行异议之诉的界定,多流于类型化的分析表面。这部分案外人执行异议之诉的界定,多关注其在外延上包含哪些类型,但并未直达其内涵。因此,为了更准确地把握案外人执行异议之诉,需要总结现有界定,综合案外人执行异议之诉的特性,提出符合内涵的概念界定。

在我国,案外人执行异议之诉的主要依据是《民事诉讼法》以及《最高人民法院关于审理执行异议之诉案件适用法律问题的解释》的相关规定。从法律规定来看,案外人执行异议之诉是指在执行过程中,案外人就执行标的主张足以排除强制执行的民事权益并向执行法院提出异议,在异议被裁定驳回后依法向执行法院提起的诉讼。例如,在法院依据生效判决对某房产进行查封、拍卖以清偿被执行人债务时,若案外人主张其才是该房产的真正所有权人,且该所有权的取得合法有效并能对抗执行依据所确定的债权,案外人便可启动执行异议之诉程序。

案外人执行异议之诉的首要内涵是为案外人提供精准且有效的权利救济通道。当执行机关依据申请执行人的申请,对特定执行标的采取查封、扣押、冻结、拍卖、变卖等强制执行措施时,若案外人认为其自身对该执行标的享有足以排除强制执行的民事权益,如所有权、用益物权、担保物权、物权期待权甚至特定情形下的债权等,便可借助这一诉讼形式主张权利。以房产交易为例,甲将房屋出售给乙,乙支付了全部房款并实际入住,但尚未办理过户登记手续。此时,甲因与丙的债务纠纷,法院判决甲向丙偿债,并裁定查封了该房屋拟用于实现丙的债权。在此情境下,乙作为案外人,其基于合法有效的房屋买卖合同所产生的物权期待权或者说特殊债权(关于该权利的法律性质存在一定争议)遭受威胁,案外人执行异议之诉就成为乙维护自身权益、阻挡不当执行行为的有力武器。通过案外人执行异议之诉,乙得以向法院详尽阐述购房事实、资金交付情况、入住时间等关键要素,请求法院确认其对房屋的权益足以排除丙基于一般金钱债权所申请的强制执行,确保自身辛苦积攒购置的房产不被强制执行。

这种救济内涵并非简单的程序对抗,而是深层次的实体权益捍卫。[①] 从法理层面剖析,案外人执行异议之诉巧妙地融合了实体法与程序法的双重特性,构筑起坚实的法理基础。一方面,其聚焦于案外人对执行标的所主张的民事权益归属。这涉及物权法中物权的设立、变更、转让与消灭规则,合同法中的合同效力及履行所衍生权利的判定,乃至知识产权法、公司法等诸多领域关于权利界定的规范运用。在审查案外人是否享有足以排除强制执行的民事权益时,法院必须依据实体法律规范,对权利的来源、合法性、完整性进行细致、完整的分析。

另一方面,案外人执行异议之诉作为执行程序中的衍生诉讼又受到程序法的规制。从执行异议的前置程序提出,到异议被驳回后的法定起诉期限,再到诉讼过程中的管辖确定、当事人确定、证据交换与质证等环节,无一不体现程序法对诉讼流程的精密引导。例如,《民事诉讼法》第 238 条明确规定,案外人应在收到执行异议裁定之日起 15 日内向执行法院提起诉讼,逾期则丧失诉权。这一期限设置既保障案外人有合理时间筹备诉讼,又防止其无限期拖延,确保执行程序不至于因诉讼久拖不决而陷入僵局,维护了司法效率与当事人的合理期待。

---

① 参见司伟:《执行异议之诉原理与实务》,法律出版社 2022 年版,第 33-35 页。

针对案外人执行异议之诉的概念,外延式的界定方式指出,案外人执行异议之诉是指在执行程序中,案外人对执行机关正在执行的标的主张其享有合法权益,该权益足以阻却该执行标的的查封、变价等强制执行措施。这一定义全面展现了我国民事诉讼立法中所认可的案外人执行异议之诉的类型,是对案外人权益保护的重要体现。

结合我国当前的民事诉讼制度,基于案外人享有的民事权益的不同,案外人执行异议之诉的主要类型得以总结出来,主要包括:基于所有权的案外人执行异议之诉、基于用益物权的案外人执行异议之诉、基于担保物权的案外人执行异议之诉、基于债权的案外人执行异议之诉、基于知识产权的案外人执行异议之诉、基于股权的案外人执行异议之诉等。这类定义虽然涉及不同的类型,但实际上并未试图从更高的层面抽象出案外人执行异议之诉的概念特征。针对案外人执行异议之诉的外延,相关观点可大致分为广义说和狭义说。[1] 狭义说通常基于案外人执行异议之诉的发展过程以及实际适用的频率考量,认为在民事案由中将具体案件的执行异议以三级案由纳入其中,并不符合实际情况。[2] 案外人执行异议之诉至少在核心内容上应当是针对特定权利的争议,因而多数情况下我们谈及案外人执行异议之诉时,应当指向案外人对特定标的的权利主张,现实中案外人执行异议之诉也主要发生在针对特定执行标的的情形。然而,尽管狭义说总体思路有一定道理,但限缩案外人执行异议之诉的范围却并不妥当。实践中,执行过程中所涉及的实体争议越来越广泛,除了典型的源于执行行为的异议外,针对公证债权文书的异议也可能引发案外人执行异议之诉。因此,执行中涉及的更广泛的实体问题都应当被纳入案外人执行异议之诉的范畴之内。这一扩张的实践趋势不仅促进了案外人执行异议之诉制度体系化的发展,也为后续司法实践提供了理论依据。因此,本书认为,对于案外人执行异议之诉的外延应当采纳广义说的观点。

因此,综合以上分析来看,案外人执行异议之诉的内涵即旨在排除执行人员不当执行案外人财产的行为的诉讼,核心在于案外人基于对执行标的所享有的特定民事权益,对正在进行的不当执行行为提出合法性挑战。

---

[1] 参见王毓莹、史智军:《案外人权利救济制度之相关疑难问题辨析——以全国法院第九次民商事审判工作会议纪要为视角》,载《法律适用》2020年第7期。

[2] 参见张亮、孙恬静:《案外人执行异议之诉中债权人与隐名股东保护的价值衡量——兼论商事外观主义在强制执行程序中的运用边界》,载《法律适用》2021年第8期。

问题二　案外人执行异议之诉的特点

案外人执行异议之诉，具有以下特点：

第一，案外人执行异议之诉的目的特殊。案外人执行异议之诉的首要目的在于为案外人提供救济，使其在执行程序可能侵害自身民事权益时，有途径主张权利、寻求司法保护。当案外人享有的合法财产权或其他民事权益面临被不当执行的危险时，如善意取得但未办理过户登记的车辆被当作被执行人的财产扣押，案外人可以通过该诉讼恢复被侵害或即将被侵害的权利状态。同时，这种救济具有鲜明的阻却执行或者说排除执行的特性，即一旦案外人胜诉，法院将判决不得对争议执行标的继续执行，以实体裁判结果直接阻断执行程序的推进，防止不当执行造成不可挽回的损失，实现维护司法公正与当事人合法权益的动态平衡。

第二，案外人执行异议之诉的主体特殊。在案外人执行异议之诉中，原告为案外人，其身份复杂多样：可能是与被执行人有交易往来的相对人，如基于房屋买卖合同占有房屋的买受人；也可能是对执行标的享有法定特殊保护权益的主体，如享有建设工程价款优先受偿权的承包人。案外人所处法律关系各异，权利来源与表现形式不同，这决定了其诉讼主张与举证重点的多样性。

在案外人执行异议之诉中，被告为申请执行人，其与案外人处于两造对抗的地位。申请执行人依据生效执行依据主张执行债权，通过执行程序追求权利的实现；案外人则以其对执行标的享有的民事权益进行抗辩，试图排除执行，双方围绕执行标的权属及能否排除执行展开激烈对抗。在部分情形下，被执行人也可能被列为共同被告或第三人，如在被执行人对执行标的权属表态不明、与案外人存在恶意串通嫌疑或案件处理结果与其有法律上利害关系时，法院为查明事实、彻底解决纠纷，会追加其参与诉讼，使得诉讼主体架构更为复杂。若涉及多个查封，则可能需追加其他申请执行人参与诉讼。例如，在金钱债权纠纷的财产保全、执行中，法院应当将首先查封、享有担保物权等优先受偿权的申请保全人、申请执行人列为被告。而其他已知的轮候查封的申请保全人、申请执行人作为第三人参与诉讼。①

在案外人执行异议之诉中，必然的诉讼主体仅有案外人与申请执行人。被执

---

① 参见《最高人民法院关于审理执行异议之诉案件适用法律问题的解释》第 2 条。

行人在明确反对案外人或申请执行人一方的主张或案外人就执行标的的归属提出确权请求时,才需要作为共同被告参与诉讼。在一般情形下,被执行人可以作为第三人,或选择不参与诉讼。对此,《最高人民法院关于适用〈中华人民共和国民事诉讼法〉的解释》第305条规定:"案外人提起执行异议之诉的,以申请执行人为被告。被执行人反对案外人异议的,被执行人为共同被告;被执行人不反对案外人异议的,可以列被执行人为第三人。"《最高人民法院关于审理执行异议之诉案件适用法律问题的解释》第4条规定:"案外人提起执行异议之诉并依照《民法典》第二百三十四条等规定就执行标的的归属提出确权请求的,以被执行人为被告。"

第三,案外人执行异议之诉的标的特殊。案外人执行异议之诉的诉讼标的并非单一,它兼具执行标的的实体权利归属判定以及执行程序的合法性审查双重属性。一方面,案外人执行异议之诉的核心在于确定案外人对执行标的是否真正享有足以排除执行的民事权益,如对房屋的所有权、土地的承包经营权等,这涉及《民法典》《公司法》等诸多实体法规范的运用,需对权利取得、变更、存续等各环节进行细致审查。另一方面,法院要审视执行程序启动与推进是否符合法定要求,虽不像专门审查执行行为异议那般聚焦于程序违法细节,但当执行依据存在瑕疵、执行通知未依法送达等程序问题可能影响案外人权益或与实体争议交织时,也需一并考量。这种复合性要求法官具备扎实的实体法与程序法知识,精准裁判,实现个案正义。

但要注意的是,案外人执行异议之诉的审理效率要求法院应当专注于案外人执行异议之诉的审理,至多解决审理内容完全被案外人执行异议之诉包含的关联纠纷,属于案外人执行异议之诉关联纠纷解决限度的限缩因素。[1]

第四,案外人执行异议之诉的程序特殊。不仅争讼程序的价值追求要求案外人执行异议之诉提高诉讼效率,执行程序的价值追求也要求案外人执行异议之诉尽快审结,案外人执行异议之诉较之一般的民事诉讼在效率层面具有更高的追求。[2] 根据《民事诉讼法》《最高人民法院关于适用〈中华人民共和国民事诉讼法〉的解释》《最高人民法院关于审理执行异议之诉案件适用法律问题的解释》的相关规定,案外人执行异议之诉归由执行法院管辖,而不考虑案件标的额、原被告地

---

[1] 参见庄诗岳:《论案外人执行异议之诉关联纠纷解决的限度》,载《清华法学》2025年第1期。

[2] 参见庄诗岳:《论案外人实体性执行救济路径的模式抉择——以案外人执行异议程序的批判为中心》,载《当代法学》2024年第4期。

址、标的所在地及影响力等因素。这一规定的主要考量在于确保信息沟通顺畅，提高办案效率，防止案外人与被执行人恶意串通以逃避执行，以及避免因一审管辖法院为执行法院的下级法院而导致的终审判决问题。这里提到的"执行法院"是指提出异议时负责执行该执行标的的人民法院，例如委托执行中的执行法院为受托法院，而执行移送中的执行法院为接受执行的法院等。

同时，案外人执行异议之诉的程序与执行异议程序紧密衔接，执行异议是案外人执行异议之诉的前置程序，二者构成案外人权利救济的连贯流程。案外人先向执行法院提出异议，执行法院快速审查，若异议成立则裁定中止执行，异议不成立再赋予案外人起诉权。如此环环相扣，既保障执行效率，又为案外人预留充分救济空间，避免其未经初步审查便直接启动复杂诉讼，减轻司法负担。同时案外人执行异议之诉对时效性要求极高，从案外人收到执行异议裁定之日起算，《民事诉讼法》规定了较短的起诉期限，一般为15日，这种制度设计的目的在于督促案外人及时行使诉权，防止其拖延诉讼影响执行进程，也便于执行法院及时整合资源，在合理时间内将执行程序与审判程序妥善对接，确保整个司法流程顺畅运行，兼顾各方当事人利益。

除此之外，在举证证明责任方面，案外人执行异议之诉也有独特之处。在案外人执行异议之诉中，举证证明责任分配有别于普通民事诉讼。案外人作为原告，对其主张的足以排除强制执行的民事权益承担举证证明责任，即其需证明民事权益存在及合法性基础，如出示房屋买卖合同、付款凭证以佐证对房屋的物权期待权等。当然，申请执行人可以提出反证，反驳案外人主张，证明执行标的应纳入执行范围，如证明案外人与被执行人恶意串通虚构交易、逃避执行等，双方在法庭上围绕要件事实展开攻防转换，法官依据双方举证情况综合判断事实真伪，判定权利归属与执行走向。

综上所述，案外人执行异议之诉在概念与特点上独具一格，它处于执行与审判程序的交会点，承载着维护实体公正与程序效率的重任。深入理解其范畴，对法学理论研究、司法实践操作以及当事人权益保障意义非凡，能够为后续探讨其具体审理规则、裁判标准等问题筑牢根基，推动民事执行救济体系不断完善，向着更公平、高效、有序的方向发展。

第三讲　案外人执行异议之诉的价值功能

导　语

案外人执行异议之诉的概念、性质等,在一定程度上能够反映案外人执行异议之诉区别于私法关系诉讼、其他执行异议之诉的根本特点。不过,对于案外人执行异议之诉本质的认识,仍然要从传统的规范论和功能论的角度来审视。其中规范论聚焦案外人执行异议之诉的价值取向,功能论则聚焦案外人执行异议之诉在执行救济体系中的重要地位。本讲将围绕案外人执行异议之诉的制度价值和功能定位展开。

问题一　案外人执行异议之诉的制度价值

在民事诉讼基本理论体系中,价值论是基石与起点。[①] 案外人执行异议之诉作为民事诉讼制度的重要组成部分,其价值论具有独特且关键的地位。[②] 在案外人执行异议之诉中,参与价值评价的主体不仅有法院、案外人以及当事人,还涉及更广泛的社会公众对司法公正的期待。在这一特殊诉讼形态里,承载价值追求的客体涉及民事实体法与民事诉讼法两个层面。民事实体法关乎案外人对执行标的所主张的实体权利判定,民事诉讼法则规范着案外人执行异议之诉的整个程序流程。

案外人执行异议之诉的价值论具体涵盖实体正义价值、程序正义价值以及效

[①] 参见董少谋主编:《民事诉讼法学》,法律出版社2017年版,第27页。
[②] 参见董少谋主编:《民事诉讼法学》,法律出版社2017年版,第27页。

益价值。① 实体正义价值在案外人执行异议之诉中体现为对案外人合法实体权益的精准维护,确保执行标的权属判定符合事实与法律规定,实现结果公正。程序正义价值强调在案外人执行异议之诉的程序运作过程中,要充分保障案外人与其他诉讼参与方的平等地位,确保法官中立,实现程序参与、程序公开以及程序安定。② 例如,案外人有权充分陈述自身对执行标的的权利主张及理由,法院应公开审理过程与裁判依据,让整个诉讼过程透明公正。效益价值则要求在案外人执行异议之诉中,应以合理的司法资源投入高效解决案外人与执行相关的争议,避免因冗长烦琐的程序,使案外人合法权益长期处于不确定状态。③

从立案受理、证据审查、开庭审理到最终裁判等一系列环节的规则设定,均旨在保障案外人能够充分表达自身诉求,对执行行为提出合理质疑与抗辩,同时也保障被执行人与申请执行人的合法权益。通过这些程序设计,确保在解决执行过程中的实体争议的同时,实现实体正义。因此,案外人执行异议之诉的规则设计,同样以公平、正义为核心价值取向,致力于在维护司法权威的同时,充分保障案外人的合法权益。

当我们以先前细分的正义标准来审视民事诉讼制度,会发现诸多关键要点。在民事诉讼的受理与审判阶段,借助程序正义达成实体正义乃是核心目标。毕竟,当事人起诉能否顺利立案,以及进入审判程序后怎样最大限度保障双方当事人在攻击与防御方面的能力得以充分施展,都是民事诉讼审判制度重点关注的问题。同时,诉讼效益也是该阶段制度设计不容忽视的要点。

在立案审查制时期,立案阶段的严格审查能够有效筛除部分乃至大部分不符合立案标准的案件,这无疑节省了有限的诉讼资源,在一定程度上实现了效益目标。在民事诉讼领域,类似情形并不鲜见。例如,实践中管辖权异议被滥用的现象屡见不鲜,尽管立法层面尚未作出直接回应,但各地法院纷纷探索采用罚款等手段,逐步遏制这一乱象。然而,这并不意味着对效益价值的追求会超越正义价值。民事诉讼的核心价值始终是实体正义与程序正义,从立案审查制向立案登记制的变革便在一定程度上彰显了民事诉讼中的价值位阶。

当诉讼程序终结,经由两审终审获得终局效力的确定判决,通常被默认为已经通过程序正义实现了实体正义。此时,就民事诉讼最为关键的审判程序而言,

---

① 参见毕玉谦主编:《民事诉讼法学》,中国政法大学出版社 2022 年版,第 39 页。
② 参见肖建国:《民事诉讼程序价值论》,中国人民大学出版社 2000 年版,第 159 页。
③ 参见毕玉谦主编:《民事诉讼法学》,中国政法大学出版社 2022 年版,第 39–41 页。

其价值目标已然达成,进而进入执行程序。执行程序作为民事诉讼的重要环节,同样要以实现正义为价值追求。基于审执分离原则,执行阶段不再对实体纠纷进行审判,执行异议、执行异议之诉均是针对执行行为或执行程序问题作出的回应。但由于执行程序的初衷在于实现生效法律文书载明的债权,作为审判程序的自然延续,其目的是落实审判结果,维护审判程序的权威性。在许多案件中,审判过程并不复杂,双方当事人的权益纠纷也清晰明了,关键就在于执行环节。所以,执行程序同样以实现实体正义作为主要价值追求。

不过,从执行的其他特性来看,执行程序并非仅是审判程序的附属品,它具备独立价值。例如,执行过程可能无法完全实现裁判文书的全部内容,但却能通过执行和解等程序,最终达到案结事了的效果。由此可见,在执行程序中,正义价值贯穿始终,而效率价值也是执行程序必须时刻关注的重要方面。在当前针对执行程序的一系列改革中,解决执行难、执行乱等问题成为重点,既要保障执行的公平公正,又要通过各种有效手段实现执行目标。

执行程序所秉持的正义兼顾效率原则,使案外人执行异议之诉在价值追求上与普通诉讼程序存在差异。案外人执行异议之诉产生于执行程序当中,且明确"与原判决、裁定无关",因此必须遵循效益原则。但它同时又是解决实体争议的诉讼类型,这就决定了在兼顾效益原则的同时,案外人执行异议之诉相较于执行程序更加注重对正义价值的追求。案外人执行异议之诉旨在通过公正、高效的程序,妥善解决执行过程中出现的实体争议,保障各方当事人的合法权益,既维护执行程序的有序推进,又确保实体正义得以实现。

问题二　案外人执行异议之诉的功能定位

案外人执行异议之诉的前述价值取向也决定着其在民事诉讼制度中的功能与定位。具体而言:

第一,案外人执行异议之诉诞生于执行程序之中,具有执行救济的功能。这一功能主要体现在两个关键方面:一方面,案外人执行异议之诉是解决实体争议的有效方式,其制度功能根源在于案外人执行异议程序。在当下二阶构造的立法模式下,案外人执行异议之诉需经由案外人执行异议行为引导而出。而案外人提出执行异议这一行为,本身就是其寻求执行救济的重要途径。所以,案外人执行异议之诉同样具备救济功能,这也正是其作为排除强制执行的诉讼法上的形成之诉性质的体现。另一方面,案外人执行异议之诉还是一种能够终局性排除强制执行的制度,关于此点,本书后续会展开详细阐述。

第二,案外人执行异议之诉与执行异议制度存在显著差异,它具有终局性的效果。有学者在论述执行行为异议与案外人执行异议之诉的区别时指出,执行行为异议主要针对执行程序,而案外人执行异议之诉则聚焦于实体争议。[1] 二者在设计功能上大相径庭。[2] 执行行为本身具有封闭性,一般而言,只有法院裁判中负有给付义务的当事人才承担容忍强制执行的责任。这也就表明,案外人在执行过程中通常不享有程序利益,只有当执行行为可能对其合法权益造成侵害时,才能够通过执行救济措施参与到执行程序当中。而一旦案外人借助执行救济途径参与执行程序,他们往往期望能够终局性地排除强制执行。

然而,本书认为,案外人执行异议并不一定能完全达成终局性排除强制执行的效果。例如,案外人提起执行异议时,有时不仅会提供产权证明或契约等材料,还可能通过另案确权之诉、仲裁、公证文书等方式,获取具有法律强制效力的文书,并以此为依据提起执行异议,从而获得执行机构的支持。即便如此,案外人获得执行机构支持的执行异议也未必能产生终局性效果,因为申请执行人依旧可以通过提起申请执行人执行异议之诉的方式将上述争议提交审理。即便最终结果仍然是支持案外人的请求,但这至少说明,单纯的案外人执行异议不具备终局性效果,只有案外人执行异议之诉才具备这一特性。

第三,案外人执行异议之诉具有排除强制执行的效果。无论是给付之诉还是确权之诉,通常都不直接具备排除强制执行的效果。理论上,获得胜诉判决的当事人都必须通过向执行机构申请才能停止执行或获得执行许可,而不能通过诉讼直接产生排除执行或许可执行的效果。在审执分离原则的推动下,处理实体争议的确认之诉、给付之诉乃至形成之诉,都不适宜直接产生执行效果。因为执行拥有一套相对完整的"行为—救济"措施,这也是确认之诉和给付之诉需要当事人申请才能进入执行程序的原因。然而,形成之诉有所不同,它是基于民法形成权的需求产生的。在当前民法关于形成权的立法与实施结构中,改变民事法律关系本身并不涉及太多执行内容,变更、消灭或解除民事法律关系仅在逻辑和法律层面产生效果,而不产生强制行为的效果。例如,请求撤销公司决议,当法院裁判撤销该决议时,决议即告被撤销,后续基于该决议被撤销而产生的一系列赔偿甚至回

---

[1] 参见黄忠顺:《案外人排除强制执行请求的司法审查模式选择》,载《法学》2020 年第 10 期。
[2] 参见范向阳主编:《执行异议之诉的规则与裁判》,人民法院出版社 2019 年版,第 20 页。

转等效果,已不属于形成之诉本身的效力范畴,而是其自然衍生的结果。同样地,不仅是案外人执行异议之诉,申请执行人执行异议之诉、参与分配执行异议之诉都会直接产生无须再另行执行的效果,即执行终局性地终止,或执行终局性地被允许执行,又或者是该分配方案被终局性地不允许执行或允许执行。因此,排除强制执行是案外人执行异议之诉的一项重要功能。

第四讲　案外人执行异议之诉的程序困境

导　语

虽然《民事诉讼法》《最高人民法院关于适用〈中华人民共和国民事诉讼法〉的解释》《最高人民法院关于审理执行异议之诉案件适用法律问题的解释》等法律、司法解释对案外人执行异议之诉的程序问题作出了较为细致的规定，但仍存在很多问题，尤其是中国化的程序困境问题。具体来说，包括案外人执行异议之诉的前置程序或者说案外人执行异议程序的存废问题，对案外人执行异议之诉的虚假诉讼、恶意诉讼的规制问题，以及案外人执行异议之诉的价值问题和技术问题。这些问题不但涉及案外人、申请执行人、被执行人合法权益的保护，也涉及法院裁判的统一、社会的稳定、诚信社会的建设，至关重要。

问题一　案外人执行异议之诉前置审查程序的必要性

与德国、日本、韩国等大陆法系国家的法律规定不同，我国《民事诉讼法》第238条将案外人执行异议程序规定为提起案外人执行异议之诉的前置程序。[①] 即案外人执行异议之诉的程序启动，需要遵循"案外人执行异议程序——案外人执行异议之诉"的二阶程序构造。《最高人民法院关于审理执行异议之诉案件适用法律问题的解释》第1条第1款明确规定："案外人依照民事诉讼法第二百三十八条规定，在执行过程中就执行标的提出执行异议，由提出异议时负责执行该执行标的的人民法院审查处理；案外人、当事人对执行异议裁定不服，自裁定送达之日起十五日内向作出执行异议裁定的执行法院提起执行异议之诉的，人民法院应予

[①] 参见江必新主编：《强制执行法理论与实务》，中国法制出版社2014年版，第447页。

受理。"这再次确认了异议前置的模式。根据立法者的解释,设立案外人执行异议之诉前置程序旨在平衡程序正当性与执行效率,即通过设置程序较简单的案外人执行异议程序,先行解决部分纠纷。①

不过,关于案外人执行异议程序与案外人执行异议之诉之间的关系安排,在理论上一直存在较大分歧。具体存在以下三种不同观点:一是自由选择说,该说主张案外人执行异议程序与案外人执行异议之诉是并列、竞合的救济程序,针对执行机关的不当执行行为,应当由案外人自由选择救济路径;二是直接起诉说,该说不承认案外人执行异议程序与案外人执行异议之诉之间的并立、竞合关系,主张针对执行程序中的实体争议,执行机关无权作出审查,案外人应当直接提起执行异议之诉,由审判机关通过争讼程序加以审理;三是前置程序说,该说也不承认案外人执行异议程序与案外人执行异议之诉之间的并立、竞合关系,主张执行机关不当执行案外人的财产时,案外人应当先提起执行异议,由执行机关作出初步审查,执行异议被驳回时才能提起执行异议之诉。②

直接起诉说的支持者认为,案外人执行异议之诉系于案外人执行异议这一传统执行救济模式中产生,从案外人执行异议到案外人执行异议之诉系既已形成的程序惯性,当案外人执行异议之诉成为解决执行中的实体问题的救济路径时,案外人执行异议程序应成为程序问题的救济渠道,执行异议程序与执行异议之诉应当被分别用于解决程序问题和实体问题,进而以此贯彻审执分离原则。学界也在此基础上进一步认为,在案外人执行异议之诉前设案外人执行异议程序实无必要。

从事实的角度来讲,有学者认为,前置程序并未达到繁简分流的功能预期,当事人在案外人执行异议裁定作出后,常以随意的态度发起案外人执行异议之诉。作者通过随机查阅中国裁判文书网公布的 515 份案外人执行异议之诉二审裁判文书,发现人民法院在案外人执行异议程序以及案外人执行异议之诉的一审和二审程序中,作出的裁判结论高度一致。即一审驳回原告诉讼请求,二审维持、撤诉及按撤诉处理的案件多达 300 件,比例达 58.25%。由此可见,有相当一部分案件的当事人在启动下一环节救济程序时,并不具备足够的法律方面考量。这一情形既使有限的司法资源被重复消耗于同一纠纷之上,也使申请执行人承担了额外的

---

① 参见最高人民法院民事诉讼法修改研究小组编著:《〈中华人民共和国民事诉讼法〉修改的理解与适用》,人民法院出版社 2007 年版,第 141 页。

② 参见肖建国:《〈民事诉讼法〉执行编修改的若干问题探讨——以民事强制执行救济制度的适用为中心》,载《法律适用》2008 年第 4 期。

诉累,增加了申请执行人权利实现的成本,事实上对申请执行人不公平。

从规范的角度来讲,有学者认为,案外人执行异议之诉设置的目的在于解决执行程序当中出现的实体争议,而执行异议程序只能解决执行程序当中出现的程序争议,这二者具有本质的区别,将执行异议程序作为执行异议之诉开启的前置条件,混淆了实体与程序的关系。而更为值得注意的是,案外人执行异议之诉作为一种普通的诉讼程序,本就存在立案审查等前置程序,也就是说,案外人执行异议程序和案外人执行异议之诉的立案审查程序,本质上存在一种程序的重复,从法律的整体性、逻辑性上来看,在案外人执行异议之诉之前,设置案外人执行异议程序是一种画蛇添足的行为。在司法实践中,案外人只要认为自己对执行标的享有民事权益,几乎都会提起案外人执行异议之诉,通过案外人执行异议程序这一前置程序来做筛查,起到的作用并不是很明显。[①] 基于此原因,学界关于重新定位或彻底废弃案外人执行异议程序的呼声绵延不绝——如有学者在该程序初设时即提出应当废弃案外人执行异议程序,由当事人直接提起诉讼主张权利;[②]也有学者认为可将案外人执行异议和案外人执行异议之诉并列设置,由当事人选择主张权利的方式。[③]

此外,还有学者从我国司法实践、历史、比较法等方面,基于民事诉讼法和民事强制执行法的基础理论,深入论证了案外人执行异议程序的弊端和不足,并主张废除案外人执行异议程序。其认为:"基于非讼程序不能妥善处理具有强烈对抗性、复杂性的不当执行实体争议的致命缺陷,以及案外人执行异议程序不仅没有提高执行效率,反而成为案外人拖延执行的合法途径的实践效果,关于案外人执行异议与案外人执行异议之诉之间关系的程序安排,无论是异议前置模式还是自由选择模式均不具有合理性。其实,我国法上的案外人执行异议程序,罗马法上的第三人对扣押的异议程序,与德国理论上的分段式执行救济程序,均未实现加速审理进程以及全面保护案外人利益的目的。未来的《民事强制执行法》应当采取直接起诉模式,严格区分因违法执行行为引发的程序争议与因不当执行行为引发的实体争议,构建程序上的执行救济方法与实体上的执行救济方法泾渭分明

---

① 参见廖中洪:《执行异议之诉立法问题研究》,载《甘肃政法学院学报》2020 年第 1 期。
② 参见刘学在、朱建敏:《案外人异议制度的废弃与执行异议之诉的构建——兼评修改后的〈民事诉讼法〉第 204 条》,载《法学评论》2008 年第 6 期。
③ 参见朱腾飞:《案外人异议之诉研究》,中国政法大学出版社 2016 年版,第 130 页。

的双轨执行救济体制。"①

不过,前置程序说也有支持者。有观点认为,案外人执行异议之诉的程序设计应当从我国的本土实际出发,不宜因域外没有类似规定而认定我国也不需要这一规定。同时,案外人执行异议这一程序对于案外人执行异议之诉是否有必要,还要考察实证数据。有学者指出,从实证调研及其表征的实际效果来看,在案外人执行异议之诉启动前设置的案外人执行异议程序,在很大程度上实际已经发挥了"过滤阀"的作用。例如,有数据表明,某市法院在 2017 年至 2019 年办结的案外人执行异议之诉案件中,驳回案外人执行异议的比例高达 85%,驳回案外人执行异议之诉中案外人诉讼请求的比例同样高达 87.5%、90%、92%。② 由此可以看出,案外人执行异议之诉可能存在滥用风险,但通过前置案外人执行异议程序,部分案件可以有效分流,虽然在后续案外人执行异议之诉中驳回原告诉讼请求的比例同样较高,但至少说明,两级分流的方法可以阻止部分滥用案外人执行异议程序的情形落入案外人执行异议之诉中,由此也可以降低司法成本。还有学者通过实证调研发现,通过案外人执行异议之诉的前置程序,不仅可以实现诉前截流的效果,同时,案外人执行异议程序作为诉讼的前置程序还可能促成和解,在一定程度上可以防止恶意转移财产的得逞。③

本书认为,一方面,在性质上,执行异议程序系针对违法执行行为提起的异议,该程序适用异议、复议的程序,因其不涉及实体问题,无须以诉讼程序解决;另一方面,前述数据显示,案外人执行异议程序显然未能阻碍案外人执行异议之诉的发生,其分流作用收效甚微。在案外人执行异议之诉之前设置案外人执行异议的前置程序,更多的是基于历史遗留的原因,其本身的规范意义以及实际意义并不是很大。当然,也有学者对于案外人执行异议程序能否产生分流存在不同观点,其也通过实证调研发现,案外人执行异议这一前置程序可以有效分流案外人执行异议之诉。不同学者对于分流效果观点的差异,本质在于承认该程序具备案件分流价值,但无法回避其可能被滥用的制度缺陷。然而若因存在程序滥用风险而强制设置一个前置程序,反而不利于当事人诉权的实现。在立案登记制背景下,诉讼程序滥用,如管辖权异议滥用,已然屡见不鲜,可见程序滥用风险的客观

---

① 庄诗岳:《论案外人实体性执行救济路径的模式抉择——以案外人执行异议程序的批判为中心》,载《当代法学》2024 年第 4 期。
② 参见陈杭平:《论"外延型"执行救济制度体系》,载《社会科学辑刊》2023 年第 1 期。
③ 参见毋爱斌:《审执分离视角下案外人异议制度的变革》,载《中南大学学报(社会科学版)》2017 年第 2 期。

存在并不能成为突破程序法理、贸然设置前置程序的正当化依据。因此,本书认为,以后的立法或修法过程中,可以考虑逐步取消案外人执行异议程序作为案外人执行异议之诉的前置程序。

问题二　案外人执行异议之诉中虚假恶意诉讼问题

虚假诉讼是指形式上的双方当事人恶意串通,虚构实际并不存在的民事纠纷,通过诉讼、仲裁和调解等方式,意图借助法院的审判权或执行权,侵害他人合法权益或者逃避履行法律文书确定的义务的诉讼。[1] 案外人执行异议之诉中的虚假诉讼现象尤为普遍,以至于《最高人民法院关于适用〈中华人民共和国民事诉讼法〉的解释》第313条专门对被执行人与案外人恶意串通以执行异议、执行异议之诉妨害执行的行为作出了规定:"案外人执行异议之诉审理期间,人民法院不得对执行标的进行处分。申请执行人请求人民法院继续执行并提供相应担保的,人民法院可以准许。被执行人与案外人恶意串通,通过执行异议、执行异议之诉妨害执行的,人民法院应当依照民事诉讼法第一百一十六条规定处理。申请执行人因此受到损害的,可以提起诉讼要求被执行人、案外人赔偿。"

利益冲突的双方当事人在诉讼中的对抗是查明案件事实的主要手段,而虚假诉讼的非对抗性、欺骗性和隐蔽性特点使其极难被法院识破。根据《最高人民法院关于防范和制裁虚假诉讼的指导意见》列举,虚假诉讼高发领域包括民间借贷、离婚析产、以物抵债、劳动争议、公司分立(合并)、企业破产等,而通过在裁判文书网上检索案外人执行异议之诉与虚假诉讼"敏感词"之间关联程度的方式,发现案外人执行异议之诉与虚假诉讼关键词的重合度在33%~50%,关联极其密切。并且案外人执行异议之诉还极易与其他虚假诉讼高发的法律关系出现交叉,其本身也有不动产虚假租赁等特有的虚假诉讼风险,是不折不扣的高虚假诉讼风险案件类型。人民法院面对虚假诉讼常陷入两难境地:通过积极调查收集证据认定当事人主张的事实、提供的证据为虚假,在一定程度上可应对虚假诉讼,但无端增加了债权人的大量时间与精力消耗,也增加了法院工作负担,违背了当事人主义的要求。但若坐视不理虚假诉讼的情形发生,又会极大地损害司法公正,也不利当事人权益保障。如在债务人外逃等案件中,债权人或执行人员往往无从调查核实有

---

[1] 参见李文革:《虚假诉讼的裁判方式:新修订的〈民事诉讼法〉第112条评析——以域外经验为借鉴》,载《政治与法律》2013年第10期。

关证据,法院也不会仅凭合理怀疑便判定事实虚假,案件往往陷入僵局。①

恶意诉讼是指故意以他人受到损害为目的,无事实根据和正当理由而提起的民事诉讼,恶意诉讼的外延较虚假诉讼更为宽泛。恶意诉讼不必以虚构事实或当事人恶意串通为前提,因而更加普遍也更难以制裁。在案外人执行异议之诉中,当事人恶意行使诉权的现象十分普遍。如案外人肆意提出管辖权异议,拖延案件审理进程。又如,案外人在提起诉讼时故意将下落不明或者与执行标的没有利害关系的同案被执行人列为被告或第三人,人为增加案件送达难度。更有甚者在部分案件中当事人采取被执行人与案外人轮流上阵分别提出执行行为异议和案外人执行异议,以及两案外人串通先后提起案外人执行异议之诉的方式,拖延执行天数长达500余日。② 面对层出不穷的恶意诉讼手段,人民法院往往囿于其合法的形式外衣而束手无策。

为了规制虚假诉讼和恶意诉讼,《最高人民法院关于审理执行异议之诉案件适用法律问题的解释》第27条特别规定:"案外人与被执行人、申请执行人之间恶意串通,通过伪造证据,或者单方捏造案件基本事实,以执行异议之诉妨碍依法执行的,人民法院应当驳回其诉讼请求,并根据情节轻重予以罚款、拘留;涉嫌刑事犯罪的,人民法院应当将犯罪线索移送公安机关。诉讼代理人、证人、鉴定人等诉讼参与人适用前款规定。案外人等通过虚假诉讼等方式致使执行标的无法执行或者价值减损等,给申请执行人造成损失的,应当依法予以赔偿。"这显著加强了对虚假诉讼的识别、制裁和救济力度。更为重要的是,《最高人民法院关于审理执行异议之诉案件适用法律问题的解释》在具体规定各类权利人排除强制执行的条件时,反复强调和嵌入了防范虚假诉讼的要求。例如,第11条、第12条、第14条、第15条、第17条均要求审查买卖/抵债合同的"合法有效"性,并在第15条明确要求审查"案外人与被执行人存在真实的债权债务关系""抵债金额与抵债时执行标的的实际价值基本相当",在第17条要求审查"抵债金额与抵债时执行标的的实际价值基本相当"。这些规定为法院在审理实体权利主张时,识别和防范虚构交易、虚高抵债等虚假诉讼行为提供了明确的审查指引和裁判依据,是对虚假诉讼问题在实体认定层面的深层次回应。

---

① 参见卢正敏:《执行程序中的虚假租赁及其法律应对》,载《中国法学》2013年第4期。
② 参见顾乐永、王瑞普:《执行异议之诉规则的完善》,载《人民法院报》2017年5月17日,第8版。

问题三 案外人执行异议之诉中价值和技术问题

首先是案外人执行异议之诉的价值问题。《最高人民法院关于适用〈中华人民共和国民事诉讼法〉的解释》第302条规定，对案外人执行异议之诉规定了包含固定的级别管辖及专属的地域管辖在内的管辖方式，即由执行法院管辖。《最高人民法院关于审理执行异议之诉案件适用法律问题的解释》第1条第1款进一步明确和细化了这一管辖规则，规定由"提出异议时负责执行该执行标的的人民法院"管辖，旨在应对"因交叉执行等原因导致执行法院发生变化"的实践复杂性，力求"减少因管辖的不确定性而带来争议"。然而案外人执行异议程序与案外人执行异议之诉一审均由同一法院管辖，难免令当事人及社会公众产生不信任感。本书检索了某省公布的101件案外人执行异议之诉的发改案件，发现案外人执行异议之诉一审结论与案外人执行异议审查结论不一致的案件仅为36件，而结论一致的案件则多达65件，是前者的1.8倍。如此悬殊的比例，反映了案外人执行异议之诉一审判决在某种程度上倾向于保持与案外人执行异议程序审查结论的一致，即便这种一致会暴露出更多的瑕疵。考虑到执行程序、案外人执行异议程序、案外人执行异议之诉一审程序均系同一执行法院的职权范围，造成这一现象的首要原因可能是案外人执行异议之诉的一审法官间接承担了执行工作的考核压力等。

其次是案外人执行异议之诉的技术问题。因执行标的可以囊括绝大多数的财产性权利，如物权、债权、股权、知识产权等，案外人执行异议之诉时常要对不同类型的民事权利进行对比、排序。而在《最高人民法院关于审理执行异议之诉案件适用法律问题的解释》公布施行之前，除理论上已相当成熟的物债关系外，并无对各民事权利效力层次的系统性规定，仅有隶属于不同部门法的寥寥数条规范。人民法院在案外人执行异议之诉裁判中，仅对当事人争议的实体法律关系作出结论性评判而不援引裁判依据的现象十分普遍，在具体实体权利问题的处理上亦出现了较大的争议。

比如，对于被执行人配偶就夫妻共同财产提起的案外人执行异议之诉，多数观点认为，只要债务发生在婚姻关系存续期间内，即应推定为夫妻共同债务。案外人作为被执行人的配偶或原配偶同样对申请执行人负有履行义务，故无权主张排除执行。而少数观点则认为，当事人提起案外人执行异议之诉的诉讼请求应当与执行依据无关,在执行依据没有作出评价的情况下,认定案外人是被执行人的共同债务人实际上是对执行依据进行了变更,违背了案外人执行异议之诉应与原判决、裁定无关的原则。因此,案外人就被执行人所负债务是否有连带清偿的义务并非案外人执行异议之诉的审查要件。这一争议直到《最高人民法院关于民事执行中变更、追加当事人若干问题的规定》确立追加事由法定原则,且未将配偶列入追加范围,方告终止。

又如,关于隐名股东能否排除名义股东的债权人对股权的执行问题,有观点认为,根据《公司法》第34条①之规定,工商登记事项发生变动,未经变更登记不得对抗第三人,故隐名股东的权利因不得对抗申请执行人而无法排除执行。反对观点则认为,非基于股权转让、股权质押等处分行为与登记股东发生法律关系的第三人,由于工商登记公示的股权不是其交易的标的,其没有基于工商登记所产生的交易信赖,因此其不属于《公司法》第34条所规定的第三人范围,隐名股东可以排除人民法院的执行。

权利体系的缺失使不同的审判组织就同类案件作出的裁判大相径庭,法官的成长经历、学识水平、价值取向、性格心理等主观因素差异在案件中被无限放大。人民法院的裁判可预测性降低,不利于树立司法公信,也间接导致了当事人诉讼行为的无序性。

---

① 《公司法》第34条规定:"公司登记事项发生变更的,应当依法办理变更登记。公司登记事项未经登记或者未经变更登记,不得对抗善意相对人。"

第五讲　案外人执行异议之诉的实体困境

导 语

案外人执行异议之诉的核心内容,是案外人对执行标的享有的民事权益是否足以排除强制执行,或者说是案外人享有的民事权益与申请执行人享有的民事权益的权益冲突问题。案外人执行异议之诉的裁判应当遵循民法上的权利位阶理论;但也应当注意到,在公权力机关、执行机关介入后,执行的场景不同于市场交易的场景,案外人与申请执行人之间的权益冲突并非简单的私权冲突,而系私权与公权的冲突。正因前述复杂性,案外人执行异议之诉权益冲突问题成为困扰司法实践的一大难题。面对案外人执行异议之诉中的权益冲突,人民法院要以权利冲突观念取代权利必然实现的朴素理想,要以求同存异观念正视不同裁判环节的合理差别,要辩证理解案外人执行异议之诉裁判的绝对性与相对性,进而实现案外人执行异议之诉中的权益冲突规则体系化的标准建设。

问题一　案外人执行异议之诉权益冲突的问题表现

根据《民事案件案由规定》第471条的规定,执行异议之诉是执行程序中的异议之诉,包括案外人执行异议之诉与申请执行人执行异议之诉,后者又称为许可执行之诉。案外人执行异议之诉与申请执行人执行异议之诉的本质,实际上就在于案外人是否享有足以排除强制执行的民事权益。这里面涉及两个问题:其一,案外人是否享有对案涉执行标的民事权益,如所有权、担保物权、租赁权、优先权、债权等;其二,案外人享有的民事权益能否排除强制执行。本书认为,案外人执行异议之诉兼具形成之诉与确认之诉的性质。以此来划分,广义上来讲,确认之诉所确认之内容既包含是否享有前述民事权益,也包含该民事权益是否能够排除民事强制执行。但本书认为,执行异议之诉中确认之诉层面所确认之内容应当仅系案外人是否享有相关民事权益,而该民事权益是否能够排除强制执行应系价值判断而非法律关系的确认,因此执行异议之诉中形成之诉之范围即对应前述能否排除民事强制执行。针对确认之诉层面的内容,当前的立法以及裁判已存在成熟的观点,如何裁判自不必赘述。因而,可以说,案外人执行异议之诉的核心内容,即形成之诉范围内容,也就是案外人所享有之前述民事权益能否排除强制执行。申言之,执行异议之诉裁判困境核心内容在于权益冲突的裁判问题,其中若案外人主张的权利为所有权、担保物权、租赁权、优先权等对抗性较强的权利,均在一定情形下可排除申请执行人的强制执行,但如果案外人主张的是债权,那么从理论上来说,债权原则上不足以排除强制执行,然而随着债权的物权化等理论的发展,使部分债权在排除强制执行方面产生了区别于一般债权的效力。[①] 例如,在房产交易过程当中,如果案外人与被执行人之间已经签署有效的房屋购买合同,案外人已经支付对价,并且已经合法占有该房屋,之所以尚未进行房屋变更登记,主要并非出于案外人的原因。此时案外人对被执行人所享有的虽是债权而非物权,但该债权在一定程度上就可以排除强制执行。由此可以看出,法律对于一些特别的债权赋予了其足以排除强制执行的效力。

上述观点可以说是当前司法裁判中针对权益冲突裁判的主要因循,学界观点也多沿着民法上的权利位阶理论展开。基于此,本书认为这一路径存在一定的合理性:一方面,权利位阶理论是目前处理权利冲突比较成熟的理论体系,当前执行异议之诉中出现的一系列权利冲突在权利位阶理论中基本能够找到对应的位阶排序,适用起来较为方便,与其建立起新的权利排序标准,适用权利位阶理论更为节省成本;另一方面,基本权利冲突是实践中时常出现的现象,"无论从纯粹的法学理论还是实定法的实际运作上来看,权利类型之间的平等,恐怕都是一种独特的臆想。"[②]因此,对权利进行排序是实践中常见的现象,具有实践的可预性。并不会因此而引发对权利平等的攻讦。但这一路径仍然存在一定的缺陷:

其一,通常情况下,权利位阶理论探讨的前提往往系平等民事主体之间的私法权利,即便该民事主体在现实中可能存在优势与劣势的区分,但在法律地位上二者仍然处于平等地位,因此其拥有之权利虽可能存在位阶的差异,但本质上都

---

① 参见李晓倩:《案外人异议之诉中权益冲突的判准及其展开——以"股权代持"纠纷为中心》,载《中国政法大学学报》2023年第2期。
② 林来梵、张卓明:《论权利冲突中的权利位阶——规范法学视角下的透析》,载《浙江大学学报(人文社会科学版)》2003年第6期。

是私法上的权利。例如,"基本权利冲突,系指存在多个基本权利主体,其因各自所享有的相同或者不同基本权利发生对立的情形。"①"易言之,一个主体基本权利的行使会影响到另一个主体的基本权利。"②基本权利系宪法规定之权利,其中部分权利由民法具体实施、规范,但从其权利冲突解决的过程来看,主要系平等主体之间享有的私权。然而在案外人执行异议之诉中,权利的冲突更为复杂,申请执行人请求执行被执行人的财产,执行机关在仅作形式审查后即开展执行行为,而案外人提出其对案涉执行标的享有足以排除强制执行的民事权益时,其实际对抗的不仅是申请执行人的强制执行请求权,还系执行机构实实在在的强制执行。因为倘若仅仅是申请执行人的强制执行请求权,那么其案外人即便获得胜诉判决,其判决指向的仍然是请求不予执行申请执行人的执行申请,而非直接停止或者说排除执行机构的执行行为。因此,在公权力机关执行机关介入后,这一权利冲突并非简单的私权冲突,而系私权与公权的冲突。

其二,民事权利的位阶理论旨在解决实践中出现的私权冲突问题,而私权冲突往往发生在交易中,例如权利外观理论系解决权利冲突的典范,其面对的问题为交易中第三人权利保护问题。为保护交易效率和交易安全,对权利冲突的利益衡量既要考虑第三人的信赖利益,也要综合考虑权利的实现障碍问题。然而与前述交易语境不同,强制执行中的权利位阶排序则不以前述交易效率和交易安全为前提,如前所述,案外人执行异议之诉系以效率和公正为基本价值取向,其中,效率为执行效率,而公正则体现在实体争议的解决方面。因此,私权的位阶理论适用于案外人执行异议之诉的权益冲突裁判并不完全适合。案外人执行异议之诉中的权益冲突解决尚需要更加体系化的标准建设。

因此,仅仅依靠民法上的权利位阶理论,无法充分应对案外人执行异议之诉中复杂的权利冲突,无法全面解决申请执行人与案外人之间的权益对抗,需要在此之外寻求新的裁判进路。

---

① Vgl. Albert v. Mutius, Grundrechtskollision im Mietrecht, in: Joachirn Jickeli u. a. (Hrsg.), Gedächtnisschrift fürgen Sonnenschein:22. Januar 1938 bis 6. Dezember 2000,2003,S. 71. 转引自柳建龙:《论基本权利冲突》,载《中外法学》2021 年第 6 期。

② 吴信华:《宪法释论》,台北,三民书局 2015 年版,第 222 页。转引自柳建龙:《论基本权利冲突》,载《中外法学》2021 年第 6 期。

问题二　案外人执行异议之诉权利冲突的裁判进路

虽然案外人执行异议之诉在实践中暴露出诸多问题,但不可否认的是,当前不少对案外人执行异议之诉司法活动的批判也有欠缺理性之虞。欲完善案外人执行异议之诉的司法工作,首先应当在把握其特征和规律的基础上,树立科学合理的审判价值观。

首先,应以权利冲突观念取代权利必然实现的朴素理想。权利冲突是指两个或两个以上同样具有合法性和正当性权利之间出现的,要实现一种权利就要排除或减轻另一种权利实现的不和谐状态、矛盾状态。[①] 在案外人执行异议之诉中,也常出现不同的权利附载于同一标的之上而发生冲突的情形,比如案外人的所有权、担保物权、优先受偿权、用益物权、股权、知识产权、债权与申请执行人的担保物权、债权的冲突,然而人民法院却较少予以正面回应,致使败诉当事人无法从裁判理由中获知其败诉原因是权利实然性的事实被否定还是权利对抗性的法律属性被否定。针对这一现象,人民法院应当率先树立并引导当事人接受权利冲突的观念,令当事人知悉并非所有的权利均能被最理想地实现这一客观规律,从而建立对案外人执行异议之诉裁判结果的合理预期。在发生权利冲突时,就对抗性较差的权利应当依法作出"承认权利并告知无法得到救济的理由"的裁判,而避免苛求各方当事人均以最理想的方式实现其权利。

其次,应以求同存异观念正视不同裁判环节的合理差别。民事强制执行贵在迅速、及时,故遵循外观主义和形式化原则,执行法院依外观事实对被执行人的责任财产予以认定,在实践中难免将事实上属于案外人的财产作为被执行人的财产予以执行。此时的执行行为并不必然违法,仅能称之为不当执行行为。[②] 与违法的执行行为不同,不当执行行为的存在具有其必然性——如果执行法官像审判法官那样通过"雍容华贵"的争讼程序来判断执行标的权属,不仅会导致执行程序与审判程序在原理和运作上的混同,而且会极大地侵蚀民事执行的效率,背离审执分离的基本宗旨。[③] 实施不当执行行为的执行人员主观上没有过错和过失,客观上

---

① 参见王克金:《权利冲突的概念、原因及解决——一个法律实证主义的分析》,载中国理论法学研究信息网 2004 年 4 月 27 日,https://www.legal-theory.org/? mod=info&act=view&id=8158。
② 参见江必新主编:《强制执行法理论与实务》,中国法制出版社 2014 年版,第 446 页。
③ 参见肖建国:《执行标的实体权属的判断标准——以案外人异议的审查为中心的研究》,载《政法论坛》2010 年第 3 期。

没有违反法律的规定,仅仅以执行审查裁判对执行行为的排除即对执行人员作出否定评价是不恰当的。而案外人执行异议审查程序与案外人执行异议之诉的功能定位也有所差别:前者对执行标的上的权利归属仅依据形式外观作出判断,其独特的事实认定规则并未考虑外观与实际权利状态不符的情况,即《最高人民法院关于人民法院办理执行异议和复议案件若干问题的规定》第 25 条的规定;①后者则需对执行标的上的权利归属作出实质性的判断,查明执行标的的真实权利归属,即《最高人民法院关于审理执行异议之诉案件适用法律问题的解释》关于案外人执行异议之诉异议事由第 11~15 条、第 17 条、第 18 条的相关规定。基于此差异,在进行案件质效、司法责任等评价时,也应避免仅以案外人执行异议之诉的结论与案外人执行异议程序裁定的结论不同为由,而对案外人执行异议的裁定组织作出否定评价。对合理情形下导致的执行环节、执行审查环节以及诉讼环节的结论不一致,应当持包容的态度,建立法官在执行和执行审查环节的职业保障规则。

最后,应辩证理解案外人执行异议裁判的绝对性与相对性。相较于其他形式的财产,执行标的为物的情形更为普遍,人民法院审理案外人执行异议之诉适用"物权法"的频率也远高于其他部门法。在案外人就执行标的物享有的权利为执行异议裁判所肯定时,由于物权的绝对性、对世性特点,容易令人产生案外人可就诉争执行标的排除一切强制执行行为的错觉。因此,在《最高人民法院关于审理执行异议之诉案件适用法律问题的解释》出台以前,若同一执行标的上存在多个执行措施,常会出现案外人根据自己的便利选择轮候查封的执行行为提出异议,甚至恶意串通以虚假诉讼骗取轮候查封后提出异议,再持胜诉裁判文书向查封顺序在前的法院主张排除执行的现象。《最高人民法院关于审理执行异议之诉案件适用法律问题的解释》出台之后,程序上,《最高人民法院关于审理执行异议之诉案件适用法律问题的解释》第 1 条明确规定由提出执行异议时负责执行相应执行标的的人民法院审查处理,在方便审执协调的同时,力争减少因管辖的不确定性

---

① 《最高人民法院关于人民法院办理执行异议和复议案件若干问题的规定》第 25 条规定:"对案外人的异议,人民法院应当按照下列标准判断其是否系权利人:(一)已登记的不动产,按照不动产登记簿判断;未登记的建筑物、构筑物及其附属设施,按照土地使用权登记簿、建设工程规划许可、施工许可等相关证据判断;(二)已登记的机动车、船舶、航空器等特定动产,按照相关管理部门的登记判断;未登记的特定动产和其他动产,按照实际占有情况判断;(三)银行存款和存管在金融机构的有价证券,按照金融机构和登记结算机构登记的账户名称判断;有价证券由具备合法经营资质的托管机构名义持有的,按照该机构登记的实际出资人账户名称判断;(四)股权按照工商行政管理机关的登记和企业信用信息公示系统公示的信息判断;(五)其他财产和权利,有登记的,按照登记机构的登记判断;无登记的,按照合同等证明财产权属或者权利人的证据判断。案外人依据另案生效法律文书提出排除执行异议,该法律文书认定的执行标的权利人与按照前款规定得出的判断不一致的,依照本规定第二十六条规定处理。"

而带来争议。执行标的被多家法院查封等情形下,《最高人民法院关于审理执行异议之诉案件适用法律问题的解释》第 2 条明确案外人提起执行异议之诉应当以首先查封中的申请执行人或者享有优先受偿权的申请执行人为被告,以其他轮候查封中的申请执行人为第三人,保障各方当事人诉讼权利、一揽子解决争议减少当事人诉累、避免判决冲突、降低衍生诉讼,同时有效防范恶意串通、遏制虚假诉讼。实体上,《最高人民法院关于审理执行异议之诉案件适用法律问题的解释》第 21 条严格审查交易真实性与高成本追责,大幅增加虚假串通风险。《最高人民法院关于审理执行异议之诉案件适用法律问题的解释》实施后,案外人利用轮候查封投机性异议或恶意串通的空间大幅减少,执行秩序的稳定性和可预期性显著提升。此前的误区实际上源自对案外人执行异议之诉与物权保护之诉定位和功能上的认知混同。在 2011 年《民事案件案由规定》修改后相当长的一段时间内,仍有诸多法院将案外人执行异议之诉的案由确定为物权确认纠纷或物权保护纠纷;最高人民法院在就物权法适用疑难问题进行调研的过程中,也曾将"物权确认之诉与执行异议之诉的区别"列为待调研的疑难问题之一,侧面反映出人民法院对案外人执行异议之诉约束力范围认知的不足。就前述情形,应当坚持裁判结果既判力绝对性与约束力相对性相结合的原则,即在肯定依法作出的执行异议裁判既判力的基础上,限定其约束范围仅限于个案所涉及的执行行为和相对人。当事人就同一执行标的上的数个执行行为分别提出案外人执行异议的,应当在坚持全面重新审查的基础上作出相对独立的审查结论,以避免既定的执行顺序遭受不合理冲击。

第六讲　案外人执行异议之诉与其他执行异议之诉的关系

导　语

　　执行救济制度,分为程序上的执行救济方法与实体上的执行救济方法。其中,程序上的执行救济方法即执行行为异议,实体上的执行救济方法即执行异议之诉。执行异议之诉包括案外人执行异议之诉、申请执行人执行异议之诉、被执行人执行异议之诉、追加及变更被执行人执行异议之诉、参与分配方案执行异议之诉。案外人执行异议之诉,与申请执行人执行异议之诉、被执行人执行异议之诉、追加及变更被执行人执行异议之诉、参与分配方案执行异议之诉,同属于实体性执行救济制度,但它们所要解决的问题并不相同,诉讼标的分别指向执行标的、执行力、执行当事人和参与分配方案。本讲旨在聚焦于不同类型的执行异议之诉,说明它们的共性与不同。

问题一　案外人执行异议之诉与申请执行人执行异议之诉的区分

【规范梳理】

《民事诉讼法》

　　第二百三十八条　执行过程中,案外人对执行标的提出书面异议的,人民法院应当自收到书面异议之日起十五日内审查,理由成立的,裁定中止对该标的的执行;理由不成立的,裁定驳回。案外人、当事人对裁定不服,认为原判决、裁定错误的,依照审判监督程序办理;与原判决、裁定无关的,可以自裁定送达之日起十五日内向人民法院提起诉讼。

《最高人民法院关于审理执行异议之诉案件适用法律问题的解释》

第二十二条 申请执行人依照民事诉讼法第二百三十八条规定提起执行异议之诉的,参照本解释的相关规定处理。

【理论基础】

案外人执行异议之诉与申请执行人执行异议之诉是一体两面的制度,即申请执行人执行异议之诉本质上仍系针对特定执行标的的执行异议之诉,案外人执行异议之诉与申请执行人执行异议之诉的区别,仅在于提起执行异议之诉的原告不同、请求排除执行或继续执行的目的不同。

具体来说,根据《民事诉讼法》第 238 条的规定,我国赋予了申请执行人通过执行异议之诉将争议财产列入被执行人责任财产范围的权利,如果案外人提出的执行异议被裁定支持,申请执行人可以以案外人为被告,请求法院许可对该特定财产的执行,所以申请执行人执行异议之诉也叫许可执行之诉。[①] 因此,申请执行人执行异议之诉或者说许可执行之诉也是执行程序中派生出来的一种特殊类型的诉讼,该诉讼主要解决申请执行人与案外人之间关于特定执行标的能否执行的争议。[②]

如果说案外人执行异议之诉是在不当执行行为可能损害案外人民事权益的情况下赋予案外人的救济权,那么申请执行人执行异议之诉则是在案外人提起的执行异议被支持进而可能损害到申请执行人合法利益情况下赋予申请执行人的救济权。前已述及,案外人执行异议之诉在程序上需要遵循案外人提起执行异议,在该执行异议被驳回的情况下,在与原判决、裁定无关的情况下,案外人可以提起执行异议之诉,救济其可能受损的权益。在案外人提起的执行异议之诉中,原被告双方系案外人和申请执行人,双方可以在该诉中充分主张自己的权益,"一裁两审"的程序足以维护双方当事人的合法权益。因此,案外人提起执行异议被驳回的情况下,在案外人提起的执行异议之诉中,不存在申请执行人的实体权益未被保障的情况。相反,在案外人提起的执行异议未被驳回的情况下,赋予申请执行人提起执行异议之诉的权利,则是执行异议之诉制度的"一体两面"。

我们来重新考察一下执行异议之诉,不难发现,案外人执行异议这一前置程

[①] 参见范向阳主编:《执行异议之诉的规则与裁判》,人民法院出版社 2019 年版,第 13 页。
[②] 参见江必新主编:《新民事诉讼法条文理解与适用》(下),人民法院出版社 2022 年版,第 1121 页。

序并不具有解决实体争议的合法性,因此由案外人执行异议最终导向两审的执行异议之诉才是解决执行行为中产生有别于原判决、裁定之实体争议的最好办法。简而言之,赋予案外人和申请执行人同样的救济权利才是执行异议之诉解决实体争议功能的应有之义,才契合审执分离原则。

【典型案例】

案例:某信托公司、贺某等申请执行人执行异议之诉纠纷案[①]

基本案情:

一审法院认定事实:2016年6月23日,某地产公司取得阜新市住房和城乡建设委员会审批的阜住建房许第【×】号《商品房销售(预售)许可证》,该许可证主要内容为:房屋销售(预售)单位为某地产公司;小区名称为××二期工程;房屋用途为商业、住宅;销售(预售)建筑面积为97740.88平方米,总23栋,总987套。

2018年8月8日,贺某、褚某与某地产公司签订《意向书》,约定:贺某、褚某购买××项目小高产品类型××号楼房屋,面积96.06平方米,总价款为369504元,自签订意向书之日起,一次性向某地产公司支付全额房款。房屋预计于2018年8月31日交付并陆续办理入住手续,《商品房买卖合同》的签订时间由某地产公司另行通知。同日,贺某父亲向某地产公司缴款369504元。2018年8月9日,某地产公司为贺某开具了金额为369504元的增值税普通发票,并出具案涉房屋的《准住通知单》。另,辽宁省阜新市不动产登记中心出具《房产登记情况查询证明》,证明贺某、褚某截至2021年7月22日在该中心无房屋权属登记信息记录。

在一审法院审理某信托公司与某地产公司、王某、陈某、某集团公司金融借款合同纠纷一案的过程中,某信托公司提出财产保全申请,原审法院于2019年2月28日作出(2019)津民初22号民事裁定,裁定查封、扣押、冻结被申请人某地产公司、王某、陈某、某集团公司的194979909.84元等值财产。一审法院于2019年3月12日向辽宁省阜新市不动产登记中心、辽宁省阜新市房地产信息中心送达(2019)津执保29号协助执行通知书,查封被申请人某地产公司名下宏运铂郡二期工程,该工程坐落于辽宁省阜新市细河区××路,包括案涉房产在内共计316套不动产,查封期间不得办理抵押、转移等权属变更、转移登记手续。

另查明,某信托公司与某地产公司、王某、陈某、某集团公司金融借款合同纠

[①] 最高人民法院民事判决书,(2022)最高法民终443号。

纷一案,一审法院于 2019 年 6 月 13 日作出(2019)津民初 22 号民事判决书,判决:"一、某地产公司于本判决生效之日起十日内给付某信托公司本金 166940000 元、利息 23146723.41 元、期内罚息及复利 4228144.76 元、提前到期后的罚息及复利(分别以本金 166940000 元、利息 23146723.41 元为基数,自 2019 年 2 月 11 日起至实际给付之日止,按日万分之五的标准计算);二、某地产公司以[1. 面积为 25819.75 平方米的在建工程;2. 面积为 13524.97 平方米的房产;3. 面积为 121637.8 平方米,证号为阜新国用(2015)字第×号土地使用权]对本判决第一项给付事项承担抵押担保责任,某信托公司有权以该财产折价或者拍卖、变卖该财产的价款在合同约定的范围内优先受偿(抵押物详见起诉状后附《抵押物清单》);三、王某、陈某、某集团公司对本判决第一项给付事项承担连带保证责任,其在承担保证责任后,有权向某地产公司追偿;四、驳回某信托公司其他诉讼请求。如果未按本判决指定的期间履行给付金钱义务,应当按照《中华人民共和国民事诉讼法》第二百五十三条①规定,加倍支付迟延履行期间的债务利息。案件受理费 1016700 元,保全费 5000 元,共计 1021700 元,由某地产公司、王某、陈某、某集团公司负担。"

某信托公司于 2016 年 7 月对案涉房屋设置了抵押。

贺某、褚某针对一审法院对案涉房屋的诉讼保全提出书面异议,要求解除对坐落于辽宁省阜新市细河区房屋的查封。2021 年 12 月 24 日,原审法院作出(2021)津执异 76 号执行裁定,裁定:中止对坐落于辽宁省阜新市细河区××路××期××#××室房屋的执行。

二审中,当事人没有提交新的证据。二审查明的事实与一审法院查明的事实一致。

裁判要旨:

二审法院认为,本案争议的焦点是贺某、褚某对案涉房屋是否享有足以排除强制执行的民事权益。《最高人民法院关于人民法院办理执行异议和复议案件若干问题的规定》第 29 条规定:"金钱债权执行中,买受人对登记在被执行的房地产开发企业名下的商品房提出异议,符合下列情形且其权利能够排除执行的,人民法院应予支持:(一)在人民法院查封之前已签订合法有效的书面买卖合同;(二)所购商品房系用于居住且买受人名下无其他用于居住的房屋;(三)已支付的价款超过合同约定总价款的百分之五十。"本案中,首先,贺某、褚某与某地产公司签订

---

① 现为《民事诉讼法》第 264 条。

《意向书》的时间早于案涉房屋的查封时间。《意向书》约定了房屋的具体房号、面积及购房款的交付方式、交付时间，具备商品房买卖合同的主要条款。《城市商品房预售管理办法》有关登记备案的规定应属于行政管理性规定，未登记备案不应直接导致合同无效。某信托公司主张签订《意向书》系以合法形式掩盖非法目的，但并未提供证据证明，一审判决认定应视贺某、褚某与某地产公司在人民法院查封之前已签订合法有效的书面买卖合同为正确。其次，贺某、褚某提供了辽宁省阜新市不动产登记中心的《房产登记情况查询证明》，证明其名下无其他用于居住的房屋。再次，贺某、褚某依据《意向书》约定，已经将案涉购房款全部支付完毕。某信托公司对此亦未提出异议。因此，贺某、褚某的主张符合《最高人民法院关于人民法院办理执行异议和复议案件若干问题的规定》第29条规定。某信托公司关于案涉《意向书》并非合法有效的书面买卖合同、案涉《房产登记情况查询证明》不能证明案涉房屋是贺某和褚某的唯一住房的主张理据不足。综上所述，某信托公司的上诉请求不能成立，应予驳回；一审判决认定事实清楚，适用法律正确，应予维持。

裁判评析：

本案是关于申请执行人执行异议之诉的典型案例。本案的原告是申请执行人某信托公司，被告是案外人贺某、褚某，申请执行人的诉讼请求是撤销案外人执行异议裁定，即撤销（2021）津执异76号执行裁定，以及请求执行机关继续执行，即准许继续执行坐落于辽宁省阜新市细河区房屋。本案的争议焦点是案外人贺某、褚某对案涉房屋是否享有足以排除强制执行的民事权益，适用的是《最高人民法院关于人民法院办理执行异议和复议案件若干问题的规定》第29条，且一审、二审法院也是围绕《最高人民法院关于人民法院办理执行异议和复议案件若干问题的规定》第29条的构成要件，对案涉相关事实和当事人提供的证据进行逐一审查。

因此，不难看出，申请执行人执行异议之诉与案外人执行异议之诉实际上是一体两面的，即虽然申请执行人执行异议之诉与案外人执行异议之诉的当事人和诉讼请求发生了逆转且相互冲突，但诉讼标的以及法律适用甚至证明责任的分配实质相同。具体来说：

首先，申请执行人执行异议之诉与案外人执行异议之诉的当事人相反，前者的原告是申请执行人、被告是案外人，后者的原告是案外人、被告是申请执行人。如果是案外人贺某、褚某提起执行异议之诉，则原告是贺某、褚某，被告是某信托公司。

其次,申请执行人执行异议之诉与案外人执行异议之诉的诉讼请求相反。前者是申请执行人在案外人执行异议裁定被支持时请求法院判决执行机关对特定执行标的继续执行,后者是案外人在案外人执行异议裁定被驳回时请求法院判决排除执行机关对特定执行标的的执行。如果是案外人贺某、褚某提起执行异议之诉,二者的诉讼请求是请求执行机关不得继续执行,即不得继续执行坐落于辽宁省阜新市细河区的房屋。

再次,申请执行人执行异议之诉与案外人执行异议之诉所要审理的问题或者说诉讼标的本质相同,即均是案外人享有的民事权益是否足以排除强制执行。且这个审理内容均包括两个层次,一是案外人对执行标的是否享有民事权益,二是案外人对执行标的享有的民事权益是否足以排除强制执行。如果是案外人贺某、褚某提起执行异议之诉,案件的争议焦点还是案外人贺某、褚某对案涉房屋是否享有足以排除强制执行的民事权益,适用的司法解释还是《最高人民法院关于人民法院办理执行异议和复议案件若干问题的规定》第29条,法院的审理思路还是需要围绕《最高人民法院关于人民法院办理执行异议和复议案件若干问题的规定》第29条的构成要件对相关事实和证据进行逐一审查。

因此,申请执行人执行异议之诉与案外人执行异议之诉,实际上是法律基于两个不同的侧面,针对执行机关不当执行案外人财产的行为,分别赋予了申请执行人诉权和案外人诉权。当然,这两种程序的分野与我国的案外人执行异议前置程序的设置有密切的关系,即无论是案外人执行异议之诉还是申请执行人执行异议之诉,其适用的前提都是经历了案外人执行异议前置程序的审理,且根据案外人执行异议前置程序的结果开启不同的执行异议之诉程序。

问题二 案外人执行异议之诉与债务人执行异议之诉的区分

【规范梳理】

《最高人民法院关于人民法院办理执行异议和复议案件若干问题的规定》

第七条 当事人、利害关系人认为执行过程中或者执行保全、先予执行裁定过程中的下列行为违法提出异议的,人民法院应当依照民事诉讼法第二百二十五条规定进行审查:

(一)查封、扣押、冻结、拍卖、变卖、以物抵债、暂缓执行、中止执行、终结执行等执行措施；

（二）执行的期间、顺序等应当遵守的法定程序；

（三）人民法院作出的侵害当事人、利害关系人合法权益的其他行为。

被执行人以债权消灭、丧失强制执行效力等执行依据生效之后的实体事由提出排除执行异议的，人民法院应当参照民事诉讼法第二百二十五条规定进行审查。

除本规定第十九条规定的情形外，被执行人以执行依据生效之前的实体事由提出排除执行异议的，人民法院应当告知其依法申请再审或者通过其他程序解决。

《最高人民法院关于公证债权文书执行若干问题的规定》

第二十二条　有下列情形之一的，债务人可以在执行程序终结前，以债权人为被告，向执行法院提起诉讼，请求不予执行公证债权文书：

（一）公证债权文书载明的民事权利义务关系与事实不符；

（二）经公证的债权文书具有法律规定的无效、可撤销等情形；

（三）公证债权文书载明的债权因清偿、提存、抵销、免除等原因全部或者部分消灭。

债务人提起诉讼，不影响人民法院对公证债权文书的执行。债务人提供充分、有效的担保，请求停止相应处分措施的，人民法院可以准许；债权人提供充分、有效的担保，请求继续执行的，应当继续执行。

【理论基础】

债务人执行异议之诉，又称作被执行人执行异议之诉，是指债务人请求确定执行名义所表示的实体上的请求权，与债权人现在的实体上的权利状态不一致，主张有足以排除强制执行的原因事实发生，要求法院以判决排除执行名义的执行力为目的，宣告基于执行名义的全体的强制执行不许可为目的的诉讼。[①] 从文义可知，该诉是指由债务人或者被执行人提起的执行异议之诉。

我国现行法并未明确规定债务人执行异议之诉制度。根据《最高人民法院关于人民法院办理执行异议和复议案件若干问题的规定》第7条第2、3款的规定，被执行人以债权消灭、丧失强制执行效力等执行依据生效之后的实体事由提出排除执行异议的，人民法院应当参照执行行为异议的规定进行审查；被执行人以执

---

① 参见赖来焜：《强制执行法总论》，台北，元照出版有限公司2007年版，第577页。

行依据生效之前的实体事由提出排除执行异议的,人民法院应当告知其依法申请再审或者通过其他程序解决。不难看出,《最高人民法院关于人民法院办理执行异议和复议案件若干问题的规定》起草者或许是囿于"造法性司法解释违法性"的无奈,或许是认为现行执行救济体系足以维护被执行人的实体权益,又或是基于执行效率与被执行人实体权利救济的利益衡量,并未构建起大陆法系国家或地区通行的债务人执行异议之诉制度。[①]

当然,部分学者认为,《最高人民法院关于公证债权文书执行若干问题的规定》第22条规定了债务人执行异议之诉。即《最高人民法院关于公证债权文书执行若干问题的规定》第22条规定:"有下列情形之一的,债务人可以在执行程序终结前,以债权人为被告,向执行法院提起诉讼,请求不予执行公证债权文书:(一)公证债权文书载明的民事权利义务关系与事实不符;(二)经公证的债权文书具有法律规定的无效、可撤销等情形;(三)公证债权文书载明的债权因清偿、提存、抵销、免除等原因全部或者部分消灭。债务人提起诉讼,不影响人民法院对公证债权文书的执行。债务人提供充分、有效的担保,请求停止相应处分措施的,人民法院可以准许;债权人提供充分、有效的担保,请求继续执行的,应当继续执行。"其中,公证债权文书载明的债权因清偿、提存、抵销、免除等原因全部或者部分消灭,债务人提起的诉讼即债务人执行异议之诉,或者说被执行人执行异议之诉。

债务人执行异议之诉的价值在于,"执行依据生效之后,其所确定的法律关系并非固定不变,而是基于当事人法律行为抑或事实行为发生变动"[②]。也就是说,"债权人可能因债权已被清偿、提存、抵消、免除等而丧失实体请求权,但执行依据所载内容并不因此丧失执行力。一旦执行法院根据执行依据进行执行,就会侵害债务人的权益。这种情形无法完全预防,毕竟在执行程序开始时,执行人员无从知晓执行依据所载明的权利是否与当前的权利相一致"[③]。

通常情况下,债权人申请强制执行的依据往往是其与债务人之间的基础法律关系,并进而获得的生效法律文书,但在该生效法律文书进入执行程序之前或之后可能基于债务人的清偿、提存等行为,使该生效法律文书所载的债权人之请求权与债权人实际上所享有的请求权发生了差异。此时债权人再以该生效的裁判文书申请强制执行,而执行程序中又依据该生效的法律文书执行被执行人的财

---

① 参见庄诗岳:《论被执行人实体权利救济的路径选择》,载《河北法学》2018年第10期。
② 赵泽君:《债务人异议之诉立法模式的分歧与选择》,载《学习论坛》2018年第9期。
③ 陈衍桥:《我国债务人异议之诉制度的确立及其构造》,载《中州学刊》2019年第4期。

产，显然就会对债务人的利益造成损害。因此，在这种情况下应当允许债务人提起执行异议或执行异议之诉。

由此可以看出，债务人执行异议之诉具有以下两个特征：一方面，债务人执行异议之诉往往是债务人以其与债权人之间的债权债务关系与债权人据以申请执行的生效法律文书所确立的债权债务关系不同为基础。另一方面，债务人提起的执行异议之诉，虽然是针对该生效的法律文书，但并不是认为该生效法律文书存在错误，而是认为该生效法律文书所载的权利义务关系与该法律文书生效之后发生的权利义务关系存在区别，此时若再依据该生效的法律文书执行，将会对债务人的利益造成损害。所以，债务人执行异议之诉在属性上并没有脱离执行异议之诉的概念范围，属于执行异议之诉的一种类型。

学者针对债务人执行异议之诉的探讨，也让我们正确认识到债务人在执行程序当中可能存在一些其他程序难以救济的问题。如前所述，债务人与债权人之间的法律关系在生效法律文书被执行之前可能因其他行为而发生变化，此时依据之前生效的法律文书执行债务人之财产将会对债务人利益造成损害。在缺乏债务人执行异议之诉的情况之下，债务人的救济途径主要是《最高人民法院关于人民法院办理执行异议和复议案件若干问题的规定》第 7 条第 2、3 款规定的几种类型：

首先，通过再审之诉维护自身权益。如前所述，债务人执行异议之诉往往基于其与债权人之间的债权债务关系已经发生变化，而非对已生效的法律文书发生异议或认为该生效的法律文书存在错误。也就是说，债务人执行异议之诉发生的场景并不是其认为该生效的法律文书有错误，所以其不能适用审判监督程序。

其次，通过执行异议的方式获得救济。在执行程序中，执行异议可以包含两种：一种是针对执行行为的异议，另一种是针对执行标的的异议。在当前针对执行异议的各种划分当中，较为明确的规定是，针对执行行为的异议应当通过执行行为异议、复议程序解决，针对执行标的的异议除对该生效的法律文书有异议之外，应当通过案外人执行异议之诉解决。显然，债务人对于该执行的异议，既不是对执行标的的异议，也不是对执行行为的异议，而是针对执行名义执行力的异议。[①] 单纯通过执行异议程序并不能够解决债务人的问题。

最后，债务人也可以通过其他方式主张权利。例如，债务人可以通过另行起诉的方式，主张其与债权人之间的权利义务关系已经发生变化，请求法院另行判

[①] 参见杨与龄编著：《强制执行法论》，中国政法大学出版社 2002 年版，第 186 页。

决。但该种方式显然会无端增加债务人的诉讼成本,况且在其后的判决生效之前,债权人仍然可以基于该生效的法律文书申请法院强制执行,由此也会增加法院的执行成本及其他司法成本。

其实,早有学者指出:"不当执行侵害被执行人实体权益的情形客观存在,但现有的执行救济路径却不能有效应对被执行人的实体异议。通过执行行为异议处理实体性争议有违审执分离的基本原理,运用再审等程序回应权益判定程序基准时后的事由不符合纠错程序的处理条件,被执行人另行提起民事诉讼则不具有排除执行依据执行力的机能。而债务人异议之诉的目的就在于排除执行权源具有的执行力,通过诉的方式解决实体性争议,能够赋予当事人以正当程序保障,且符合审执分离、执行救济二分论的程序法理。我国应在债务人不适格异议之诉的基础上建立起债务人异议之诉制度,以构建起完整的实体执行救济体系。"[1]

因此,债务人在执行程序中对生效法律文书所载的权利义务关系存在异议,并且该异议并非对该生效法律文书本身,而是出于该生效法律文书所载的权利义务关系与其生效后新形成的权利义务关系不同而提出的异议,只能通过专门设立债务人执行异议之诉的方式来解决。换言之,为维持公平正义,法律特许债务人提起诉讼,请求法院以判决排除该执行名义的执行力,不许据以申请实施强制执行并撤销已为的执行处分,以保护债务人的利益。[2]

总之,债务人执行异议之诉具有以下几个特征:第一,债务人执行异议之诉系债务人对该执行依据执行力产生争议的诉讼;第二,债务人对该执行依据执行力的争议是一种实体争议,而非仅仅是程序争议;第三,债务人对该执行依据执行力的争议并非认为该生效的法律文书有错误,而是认为该生效的法律文书所载的权利义务关系与其生效之后、执行之前新形成的权利义务关系有所不同,继续执行该生效的法律文书将会对债务人的权利造成损害。

值得注意的是,债务人执行异议之诉有可能被债务人滥用,从而阻却债权人实现债权,因此在债务人执行异议之诉相关程序的设立过程中,应当注意审查债务人提起的证据要求,尤其是可以通过设置债务人提起执行异议之诉但不中止强制执行的方式来避免债务人滥用执行异议之诉。

---

[1] 庄诗岳:《论被执行人实体权利救济的路径选择》,载《河北法学》2018 年第 10 期。
[2] 参见杨与龄编著:《强制执行法论》,中国政法大学出版社 2002 年版,第 186 页。

【典型案例】

案例:石某、郑某等债务人执行异议之诉纠纷案①

基本案情:

一审法院认定事实:2015年1月14日石某、郑某作为借款人、王某作为出借人签订《借款借据》一份,约定借款金额为220000元并指定收款账户。2015年1月14日、16日王某共计向郑某指定账户转账220000元。2015年1月23日,乌鲁木齐市公证处出具(2015)新乌证内字第×××××号《具有强制执行效力的债权文书公证书》,主要内容为:"借款人石某、郑某,出借人王某。公证事项:《借款合同》公证并赋予其强制执行效力。申请人王某、石某、郑某于2015年1月14日向本处申请对前面的《借款合同》进行公证并赋予该合同强制执行效力。申请人向本处提交了以下证明材料:1.出借人、借款人的《中华人民共和国居民身份证》;2.借款人的《居民户口簿》《中华人民共和国结婚证》。经查,申请人各方均具有签订该合同的民事权利能力和民事行为能力。本公证员就该合同的内容及申请人各方提交的证明材料进行了审查,并告知了强制执行公证的有关法律规定、法律意义和可能产生的法律后果。各方在该合同中明确约定了借款的币种、数额、是否计息、期限、还款期限等条款;为了保证债务的履行,借款人作出了自愿接受强制执行的意思表示,并出具了前面的《借据》。就借款人不履行或不适当履行债务本处应出借人的申请出具《执行证书》前的核实方式借款人出具了《承诺函》。根据上述事实,兹证明出借人王某与借款人石某、郑某于2015年1月14日在乌鲁木齐市签订了前面的《借款合同》,合同上各方当事人的签名、手指纹印均属实。自前面的《借款合同》生效及债权、债务形成之日起,本公证书具有强制执行效力。"该公证书内附有《借款合同》及《借据》各一份。所附《借款合同》主要内容为:"借款方石某、郑某,出借方王某。出借方借给借款方现金人民币贰拾贰万元整,利息以中国人民银行公布的同期贷款利率的4倍计算。借款期限为陆个月(自2015年1月14日至2015年7月14日止),借款方必须在2015年7月14日之前一次性还清出借方借款本息,借款方可分期还款或提前还款,如提前还款可对未使用借款的期限不予计息,落款借款方处有石某、郑某签字并加盖手印,出借方处有王某签字并加盖手印。"所附《借据》主要内容为:"借款方石某、郑某,借款

---

① 参见新疆维吾尔自治区乌鲁木齐市中级人民法院民事判决书,(2024)新01民终4529号。

人根据借款合同向王某借款现金本金合计人民币贰拾贰万元整,承诺在不能全部或部分履行上述义务时,无条件的以借款合同项下的抵押物及抵押物不足以抵偿债务时,以本人的其他全部财产承担全部债务责任,并自愿接受人民法院的强制执行。"乌鲁木齐市公证处出具的《领取公证书回执》显示,2015年1月23日郑某、石某、王某领取《具有强制执行效力的债权文书公证书》(2015新乌证内字第×××××号),郑某、石某、王某均在乌鲁木齐市公证处出具的该回执中签字。2017年7月7日,乌鲁木齐市公证处出具《执行证书》(2017新乌执字第×××××号),主要内容为:"申请执行人王某,被申请执行人石某、郑某。申请执行人王某于2017年6月23日向本处提出申请,要求本处就其与被申请执行人石某、郑某签订的经公证并赋予强制执行效力的《借款合同》(以下简称该合同)出具执行证书。本公证机构通过《借款合同》《借据》对本执行证书所涉及的债权债务进行了审查,现查实:1.《借款合同》《借据》经本处公证赋予强制执行效力;2.申请执行人王某于2015年1月14日向被申请执行人石某、郑某以中国光大银行转账的方式支付了借款本金人民币贰拾贰万元整,石某、郑某向王某出具了《借款借据》;3.本公证员与本处工作人员罗某依据被申请执行人申请公证时在《承诺函》中预留及本人提供的地址、联系方式,于2017年6月23日以邮政特快专递的方式向被申请人寄送《核实债务通知书》以核实申请执行人所主张的被申请执行人应偿还款项。被申请执行人均未在合理期限内对债务提出异议,亦未在合理期限内对所欠债务数额及履行情况提出相反的书面证据。我处又于2017年6月28日在《新疆都市报》上刊登《通知》向被申请执行人核实债务,被申请执行人均未在合理期限内对债务提出异议,亦未在合理期限内对所欠债务数额及履行情况提出相反的书面证据。现签发本执行证书,申请执行人王某可持本执行证书向有管辖权的人民法院申请强制执行。被申请执行人:债务人石某、郑某;执行标的:一、借款本金人民币贰拾贰万元整(小写220,000元整);二、违约金共计贰万零玖佰柒拾肆元整(小写20974元整)。上述借款本金和违约金合计贰拾肆万零玖佰柒拾肆元整(小写240974元)。"乌鲁木齐市公证处于2018年8月20日在《新疆法制报》上刊登《通知》向石某及郑某通知领取乌鲁木齐市公证处出具的《执行证书》(2017新乌执字第×××××号)。在乌鲁木齐市公证处作出的(2015)新乌证内字第×××××号《具有强制执行效力的债权文书公证书》及(2017)新乌证执字第×××××号《执行证书》生效之后,因石某及郑某未履行上述文书确定的给付义务,王某于2019年4月17日向一审法院申请执行,一审法院已依法立案执行,案号为(2019)新0103执1578号,执行标的为240974元。一审法院于2019年4月

17 日作出(2019)新 0103 执 1578 号执行裁定书,裁定:(1)依法扣押、冻结、划拨、变价、扣留、提取石某及郑某财产及收入 240974 元或查封、扣押、冻结、变卖、拍卖其同等价值的财产;(2)石某及郑某负担本案执行费 3515 元及加倍支付迟延履行期间的债务利息(按实际付款时间计算)。石某分别于 2020 年 1 月 6 日、1 月 8 日向王某出具《清还利息计划》《还款协议书》,分别确认欠付王某 250000 元 240974 元。

二审另查明,石某于 2020 年 1 月 8 日向王某出具的《还款协议》载明:"现欠王某 240974 元,现就此款达成还款协议:1.欠款本金为 240974 元。2.此款于 2020 年 4 月 30 日起至 2020 年 8 月 30 日止。3.从 2020 年 4 月 30 日起至 2020 年 8 月 30 日止每月支付伍万元整……"石某二审中称出具《还款协议》后未向王某付过款。石某一审中提供的向案外人姜某的转账凭证的交易时间均早于《还款协议》出具的时间。

裁判要旨:

二审法院认为,《最高人民法院关于公证债权文书执行若干问题的规定》第 22 条规定:"有下列情形之一的,债务人可以在执行程序终结前,以债权人为被告,向执行法院提起诉讼,请求不予执行公证债权文书:(一)公证债权文书载明的民事权利义务关系与事实不符;(二)经公证的债权文书具有法律规定的无效、可撤销等情形;(三)公证债权文书载明的债权因清偿、提存、抵销、免除等原因全部或者部分消灭。"《最高人民法院关于适用〈中华人民共和国民事诉讼法〉的解释》第 90 条规定:"当事人对自己提出的诉讼请求所依据的事实或者反驳对方诉讼请求所依据的事实,应当提供证据加以证明,但法律另有规定的除外。在作出判决前,当事人未能提供证据或者证据不足以证明其事实主张的,由负有举证证明责任的当事人承担不利的后果。"

(1)关于公证债权文书载明的民事权利义务关系与事实是否相符。本案中,债权文书中载明的借贷关系有借款借据、借款收据及银行网银转账回单为证,借据、收据上载明了出借人、借款人、借款金额等信息,且在签字处有石某、郑某、王某的签名与捺印,王某于 2015 年 1 月 14 日、16 日向郑某提供的银行账户转账 220000 元,王某已向石某、郑某履行实际交付义务,可以证实石某、郑某与王某之间存在借贷关系。且 2020 年 1 月,在公证债权文书的执行过程中石某向王某出具《清还利息计划》《还款协议》,该两份证据亦能证实双方之间存在借贷关系,故本案的公证债权文书载明的民事权利义务关系与事实相符。

(2)关于经公证的债权文书是否具有法律规定的无效、可撤销等情形。石某、郑某称其未到乌鲁木齐市公证书办理过案涉公证,公证书制作程序严重违法,但乌鲁木齐市公证处出具的《领取公证书回执》中的石某、郑某签字系本人所签，与其陈述矛盾，二审法院不予采信。本案《具有强制执行效力的债权文书公证书》记载完整，债权文书内容并未违反法律强制性规定，不存在无效、可撤销的法定情形。

（3）关于公证债权文书载明的债权是否因清偿、提存、抵销、免除等原因全部或者部分消灭。本案中，2020年1月石某在公证债权文书的执行过程中向王某出具《清还利息计划》《还款协议》，石某出具还款计划后至本案询问时并未向王某还过款。石某提出已向案外人姜某转账的抗辩，因转账的时间在本案公证债权文书的执行之前，且石某称与案外人姜某还有其他借贷关系，一审中提供的向姜某的转账凭证不能推翻时间在后的《还款协议》。关于石某提出系被迫签订还款计划、协议书的主张，其不能提供相关证据证实，二审法院不予采信。石某出具的《还款协议》确认的欠付金额与执行标的一致，故本案公证债权文书载明的借贷债权本金未全部或者部分消灭。

综上，石某、郑某作为债务人未能提交充分有效的证据证实涉案公证债权文书存在《最高人民法院关于公证债权文书执行若干问题的规定》第22条规定的可不予执行的三种情形，一审判决未予支持石某、郑某的诉讼请求并无不当，二审法院予以维持。

裁判评析：

本案是关于债务人执行异议之诉或者说被执行人执行异议之诉的典型案例。本案的原告是被执行人石某、郑某，他们的诉讼请求是请求法院判令不予执行乌鲁木齐市公证处出具的《具有强制执行效力的债权文书公证书》（2015乌新证内字第××××号）和《执行证书》（2017新乌执字第××××号），且石某提出已向案外人姜某转账的抗辩。显然，本案涉及《最高人民法院关于公证债权文书执行若干问题的规定》第22条第1款第3项的适用。

债务人主张赋强公证债权文书载明的债权因清偿原因全部或者部分消灭，表明债务人旨在请求法院确定执行名义所表示的实体上的请求权，与债权人现在的实体上的权利状态不一致，主张其有足以排除强制执行的原因事实发生，要求法院判决排除执行名义的执行力。因此，本案是债务人针对执行依据的执行力所提起的债务人执行异议之诉。

我国现行法并未就债务人执行异议之诉作出明确规定，虽然《最高人民法院关于公证债权文书执行若干问题的规定》第22条突破法律的规定，对债务人执行异议之诉进行了一定程度的规范。但《最高人民法院关于公证债权文书执行若干问题的规定》并未就债务人执行异议之诉的管辖法院、当事人、诉讼请求、诉讼标的、证明责任、处理结果、与执行程序的关系等作出明确规定。本案在一定程度上展示了债务人执行异议之诉的程序构造。

比如,在本案中,法院指出:"关于公证债权文书载明的债权是否因清偿、提存、抵销、免除等原因全部或者部分消灭。本案中,2020年1月石某在公证债权文书的执行过程中向王某出具《清还利息计划》《还款协议》,石某出具还款计划后至本案询问时并未向王某还过款。石某提出已向案外人姜某转账的抗辩,因转账的时间在本案公证债权文书的执行之前,且石某称与案外人姜某还有其他借贷关系,一审中提供的向姜某的转账凭证不能推翻时间在后的《还款协议》。关于石某提出系被迫签订还款计划、协议书的主张,其不能提供相关证据证实,本院不予采信。石某出具的《还款协议》确认的欠付金额与执行标的一致,故本案公证债权文书载明的借贷债权本金未全部或者部分消灭。"

根据以上内容可以得知,法院认为被执行人石某、郑某对"执行名义所表示的实体上的请求权与债权人现在的实体上的权利状态不一致"的要件事实,也就是"公证债权文书载明的借贷债权本金全部或者部分消灭"的具体事实,承担客观意义上或者说结果意义上的证明责任。如果被执行人石某、郑某不能提供证据证明,则应当承担败诉的法律后果。事实上,本案中被执行人石某、郑某确实因举证不能而败诉。

此外,根据以上内容还可以得知,债务人执行异议之诉的诉讼标的,是"执行名义所表示的实体上的请求权与债权人现在的实体上的权利状态不一致"。法院在审查的时候,着重审查了本案公证债权文书载明的请求权是否因被执行人的事后清偿行为而消灭。

当然,透过本案也可以看出,债务人执行异议之诉的管辖法院是执行法院,当事人是债务人(原告)、申请执行人(被告),诉讼请求是排除执行机关的强制执行,等等。本案对于了解债务人执行异议之诉的程序构造,具有较为典型的意义。

问题三　案外人执行异议之诉与追加、变更被执行人执行异议之诉的区分

【规范梳理】

《最高人民法院关于民事执行中变更、追加当事人若干问题的规定》

第三十条　被申请人、申请人或其他执行当事人对执行法院作出的变更、追

加裁定或驳回申请裁定不服的,可以自裁定书送达之日起十日内向上一级人民法院申请复议,但依据本规定第三十二条的规定应当提起诉讼的除外。

第三十一条 上一级人民法院对复议申请应当组成合议庭审查,并自收到申请之日起六十日内作出复议裁定。有特殊情况需要延长的,由本院院长批准。

被裁定变更、追加的被申请人申请复议的,复议期间,人民法院不得对其争议范围内的财产进行处分。申请人请求人民法院继续执行并提供相应担保的,人民法院可以准许。

第三十二条 被申请人或申请人对执行法院依据本规定第十四条第二款、第十七条至第二十一条规定作出的变更、追加裁定或驳回申请裁定不服的,可以自裁定书送达之日起十五日内,向执行法院提起执行异议之诉。

被申请人提起执行异议之诉的,以申请人为被告。申请人提起执行异议之诉的,以被申请人为被告。

第三十三条 被申请人提起的执行异议之诉,人民法院经审理,按照下列情形分别处理:

(一)理由成立的,判决不得变更、追加被申请人为被执行人或者判决变更责任范围;

(二)理由不成立的,判决驳回诉讼请求。

诉讼期间,人民法院不得对被申请人争议范围内的财产进行处分。申请人请求人民法院继续执行并提供相应担保的,人民法院可以准许。

第三十四条 申请人提起的执行异议之诉,人民法院经审理,按照下列情形分别处理:

(一)理由成立的,判决变更、追加被申请人为被执行人并承担相应责任或者判决变更责任范围;

(二)理由不成立的,判决驳回诉讼请求。

《江苏省高级人民法院执行异议及执行异议之诉案件办理工作指引(一)》

十一、基于变更或追加被执行人提出的执行异议及执行异议之诉案件的审查处理

1.执行法院变更或追加执行案件被执行人必须具有明确的法律依据或者司法解释规定。

(1)被申请人或申请人不服执行法院变更、追加裁定或驳回申请裁定,符合《变更追加规定》第十四条第二款、第十七条至第二十一条规定情形的,应在裁定

中明确告知当事人可自裁定书送达之日起十五日内,向执行法院提起执行异议之诉;

(2)符合《变更追加规定》中其他情形的,应在裁定中明确告知当事人可自裁定书送达之日起十日内向上一级人民法院申请复议。

2. 申请人、被申请人不服执行法院作出的是否变更或追加被申请人为被执行人的异议裁定,提起执行异议之诉的,应同时具备下列条件:

(1)必须是不服执行法院依据《变更追加规定》第十四条第二款、第十七条至第二十一条规定作出的变更、追加裁定或驳回申请裁定;

(2)必须经过执行异议审查的前置程序,即执行法院已经作出执行异议裁定且不服的;

(3)必须有明确的诉讼请求。申请人提起诉讼的请求应包括:要求变更、追加被申请人(被告)为被执行人并明确其承担责任的范围。被申请人提起的诉讼请求包括:请求不予变更、追加被申请人(原告)为被执行人或请求变更其责任范围;

(4)必须有具体的事实和理由;

(5)在执行异议裁定书送达之日起十五日内提出。

不符合上述条件之一的,裁定不予受理;已经受理的,裁定驳回起诉。

3. 变更、追加被执行人的异议审查及执行异议之诉审理期间,不得对被申请人异议范围内的财产进行处分。

被申请人仅对责任范围有异议的,可对没有异议的财产进行强制执行。

申请人请求继续执行且提供足额有效担保的,可以准许继续执行。

4. 申请人主张变更或追加被申请人为被执行人的,应对被申请人存在未缴纳或未足额缴纳出资、抽逃出资、未依法出资即转让股权、资产混同、未经清算即办理注销登记等行为承担举证责任。被申请人否认申请人主张的,应对不应变更或追加其为被执行人等主张承担举证责任。

5.《变更追加规定》施行前发生的变更、追加当事人的遗留案件,根据下列情形处理:

(1)执行法院已经裁定变更或追加被申请人为被执行人,并在执行裁定中告知当事人提起执行异议之诉,在其提起诉讼后又以执行异议裁定告知救济途径错误为由裁定不予受理或驳回起诉,相关当事人不服原裁定,执行程序尚未终结的,应通过执行监督程序撤销原裁定,重新作出裁定,告知当事人申请执行复议;执行程序已经终结的,应通过执行监督程序予以审查处理。

(2)执行法院已经裁定变更或追加未参加诉讼的被执行人配偶一方为被执行

人,并在执行裁定中告知其提起执行异议之诉,但在该配偶一方提起诉讼后又以执行异议裁定错误告知救济途径为由裁定不予受理或驳回起诉,该配偶不服原裁定的,如该配偶名下财产已经执行完毕,应通过执行监督程序进行审查处理;如该配偶名下争议的财产尚未执行完毕的,通过执行监督程序撤销原裁定,告知该配偶按照《民事诉讼法》第二百三十四条规定,就执行其名下财产的行为提起案外人异议。

(3)执行法院已经作出变更或追加裁定,但在执行裁定中未告知申请人和被申请人救济途径的,根据下列情形分别处理:

一是执行法院对申请人或被申请人提出的异议未立案审查,且执行程序尚未终结的,应依法及时立案审查,并依据《变更追加规定》的相应情形作出裁定并告知其救济途径。

执行法院既不立案又不作出不予受理裁定的,异议人可以向执行法院的上一级法院提出异议。上一级法院应立"执监"案件进行审查,异议成立的,应指令执行法院在三日内立案审查处理。

二是执行法院对申请人或被申请人提出的异议已立案审查并作出执行裁定,但未告知申请人和被申请人救济途径,申请人或被申请人也未就此提出任何异议,执行法院对其采取强制措施后又对变更、追加行为及其承担责任的范围提出执行异议的,不予受理。

三是执行法院作出变更或追加裁定后,申请人或被申请人对变更、追加裁定均未提出异议,且所涉案件的执行程序已经终结,相关当事人又以原变更、追加裁定未告知其救济途径为由申请执行监督,请求撤销原追加、变更执行裁定的,原则上不予支持。

【理论基础】

追加、变更被执行人执行异议之诉,又称作债务人不适格执行异议之诉,是指被执行人对执行法院作出的追加、变更当事人的裁定不服,根据法律的规定向执行法院提起的要求撤销或改变已经作出的裁定的诉讼。[1] 换言之,"债权人对执行名义执行力扩张之特定第三人声请强制执行,如债务人主张非执行名义效力所及者,得于强制执行程序终结前,向执行法院对债权人提起执行异议之诉。债务人对执行当事人不适格异议之诉,系对争执执行名义的主观范围(执行力主观范围)

---

[1] 参见陈桂明主编:《民事诉讼法》,中国人民大学出版社2024年版,第342页。

是否对债务人生效而言,且系因当事人不适格,不许对其执行据之排除执行名义对其之强制执行。与之不同,债务人异议之诉,系对于执行名义效力及于债务人自己并无争议,而其系以执行名义有债权不成立或消减或妨碍债权人请求的事由,请求排除强制执行名义本身的执行力而言。"[1]而案外人执行异议之诉,是案外人针对执行标的主张享有民事权益请求排除执行的诉讼。

追加、变更被执行人执行异议之诉,系为了解决"乱追加""乱变更"等执行乱象。《最高人民法院关于民事执行中变更、追加当事人若干问题的规定》详细规定了实践中可能出现的变更、追加情形,包括:作为被执行人的自然人死亡后变更、追加其遗产继承人等为被执行人(第10条),作为被执行人的法人或非法人组织因合并而终止变更新设法人或者非法人组织为被执行人(第11条),作为被执行人的法人或非法人组织分立而变更、追加分立后的新设法人或非法人组织为被执行人(第12条),作为被执行人的个人独资企业在不能清偿债务时变更、追加其出资人为被执行人(第13条),作为被执行人的合伙企业不能清偿债务而变更、追加其普通合伙人或届期未足额缴纳出资的有限合伙人为被执行人(第14条),作为被执行人的法人分支机构不能清偿债务时变更、追加该法人为被执行人(第15条),个人独资企业、合伙企业、法人分支机构以外的非法人组织作为被执行人不能清偿债务变更该非法人组织的债务承担责任主体为被执行人(第16条),营利法人不能清偿到期债务变更、追加未缴纳出资或未足额缴纳出资的股东、出资人等为被执行人(第17条),营利法人不能清偿到期债务时变更、追加抽逃出资的股东、出资人为被执行人(第18条),公司不能清偿债务时变更追加未届期转让股权的股东为被执行人(第19条),作为被执行人的一人公司不能清偿债务且符合法人人格否认要件时变更、追加其股东为被执行人(第20条),作为被执行人的公司未依法清算时变更、追加其股东、董事或控股股东为被执行人(第21条),作为被执行人的法人或非法人组织在出现解散事由后无偿向其股东、出资人或者主管部门无偿转让财产致其无法清偿债务,变更、追加该股东、出资人或主管部门为被执行人(第22条)。

不过,依据《最高人民法院关于民事执行中变更、追加当事人若干问题的规定》第30条、第32条的规定,第10条、第11条、第12条、第13条、第14条第1款、第15条、第16条、第22条以及第23条所涉情形,并不适用于追加、变更被执行人执行异议之诉。只有第14条第2款、第17条至第21条所涉情形,适用于追

---

[1] 赖来焜:《强制执行法总论》,台北,元照出版有限公司2007年版,第632页。

加、变更被执行人执行异议之诉。

以上可以被申请追加、变更为被执行人的情形(如股东届期未出资情形、公司未依法清算情形)都存在实体法依据。事实上,执行力主观范围扩张的依据之一,即实体权利义务关系的依存性、实体利益归属的一致性。① "所谓实体权利义务关系的依存性,是指前后执行当事人之间具有权利义务上的依存,即后执行当事人(第三人)的权利义务是从前执行当事人处承继、转移而来,这是执行程序中当事人变更、追加最为常见的情形。例如债权人死亡、被宣告失踪或者被宣告死亡的,其继承人或者财产代管人可以被变更为执行申请人。这些情形扩张了执行力的主观范围,其明显具有正当性基础。和实体权利义务关系的依存性相同,实体利益归属的一致性也是执行力主观范围扩张的正当性基础之一,例如在执行过程中,作为被执行人法人或者其他组织名称变更的,可以裁定变更后的法人或者其他组织被执行人。既然该第三人与执行当事人实体利益归属是一致的,那么其受到执行力的约束即具有实体正当性的基础。"②

因而,理论上在申请人申请追加或变更上述主体为被执行人时,法院仅需作身份审查即可,对法院的裁定有异议的,通常也仅需通过复议程序即可,而无须通过诉讼程序救济,但为何《最高人民法院关于民事执行变更、追加当事人若干问题的规定》会赋予上述部分情形下的被执行人提起追加、变更被执行人执行异议之诉的方式救济?原因在于先诉可能涉及侵犯到被执行人利益的情形,例如,先诉当事人系虚假诉讼,公司法定代表人与债权人串通合谋损害股东权益。后诉主体对此争议已然系实体争议,因而赋予其以诉的方式解决实体争议有其必要。但此处亦存在一个新问题,即该诉系对原判决、裁定有异议,应当通过审判监督程序,或者至少也应当通过第三人撤销之诉的方式解决,却又何以通过执行异议之诉的方式解决该问题?这实际上也是理论界热议且并不十分赞同的地方,追加、变更被执行人执行异议之诉与第三人撤销之诉合并审理也为实务界所主张的观点。

---

① 参见肖建国、刘文勇:《论执行力主观范围的扩张及其正当性基础》,载《法学论坛》2016 年第 4 期。

② 肖建国、刘文勇:《论执行力主观范围的扩张及其正当性基础》,载《法学论坛》2016 年第 4 期。

【典型案例】

案例：烟台市某某供销有限公司与烟台某某物资经营公司、烟台某某企业有限公司追加、变更被执行人异议之诉纠纷案[①]

基本案情：

一审法院认定事实如下。

一、案件由来情况

烟台市某某供销合作社(烟台市某某供销有限公司的原名)与烟台某某物资经营公司(以下简称某乙公司)购销三合板合同纠纷一案，一审法院于1993年12月13日作出(1993)烟经初字第118号民事调解书，确认：某乙公司退还烟台市某某供销合作社预付款150万元，并赔偿烟台市某某供销合作社损失229470元。案件受理费及保全费合计30530元由某乙公司承担。调解书生效后，某乙公司未履行生效法律文书确定的义务，烟台市某某供销合作社向一审法院申请执行。

就申请人烟台市某某供销有限公司与被申请人烟台某某企业公司(以下简称某甲公司)、烟台市福山区回里镇人民政府一案，一审法院于2006年6月30日作出(1993)烟经初字第118号民事裁定书，裁定：变更被申请人某甲公司为本案被执行人，承担某乙公司应负清偿责任；被申请人烟台市福山区回里镇人民政府在接收某甲公司1532752.88元资产范围内对某乙公司债务承担清偿责任。

2006年8月18日，某甲公司提交《再审申请书》，主张其未开办某乙公司，开发区工商局复印件材料不能作为定案证据。经山东省高级人民法院移送，一审法院对该案进行审查，并于2008年10月12日向某甲公司出具(2008)烟民监字第73号《驳回申诉通知书》，认定：某甲公司的理由不符合法律规定的再审条件，原裁定正确，应予维持。

某甲公司因不服，向一审法院申诉，一审法院于2013年8月8日作出(2013)烟民再字第29号民事裁定书，裁定：撤销一审法院于2006年6月30日作出的(1993)烟经初字第118号民事裁定。后经再审，一审法院于2013年11月6日作出(2013)烟民再字第41号民事裁定书，裁定：(1)撤销一审法院(2013)烟民再字第29号民事裁定；(2)维持一审法院(1993)烟经初字第118号民事裁定。

[①] 参见山东省高级人民法院民事判决书，(2024)鲁民终887号。

某甲公司因不服,向山东省高级人民法院申诉,山东省高级人民法院于2019年1月28日作出(2018)鲁民再854号民事裁定书,认为:烟台市中级人民法院由作出(1993)烟经初字第118号民事调解书的原审判庭按照普通审判程序作出变更被执行主体的民事裁定,程序违法,依法应予纠正。裁定:(1)撤销山东省烟台市中级人民法院(2013)烟民再字第41号民事裁定、(2013)烟民再字第29号民事裁定和(1993)烟经初字第118号民事裁定;(2)本案发回山东省烟台市中级人民法院重新审查。

2021年9月26日,一审法院作出(2021)鲁06执异253号执行裁定书,裁定:驳回烟台市某某供销公司关于追加烟台某某企业有限公司、烟台市福山区回里镇人民政府为本案被执行人的请求。

经烟台市某某供销有限公司申请复议,山东省高级人民法院于2021年11月29日作出(2021)鲁执复427号民事裁定书,认为:执行程序中变更追加当事人应当遵循法定原则,只有在符合法律或司法解释明确规定执行程序中可以变更追加的情形下,才可在执行程序中变更、追加。根据上述法律规定,烟台市某某供销公司申请追加某甲公司为本案被执行人的事由属于执行程序审查范围,烟台中某某供销公司以上述理由不属于法定情形为由而未进行实质审查,不符合法律规定,一审法院予以纠正。烟台中院依据上述法律规定审查并作出异议裁定后,当事人不服异议裁定的,应通过执行异议之诉程序进行救济。在本案中,烟台中院异议裁定告知当事人通过执行复议程序进行救济,适用法律不当,一审法院予以纠正。裁定:(1)撤销烟台市中级人民法院(2021)鲁06执异253号执行裁定;(2)发回烟台市中级人民法院重新审查。

一审法院于2023年9月4日作出(2022)鲁06执异398号执行裁定书。该裁定书载明某甲公司的答辩意见为:(1)某甲公司是1994年6月27日经烟台市福山区农业委员会批准成立的股份制企业。某乙公司是1992年成立的集体企业,某甲公司没有开办某乙公司的条件。供销公司依据提供的不完整的且有涂改、拼凑痕迹的复印件材料证明某甲公司是某乙公司开办单位,违反法律规定。(2)即使认定某某实业公司开办,烟台某某企业公司也不应该承担责任。回里镇政府与烟台某某企业公司1994年6月28日签订企业产权转让合同,合同总资产是12796564.6元,总负债是10989606.97元。烟台某某企业公司改制时的债权债务明细清楚,按规定不再享有合同以外资产以及承担合同以外资产负债,法律依据是《最高人民法院关于审理与企业改制相关民事纠纷案件若干问题的规定》第11条及《最高人民法院关于企业改制中隐匿债务承担责任的司法解释》第11条。

(3)对于某乙公司法定代表人郭某征,证言某乙公司系某甲公司开办,现公司30万元注册资本是其个人投入。这说法没有事实根据和法律依据,某乙公司是否烟台某某企业公司开办,上述已清楚说明。注册资金的投入,按照公司法和企业注册登记管理条例规定,集体企业注册资金应由企业法人投入,如果某乙公司开办单位真是某甲公司,在注册资金不到位的情况下,郭某征为什么不找某甲公司出资,而是自己出资30万元充当集体企业注册资本。再是某甲公司及其法定代表人与郭某征非亲非故、互不相识,又没有利益关系,烟台某某企业公司凭什么开办某乙公司。这些都不符合逻辑。因此郭某征的证言不可采信。(4)某乙公司1992年成立集体企业的注册资金是48万元,根据《中华人民共和国企业法人登记管理条例施行细则》相关规定,注册资金30万~50万元的属于商业零售公司。某乙公司注册资金由48万元变更为30万元,烟台市审计事务所验资报告确认某乙公司30万元注册资金到位的事实证明某乙公司具备法人资格,对外应承担独立法律责任。本案经审理认定:根据烟台市审计事务所1997年3月21日出具的验资报告,某乙公司减资后,其注册资本金30万元已全部到位……关于供销公司以某乙公司不具备法人资格,不能独立承担法律责任,某甲公司作为开办单位应承担连带责任为由追加某甲公司为本案被执行人的问题,因供销公司的该项主张不属于执行中追加被执行人的法定情形,故本案对其该项主张亦不予支持。本案裁定:驳回烟台市某某供销有限公司追加烟台某某企业有限公司、烟台市福山区回里镇人民政府为本案被执行人的请求。

原告烟台市某某供销有限公司不服该执行裁定书,向一审法院提起本案诉讼。

二、某甲公司的情况

根据烟台市福山区工商行政管理局工商内档信息,1988年6月27日,烟台市某某厂申请变更企业名称为烟台市某某实业有限公司;企业性质为集体企业;法人代表鹿某剑;固定资金150万元,流动资金150万元。

1989年5月1日,烟台市某某实业有限公司向工商管理局提交《企业法人申请开业登记注册书》,申请开业登记事项即为烟台市某某实业有限公司。

1994年6月25日,烟台市某某实业有限公司向工商管理局提交《企业法人申请变更登记注册书》,将企业名称变更为烟台某某集团股份有限公司,企业性质变更为股份合作制,注册资本变更为308万元。

1997年1月17日,烟台市福山区经济体制改革办公室出具《关于对原烟台某某(集团)股份有限公司规范为有限责任公司的批复》,载明:经研究,同意规范为有限责任公司。公司名称按工商管理部门预批意见为:烟台某某企业有限公司。

三、某乙公司企业登记情况

根据烟台经济技术开发区行政审批服务局存档的1992年4月20日《企业法人申请开业登记注册书》等内档复印件材料。载明,组建单位:某甲公司。申请开业登记的企业法人名称:某某实业有限公司开发区某乙公司;法定代表人:郭某征;注册资金:48万元;主管部门:某某实业有限公司。

该内档留存的法定代表人证明书、关于申请成立烟台市某某实业有限公司开发区华天经营公司的报告、注册资金证明书、资金担保证明等复印件材料,均载明成立公司名称为烟台市某某实业有限公司开发区华天经营公司。另,该内档中1992年5月20日表格中,载明企业法人名称:烟台某某物资经营公司,但该表格中未载明主管部门。

根据某乙公司《企业法人年检报告书》(九六年度),该报告书中"出资情况"一栏存在手动更改痕迹:将出资者名称由"烟台市某某实业有限公司"手写横线划掉改为"郭某征";将实际出资额(万元),由"48万元"手写横线挂掉改为"30万元"。

根据某乙公司《企业法人年检报告书》(九七年度),该报告书中"出资情况"载明:出资者名称为郭某征,实际出资额为30万元。

四、某乙公司与某甲公司的关系

原告主张某甲公司是某乙公司的开办单位,且对某乙公司未实际出资。

原告提交1997年3月21日山东烟台市审计师事务所验证报告书复印件一份。原告主张该验资报告书所附材料包括《被审验单位基本情况表》《货币资金出资清单》、烟台市某某公司现金交款单、支票送存簿、收据以及企业法人申请变更登记注册书、关于申请变更登记的报告、企业章程等工商登记材料。原告主张,某乙公司申请验证时所附的工商登记材料与原告提交的证据二某乙公司企业注册登记资料等是一致的。

根据1997年3月14日《货币资金出资清单》复印件一份,载明被审验单位名称:某乙公司;出资者名称:郭某征;出资日期:2017.3.14;存入银行及账户:烟台某某公司;金额:30万元。根据烟台市某某公司现金交款单、支票送存簿、收据等,载明的缴款单位为郭某征。

原告提交烟台市某某公司明细账复印件,主张涉案验资30万元已被全部提出,该明细账系烟台市某某公司的账户,且无法看出交易对手。

2002年7月17日,(1993)烟经执118号案件执行期间,我院调查郭某征,其陈述:我在某乙公司担任法定代表人……(我公司是)某某实业有限公司开办,当时注册资本30万元,注册资本30万元是我个人筹措的,其注册资本未到位,当时他是担保单位性质。

根据烟台经济技术开发区人民法院(2007)开行初字第2号行政裁决书,起诉人烟台某某企业有限公司以烟台市工商行政管理局经济技术开发区分局为被告,主张从未开办成立某乙公司,请求确认被告对烟台某某企业有限公司作为烟台某某物资经营公司开发单位进行工商登记的行政行为违法。该案经审理,认为某乙公司核准成立的时间是1992年5月20日,原告起诉的时间是2006年12月22日,原告的起诉已超过5年诉讼期限,裁定不予受理。经某甲公司上诉,一审法院出具(2007)烟行终字第24号行政裁决书,裁定:驳回上诉,维持原裁定。

2000年9月4日,烟台经济技术开发区工商行政管理局作出《行政处罚决定书》:吊销某乙公司营业执照。

上述事实,除当事人提供已列明的证据、生效裁判文书材料外,还有当事人的陈述及庭审笔录在案,以上材料均经庭审质证和审核认证。

二审期间,当事人均未提交新证据。二审法院对一审法院查明的事实予以确认。

裁判要旨:

二审法院认为,烟台市某某供销有限公司申请追加某甲公司为本案被执行人的理由是某甲公司是某乙公司的开办单位对某乙公司未实际出资。一审法院依职权至烟台经济技术开发区行政审批服务局调取企业开办申请资料,开业材料存档档案为复印件,载明的开办企业法人名称与某乙公司名字不一致。根据企业内档留存的某乙公司《企业法人年检报告书》原件,投资者信息作出涂改,手写记载为郭某征。郭某征陈述内容与《企业法人年检报告书》原件记载不符,一审法院认为在无其他充分证据予以佐证的情况下,郭某征该陈述无法作为认定案件事实的依据,并无不当。目前证据无法证明烟台市某某供销有限公司关于某甲公司是某乙公司开办单位,另外,某乙公司减资后,其注册资本金30万元已全部到位。综上,烟台市某某供销有限公司要求追加某甲公司为被执行人等主张,缺乏依据,一审法院不予支持,并无不当。

裁判评析:

本案是追加、变更被执行人执行异议之诉的典型案例。烟台市某某供销有限公司申请追加某甲公司为本案被执行人,一审法院作出(2021)鲁06执异253号执行裁定书驳回了烟台市某某供销有限公司的请求。根据《最高人民法院关于民事执行中变更、追加当事人若干问题的规定》第 30 条的规定,当事人烟台市某某供销有限公司进一步的救济路径是提起追加、变更被执行人执行异议之诉,即其提起了本案诉讼。

首先,申请追加、变更某当事人为被执行人的情形奉行法定原则,即当事人和执行机关只能根据《最高人民法院关于民事执行中变更、追加当事人若干问题的规定》规定的追加、变更的情形进行追加、变更。

其次,可以被申请追加、变更为被执行人的情形都存在实体法依据,或者说执行力主观范围扩张的依据之一是实体权利义务关系的依存性、实体利益归属的一致性。因此,本案争议的焦点问题也是某甲公司是否为某乙公司的开办单位。一审和二审法院也是围绕这一实体问题展开,并且经过审理认为,目前证据无法证明某甲公司是某乙公司开办单位,烟台市某某供销有限公司要求追加某甲公司为被执行人等主张缺乏依据。

再次,追加、变更被执行人执行异议之诉的当事人是追加、变更的申请人和被申请人。《最高人民法院关于民事执行中变更、追加当事人若干问题的规定》第 32 条第 2 款规定:"被申请人提起执行异议之诉的,以申请人为被告。申请人提起执行异议之诉的,以被申请人为被告。"本案中,烟台市某某供销有限公司申请追加某甲公司为被执行人。因此,烟台市某某供销有限公司是申请人,某甲公司是被申请人。烟台市某某供销有限公司作为原告,提起的是追加、变更某甲公司为被执行人的追加、变更被执行人执行异议之诉。

又次,关于追加、变更被执行人执行异议之诉的证明责任分配问题,《最高人民法院关于民事执行中变更、追加当事人若干问题的规定》未作出明确规定。不过,通过本案也可以看出,追加、变更被执行人执行异议之诉也适用罗森贝克的规范说,即谁主张权利发生的事实、权利妨碍的事实、权利消灭的事实、权利阻却的事实,谁就承担客观意义上的证明责任。在本案中,烟台市某某供销有限公司作为原告,主张存在追加某甲公司为本案被执行人的事实,即某甲公司是否为某乙公司的开办单位的事实,烟台市某某供销有限公司应当对这一权利发生的事实承担客观意义上的证明责任。因本案烟台市某某供销有限公司没有提供充分的证据,故承担了败诉的不利后果。

最后,本案的审理思路明确,反映了追加、变更被执行人执行异议之诉的本质特点,透过本案可以了解追加、变更被执行人执行异议之诉的基本程序构造。

问题四　案外人执行异议之诉与参与分配方案执行异议之诉的区分

【规范梳理】

《最高人民法院关于适用〈中华人民共和国民事诉讼法〉的解释》

第五百一十条　债权人或者被执行人对分配方案提出书面异议的,执行法院应当通知未提出异议的债权人、被执行人。

未提出异议的债权人、被执行人自收到通知之日起十五日内未提出反对意见的,执行法院依异议人的意见对分配方案审查修正后进行分配;提出反对意见的,应当通知异议人。异议人可以自收到通知之日起十五日内,以提出反对意见的债权人、被执行人为被告,向执行法院提起诉讼;异议人逾期未提起诉讼的,执行法院按照原分配方案进行分配。

诉讼期间进行分配的,执行法院应当提存与争议债权数额相应的款项。

《最高人民法院关于适用〈中华人民共和国民事诉讼法〉执行程序若干问题的解释》

第十七条　多个债权人对同一被执行人申请执行或者对执行财产申请参与分配的,执行法院应当制作财产分配方案,并送达各债权人和被执行人。债权人或者被执行人对分配方案有异议的,应当自收到分配方案之日起十五日内向执行法院提出书面异议。

第十八条　债权人或者被执行人对分配方案提出书面异议的,执行法院应当通知未提出异议的债权人或被执行人。

未提出异议的债权人、被执行人收到通知之日起十五日内未提出反对意见的,执行法院依异议人的意见对分配方案审查修正后进行分配;提出反对意见的,应当通知异议人。异议人可以自收到通知之日起十五日内,以提出反对意见的债权人、被执行人为被告,向执行法院提起诉讼;异议人逾期未提起诉讼的,执行法院依原分配方案进行分配。

诉讼期间进行分配的,执行法院应当将与争议债权数额相应的款项予以提存。

《江苏省高级人民法院执行异议及执行异议之诉案件办理工作指引(一)》
十、基于执行分配方案提出的执行异议及执行异议之诉案件的审查处理

1. 债权人、被执行人根据《民诉法解释》第五百一十条、《民诉执行解释》第十七条、第十八条规定,提起执行分配方案异议之诉的,必须同时具备下列条件:

(1)异议人只能是被执行人以及执行法院已经同意其参与分配的债权人;

(2)异议系对执行法院制定的分配方案提出,包括参与分配的债权数额、优先受偿权是否成立及其分配顺序、分配份额、分配比例等;

(3)债权人或被执行人必须在收到分配方案之日起十五日内提出书面异议,并应在收到反对意见通知之日起十五日内提起执行分配方案异议之诉;

(4)债权人或被执行人提起分配方案异议之诉,应当明确提出修正后的分配方案并按该方案进行分配的请求及其事实与理由。

不符合上述条件之一的,裁定不予受理;已经受理的,裁定驳回起诉。

2. 债权人主要是指本案申请执行人、已经取得生效法律文书的其他债权人、尚未取得生效法律文书的首查封诉讼保全人、主张优先受偿权或法定优先权的债权人以及符合《江苏省高级人民法院关于正确理解和适用参与分配制度的指导意见》第6条规定情形的债权人。

(1)执行法院应准予已诉讼或未诉讼的主张优先权的债权人进入参与分配程序,其他债权人或者被执行人因此提出异议的,适用执行分配方案异议之诉程序审查;

(2)债权人对于执行法院不同意其参与分配申请提出的执行异议,不适用执行分配方案异议之诉程序,应适用《民事诉讼法》第二百三十二条规定进行审查,并明确告知其申请复议的权利。已经开始的分配程序,应预留其相应份额。

3. 债权人或被执行人提起执行分配方案异议之诉的,应将对其异议提出反对意见的债权人、被执行人列为被告,未对其异议提出反对意见的债权人、被执行人列为第三人。

4. 债权人或者被执行人提出执行分配方案异议之后,应当停止分配程序,但不停止对被执行人财产的变价处置行为。

无争议的债权数额相应的款项可以予以分配,但对于有争议的债权数额相应的款项应予以提存。

5. 执行分配方案异议之诉中,对分配方案有异议的债权人应当就其享有足以变更分配顺序、分配份额的实体权利主张承担举证责任。被执行人或者持反对意见的其他债权人否认异议债权人的权利或者对其权利内容持反对意见的,也应承担相应的举证责任。

6. 分配方案异议之诉中异议人的理由不成立的,应判决驳回其诉讼请求,执行机构按照原分配方案进行分配;理由成立的,应对异议人的分配顺序、本案分配方案案款中应分配数额作出判决。执行裁判机构不得作出执行机构重新作出分配方案的判决。

7. 执行分配方案异议之诉判决生效后,已参加诉讼的其他债权人或被执行人再行提出异议的,不予受理;已经受理的,驳回起诉,并告知其依法通过审判监督程序予以救济。

8. 执行分配方案异议之诉判决生效后,未参加该诉讼的其他债权人,以其不知情或未参加分配为由提出异议的,按照《民事诉讼法》第二百三十二条规定进行审查。该异议人主张其享有优先权且可能改变已经启动的分配程序的,告知其通过第三人撤销权诉讼予以救济。

【理论基础】

参与分配方案执行异议之诉,又称参与分配表执行异议之诉。提出参与分配方案执行异议的债权人或者债务人因不同意未提出异议的债权人或者债务人的反对意见,提起对其异议理由进行实体审理和裁判以确定是否修改参与分配方案的请求,执行法院对参与分配方案执行异议之诉进行审理和裁判的制度,叫作参与分配方案执行异议之诉,它是在多个债权人对同一债务人申请强制执行或者对执行财产申请参与分配的实现金钱债权的执行程序中适用的一种实体性执行救济制度。[①] 在参与分配程序中,各债权人所能获得的分配存在此消彼长的关系,从这个意义上来说,保障各债权人间的平等受偿是至关重要的,参与分配方案执行异议之诉使实体权益因参与分配方案而受损的债权人或债务人得以声明不服,并通过审判程序对该不服所涉及的参与分配方案部分予以重新判断,从而确保各债权人平等受偿的实现。[②]

"参与分配方案执行异议之诉,其诉讼标的为原告对参与分配方案的异议权,而该异议权的范围则包括各债权人的债权或分配金额,参与分配方案执行异议之诉提起的原因视债务人或债权人提起而有不同:当债权人提起时,只要债权人对参与分配方案所载各债权人的债权、分配次序或分配金额有不同意见,均可以提

---

① 参见杨秀清主编:《民事诉讼法学》,中国政法大学出版社 2024 年版,第 574 页。
② 参见刘颖:《分配方案异议之诉研究》,载《当代法学》2019 年第 1 期。

起。而当债务人提起时,对无执行名义的担保物权人或优先受偿权人,提起的原因与债务人提起的原因相同,但对于有执行名义的债权人提起,仅限于债权已消灭或其他原因。"①

参与分配方案执行异议之诉的原告,是提出参与分配方案执行异议的债权人或者债务人,被告则是对参与分配方案执行异议提出反对意见的债权人或债务人。如果提出异议的一方和持反对意见的一方或双方为二人以上,人民法院认为可以合并审理并经双方同意的,应将其列为共同原告或(和)共同被告。诉讼过程中,无异议也不反对的债权人或者被执行人对原告、被告双方的诉讼标的有独立请求权或者案件处理结果同他有法律上的利害关系而申请参加诉讼或由人民法院通知其参加诉讼的,应将其列为第三人。②

参与分配方案执行异议之诉的提起时期,是异议人自收到通知之日起十五日内。如果异议人逾期未提起参与分配方案执行异议之诉,则按照责任自负和正当程序保障原理,异议人丧失异议权,执行法院按照原参与分配方案进行分配,异议人不能再提起参与分配方案执行异议之诉。

参与分配方案执行异议之诉的管辖法院是执行法院,且执行法院对于参与分配方案执行异议之诉的管辖。属于专属管辖,其他法院没有管辖权,当事人也不能通过协议管辖予以排除。因此,提起参与分配方案执行异议的债权人或者债务人,只能向执行法院提起参与分配方案执行异议之诉。

在参与分配方案执行异议之诉中,应当遵循证明责任分配的一般原则。换言之,根据《最高人民法院关于适用〈中华人民共和国民事诉讼法〉的解释》第91条的规定,参与分配方案执行异议之诉的被告债权人应当对自己债权的发生原因事实承担证明责任,而原告应当就该债权的发生障碍事实和消灭事实承担证明责任。③ 如果被告债权人未对自己债权的发生原因事实完成证明责任,则被告可能承担败诉的后果;如果原告未就该债权的发生障碍事实和消灭事实完成证明责任,则原告可能承担败诉的后果。

虽然《最高人民法院关于适用〈中华人民共和国民事诉讼法〉的解释》第509条对参与分配方案执行异议之诉制度作出了明确的规定,但理论上对于参与分配方案执行异议之诉的研究还十分薄弱,法律、司法解释关于参与分配方案执行异

---

① 王玲:《民事执行程序中分配方案异议之诉研究》,载《法学论坛》2019年第4期。
② 参见李世成:《论执行分配方案异议之诉的程序构造》,载《法律适用》2011年第9期。
③ 参见刘颖:《分配方案异议之诉研究》,载《当代法学》2019年第1期。

议之诉的规定也较少。现行法未就参与分配方案执行异议之诉的证明责任分配、诉讼请求、与执行程序的关系等作出明确的规定。事实上,关于参与分配方案执行异议之诉,在司法实践中也存在很多有争议的问题。

根据以上内容可知,参与分配方案执行异议之诉与案外人执行异议之诉截然不同。参与分配方案执行异议之诉是针对参与分配方案的救济,旨在解决申请执行人或被执行人对参与分配方案所确定的债权是否存在、数额多少、受偿顺序等争议问题。参与分配方案执行异议之诉与执行标的无关,与案外人也无关。而案外人执行异议之诉是针对执行标的的救济,旨在解决案外人对执行标的是否享有足以排除强制执行的民事权益。案外人执行异议之诉与参与分配方案无关,因为参与分配方案执行异议之诉与案外人执行异议之诉的诉讼标的不同,所以参与分配方案执行异议之诉与案外人执行异议之诉的具体制度有很大的差异,比如二者的当事人、诉讼请求等完全不同。

当然,参与分配方案执行异议之诉与案外人执行异议之诉都是执行异议之诉,都是执行救济制度,而且都是实体性执行救济制度,因此二者也有一些共性。比如,参与分配方案执行异议之诉与案外人执行异议之诉均由执行法院管辖,在证明责任的分配方面都适用罗森贝克的规范说,等等。

【典型案例】

案例:范某义、山西某融资担保有限公司等参与分配方案执行异议之诉纠纷案[①]

基本案情:

一审法院查明:2014年12月19日,山西某融资公司与银川某商贸公司签订《抵押反担保合同》,银川某商贸公司以其建设的位于宁夏回族自治区银川市兴庆区××街西侧的商务综合楼以及国有土地使用权[土地证号为银国用(2013)第0×某某](以下简称某商务综合楼)提供抵押担保,并于2014年12月分别办理了在建工程抵押登记和国有土地使用权抵押登记。

山西省晋中市中级人民法院受理成某斌与李某、银川某商贸公司借款合同纠纷一案,2015年2月11日在办理成某斌与李某、银川某商贸公司借款合同纠纷诉讼财产保全执行案中,首先查封了某商务综合楼。

---

① 参见最高人民法院民事判决书,(2023)最高法民终855号。

2016年3月29日山西某融资公司与银川某商贸公司因合同纠纷提起诉讼,2016年5月3日一审法院作出(2016)宁民初27号民事调解书,确认:(1)银川某商贸公司应于2016年5月13日前一次性向山西某融资公司支付代偿的借款本息22015215.98元;(2)银川某商贸公司自愿赔偿山西某融资公司损失5984784.02元,于2016年5月13日一次性付清;(3)如银川某商贸公司未能按上述约定履行付款义务,则应按未付款年利率24%的标准向山西某融资公司支付逾期付款违约金直至实际清偿之日止;(4)山西某融资公司对《抵押反担保合同》项下的抵押物某商务综合楼负一层到六层在上述(1)(2)(3)项范围内享有优先受偿权。

2016年5月18日宁夏回族自治区银川市兴庆区人民法院立案受理范某义与李某、银川某商贸公司民间借贷纠纷一案。2016年5月25日,宁夏回族自治区银川市兴庆区人民法院依范某义诉讼财产保全申请,裁定预查封在建的某商务综合楼或冻结银川某商贸公司同等价值的其他财产(保全价值300万元),2016年5月27日轮候查封(第十三顺位)了某商务综合楼。

因债务人银川某商贸公司未自动履行生效民事调解书确定的付款义务,山西某融资公司向一审法院申请强制执行。2016年6月6日,一审法院依法立案执行。2016年6月30日,一审法院作出(2016)宁执21号执行裁定,裁定查封、冻结、扣划被执行人银川某商贸公司银行存款2800万元及逾期付款违约金、申请执行费;银川某商贸公司存款不足清偿债务部分,则查封、扣押、拍卖、变卖其相应价值的财产。2016年8月8日,宁夏某实业公司以山西某融资公司将其申请执行的全部债权转让为由,向一审法院申请变更宁夏某实业公司为申请执行人。2016年11月7日,一审法院作出(2016)宁执21号之二执行裁定,裁定变更宁夏某实业公司为该案申请执行人。2016年12月8日,一审法院作出(2016)宁执21号之三执行裁定,裁定将某商务综合楼负一层及地上六层过户至宁夏某实业公司以抵偿所欠债务,上述标的物财产权自裁定送达时起转移,可持裁定到财产管理机构办理相关产权过户登记手续。

2016年11月14日,宁夏回族自治区银川市兴庆区人民法院对范某义与李某、银川某商贸公司民间借贷纠纷一案,作出(2016)宁0104民初4201号民事调解书,确认银川某商贸公司、李某于2016年11月15日前偿还范某义借款276万元、支付利息24万元。该民事调解书生效后,因债务人没有自动履行还款义务,范某义申请执行。

2016年12月27日,山西省晋中市中级人民法院作出(2015)晋中中法民初字第17号民事判决,李某、银川某商贸公司连带清偿成某斌借款本金826万元及其年利率24%的违约金,并负担案件受理费110900元、保全费5000元。该民事判决发生法律效力后,因债务人没有自动履行还款义务,成某斌申请执行。

2017年3月6日,山西省晋中市中级人民法院将该院依成某斌申请查封的某商务综合楼移送一审法院执行。

2017年5月9日,银川市国土资源局为宁夏某实业公司颁发了宁(2017)兴庆区不动产权第0××1号登记证。

2018年11月5日,一审法院作出(2016)宁执21号《执行财产分配方案》,载明:在执行宁夏某实业公司与银川某商贸公司抵押借款合同纠纷一案过程中,依法对抵押物国有土地使用权及其范围内的尚未竣工的在建工程进行评估,评估总价46674236元。2016年9月19日,一审法院委托银川市中级人民法院淘宝网平台,以评估价为保留价进行第一次拍卖后流拍。第二次在第一次拍卖保留价的基础上下浮10%作为保留价(42006812元)后再行拍卖仍流拍。2016年11月4日,宁夏某实业公司提交《以物抵债申请书》,申请以第二次拍卖保留价接受抵押物以抵偿债务,并表示抵押物拍卖保留价超出债权数额的部分愿意退回。执行依据确定债权包括借款本息22015215.98元、赔偿损失5984784.02元以及逾期付款违约金3621333元,共计31621333元;垫付抵押物评估费65000元,总计31686333元。本案执行实现的债权额为31686333元。抵押物拍卖保留价42006812元,宁夏某实业公司已经退回抵押物拍卖保留价超出债权数额价款10320479元。2016年12月8日,一审法院裁定"将银川某商贸公司位于宁夏银川市兴庆区××街西侧银国用(2013)第0××0号国有土地使用权及其范围内的商务综合楼(在建工程,抵押登记号银房在建抵押第2014098740号)负一至六层过户至宁夏某实业公司,以抵偿所欠债务。"扣除执行费99086元,退回价款10221393元应当依法支付。关于退回价款10221393元分配,涉及以下三方面:第一,案件受理费、保全费、公告费的收取。涉及参与分配的16个案件中,生效法律文书确定由银川某商贸公司承担的案件受理费、保全费、公告费共计698903元。退回价款10221393元—案件受理费698903元=剩余价款9522490元,剩余价款9522490元进入优先债权的分配。第二,优先债权的清偿。依据《最高人民法院关于建设工程价款优先受偿权问题的批复》,债权人山西某建筑劳务有限公司、南通某装饰工程有限公司宁夏分公司、宁夏某技术工程有限公司工程款共计5540353元应优先受偿,剩余价款3982137元进入普通债权的分配。第三、变通债权的清偿。从不动产登记机构档案显示,对标的物申请保全查封申请人共11名(其中7名申请移送执行案件,4名未申请移送案件)。自2015年2月11日开始,首查封是山西省晋中市中级人民法院,同时记载,同天申请查封的原告依次为成某斌、王某成、成某红,成某斌为首查封,王某成、成某红为轮候查封。依据《最高人民法院关于适用〈中华人民共和国民事诉讼法〉的解释》第514条规定,依保全查封的先后顺序清偿。2016年12月27日,山西省晋中市中级人民法院作出(2015)晋中中法民初字第17号民事判决,李某、银川某商贸公司连带清偿成某斌借款本金826万元及其年利率24%的违约金,并负担案件受理费110900元、保全费5000元。2017年3月6日,山西省晋中市中级人民法院致函一审法院,言明移交成某斌申请执行案件清偿、解除标的物查封。因此,进入普通债权分配的剩余价款3982137元应由成某斌受偿。综上,退回价款10221393元全部分配完毕,具体受偿情况:成某斌一案借款3982137元,案件受理费110900元,保全费5000元,共计4098037元。范某义一案案件受理费15400元,保全费5000元,共计20400元。成某红、王某成、范某义等13名债权人无余款可受偿(除返还的案件受理费、保全费、公告费)。

2018年11月20日范某义向一审法院提出书面执行分配方案异议,要求确认范某义对银川某商贸公司享有的300万元债权属于优先受偿范围,但成某斌对范某义针对《执行财产分配方案》提出的书面异议表示不同意,范某义遂提起本案诉讼。

对一审查明的事实,二审法院予以确认。

裁判要旨:

二审法院认为,本案争议焦点是范某义的诉讼请求能否获得支持。

首先,关于范某义申请撤销宁夏回族自治区高级人民法院依据(2016)宁民初第27号调解书作出的(2016)宁执21号执行裁定的请求。相关刑事判决查明,山西某融资公司的实际控制人孟某文、总经理成某斌并未与银川某商贸公司的控制人李某进行虚假诉讼,孟某文与李某之间具有真实的债权债务关系。基于调解协议确认的李某应清偿债务数额,抵押权人山西某融资公司有权对抵押物某商务综合楼变现价值在该债务范围内优先受偿。范某义主张山西某融资公司与银川某商贸公司涉嫌虚假诉讼,(2016)宁执21号裁定系虚假诉讼的产物,应当予以撤销,但未提供有效证据予以证实,该主张不应予以支持。

其次,关于范某义主张确认成某斌不具有优先受偿权的诉讼请求。《最高人民法院关于适用〈中华人民共和国民事诉讼法〉的解释》第508条规定,参与分配执行中,执行所得价款扣除执行费用,并清偿应当优先受偿的债权后,对于普通债权,原则上按照其所占全部申请参与分配债权数额的比例受偿。一审法院在以抵押物清偿了山西某融资公司债权后,因剩余价款不能清偿所有债务,按照依法先收取案件受理、执行费用,再清偿优先债权,最后清偿普通债权的原则,为清偿剩余债权人债务制定的执行财产分配方案符合规定。根据《最高人民法院关于人民法院执行工作若干问题的规定(试行)》第55条第1款规定,多份生效法律文书确定金钱给付内容的多个债权人分别对同一被执行人申请执行,各债权人对执行标的物均无担保物权的,按照执行法院采取执行措施的先后顺序受偿。成某斌是某商务综合楼的首次查封债权人,范某义系第13顺位轮候查封人,原审法院认定在普通债权依法受偿的财产份额内,成某斌基于采取执行措施时间在前,其分配顺序依法优先于包括范某义在内的其他债权人,并无不当。

综上,一审法院在以抵押物清偿了抵押权人债权之后,为分配剩余案款所制作的执行分配方案符合规定,范某义的诉讼请求无事实根据及法律依据,二审法院不予支持。

裁判评析:

本案是关于参与分配方案执行异议之诉的典型案例。通过本案,可以了解参与分配方案执行异议之诉的基本程序构造。当然,本案也存在一些不足之处,无法反映参与分配方案执行异议之诉的全貌。

首先,可以明晰提起参与分配方案执行异议之诉的条件。具体来说:第一,异议人只能是被执行人以及执行法院已经同意其参与分配的债权人。比如,在本案中,异议人是范某义,他是执行法院已经同意参与分配的债权人。第二,异议系对执行法院制定的参与分配方案提出,包括参与分配的债权数额、优先受偿权是否成立及其分配顺序、分配份额、分配比例等。比如,在本案中,异议针对的是执行法院制定的《执行财产分配方案》,以及针对的是优先受偿权是否成立,即范某义要求确认其对银川某商贸公司享有的300万元债权属于优先受偿范围。第三,债权人或被执行人必须在收到参与分配方案之日起15日内提出书面异议,并应在收到反对意见通知之日起15日内提起参与分配方案执行异议之诉。比如,在本案中,范某义都是在法定期限内提出参与分配方案执行异议和执行异议之诉。第四,债权人或被执行人提起参与分配方案执行异议之诉,应当明确提出修正后的参与分配方案,按该方案进行分配的请求及其事实与理由。比如,在本案中,范某义明确要求法院确认其对银川某商贸公司享有的300万元债权属于优先受偿范围。

其次,可以明晰参与分配方案执行异议之诉的当事人,即债权人或被执行人提起参与分配方案执行异议之诉的,应将对其异议提出反对意见的债权人、被执行人列为被告。比如,在本案中,范某义向执行法院提出书面分配方案执行异议,成某斌对范某义针对《执行财产分配方案》提出的书面异议表示不同意。因此,范某义应当作为原告,成某斌应当作为被告。

再次,无法看出参与分配方案执行异议之诉对执行程序的影响。虽然现行法律、司法解释等未对此问题作出明确规定,但从法理上讲,为避免不停止执行导致分配错误,债权人或者被执行人提出参与分配方案执行异议之后应当停止分配程序,但不停止对被执行人财产的变价处置行为。在本案中,通过判决书所载明的事实,看不出执行法院是否停止了分配程序。

又次,无法看出参与分配方案执行异议之诉的证明责任分配。虽然现行法律、司法解释等未对此问题作出明确规定,但从法理上讲,参与分配方案执行异议之诉中,对分配方案有异议的债权人应当就其享有足以变更分配顺序、分配份额的实体权利主张承担证明责任。被执行人或者持反对意见的其他债权人否认异议债权人的权利或者对其权利内容持反对意见的,也应承担相应的举证责任。在本案中,通过判决书所载明的事实,看不出范某义、成某斌的举证过程和证明责任分配情况而法院的判决书本应载明范某义、成某斌的举证过程。

最后,可以看出参与分配方案执行异议之诉的判决结果,即参与分配方案执行异议之诉中异议人的理由不成立的,应判决驳回其诉讼请求,执行机构按照原分配方案进行分配;理由成立的,应对异议人的分配顺序、本案分配方案案款中应分配数额作出判决。执行裁判机构不得作出要求执行机构重新作出分配方案的判决。在本案中,法院驳回了范某义的诉讼请求,并指出一审法院在以抵押物清偿了抵押权人债权之后,为分配剩余案款所制作的执行分配方案符合规定。

第七讲　案外人执行异议之诉与纠错程序的关系

导　语

案外人提起执行异议之诉,往往是因为其认为自己就执行标的享有足以排除强制执行的民事权益,而其中最主要的权利是案外人认为自己享有物权或其他类似物权的、排他性的权利,故其诉至法院,要求就执行标的之上的民事权益进行新的实体争讼,对抗已经生效的执行依据。在执行依据确定申请执行人享有物权或其他类似物权的、排他性的权利时,案外人享有的物权或其他类似物权的、排他性的权利与之对抗,会涉及执行依据的既判力,进而会涉及案外人执行异议之诉与案外人申请再审、第三人撤销之诉等纠错程序的关系。此时,案外人应当选择何种救济路径维护其合法权益,对其而言影响甚大。本讲旨在围绕案外人执行异议之诉与纠错程序的关系,展开说明。

问题一　案外人执行异议之诉与案外人申请再审的关系

【规范梳理】

《民事诉讼法》

第二百三十八条　执行过程中,案外人对执行标的提出书面异议的,人民法院应当自收到书面异议之日起十五日内审查,理由成立的,裁定中止对该标的的执行;理由不成立的,裁定驳回。案外人、当事人对裁定不服,认为原判决、裁定错误的,依照审判监督程序办理;与原判决、裁定无关的,可以自裁定送达之日起十五日内向人民法院提起诉讼。

【理论基础】

根据《民事诉讼法》第238条的规定,案外人执行异议之诉与案外人申请再审均为案外人提起执行标的的异议被驳回后,可以进一步采取的程序救济措施。因此,区分案外人执行异议之诉与案外人申请再审程序的核心为"与原判决、裁定无关"。但如何认识"与原判决、裁定无关",则需要进一步澄清。

在实践中,就"与原判决、裁定无关"的理解,曾存在两类观点。一是客体同一标准说,认为只要案外人的异议请求与执行依据的裁判主文指向相同的标的物,即与原判决、裁定有关,适用案外人申请再审,不适用案外人执行异议之诉。[1] 二是诉讼请求冲突说,认为案外人提起的诉讼请求,只有在与执行依据主文相冲突时,方属于与原判决、裁定有关,适用案外人申请再审。

在我国早期的实践中,以最高人民法院公报案例"孙某明与江苏威特集团有限公司、盐城经济开发区祥欣农村小额贷款有限公司案外人执行异议纠纷案"为代表,主要采客体同一说。[2] 该案的裁判要旨指出:"如案外人权利主张所指向的民事权利义务关系或其诉讼请求所指向的标的物,与原判决、裁定确定的民事权利义务关系或者该权利义务关系的客体具有同一性,执行标的就是作为执行依据的生效裁判确定的权利义务关系的特定客体,其则属于'认为原判决、裁定错误'的情形,应依照审判监督程序办理。"随后一段时期,客体同一标准在司法实践中成为主流。[3] 客体同一标准较为宽松,其有利于案外人启动再审程序寻求救济,但相应的也会对执行依据效力的稳定性和权威性造成较大冲击。在诸如案外人并不主张原生效裁判主文存在错误,仅认为自身享有优先于申请执行人的优先权时,生效裁判本无错误,并无启动再审的必要性,因此该标准实则存在一定不妥当性。[4]

近年来,以最高人民法院2021年发布的第154号指导性案例、第155号指导性案例为代表,审判实务转向了诉讼请求冲突说。最高人民法院第154号指导性

---

[1] 参见姚红主编:《中华人民共和国民事诉讼法释义》,法律出版社2007年版,第324页。
[2] 参见最高人民法院民事裁定书,(2013)民提字第207号。
[3] 参见北京市高级人民法院民事裁定书,(2012)高民终字第1260号;上海市第一中级人民法院民事裁定书,(2011)沪一中民二(民)初字第9号;吉林省高级人民法院民事裁定书,(2014)吉民一终字第47号。
[4] 参见金印:《案外人对执行标的主张实体权利的程序救济》,载《法学研究》2021年第5期。

案例"王某光诉中天建设集团有限公司、白山和丰置业有限公司案外人执行异议之诉案",在裁判理由中载明:"案外人的执行异议'与原判决、裁定无关'是指案外人提出的执行异议不含有其认为原判决、裁定错误的主张。"从诉讼法理上,出于对民事诉讼裁判结果安定性的维护,对于生效裁判,不宜轻易启动再审,在案外人虽就执行标的主张权利,但对其提供救济不以撤销原判决、裁定为必要时,应当不启动再审,仅以执行异议之诉判定执行标的之实体归属,并由此将之划出债务人责任财产,免于错误的强制执行即可。因此,对于启动案外人启动再审的标准应从严解释,仅在案外人提出的诉讼请求否定了作为执行依据的裁判或与之相冲突时,才应提起案外人申请再审之诉,否则应提起案外人执行异议之诉。

案外人提出的诉讼请求与执行依据矛盾,应理解为与执行依据的裁判主文存在矛盾。原因在于,按照既判力客观范围原理,生效裁判的拘束力限于判决主文。原裁判中的事实认定与判决理由,均无拘束力。案外人提出的诉讼请求,若与执行依据的事实认定或判决理由部分发生矛盾,可以在案外人执行异议之诉中通过提供相反证据和提出相反理由推翻,不必撤销原判决。① 因此,对于"与原判决、裁定无关",应理解为案外人的诉讼请求与原判决、裁定的主文无冲突。

对于案外人同时提起多个诉讼请求的,若部分诉讼请求与作为执行依据的生效裁判存在冲突,部分请求不否定执行依据主文内容的,则应就两部分诉讼请求分别提起案外人申请再审之诉和执行异议之诉,二者可同时提起。② 例如,对于房屋共同共有的情况,一共有人将房产对外抵押,抵押权人申请强制执行时,另一共有人可能既主张其为共同共有人,又主张抵押权无效或消灭。在这类案件中,关于案外人为执行标的共同共有人的主张并不与作为执行依据的生效裁判相互矛盾,共同共有并不会排除抵押权的成立,也不能对抗强制执行,只不过在执行时需要对非被执行一方共有人的份额予以保护,故而对于该请求应以案外人执行异议之诉审理。不过,关于抵押权无效或已经消灭的主张,则直接与生效裁判发生冲突,须以案外人申请再审处理。③

此外,一类特殊的情况在于,在作为执行依据的生效裁判作出后发生了新的

---

① 参见余晓汉、李予霞:《〈王四光与中天建设集团有限公司、白山和丰置业有限公司案外人执行异议之诉案〉的理解与参照——民事诉讼法第二百二十七条中"与原判决、裁定无关"的认定标准》,载《人民司法(案例)》2022年第17期。

② 参见万挺:《执行异议之诉审判新思维——以三大基础关系为中心》,载《法律适用》2022年第9期。

③ 参见最高人民法院民事裁定书,(2020)最高法民申4670号;最高人民法院民事裁定书,(2021)最高法民申3587号。

事实,如实际控制该财产的当事人对外转让该财产,使标的物权属被案外人善意取得的,不属于与原生效裁判存在冲突,应适用案外人执行异议之诉,而不适用案外人申请再审。此种情况下,尽管原生效裁判对物之权属的判定与案外人主张善意取得的标的物所有权存在实体法层面的矛盾,但是原生效裁判之既判力在时间范围上仅覆盖至原审判程序法庭辩论终结之前,也即所裁判的实体权属仅为原审判程序辩论终结之前的物之归属。即使该物在裁判作出后被无权处分,且买受人善意取得,也不影响原裁判的正确性。根据《最高人民法院第二巡回法庭2019年第15次法官会议纪要》案外人主张其善意取得,不以原生效裁判效力的撤销为必要,应以案外人执行异议之诉处理。

【典型案例】

案例一:王某光诉中天建设集团有限公司、白山和丰置业有限公司案外人执行异议之诉案[1]

基本案情:

2016年10月29日,吉林省高级人民法院就中天建设集团公司(以下简称中天公司)起诉白山和丰置业有限公司(以下简称和丰公司)建设工程施工合同纠纷一案作出(2016)吉民初19号民事判决:和丰公司支付中天公司工程款42746020元及利息,设备转让款23万元,中天公司可就春江花园B1、B2、B3、B4栋及B区16、17、24栋折价、拍卖款优先受偿。判决生效后,中天公司向吉林省高级人民法院申请执行上述判决,该院裁定由吉林省白山市中级人民法院执行。2017年11月10日,吉林省白山市中级人民法院依中天公司申请作出(2017)吉06执82号(之五)执行裁定,查封春江花园B1、B2、B3、B4栋的11××-××号商铺。

王某光向吉林省白山市中级人民法院提出执行异议,吉林省白山市中级人民法院于2017年11月24日作出(2017)吉06执异87号执行裁定,驳回王某光的异议请求。此后,王某光以其在查封上述房之前已经签订书面买卖合同并占有使用该房屋为由,向吉林省白山市中级人民法院提起案外人执行异议之诉,请求法院判令:依法解除查封,停止执行王某光购买的白山市浑江区春江花园B1、B2、

---

[1] 参见王某光诉中天建设集团有限公司、白山和丰置业有限公司案外人执行异议之诉案,最高人民法院指导案例154号(2021年)。

B3、B4栋的11××-××号商铺。

2013年11月26日,和丰公司(出卖人)与王某光(买受人)签订《商品房买卖合同》,约定:出卖人以出让方式取得位于吉林省白山市星泰桥北的土地使用权,出卖人经批准在上述地块上建设商品房春江花园;买受人购买的商品房为预售商品房……买受人按其他方式按期付款,其他方式为买受人已付清总房款的50%以上,剩余房款10日内通过办理银行按揭贷款的方式付清;出卖人应当在2014年12月31日前按合同约定将商品房交付买受人;商品房预售的,自该合同生效之日起30天内,由出卖人向产权处申请登记备案。

2014年2月17日,贷款人(抵押权人)招商银行股份有限公司、借款人王某光、抵押人王某光、保证人和丰公司共同签订《个人购房借款及担保合同》,合同约定抵押人愿意以其从售房人处购买的该合同约定的房产的全部权益抵押给贷款人,作为偿还该合同项下贷款本息及其他一切相关费用的担保。2013年11月26日,和丰公司向王某光出具购房收据。白山市不动产登记中心出具的不动产档案查询证明显示:抵押人王某光以不动产权证号为白山房权证白BQ字第××××号,建筑面积5339.04平方米的房产为招商银行股份有限公司通化分行设立预购商品房抵押权预告。2013年8月23日,涉案商铺在产权部门取得商品房预售许可证,并办理了商品房预售许可登记。2018年12月26日,吉林省电力有限公司白山供电公司出具历月电费明细,显示春江花园B1-4号门市2017年1月至2018年2月用电情况。

白山市房屋产权管理中心出具的《查询证明》载明:"经查询,白山和丰置业有限公司B-1、2、3、4#楼在2013年8月23日已办理商品房预售许可登记。没有办理房屋产权初始登记,因开发单位未到房屋产权管理中心申请办理。"

该案各审级的裁判结果存在较大差异。一审法院吉林省白山市中级人民法院于2018年4月18日作出(2018)吉06民初12号民事判决:(1)不得执行白山市浑江区春江花园B1、B2、B3、B4栋11××-××号商铺;(2)驳回王某光其他诉讼请求。

中天建设集团公司不服一审判决向吉林省高级人民法院提起上诉。二审法院吉林省高级人民法院于2018年9月4日作出(2018)吉民终420号民事裁定:(1)撤销吉林省白山市中级人民法院(2018)吉06民初12号民事判决;(2)驳回王某光的起诉。

王某光对裁定不服,向最高人民法院申请再审。再审法院最高人民法院于2019年3月28日作出(2019)最高法民再39号民事裁定:(1)撤销吉林省高级人民法院(2018)吉民终420号民事裁定;(2)指令吉林省高级人民法院对本案进行审理。

裁判要旨:

最高人民法院认为,根据王某光在再审中的主张,本案再审审理的重点是王某光提起的执行异议之诉是否属于《民事诉讼法》第227条规定的案外人的执行异议"与原判决、裁定无关"的情形。

根据《民事诉讼法》第227条规定的文义,该条法律规定的案外人的执行异议"与原判决、裁定无关"是指案外人提出的执行异议不含有其认为原判决、裁定错误的主张。案外人主张排除建设工程价款优先受偿权的执行与否定建设工程价款优先受偿权权利本身并非同一概念:前者是案外人在承认或至少不否认对方权利的前提下,对两种权利的执行顺位进行比较,主张其根据有关法律和司法解释的规定享有的民事权益可以排除他人建设工程价款优先受偿权的执行;后者是从根本上否定建设工程价款优先受偿权权利本身,主张诉争建设工程价款优先受偿权不存在。简而言之,当事人主张其权益在特定标的的执行上优于对方的权益,不能等同于否定对方权益的存在;当事人主张其权益会影响生效裁判的执行,也不能等同于其认为生效裁判错误。根据王某光提起案外人执行异议之诉的请求和具体理由,并没有否定原生效判决确认的中天公司所享有的建设工程价款优先受偿权,王某光提起案外执行异议之诉意在请求法院确认其对案涉房屋享有可以排除强制执行的民事权益;如果一、二审法院支持王某光关于执行异议的主张也并不动摇生效判决关于中天公司享有建设工程价款优先受偿权的认定,仅可能影响该生效判决的具体执行。王某光的执行异议并不包含其认为已生效的(2016)吉民初19号民事判决存在错误的主张,属于《民事诉讼法》第227条规定的案外人的执行异议"与原判决、裁定无关"的情形。二审法院认定王某光作为案外人对执行标的物主张排除执行的异议实质上是对上述生效判决的异议,应当依照审判监督程序办理,据此裁定驳回王某光的起诉,属于适用法律错误,再审法院予以纠正。鉴于二审法院并未作出实体判决,根据具体案情,再审法院裁定撤销二审裁定,指令二审法院继续审理本案。

裁判评析:

本案涉及的执行依据所为处理的是建设工程价款优先权纠纷,该执行依据判决认定建设工程价款优先权人中天公司的权利成立,其可就春江花园B1、B2、B3、B4栋及B区16、17、24栋折价、拍卖款优先受偿。建设工程价款优先权的强制执行过程中,案外人王某光作为商品房买受人,主张自身具有商品房消费者权利,对强制执行的房屋提起案外人执行异议之诉,请求确认其对案涉房屋享有可以排除强制执行的民事权益。此情况下,王某光主张权利不以否定原生效判决确认的债权人所享有的建设工程价款优先受偿权为必要,其实质上主张的是,针对案涉房屋执行标的,商品房消费者权优先于建设工程价款优先权,即使承认原判决成立,执行程序中也不应强制执行王某光买受的房屋,其主张也有《最高人民法院关于商品房消费者权利保护问题的批复》第 2 条作为依据。该案中,因王某光的主张不否认执行依据所判定的建设工程价款优先权,仅主张特定房产不属于执行标的,故属于《民事诉讼法》第 238 条规定的"与原判决、裁定无关"的情形,应通过案外人执行异议之诉处理。

本案代表了一类案外人执行异议之诉区别于案外人申请再审之诉的典型案例,即原执行依据判定申请执行人享有某一实体权利,而案外人在不否认申请执行人之权利存在的情况下,主张执行标的之上存在数个不同顺位的权利,如物权请求权、商品房消费者权利、建设工程价款优先权等。[①] 案外人的实体权利在优先顺序上优于申请执行人的权利,可在不撤销原裁判的前提下对抗强制执行。此时,因作为执行依据的原生效裁判并无错误,不必撤销,不应适用案外人申请再审之诉,而应作为"与原判决、裁定无关"的情形,适用案外人执行异议之诉。

实践中,因优先权数量众多、形式多样,故此类案外人执行异议之诉案件数量较大且较为复杂,最高人民法院第 155 号指导性案例亦为此类型的案件。在该案中,案外人的主张其签订购房合同、支付购房款及占有案涉房产在办理抵押之前,进而主张就执行标的(房产)享有的权利优先于申请执行人的抵押权,就此排除对案涉房产的强制执行。该案中案外人的诉讼请求亦并未否定申请执行人对案涉房产享有的抵押权,也未请求纠正执行依据,实际上其诉请解决的是基于房屋买卖对案涉房产享有的权益与申请执行人对案涉房产所享有的抵押权之间的权利顺位问题,这属于"与原判决、裁定无关"的情形,是案外人执行异议之诉案件审理的内容,应通过案外人执行异议之诉处理。[②]

[①] 参见陆晓燕:《债务人财产"优先给付"与"公平分配"之规则体系——兼议房企破产中购房人权利的保障及边界》,载《法律适用》2024 年第 11 期。

[②] 参见中国建设银行股份有限公司怀化市分行诉中国华融资产管理股份有限公司湖南省分公司等案外人执行异议之诉案,最高人民法院指导案例 155 号(2021 年)。

案例二：梁某与甲银行等案外人执行异议之诉案[1]

基本案情：

1997年6月，甲银行向乙公司发放贷款1000万元，期限1年，乙公司以其拥有的13亩土地使用权及该土地上的10幢房屋提供抵押担保，并在工商行政管理机关办理了抵押登记。借款到期后，乙公司尚欠700万元本金及利息未偿还。1999年，乙公司将抵押房屋出售，李某购买了其中的803号房屋并办理了房屋产权证。2004年6月，甲银行提起诉讼，法院于2005年5月作出生效判决，判令乙公司向甲银行偿还借款本金及利息，甲银行可以就抵押物优先受偿。判决还认为：根据原《担保法》第42条规定和该省人民政府相关批复，在工商行政管理机关办理的案涉抵押登记有效。乙公司又将房屋转让他人，根据原《最高人民法院关于适用〈中华人民共和国担保法〉若干问题的解释》第67条的规定，因该抵押已经依法登记，故甲银行仍然可以行使抵押权。如乙公司在转让房屋时未告知第三人房屋已设定抵押，第三人可另案向乙公司主张权利。

2005年12月，甲银行申请强制执行。2006年3月，执行法院张贴公告查封案涉10幢房屋及土地使用权，但未实际执行。2010年，李某将803号房屋转让给梁某并办理了产权转移登记，梁某持有房屋产权证书。梁某于2016年1月以案外人的身份提出执行异议，被驳回后提起执行异议之诉，请求判决停止对案涉803号房屋的执行，原审法院指引梁某通过案外人申请再审程序解决其诉求。

裁判要旨：

执行异议之诉的目的在于判断案外人是否对执行标的享有足以排除强制执行的民事权益，而案外人申请再审程序是案外人认为作为执行依据的裁判文书本身存在错误。本案梁某主张其有权排除法院对于案涉房屋的强制执行，理由并非前案判决内容错误且损害其民事权益，而是主张其已通过合法受让取得案涉房屋所有权，构成善意取得。因此，对于梁某是否构成善意取得，是否有权排除法院针对案涉房屋的强制执行，应当通过执行异议之诉的审理依法认定。梁某在程序上享有诉权，其起诉符合执行异议之诉的受理条件，受诉法院应予受理。

裁判评析：

本案的案情可总结为，前案判决主文确定债权人（申请执行人）对案涉抵押房

---

[1] 参见贺小荣主编：《最高人民法院第二巡回法庭法官会议纪要》（第1辑），人民法院出版社2009年版，第144页。

屋享有优先受偿权。在前案判决生效后,案外人从房屋登记所有人处受让案涉房屋并办理了产权过户登记,该案外人符合善意取得之要件。在前案债权人依据其享有的抵押权申请强制执行案涉房屋时,受让案涉房屋的案外人,可否以善意取得为由提起案外人执行异议之诉,主张排除对案涉房屋的强制执行?对此,实践中有两种观点。

一是否定说。否定说认为,梁某所提案外人执行异议之诉的主要理由是其合法善意取得了案涉房屋的所有权,隐含的意思是梁某取得了完整无瑕疵的所有权,包括原抵押权人在内的其他任何人的抵押权都不能及于案涉房屋。因此,梁某的主张实际上是否认债权人的抵押权,亦即否认前案判决关于案涉房屋上的抵押权仍然有效的认定,其与前案判决有密切关系,故应当通过审判监督程序解决。

二是肯定说。肯定说认为,案涉执行依据为前案生效判决。梁某于前案判决生效后从房屋登记名义所有人李某处受让案涉房屋,并办理了所有权转移登记。在债权人甲银行申请强制执行前案判决的过程中,梁某以自己系善意取得为由提出执行异议,被驳回后提起案外人执行异议之诉,其诉讼请求所依据的事实与前案判决无关,故其起诉符合《最高人民法院关于适用〈中华人民共和国民事诉讼法〉的解释》第305条第1款规定的案外人执行异议之诉的条件。梁某购买案涉房屋系在前案判决生效之后,不能根据在判决生效之后发生的新事实,对案件提起再审;梁某并未主张前案生效判决存在错误,其起诉的目的并不是推翻该判决。原审法院指引梁某通过案外人申请再审程序获得救济,无法律依据。

本书认为肯定说更可取。原因在于,对于房产归属的裁判文书,除形成判决可直接变动物权归属之外,其他的给付判决、确认判决的权利实现,均需嗣后变更不动产登记,才能发生变动不动产物权之效力。因此,在原裁判做出后,判决的效力具有相对性,且原案取得胜诉的债权人尚未取得具有对世性的物权,因此案外人不受到判决效力拘束,在基于善意从房产的名义权利人处取得房产并办理房产过户登记后,可通过善意取得获取该房产。此时,原裁判对房产权属的判定并无错误,该裁判的既判力时间范围也限于原诉讼法庭辩论终结之日,即仅裁判法庭辩论终结之日的房产权属关系。在既判力基准时之后,发生了案外人基于善意取得获得房产的新法律行为,该行为并不引起原判决的错误,只不过在原判决的实现程序(强制执行程序)中,案外人有权依据善意取得的房屋所有权对抗强制执行。此时不必以案外人申请再审之诉撤销原裁判,而应通过案外人执行异议之诉进行处理。需说明的是,此情况仅发生于案外人在原裁判做出之后、涉案房屋被查封之前。若房产被执行机关查封,则基于执行查封登记的公示效力,被执行人与案外人之间的房屋买卖无法成立善意要件,此时也就不再适用善意取得,案外人将无法取得足以对抗强制执行的实体权利。①

问题二　案外人执行异议之诉与第三人撤销之诉的关系

【规范梳理】

《民事诉讼法》

第五十九条　对当事人双方的诉讼标的,第三人认为有独立请求权的,有权提起诉讼。

对当事人双方的诉讼标的,第三人虽然没有独立请求权,但案件处理结果同他有法律上的利害关系的,可以申请参加诉讼,或者由人民法院通知他参加诉讼。人民法院判决承担民事责任的第三人,有当事人的诉讼权利义务。

前两款规定的第三人,因不能归责于本人的事由未参加诉讼,但有证据证明发生法律效力的判决、裁定、调解书的部分或者全部内容错误,损害其民事权益的,可以自知道或者应当知道其民事权益受到损害之日起六个月内,向作出该判决、裁定、调解书的人民法院提起诉讼。人民法院经审理,诉讼请求成立的,应当改变或者撤销原判决、裁定、调解书;诉讼请求不成立的,驳回诉讼请求。

第二百三十八条　执行过程中,案外人对执行标的提出书面异议的,人民法院应当自收到书面异议之日起十五日内审查,理由成立的,裁定中止对该标的的执行;理由不成立的,裁定驳回。案外人、当事人对裁定不服,认为原判决、裁定错误的,依照审判监督程序办理;与原判决、裁定无关的,可以自裁定送达之日起十五日内向人民法院提起诉讼。

《最高人民法院关于适用〈中华人民共和国民事诉讼法〉的解释》

第三百零一条　第三人提起撤销之诉后,未中止生效判决、裁定、调解书执行的,执行法院对第三人依照民事诉讼法第二百三十四条规定提出的执行异议,应予审查。第三人不服驳回执行异议裁定,申请对原判决、裁定、调解书再审的,人民法院不予受理。

案外人对人民法院驳回其执行异议裁定不服,认为原判决、裁定、调解书内容

---

① 参见张静:《论处分查封之物的法律效力》,载《交大法学》2022年第2期。

错误损害其合法权益的,应当根据民事诉讼法第二百三十四条规定申请再审,提起第三人撤销之诉的,人民法院不予受理。①

【理论基础】

第三人撤销之诉,是指案外第三人申请撤销与他人之间已经生效的、错误的判决、裁定和调解书,以维护自己民事权益的制度。② 对第三人撤销之诉进行单独规定具有特定的历史背景,在早几年司法实践中,存在较为严重的当事人恶意串通、虚假诉讼情形。针对这类诉讼,此前司法实践中通过案外人申请再审予以救济,但囿于审判监督程序启动有严格的条件限制,第三人的合法权益往往难以保证。在此背景下,2012年8月31日,经全国人大常委会审议通过,自2013年1月1日起施行的《民事诉讼法》在第56条新设了第三人撤销之诉,此后《民事诉讼法》历经修改但均予以沿用。从立法本意上看,第三人撤销之诉意在弥补再审之诉不能由第三人提起的缺陷,因此有学者指出,"第三人撤销之诉实质上就是再审主体范围对第三人的开放"③。

案外人执行异议之诉与第三人撤销之诉均为案外人在认为强制执行侵害其合法权益时可能提起的救济性程序,二者均归入案外人执行救济体系当中,因此两程序的功能差异可能引起困惑。例如,原判决、裁定内容系对某一房产的权属确认或房产转让,案件由此进入执行程序后执行的内容亦系对该房产的执行。此时,案外第三人主张其对案涉执行标的享有所有权或者其他足以排除强制执行的民事权益,应当采用案外人执行异议之诉还是第三人撤销之诉即存在争议。

实务中存在一种误解,即案外人既可以其对案涉执行标的享有所有权主张排除执行,亦可以该判决侵害其利益而提起第三人撤销之诉,因此案外人提起任何一种诉都有其法律依据,两诉为平行关系。学理上,也有一些错误的主张认为两诉之间成立功能竞合、选择适用之关系。一是"优先适用关系说",即应优先适用案外人执行异议之诉,将第三人撤销之诉作为兜底救济手段。④ 二是"相继适用关

---

① 因《最高人民法院关于适用〈中华人民共和国民事诉讼法〉的解释》第301条第2款发布于2022年,《民事诉讼法》在2023年修改中,将原第234条调整为第238条,故本条条文中的"第二百三十四条"应理解为新《民事诉讼法》第238条。
② 参见江伟、肖建国主编:《民事诉讼法》,中国人民大学出版社2018年版,第387页。
③ 张卫平:《民事诉讼法》(第6版),法律出版社2023年版,第474页。
④ 参见胡学军:《论第三人撤销之诉与周边程序的协调》,载《政治与法律》2015年第8期。

系说",即认为案外人执行异议之诉在被驳回后,案外人可再次提起第三人撤销之诉。① 这两种学说均错误地认为案外人执行异议之诉与第三人撤销之诉所解决的纠纷存在重合,均不合理,也不符合《最高人民法院关于适用〈中华人民共和国民事诉讼法〉的解释》第301条的规定。此外,也有观点主张"案外人"与"第三人"之概念无本质差异,故"案外人异议之诉"本质上是执行程序中特殊的第三人异议之诉,可称为"第三人异议之诉"。② 这种观点本身未必混淆了案外人执行异议之诉和第三人撤销之诉,但"第三人异议之诉"这一不必要的概念创造,更容易引发对案外人执行异议之诉和第三人撤销之诉之间区别的误解。

实际上,案外人执行异议之诉和第三人撤销之诉之间没有太大关联性,二者也毫无功能上的相似之处,不存在所谓"竞合""选择"等关系。③ 考虑到二者区分较为困难,为避免实践中混淆,下文将详述二者的区别。

第一,案外人执行异议之诉与第三人撤销之诉的功能差异。在民事诉讼法体系上,第三人撤销之诉与案外人执行异议之诉除同属于案外人程序救济之外,并无太大关联性。第三人撤销之诉是民事诉讼为案外人提供的一般性救济途径,在侵害第三人利益的民事裁判生效之后,第三人即有权提起第三人撤销之诉,该诉的目的在于撤销侵害第三人利益的生效裁判。第三人撤销之诉与执行程序中执行标的的关系在于,有时侵害第三人利益的诉讼以其所有的标的物为争讼对象,生效裁判明确了该标的物的归属,标的物落入既判力与执行力的客观范围,由此执行机关可对标的物实施强制执行。若第三人撤销之诉撤销了生效裁判,则拘束标的物的既判力与执行力归于消灭,执行依据不复存在,根据《民事诉讼法》第268条,执行机关应终结执行。

而案外人执行异议之诉并无撤销作为执行依据的生效裁判之目的,其目的被限制于避免特定财产被错误地纳入被执行人责任财产范围之内。原理上,案外人执行异议之诉中争讼的标的物并非原生效裁判所争讼的标的物,也不落入原生效裁判既判力和执行力的客观范围之内,不过在对原裁判义务人进行强制执行时,执行机关依据执行形式化原则,以财产对外公示的权属信息判断财产的归属,有时可能导致部分实质上不属于被执行人的财产错误地被划入责任财产范围之内,

---

① 参见夏群佩、王新平:《执行异议之诉被驳回后仍可提起第三人撤销之诉》,载《人民司法(案例)》2015年第10期。
② 参见崔玲玲:《第三人撤销之诉中的重复诉讼问题探析》,载《法律科学(西北政法大学学报)》2024年第2期。
③ 参见潘剑锋:《案外人执行救济机制的体系化反思》,载《国家检察官学院学报》2024年第4期。

由此侵害到案外人利益,此时以案外人执行异议之诉处理。①

简言之,案外人执行异议之诉的功能,在于将争讼财产划出强制执行的对象范围,但其不影响原执行依据的有效性和对义务人强制执行程序的进行。而第三人撤销之诉则意在撤销原生效裁判,是对执行程序启动之正当依据的根本撤销,并非对个别财产能否纳入执行客体范围的争议。②

从撤销作为执行依据的原生效裁判的功能来看,第三人撤销之诉确实与执行救济程序体系当中的一类特殊执行诉讼程序存在功能竞合,但是并非执行异议之诉,而是案外人申请再审。执行异议之诉与案外人申请再审,均规定在《民事诉讼法》第 238 条,二者均纳入"对执行标的的执行异议—执行异议之诉/案外人申请再审"之下。从体系上看,第三人撤销之诉与执行异议之诉不应有所混淆,但与"执行异议及后端执行争讼程序"整体之间,确有一定的竞合关系。为避免重复诉讼和矛盾裁判,已经选择某一类程序路径的法院,就不能再选择另一类程序。

具言之,《最高人民法院关于适用〈中华人民共和国民事诉讼法〉的解释》第 301 条规定:"第三人提起撤销之诉后,未中止生效判决、裁定、调解书执行的,执行法院对第三人依照民事诉讼法第二百二十四条规定提出的执行异议,应予审查。第三人不服驳回执行异议裁定,申请对原判决、裁定、调解书再审的,人民法院不予受理。案外人对人民法院驳回其执行异议裁定不服,认为原判决、裁定、调解书内容错误损害其合法权益的,应当根据民事诉讼法第二百三十四条规定申请再审,提起第三人撤销之诉的,人民法院不予受理。"最高人民法院民法典贯彻实施工作领导小组办公室编著的《最高人民法院新民事诉讼法司法解释理解与适用》指出,前述条文明确规定按照启动程序的先后,当事人只能选择一种相应的救济程序,不能同时启动案外人执行异议(及后端争讼程序)和第三人撤销之诉。具体而言,先启动执行异议程序的,倘若对驳回其执行异议裁定不服,则按照案外人执行异议之诉或案外人申请再审程序寻求救济;先启动第三人撤销之诉程序的,即使第三人又在执行程序中提出执行异议,第三人撤销之诉继续进行,第三人也不能提起案外人执行异议之诉或申请再审。

第二,案外人执行异议之诉与第三人撤销之诉的程序构造差异。案外人执行异议之诉与第三人撤销之诉诉讼功能的差异,也反映在二者的程序构造之上。

---

① 参见万挺:《执行异议之诉类型化处理研究——以推动"名实相符"为目标》,载《法律适用》2025 年第 2 期。

② 参见万挺:《执行异议之诉审判新思维——以三大基础关系为中心》,载《法律适用》2022 年第 9 期。

首先，两诉的诉讼标的不同，案外人执行异议之诉争议的是案外人对执行标的是否享有足以排除强制执行的民事权益，第三人撤销之诉则是针对原裁判争讼的诉讼标的。与诉讼标的相对应，二者的裁判形式也不同。案外人执行异议之诉中，法院可判决不得执行或判决驳回案外人的诉讼请求，同时可以判决确认权利。第三人撤销之诉主要为改判原裁判、撤销原裁判或驳回第三人的诉讼请求。

其次，两诉的管辖法院不同，案外人执行异议之诉因涉及执行标的，且需与前置的执行异议非讼审查程序相衔接，故根据《最高人民法院关于审理执行异议之诉案件适用法律问题的解释》第1条，由提出异议时负责执行该执行标的的人民法院审查处理。执行法院主要是基层人民法院。第三人撤销之诉并不与执行语境绑定，诉讼标的涉及原裁定、判决之效力，故由原裁定、判决的作出法院管辖。原生效裁判的作出法院除基层法院外，极可能属于二审法院，因此也可能在中级、高级人民法院管辖。

再次，案外人执行异议之诉的提起将产生阻断生效裁判执行的程序效力，为保障生效裁判执行的顺畅，其程序构造强调高效率，如起诉时限仅为自执行异议裁定送达之日起15日内，立案审查期限仅有7日，受理、审理周期都较短。第三人撤销之诉因涉及原生效裁判的稳定性，故相较于一般民事诉讼，也被要求有较高效的程序设计，但较之于案外人执行异议之诉则大有不如，如其起诉时限为案外人知道或者应当知道其民事权益受到损害之日起6个月内，立案审查期限为30日等。

案外人执行异议之诉和第三人撤销之诉在要件方面的梳理如表7.1所示。

表7.1 案外人执行异议之诉和第三人撤销之诉在要件方面的梳理

要件	案外人执行异议之诉	第三人撤销之诉
提诉主体	执行当事人以外的其他人	未参加原审的第三人
诉的客体	执行行为所指向的执行标的	原生效判决、裁定、调解书
管辖法院	执行法院	作出生效判决、裁定、调解书的法院
起诉时限	自执行异议裁定送达之日起15日内	知道或者应当知道其民事权益受到损害之日起6个月内
立案审查期限	7日	30日

续表

要件	案外人执行异议之诉	第三人撤销之诉
生效法律文书是否中止执行	执行异议之诉审理期间,法院不得对执行标的进行处分。申请执行人请求法院继续执行并提供相应担保的,法院可以准许	受理后,原告提供相应担保,请求中止执行的,法院可以准许
裁决结果	判决不得执行、判决驳回,可以同时判决确认权利	改判、撤销、驳回

【典型案例】

案例:孙某某与黄某某、邱某第三人撤销之诉纠纷案[①]

基本案情:

黄某某与华烽建筑工程有限公司于2011年12月1日签订"以房抵债"协议书,约定以邱某位于牡丹江市西安区××广场××座××室抵顶华烽建筑工程有限公司欠付黄某某的工程款,黄某某与邱某于2011年12月4日签订房屋买卖合同,约定邱某将案涉房屋出售给黄某某。因邱某拒绝履行约定义务,黄某某以邱某为被告提起诉讼,牡丹江市西安区人民法院作出(2019)黑1005民初627号民事判决、牡丹江市中级人民法院作出(2020)黑10民终485号民事判决,判决邱某向黄某某交付案涉房屋,并协助黄某某办理案涉房屋的更名过户手续。黄某某因邱某未履行生效判决而向牡丹江市西安区人民法院申请执行。后来,孙某某向牡丹江市西安区人民法院提出书面异议,牡丹江市西安区人民法院作出(2020)黑1005执异22号民事裁定,裁定驳回孙某某的异议请求。邱某不服上述一审、二审判决申请再审,黑龙江省高级人民法院作出(2020)黑民再562号民事调解书,确认邱某协助黄某某办理案涉房屋过户手续。孙某某以黄某某、邱某为被告提起第三人撤销之诉。

裁判要旨:

最高人民法院认为,关于提起执行异议后能否再提起第三人撤销之诉问题。《民事诉讼法》第238条规定:"执行过程中,案外人对执行标的提出书面异议的,

---

[①] 参见最高人民法院民事裁定书,(2022)最高法民终300号。

人民法院应当自收到书面异议之日起十五日内审查,理由成立的,裁定中止对该标的的执行;理由不成立的,裁定驳回。案外人、当事人对裁定不服,认为原判决、裁定错误的,依照审判监督程序办理;与原判决、裁定无关的,可以自裁定送达之日起十五日内向人民法院提起诉讼。"《最高人民法院关于适用〈中华人民共和国民事诉讼法〉的解释》第301条第2款规定:"案外人对人民法院驳回其执行异议裁定不服,认为原判决、裁定、调解书内容错误损害其合法权益的,应当根据民事诉讼法第二百三十四条规定申请再审,提起第三人撤销之诉的,人民法院不予受理。"根据上述法律规定,救济程序启动后案外人不享有程序选择权。案外人先启动执行异议程序的,对执行异议裁定不服,认为原裁判内容错误损害其合法权益的,只能向作出原裁判的人民法院申请再审,不能再提起第三人撤销之诉。

本案中,孙某某先于2020年向牡丹江市西安区人民法院提出执行异议,牡丹江市西安区人民法院作出(2020)黑1005执异22号执行裁定,驳回孙某某的异议请求,并在裁定中释明"案外人认为原判决错误,应该按照审判监督程序办理"。孙某某未遵循执行裁定的指引,先向牡丹江市中级人民法院提起第三人撤销之诉,被牡丹江市中级人民法院裁定驳回起诉后,又向黑龙江省高级人民法院提起本案第三人撤销之诉。孙某某的上述行为,与《民事诉讼法》第238条及相关司法解释的规定明显相悖,一审裁定驳回其起诉,有事实和法律依据,并无不当。至于孙某某诉请所涉的房产归属问题可依法按照审判监督程序办理,人民法院可依法律及有关审理房产纠纷案件的司法解释予以处理。

裁判评析:

本案系案外人执行异议之诉、案外人申请再审与第三人撤销之诉关系的典型案例。作为对案外人的程序保障,《民事诉讼法》同时提供了"执行异议—案外人执行异议之诉/案外人申请再审"或第三人撤销之诉的救济途径,但是由于两类救济程序均指向类似的案外人保护功能,当事人于诉讼上只能择一主张,不得既提起案外人执行异议及后端的案外人执行异议之诉/案外人申请再审,又提起第三人撤销之诉,否则将会对被告利益及司法裁判的效率性和稳定性构成较大冲击。本案中,施工人黄某某在完成建设工程施工后,遭遇欠付工程款,后虽协议以房抵债,但发包人拒绝履行,施工人历经两审终审的漫长程序,又经历申请强制执行、案外人执行异议和案外人申请再审,其为借助司法程序实现对背德逃债的发包人进行讨债,已经经历了颇为漫长的程序。为解决这一纠纷,人民法院也付出了3次争讼程序、1次执行实施程序和1次执行异议非讼审查程序的高昂成本。此际,为保障施工人权利的及时实现,根据《最高人民法院关于适用〈中华人民共和国民事诉讼法〉的解释》第 301 条第 2 款,不宜再次启动与案外人执行异议之诉/案外人再审功能类似的第三人撤销之诉,这是司法解释和实践做法普遍接受的结论。①

概言之,第三人撤销之诉与"执行异议—案外人执行异议之诉/案外人申请再审"之间存在功能重合,当事人借助任何一类程序所主张的均为同一实体权利。在第三人撤销之诉或再审的裁判作出之后,败诉方当事人可能另行提起另一类救济之诉,但此时相应的实体权利已经得到法院实质审理,允许再行起诉不仅无助于实体案件的审理,还会浪费司法资源,构成重复起诉,引起矛盾判决,故不可取。从民事诉讼法体系上看,第三人撤销之诉与案外人执行异议之诉其实并无太多联系,较容易区分。不过,在实践当中,当事人可能会在选择通过第三人撤销之诉还是案外人执行异议之诉寻求救济上存在疑问,毕竟两者均为可行的案外人执行救济路径。简言之,两诉的区别主要在于是否与原生效裁判有关:案外人执行异议之诉解决与原生效裁判无关的案外人对执行标的的异议,而第三人撤销之诉则意在撤销原生效裁判。②

---

① 参见《案外人执行异议和第三人撤销之诉只能选择一种相应的救济程序,不允许再审变更》,载微信公众号"山东高法"2023 年 2 月 2 日,https://mp.weixin.qq.com/s/mDDShwT_UqFBk9BNynIIWQ。

② 参见《第三人撤销之诉与案外人申请再审、案外人执行异议之诉的区别与联系》,载微信公众号"山东高法"2022 年 3 月 22 日,https://mp.weixin.qq.com/s/VFAyXP0N4EK91XwYU903Ew。

第八讲 案外人执行异议之诉与另行起诉的关系

导 语

在实践中,除了以"案外人执行异议—案外人执行异议之诉"寻求救济,案外人还可能通过另案提起确认之诉的方式寻求救济。如本书前述,案外人执行异议之诉的目的在于审查案外人对执行标的所拥有的民事权益是否足以排除强制执行,对此可细分为两项诉讼请求,一是案外人对案涉标的物是否享有其主张的实体权利,二是该权利是否能够排除强制执行。[①] 若案外人在另案确认之诉中已经取得了司法权对执行标的归属的权威判定,则在案外人执行异议之诉中,即不必再行对前述第 1 项诉讼请求作实质审查,而可在尊重另案确权之诉裁判结果的基础上径行对第 2 项诉讼请求作出判决。但是,实践中出现了大量滥用确认之诉诉权的情况,由于确认之诉与案外人执行异议之诉的管辖法院存在差异,案外人可能与被执行人恶意串通,虚构对执行标的的权属关系,在另案确认之诉中取得确认判决对抗强制执行。[②] 如此,案外人执行异议之诉与另提确权之诉之间应如何衔接,是否应当允许案外人同时提起另案确权之诉和案外人执行异议之诉等问题,成为当前理论与实务中的重点、难点问题。本讲旨在围绕案外人执行异议之诉与另行起诉的关系展开讨论。

---

① 参见谢勇:《案外人和第三人民事诉权保护制度》,载《人民司法(应用)》2015 年第 17 期。
② 参见庄诗岳:《论案外人执行异议之诉关联纠纷解决的限度》,载《清华法学》2025 年第 1 期。

问题一　案外人执行异议之诉与另提确权之诉的交叉情形

【规范梳理】

《最高人民法院关于人民法院办理执行异议和复议案件若干问题的规定》

第二十五条　对案外人的异议，人民法院应当按照下列标准判断其是否系权利人：

（一）已登记的不动产，按照不动产登记簿判断；未登记的建筑物、构筑物及其附属设施，按照土地使用权登记簿、建设工程规划许可、施工许可等相关证据判断；

（二）已登记的机动车、船舶、航空器等特定动产，按照相关管理部门的登记判断；未登记的特定动产和其他动产，按照实际占有情况判断；

（三）银行存款和存管在金融机构的有价证券，按照金融机构和登记结算机构登记的账户名称判断；有价证券由具备合法经营资质的托管机构名义持有的，按照该机构登记的实际出资人账户名称判断；

（四）股权按照工商行政管理机关的登记和企业信用信息公示系统公示的信息判断；

（五）其他财产和权利，有登记的，按照登记机构的登记判断；无登记的，按照合同等证明财产权属或者权利人的证据判断。

案外人依据另案生效法律文书提出排除执行异议，该法律文书认定的执行标的权利人与依照前款规定得出的判断不一致的，依照本规定第二十六条规定处理。

第二十六条　金钱债权执行中，案外人依据执行标的被查封、扣押、冻结前作出的另案生效法律文书提出排除执行异议，人民法院应当按照下列情形，分别处理：

（一）该法律文书系就案外人与被执行人之间的权属纠纷以及租赁、借用、保管等不以转移财产权属为目的的合同纠纷，判决、裁决执行标的归属于案外人或者向其返还执行标的且其权利能够排除执行的，应予支持；

（二）该法律文书系就案外人与被执行人之间除前项所列合同之外的债权纠纷，判决、裁决执行标的归属于案外人或者向其交付、返还执行标的的，不予支持。

（三）该法律文书系案外人受让执行标的的拍卖、变卖成交裁定或者以物抵债裁定且其权利能够排除执行的，应予支持。

金钱债权执行中，案外人依据执行标的被查封、扣押、冻结后作出的另案生效法律文书提出排除执行异议的，人民法院不予支持。

非金钱债权执行中，案外人依据另案生效法律文书提出排除执行异议，该法律文书对执行标的权属作出不同认定的，人民法院应当告知案外人依法申请再审或者通过其他程序解决。

申请执行人或者案外人不服人民法院依照本条第一、二款规定作出的裁定，可以依照民事诉讼法第二百二十七条规定提起执行异议之诉。

【理论基础】

对于案外人执行异议之诉与另案提起确权之诉的衔接问题，首先需要厘清实践中案外人执行异议之诉与另案提起确权之诉的交叉形态。司法解释层面，对于不同交叉形态的分类，主要规定于《最高人民法院关于人民法院办理执行异议和复议案件若干问题的规定》第26条。可大致作两类划分：以另案确权之诉提起时间作区分和以另案确权之诉之内容作区分。

首先，以另案确权之诉提起时间作为区分标准。就此又可分为两类具体情况。第一种情况是案外人先以确认之诉对执行标的权属进行确认，申请执行人在后申请强制执行。此时，确认之诉判决的认定结果一般在案外人提起的执行异议中可得到支持，原因在于确认之诉的生效判决具备既判力，根据既判力的积极效力，在后审理的案外人执行异议之诉应尊重前诉确认之诉的审理结果，在确认判决主文确定的权属基础上作出能否排除强制执行的判决。[1] 甚至在前置的案外人执行异议程序中，执行机关根据执行形式化原则对执行标的的财产外观进行审查时，即应根据前案确认判决，确定执行标的的权属不归属于被执行人或案外人的权利在顺位上更加优先，从而裁定支持案外人的执行异议。[2] 需注意的是，承认确认之诉的裁判结果不代表支持案外人在案外人执行异议之诉中排除强制执行的诉讼请求，这是因为申请执行人对执行标的享有的实体权利可能会优先于另案确认之诉确认案外人所享有的实体权利，案外人基于其实体法上的劣后地位，需承受对执行标的的强制执行。

---

[1] 参见江伟、肖建国主编：《民事诉讼法》，中国人民大学出版社2008年版，第319页。
[2] 参见肖建国：《强制执行形式化原则的制度效应》，载《华东政法大学学报》2021年第2期。

第二种情况是争议财产已经进入执行程序,被执行机关采取查封措施之后,案外人方才取得另案确认之诉的胜诉判决。具体来讲,此类情况下,案外人既可能同时提起"案外人执行异议—案外人执行异议之诉"和另案确认之诉,又可能在案外人执行异议之诉败诉后另行提起确认之诉,还可能优先提起确认之诉嗣后提起案外人执行异议之诉。对于这些情形,根据《最高人民法院关于人民法院办理执行异议和复议案件若干问题的规定》第26条第2款,均属于"案外人依据执行标的被查封、扣押、冻结后作出的另案生效法律文书提出排除执行异议",对于案外人的诉讼请求人民法院应当不予支持。换言之,若争议财产已经被采取查封、扣押、冻结等执行措施,则仅能以案外人执行异议之诉处理。司法解释作出这种规定的原因有二:一是认为案外人执行异议之诉相较于一般的确认之诉属于特别法,应优先适用;[1]二是为了排除当事人之间恶意串通对抗执行的可能,《最高人民法院印发〈关于依法制裁规避执行行为的若干意见〉的通知》第9条与第11条将此情况专门列为当事人恶意串通规避执行的典型行为。

于此,一类最为特殊的情况是,案外人另案提起的确认之诉已经立案,在确认之诉审理过程中,执行标的被执行机关采取查封措施。此时,一些意见认为,由于确认之诉立案在先,此时案外人与被执行人恶意串通的可能性较小,且根据重复起诉规制原理,应当由先受理案件的法院进行实体审理。但是,即使是案外人在申请执行人提出强制执行申请之前另案提起的确认之诉,也不能排除被执行人在与申请执行人之间的诉讼败诉后,与案外人恶意串通以剥离自身责任财产的可能,本书认为,此情形也应适用《最高人民法院关于人民法院办理执行异议和复议案件若干问题的规定》第26条第2款,案外人执行异议之诉审理法院不必以另案确认之诉的裁判结果为依据。

其次,以另案确权之诉的内容作为区分标准。这主要是指案外人在先取得确认之诉胜诉判决,在后提起案外人执行异议之诉的情况下,确认之诉判定案外人享有的实体权利内容,将影响案外人执行异议之诉的结果。

在确认之诉确认案外人享有的权利为物权时,如直接判定案外人对案涉标的物享有所有权,在租赁、借用、保管等不以转移财产权属为目的的合同纠纷中判决案外人享有原物返还之物权请求权等,因物权优先于债权,应在案外人执行异议之诉中支持案外人请求排除强制执行的诉讼请求。

---

[1] 参见吴小鹏、黄金华:《异议案外人应如何主张实体权利——西安中院裁定案外人西何公司执行异议案》,载《人民法院报》2012年2月9日,第6版。

在确认之诉确认案外人享有的权利为债权时,需判断不同债权之间的优先顺位。① 当案外人另诉确认的权利仅为普通债权时,则基于债权平等原则,各项一般债权居于相同顺位,申请执行人和案外人之间应根据保全、查封的先后顺序受偿。当案外人另诉确认的权利为建设工程价款优先权等优先债权时,应根据申请执行人享有的债权实体优先顺位判断能否对抗强制执行。需注意的是,在此情况下,另案的确认债权判决应当为给付判决,若仅为确认判决,则不能排除强制执行。②

在确认之诉确认案外人享有的权利为非金钱债权时,案外人请求排除强制执行的执行标的本身为行为执行或物之交付请求权之执行,此情况下执行标的即执行依据所判定的非金钱债权法律关系,执行依据与确认判决之间存在矛盾,根据《民事诉讼法》第 238 条的规定,必须通过再审程序撤销其中的错误判决,不得通过案外人执行异议之诉处理。

【典型案例】

案例一:张某武、周某平等租赁合同纠纷执行监督纠纷案③

基本案情:

2017 年 6 月 8 日,廊坊市中级人民法院作出(2016)冀 10 执恢 1 号执行裁定,拍卖案涉房屋等。2017 年 12 月 1 日,案外人张某武向廊坊市中级人民法院提出执行异议申请,请求确认张某武与邓某琼房屋租赁权成立,对案涉房屋拥有优先购买权。2017 年 12 月 19 日,廊坊市中级人民法院作出(2017)冀 10 执异 129 号执行裁定,驳回案外人张某武的异议请求,并于 2017 年 12 月 25 日以法院特快专递对张某武提交的送达地址依法进行了送达,张某武未在法定期限内向该院提出案外人执行异议之诉,而是向北京市朝阳区人民法院起诉被执行人邓某琼,请求确认房屋租赁合同有效。在北京市朝阳区人民法院审理的确认之诉中,案外人张某武胜诉,并取得了(2018)京 0105 民初 40845 号民事判决书。

此后,因执行标的经二次拍卖因无人竞买而流拍,执行法院在征得申请执行人同意的条件下作出以物抵债执行裁定,即(2020)冀 10 执异 62 号执行裁定。对此,案外人张某武提出执行异议,请求撤销廊坊市中级人民法院(2020)冀 10 执异

---

① 参见最高人民法院民事裁定书,(2023)最高法民申 905 号。
② 参见江必新、刘贵祥主编,最高人民法院执行局编著:《最高人民法院关于人民法院办理执行异议和复议案件若干问题规定理解与适用》,人民法院出版社 2015 年版,第 381 页。
③ 参见最高人民法院执行裁定书,(2021)最高法执监 141 号。

62号执行裁定、(2016)冀10执恢1号之十执行裁定。主要理由为:张某武有合法有效的证据证明张某武对该房产享有优先购买权,可提供北京市朝阳区人民法院(2018)京0105民初40845号民事判决及该案生效证明书证明上述事实。

裁判要旨:

河北省高级人民法院认为,首先,案外人张某武曾于2017年12月1日向廊坊市中级人民法院提出执行异议申请,请求确认张某武与邓某琼房屋租赁权成立,对案涉房屋拥有优先购买权。廊坊市中级人民法院经审查认为其已与邓某琼签订《房屋租赁合同》、租赁权成立并享有优先购买权的主张不成立,作出(2017)冀10执异129号执行裁定,裁定驳回其异议请求且赋予提起执行异议之诉的诉权。张某武并未在裁定送达之日起15日内向廊坊市中级人民法院提起诉讼,而是再次对案涉房屋主张享有优先购买权,系对同一执行标的以相同事由提出。根据《最高人民法院关于人民法院办理执行异议和复议案件若干问题的规定》第15条第2款的规定,属于人民法院不予受理的法定事由。其次,虽然张某武提交的朝阳区法院民事判决确认其对案涉房屋享有优先购买权,但因该判决系在廊坊市中级人民法院对案涉房屋查封之后作出。故根据《最高人民法院关于人民法院办理执行异议和复议案件若干问题的规定》第26条的规定,河北省高级人民法院不予支持。河北省高级人民法院于2020年10月28日作出(2020)冀执复569号执行裁定,驳回张某武复议申请,维持廊坊市中级人民法院(2020)冀10执异62号执行裁定。

最高人民法院认为,根据查明的事实,廊坊市中级人民法院在执行周某平与昭君公司、广恒源公司、中兴广场公司、银凯公司、刘某、邓某琼租赁合同纠纷执行一案中,对被执行人邓某琼名下坐落于北京市××院××楼××1902房屋及两个地下车位进行评估、拍卖,张某武于2017年12月1日针对上述执行标的提出执行异议,请求确认租赁权和优先购买权,经(2017)冀10执异129号执行裁定予以驳回。后张某武再次以其对该执行标的依法享有租赁权和优先购买权为由提出异议,廊坊市中级人民法院经审查作出(2019)冀10执异53号执行裁定,河北省高级人民法院作出(2019)冀执复323号执行裁定,均驳回其申请。执行标的两次流拍后,廊坊市中级人民法院于2020年6月4日作出(2016)冀10执恢1号之十以物抵债执行裁定,张某武仍然以其对案涉房屋具有租赁权和优先购买权为由,提起本案异议,系对同一执行标的以相同事由提出,根据《最高人民法院关于人民法院办理执行异议和复议案件若干问题的规定》第15条第2款规定,属于人民法院不予受理的情形,廊坊市中级人民法院、河北省高级人民法院驳回其申请,具有法律和事实依据。

裁判评析：

本案系案外人在执行异议被驳回后，不按照"案外人执行异议—案外人执行异议之诉"的路径寻求救济，转而提起确认之诉寻求救济，另诉生效判决没有得到执行机关肯认的典型案例。具言之，案外人张某武针对廊坊市中级人民法院就涉案房产采取的拍卖行为提出执行异议，廊坊中院经审查认为张某武与邓某琼签订房屋租赁合同、租赁权成立并享有优先购买权的主张不成立，作出（2017）冀10执异129号执行裁定，驳回其异议请求且赋予提起执行异议之诉的诉权。对此，案外人张某武并未在裁定送达之日起15日内向廊坊市中级人民法院提起诉讼，而是向北京市朝阳区人民法院起诉被执行人邓某琼，请求确认房屋租赁合同有效。

案外人张某武之所以不向廊坊市中级人民法院提起执行异议之诉而是向北京市朝阳区人民法院提起普通民事诉讼，主要动机即通过选择性起诉而在执行标的物上形成不同法院之间法律文书互相冲突的局面，存在较大恶意串通，具有提起虚假诉讼以对抗强制执行的可能。对此，《民事诉讼法》明确规定，当事人、案外人应当主要通过向执行法院提起案外人执行异议之诉来解决关于执行标的物的实体争议。向执行法院以外的其他法院另诉，即使取得胜诉判决，也不拘束执行法院，执行法院仍可继续对执行标的强制执行。这在《最高人民法院关于执行权合理配置和科学运行的若干意见》中有具体体现。该意见第26条规定，审判机构在审理确权诉讼时，应当查询所要确权的财产权属状况，发现已经被执行局查封、扣押、冻结的，应当中止审理；当事人诉请确权的财产被执行局处置的，应当撤销确权案件；在执行局查封、扣押、冻结后确权的，应当撤销确权判决或者调解书。所以，案外人张某武不向廊坊市中级人民法院提起执行异议之诉而是向北京市朝阳区人民法院起诉确认房屋租赁合同有效，根据上述规定，北京市朝阳区人民法院受理张某武起诉后应查询案涉房屋的财产权属和查封状况再作相应处理，而不能在未查询案涉房屋查封情况下直接作出判决。《最高人民法院关于人民法院办理执行异议和复议案件若干问题的规定》第26条也有用意相同的规定，该规定第26条第2款规定，金钱债权执行中，案外人依据执行标的被查封、扣押、冻结后作出的另案生效法律文书提出排除执行异议的，人民法院不予支持。

该案说明，在执行标的被采取查封、扣押、冻结等执行措施后，案外人应主要通过"案外人执行异议—案外人执行异议之诉"寻求救济，在执行异议被驳回后，即使案外人另案提起确认之诉并取得胜诉判决，也不能达到排除强制执行之目的。人民法院在受理确认之诉时，应严格落实《最高人民法院关于执行权合理配置和科学运行的若干意见》第 26 条,查询当事人请求确权之权利的司法查封状态,从而规制当事人的恶意诉讼,避免形成矛盾判决,维护诉讼效率和司法判决的权威性。

案例二:杨某与徐某达执行异议案
——房屋查封前基于另案执行异议之诉生效裁判确定的
物权可以排除本案的金钱债权执行①

基本案情:

陈某举与杨某原系夫妻,于 2010 年 5 月 5 日购买了一套位于河北省承德市承德县某城镇新兴街某号房屋,《房产证》载明该房屋为陈某举、杨某共同共有。2016 年 1 月 12 日,陈某举与杨某登记离婚,离婚协议中约定案涉房屋归杨某所有。此后,因陈某举欠徐某达租赁费人民币 23000 元未付,徐某达以陈某举为被告向河北省承德县人民法院提起诉讼,承德县人民法院于 2021 年 11 月 20 日作出(2021)冀 0821 民初 2534 号判决,确认上述债权(判决已生效)。因陈某举到期未履行给付义务,徐某达向承德县人民法院申请强制执行。2022 年 8 月 17 日承德县人民法院作出(2022)冀 0821 执 1038 号之四执行裁定,查封案涉房屋(轮候查封)。2023 年 6 月 28 日,案外人杨某对承德县法院(2022)冀 0821 执 1038 号之四执行裁定(已经转为正式查封)提出案外人异议,以另案生效执行异议之诉判决已经认定其对案涉房产享有物权为由,请求解除对案涉房产的查封措施。承德县人民法院在另案生效执行异议之诉中查明:陈某举与杨某登记离婚之后,因陈某举向李某旭借款未还,李某旭向承德县人民法院申请诉前财产保全,承德县人民法院作出财产保全裁定,查封陈某举、杨某共同共有的案涉房屋。杨某不服该执行裁定,提起案外人执行异议之诉。承德县人民法院认为:李某旭与陈某举的债权债务发生于陈某举与杨某离婚后,尽管案涉房屋产权证登记为陈某举、杨某共同共有,但杨某已经依据离婚协议对案涉房屋享有物权,且该权利优先于李某旭对陈某举享有的一般金钱债权。故于 2022 年 7 月 5 日作出(2022)冀 0821 民初 121 号民事判决书,不得执行案涉房屋。该判决于 2022 年 7 月 21 日发生法律效力。

河北省承德县人民法院依据(2022)冀 0821 民初 121 号执行异议之诉生效裁判文书,于 2023 年 7 月 11 日作出(2023)冀 0821 执异 62 号执行裁定:中止对案涉房屋的执行。该裁定已发生法律效力。

---

① 参见河北省承德县人民法院执行裁定书,(2023)冀 0821 执异 62 号,人民法院案例库第 2024 - 17 - 5 - 201 - 001 号入库案例。

裁判要旨：

夫妻离婚时约定共有房产为一方所有的，应当及时办理房屋产权变更登记。离婚后，该房产因另一方债务而被法院查封执行，执行异议之诉生效裁判确认该房产属于一方所有后，再次因另一方其他债务而被查封执行的，房产实际归属方可依据前案执行异议之诉生效裁判排除本次执行。

裁判评析：

本案的争议焦点是杨某能否依据该另案生效裁判文书排除本案金钱债权的强制执行。《最高人民法院关于人民法院办理执行异议和复议案件若干问题的规定》第25条第1款规定："对案外人的异议，人民法院应当按照下列标准判断其是否系权利人：（一）已登记的不动产，按照不动产登记簿判断……"第2款规定："案外人依据另案生效法律文书提出排除执行异议，该法律文书认定的执行标的权利人与依照前款规定得出的判断不一致的，依照本规定第二十六条规定处理。"第26条第1款规定："金钱债权执行中，案外人依据执行标的被查封、扣押、冻结前作出的另案生效法律文书提出排除执行异议，人民法院应当按照下列情形，分别处理：（一）该法律文书系就案外人与被执行人之间的权属纠纷以及租赁、借用、保管等不以转移财产权属为目的的合同纠纷，判决、裁决执行标的归属于案外人或者向其返还执行标的且其权利能够排除执行的，应予支持……。"本案中，案外人杨某提供的已登记的不动产《房产证》，载明案涉房屋所有权人为陈某举、杨某，不符合《最高人民法院关于人民法院办理执行异议和复议案件若干问题的规定》第25条第1款规定的情形，应当依照该规定第26条第1款第1项进行判断。另案执行异议之诉生效裁判文书生效时间为2022年7月21日，本案对涉案房屋查封裁定作出时间为2022年8月17日，另案执行异议之诉生效裁判文书时间在本案对涉案房屋查封裁定时间之前；另案执行异议之诉生效裁判文书已经确定案外人杨某实际取得案涉房屋的所有权，符合《最高人民法院关于人民法院办理执行异议和复议案件若干问题的规定》第26条第1款第1项规定的情形。故法院认定杨某在本案执行异议提出异议理由成立，裁定中止对案涉房屋的执行。

本案是案外人依据另案确认之诉生效法律文书成功对抗强制执行的典型案例，因另案生效裁判时间上先于对执行标的的查封、扣押、冻结，案外人另诉取得的胜诉判决应拘束执行法院，加之本案案外人对案涉房屋享有的实体权益为物权、所有权，实体上也优先于申请执行人的一般债权，故案外人可以通过执行异议排除强制执行。该案说明，案外人执行异议之诉与另案确认之诉之间，并非一律优先适用案外人执行异议之诉。实际上，两诉之间的衔接，仍遵循程序法"先到先得"的程序优先顺位。针对同一财产,若案外人优先以确认之诉寻求司法救济,则在两者实体权利不存在优先顺位的前提下,案外人之权利可得到优先保障。

问题二 案外人执行异议之诉与另案确权之诉的冲突处理

【规范梳理】

《最高人民法院关于人民法院办理执行异议和复议案件若干问题的规定》

第二十六条 金钱债权执行中,案外人依据执行标的被查封、扣押、冻结前作出的另案生效法律文书提出排除执行异议,人民法院应当按照下列情形,分别处理:

(一)该法律文书系就案外人与被执行人之间的权属纠纷以及租赁、借用、保管等不以转移财产权属为目的的合同纠纷,判决、裁决执行标的归属于案外人或者向其返还执行标的且其权利能够排除执行的,应予支持。

(二)该法律文书系就案外人与被执行人之间除前项所列合同之外的债权纠纷,判决、裁决执行标的归属于案外人或者向其交付、返还执行标的的,不予支持。

(三)该法律文书系案外人受让执行标的的拍卖、变卖成交裁定或者以物抵债裁定且其权利能够排除执行的,应予支持。

金钱债权执行中,案外人依据执行标的被查封、扣押、冻结后作出的另案生效法律文书提出排除执行异议的,人民法院不予支持。

非金钱债权执行中,案外人依据另案生效法律文书提出排除执行异议,该法律文书对执行标的权属作出不同认定的,人民法院应当告知案外人依法申请再审或者通过其他程序解决。

申请执行人或者案外人不服人民法院依照本条第一、二款规定作出的裁定,可以依照民事诉讼法第二百二十七条规定提起执行异议之诉。

《全国法院民商事审判工作会议纪要》

124.【案外人依据另案生效裁判对金钱债权的执行提起执行异议之诉】作为执行依据的生效裁判并未涉及执行标的物,只是执行中为实现金钱债权对特定标的物采取了执行措施。对此种情形,《最高人民法院关于人民法院办理执行异议和复议案件若干问题的规定》第26条规定了解决案外人执行异议的规则,在审理执行异议之诉时可以参考适用。依据该条规定,作为案外人提起执行异议之诉依据的裁判将执行标的物确权给案外人,可以排除执行;作为案外人提起执行异议之诉依据的裁判,未将执行标的物确权给案外人,而是基于不以转移所有权为目的的有效合同(如租赁、借用、保管合同),判令向案外人返还执行标的物的,其性质属于物权请求权,亦可以排除执行;基于以转移所有权为目的的有效合同(如买卖合同),判令向案外人交付标的物的,其性质属于债权请求权,不能排除执行。

应予注意的是,在金钱债权执行中,如果案外人提出执行异议之诉依据的生效裁判认定以转移所有权为目的的合同(如买卖合同)无效或应当解除,进而判令向案外人返还执行标的物的,此时案外人享有的是物权性质的返还请求权,本可排除金钱债权的执行,但在双务合同无效的情况下,双方互负返还义务,在案外人未返还价款的情况下,如果允许其排除金钱债权的执行,将会使申请执行人既执行不到被执行人名下的财产,又执行不到本应返还给被执行人的价款,显然有失公允。为平衡各方当事人的利益,只有在案外人已经返还价款的情况下,才能排除普通债权人的执行。反之,案外人未返还价款的,不能排除执行。

《最高人民法院印发〈关于执行权合理配置和科学运行的若干意见〉的通知》

26. 审判机构在审理确权诉讼时,应当查询所要确权的财产权属状况,发现已经被执行局查封、扣押、冻结的,应当中止审理;当事人诉请确权的财产被执行局处置的,应当撤销确权案件;在执行局查封、扣押、冻结后确权的,应当撤销确权判决或者调解书。

《最高人民法院印发〈关于依法制裁规避执行行为的若干意见〉的通知》

9. 严格执行关于案外人异议之诉的管辖规定。在执行阶段,案外人对人民法院已经查封、扣押、冻结的财产提起异议之诉的,应当依照《中华人民共和国民事诉讼法》第二百零四条和《最高人民法院关于适用民事诉讼法执行程序若干问题的解释》第十八条的规定,由执行法院受理。

案外人违反上述管辖规定,向执行法院之外的其他法院起诉,其他法院已经受理尚未作出裁判的,应当中止审理或者撤销案件,并告知案外人向作出查封、扣押、冻结裁定的执行法院起诉。

11. 对于当事人恶意诉讼取得的生效裁判应当依法再审。案外人违反上述管辖规定,向执行法院之外的其他法院起诉,并取得生效裁判文书将已被执行法院查封、扣押、冻结的财产确权或者分割给案外人,或者第三人与被执行人虚构事实取得人民法院生效裁判文书申请参与分配,执行法院认为该生效裁判文书系恶意串通规避执行损害执行债权人利益的,可以向作出该裁判文书的人民法院或者其上级人民法院提出书面建议,有关法院应当依照《中华人民共和国民事诉讼法》和有关司法解释的规定决定再审。

【理论基础】

　　在本讲问题一中,本书将案外人执行异议之诉与另案确权之诉的交叉细化为若干情形,每类情形已按照司法实践中的有力说,大致说明了处理方案。但是鉴于前述分类零散复杂,且实践中对于其中几项情况争议较大,还需在此处作出概括总结,并对争议问题作细化说明。

　　概括来讲,对于案外人执行异议之诉与另案确权之诉,应根据案外人取得另案确认之诉判决与案涉财产被查封的先后顺序分为两大类。若案外人取得另案确认之诉判决在先,则执行机关需受到确认之诉判决的拘束,但此时需判断案外人和申请执行人就执行标的享有的实体权利是否存在优先顺位,并非一律支持案外人的排除执行请求。

　　若执行机关查封涉案财产在先,案外人取得另案确认之诉判决在后,则执行机关不需要受到确认之诉判决的拘束。不过,在此情况下案外人能否同时或先后提起案外人执行异议之诉和另案确认之诉,存在较大争议。肯定说的观点从维护案外人合法权益的角度出发,认为按照《民事诉讼法》及其相关司法解释的规定,案外人本身就兼有提出执行异议之诉与另案确权之诉的权利,目前也尚未有明确的规定两诉之间相互排斥。因此,案外人在提起执行异议之诉之后,仍然可以提起确权之诉;在提起确权之诉之后,也仍然可以提起执行异议之诉。否定说在实践中也有较多支持者,其认为根据《最高人民法院关于人民法院办理执行异议和复议案件若干问题的规定》第26条的规定,即使另案确认之诉作出判决将无法为案外人提供可对抗执行的实际救济,因此实践中不少意见认为应直接禁止案外人另案提起确认之诉,不允许案外人同时或先后提起案外人执行异议之诉和另案确权之诉。[①]

　　本书认为,否定说从实效性出发,考虑到案外人提起另案确权诉讼维权的实效性,有一定道理。但是根据民事诉权基本原理,当事人的起诉权非经法律明确规定不得剥夺,否定说径行否定案外人另案确权之诉的诉权,并不妥当。[②] 并且,案外人取得其他法院的生效裁判亦非全无意义,确认之诉的判决仍具备既判力,只不过该判决无法对抗申请执行人,若申请执行人以被执行人的其他责任财产完

---

① 参见吴美叶:《案外人执行异议之诉与案外人另案确权诉讼竞合的处理》,载微信公众号"漳州市芗城区人民法院"2017年02月16日,https://mp.weixin.qq.com/s/P7tZpLwF1FWHKLztxYDVgg。

② 参见《关于执行异议之诉的六个实务观点》,载微信公众号"山东高法"2023年7月8日,https://mp.weixin.qq.com/s/5f_q1NtBr7N-dumfj-Nvwg。

成受偿,则案外人仍将取得该执行标的。

当然,允许案外人同时或先后提起案外人执行异议之诉和另案确认之诉,则需面临两诉中均审理一项相同的诉讼请求——案外人对涉案财产之权利主张的问题。对于这一相同实体权利,两诉讼不能同时进行审理,否则将构成重复诉讼。为在两诉讼之间做好衔接,《最高人民法院关于执行权合理配置和科学运行的若干意见》第 26 条规定,确权诉讼的审理法院在处理此类案件时,应当查询所要确权的财产权属状况,发现已经被执行局查封、扣押、冻结的,应当中止审理;当事人诉请确权的财产被执行局处置的,应当撤销确权案件;在执行局查封、扣押、冻结后确权的,应当撤销确权判决或者调解书。① 否则,若审判机关径行对确认之诉进行审理并作出判决,该判决不仅不能产生排除强制执行的执行法效果,反而会导致当事人以确认之诉生效裁判为依据反复提起执行异议、复议和申诉,冲击裁判权威和程序安定性。

此外,实践中部分案外人在明知涉案财产被采取查封、扣押、冻结的条件下,为规避前述规则,可能会在将对执行标的的权属争议列为另案诉讼中的诉讼请求之一,或将其作为另案之先决问题提交法院,从而将案外人执行异议之诉中的执行标的权属争议确认隐藏在另提确权之诉之中,以避免法院直接驳回起诉或者合并诉讼。此时,另案多个诉讼请求之间实际上属于诉的客观合并关系,根据《最高人民法院关于适用〈中华人民共和国民事诉讼法〉的解释》第 221 条的规定,人民法院并不必须合并审理。对于已被采取执行措施的财产的权属确认请求,应将之按照前述方案处理。若该诉的其他诉讼请求以确认之诉为先决问题,则应根据《民事诉讼法》第 153 条的规定,因"本案必须以另一案的审理结果为依据,而另一案尚未审结",对其他诉讼请求裁定中止审理。

【典型案例】

案例:汤某伟、海顺房地产发展有限公司
再审审查与审判监督案[②]

基本案情:

广州市中级人民法院于 2009 年 8 月 12 日查封了案涉房产,此后案外人汤某

[①] 参见最高人民法院执行裁定书,(2021)最高法执监 141 号。
[②] 参见最高人民法院民事裁定书,(2017)最高法民申 3075 号。

伟于2010年3月18日作为原告以被执行人海顺公司为被告另案提起确认《房屋买卖协议书》有效的诉讼。此后，案外人汤某伟又于2010年7月2日针对案涉房产的强制执行程序提出执行异议，广州市中级人民法院驳回其执行异议后，汤某伟提起案外人执行异议之诉。案外人执行异议之诉经历二审终审，最终判决案外人汤某伟败诉。汤某伟不服，提出其与被执行人海顺公司之间的《房屋买卖协议书》的效力结果直接影响案外人执行异议之诉的审理结果，故案外人执行异议之诉应在有关《房屋买卖协议书》效力的另案确认之诉裁判结果生效之前中止审理。为此，案外人汤某伟认为案外人执行异议之诉存在程序违法，向最高人民法院申请再审，最高人民法院驳回了其再审申请。

裁判要旨：

在本案中，最高人民法院将案外人执行异议之诉的二审程序未中止是否构成程序违法、是否应中止审理的问题作为该案的争议焦点。

最高人民法院认为，对于执行异议之诉，根据2015年《最高人民法院关于适用〈中华人民共和国民事诉讼法〉的解释》第312条的规定，[①]案外人同时提出确认其权利的诉讼请求的，人民法院可以在判决中一并作出裁判。本案中，案外人汤某伟提出的诉讼请求包括了确权之诉的内容，即请求依法确认案涉房屋归其所有。因此，汤某伟与海顺公司之间的《房屋买卖协议书》是否真实存在、合同效力以及履行情况等内容，均属于本案执行异议之诉中有关确权部分本应审理的范畴。

根据原审查明的事实看，广州市中级人民法院于2009年8月12日查封了案涉房产后，汤某伟于2010年3月18日另案提起确认《房屋买卖协议书》有效的诉讼。此后，汤某伟于2010年7月2日就针对案涉房产的强制执行程序提出执行异议，广州市中级人民法院驳回其执行异议后，汤某伟提起案外人执行异议之诉。不难看出，汤某伟另案提起确认《房屋买卖协议书》有效的诉讼，是为其提出执行异议和案外人执行异议之诉进行证据准备的。但是，汤某伟在案涉房产被查封之后另案提起确认《房屋买卖协议书》有效的诉讼，其审理结果明显与查封案涉房屋的申请执行人高斯达公司具有利害关系，在不追加高斯达公司作为第三人参加诉讼的情况下，汤某伟和海顺公司另案单独进行诉讼，存在串通诉讼的嫌疑，有可能损害高斯达公司的利益。而且，在案外人执行异议之诉和确认合同有效之诉的两

[①] 2022年《最高人民法院关于适用〈中华人民共和国民事诉讼法〉的解释》将该条条文顺序修改为第310条。

种诉讼中,有关举证责任的要求也是不同的。因此,在案外人执行异议之诉立案之后,汤某伟另案提出的确认《房屋买卖协议书》有效的诉讼不应继续审理,而应由本案执行异议之诉针对《房屋买卖协议书》是否真实存在、合同效力以及履行情况等内容进行查明和认定。综上,本案二审无须以另案确认《房屋买卖协议书》有效之诉的裁判结果为依据,无须中止审理,二审审理程序并不违法。

裁判评析:

本案系案外人先后提起案外人确认之诉和另案确权之诉的典型案例。案外人汤某伟在案涉房屋被采取查封措施之后,首先提起了另案确权之诉,后提起了"案外人执行异议—案外人执行异议之诉"。此时,另案确认之诉与案外人执行异议之诉均需审理案外人是否对案涉房屋享有实体权利,案外人依据提起诉讼的时间先后,认为在后的案外人执行异议之诉应等待另案确认之诉的审理结果,程序上需中止审理,不能径行审理并作出判决。这种观点并不正确。

案外人对已经被查封的财产提起另案确认之诉时,正确的处理方式是根据《最高人民法院印发〈关于执行权合理配置和科学运行的若干意见〉的通知》第26条,中止另案确权之诉的审理。换言之,此时尽管当事人享有案外人执行异议之诉和另案确权之诉的诉权,但在当事人同时行使时,正确的衔接方式是以案外人执行异议之诉处理。原因在于:第一,在案涉房产被查封后,案外人可能已经与被执行人恶意串通,伪造房屋买卖合同以规避执行。第二,从诉讼效率原则出发,案涉财产被查封后,案外人执行异议之诉的审理法院已经对该财产进行了较多调查和前置程序,在前置的执行程序、执行异议程序中,执行法院收集到的证据材料均可作为案外人执行异议之诉中的证据使用。① 第三,从当事人参加诉讼的角度,案外人执行异议之诉中,申请执行人应当作为被告参与诉讼;而另案确认之诉中,申请执行人未必能够参加诉讼。另案确权诉讼的裁判结果直接关系到申请执行人的实体权利能否得到实现,且实践中大量案件为案外人与被执行人恶意串通损害申请执行人利益的虚假诉讼,故而申请执行人有参加诉讼的必要,因此由案外人执行异议之诉处理案外人实体权利是否存在的纠纷更加妥当。

在案外人先后提起案外人确认之诉和另案确权之诉的两类情况中,此类先提起案外人确认之诉,嗣后提起案外人执行异议之诉的情况,案外人另案提起确权之诉的目的可能在于为后续的案外人执行异议、案外人执行异议之诉准备证据,

---

① 参见最高人民法院民法典贯彻实施工作领导小组办公室编著:《最高人民法院新民事诉讼法司法解释理解与适用》(下),人民法院出版社2021年版,第689页。

因而另案确权之诉应当得到受理。

但若案外人先提起案外人执行异议之诉,败诉后另行提起另案确权之诉,则其目的在于获取与案外人执行异议之诉不同的裁判。此时,案外人其实已经不再享有另案确权之诉的起诉权,原因主要在于,案外人是否对执行标的享有所主张的实体权利的问题已经得到了案外人执行异议之诉的实质审理,案外人败诉后不得再次就同一纠纷向法院起诉。具体分析如下:

首先,从规范的角度来讲,案外人执行异议之诉与确认之诉在目的和效果方面存在重叠之处。在目的上,案外人执行异议之诉具有双重目的,其中确认案外人对执行标的权利的目的能够涵盖确认之诉的目的。在效果上,案外人执行异议之诉,既能够产生确认之诉所带来的确权实体效果,也能够产生确认之诉所不能够产生的对抗强制执行效果。所以在规范的体系上来讲,在执行程序中,案外人对执行标的权属发生争议时,案外人执行异议之诉可以完全发挥确认之诉的功能。这就意味着案外人在提起了执行异议之诉后另行提起确认之诉,本质上是一种重复起诉的行为。法院应当驳回这类重复起诉。

其次,从案外人的诉权保护的角度,或许会有观点认为,此情况下驳回确认之诉的起诉,将会不当地削减案外人提起确认之诉的起诉权,不合民事诉权保护原理,在缺少立法授权的情况下,不应仅因为案外人提起了执行异议之诉所产生的效果与提起确认之诉产生的效果本身有相似之处,就驳回案外人提起的确认之诉。但是,此处并非无端禁止当事人诉权,而是根据"一事不再理"之程序法原理,对案外人就同一确认实体权利存在之起诉权的适当规制,避免因程序法上救济制度的复杂和功能竞合,导致案外人起诉权过分膨胀。若允许案外人就同一纠纷提起两个诉,则不仅法院需要重复审理并可能作出重复判决,而且无论最终案外人的排除执行请求能否得到支持,申请执行人的权利实现均将被拖慢,案外人极可能通过反复缠讼达到拖延偿债的目的。这种理解不符合强制执行法所遵循的债权人中心主义和执行效率原则。① 此外,在案外人执行异议之诉败诉后,案外人再次提起确认之诉,其目的即在于对抗终局判决,此种动机也不符合民事诉讼诚信原则和程序安定性的要求。因此,此时法院应当依据《最高人民法院关于适用〈中华人民共和国民事诉讼法〉的解释》第247条的规定,驳回案外人的重复起诉,这种处理方案并不会构成对案外人诉权的侵犯。

---

① 参见肖建国:《执行程序修订的价值共识与展望——兼评〈民事诉讼法修正案〉的相关条款》,载《法律科学(西北政法大学学报)》2012年第6期。

第九讲　案外人执行异议之诉的构成要素

导　语

诉的构成要素包括当事人、诉讼标的和诉讼请求,案外人执行异议之诉亦不例外。关于案外人执行异议之诉的构成要素,理论和实践存在较多争议。比如,就当事人而言,被执行人是否是案外人执行异议之诉的当事人?案外人、申请执行人与被执行人在案外人执行异议之诉中的诉讼地位为何?又如,案外人执行异议之诉的诉讼标的是诉讼法上的异议权还是异议事由等?再如,案外人在提起执行异议之诉时,能否一并提出确认请求或给付请求?本讲将围绕案外人执行异议之诉的构成要素展开说明。

问题一　案外人执行异议之诉的当事人

【规范梳理】

《民事诉讼法》

第一百二十二条　起诉必须符合下列条件:

(一)原告是与本案有直接利害关系的公民、法人和其他组织;

(二)有明确的被告;

(三)有具体的诉讼请求和事实、理由;

(四)属于人民法院受理民事诉讼的范围和受诉人民法院管辖。

第二百三十八条　执行过程中,案外人对执行标的提出书面异议的,人民法院应当自收到书面异议之日起十五日内审查,理由成立的,裁定中止对该标的的执行;理由不成立的,裁定驳回。案外人、当事人对裁定不服,认为原判决、裁定错误的,依照审判监督程序办理;与原判决、裁定无关的,可以自裁定送达之日起十五日内向人民法院提起诉讼。

《最高人民法院关于适用〈中华人民共和国民事诉讼法〉的解释》

第三百零五条 案外人提起执行异议之诉的,以申请执行人为被告。被执行人反对案外人异议的,被执行人为共同被告;被执行人不反对案外人异议的,可以列被执行人为第三人。

《最高人民法院关于人民法院办理执行异议和复议案件若干问题的规定》

第二十四条 对案外人提出的排除执行异议,人民法院应当审查下列内容:
(一)案外人是否系权利人;
(二)该权利的合法性与真实性;
(三)该权利能否排除执行。

《最高人民法院关于审理执行异议之诉案件适用法律问题的解释》

第二条 金钱债权纠纷的财产保全、执行中,执行标的存在轮候查封、扣押、冻结的,案外人提起执行异议之诉,以首先查封、享有担保物权等优先受偿权的申请保全人、申请执行人为被告,以其他已知的轮候查封的申请保全人、申请执行人为第三人。

第四条 案外人提起执行异议之诉并依照《民法典》第二百三十四条等规定就执行标的的归属提出确权请求的,以被执行人为被告。

《全国法院民商事审判工作会议纪要》

119.【案外人执行异议之诉的审理】 案外人执行异议之诉以排除对特定标的物的执行为目的,从程序上而言,案外人依据《民事诉讼法》第227条提出执行异议被驳回的,即可向执行人民法院提起执行异议之诉。人民法院对执行异议之诉的审理,一般应当就案外人对执行标的物是否享有权利、享有什么样的权利、权利是否足以排除强制执行进行判断。至于是否作出具体的确权判项,视案外人的诉讼请求而定。案外人未提出确权或者给付诉讼请求的,不作出确权判项,仅在裁判理由中进行分析判断并作出是否排除执行的判项即可。但案外人既提出确权、给付请求,又提出排除执行请求的,人民法院对该请求是否支持、是否排除执行,均应当在具体判项中予以明确。执行异议之诉不以否定作为执行依据的生效裁判为目的,案外人如认为裁判确有错误的,只能通过申请再审或者提起第三人撤销之诉的方式进行救济。

浙江省高级人民法院审判监督庭关于印发《审理执行异议之诉案件疑难问题解答》的通知

六、执行异议之诉案件如何列明当事人？

在案外人执行异议之诉案件中，按照《执行程序司法解释》第十七条的规定和本院《指导意见》第五条的规定，案外人为原告，申请执行人为被告，但申请执行人中有人明确表示对该执行标的放弃执行权利的，该申请执行人可不作为被告参加诉讼；被执行人反对案外人对执行标的所主张的实体权利的，应当以申请执行人和被执行人为共同被告；被执行人下落不明，无法表明其对案外人请求的意见的，应当将其列为共同被告。

在申请执行人执行异议之诉案件中，按照《执行程序司法解释》第二十一条的规定和本院《指导意见》第五条的规定，申请执行人为原告，案外人为被告，被执行人反对申请执行人的请求的，应当以案外人和被执行人为共同被告；被执行人下落不明，无法表明其对申请执行人请求的意见的，应当将其列为共同被告；申请执行人中有人明确表示对该执行标的放弃执行权利的，该申请执行人可不参加诉讼。

七、执行异议之诉案件中，被执行人对案外人就执行标的所主张的实体权利无异议或者对申请执行人的请求无异议，是否需要参加诉讼？

执行异议之诉案件中，申请执行人往往并不掌握执行标的相关情况，而案件审理又涉及案外人与被执行人之间的法律关系，案件处理结果与被执行人具有法律上的利害关系。因此，无论被执行人对案外人就执行标的所主张的实体权利有无异议，或者被执行人对申请执行人的请求有无异议，为查清案件事实，都应当让被执行人参加诉讼。按照《民事诉讼法》第五十六条的规定，可列为无独立请求权的第三人。

【理论基础】

案外人执行异议之诉的审理，涉及案外人、申请执行人与被执行人、申请保全人。

根据《最高人民法院关于适用〈中华人民共和国民事诉讼法〉的解释》第305条的规定，案外人执行异议之诉的原告是案外人。所谓案外人，是指除执行当事人（申请执行人和被执行人）外，主张其对执行标的享有民事权益，且认为法院对执行标的的执行侵害了其民事权益，并请求排除执行的公民、法人和其他组织。简而言之，案外人是指对执行标的物享有足以排除强制执行的民事权益的人。

案外人作为案外人执行异议之诉的核心当事人,就执行标的享有足以排除强制执行的民事权益,是其成为当事人的核心依据。其中,所谓对执行标的享有足以排除强制执行的民事权益,包括两个层面的内容:一是案外人对执行标的是否享有、享有何种民事权益,二是案外人对执行标的享有的民事权益是否足以排除执行。[①] 就此而言,案外人区别于《民事诉讼法》第 59 条规定的有独立请求权第三人。有独立请求权第三人的核心内容,是其对当事人争议的诉讼标的主张独立的请求权。案外人也区别于《民事诉讼法》第 236 条规定的利害关系人。利害关系人的核心内容,是其民事权益因执行机关的违法行为而受到侵害。案外人执行异议之诉的原告资格问题,本质上是"谁能通过诉讼排除执行"的实体权利门槛。传统理论认为,原告资格应严格限定于享有物权性权利(如所有权、用益物权、共有权)或享有法律明确规定的特殊债权性权利(如无过错不动产买受人的特殊债权、消费者购房人的特殊债权)的主体。[②] 至于法律没有明确规定的可以成为案外人执行异议之诉异议事由的特殊债权,案外人不能以其享有该类债权而成为案外人执行异议之诉的适格原告。

不过,严格限定原告资格的理论也受到一些挑战。部分理论认为应将原告范围扩展至所有"因执行行为遭受实质损害"的案外人,或者说扩展至享有足以排除强制执行的民事权益的人,包括普通债权人、隐名股东、借名买房的借名人等。例如,隐名股东虽不直接持有股权,但若其实际出资、实际行使权利且公司其他股东知情,应允许其作为原告主张排除对显名股东股权的执行。[③] 这一观点试图突破"权利类型化"的桎梏,尤其是突破案外人执行异议之诉的适格原告仅仅以民事实体法为基础的桎梏。

根据《最高人民法院关于适用〈中华人民共和国民事诉讼法〉的解释》第 305 条的规定,案外人执行异议之诉的被告是申请执行人。在案外人执行异议之诉中,案外人主张其对执行标的享有足以排除执行的民事权益并请求排除执行,而申请执行人主张执行标的属于被执行人的责任财产,故应当继续执行,二者的权利主张直接抵触,因此申请执行人应当是案外人执行异议之诉的适格被告。[④] 值

[①] 参见庄诗岳:《论被执行人在案外人异议之诉中的诉讼地位》,载《海南大学学报(人文社会科学版)》2024 年第 6 期。

[②] 参见张海燕:《权益对抗效力视角下案外人排除强制执行民事权益的类型化》,载《法律科学(西北政法大学学报)》2024 年第 4 期。

[③] 参见肖建国、庄诗岳:《论案外人异议之诉中足以排除强制执行的民事权益——以虚假登记财产的执行为中心》,载《法律适用》2018 年第 15 期。

[④] 参见章武生、金殿军:《案外人异议之诉研究》,载《法学家》2010 年第 5 期。

得注意的是:"虽然执行机关是不当执行行为的实施者以及不当执行行为损害后果的造成者,但申请执行人是执行程序的启动者、利用者和受益者。诚然,我国的执行实践并未严格遵循执行当事人处分原则,在被执行人责任财产的调查、查控等环节职权主义色彩浓厚,但申请执行人掌握执行程序启动的主动权,享有指示执行机关继续或者撤销执行措施的处分权,执行机关实施执行行为的目的是实现申请执行人的债权。从执行法律关系来看,执行机关与被执行人之间干涉关系的错位源于申请执行人与执行机关之间申请关系的存在。因此,执行机关的不当执行行为造成的损害从根本上说是由申请执行人启动、利用执行程序造成的,申请执行人应当对执行机关的不当执行行为造成的损害负责,因不当执行行为造成的实体法上的违法状态应当被置于申请执行人与案外人的关系之中。"①

根据《最高人民法院关于适用〈中华人民共和国民事诉讼法〉的解释》第305条的规定,关于被执行人在案外人异议之诉中的诉讼地位,系根据被执行人是否反对案外人异议进行确定:被执行人反对案外人异议的,被执行人为共同被告;②被执行人不反对案外人异议的,可以列被执行人为第三人。被执行人反对案外人异议的,被执行人为共同被告的依据是:案外人异议之诉的诉讼标的表现为法院的执行措施是否妨害了案外人的实体权益,实质是对于同一执行标的,对于案外人所享有的实体权益与申请执行人所享有的债权,何者应当优先保护,而这一诉讼标的通常与案外人和被执行人对执行标的的权属相联系。案外人提起异议之诉后,必然会涉及执行标的的权属问题,如果被执行人对案外人的权属主张有异议,则应当作为该案的被告。另外,这对于查清案件事实、防止出现矛盾裁判、高效解决纠纷具有积极意义。被执行人不反对案外人异议的,可以列被执行人为第三人的依据是:"案外人异议之诉的直接目的在于排除对特定执行标的的强制执行,与申请执行人的主张相反,而与被执行人没有直接关系,如果被执行人对案外人的权属主张没有异议,就没有必要将其列为共同被告。以及由于案外人异议之诉必然会涉及执行标的的权属问题,即使被执行人不反对案外人异议,从查清案件事实、彻底解决纠纷的角度考虑,有必要将被执行人列为第三人。"③值得注意的是,被执行人虽不反对案外人异议,但是案外人依照《民法典》第234条等规定就执行标的的归属提出确权请求的,被执行人也应当作为被告。

---

① 庄诗岳:《论不当执行案外人财产行为的实体法效力》,载《浙江学刊》2024年第1期。
② 参见张先科、杨巍:《案外人异议之诉的程序构建》,载《人民司法》2009年第13期。
③ 参见庄诗岳:《论被执行人在案外人异议之诉中的诉讼地位》,载《海南大学学报(人文社会科学版)》2024年第6期。

【典型案例】

案例一：某制造有限公司与胡某、某钢结构工程有限公司等案外人执行异议之诉纠纷案[①]

基本案情：

一审法院经审理查明：在某物资有限公司与某钢结构工程有限公司、胡某、陈某买卖合同纠纷案中，陕西省高级人民法院作出（2016）陕民终410号生效判决，判令某钢结构公司等履行债务。因义务人未主动履行，某物资公司向西安市中级人民法院申请强制执行。西安市中级人民法院于2016年11月18日作出（2016）陕01执1231号之四执行裁定，查封某钢结构公司名下位于户县五路厂院内的厂房及起重机等设备，查封期限分别为三年、两年，并明确禁止被执行人实施转移财产、设置权利负担等妨碍执行行为。

执行过程中，被执行人某钢结构公司等曾以涉案厂房属某制造有限公司所有为由提出执行异议，但于2017年2月22日申请撤回。2018年6月25日，某制造有限公司作为案外人另行提出执行异议，主张对查封财产享有所有权，并提交《厂（地）租赁合同》《合同解除协议》等证据。

裁判要旨：

一审法院认为，根据《最高人民法院关于适用〈中华人民共和国民事诉讼法〉的解释》（2015年）第309条之规定，某制造有限公司主张对涉案厂房享有所有权，需承担举证责任。某制造公司虽提交《厂（地）租赁合同》《不动产权证书》等证据，但上述材料仅能证明其合法取得涉案土地使用权，无法直接证明厂房权属。

在出资建造事实认定方面，某制造公司提交的11份连续票号收款收据存在票号与出具时间倒置的异常情形，且无法提供原始存根联核验，证人曾某某亦未对此作出合理解释。此外，证人何某某关于其身份的陈述与某制造公司主张明显矛盾。更为关键的是，某制造公司主张的工程款支付路径显示，相关转账账户均非其名下账户，现有转账凭证亦无法建立付款行为与厂房建设工程款之间的直接关联。

综上，某制造公司提交的证据在出资主体、款项流转、权属形成等关键环节均存在证明断点，未能形成完整证据链证明其对涉案厂房享有排除强制执行的民事

[①] 参见最高人民法院民事裁定书，(2020)最高法民申5338号。

权益。某制造公司主张厂房所有权的诉讼请求因证据不足无法成立。鉴于涉案厂房及设备权属与胡某、陈某、曾某某三人不存在直接法律利害关系,该三名自然人不属于本案适格诉讼主体。一审法院对某制造公司要求撤销(2018)陕 01 执异 338 号执行裁定及确认厂房权属的诉讼请求不予支持。

二审法院认为,本案二审争议焦点为:某制造有限公司对涉案钢结构厂房是否享有足以排除强制执行的民事权益。

根据《最高人民法院关于适用〈中华人民共和国民事诉讼法〉的解释》(2015 年)第 311 条①、第 312 条②的规定,案外人执行异议之诉的审理应围绕两个核心层面展开:其一,需查明案外人对执行标的物是否享有实体性民事权利及权利性质;其二,需综合评判该权利是否具备阻却强制执行的法律效力。

经审查,本案关键事实如下:

第一,某制造公司通过签署《某制造有限公司项目(二期)入园项目合同书》,合法取得涉案厂房所占宗地的国有建设用地使用权,并于 2016 年 8 月 24 日取得陕(2016)户县×号《不动产权证书》,载明使用权期限自 2016 年 8 月 24 日至 2066 年 8 月 23 日。

第二,西安市中级人民法院(2016)陕 01 执 1231 号之四执行裁定及(2016)陕 01 执 1231 号之二协助执行通知书所涉查封标的,不包含某制造公司发包给曾某某承建的办公楼及工人宿舍楼。就查封的二期钢结构厂房基础工程,现有证据显示该部分由曾某某实际施工,且某制造公司已履行工程款支付义务,可认定该基础工程属某制造公司合法建造范畴。

第三,某制造公司与某钢结构公司构成厂院租赁法律关系。根据双方 2014 年 10 月 15 日签订的厂院租赁合同,某制造公司已按约完成 3000 平方米办公楼及工人宿舍建设。虽然钢结构厂房部分由承租方某钢结构公司自行设计施工,但合同明确约定相关费用由某制造公司承担,且某制造公司通过财务人员向某钢结构公司财务人员转账支付 200 万元。并且,某制造公司提交 2013 年 12 月 15 日×××出具的借条主张支付 400 万元建设费用,但其提供的银行凭证仅能证明何某某向胡某转账 300 万元。此外,某制造公司提交(2018)陕证民字第 018549 号公证书欲证明厂房权属,但该公证行为发生于涉案厂房被查封之后,且其中涉及的《合同解除协议》关于 750 万元投资款抵顶 2015—2016 年一期厂房租金 600 万元及某

---

① 现为《最高人民法院关于适用〈中华人民共和国民事诉讼法〉的解释》(2022 年修正)第 309 条。
② 现为《最高人民法院关于适用〈中华人民共和国民事诉讼法〉的解释》(2022 年修正)第 310 条。

制造公司债权的内容,因涉及第三方权益且缺乏客观证据佐证,不足以排除合理怀疑。

综合上述事实,涉案钢结构厂房存在某钢结构公司权益的客观状态,使得西安市中级人民法院对涉案厂房采取查封措施具有事实及法律依据。某制造公司要求确认查封厂房所有权的上诉主张缺乏充分事实及法律支撑。二审法院认为,一审判决对案件基本事实的认定符合客观实际,法律适用准确,应予维持。

裁判评析:

当事人适格的核心在于判断诉讼主体是否具备与争议标的相关的实体法权益或法律地位,或者说对于争议的实体权利义务关系是否具有管理权或处分权,从而成为适格的原告或被告。在本案中,某制造有限公司主张涉案厂房归其所有,这一实体权利主张是其作为原告提起案外人执行异议之诉的核心依据。根据《最高人民法院关于适用〈中华人民共和国民事诉讼法〉的解释》第309条、第310条中关于案外人执行异议之诉的规定,案外人需对执行标的主张足以排除强制执行的民事权益。某制造有限公司以《厂(地)租赁合同》《不动产权证书》等证据主张案涉厂房归其所有,形式上已提出实体权利主张,符合原告资格的形式要件。但法院在审理中发现,某制造有限公司的不动产权证书仅证明其享有案涉土地的使用权,无法直接证明厂房所有权归属;其提交的工程款支付凭证存在票号与时间矛盾、资金来源不明等重大瑕疵,且未能提供原始票据存根或确权裁判作为补充证明。尽管某制造有限公司的证据存在缺陷,但原告资格的判断仅需形式审查,只要其主张的实体权利在形式上与执行标的相关,即可认定其具备原告适格性。因此,法院受理某制造有限公司的起诉并无不当,其原告资格的成立不因实体主张的最终不成立而受影响。在整个一审、二审程序中,某制造有限公司始终围绕涉案厂房的所有权及排除执行展开诉讼活动,其诉讼请求与行为具有连贯性和一致性。这种持续的、以主张自身对执行标的权利为核心的诉讼行为,巩固了其作为原告在本案中的适格地位。

被告范围的确定是当事人适格问题的另一焦点。案外人执行异议之诉的被告应包括申请执行人及反对案外人异议的被执行人。本案中,申请执行人某物资有限公司作为执行依据的权利人,其利益直接受案外人异议结果的影响,显然属于适格被告。争议在于某钢结构公司、胡某、陈某是否应列为被告。根据《最高人民法院关于适用〈中华人民共和国民事诉讼法〉的解释》第305条,若被执行人反对案外人异议,则应将其列为共同被告。本案中,某钢结构公司作为执行标的的登记所有权人,明确反对某制造有限公司的异议主张,故其作为被告适格。然而,胡某、陈某虽为生效判决确定的被执行人,但其责任源于对某钢结构公司债务的连带清偿义务,与案涉厂房的权属争议并无直接关联。法院认为,执行异议之诉的核心是判断案外人对执行标的是否享有排除执行的权利,而胡某等三人既未主张对厂房的权利,亦未对某制造有限公司的异议表示反对,其诉讼地位与执行标的的实体权属无关。因此,一审法院认定胡某、×××、陈某"与诉争财产之权属归属无法律上的直接利害关系,不属于本案适格的诉讼主体",符合当事人适格理论中"直接利害关系"原则,避免了无关主体不当卷入诉讼,体现了程序经济的价值取向。

某物资有限公司作为申请执行人,其对涉案厂房申请强制执行,与涉案厂房的执行结果存在直接的利害关系。在某制造有限公司提出案外人执行异议之诉后,某物资有限公司的执行权益受到挑战。根据案外人执行异议之诉的诉讼架构,申请执行人是适格的被告,某物资有限公司作为执行程序中的一方,其利益与执行标的紧密相连,基于程序正义之要求,法律应当赋予其被告资格,使其可以通过诉讼程序维护其基于执行依据所享有的执行债权,防止执行标的被不当排除执行。

一审法院认定陈某、胡某与本案诉争财产之权属归属无法律上的直接利害关系,不属于本案适格的诉讼主体。从当事人适格的角度看,这一判定准确合理。在案外人执行异议之诉中,当事人需与执行标的的权属争议存在直接关联。这三人在本案中,并未呈现出与涉案厂房所有权或排除执行的诉求有直接的法律联系,其既未对执行标的主张权利,也未在执行程序或本案诉讼中有直接的利益牵连,因此不应作为本案的适格当事人参与诉讼。

综上,本案当事人适格问题的处理体现了案外人执行异议之诉中程序正当与实体公正的平衡。某制造有限公司作为主张实体权利的案外人,其原告资格成立;某物资有限公司作为申请执行人,某钢结构公司作为反对异议的被执行人,均属适格被告;而胡某等三人因与权属争议无直接关联,被排除在适格当事人范围之外。法院严格区分程序适格与实体主张,既保障了案外人的诉讼权利,又避免了无关主体参与诉讼造成的程序拖累。这一裁判思路对类似案件中当事人适格问题的认定具有示范意义,尤其对处理执行程序中案外人与多方被执行人之间的复杂权属争议提供了重要参考。未来司法实践中,仍需在当事人适格判断中进一步强化"实质关联性"标准,确保诉讼主体的参与必要性与裁判结果的正当性。

案例二：某路桥建设集团有限公司、邢某借款合同纠纷执行审查类执行裁定纠纷案[①]

基本案情：

在邢某与李某、河北某房地产开发有限公司、唐山某房地产开发有限公司、某路桥建设集团有限公司民间借贷纠纷执行案件中，唐山市中级人民法院于2015年12月15日作出(2015)唐民初字第339号民事调解书，确认李某、河北某房地产开发有限公司、某路桥建设集团有限公司、唐山某房地产开发有限公司需向邢某清偿借款本金25116000元及相应利息。

案件进入强制执行阶段后，唐山市中级人民法院依法对被执行人李某名下不动产采取查封措施。2019年8月12日，该院作出(2016)冀02执字第5333号之十执行裁定，对李某名下位于河北省唐山市高新技术开发区火炬路西侧、证号为冀(2019)唐高开不动产权第0××9号的土地使用权，以及位于火炬路××号的在建工程(以下统称涉案不动产)实施续行查封。

某路桥建设集团有限公司不服上述执行措施，向唐山市中级人民法院提出执行异议，请求撤销(2016)冀02执字第5333号之十执行裁定，并确认其对涉案不动产享有所有权。具体异议理由包括：(1)虽然涉案不动产登记于李某名下，但实际权属应归某路桥建设集团有限公司所有。土地出让金及相关税费实际由某路桥建设集团有限公司以公司注册资本264.42万元及第三方借款91.65786万元支付，李某个人未承担任何费用。(2)鉴于某路桥建设集团有限公司已进入破产重整程序，所有属于债务人的财产均应纳入破产财产范围。

唐山市中级人民法院经审理查明：2018年11月15日，唐山高新技术产业开发区人民法院作出(2018)冀0291破申1号民事裁定，受理某路桥建设集团有限公司的重整申请。2019年1月3日，唐山市路北区人民法院作出(2019)冀0203破1号民事裁定，决定对唐山高新技术产业开发区人民法院移送的某路桥建设集团有限公司破产重整案件立案审理。在执行异议审查期间，某路桥建设集团有限公司提交了破产案件受理通知书、财务凭证、房屋建筑质量合格证明、土地房屋费用支出说明及票据、土地权属证书等材料，主张其对涉案不动产享有所有权。但截至异议审查终结，尚未有生效法律文书确认涉案不动产权属归某路桥建设集团有限公司所有。

[①] 参见最高人民法院执行裁定书，(2022)最高法执监161号。

河北省高级人民法院在后续审查中,对唐山市中级人民法院查明的上述事实予以确认。

裁判要旨：

唐山市中级人民法院认为,执行机构依据(2015)唐民初字第339号民事调解书对被执行人李某等主体名下财产采取查封、扣押、冻结等强制措施符合法律规定,执行程序合法有效。本案中,某路桥建设集团有限公司在执行程序推进过程中进入破产重整阶段,该企业名下财产应纳入破产财产范围并中止执行程序。但现有证据无法证明该不动产权属已转移至某路桥建设集团有限公司。尽管某路桥建设集团有限公司在执行异议审查阶段提交了相关证据材料主张权属,但上述证据尚不足以推翻不动产登记簿记载的物权归属效力。据此,河北省唐山市中级人民法院于2020年7月28日作出(2020)冀02执异496号执行裁定,驳回某路桥建设集团有限公司的异议请求。

河北省高级人民法院认为,本案执行依据为唐山市中级人民法院(2015)唐民初字第339号民事调解书,执行机构依据该生效法律文书对被执行人李某等主体名下财产采取强制执行措施符合法定程序。虽然某路桥建设集团有限公司在执行过程中进入破产重整程序,但涉案不动产并未登记于该企业名下,根据物权公示原则,执行机构对登记于李某名下的财产采取执行措施并无不当。某路桥建设集团有限公司虽主张其为实际权利人并提交相关证据,但在执行异议复议程序中,执行裁决机构不对实体权属争议进行实质审查,相关证据的证明效力需通过确权诉讼等专门程序予以认定。因此,唐山市中级人民法院(2020)冀02执异496号执行裁定驳回某路桥建设集团有限公司异议请求的结论正确,应予维持。某路桥建设集团有限公司的复议主张缺乏法律依据,不能成立。

最高人民法院认为,本案争议的焦点是对于某路桥建设公司的异议是否应当依据《民事诉讼法》(2021年)第234条①进行审查。作为本案执行依据的唐山市中级人民法院(2015)唐民初字第339号民事调解书,明确载明李某、河北某房地产开发有限公司、某路桥建设集团有限公司、唐山某房地产开发有限公司应共同向邢某清偿借款本金25116000元及相应利息。在后续执行程序中,唐山市中级人民法院作出(2016)冀02执字第5333号之十执行裁定,对登记于李某名下的涉

---

① 现为《中华人民共和国民事诉讼法》(2023年修正)第238条:"执行过程中,案外人对执行标的提出书面异议的,人民法院应当自收到书面异议之日起十五日内审查,理由成立的,裁定中止对该标的的执行;理由不成立的,裁定驳回。案外人、当事人对裁定不服,认为原判决、裁定错误的,依照审判监督程序办理;与原判决、裁定无关的,可以自裁定送达之日起十五日内向人民法院提起诉讼。"

案不动产实施续行查封。对此,某路桥建设集团有限公司以案外人身份主张执行异议,并提交土地出让金支付凭证、财务记录等证据材料,主张其对涉案不动产享有实体权利。

尽管某路桥建设集团有限公司同为本案被执行人,但其系针对特定执行标的物主张独立权属,且该公司已进入破产重整程序,若涉案不动产确属某路桥建设集团有限公司财产,则应纳入破产财产范围并中止执行。在此特殊情形下,即便涉案不动产登记于李某名下,某路桥建设集团有限公司仍应被认定为案外人以审查其权利主张。值得注意的是,唐山市中级人民法院与河北省高级人民法院在两级裁决中均未对涉案不动产权属争议进行实质审查,仅维持执行现状。这种处理方式可能产生执行标的单独受偿的风险,直接损害某路桥建设集团有限公司其他债权人的公平受偿权益。因此,本案应当按照《民事诉讼法》(2021年)第234条①规定的案外人异议程序进行审查。综上,某路桥建设公司的部分申请再审理由成立,应予支持。

裁判评析:

本案的核心争议在于某路桥建设公司是否属于《民事诉讼法》第238条规定的"案外人",能否通过案外人执行异议之诉程序主张对执行标的的实体权利。根据法律规定,案外人执行异议之诉旨在为对执行标的享有实体权利的第三人提供救济途径,其本质是通过诉讼程序解决案外人与执行当事人之间的权属争议。本案中,某路桥建设公司虽为被执行人之一,但其主张对登记在李某名下的案涉不动产享有所有权,并以此为由请求排除执行,其异议性质已超越一般被执行人对执行行为的程序性抗辩,而涉及对执行标的实体权利的争议。因此,法院是否应当受理其异议并审查实体权利归属,成为本案的关键问题。

唐山市中级人民法院与河北省高级人民法院在异议审查中均以"执行程序不审查实体权属"为由驳回某路桥建设公司的请求,其裁判逻辑源于执行程序的形式审查原则。根据《最高人民法院关于人民法院办理执行异议和复议案件若干问题的规定》第25条,对案外人提出的权利异议,法院通常以不动产登记、动产占有等公示信息作为判断权属的形式标准。在此框架下,案涉不动产登记在李某名下,执行法院仅需审查登记名义与被执行人身份是否一致即可采取查封措施,无须进一步探究实际权属。这一处理方式体现了执行程序追求效率的价值取向,但也暴露出形式审查的局限性:当案外人主张实际权利与登记名义不一致时,若一概拒绝实体审查,可能导致真实权利人的合法利益因执行行为受损。

---

① 现为《中华人民共和国民事诉讼法》(2023年修正)第238条。

最高人民法院的再审裁定突破了传统案外人执行异议审查的边界,强调在特定情形下需对案外人的实体权利主张进行实质审查。本案的特殊性在于,某路桥建设公司不仅是执行案件的被执行人,还处于破产重整程序中。根据《企业破产法》第19条,破产申请受理后针对债务人的执行程序应当中止。若案涉不动产确属某路桥建设公司所有,则其应被纳入破产财产,由全体债权人公平受偿;反之,若继续执行该财产,将导致个别债权人通过执行程序优先受偿,损害破产程序的公平性。最高人民法院认为,尽管某路桥建设公司是案件被执行人,但其对执行标的的实体权利主张已超出执行依据的效力范围,本质上属于案外人对执行标的的异议,故应适用《民事诉讼法》第238条的案外人异议程序,允许通过诉讼程序对权属争议进行实质审查。这一认定体现了对破产程序特殊价值的尊重,也反映出执行程序与破产程序交叉时法律适用的复杂性。

判断当事人是不是执行异议中适格的案外人,不能简单地以当事人不是基础案件中执行人抑或是被执行人为判断标准,而应依据"实质审查"原则,结合案件的事实做出价值判断。进而可以得出,基础案件中执行人抑或是被执行人也有可能成为执行异议中"案外人"的适格主体。本案中各级法院对某路桥建设公司异议主体资格的不同认定,反映出法律对"案外人"身份的扩张解释倾向。

问题二　案外人执行异议之诉的诉讼标的

【规范梳理】

《民事诉讼法》

第二百三十八条　执行过程中,案外人对执行标的提出书面异议的,人民法院应当自收到书面异议之日起十五日内审查,理由成立的,裁定中止对该标的的执行;理由不成立的,裁定驳回。案外人、当事人对裁定不服,认为原判决、裁定错误的,依照审判监督程序办理;与原判决、裁定无关的,可以自裁定送达之日起十五日内向人民法院提起诉讼。

《最高人民法院关于适用〈中华人民共和国民事诉讼法〉的解释》

第三百零二条　根据民事诉讼法第二百三十四条规定,案外人、当事人对执行异议裁定不服,自裁定送达之日起十五日内向人民法院提起执行异议之诉的,由执行法院管辖。

【理论基础】

　　我国的教科书一般写明,诉讼标的是当事人之间争议的、请求法院予以裁判的实体法律关系。① 理论上则通常认为,我国采取旧实体法说(旧诉讼标的理论),给付之诉的诉讼标的是请求权,形成之诉的诉讼标的是形成诉权,确认之诉的诉讼标的是当事人之间争议的民事法律关系。② 但在案外人执行异议之诉中,诉讼标的并非前述内容,而是案外人对执行标的所主张的实体权利与申请执行人依据执行依据所享有的执行债权之间的冲突关系。从本质上讲,案外人执行异议之诉是案外人因认为执行行为侵害其对执行标的享有的民事权益,从而寻求司法救济的特殊诉讼类型。从诉讼目的来看,案外人执行异议之诉旨在解决执行程序中案外人民事权益与不当执行行为之间的矛盾。案外人希望通过诉讼排除对执行标的的执行,以维护自身合法权益;申请执行人则需捍卫执行依据赋予的执行债权。因此,以上目的导向也决定了诉讼标的必然围绕双方在执行标的上的权利冲突展开,与一般的民事诉讼有所不同。

　　比如,在房屋执行案件中,案外人可能已签订合法有效的房屋买卖合同,支付全部价款并实际占有房屋,但因未办理过户登记,房屋面临被执行。此时案外人主张对房屋享有特殊债权,并认为该特殊债权足以对抗申请执行人享有的民事权益,而申请执行人则依据生效判决主张享有执行债权,并认为执行标的属于被执行人的责任财产,可以继续执行,双方围绕房屋执行与否的权利冲突,就是该诉讼标的的体现。显然,这一诉讼标的不同于私法关系诉讼中当事人之间争议的民事权益法律关系。原因在于,申请执行人与案外人之间的纠纷并非关于民事权利义务或者民事实体法律关系的纠纷,而是关于执行机关执行案外人财产的行为是否正当或者说执行机关是否有权干涉案外人主张民事权益的财产的纠纷。③

　　此外,关于案外人与申请执行人之间的权益冲突关系,在诉讼标的方面也存在不同的解读。"形成之诉说认为,案外人执行异议之诉的诉讼标的是案外人所主张的异议权,该异议权由强制执行法创设,性质上为形成权,案外人通过行使该权利,直接发生排除强制执行措施的程序法效果。确认之诉说主张,案外人执行异议之诉目的是要求法院确认案外人有排除执行的权利,诉讼标的就是案外人要

---

① 参见杨秀清主编:《民事诉讼法学》(第4版),中国政法大学出版社2024年版,第47页。
② 参见赵志超:《法官合并审理自由裁量权之规制——以诉的客观合并适用为中心》,载《河北法学》2022年第2期。
③ 参见庄诗岳:《论案外人执行异议之诉的程序内核与制度本源》,载《河北法学》2025年第6期。

求法院确认其有排除执行的权利。给付之诉说则认为,案外人执行异议之诉的诉讼标的为原告要求执行申请人不作为的给付请求权,即要求法院命令债权人不得为强制执行或返还执行财产等。救济之诉说提出,案外人执行异议之诉是确认之诉和形成之诉的合成,既具有确认案外人权利的法律效果,又具有排除执行的法律效果,是一种复合型的诉讼标的。"[①]这些不同学说从不同角度对案外人执行异议之诉的诉讼标的进行剖析,虽侧重点不同,但都为理解诉讼标的提供了有益视角,共同揭示了案外人执行异议之诉诉讼标的在不同层面的复杂性和多样性。

依据《民事诉讼法》第238条的规定,案外人需对执行标的提出异议,主张自己对该标的享有足以排除强制执行的民事权益,其诉讼请求通常是请求法院停止对执行标的的执行。据此可知,我国关于案外人执行异议之诉的法律性质理论采取的是诉讼法上的形成之诉说,即认为案外人执行异议之诉的诉讼标的是诉讼法上的异议权,也对应前述案外人与申请执行人之间的权益冲突关系。其核心就是案外人所主张的权利能否排除执行,即诉讼标的的关键所在。

问题三　案外人执行异议之诉的诉讼请求

【规范梳理】

《民事诉讼法》

第一百二十二条　起诉必须符合下列条件:

(一)原告是与本案有直接利害关系的公民、法人和其他组织;

(二)有明确的被告;

(三)有具体的诉讼请求和事实、理由;

(四)属于人民法院受理民事诉讼的范围和受诉人民法院管辖。

《最高人民法院关于适用〈中华人民共和国民事诉讼法〉的解释》

第三百零三条　案外人提起执行异议之诉,除符合民事诉讼法第一百二十二条规定外,还应当具备下列条件:

(一)案外人的执行异议申请已经被人民法院裁定驳回;

(二)有明确的排除对执行标的执行的诉讼请求,且诉讼请求与原判决、裁定

[①] 参见匡青松:《第三人执行异议之诉研究》,湘潭大学2011年博士学位论文,第34页及以下。

无关；

（三）自执行异议裁定送达之日起十五日内提起。

人民法院应当在收到起诉状之日起十五日内决定是否立案。

第三百一十条 对案外人提起的执行异议之诉，人民法院经审理，按照下列情形分别处理：

（一）案外人就执行标的享有足以排除强制执行的民事权益的，判决不得执行该执行标的；

（二）案外人就执行标的不享有足以排除强制执行的民事权益的，判决驳回诉讼请求。

案外人同时提出确认其权利的诉讼请求的，人民法院可以在判决中一并作出裁判。

《最高人民法院关于审理执行异议之诉案件适用法律问题的解释》

第六条 案外人执行异议之诉案件审理期间，申请执行人请求人民法院继续执行并提供相应担保的，由负责审理执行异议之诉的人民法院裁定是否准许。执行法院依法继续执行的，案外人执行异议之诉案件按照下列情形分别处理：

（一）案外人就执行标的不享有足以排除强制执行的民事权益的，判决驳回诉讼请求；

（二）案外人就执行标的享有足以排除强制执行的民事权益，执行标的由申请执行人通过拍卖、抵债等执行程序受让的，判决不得执行该执行标的，并撤销相关拍卖或者抵债裁定；已向申请执行人交付的，同时判决申请执行人返还，拒绝返还的，强制执行；

（三）案外人就执行标的享有足以排除强制执行的民事权益，执行标的已由他人通过拍卖、变卖等执行程序合法取得的，判决不得执行该执行标的的变价款，执行法院向案外人发放变价款；已向申请执行人发放变价款或者向被执行人退还剩余变价款的，同时判决申请执行人、被执行人返还，拒绝返还的，强制执行；执行法院向案外人释明执行标的已由他人合法取得而案外人拒绝受领变价款的，应当将变价款予以提存，并告知案外人自提存之日起五年内可以随时领取。

在前款第二项、第三项规定情形下，案外人认为申请执行人请求继续执行错误，给其造成损失的，可以依法另行向申请执行人、执行担保人等主张权利。

江苏省高级人民法院《执行异议及执行异议之诉案件办理工作指引（一）》

三、执行异议及执行异议之诉案件的受理及诉讼请求

3.案外人、申请执行人根据《民事诉讼法》第一百二十二条、第二百三十四条、

《民诉法解释》第三百零三条、第三百零四条,以及利害关系人根据《民诉法解释》第四百九十九条规定提起执行异议之诉的,必须符合下列条件:

(1)经过执行异议审查的前置程序,即对执行法院已经作出的执行异议裁定不服;

(2)执行异议裁定送达之日起十五日内提起;

(3)有明确的诉讼请求、具体的事实及其理由;

(4)异议系针对执行标的提出;

(5)诉讼请求与执行依据无关,即执行标的与执行依据中确定的标的不具同一性、相关性或诉讼请求并不主张执行依据错误。

不符合上述条件之一的,裁定不予受理;已经受理的,裁定驳回起诉。

4. 执行异议之诉的诉讼请求

(1)案外人提出执行异议之诉的,诉讼请求应当表述为"请求对执行标的物停止执行"。申请执行人提起执行异议之诉的,诉讼请求应当表述为"请求对执行标的物许可执行"。

(2)案外人提出执行异议之诉,同时提出确认其实体权利的诉讼请求的,应在执行异议之诉中一并作出判决。未同时提出确权请求的,法院不在判决主文中予以宣告。

(3)当事人诉讼请求不明确的,应当予以释明。拒绝变更诉讼请求的,裁定不予受理;已经受理的,裁定驳回起诉。

5. 申请执行人或案外人另行诉讼或在上述第4条规定之外提出的诉讼请求的处理

(1)申请执行人提出许可执行异议之诉,同时请求撤销被执行人与案外人之间的法律行为、确认合同无效、代位析产以及代位行使被执行人对第三人的到期债权等诉讼请求的,应将其作为与执行标的相关的基础关系进行审理,并对相关实体权利进行判断,以此作为判断是否具有排除执行情形的依据。但在具体判项中仅对是否许可或排除执行作出判决;

(2)案外人提出执行异议之诉,同时提出被执行人继续履行合同、交付标的物、承担违约或损害赔偿责任等诉讼请求的,不予审理。案外人、当事人可就此另行主张权利;

(3)案外人以被执行人为被告另行提起给付之诉,要求转移执行标的物所有权,该标的物已处于查封扣押状态的,应当裁定驳回起诉,并在裁判理由中写明案外人可待执行标的物解除强制执行状态后再行主张;

(4)执行标的被查封、扣押、冻结后,案外人、申请执行人未在执行异议之诉中一并提出确权请求,而就基础法律关系另行提起相关诉讼的,不予受理;已经受理的,裁定驳回起诉;已经作出判决的,应当启动审判监督程序予以撤销。拒不撤销的,由执行法院报请共同的上级法院协调处理。

《吉林省高级人民法院关于审理执行异议之诉案件若干疑难问题的解答》

问题八 在执行异议之诉案件中,案外人和申请执行人分别可以提出哪些诉讼请求?

案外人执行异议之诉中,案外人应当直接提出对执行标的排除执行的诉讼请求,也可以一并提出确认其民事权益以及确认与该权益相关的合同效力等具有确认性质的请求。案外人提出继续履行合同或者具有给付性质的其他请求,不属于执行异议之诉的审理范围,人民法院应当不予审理。

申请执行人执行异议之诉中,申请执行人应当直接提出对执行标的继续执行的诉讼请求,除该请求之外的其他诉讼请求,不属于执行异议之诉的审理范围,人民法院应当不予审理。

【理论基础】

案外人的诉讼请求需围绕该诉讼标的展开。案外人执行异议之诉是诉讼法上的形成之诉,其核心内容是案外人与申请执行人的权益冲突,即案外人主张对特定执行标的享有民事权益并请求排除执行,而申请执行人主张特定标的属于被执行人的责任财产并请求继续执行。因此,案外人执行异议之诉的诉讼请求,是排除执行机关对特定执行标的的强制执行。案外人的排除执行请求,旨在否定申请执行人对执行标的的执行主张,以维护自己对执行标的享有的民事权益。对此,《最高人民法院关于适用〈中华人民共和国民事诉讼法〉的解释》第303条规定,案外人提起执行异议之诉,除符合《民事诉讼法》第122条规定的一般起诉条件外,案外人还必须提出具体的排除对执行标的的执行的诉讼请求。江苏省高级人民法院《执行异议及执行异议之诉案件办理工作指引(一)》还规定,案外人、申请执行人提起执行异议之诉的理由必须是针对执行标的的实体权利提出异议,而不是针对执行行为提出异议。案外人提出执行异议之诉的,诉讼请求应当表述为"请求对执行标的物停止执行"。申请执行人提起执行异议之诉的,诉讼请求应当表述为"请求对执行标的物许可执行"。

此外,《最高人民法院关于适用〈中华人民共和国民事诉讼法〉的解释》第310条第2款规定,案外人同时提出确认其权利的诉讼请求的,人民法院可以在判决中一并作出裁判。《最高人民法院关于审理执行异议之诉案件适用法律问题的解释》第 4 条规定："案外人提起执行异议之诉并依照《民法典》第二百三十四条等规定就执行标的的归属提出确权请求的,以被执行人为被告。"据此,案外人提起执行异议之诉时,除可以提出排除强制执行的诉讼请求外,还可以一并提出确认权属的诉讼请求。理论上,也有观点认为诉讼请求应明确包含"停止对特定标的物的执行措施"及"确认案外人对标的物享有实体权利"。此外,诸如江苏省高级人民法院《执行异议及执行异议之诉案件办理工作指引(一)》明确提出,案外人提出执行异议之诉,同时提出确认其实体权利的诉讼请求的,应在执行异议之诉中一并作出判决。未同时提出确权请求的,法院不在判决主文中予以宣告。案外人提起执行异议之诉时,之所以允许案外人一并提出确认权属的请求,原因在于案外人执行异议之诉的审理内容包括案外人对执行标的享有民事权益,且这一审理内容是另外一个审理内容或者是案外人对执行标的享有的民事权益是否足以排除执行的前提。基于此,确认权属的请求是案外人执行异议之诉的当然审理内容,从一次性解决纠纷、防止矛盾判决等角度出发,允许案外人一并提出并无不妥。

实践中,案外人提出执行异议之诉,还可能同时提出被执行人继续履行合同、交付标的物、承担违约或损害赔偿责任等诉讼请求。对此,有观点认为,给付请求不属于案外人执行异议之诉的审理范围,因此裁定不予审理。其理由为,给付请求不属于案外人执行异议之诉的审理内容,如果予以受理将减损案外人执行异议之诉的审理效率。而且,案外人完全可就此另行起诉主张权利,其实体权利不会受到损坏。在后一种情况下,案外人所提起之诉讼属于另诉的范畴,不属于案外人执行异议之诉,不应由执行法院管辖,而应当按照民事诉讼法关于管辖的规定来确定管辖法院。本书认为,基于一次性纠纷解决的理念,应当允许对案外人提出的返还原物、返还价款或者交付标的物、办理转移登记手续等给付请求进行合并审理,以便于关联诉求一揽子解决的问题。最高人民法院也认为,"对相关诉求合并审理、实质性化解矛盾纠纷,可以防止程序空转,遏制虚假诉讼,减少当事人诉累,也是人民法院坚持以人民为中心,切实推动'案结事了人和'的重要举措。"[①]

另外,《民事诉讼法》第 238 条、最高人民法院关于适用〈中华人民共和国民事

[①] 《最高法民一庭、执行局负责人就执行异议之诉司法解释答记者问》,载中华人民共和国最高人民法院网 2025 年 7 月 23 日,https://www.court.gov.cn/zixun/xiangqing/471711.html。

诉讼法〉的解释》第 303 条还规定,案外人提出的排除执行的请求与原判决、裁定无关。与原判决、裁定无关的反面,是原判决、裁定存在错误。原判决、裁定存在错误的情形,如执行标的与执行依据所确认标的相同,原判决判令被执行人向申请执行人交付特定物,此时执行依据存在错误,需要对错误的执行依据进行纠正,案外人应当提起案外人申请再审之诉,请求撤销原判决、裁定。

【典型案例】

案例:张某、周某案外人执行异议之诉纠纷案[①]

基本案情:

一审法院经审理查明:某华公司成立于 2006 年 11 月 10 日,注册地址为海口市某综合楼,注册资本 6800 万元。其中,朱某 1 认缴出资 2040 万元(持股比例 30%),黄某认缴出资 680 万元(持股比例 10%),朱某 2 认缴出资 4080 万元(持股比例 60%),法定代表人由朱某 2 担任。

2016 年 4 月 16 日,朱某 1、黄某与张某签订《股权转让合同》,约定将二人持有的某华公司 40% 股权转让给张某,以解决公司债务问题。合同对股权转让价格、付款方式、公司经营管理权移交等事项进行了约定。合同签订后,张某实际接管某华公司。

因合同履行发生纠纷,张某向海口市琼山区人民法院申请诉前财产保全,该院于 2019 年 5 月 30 日作出民事裁定,冻结朱某 1、黄某持有的某华公司股权。2019 年 6 月 4 日,张某提起诉讼,该院于 2019 年 9 月 4 日作出民事判决,判令朱某 1、黄某限期配合张某办理股权变更登记。

某华公司于 2020 年 10 月 14 日出具说明及股东名册,记载公司股权变更情况。另查明,在周某与朱某 2、朱某 1、黄某股权转让合同纠纷仲裁案中,海南仲裁委员会作出裁决,后周某向一审法院申请财产保全及执行。执行过程中,张某对案涉股权提出执行异议,一审法院驳回其异议请求,遂成本案诉讼。

二审法院对上述事实予以确认。

裁判要旨:

一审法院经审理认为,本案争议焦点为:张某对登记于朱某 1、黄某名下的某华公司 40% 股权是否享有排除强制执行的实体权益。围绕该焦点,法院展开以下

[①] 参见海南省高级人民法院民事判决书,(2022)琼民终 457 号。

评析：

首先，2016年4月16日，张某与朱某1、黄某签订《股权转让合同》，约定张某受让朱、黄二人持有的某华公司40%股权。该合同系各方真实意思表示，内容合法有效。根据《公司法》(2018年)第32条①的规定，公司将股东登记于股东名册具有设权性质。本案中，某华公司于2020年10月14日出具的股东名册及说明虽形成于股权冻结之后，但明确载明张某自2016年4月16日合同签订时即取得股东资格，且张某当日已实际接收公司证照、公章并参与经营，行使股东权利。据此可认定，张某于股权冻结前已合法取得案涉股权。

其次，根据《公司法》(2018年)第32条②的规定，公司将股东登记于股东名册具有设权性质，但股权变更未到公司登记机关办理变更登记的，对第三人不具有公示和公信力，不足以排除执行。尽管张某通过合同取得股权并实际行使股东权利，但因未办理工商变更登记，其股东身份不具备对抗第三人的公示效力。本案中，周某作为申请执行人，其权利主张先于股权变更登记，故张某的股东权益不足以排除强制执行。

再次，根据《最高人民法院关于人民法院民事执行中查封、扣押、冻结财产的规定》第15条，第三人支付全部价款并实际占有财产且无过错的，可排除执行。本案中，张某的股权转让对价包含支付股权转让款、协调解决公司既有债务及返还周某等案外人投资款等多项义务。但截至执行异议提出时，张某尚未履行对周某的返还款项义务，其主张排除执行与诚信原则相悖。此外，海口市琼山区人民法院(2019)琼0107民初4126号民事判决虽判令朱某1、黄某协助办理股权过户，但该判决形成于股权冻结之后，张某据此享有的仅为债权请求权，依法不具有排除强制执行的效力。

综上，张某虽在股权冻结前通过合同取得案涉股权，但因未履行全部对价义务且未办理工商变更登记，其股东权益不足以对抗周某的强制执行申请。一审法院据此驳回张某的诉讼请求，并判令其承担案件受理费177800元。朱某2经合法传唤未到庭参加诉讼，法院依法缺席判决。

二审法院经审理认为，本案争议焦点为：张某对登记于朱某1、黄某名下的某华公司40%股权是否享有排除强制执行的民事权益。结合案件事实及法律适用，二审法院评析如下：

---

① 现为《中华人民共和国公司法》(2023年修订)第56条。
② 现为《中华人民共和国公司法(2023年修订)》第56条。

首先，张某主张一审法院错误援引《最高人民法院关于人民法院办理执行异议和复议案件若干问题的规定》，认为该规定仅适用于执行异议程序。对此，二审法院指出，执行异议与执行异议之诉虽属不同程序，但均以审查案外人权益能否排除强制执行为核心功能。鉴于《最高人民法院关于人民法院办理执行异议和复议案件若干问题的规定》第 26 条系实质审查条款，一审法院参照适用该条款并无不当。

其次，张某提交广东省湛江市中级人民法院 (2019) 粤 08 民特 20 号民事裁定书，主张执行依据 (2016) 海仲字第 108 号仲裁裁决存在争议。根据《民事诉讼法》(2021 年) 第 234 条①、《最高人民法院关于适用〈中华人民共和国民事诉讼法〉的解释》(2020 年) 第 303 条②的规定，案外人若认为执行依据错误，应通过审判监督程序或申请不予执行仲裁裁决救济，而非在执行异议之诉中提出。据此，张某提交的裁定书与本案无关联性，二审法院不予采信。

再次，2016 年 4 月 16 日，张某与朱某 1、黄某签订《股权转让合同》，受让某华公司 40% 股权。某华公司 2020 年 10 月 14 日出具的股东名册及说明证实，张某自合同签订时即取得股东资格，并实际接收公司证照、公章及经营权。根据《公司法》(2018 年) 第 32 条③之规定，股东名册记载具有设权效力，可认定张某于股权冻结前已合法取得案涉股权。《公司法》(2018 年) 第 32 条④同时规定，股权变更未经登记不得对抗第三人。但该条款中"第三人"应限于基于登记外观进行交易的善意相对人。本案中，周某系基于债权转让关系主张权利，并非因信赖股权登记外观与朱某 1、黄某发生交易，故不适用商事外观主义原则。参照《最高人民法院关于人民法院民事执行中查封、扣押、冻结财产的规定》第 15 条之规定，即本案从以下几个方面对张某对案涉股权是否享有足以排除强制执行的民事权益进行认定：

(1) 股权转让合同合法有效：张某与朱某 1、黄某签订的《股权转让合同》合法有效，且形成于股权冻结前；

(2) 支付对价：张某未按合同约定支付股权转让款 1400 万元（其中朱某 1 名下 1050 万元、黄某名下 350 万元），亦未在冻结后将款项交付执行；

(3) 行使股东权利：张某于案涉合同签订之日即接收了公司的证、照、章，持续

---

① 现为《中华人民共和国民事诉讼法》(2023 年修正) 第 238 条。
② 现为《最高人民法院关于适用〈中华人民共和国民事诉讼法〉的解释》(2022 年修正) 第 301 条。
③ 现为《中华人民共和国公司法》(2023 年修订) 第 56 条。
④ 现为《中华人民共和国公司法》(2023 年修订) 第 56 条。

投入资金并开展经营,实际履行了股东权利和义务,某华公司对此也予以认可,故张某已实际行使了某华公司的股东权利;

(4)非因自身原因未过户:张某自2016年受让股权至2019年股权冻结期间,未提交证据证明曾主张过户或存在客观障碍,其对未办理变更登记存在过错。

综上,张某虽在股权冻结前取得股权并实际行使股东权利,但因未支付对价且对未过户存在过错,其权益不足以排除强制执行。

最后,海口市琼山区人民法院(2019)琼0107民初4126号民事判决系在股权冻结后作出,根据《最高人民法院关于人民法院办理执行异议和复议案件若干问题的规定》第26条之规定,张某不得据此排除强制执行。

二审法院认为,张某对案涉股权不享有足以排除强制执行的民事权益,其上诉主张缺乏事实及法律依据。一审判决认定事实清楚,适用法律正确,应予维持。

裁判评析:

在张某与周某等人的案外人执行异议之诉中,张某的诉讼请求主要为不得执行朱某1持有的某华公司30%股权、不得执行黄某持有的某华公司10%股权,以及要求周某承担本案全部诉讼费用。判断张某就执行标的所主张的民事权益是否足以排除强制执行,需依据相关法律和司法解释,综合多方面因素进行考量。

从相关法律规范及价值判断来看,《公司法》(2023年修订)第34条规定了股权变更登记的对抗效力,其背后蕴含着维护交易安全和商事外观主义的价值取向,旨在保护基于登记外观信任而作出交易决定的第三人。然而,在本案中,周某并非基于对股权登记外观的信赖与相关人进行交易,其主张的是基于债权转让的普通金钱债权。这表明在特定情形下,不能机械适用该条款来否定张某的权益主张。同时,《最高人民法院关于人民法院办理执行异议和复议案件若干问题的规定》等司法解释在执行异议和复议程序中对案外人权益审查作出规定,但执行异议之诉与执行异议程序性质不同,审查标准应有差异。然而,其中的实质审查条款可作为执行异议之诉案件审理的参照,一审法院参照相关条款进行审理,并非适用法律错误。

在分析张某对执行标的的权利时,其于2016年4月16日与朱某1、黄某签订的《股权转让合同》系双方真实意思表示,且不违反法律和行政法规的效力性强制性规定,为合法有效协议。张某在合同签订后实际接管了某华公司,持续投入资金并开展经营,实际行使了股东权利,应认定其已取得股权。然而,在履行股权转让对价义务方面,张某未支付合同约定的1400万元股权转让款,且在股权被冻结后也未交付执行。同时,从2016年4月16日签订合同至2019年5月28日股权被冻结期间,张某未能证明其向朱某1、黄某主张办理过户登记,且不存在客观障碍,其对未办理过户登记存在过错。

从当事人的身份职业特点来看,张某作为股权受让人,本应积极履行合同义务并推动股权过户登记。但因其未支付股权转让款且未积极主张过户,导致权利存在瑕疵。周某作为申请执行人,其债权源于受让的债权,并非基于股权交易产生,与传统意义上基于股权登记外观产生信赖利益的第三人不同。

综合以上分析,张某虽在股权被冻结前签订了合法有效的股权转让合同并实际行使股东权利,但因其未支付转让款且对未办理过户登记存在过错,其对案涉股权不享有足以排除强制执行的民事权益。一审法院判决驳回张某的诉讼请求,认定事实清楚,处理结果妥当。二审法院维持原判,符合法律规定和案件实际情况。这一案例体现了在案外人执行异议之诉中,对案外人诉讼请求的审查需综合权衡各方因素,在保护申请执行人合法债权的同时,也要注重维护交易秩序和法律的公平正义。张某要求周某承担本案全部诉讼费用的请求,通常情况下,诉讼费用的分担由法院依据案件的审理结果和当事人的责任划分来决定。由于张某在本案中未能证明其对案涉股权享有足以排除强制执行的民事权益,其诉讼请求未得到支持,二审法院最终判决由张某承担二审案件受理费,这一判决符合诉讼费用承担的一般原则,彰显了司法裁判的公正性和合理性。

综合来看,在案外人执行异议之诉中,对于案外人诉讼请求的审查是一项复杂且综合的工作。不仅要准确适用法律条文,还需深入剖析案件事实、当事人之间的权利义务关系以及法律规范背后的价值取向,从而作出公正、合理的裁判,实现法律效果与社会效果的有机统一,维护司法的权威性和公正性。

第十讲　案外人执行异议之诉的要件分析

导　语

在司法责任制改革的过程中,人民法院司法公开、裁量统一、质效提升方面的要求日益严格。在此背景下,传统的"法律关系定性式"审判方法暴露出与时代脱节的诸多弊病,而被"要件审判法"所取代。在案外人执行异议之诉审理中,由于普遍存在请求权抗辩权基础不明、构成要件不清的状况,对要件审判法的应用需求极为迫切。深入探讨要件审判法在案外人执行异议之诉中的具体适用,剖析其构成要件分析难点,并构建针对性的审判模型,对司法实践而言具有较大的现实意义。本讲旨在围绕案外人执行异议之诉的要件分析展开讨论。

问题一　案外人执行异议之诉的要件审判法

按照要件审判法的要求,案件的审理过程被分解为固定权利请求、识别权利请求基础、识别抗辩权基础、基础规范构成要件分析、诉讼主张的检索、争点整理、要件事实的证明、要件事实的认定、要件归入并作出裁判九个步骤,即"要件审判九步法"。[1] 要件审判法以其对审判质效提升的巨大推力和对法官思维成长的显著帮助,成为当下审判方法论的主流。案外人执行异议之诉作为诉的一种,其也可以适用要件审判法。尤其是,鉴于当下案外人执行异议之诉的审理存在请求权、抗辩权基础不明、构成要件不清的普遍现象,其对要件审判法的需求尤为迫切。

---

[1] 参见邹碧华:《要件审判九步法及其基本价值》,载《人民司法》2011年第3期;参见陈婷婷、孙海峰、王建平:《推行要件审判九步法的调查报告》,载《人民司法》2011年第3期。

要件审判法的适用应根据纠纷的特征调整其重心。① 在案外人执行异议之诉中,当事人的诉讼请求已为司法解释明确固定为"排除对执行标的执行"(相应地,申请执行人执行异议之诉的请求被固定为"对执行标的继续执行"),几乎不存在诉讼请求不明的可能。而在请求权/抗辩权基础明确、构成要件清晰的基础上,诉讼主张检索、争点整理、要件事实证明、要件事实认定乃至要件归入并作出裁判的步骤与其他纠纷是大致相通的。故案外人执行异议之诉的难点,即在于请求权/抗辩权基础的明确以及基础规范构成要件分析,而构成要件分析则是此三者中的核心。(当然,需要注意的是,我国的理论通说认为案外人执行异议之诉是诉讼法上的形成之诉,诉讼标的是诉讼法上的异议权,因此案外人执行异议之诉请求权基础的表达并不完全准确,应该是案外人执行异议之诉诉讼法上形成诉权基础。至于所有权、用益物权、担保物权等属于案外人执行异议之诉的异议事由,属于攻击防御方法,而非诉讼标的。)

实践中,案外人执行异议之诉的构成要件分析多以执行标的的种类为区分标准,即将案件归类为执行标的为普通动产、特殊动产、不动产、股权、知识产权、债权等类型,再分别研究各种情形下的裁判标准。但鉴于执行标的理论上可以涵盖种类繁多的一切财产性权利,这一分类方式容易导致案外人执行异议之诉在逻辑起点上过于发散。同时,实践中亦存在执行标的类型不同但案外人的请求权基础大致相同的案件,该分类没有作出足够集约的归纳,不利于发挥要件审判法提高审判质效、强化诉讼引导、提升法官素质的功能。案外人执行异议之诉的本质是案外人认为自己对特定执行标的享有的实体权利为人民法院执行行为所侵扰而诉诸法律的执行救济,人民法院执行行为损害案外人利益包括两种情形:其一是人民法院受制于外观判断的局限,误将案外人所有的财产认定为被执行人的财产而予执行;其二是人民法院对执行标的的权属的判断并无错误,但执行该执行标的影响到案外人负载于执行标的上的其他权益,如租赁权等。由此可引发两种不同的权利主张,即排除式的主张和冲突式的主张。

---

① 参见张卫平:《民法典的实施与民事审判方式的再调整》,载《政法论坛》2022年第1期。

问题二　案外人执行异议之诉排除式和冲突式要件模型的构建

以案外人所主张的权利是否具有排他性为标准,将案外人执行异议之诉分为两大类:其一为案外人主张的权利具有排他性(如所有权等),其权利成立时可直接否定被执行人对执行标的的权利基础,或者说直接否定争议的执行标的是被执行人的责任财产,从而排除强制执行程序;其二是案外人主张的权利不具有排他性(如担保物权、用益物权等),不能排除被执行人对执行标的享有的权利,但案外人的权利属于效力层级较高的权利,其基于己方权利的优先性而排除执行。该两种模型可以分别称为"权利排除"模型和"权利冲突"模型,在此分类基础上再适用具体的权利义务规范作出判断。

在围绕所有权、股权等排他性权利产生的案外人执行异议之诉案件中,裁判思路系较为简单清晰的"一段式"逻辑——案外人证明其对执行标的享有的权利的同时,即排除了被执行人对执行标的享有权利的可能,人民法院即可得出排除执行的判断。此情形下事实认定与法律判断是同步完成的——当事人完成了对要件事实的证明,即赢得了诉讼。具体而言,首先案外人应当提出以所有权、股权等排他性权利作为请求权基础的主张;其次案外人应当根据权利的原始取得和继受取得等不同情形,对获得权利的要件进行证明。其中有观点将案外人异议之诉类型化为"否定被执行人权利"与"主张权利优先性"两种模式,前者适用物权规范,后者需进行权利位阶比较。[1]

适用此裁判思路时需要注意两种稍微复杂的情形:第一,执行标的为被执行人向第三人购买、已支付部分价款但尚未取得所有权的不动产时,虽然第三人对该不动产享有所有权,但申请执行人可以通过代为支付剩余价款的方式对抗该第三人要求排除执行的主张。第二,执行标的为被执行人向第三人购买、已支付部分价款并取得占有但第三人保留所有权的动产时,第三人要求解除合同的权利要优先于申请执行人代为支付价款的权利——第三人要求解除合同时,人民法院只能执行因解除合同形成的对第三人债权而不得再执行标的之物;第三人不要求解除合同时,申请执行人方可通过支付剩余价款的方式对抗第三人要求排除执行的主

---

[1] 参见冉克平、侯曼曼:《涉存货动态质押案外人异议之诉权利判定及对抗效力》,载《法治研究》2024年第3期。

张。申请执行人对案外人执行异议的反排除,与物权法上买受人代出卖人向抵押权人清偿债务而消灭抵押权的涤除权有相似之处,以上两种情形应当归入申请执行人"涤除权"与第三人所有权、合同解除权之间的"权利冲突"模式,而不适用"权利排除"模式。

除前述情形外,案外人主张的其他权利,如承租权、特殊债权、用益物权等,本身并不否定被执行人以及申请执行人的权利,而是以其权利的优先性要求排除执行。① 此情形下,各民事主体对各自对执行标的享有的权利通常没有根本性争议,案外人在对其权利完成证明后,需由人民法院对权利的优先性进行对比评价,再作出执行与否的决断。具体而言,该类情形可大致分为如下几类:第一,案外人以特殊债权排除申请执行人的优先受偿权;第二,案外人以特殊债权排除申请执行人的普通金钱债权;第三,案外人以预告登记的债权或承租权暂时排除人民法院交付标的物的执行行为。该类案件适用"两段式"逻辑——第一步是案外人应当证明其主张权利的真实性,第二步由人民法院依法对案外人权利与申请执行人权利进行比较,对该权利能否排除执行作出评价,当案外人证实其为足以排除执行的权利人时,案涉判决不得执行。该逻辑也可反向运用,若人民法院发现当事人主张的权利不属于可以排除执行的权利(如担保物权)时,即可直接否决案外人的主张而相应简化对权利实然性的认定,以节省诉讼资源。

---

① 参见刘颖:《物权期待权排除强制执行规则之再审思》,载《当代法学》2023 年第 4 期。

第十一讲 案外人执行异议之诉的其他程序问题

导 语

案外人执行异议之诉是诉讼法上的形成之诉,其诉讼标的本身并不能够包含案外人提出的请求被执行人继续履行合同等给付之诉的内容。不过,案外人提起执行异议之诉时同时提出的给付请求,与案外人执行异议之诉之间存在一定的联系。换言之,二者具有共通的审理内容,即均要审理案外人对执行标的是否享有民事权益的基础法律关系。基于此,如何回应案外人提起执行异议之诉的同时提出的给付请求,成为司法实践当中亟待解决的一个难题。此外,发生何种事由时,案外人执行异议之诉需要中止或终结,在理论和实践中也存在一定争议。尤其是,案外人执行异议之诉程序与一般诉讼程序的中止与终结是否有相同之处,以及有无自身独特的事由。本讲旨在围绕以上两个程序问题展开讨论。

问题一 案外人在执行异议之诉中提出给付请求的处理

【规范梳理】

《最高人民法院关于适用〈中华人民共和国民事诉讼法〉的解释》

第三百一十条 对案外人提起的执行异议之诉,人民法院经审理,按照下列情形分别处理:

(一)案外人就执行标的享有足以排除强制执行的民事权益的,判决不得执行该执行标的;

（二）案外人就执行标的不享有足以排除强制执行的民事权益的，判决驳回诉讼请求。

案外人同时提出确认其权利的诉讼请求的，人民法院可以在判决中一并作出裁判。

《最高人民法院关于审理执行异议之诉案件适用法律问题的解释》

第五条　案外人提起执行异议之诉并以被执行人等为被告提出返还原物、返还价款或者交付标的物、办理转移登记手续等给付请求的，人民法院可以合并审理，法律另有规定不宜合并审理的，应当分别立案。

《全国法院民商事审判工作会议纪要》

119.【案外人执行异议之诉的审理】案外人执行异议之诉以排除对特定标的物的执行为目的，从程序上而言，案外人依据《民事诉讼法》第 227 条提出执行异议被驳回的，即可向执行人民法院提起执行异议之诉。人民法院对执行异议之诉的审理，一般应当就案外人对执行标的物是否享有权利、享有什么样的权利、权利是否足以排除强制执行进行判断。至于是否作出具体的确权判项，视案外人的诉讼请求而定。案外人未提出确权或者给付诉讼请求的，不作出确权判项，仅在裁判理由中进行分析判断并作出是否排除执行的判项即可。但案外人既提出确权、给付请求，又提出排除执行请求的，人民法院对该请求是否支持、是否排除执行，均应当在具体判项中予以明确。执行异议之诉不以否定作为执行依据的生效裁判为目的，案外人如认为裁判确有错误的，只能通过申请再审或者提起第三人撤销之诉的方式进行救济。

《江苏省高级人民法院〈关于执行异议及执行异议之诉案件审理指南（一）〉》

三、执行异议及执行异议之诉案件的受理及诉讼请求

4.执行异议之诉的诉讼请求

（1）案外人提出执行异议之诉的，诉讼请求应当表述为"请求对执行标的物停止执行"。申请执行人提起执行异议之诉的，诉讼请求应当表述为"请求对执行标的物许可执行"。

（2）案外人提出执行异议之诉，同时提出确认其实体权利的诉讼请求的，应在执行异议之诉中一并作出判决。未同时提出确权请求的，法院不在判决主文中予以宣告。

（3）当事人诉讼请求不明确的，应当予以释明。拒绝变更诉讼请求的，裁定不予受理；已经受理的，裁定驳回起诉。

5.申请执行人或案外人另行诉讼或在上述第 4 条规定之外提出的诉讼请求

的处理

（1）申请执行人提出许可执行异议之诉，同时请求撤销被执行人与案外人之间的法律行为、确认合同无效、代位析产以及代位行使被执行人对第三人的到期债权等诉讼请求的，应将其作为与执行标的相关的基础关系进行审理，并对相关实体权利进行判断，以此作为判断是否具有排除执行情形的依据。但在具体判项中仅对是否许可或排除执行作出判决。

（2）案外人提出执行异议之诉，同时提出被执行人继续履行合同、交付标的物、承担违约或损害赔偿责任等诉讼请求的，不予审理。案外人、当事人可就此另行主张权利。

（3）案外人以被执行人为被告另行提起给付之诉，要求转移执行标的物所有权，该标的物已处于查封扣押状态的，应当裁定驳回起诉，并在裁判理由中写明案外人可待执行标的物解除强制执行状态后再行主张。

（4）执行标的被查封、扣押、冻结后，案外人、申请执行人未在执行异议之诉中一并提出确权请求，而就基础法律关系另行提起相关诉讼的，不予受理；已经受理的，裁定驳回起诉；已经作出判决的，应当启动审判监督程序予以撤销。拒不撤销的，由执行法院报请共同的上级法院协调处理。

《吉林省高级人民法院关于审理执行异议之诉案件若干疑难问题的解答》

问题八：在执行异议之诉案件中，案外人和申请执行人分别可以提出哪些诉讼请求？

案外人执行异议之诉中，案外人应当直接提出对执行标的排除执行的诉讼请求，也可以一并提出确认其民事权益以及确认与该权益相关的合同效力等具有确认性质的请求。案外人提出继续履行合同或者具有给付性质的其他请求，不属于执行异议之诉的审理范围，人民法院应当不予审理。

申请执行人执行异议之诉中，申请执行人应当直接提出对执行标的继续执行的诉讼请求，除该请求之外的其他诉讼请求，不属于执行异议之诉的审理范围，人民法院应当不予审理。

《山东高院民一庭关于审理执行异议之诉案件若干问题的解答》

一、案外人在执行异议之诉中同时提出确权、给付请求，如何处理？

答：案外人在执行异议之诉中，同时提出与案外人据以主张排除执行的民事权益直接相关的权属确认、给付请求的，人民法院可以一并审理，对于相关请求是否支持、是否排除执行，均应在具体判项中予以明确。对于案外人提出的与排除执行的民事权益并非直接相关的其他请求，不予一并处理。

【理论基础】

案外人执行异议之诉的目的,是排除执行机关对于执行标的的强制执行,或者说排除执行机关对于案外人财产的不当执行行为。案外人执行异议之诉的审理内容,是审理案外人对执行标的是否享有足以排除执行的民事权益。已如前述,所谓案外人对执行标的享有足以排除强制执行的民事权益,包括两个层面的内容:一是案外人对执行标的是否享有、享有何种民事权益;二是案外人对执行标的享有的民事权益是否足以排除执行。[1] 其中,就案外人对执行标的享有的民事权益而言,案外人可能享有所有权、担保物权、用益物权、共有权、债权等各种各样的民事权益。[2] 这些民事权益基于特定的民事法律关系而产生,尤其是债权是基于合同法律关系而产生的,因此案外人在提起执行异议之诉时,可能会基于产生民事权益的法律关系提出给付请求。

比如,《最高人民法院关于审理执行异议之诉案件适用法律问题的解释》第14条规定:"人民法院对登记在被执行人名下的不动产实施强制执行,案外人以其系该不动产买受人为由,提起执行异议之诉,请求排除一般金钱债权的强制执行,并能够证明其主张同时符合下列条件的,人民法院应予支持:(一)查封前,案外人已与被执行人签订合法有效的书面买卖合同;(二)查封前,案外人已支付全部价款,或者已按照合同约定支付部分价款且查封后至一审法庭辩论终结前已将剩余价款交付人民法院执行;(三)查封前,案外人已合法占有该不动产;(四)非因案外人自身原因未办理不动产所有权转移登记。人民法院判决驳回案外人诉讼请求的,案外人交付执行的剩余价款应予及时退还。"基于此,无过错不动产买受人可能提起案外人执行异议之诉,请求法院判决排除对登记在被执行人名下房屋的执行。此外,案外人基于其与被执行人之间有效的房屋买卖合同,在向法院提起案外人执行异议之诉时,可能还会提出请求被执行人继续履行合同、办理房屋过户登记、承担违约责任等给付请求。

因此,案外人在提起执行异议之诉时,除了会提出排除执行的请求,还可能会提出确认权属的请求,以及可能会提出给付请求。对于案外人同时提出的给付请求如何处理,在实践中存在较大争议。

---

[1] 参见庄诗岳:《论被执行人在案外人异议之诉中的诉讼地位》,载《海南大学学报(人文社会科学版)》2024年第6期。

[2] 参见唐力:《案外人执行异议之诉的完善》,载《法学》2014年第7期。

从最高人民法院的态度来看,其比较倾向于支持案外人一并提出给付请求。比如,《最高人民法院关于印发〈全国法院民商事审判工作会议纪要〉的通知》第119条规定:"【案外人执行异议之诉的审理】案外人执行异议之诉以排除对特定标的物的执行为目的,从程序上而言,案外人依据《民事诉讼法》第227条提出执行异议被驳回的,即可向执行人民法院提起执行异议之诉。人民法院对执行异议之诉的审理,一般应当就案外人对执行标的物是否享有权利、享有什么样的权利、权利是否足以排除强制执行进行判断。至于是否作出具体的确权判项,视案外人的诉讼请求而定。案外人未提出确权或者给付诉讼请求的,不作出确权判项,仅在裁判理由中进行分析判断并作出是否排除执行的判项即可。但案外人既提出确权、给付请求,又提出排除执行请求的,人民法院对该请求是否支持、是否排除执行,均应当在具体判项中予以明确。执行异议之诉不以否定作为执行依据的生效裁判为目的,案外人如认为裁判确有错误的,只能通过申请再审或者提起第三人撤销之诉的方式进行救济。"又如,《最高人民法院关于审理执行异议之诉案件适用法律问题的解释》第5条规定:"案外人提起执行异议之诉并以被执行人等为被告提出返还原物、返还价款或者交付标的物、办理转移登记手续等给付请求的,人民法院可以合并审理,法律另有规定不宜合并审理的,应当分别立案。"

不过,很多地方法院或法官,比较反对在案外人执行异议之诉中一并处理案外人提出的给付请求。比如,《江西省高级人民法院关于执行异议之诉案件的审理指南》第3条规定:"……案外人同时提出被执行人继续履行合同、交付标的物、承担违约责任或损害赔偿责任等诉讼请求的,不属于案外人与排除执行直接相关的实体权益审理范围,应当不予受理;已经受理的,驳回起诉。案外人可就此另行主张权利……"又如,《安徽省高级人民法院关于审理执行异议之诉案件若干问题的会议纪要》第10条规定:"案外人在执行异议之诉中附带提起的请求解除查封、要求被执行人继续履行合同、交付标的物或支付违约金等诉讼请求,不属于执行异议之诉案件的审理范围,其可以就此另行主张权利。"

如前所述,案外人执行异议之诉旨在审理案外人对执行标的是否享有足以排除强制执行的民事权益。[1] 由于在案外人执行异议之诉的审判过程当中,法院判断案外人享有的民事权益能否排除强制执行的前提,是确认其对该执行标享有民

---

[1] 参见庄诗岳:《论案外人实体性执行救济路径的模式抉择———以案外人执行异议程序的批判为中心》,载《当代法学》2024年第4期。

事权益,①因此这就意味着在案外人执行异议之诉当中本身就包含着确认之诉,现行司法解释允许案外人提起执行异议之诉时一并提出确认权属的请求。但需要注意的是,案外人执行异议之诉与给付之诉在审理内容上具有共通的内容,但案外人执行异议之诉并不能包含给付之诉。比如在无过错不动产买受人提起的案外人执行异议之诉中,如果案外人一并提出了要求被执行人继续履行合同的给付请求,无论是案外人执行异议之诉还是给付之诉均需要审查案外人与被执行人签订的房屋买卖合同是否成立有效,但案外人执行异议之诉还需审理非因案外人自身原因未办理过户登记等内容,给付之诉还需要审理被执行人是否存在违约情形等内容。

事实上,"允许案外人同时提出给付请求的规定或实践,主要是着眼于一次性解决纠纷的诉讼目的和防止产生矛盾判决的司法政策。而不允许案外人同时提出给付请求的规定或实践,则主要是为了提高案外人执行异议之诉的审理效率。一次性解决纠纷、防止矛盾判决、提高审理效率,是考量案外人提起执行异议之诉时能否同时提出确认请求或给付请求的关键因素。是否允许案外人同时提出给付请求,需要考量案外人执行异议之诉的审理效率的限缩因素,以及纠纷一次性解决的诉讼目的和防止矛盾判决的司法政策的扩张因素。限缩因素要求法院专注于案外人执行异议之诉的审理,扩张因素则要求法院一体解决与案外人执行异议之诉相关联的纠纷。基于此,案外人提起执行异议之诉时,关联纠纷的解决存在三种模式。一是仅考量限缩因素,不允许案外人同时提起给付之诉;二是仅考量扩张因素,允许案外人合并提起给付之诉;三是综合考量限缩和扩张因素,允许案外人合并提起给付之诉,但需要通过诉的强制合并、先行判决、诉讼中止、免证事实、第三人撤销之诉与再审制度,调和三种因素的内在紧张关系。"②基于目前法院对纠纷一次性解决和避免矛盾裁判的追求比较强烈,本书倾向于第三种模式。

【典型案例】

案例:王某与某农村商业银行、何某案外人执行异议之诉纠纷案③

基本案情:

2008年12月2日,王某与服饰店签订《劳动合同书》,约定服饰店为发展需

---

① 参见王萌:《组织法视域下的股权让与担保及其效力体系》,载《法学家》2024年第2期。
② 参见庄诗岳:《论案外人执行异议之诉关联纠纷解决的限度》,载《清华法学》2025年第1期。
③ 参见最高人民法院民事判决书,(2019)最高法民终370号。

要,聘请王某为部门经理。主要内容如下:

第一条:合同类型和期限:本合同为有固定期限的劳动合同。合同期限自 2009 年 1 月 1 日起至 2018 年 12 月 31 日止;

第二条:工作内容和工作地点:服饰店安排王某从事部门经理工作。工作地点在湖南湘潭市;

第四条:劳动报酬:经双方协商一致,王某的工资为每月 2500 元。

同日,双方签订《劳动合同补充协议》一份,约定因发展需要,服饰店自愿为王某提供一套住房作为福利。主要内容如下:

第一条:服饰店同意,在王某与其签订 10 年以上有固定期限的劳动合同并实际履行的条件下,服饰店无偿提供给王某住房一套的福利待遇。此项待遇是服饰店额外、有条件地为王某提供的特殊待遇,与王某的劳动报酬以及正常的福利待遇无关。

第二条:服饰店为王某购买住房的时间在 2009 年内;住房建筑面积 110 平方米;住房位置:成都市三环路附近;住房款支付形式为按揭。

第三条:住房款支付方式:

1. 房屋以公司指定人员的名义办理房屋产权证和土地使用权证,办理费用由服饰店承担;

2. 首付房款由服饰店支付 50%,王某支付 50%,王某在服饰店工作满 10 年时,服饰店将王某支出的首付房款一次性支付给王某;

3. 房屋按揭款的支付:(1)服饰店每月支付 50%,王某支付 50%;(2)当年的按揭款先由王某全额支付,次年元月份服饰店一次性支付给王某上一年代服饰店支付的按揭部分,今后按揭款的支付均按此支付办法类推;(3)合同期满后,所有房屋按揭款支付完毕后 30 日内,服饰店将王某所承担的按揭款部分一次性结算给王某;

4. 服饰店提供给王某的福利住房为建筑面积 110 平方米的房屋。对房屋建筑面积超过部分的处理:超出部分的房屋面积之房款,由王某承担并一次性支付给服饰店。如果房屋面积不足 110 平方米,服饰店只按实际面积结算,不补差给王某。

第四条:房屋权属约定:(1)住房的房屋产权证和土地使用权证以及购房发票等与该房屋有关的所有手续由服饰店保管,待王某按约定履行完劳动合同及补充协议约定的义务后,服饰店将房屋过户给王某,王某才取得该房屋所有权;(2)本合同签署后房屋购买之时,王某对房屋取得的是使用权,即王某必须在现有工作岗位（或经调整后的更高层次工作岗位）正常工作 10 年以上，才能取得房屋的所有权。在合同约定的王某工作期限届满之前，王某对房屋只享有使用权和出租收益权，对房屋不享有处置权，不得转让、抵押、赠与。

2009 年 6 月 13 日，王某、何某作为买受人与南欣公司签订《商品房认购协议》，主要内容：由王某、何某认购某公司开发的某小区 1 期 B 房屋。建筑面积为 129.48 平方米，单价 4850 元/平方米，房屋总价为 602082 元，定金 3 万元。2009 年 6 月 13 日，王某用个人银行卡支付了 3 万元定金。案涉房屋的首付款为 292082 元，服饰店实际支付 11 万元，王某实际支付 182082 元。此后，以何某名义在中国农业银行开设账户，每月支付了按揭款。王某举示的证据显示何某前述账户的按揭款来源系由王某或者其配偶汤某从 2009 年开始存入何某账户。2017 年 7 月 31 日，王某的配偶汤某通过其银行内扣的方式将剩余按揭款 246161.83 元全部归还。2010 年 10 月 9 日，案涉房屋登记在何某及其配偶鲜某章名下。2017 年 8 月 24 日，何某与其配偶离婚，约定房屋归何某所有，并完成变更登记，房屋登记在何某名下。2010 年 10 月至 2011 年 1 月，王某对案涉房屋进行了装修。此后，持续入住。

一审法院另查明：2017 年 8 月 2 日，某农村商业银行因与陈某、周某、彭某、何某、某建材有限公司保证合同纠纷一案，申请在 1.1 亿元范围内，查封陈某、周某、彭某、何某、某建材有限公司的财产。2017 年 8 月 23 日，一审法院作出（2017）川民初85 号财产保全裁定，在 1.1 亿元的范围内，查封了包括案涉房屋在内的 36 套房屋。2018 年 2 月 5 日，王某作为案外人对保全案涉房屋提出执行异议，以其是案涉房屋的实际所有人为由，要求解除对房屋的查封。2018 年 8 月 16 日，一审法院作出（2017）川民初85 号之三民事裁定，驳回了王某的异议；该裁定书于 2018 年 8 月 30 日送达了王某。2018 年 9 月 5 日，王某提起了本案诉讼。

裁判要旨：

一审法院认为，根据王某的起诉理由、某农村商业银行的答辩意见，本案争议焦点为：王某是否对案涉房屋享有足以排除法院另案诉讼保全查封的权益。

根据《最高人民法院关于人民法院办理财产保全案件若干问题的规定》第 27 条关于"人民法院对诉讼争议标的物以外的财产进行保全，案外人对保全裁定或者保全裁定实施过程中的执行行为不服，基于实体权利对被保全财产提出书面异议的，人民法院应当依照民事诉讼法第二百二十七条规定审查处理并作出裁定。案外人、申请保全人对该裁定不服的，可以自裁定送达之日起十五日内向人民法院提起执行异议之诉"的规定，在一审法院已经驳回王某对保全裁定提出异议的

第十一讲 案外人执行异议之诉的其他程序问题 | 141

情形下,其有权提起案外人执行异议之诉。一审法院驳回王某异议的(2017)川民初85号之三民事裁定书,送达王某的时间为2018年8月30日,王某于2018年9月5日递交了起诉状,其起诉符合法律规定的程序性要件。

同时,根据《最高人民法院关于适用〈中华人民共和国民事诉讼法〉的解释》(2015年)第311条①关于"案外人或者申请执行人提起执行异议之诉的,案外人应当就其对执行标的享有足以排除强制执行的民事权益承担举证证明责任"的规定,以及《最高人民法院关于人民法院办理执行异议和复议案件若干问题的规定》(2015年)第28条②关于"金钱债权执行中,买受人对登记在被执行人名下的不动产提出异议,符合下列情形且其权利能够排除执行的,人民法院应予支持:(一)在人民法院查封之前已签订合法有效的书面买卖合同;(二)在人民法院查封之前已合法占有该不动产;(三)已支付全部价款,或者已按照合同约定支付部分价款且将剩余价款按照人民法院的要求交付执行;(四)非因买受人自身原因未办理过户登记"的规定,在王某举证证明其对案涉房屋所享有的权利同时符合上述四个要件时,才可能产生阻却法院执行的效果。

一审法院认为,王某并不满足前述司法解释第一项、第四项规定的要件,其对案涉房屋并不享有足以排除执行的民事权益。关于王某要求确认其系案涉房屋所有权人,并要求何某协助办理过户的起诉理由,一审法院认为,如前所述,王某并未提交有力证据证明在案涉《劳动合同书》约定的房屋所有权转移条件尚未成就、何某与王某就房屋的过户问题进行过协商并达成一致意思表示的情形下,案涉房屋登记在何某名下,应认定为何某所有。

据此,王某的该项起诉理由亦不能成立,不予支持。

二审法院对一审法院的判决进行了纠正,二审法院认为,对于案外人排除强制执行的主张能否成立,应当在依据法律、司法解释对于民事权利(益)的规定认定相关当事人对执行标的的民事权利(益)的实体法性质和效力的基础上,通过对

---

① 现为《最高人民法院关于适用〈中华人民共和国民事诉讼法〉的解释》(2022年修正)第309条:"案外人或者申请执行人提起执行异议之诉的,案外人应当就其对执行标的享有足以排除强制执行的民事权益承担举证证明责任。"

② 现为《最高人民法院关于审理执行异议之诉案件适用法律问题的解释》第14条:"人民法院对登记在被执行人名下的不动产实施强制执行,案外人以其系该不动产买受人为由,提起执行异议之诉,请求排除一般金钱债权的强制执行,并能够证明其主张同时符合下列条件的,人民法院应予支持:(一)查封前,案外人已与被执行人签订合法有效的书面买卖合同;(二)查封前,案外人已支付全部价款,或者已按照合同约定支付部分价款且查封后至一审法庭辩论终结前已将剩余价款交付人民法院执行;(三)查封前,案外人已合法占有该不动产;(四)非因案外人自身原因未办理不动产所有权转移登记。人民法院判决驳回案外人诉讼请求的,案外人交付执行的剩余价款应予及时退还。"

相关法律规范之间的层级关系、背后蕴含的价值以及立法目的的探寻与分析,并结合不同案件中,相关当事人的身份职业特点、对于执行标的权利瑕疵状态的过错大小,与执行标的交易相关的权利行使状况、交易履行情况,乃至于进一步探寻执行标的对于相关当事人基本生活保障与秩序追求的影响等具体情况,综合加以判断。

本案中,首先,从相关各方对于房屋权利的来源看,王某与服饰店之间系劳动关系,根据《劳动合同补充协议》的约定,在《劳动合同》履行期间,王某对案涉房屋享有占有、使用、收益的权利,并且随着《劳动合同》的持续履行,王某最终将在合同履行期满后获得案涉房屋的所有权。

何某作为名义上的登记所有人,其目的仅是约束王某按照《劳动合同》履行完毕10年的劳动合同义务,而对案涉房屋实际并不享有其他任何权利。合同履行期满后,王某享有针对案涉房屋请求何某协助办理转移登记的权利。

本案中,虽然服饰店在2014年注销,但根据合同约定,王某在服饰店注销后仍有义务按照服饰店股东的要求继续履约至合同期满,王某也实际继续在其他连锁服饰店工作至10年劳动合同期满。服饰店实际经营者之一陈某亦出具《情况说明》,表示服饰店与王某签订的劳动合同涉及的劳动年限已临近十年,王某交纳了剩余全部按揭贷款,案涉房屋实际为王某所有。相反,某农村商业银行未举示王某未按约定履行10年期劳动合同,不能依约取得案涉房屋的证据,故王某在履行完毕10年期劳动合同后,对案涉房屋享有相应的权利。而某农村商业银行与何某之间系保证合同关系,前者对案涉房屋的权利系源于强制执行程序,背后的基础是其作为商事主体对何某享有的基于何某应当履行保证责任而形成的债权,而且,没有证据证明该债权系基于对案涉房屋登记权利状态的信赖而形成。

其次,从相关各方对于案涉房屋权利的性质看,虽然《劳动合同补充协议》明确案涉房屋与王某的劳动报酬和正常的福利待遇无关,但《劳动合同补充协议》同时也明确服饰店提供的案涉房屋系"作为福利",并将此项待遇称为"是服饰店额外、有条件地为王某提供的特殊待遇"。

从当事人的约定以及劳动合同的履行看,案涉房屋将因王某履行了劳动合同约定的义务而归属王某所有,因此其中显然包含了一定的劳动对价因素,某种程度上而言,王某对案涉房屋享有的权利实际上凝结着其为用人单位工作10年的相当一部分劳动付出,应属于广义的劳动报酬的范畴。而且,案涉房屋目前绝大部分房款均由王某实际支付,王某已于2011年装修完毕入住至今。

这种情况下,在本案针对的对于案涉房屋的强制执行程序中,相较于某农村商业银行基于何某应当履行保证责任而享有的保证债权,对王某对于案涉房屋的权利予以优先保护,符合法律保障劳动者获得劳动报酬权利的基本精神,因而亦具有相当的正当性和合理性。

此外,对于王某主张的由何某协助其办理案涉房屋权属转移登记的请求,根据《中华人民共和国民事诉讼法》《最高人民法院关于适用〈中华人民共和国民事诉讼法〉的解释》关于执行异议之诉的规定,执行异议之诉所要解决的是相关当事人之间的民事权益在强制执行程序中的冲突问题,除根据法律、司法解释的规定,案外人同时提出的确认权利的诉讼请求因与民事权益的认定密切相关而可在执行异议之诉中一并审理并裁判外,案外人在执行异议之诉中同时提出的要求被执行人继续履行合同、协助办理权属转移登记、交付标的物或支付违约金等给付内容的诉讼请求,因与排除强制执行的诉讼目的无关,故不属于执行异议之诉案件的审理范围,也不宜合并审理。因此,本案中,王某提出的有关何某协助办理案涉房屋产权转移登记的请求,不属于本案的审理范围。综上所述,王某的上诉请求部分成立。依照《中华人民共和国民事诉讼法》第170条第1款第2项①、《最高人民法院关于适用〈中华人民共和国民事诉讼法〉的解释》第312条②规定,判决如下:(1)撤销四川省高级人民法院(2018)川民初112号民事判决;(2)不得查封四川省成都市锦江区佳宏路A房产;(3)驳回王某的其他诉讼请求。

裁判评析:

在执行异议之诉案件里,判断案外人对执行标的所主张的民事权益能否排除强制执行,是极为关键的要点。[3] 这一判断需要依据相关法律、司法解释中对民事权益的规定,先对相关当事人就执行标的的民事权益的实体法性质与效力予以认定。在此基础上,深入探寻和分析不同法律规范间的层级关系、背后蕴含的价值判断以及立法目的。同时,还要结合不同案件中相关当事人的身份职业特点、对

---

① 现为《中华人民共和国民事诉讼法》(2023年修正)第一百七十七条 第二审人民法院对上诉案件,经过审理,按照下列情形,分别处理:
……
(二)原判决、裁定认定事实错误或者适用法律错误的,以判决、裁定方式依法改判、撤销或者变更;
……

② 现为《最高人民法院关于适用〈中华人民共和国民事诉讼法〉的解释》(2022年修正)第三百一十条 对案外人提起的执行异议之诉,人民法院经审理,按照下列情形分别处理:
(一)案外人就执行标的享有足以排除强制执行的民事权益的,判决不得执行该执行标的;
(二)案外人就执行标的不享有足以排除强制执行的民事权益的,判决驳回诉讼请求。
案外人同时提出确认其权利的诉讼请求的,人民法院可以在判决中一并作出裁判。

③ 参见王毓莹:《案外人执行异议之诉的裁判要点》,载《人民司法》2020年第14期。

执行标的权利瑕疵状态的过错程度、与执行标的交易相关的权利行使状况、交易履行情况,以及执行标的对相关当事人基本生活保障与秩序追求的影响等具体情形,进行综合考量。

案外人执行异议之诉主要解决的是相关当事人之间的民事权益在强制执行程序中的冲突问题。一般而言,除法律、司法解释明确规定,案外人同时提出的确认权利的诉讼请求,因与民事权益的认定紧密相关,可在案外人执行异议之诉中一并审理并作出裁判。案外人在案外人执行异议之诉中同时提出的要求被执行人继续履行合同、协助办理权属转移登记、交付标的物或支付违约金等具有给付内容的诉讼请求,人民法院基于纠纷一次性解决的理念以及避免诉累和诉讼经济的考量,也可以合并审理。因此,若本案发生在《最高人民法院关于审理执行异议之诉案件适用法律问题的解释》施行后,王某提出的有关何某协助办理案涉房屋产权转移登记的请求,就属于法院审理范围之内。

本案作为典型的案外人执行异议之诉案件,清晰地呈现出劳动关系中特殊财产权益与商事债权之间的冲突与平衡问题。案件的核心争议主要集中在两个方面:一是王某基于劳动合同补充协议所取得的房屋权益,是否能够排除强制执行;二是执行异议之诉中诉讼请求的审查边界究竟在哪里。从王某提出诉讼请求,到两级法院作出不同的裁判结果,这一过程充分反映出我国案外人执行异议之诉制度在实际运行中面临的诸多法律难题,值得深入剖析。

王某所提出的诉讼请求体系具有复合性特点。其中既包含排除执行的消极确认请求,也涉及确权及过户的积极给付请求。这种复杂的请求结构,根源在于劳动关系中特殊的财产安排与物权登记制度之间存在错位。依据《劳动合同补充协议》的约定,虽然房屋登记在何某名下,但王某通过持续履行劳动合同,逐步获得房屋的所有权。这种权利构造打破了传统的物权变动模式,形成了"债权性所有权"与"登记名义所有权"二元分立的局面。一审法院在审理时,严格依照《最高人民法院关于人民法院办理执行异议和复议案件若干问题的规定》第28条的形式要件进行判断,认为王某未满足"查封前签订买卖合同"以及"非自身原因未过户"的要求。这种裁判思路体现了形式主义审查的惯常做法,但却忽略了劳动关系中特殊权益的实质特征。而二审法院在改判时,采用了实质审查的方式,运用穿透式审判方法,将劳动对价因素纳入对权利性质的考量之中,认定房屋权益具有劳动报酬属性,进而在价值位阶上优先于普通商事债权。这种裁判理念的转变,充分印证了"执行异议之诉应兼顾形式审查与实质正义"这一理论主张。

在对诉讼请求的正当性进行审查时,本案突出体现了劳动法特别保护原则在执行程序中的延伸应用。尽管《劳动合同补充协议》中明确房屋权益"与劳动报酬无关",但二审法院通过创造性解释,将其认定为"凝结十年劳动付出的对价",这种扩张解释符合"公平原则"的立法精神。从合同履行的实际情况来看,王某不仅完成了10年的服务期,还承担了61.8%的购房款支付义务,其权利的形成具有人身依附性与继续性。

问题二　案外人执行异议之诉程序的中止与终结

【规范梳理】

《民事诉讼法》

第一百五十三条　有下列情形之一的,中止诉讼:

(一)一方当事人死亡,需要等待继承人表明是否参加诉讼的;

(二)一方当事人丧失诉讼行为能力,尚未确定法定代理人的;

(三)作为一方当事人的法人或者其他组织终止,尚未确定权利义务承受人的;

(四)一方当事人因不可抗拒的事由,不能参加诉讼的;

(五)本案必须以另一案的审理结果为依据,而另一案尚未审结的;

(六)其他应当中止诉讼的情形。

中止诉讼的原因消除后,恢复诉讼。

第一百五十四条　有下列情形之一的,终结诉讼:

(一)原告死亡,没有继承人,或者继承人放弃诉讼权利的;

(二)被告死亡,没有遗产,也没有应当承担义务的人的;

(三)离婚案件一方当事人死亡的;

(四)追索赡养费、扶养费、抚养费以及解除收养关系案件的一方当事人死亡的。

《最高人民法院关于审理执行异议之诉案件适用法律问题的解释》

第七条　案外人执行异议之诉案件审理或者再审申请审查期间,执行案件已经结案,执行法院未对执行标的进行处分且执行措施已经解除的,人民法院应当裁定终结诉讼或者终结审查。原由执行法院作出的执行异议裁定失效。案外人根据本解释第四条、第五条提出的确权、给付请求,人民法院可以继续审理或者审查。

第八条 执行异议之诉案件审理或者再审申请审查期间,人民法院对作为执行依据的原判决、裁定等依法决定再审,执行标的系原判决、裁定等所涉争议标的以外的财产,或者案外人可能享有足以排除担保物权等优先受偿权的强制执行的民事权益的,执行异议之诉案件可以继续审理或者审查,不能认定案外人享有足以排除强制执行的民事权益的,执行异议之诉案件应当中止审理或者审查。

第九条 执行异议之诉案件审理或者再审申请审查期间,人民法院裁定受理被执行人破产案件的,执行异议之诉案件应当中止审理或者审查,管理人接管债务人财产后,执行异议之诉案件可以继续审理或者审查。

第十条 案外人执行异议之诉案件经审判监督程序发现支持案外人排除强制执行确有错误,人民法院认定案外人不享有足以排除强制执行的民事权益,判决驳回案外人诉讼请求的,原相关执行法院按照原顺位恢复执行;执行标的已合法转让给他人,人民法院裁定撤销原判决、终结诉讼的,申请执行人可以依法另行向被执行人、案外人等主张权利。

《山东高院民一庭关于审理执行异议之诉案件若干问题的解答》

二、执行异议之诉案件审理期间执行程序终结,如何处理?

答:在执行异议之诉案件审理期间,执行程序因申请执行人撤销申请、申请执行人的债权已经实现等事由而终结,原告未撤回起诉的,应当依法裁定驳回起诉。

【理论基础】

《民事诉讼法》第153、154条规定了诉讼中止和诉讼终结的事由,这些事由同样适用于案外人执行异议之诉。在此需要讨论的是案外人执行异议之诉特殊的诉讼终结事由。案外人执行异议之诉,是围绕特定的执行标的物展开的诉讼。因此,如果特定的执行标的物灭失或者被解除执行措施,则案外人执行异议之诉丧失诉的利益,即无进行的必要,应对裁定终结。具体来说,包括以下情形。

第一,执行标的灭失。

执行标的同时也是案外人执行异议之诉的诉讼标的物,在执行标的灭失的情况下,案外人执行异议之诉因缺少必要的诉讼标的物而无法进行,故应当终结诉讼。换言之,案外人执行异议之诉旨在审查案外人对特定执行标的是否享有足以排除执行的民事权益。① 如果特定执行标的灭失了,案外人执行异议之诉的审查内容也就无从展开了,案外人执行异议之诉应当予以终结。但需要注意的是,《最高人民法院关于人民法院民事执行中查封、扣押、冻结财产的规定》第 22 条规定:"查封、扣押、冻结的财产灭失或者毁损的,查封、扣押、冻结的效力及于该财产的替代物、赔偿款。人民法院应当及时作出查封、扣押、冻结该替代物、赔偿款的裁定。"基于此,执行标的毁损、灭失,人民法院执行作为其替代物的保险金、赔偿金、补偿金等时,案外人执行异议之诉应当继续审理。此时审理的焦点仍然是围绕原执行标的的权利义务关系,但作出判决的对象则是作为执行标的的替代物的保险金、赔偿金、补偿金等。

第二,执行标的因程序原因被解除查封、扣押、冻结。

执行标的因程序原因被解除查封、扣押、冻结时,案外人已经没有提出执行异议之诉请求排除执行的必要,案外人执行异议之诉应当终结。执行标的因程序原因被解除查封、扣押、冻结的情形,大致包括以下几种情形。

首先,执行标的属于不可查封、扣押、冻结的财产类型,或者说属于豁免执行的财产。《最高人民法院关于人民法院民事执行中查封、扣押、冻结财产的规定》第 3 条规定:"人民法院对被执行人的下列财产不得查封、扣押、冻结:(一)被执行人及其所扶养家属生活所必需的衣服、家具、炊具、餐具及其他家庭生活必需的物品;(二)被执行人及其所扶养家属所必需的生活费用。当地有最低生活保障标准的,必需的生活费用依照该标准确定;(三)被执行人及其所扶养家属完成义务教育所必需的物品;(四)未公开的发明或者未发表的著作;(五)被执行人及其所扶养家属用于身体缺陷所必需的辅助工具、医疗物品;(六)被执行人所得的勋章及其他荣誉表彰的物品;(七)根据《中华人民共和国缔结条约程序法》,以中华人民共和国、中华人民共和国政府或者中华人民共和国政府部门名义同外国、国际组织缔结的条约、协定和其他具有条约、协定性质的文件中规定免于查封、扣押、冻结的财产;(八)法律或者司法解释规定的其他不得查封、扣押、冻结的财产。"

其次,执行标的属于明显超标的额查封、扣押、冻结的财产。《最高人民法院关于人民法院民事执行中查封、扣押、冻结财产的规定》第 19 条规定:"查封、扣押、冻结被执行人的财产,以其价额足以清偿法律文书确定的债权额及执行费用

---

① 参见田桂瑶、彭立峰:《诉前财产保全案件案外人权利救济途径的研究——评(2020)最高法民申 123 号民事裁定》,载《法律适用》2020 年第 16 期。

为限,不得明显超标的额查封、扣押、冻结。发现超标的额查封、扣押、冻结的,人民法院应当根据被执行人的申请或者依职权,及时解除对超标的额部分财产的查封、扣押、冻结,但该财产为不可分物且被执行人无其他可供执行的财产或者其他财产不足以清偿债务的除外。"

再次,人民法院查封、扣押、冻结执行标的期限届满。《最高人民法院关于人民法院民事执行中查封、扣押、冻结财产的规定》第 27 条规定:"查封、扣押、冻结期限届满,人民法院未办理延期手续的,查封、扣押、冻结的效力消灭。查封、扣押、冻结的财产已经被执行拍卖、变卖或者抵债的,查封、扣押、冻结的效力消灭。"

最后,其他应当解除查封、扣押、冻结的情形。《最高人民法院关于人民法院民事执行中查封、扣押、冻结财产的规定》第 28 条规定:"有下列情形之一的,人民法院应当作出解除查封、扣押、冻结裁定,并送达申请执行人、被执行人或者案外人:(一)查封、扣押、冻结案外人财产的;(二)申请执行人撤回执行申请或者放弃债权的;(三)查封、扣押、冻结的财产流拍或者变卖不成,申请执行人和其他执行债权人又不同意接受抵债,且对该财产又无法采取其他执行措施的;(四)债务已经清偿的;(五)被执行人提供担保且申请执行人同意解除查封、扣押、冻结的;(六)人民法院认为应当解除查封、扣押、冻结的其他情形。解除以登记方式实施的查封、扣押、冻结的,应当向登记机关发出协助执行通知书。"

值得注意的是,考虑到实践中存在当事人未在期限届满前申请继续查封、扣押、冻结,或者人民法院因疏忽未及时查封、扣押、冻结,在原查封、扣押、冻结因到期而解除后,又重新查封、扣押冻结的情形仍然一定程度上存在。本书认为,查封、扣押、冻结期限届满后、人民法院驳回起诉裁定作出前,执行标的又被执行法院在同一执行程序中首查封的,应当视为连贯的查封、扣押、冻结,以及应当继续案外人执行异议之诉的审理。

第三,执行标的因其他案外人异议而被解除查封、扣押、冻结。

针对同一人民法院对同一执行标的的执行,可能有多个案外人主张权利。其中,某一案外人执行异议(或案外人执行异议之诉)先行作出不得执行的生效裁判即可达成解除对执行标的的查封、扣押、冻结的法律后果,此时其他尚在进行中的案外人执行异议之诉即没有了继续审理的必要,应当裁定终结诉讼。不同案外人对执行标的权属有争议的,应当另行解决。

第十一讲　案外人执行异议之诉的其他程序问题 | 149

【典型案例】

案例:某私人有限公司与某国际租赁公司等案外人执行异议之诉纠纷案①

基本案情:

2014年9月20日,某私人有限公司与被告某重工签订船舶买卖合同,约定购买在建风电设备安装船(船壳编号J006),购船价款为×××××××美元,其中已支付×××××××美元,剩余×××××××美元未付。双方另签订解除协议,明确2012年2月25日签订的原造船合同因某重工无法按期交船而解除,已支付的×××××××美元转为新协议保证金,待船舶所有权转移后原合同正式解除。

2014年9月23日,双方签署卖契,约定某重工将"Teras Ocean"轮(官方编号399149)转让给某私人有限公司,并出具建造人证明确认船舶技术参数及船级信息。次日,双方签订船舶交接协议书,确认船舶于南通船厂完成交付,但船舶仍负担待解除抵押权,某重工承诺于交接后14日内提供无抵押权属证明。某私人有限公司随后在新加坡办理船舶登记,取得注明"非权利凭证"性质的登记证书;江苏海事局亦于2014年10月20日注销涉案船舶抵押权登记。

经查实,某重工持有的船舶国籍证书(2015年12月17日签发)载明船名为"海科66"轮,与中国船级社试航证书登记信息一致。船讯网劳氏档案显示,"海科66"轮与"Teras Ocean"轮的IMO编号、呼号等核心参数完全吻合,可确认系同一船舶。

2016年4月6日,一审法院依某国际租赁公司申请,对登记在某重工名下、正处于建造中的"海科66"轮实施诉前扣押。同年4月26日,法院受理某国际租赁公司诉某重工等六被告船舶融资租赁合同纠纷案,并于2016年10月19日作出(2016)沪72民初1150号判决,判令某重工支付租金及迟延履行金共计人民币××××××××.33元,其他五被告承担连带清偿责任。该判决生效后,法院依申请于2017年4月6日立案执行,案号为(2017)沪72执239号。某私人有限公司提出执行异议,要求解除船舶扣押,被法院以(2018)沪72执异3号裁定驳回。

2018年8月21日,江苏省南通市通州区人民法院受理某热镀锌公司对某重

---

① 参见上海海事法院民事判决书,(2018)沪72民初3810号。

工的破产清算申请,并指定清算组为管理人。

裁判要旨：

某私人有限公司基于实体权利对执行标的提出排除执行异议,遭驳回后向一审法院提起案外人执行异议之诉。鉴于某私人有限公司为境外法人,本案具有涉外因素,各方当事人一致选择适用中华人民共和国法律,故一审法院以中国法律为审理准据法。本案争议焦点如下：

首先,某国际租赁公司主张,依据《企业破产法》第19条,法院应解除对涉案船舶的扣押并中止执行程序,某私人有限公司的诉请已无实际意义。一审法院认为,执行异议之诉系独立于执行程序的民事诉讼,旨在通过司法裁判确认案外人是否享有排除强制执行的实体权益。某私人有限公司主张对涉案船舶享有所有权,并以此对抗执行措施,其诉讼请求具有独立诉的利益。尽管某重工已进入破产程序,但根据《企业破产法》第20条,破产申请受理后尚未终结的诉讼应继续审理。鉴于某重工管理人已确定,本案诉讼程序依法应当继续进行。

其次,经查明,被扣押的"海科66"轮与某私人有限公司主张的"Teras Ocean"轮为同一船舶。2012年2月,某私人有限公司与某重工签订船舶建造合同,委托建造涉案船舶。2014年9月,双方协议解除原建造合同,并重新订立船舶买卖合同,约定以×××××××美元价款转让船舶所有权。该买卖合同合法有效,且双方通过签署卖契及船舶交接协议完成动产交付,船舶所有权已转移至某私人有限公司。尽管船舶仍由某重工占有以完成后续建造,但该占有关系基于加工承揽合同,不影响所有权归属。某私人有限公司实际支付合理对价并完成交付,依法取得船舶所有权。

最后,涉案船舶虽登记于某重工名下,但某私人有限公司在船舶被扣押前已通过合法交易取得所有权,且某国际租赁公司对船舶不享有抵押权、留置权等优先受偿权利。依据《物权法》①关于动产物权变动规则,船舶所有权自交付时转移,某私人有限公司作为实际所有权人,有权以实体权利对抗强制执行措施。某私人有限公司对涉案船舶享有排除强制执行的民事权益,其诉讼请求具有事实及法律依据,应予支持。

裁判评析：

案外人执行异议之诉具有执行程序之外的独立价值。案外人执行异议之诉因执行程序而产生,没有执行案件和执行措施,也就不存在案外人对执行措施提

---

① 现为《民法典》。

起的异议,自然也就没有后续的异议之诉。因此,很多人会认为如果执行程序中止或终结,案外人执行异议之诉存在的基础和意义也就自然消失,法院应当裁定驳回起诉,这也是本案两被告的观点。这对案外人执行异议之诉程序的理解不准确。案外人执行异议之诉的本质是一个独立的审判程序,因执行程序而产生,又独立于执行程序之外。对于案外人执行异议之诉存在基础的审查,应当根据立案时的情况予以确定,而一旦符合起诉条件并且成为一个诉讼,其就相对独立于执行程序之外。要否认已经受理的案外人执行异议之诉的存在价值,必须以明确立法为依据,否则不可简单地以执行程序中止或终结而驳回已经提起的案外人执行异议之诉。

在司法实践中,案外人执行异议之诉的中止与终结问题往往涉及多重法律关系的交织,尤其是在债务人进入破产程序的特殊情境下,如何处理执行异议之诉与破产程序的衔接,既关系到个案当事人的实体权利保护,也涉及破产法集体清偿原则与民事执行个别清偿原则的平衡。

本案的核心争议源于 2014 年船舶买卖合同的履行过程。某私人有限公司与某重工通过签订解除协议、卖契及船舶交接协议书,完成了在建船舶"海科 66"轮(Teras Ocean 轮)的物权变动。从合同解除到新买卖关系的建立,双方通过书面协议明确了解除原建造合同的法律后果,将已付款项重新定性为保证金,并在船舶所有权转移后解除原合同。这一系列法律行为体现了商事主体对交易风险的自主安排,但后续因某重工陷入债务危机,某国际租赁公司通过船舶融资租赁合同纠纷取得胜诉判决后申请强制执行,导致涉案船舶被扣押,进而引发本案执行异议之诉。特别需要注意的是,在诉讼程序推进过程中,债务人某重工被法院裁定进入破产清算程序,使原本单纯的执行异议之诉面临程序是否应当中止、实体权利如何认定的双重挑战。

就执行异议之诉与破产程序的衔接而言,本案裁判逻辑暗含了对不同程序法益的权衡考量。一方面,破产程序的集体清偿原则要求及时固定债务人财产范围,防止个别债权人通过执行程序获得不当清偿;另一方面,案外人对执行标的提出的独立权利主张,若未经实质审查即纳入破产财产,可能损害真实权利人的合法权益。法院在本案中采取的分层处理策略具有示范意义:首先确认执行异议之诉的审理不受破产程序启动影响,继而通过实体审理明确标的物权属,最终将确权结果反馈至破产财产认定环节。这种处理方式既维护了破产程序的效率价值,又保障了案外人的程序参与权与实体抗辩权,实现了程序正义与实体正义的统一。2025 年施行的《最高人民法院关于审理执行异议之诉案件适用法律问题的解释》第 9 条体现了该种观念,其规定:"执行异议之诉案件审理或者再审申请审查期间,人民法院裁定受理被执行人破产案件的,执行异议之诉案件应当中止审理或者审查,管理人接管债务人财产后,执行异议之诉案件可以继续审理或者审查。"

进一步分析可发现,本案裁判对《民法典》时代动产交付规则的理解具有前瞻性。尽管判决援引的是《物权法》第 23 条,但其对"交付"要件的实质化解释与《民法典》第 224 条一脉相承。特别是在船舶建造这类特殊动产交易中,物理交付的困难性往往导致当事人采用观念交付方式。法院认可船舶交接协议构成现实交付,实质上突破了传统交付形式的限制,强调当事人对风险负担与权利转移的合意优先性。这种裁判理念对于促进大宗动产交易、保障商事主体交易安全具有积极意义,也为《民法典》相关条款的司法适用提供了实践样本。

然而,本案遗留的潜在争议点在于破产程序中执行异议之诉判决的既判力范围。根据《企业破产法》第 58 条,债权人对债权表记载的异议可提起债权确认之诉,但未规定案外人对破产财产范围的异议程序。本案通过案外人执行异议之诉直接确认标的物不属于破产财产,可能产生与破产管理人职权行使的冲突。理论上,破产管理人对债务人财产状况的调查认定具有法定职权,但在本案特定情形下,执行法院通过独立诉讼程序作出的确权判决,实质上构成了对破产财产范围的司法认定。这种程序竞合问题的解决,有赖于建立执行法院与破产法院之间的协调机制,确保法律裁判的统一性。

综合全案观察,法院在处理破产程序与案外人执行异议之诉的关系时,一方面,坚持程序自治原则,尊重案外人执行异议之诉的独立价值,避免因破产程序启动而架空案外人的诉权;另一方面,严格审查实体权利基础,通过物权变动规则的精确认定,确保破产财产范围的准确性。这种裁判方法既贯彻了"审执分离"的诉讼法理,也体现了对商事交易秩序的维护,为同类案件的处理提供了可资借鉴的裁判样式。在深化供给侧结构性改革、优化法治化营商环境的时代背景下,本案的审理思路对于平衡个别执行与集体清偿、保护交易安全与债权人利益具有重要的司法实践价值。

第十二讲　无过错不动产买受人提起的案外人执行异议之诉

导　语

根据我国不动产物权变动登记生效主义或者说债权形式主义的规定,不动产买受人在未完成不动产产权变更登记手续之前,其并非法律上认可的不动产所有权人,其对于不动产只享有债权。但是,基于不动产尤其是房屋对人类生存居住权利的巨大影响及其本身财产价值较高的特点,对无过错不动产买受人给予法律上的适度保护,既符合公平正义的理念,也有利于维护安全稳定的社会秩序。虽然《最高人民法院关于审理执行异议之诉案件适用法律问题的解释》第14条、《最高人民法院关于人民法院办理执行异议和复议案件若干问题的规定》第28条,已对无过错不动产买受人享有的权利是否足以排除强制执行作出了明确规定,但关于相关要件如何适用,在理论和实务中仍存在一定的分歧和争议。此外,对于车库或车位所有权人提起的案外人执行异议之诉,理论和实务关于案外人是否享有足以排除强制执行的民事权益,也存在较大争议和分歧。基于此本讲旨在围绕无过错不动产买受人提起的案外人执行异议之诉展开探讨。

问题一　一般的无过错不动产买受人提起的案外人执行异议之诉

【规范梳理】

《最高人民法院关于审理执行异议之诉案件适用法律问题的解释》

第十四条　人民法院对登记在被执行人名下的不动产实施强制执行,案外人以其系该不动产买受人为由,提起执行异议之诉,请求排除一般金钱债权的强制执行,并能够证明其主张同时符合下列条件的,人民法院应予支持:

（一）查封前,案外人已与被执行人签订合法有效的书面买卖合同;

（二）查封前,案外人已支付全部价款,或者已按照合同约定支付部分价款且查封后至一审法庭辩论终结前已将剩余价款交付人民法院执行;

（三）查封前,案外人已合法占有该不动产;

（四）非因案外人自身原因未办理不动产所有权转移登记。

人民法院判决驳回案外人诉讼请求的,案外人交付执行的剩余价款应予及时退还。

第十六条　人民法院查封前,符合下列情形之一,可以认定为本解释第十四条、第十五条中的"非因案外人自身原因":

（一）案外人与被执行人已共同向不动产登记机构提交办理所有权转移登记申请;

（二）案外人已请求被执行人履行办理所有权转移登记手续等合同义务,或者因办理所有权转移登记与被执行人发生纠纷并已起诉或者申请仲裁等;

（三）新建商品房尚不符合首次登记条件;

（四）已办理买卖合同网签备案;

（五）被执行人等通知案外人办理不动产所有权转移登记而其未怠于办理;

（六）其他非因案外人自身原因的情形。

《最高人民法院关于人民法院办理执行异议和复议案件若干问题的规定》

第二十八条　金钱债权执行中,买受人对登记在被执行人名下的不动产提出异议,符合下列情形且其权利能够排除执行的,人民法院应予支持:

（一）在人民法院查封之前已签订合法有效的书面买卖合同;

（二）在人民法院查封之前已合法占有该不动产;

（三）已支付全部价款,或者已按照合同约定支付部分价款且将剩余价款按照人民法院的要求交付执行;

（四）非因买受人自身原因未办理过户登记。

《全国法院民商事审判工作会议纪要》

127.【案外人系商品房消费者之外的一般买受人】金钱债权执行中,商品房消费者之外的一般买受人对登记在被执行人名下的不动产提出异议,请求排除执行的,《最高人民法院关于人民法院办理执行异议和复议案件若干问题的规定》第28条规定,符合下列情形的依法予以支持:一是在人民法院查封之前已签订合法有效的书面买卖合同;二是在人民法院查封之前已合法占有该不动产;三是已支付全部价款,或者已按照合同约定支付部分价款且将剩余价款按照人民法院的要求交付执行;四是非因买受人自身原因未办理过户登记。人民法院在审理执行异议之诉案件时,可参照适用此条款。

实践中,对于该规定的前3个条件,理解并无分歧。对于其中的第4个条件,理解不一致。一般而言,买受人只要有向房屋登记机构递交过户登记材料,或向出卖人提出了办理过户登记的请求等积极行为的,可以认为符合该条件。买受人无上述积极行为,其未办理过户登记有合理的客观理由的,亦可认定符合该条件。

江苏省高级人民法院制定《执行异议及执行异议之诉案件办理工作指引(二)》

8.金钱债权执行中,执行法院对登记在被执行人名下的不动产采取强制执行措施,案外人以其享有物权期待权为由提出执行异议及执行异议之诉的,应参照适用《查扣冻规定》第十五条或者《异议复议规定》第二十八条规定的条件进行审查,具有下列情形的,应予支持:

(1)案外人与被执行人在案涉不动产查封之前已经签订了合法有效的书面房屋买卖合同。案外人虽然未与被执行人签订书面的买卖合同,但双方已经办理网签的,应认定其签订了书面合同。合同是否成立以及合法有效,应根据《民法典》合同编及其司法解释、《最高人民法院关于审理商品房买卖合同纠纷案件适用法律若干问题的解释》等相关规定予以认定。

(2)案外人在案涉不动产查封之前已经实际占有该不动产。案外人提供了案涉不动产被查封之前实际形成的物业服务合同、交房证明、水电费及物业费缴纳凭证,或者案外人与他人签订的有效租赁合同、租金收取凭证,以及其他足以证明其已经过交接实际接收或占有该房屋的证据的,可认定其在查封之前已经合法占有该不动产。

(3)案外人已经支付全部价款。案外人主张其已支付全部价款的,应提供其通过银行转账形成的付款凭证。仅提供开发商或出卖方出具的收据,或者主张购房款系现金交付,且无其他证据证明其存在支付事实的,对其主张不予支持。

案外人主张其与被执行人通过以房抵债,已支付全部价款,同时符合下列情形的,应予支持:

①案外人与被执行人在案涉房屋被查封前存在合法有效的到期债权债务关系;

②案外人对被执行人享有的到期债权与执行标的的实际价值大致相当;

③案外人与被执行人在案涉房屋被查封前已经签订书面以房抵债协议；

④以房抵债协议不存在规避执行或逃避债务情形；

⑤以房抵债协议不损害申请执行人或其他债权人的利益；

⑥以房抵债协议不违反《第八次全国法院民事商事审判工作会议（民事部分）纪要》精神。

案外人基于建设工程价款，与被执行人订立以物抵债协议，主张其已支付全部价款，同时具备下列情形的，应予支持：

①案外人系建设工程承包人或实际施工人；

②案外人与被执行人之间存在真实的书面建设工程承包合同；

③案外人与被执行人的工程款清偿期已经届满；

④案外人享有的工程价款与抵债标的的价值相当；

⑤以房抵债协议合法有效。

(4)案外人非因其自身原因未办理过户登记手续。

具有下列情形之一的，应认定非因案外人自身原因未办理过户登记手续：

①案外人因办理过户登记与出卖人发生纠纷并已提起诉讼或申请仲裁；

②案外人作为被征收人，其所购房屋因政府征收安置调换经济适用房等原因未能办理过户登记手续；

③案外人已向房屋登记机构提交了过户登记材料，或者已向出卖人提出了办理过户登记请求；

④新建商品房虽不符合首次登记条件，但已办理买卖合同网签备案；

⑤案外人通过其他方式积极主张过物权登记请求权，或有其他合理客观理由未办理过户登记。

《山东高院民一庭关于审理执行异议之诉案件若干问题的解答》

五、《最高人民法院关于人民法院办理执行异议和复议案件若干问题的规定》第二十八条如何理解与适用？

答：买受人对登记在被执行人名下的不动产提起执行异议之诉的，应当参照适用《最高人民法院关于人民法院办理执行异议和复议案件若干问题规定》第二十八条。对于案外人排除执行的诉讼请求，同时符合该条规定四项条件的，应予支持：

（一）案外人与被执行人在不动产查封之前已签订了合法有效的书面房屋买卖合同；

（二）案外人在不动产查封之前已实际占有该不动产；

(三)案外人已经支付全部价款。案外人应当提供银行转账凭证等证据证实,对于案外人主张款项系大额现金交付但无其他证据佐证的,对付款事实原则上不予确认。

(四)案外人非因自身原因未办理过户登记手续。案外人向出卖人提出过办理过户登记请求,或者向房屋登记机构递交了过户登记申请材料,以及因其他合理客观事由未办理过户登记的,可以认定为"非因案外人自身原因"。

【理论基础】

2004年的《最高人民法院关于人民法院民事执行中查封、扣押、冻结财产的规定》第17条规定,被执行人将其所有的需要办理过户登记的财产出卖给第三人,第三人已经支付全部价款并实际占有,但未办理过户登记手续的,如果第三人对此没有过错,法院不得查封、扣押、冻结。之所以如此规定,《最高人民法院关于人民法院民事执行中查封、扣押、冻结财产的规定》的起草者指出,是因为当时的法律虽然已明确规定了不动产登记制度,但对于"有关管理部门登记"的法律性质尚存很大争议,即究竟应该遵循物权登记主义还是行政管理主义不甚明了,且登记实践中确实存在登记困难等实际问题,严格按照过户登记作为所有权转移的标准有时并不公平,会损害第三人的合法权益。①

2004年的《最高人民法院关于人民法院民事执行中查封、扣押、冻结财产的规定》第17条关于保护无过错不动产买受人特殊债权的精神(关于该权利是债权还是不动产物权期待权,理论和实践存在一定争议),被2015年的《最高人民法院关于人民法院办理执行异议和复议案件若干问题的规定》第28条所承继。当然,二者有所区别:前者旨在解决执行机关能否查封未办理所有权转移登记的买受人所购的不动产的问题,而后者适用的场景是未办理所有权转移登记的不动产买受人提起案外人执行异议之诉请求审判机关判决排除执行。《最高人民法院关于人民法院办理执行异议和复议案件若干问题的规定》的起草者指出,2004年的《最高人民法院关于人民法院民事执行中查封、扣押、冻结财产的规定》第17条适用的基本社会环境和制度基础并未根本改变,社会上仍然存在大量非因买受人自身原因未办理过户登记的不动产,如果不加分别一律准许强制执行,将会危及社会稳定,且不动产处于普罗大众的基本生活资料地位,尤其是在强调"无恒产者无恒

---

① 参见王飞鸿:《〈关于人民法院民事执行中查封、扣押、冻结财产的规定〉的理解与适用》,载《人民司法》2004年第12期。

心"的我国,对不动产买受人在执行程序中予以优先保护,对于增强人民群众对法律公平的信心无疑具有特殊的意义。① 此后,《最高人民法院关于人民法院民事执行中查封、扣押、冻结财产的规定》第 28 条的规定,被《全国法院民商事审判工作会议纪要》第 127 条、《最高人民法院关于审理执行异议之诉案件适用法律问题的解释》第 14 条所承继,因赋予无过错不动产买受人特殊债权排除执行效力的价值考量因素,仍未发生变化。

不难看出,《最高人民法院关于人民法院办理执行异议和复议案件若干问题的规定》第 28 条、《全国法院民商事审判工作会议纪要》第 127 条、《最高人民法院关于审理执行异议之诉案件适用法律问题的解释》第 14 条赋予无过错不动产买受人特殊债权排除执行效力的价值考量因素,并非因为债权的实体法性质和效力,而是我国的不动产登记制度不完善、不动产处于普罗大众的基本生活资料地位等社会背景和社会效果。笔者认为这并无不当,原因在于,关于案外人执行异议之诉的法律性质,《最高人民法院关于适用〈中华人民共和国民事诉讼法〉的解释》第 310 条第 1 款等规定,将案外人执行异议之诉的功能定位为判定案外人对特定执行标的是否享有足以排除执行的民事权益,以及判决是否排除执行机关对特定执行标的的强制执行,显然采取了诉讼法上的形成之诉说。② 该说认为,案外人执行异议之诉的异议事由并不直接等同于实体法上的民事权益,而是基于更为灵活包容的判断标准而被嵌入诉讼法因素的足以排除执行民事权益。③ 基于此,案外人享有的民事权益是否足以排除执行,除了要考虑民事权益的实体法性质和效力外,还应当综合考虑社会背景、社会效果、社会大众的一般认知、案外人的生存权等正向因素和负向因素。④

不过,理论上也有观点认为,前述司法解释的价值考量因素并不合理。理由如下:第一,2007 年的《物权法》(已失效)确立了以登记为生效要件的不动产物权变动规则,且专门构建了不动产登记的基本制度框架;2014 年的《不动产登记暂行条例》(已被修改)将各类不动产权利统一纳入规范对象,这些都标志着我国已基本建成不动产登记制度体系,通过不动产登记来进行确权和交易的社会环境业已

---

① 参见江必新、刘贵祥主编,最高人民法院执行局编著:《最高人民法院〈关于人民法院办理执行异议和复议案件若干问题的规定〉理解与适用》,人民法院出版社 2017 年版,第 421 - 422 页。
② 参见庄诗岳:《论不当执行案外人财产行为的实体法效力》,载《浙江学刊》2024 年第 1 期。
③ 参见庄诗岳:《论案外人执行异议之诉关联纠纷解决的限度》,载《清华法学》2025 年第 1 期。
④ 参见王毓莹:《离婚协议关于房屋产权的约定能否对抗申请执行人》,载《人民法院报》2017 年 11 月 22 日,第 7 版;肖建国、庄诗岳:《论案外人异议之诉中足以排除强制执行的民事权益——以虚假登记财产的执行行为中心》,载《法律适用》2018 年第 15 期。

形成。① 第二，不能办理所有权转移登记本就是交易中可能发生的风险，应由买受人自己承担，若买受人能将交易风险转嫁于执行程序的救济，则不免发生法律奖励愚者的结果：越是不谨慎的交易者，越能获得法律的垂青。②

本书认为，就当下而言，《最高人民法院关于人民法院办理执行异议和复议案件若干问题的规定》第 28 条、《全国法院民商事审判工作会议纪要》第 127 条、《最高人民法院关于审理执行异议之诉案件适用法律问题的解释》第 14 条的价值考量因素依然合理。虽然我国的不动产登记制度随着《物权法》《不动产登记暂行条例》《民法典》等法律、行政法规、司法解释的公布、施行、修正越发完善，但司法实践中非因不动产买受人自身原因未办理所有权转移登记的现象依然大量存在，并在当前不动产尤其是房屋的价值较大且房屋在人民群众的生活中占据重要地位的背景下，如果不赋予无过错不动产买受人特殊债权以排除执行的特殊效力，那么大量败诉的无过错不动产买受人将可能严重影响社会稳定。且无过错不动产买受人大多是民事交易的当事人，在我国不动产登记制度的完善时期，苛求无律师强制代理且不具备专业法律知识的无过错不动产买受人以较高的注意义务，实为强人所难。此外，《最高人民法院关于人民法院办理执行异议和复议案件若干问题的规定》第 28 条、《全国法院民商事审判工作会议纪要》第 127 条、《最高人民法院关于审理执行异议之诉案件适用法律问题的解释》第 14 条均规定，排除执行的要件之一是案外人已支付全部价款抑或已按照合同约定支付部分价款且将剩余价款按照法院的要求交付执行，实际上也是要求案外人支付全部价款，且提前支付剩余价款剥夺了案外人根据不动产买卖合同享有的期限利益。并且基于此，申请执行人可以申请执行案外人已支付的全部价款或被执行人对案外人享有的支付价款的债权，其利益并无严重受损害之虞。

当然，随着不动产登记制度的更加完善，司法实践中非因不动产买受人自身原因未办理所有权转移登记的现象不断减少，人民群众越发普遍接受不动产物权变动的债权形式主义规则以及将来《不动产登记法》的公布施行，前述《最高人民法院关于人民法院办理执行异议和复议案件若干问题的规定》第 28 条、《全国法院民商事审判工作会议纪要》第 127 条、《最高人民法院关于审理执行异议之诉案件适用法律问题的解释》第 14 条的规定则应当适时废除。理由在于：一方面，《最

---

① 参见刘颖：《物权期待权排除强制执行规则之再审思》，载《当代法学》2023 年第 4 期。
② 参见庄加园：《不动产买受人的实体法地位辨析——兼谈〈异议复议规定〉第 28 条》，载《法治研究》2018 年第 5 期。

高人民法院关于人民法院办理执行异议和复议案件若干问题的规定》第 28 条、《全国法院民商事审判工作会议纪要》第 127 条、《最高人民法院关于审理执行异议之诉案件适用法律问题的解释》第 14 条虽然有利于保护无过错不动产买受人的利益，但也冲击着不动产物权变动的债权形式主义模式，使登记制度的意义大打折扣。另一方面，对不动产登记簿，越强调其公信力，越能促使人们正确登记权属状态，加强人们对登记的信任，从而最终促成不动产登记公信力的形成；反之，若过分强调登记公信力的相对性，将导致人们怠于登记而坐等法律的衡平保护，最终有害于登记公信力制度的形成。① 因此，若将来价值考量因素发生变化，则无过错不动产买受人特殊债权能否排除执行的规则也应随之而变。

关于无过错不动产买受人的特殊债权能否对抗申请执行人的抵押权以及其他优先受偿权，尤其是就《最高人民法院关于人民法院办理执行异议和复议案件若干问题的规定》第 28 条是否属于第 27 条规定的法律、司法解释另有规定的除外情形，理论和实践曾经存在较大的争议。已如前述，《最高人民法院关于人民法院办理执行异议和复议案件若干问题的规定》第 28 条、《全国法院民商事审判工作会议纪要》第 127 条、《最高人民法院关于审理执行异议之诉案件适用法律问题的解释》第 14 条基于我国的不动产登记制度不完善、不动产处于普罗大众的基本生活资料地位等社会背景和社会效果的价值考量因素，赋予了无过错不动产买受人的特殊债权以排除执行效力。基于社会背景和社会效果的价值考量因素，无过错不动产买受人的特殊债权通常不涉及价值位阶更高的基本人权，因此仅能赋予案外人的特殊债权以对抗申请执行人的普通金钱债权的效力，不能赋予其对抗申请执行人的抵押权以及其他优先受偿权的效力。而且，如果赋予无过错不动产买受人的特殊债权以对抗申请执行人的抵押权以及其他优先受偿权的效力，将严重损害抵押权人以及其他优先受偿权人的合法利益，贬损不动产抵押等担保物权的保全、流通功能。② 对此，《全国法院民商事审判工作会议纪要》第 126 条、《最高人民法院关于审理执行异议之诉案件适用法律问题的解释》第 14 条也均明确规定，无过错不动产买受人的特殊债权仅能排除普通金钱债权的执行。但需注意的是，《最高人民法院关于审理执行异议之诉案件适用法律问题的解释》第 13 条第 1 款规定，人民法院对登记在被执行人名下的不动产实施强制执行，案外人以其系

---

① 参见许德风：《不动产一物二卖问题研究》，载《法学研究》2012 年第 3 期。
② 参见庄诗岳：《案外人执行异议之诉异议事由论——基于实体法与诉讼法的双重视角》，法律出版社 2024 年版，第 147 页。

第十二讲 无过错不动产买受人提起的案外人执行异议之诉 | 161

不动产的买受人为由,提起执行异议之诉,请求排除建设工程价款优先受偿权、抵押权以及一般金钱债权的强制执行,案外人与被执行人签订合法有效的书面买卖合同且在一审法庭辩论终结前交付执行法院的价款足以代为清偿相应主债权的,人民法院应予支持。

《最高人民法院关于人民法院办理执行异议和复议案件若干问题的规定》第28条、《全国法院民商事审判工作会议纪要》第127条、《最高人民法院关于审理执行异议之诉案件适用法律问题的解释》第14条均规定,若在法院查封前案外人已与被执行人签订合法有效的书面买卖合同、在法院查封前案外人已合法占有该不动产、案外人已支付全部价款或者已按照合同约定支付部分价款且查封后至一审法庭辩论终结前已将剩余价款交付人民法院执行、非因案外人自身原因未办理不动产所有权转移登记这四项要件得以满足,那么无过错不动产买受人的特殊债权足以排除执行。

案外人执行异议之诉的审理内容包括两个层面:一是案外人对特定执行标的是否享有民事权益;二是案外人对执行标的享有的民事权益是否足以排除执行。[①] 其中,在法院查封前案外人已与被执行人签订合法有效的书面买卖合同的要件,指向案外人执行异议之诉第一层面的审理内容,旨在要求案外人对不动产享有基于合法有效的买卖合同产生的债权。此外,"法院查封前"旨在衔接《最高人民法院关于人民法院民事执行中查封、扣押、冻结财产的规定》第24条关于查封相对效的规定。"书面"旨在打击案外人与被执行人恶意串通倒签虚假买卖合同的行为,且应当参照适用《民法典》第469条关于书面形式的规定,即书面形式是合同书、信件、电报、电传、传真等可以有形地表现所载内容的形式,以电子数据交换、电子邮件等方式能够有形地表现所载内容并可以随时调取查用的数据电文被视为书面形式。

其他三个要件,则指向案外人执行异议之诉第二层面的审理内容,旨在要求案外人对不动产享有的债权足以排除执行。

其中,在法院查封前案外人已合法占有该不动产的要件,旨在打击案外人与被执行人恶意串通损害申请执行人执行债权的行为,以及通过占有的公示效力避免对债权形式主义的不动产物权变动模式造成过分的冲击。诚然,占有的公示效力弱于登记。理想化的公示工具应是能清晰且准确地使其他主体掌握该物上全

[①] 参见庄诗岳:《论被执行人在案外人异议之诉中的诉讼地位》,载《海南大学学报(人文社会科学版)》2024年第6期。

部的物权关系信息、带有文字载体属性的有形介质,即登记。① 但是,不动产的占有具有特殊性,即不动产固定于一处和寿命绵长的自然特征,使其具有如登记一般稳定的察知可能性,且基于不动产的自然属性和高昂的财产属性,在公示力方面,不动产也具有较为丰富的关联性辅助考察方式。② 因此,不动产的占有具有一定的公示效力以及权利推定的功能,可以强化和表彰不动产的所有权。其实,《最高人民法院关于审理涉及国有土地使用权合同纠纷案件适用法律问题的解释》第9条、《2015年全国民事审判工作会议纪要》第27条、《第八次全国法院民事商事审判工作会议(民事部分)纪要》第15条等关于"一地数卖""一房数卖"的规定中,早就确立了占有仅劣后于登记的权利顺位规则。

当然,为了避免对债权形式主义的不动产物权变动模式造成过分的冲击,对"占有"应当进行限缩解释,即占有须是合法占有,且原则上应当是直接占有,以及例外情况下可以包括案外人将不动产出租等间接占有,法院应当根据实际控制原则对案外人是否实际占有不动产作出判断。③ 其中,关于不动产由案外人实际占有控制的事实,应当由案外人提供证据加以证明。比如,《江苏省高级人民法院执行异议及执行异议之诉案件办理工作指引(二)》第8条规定,案外人提供了案涉不动产被查封之前实际形成的物业服务合同、交房证明、水电费及物业费缴纳凭证,或者案外人与他人签订的有效租赁合同、租金收取凭证,以及其他足以证明其已经过交接实际接收或占有该房屋的证据的,可认定其在查封之前已经合法占有该不动产。

案外人已支付全部价款的要件,旨在平衡案外人与申请执行人的利益。赋予无过错不动产买受人特殊债权排除执行效力的后果是,不动产将从被执行人的责任财产中剔除,申请执行人无法就该不动产的变价款受偿。并且已如前述,该要件要求案外人支付全部价款,甚至以牺牲案外人基于不动产买卖合同享有的期限利益的方式,要求案外人在查封后至一审法庭辩论终结前将剩余价款交付法院执行,可以使得申请执行人就不动产的买卖价款或被执行人对案外人享有的支付价款的债权获得受偿,进而避免过分损害申请执行人的利益,体现了利益衡平的价值取向。

---

① 参见张双根:《物权公示原则的理论构成——以制度正当性为重心》,载《法学》2019年第1期。
② 参见袁野:《论非因自身过错未办登记的不动产买受人之实体法地位》,载《法学家》2022年第2期。
③ 参见最高人民法院民事审判第二庭编著:《全国法院民商事审判工作会议纪要理解与适用》,人民法院出版社2019年版,第642页。

非因案外人自身原因未办理不动产所有权转移登记的要件,旨在奖勤罚懒、保护不具有可归责性的案外人的利益,以及促使不动产买卖的当事人及时办理所有权转移登记,进而促进不动产登记公示力和公信力的形成。如果案外人因自身原因未办理不动产所有权转移登记,其则应当自行承担可以预料到的不动产被强制执行的风险。与诉讼时效制度的主旨一样,法律不应保护躺在权利上睡觉的人。关于"非因案外人自身原因"的判断,理论和实践曾经存在一定争议,《最高人民法院关于审理执行异议之诉案件适用法律问题的解释》第16条对此作出了明确的规定。在审判实践中,法官应当综合主观和客观两个方面的因素认定案外人未办理不动产所有权转移登记的原因:主观方面应重点考察案外人是否存在怠于甚至故意不办理权属变更登记,或由于自身原因没有尽到合理注意义务导致权属变更登记不能等情形;客观方面应重点考察是否存在诸如登记机构、出卖人及其他不归属案外人所能控制的原因而办理不能,如案涉房屋所在土地未取得土地使用权证,出卖人不配合提供相关购房原始发票,标的物系车库、无法单独办理权属证书等。[1]

【典型案例】

案例一:董某、中国华融资产管理股份有限公司湖南省分公司等案外人执行异议之诉纠纷案[2]

基本案情:

一审法院认定事实:华融湖南分公司与英泰公司、东星公司、华中公司、谢某、陈某合同纠纷一案,一审法院于2014年12月12日作出(2014)湘高法民二初字第32号民事判决,判决解除华融湖南分公司与英泰公司签订的《债务重组协议》,由英泰公司向华融湖南分公司偿还债务9800万元及重组收益、违约金和律师代理费695431元,东星公司、华中公司、谢某、陈某对上述债务承担连带清偿责任。未按期履行清偿义务的,华融湖南分公司有权以英泰公司已办理抵押登记的房产3194.53平方米、2709.09平方米及相应土地使用权(房屋他项权证编号:怀房鹤他字第××号、怀房建鹤城字第××号)作为抵押物折价或者以拍卖、变卖该抵押物所得价款优先受偿。双方均未上诉,该判决生效。英泰公司未按期履行(2014)

---

[1] 参见王毓莹:《案外人执行异议之诉的裁判要点》,载《人民司法(案例)》2020年第14期。
[2] 参见最高人民法院民事判决书,(2021)最高法民终534号。

湘高法民二初字第32号民事判决所确定的清偿义务,华融湖南分公司向一审法院申请强制执行。一审法院执行立案后,于2017年8月21日作出(2015)湘高法执字第22号拍卖公告,拟拍卖(2014)湘高法民二初字第32号民事判决所确定华融湖南分公司享有优先受偿权的包括案涉房屋在内的英泰国际的多项房产,董某不服,向一审法院提出执行异议,一审法院裁定驳回董某的异议请求。董某遂提起本案诉讼。

一审另查明,湖南省怀化市中级人民法院于2018年6月5日作出(2018)湘12破申1号民事裁定,受理英泰公司的重整申请;2018年8月29日作出(2018)湘12破申6号民事裁定,受理东星公司的重整申请;同日作出(2018)湘12破申7号民事裁定,受理华中公司的重整申请;2019年11月16日作出(2018)湘12执204号之一执行裁定,以英泰公司、东星公司、华中公司已进入破产重整程序为由,裁定中止(2014)湘高法民二初字第32号民事判决第一、二、三、四、五项判决的执行。

二审法院查明:2010年1月29日,董某与怀化中地置业有限公司(后更名为英泰公司)签订《商品房买卖合同》,约定董某购买英泰公司开发建设的位于怀化市迎丰西路英泰国际××楼××层××号商铺,即英泰国际×期×栋×号,建筑面积35.48平方米,总价款2199050元,2010年1月29日前付款1369050元,余款830000元由董某向银行申请按揭贷款支付,于2012年8月31日前交付房屋,英泰公司负责为董某代办房产证和土地使用权证。合同签订后,董某通过银行转账、刷卡等方式支付了首付款1369050元。2010年1月29日,英泰公司向董某出具一份收款收据,载明收到董某交来门面款1369050元。2012年3月14日,董某与英泰公司再次就购买案涉房屋签订了《商品房买卖合同》,约定房屋总价变更为2165850元,首付款1369050元于2010年1月29日前付清,余款796800元于2012年3月14日前付清,于2012年6月30日前交付房屋。合同还明确项目地块土地规划用途为商业服务业,土地使用权自2008年8月3日至2048年8月2日。同日,董某将余款796800元支付给英泰公司,并支付了房屋办证费用87669元、两证代办费4332元及房屋维修基金43317元。但案涉房屋开发建设完成后,英泰公司未按合同约定为董某办理房屋变更登记手续。

董某在一审起诉书中陈述英泰公司于2013年5月9日向其交付案涉房屋,英泰公司表示认可。董某提交了《英泰国际交房流程表》《英泰国际物业管理合同》《业主公约》《英泰国际消防安全责任书》等证据证明交房时间为2013年5月9日。同时,董某提交的《怀化英泰物业服务有限公司收款收据》内容显示,董某于2013年5月6日交纳案涉房屋的物业管理费用479元。

二审法院另查明:2013年1月24日,英泰公司向湖南信托公司借贷信托贷款9800万元。2013年5月23日,因英泰公司无力偿还该信托贷款本金,湖南信托公司与华融湖南分公司、英泰公司签订《债权转让协议》,约定湖南信托公司将其对英泰公司享有的9800万元不良债权转让给华融湖南分公司,转让价款为9800万元;同日,华融湖南分公司与英泰公司签订《抵押协议》,约定英泰公司以其位于怀化市鹤城区××路的"英泰国际"项目二期未售商业房地产(面积为2803.8平方米)在建工程及其分摊的土地为上述债务提供抵押担保。2013年5月27日,双方在怀化市房产管理局将《商品房预售许可证》项下2803.81平方米房产包括案涉房屋办理了抵押登记,抵押登记证号为怀房建鹤城字第××号。2014年9月19日,华融湖南分公司向一审法院起诉,要求英泰公司等履行上述《债权转让协议》及相关协议约定的义务。一审法院立案号为(2014)湘高法民二初字第32号。在该案诉讼过程中,英泰公司向法院提交了董某与英泰公司签订的《商品房买卖合同》及收款收据,以证明案涉房屋在办理抵押登记前已出卖,华融湖南分公司对该房屋不能享有优先受偿权,并在庭审中提出,应通知董某作为利害关系人参加诉讼。一审法院对上述证据未予采信,也未通知董某参加该案诉讼。2015年7月21日,一审法院作出(2015)湘高法执协字第22号协助执行通知书,查封了上述抵押房产。

裁判要旨:

二审法院认为,本案为案外人执行异议之诉,根据当事人的上诉主张和答辩理由,本案主要的争议焦点问题是,董某对案涉房屋是否享有足以排除执行的民事权益。

《最高人民法院关于人民法院办理执行异议和复议案件若干问题的规定》第28条规定:"金钱债权执行中,买受人对登记在被执行人名下的不动产提出异议,符合下列情形且其权利能够排除执行的,人民法院应予支持:(一)在人民法院查封之前已签订合法有效的书面买卖合同;(二)在人民法院查封之前已合法占有该不动产;(三)已支付全部价款,或者已按照合同约定支付部分价款且将剩余价款按照人民法院的要求交付执行;(四)非因买受人自身原因未办理过户登记。"本案中,上诉人董某对案涉房屋提出的异议符合该条司法解释规定的情形。第一,根据本院庭审中查明的事实,2010年1月29日,董某与怀化中地置业有限公司(后更名为英泰公司)就董某购买其开发建设的位于怀化市迎丰西路英泰国际××楼××层××号商铺签订了《商品房买卖合同》,即英泰国际×期×栋×号房的《商品房买卖合同》;2012年3月14日,董某与英泰公司再次就购买案涉房屋签订《商品房买卖合同》。该前后两份书面合同是当事人的真实意思表示,内容没有违反法律、行政法规的强制性规定，且没有证据证明其存在虚假伪造等违法情形，应认定为合法有效合同。2015年7月21日，一审法院作出(2015)湘高法执协字第22号协助执行通知书，查封了包括案涉房屋在内的抵押房产。故在案涉房屋被查封之前，董某与英泰公司之间已就案涉房屋签订了合法有效的书面买卖合同。第二，董某庭审中提交了《英泰国际交房流程表》《英泰国际物业管理合同》《业主公约》《英泰国际消防安全责任书》等证据，以及表明董某交纳案涉房屋物业管理费用479元的《怀化英泰物业服务有限公司收款收据》，以证明交房时间为2013年5月9日，英泰公司在庭审质证时，对上述证据和交房时间表示认可。故董某在法院查封案涉房屋之前已合法占有该房屋。第三，在2010年1月29日签订《商品房买卖合同》后，董某通过银行转账、刷卡等方式支付了首付款1369050元，英泰公司出具收款收据。2012年3月14日再次签订《商品房买卖合同》后，董某将购买案涉房屋的余款796800元一次性付清，总价款为2165850元，同日，还支付了房屋办证费用87669元、两证代办费4332元、房屋维修基金43317元。故董某已按照购买案涉房屋合同的约定支付了全部价款。第四，按照董某与英泰公司签订的《商品房买卖合同》约定，英泰公司对案涉房屋负有办理房屋变更登记手续的义务，但是英泰公司未按约定履行变更登记的义务，却在向董某交付案涉房屋的18天后，将包括案涉房屋在内的《商品房预售许可证》项下2803.81平方米房产为华融湖南分公司办理了抵押登记。故案涉房屋非因董某自身原因未办理过户登记。综上所述，董某在华融湖南分公司因金钱给付之债的执行案中提出排除执行的异议，符合《执行异议和复议规定》第28条规定的情形，其对案涉房屋享有的实体权利应当依法予以保护。

在执行法院依法查封案涉房屋之前，董某的购房行为完成在先，英泰公司、华融湖南分公司以房抵押的行为在后。英泰公司在取得案涉房屋交易对价后又抵押给他人的行为，是违约行为。华融湖南分公司庭审中未能举证证明其在设定抵押权时，按照行业规范的惯常做法对抵押物的现状进行核查，对董某购买并占有的案涉房屋进行抵押，未尽应有的审慎注意义务。董某在先签订购房合同、支付购房对价、合法占有案涉房屋、没有办理产权变更登记系因"英泰国际综合楼(1-5层)项目"未完成竣工验收、英泰公司未依合同约定履行办理产权证照义务所致，董某客观上无过错；华融湖南分公司设立抵押在后，董某没有应尽注意义务而未尽的问题，主观上亦无过失。董某在完成购房缔约及履约时没有过错，不应因合同相对人与第三人对其合法取得财产设立抵押的共同过错，而承担财产遭受侵害的责任和后果。英泰公司和华融湖南分公司未经案涉房屋在先权利人的同意，在后设立抵押,破坏了市场交易秩序,侵犯了他人财产权利,有违民事主体从事民事活动应当秉持诚实、恪守承诺的原则。

滥用优先权否定抵押制度,与滥用抵押制度破坏市场正常交易秩序,其危害是相同的。实践中时常发生开发商或销售商利用信息不对称、卖方市场的优势地位,从事一房二卖、卖后抵押、欺诈贷款、卷款跑路等坑害购房者的违法乃至犯罪活动,这种扰乱社会经济秩序的情形应当依法予以遏制;同时,应当通过个案司法使购房者的合法权益得到公平合理的救济。由于物权法公示制度与房地产开发、销售的行政登记制度脱节的问题长期存在,使购房者在履行完购房全部义务后,不能及时公示物权变动的状态,此时,合法占有可以作为公示的形式证明物权交付的结果,这在《执行异议和复议规定》第28条第2项的规定中已经得以体现。本案中,董某购买并占有案涉房屋、履行了合同及法定义务,没有过错,依法应当确认并保护其对案涉房屋所享有的物权期待权。

董某关于确认其享有案涉房屋所有权的诉讼请求是否应予支持的问题。根据《物权法》第9条第1款①的规定:"不动产物权的设立、变更、转让和消灭,经依法登记,发生效力;未经登记,不发生效力,但法律另有规定的除外。"本案买卖的房屋属于不动产,英泰公司和董某应履行《商品房买卖合同》约定,依法到有关部门办理产权变更登记手续,发生物权变动的效力。因此,董某请求在本诉中确认其享有案涉房屋的所有权,依法不予支持。

综上,董某的上诉请求及理由部分成立,其对案涉房屋享有物权期待权,法院依法予以确认,其要求解除对案涉房屋的查封并停止执行的诉讼请求,依法予以支持;其对案涉房屋确认所有权的请求,法院不予支持。一审法院认定事实不清,适用法律错误,应当予以纠正。

裁判评析:

首先,在裁判规范选用层面。本案是一般房屋买卖中无过错不动产买受人提起案外人执行异议之诉的典型案例,也是适用《最高人民法院关于人民法院办理执行异议和复议案件若干问题的规定》第28条的典型案例。《最高人民法院关于人民法院办理执行异议和复议案件若干问题的规定》第28条的规定,与《全国法院民商事审判工作会议纪要》第127条以及《最高人民法院关于审理执行异议之诉案件适用法律问题的解释》第14条的规定一脉相承。在《最高人民法院关于审理执行异议之诉案件适用法律问题的解释》公布施行以前,由于相应民事权益对抗

---

① 现为《民法典》第209条第1款。

规范的缺失,《最高人民法院关于人民法院办理执行异议和复议案件若干问题的规定》第28条虽然是针对案外人执行异议程序的审查规范,但被司法实践广泛用作审理无过错不动产买受人案外人执行异议之诉的裁判依据。在《最高人民法院关于审理执行异议之诉案件适用法律问题的解释》公布施行以后,法院应当根据该司法解释的规定作出裁判。

其次,在"排除执行"构成要件层面。在本案中,最高人民法院根据《最高人民法院关于人民法院办理执行异议和复议案件若干问题的规定》第28条规定的四项要件,即"在人民法院查封之前已签订合法有效的书面买卖合同;在人民法院查封之前已合法占有该不动产;已支付全部价款,或者已按照合同约定支付部分价款且将剩余价款按照人民法院的要求交付执行;非因买受人自身原因未办理过户登记",对相关事实逐一进行了认定。其中,对于"在人民法院查封之前已合法占有该不动产"的要件,最高人民法院是根据《英泰国际交房流程表》《英泰国际物业管理合同》《业主公约》《英泰国际消防安全责任书》等证据作出了相关认定。值得注意的是,占有需是合法占有,且原则上应当是直接占有,例外情况下可以包括案外人将不动产出租等间接占有,依据该规则,法院应当根据实际控制原则对案外人是否实际占有不动产作出判断。同时,在证明责任分配方面,关于不动产由案外人实际占有控制的事实,应当由案外人提供证据加以证明。如果案外人不能提供证据,应当承担不利后果。

此外,本案涉及"先卖后抵"时一般房屋买卖中无过错房屋买受人享有的权利能否对抗申请执行人的抵押权的问题。对此,最高人民法院特别指出:"华融湖南分公司庭审中未能举证证明其在设定抵押权时,按照行业规范的惯常做法对抵押物的现状进行核查,对董某购买并占有的案涉房屋进行抵押,未尽应有的审慎注意义务。"最高人民法院还特别指出:"滥用优先权否定抵押制度,与滥用抵押制度破坏市场正常交易秩序,其危害是相同的。"本书认为,最高人民法院的裁判精神具有保护案外人合法利益、产生良好社会效果的价值。

案例二:郭某、山东省国际信托股份有限公司等
案外人执行异议之诉纠纷案[1]

基本案情:

一审法院认定事实:山东省国际信托股份有限公司(以下简称山东国信)与青

---

[1] 参见最高人民法院民事判决书,(2021)最高法民终1309号。

岛国际服装城置业投资有限公司、深圳市京申投资发展有限公司、深圳市通达富时投资发展有限公司、青岛星火昊月国际家居建材有限公司、李某、郝某、王某金融借款合同纠纷一案,一审法院于2017年4月7日立案审理。2017年4月13日,一审法院作出(2017)鲁民初24号协助执行通知书,载明:深圳市不动产登记中心协助查封王某位于深圳市南山区××11栋5A证号××和位于×花园×栋16D证号××的房产,查封期限为自2017年4月13日至2020年4月12日。2019年2月14日,一审法院作出(2017)鲁民初24号民事判决书,判决:"一、被告青岛国际服装城置业投资有限公司于本判决生效之日起10日内偿还原告山东省国际信托股份有限公司第一笔借款本金14000万元并支付相应利息(计算至2016年12月19日的利息为12816752.78元,并自2016年12月20日起以14000万元为基数按年利率18计算至实际支付之日)。二、被告青岛国际服装城置业投资有限公司于本判决生效之日起10日内偿还原告山东省国际信托股份有限公司第二笔、第三笔借款本金14000万元并支付相应利息(计算至2017年4月7日的利息13991957.78元,并自2017年4月8日起以14000万元为基数按年利率18计算至实际支付之日)。三、被告深圳市京申投资发展有限公司、深圳市通达富时投资发展有限公司、李某、郝某、王某对上述第一项、第二项所确定的被告青岛国际服装城置业投资有限公司的债务承担连带清偿责任;各被告承担保证责任后,有权向被告青岛国际服装城置业投资有限公司追偿。四、原告山东省国际信托股份有限公司有权在上述第一项、第二项所确定的被告青岛国际服装城置业投资有限公司的债务范围内,对被告青岛星火昊月国际家居建材有限公司《租金支付确定书》确认的应付款享有优先受偿权。五、原告山东省国际信托股份有限公司对被告青岛国际服装城置业投资有限公司的抵押登记编号为青房地建市字第2015118960的青岛国际服装城二期在建工程,有权以折价、拍卖、变卖所得价款,在上述第一项、第二项所确定的被告青岛国际服装城置业投资有限公司的债务范围内享有优先受偿。六、驳回原告山东省国际信托股份有限公司的其他诉讼请求"。2020年3月17日,一审法院作出(2020)鲁执22号执行裁定书,裁定:继续查封被执行人王某位于深圳市南山区××11栋5A证号××和位于×花园×栋16D证号××的房产。2020年10月10日,一审法院作出(2020)鲁执22号委托书,载明:委托深圳市同致诚土地房地产估价顾问有限公司对被执行人王某名下的涉案财产进行评估。2020年10月30日,郭某作为案外人对执行标的提出执行异议。2020年11月29日,一审法院作出(2020)鲁执异243号执行裁定书,裁定:驳回郭某的执行异议请求。郭某不服该执行裁定,向一审法院提起执行异议之诉,形成本案。

二审中,当事人没有提交新证据。二审法院对一审法院查明的事实予以确认。

裁判要旨:

一审法院认为,本案系案外人执行异议之诉,根据《最高人民法院关于适用〈中华人民共和国民事诉讼法〉的解释》第311条的规定,案外人郭某应对其对执行标的享有足以排除强制执行的民事权益承担举证证明责任,故本案的焦点问题为:(1)郭某主张其系涉案房产的实际所有人是否具有事实及法律依据;(2)郭某对涉案房产是否享有足以排除强制执行的民事权益。

关于第一个焦点问题。根据《物权法》第9条"不动产物权的设立、变更、转让和消灭,经依法登记,发生效力;未经登记,不发生效力,但法律另有规定的除外"[①],以及《最高人民法院关于人民法院办理执行异议和复议案件若干问题的规定》第25条第1款第1项"对案外人的异议,人民法院应当按照下列标准判断其是否系权利人:已登记的不动产,按照不动产登记簿判断"的规定,因涉案房产登记在王某名下,对外公示的所有权人为王某,且本案不存在法律另有规定的情形,王某应系涉案房产的所有权人。占有不动产并不产生物权变动效力,即使郭某实际占有涉案房产,亦不能据此认定其获得涉案房产的所有权。同时,房产代持法律关系本质仍属债权债务关系,即使该代持关系为真实,亦不能产生涉案房产所有权由王某移转至郭某的法律效果,王某出具的《代持承诺》仅在其与郭某之间产生效力,郭某对王某享有的债权请求权不具有对世性及排他效力,故郭某以王某代持涉案房产为由,主张其作为涉案房产的实际所有权人享有足以排除强制执行的民事权益,亦不能成立。

关于第二个焦点问题。一审法院认为,郭某虽以《最高人民法院关于人民法院办理执行异议和复议案件若干问题的规定》第28条规定为由,主张其对涉案房产享有足以排除强制执行的民事权益,但本案并不符合《最高人民法院关于人民法院办理执行异议和复议案件若干问题的规定》第28条规定的适用条件。首先,该条司法解释适用的前提条件是"买受人对登记在被执行人名下的不动产提出异议",而郭某并非《二手房买卖合同》中的"买受人",而系出卖人。其次,该条司法解释适用的具体情形是"非因买受人自身原因未办理过户登记",而郭某系为规避政府限购政策导致不能办理过户登记,在其本身存有过错的情况下,不属于非因其自身原因未能办理过户登记的情形。综上,无论是从不动产物权公示的效果,

---

① 现为《民法典》第209条。

抑或排除强制执行的情形分析,郭某对涉案房产并不享有实际所有权以及足以排除强制执行的其他民事权益。其关于其系涉案房产实际所有权人,并据此请求停止执行涉案房产的主张缺乏事实及法律依据,一审法院不予支持。王某经一审法院传票传唤,无正当理由拒不到庭参加诉讼,是其对自己诉讼权利的处分,一审法院缺席判决驳回郭某的诉讼请求。案件受理费 27935 元,由郭某负担。

二审法院认为,本案争议的焦点是:郭某是否系涉案房产的实际所有人;郭某对涉案房产是否享有足以排除强制执行的民事权益。

关于郭某是否系涉案房产的实际所有人问题。《最高人民法院关于适用〈中华人民共和国民法典〉时间效力的若干规定》第 1 条第 2 款规定,民法典施行前的法律事实引起的民事纠纷案件,适用当时的法律、司法解释的规定,但是法律、司法解释另有规定的除外。涉案合同签订及履行等均发生在《民法典》施行以前,故本案应适用当时的法律、司法解释的规定。《物权法》第 9 条规定:"不动产物权的设立、变更、转让和消灭,经依法登记,发生效力;未经登记,不发生效力,但法律另有规定的除外。"[①]第 16 条规定:"不动产登记簿是物权归属和内容的根据。"[②]根据前述法律确立的物权公示基本原则和不动产物权登记生效原则,除法律另有规定外,不动产物权的变动应履行变更登记程序才能发生相应的法律效力。《物权法》第 9 条所指的"法律另有规定",指非基于法律行为导致物权变动、法律规定不以登记为生效要件等情形,并不包括当事人故意将不动产登记在他人名下的情形。涉案房产登记在王某名下,王某出具的《代持承诺》只能在郭某与王某之间产生债权债务法律关系,不能直接导致物权变动,故郭某并非涉案房产的所有权人。一审法院判决驳回确认郭某为深圳南山区××11 栋 5A 房产的实际所有人的诉讼请求,并无不当。

关于郭某对涉案房产是否享有足以排除强制执行的民事权益。《最高人民法院关于人民法院办理执行异议和复议案件若干问题的规定》第 28 条规定:金钱债权执行中,买受人对登记在被执行人名下的不动产提出异议,符合下列情形且其权利能够排除执行的,人民法院应予支持:(一)在人民法院查封之前已签订合法有效的书面买卖合同;(二)在人民法院查封之前已合法占有该不动产;(三)已支付全部价款,或者已按照合同约定支付部分价款且将剩余价款按照人民法院的要求交付执行;(四)非因买受人自身原因未办理过户登记。本案中,郭某并非《二手

[①] 现为《民法典》第 209 条。
[②] 现为《民法典》第 210 条。

房买卖合同》中的"买受人",而是出卖人。郭某为规避房屋限购政策,未将涉案房产办理过户登记。郭某对王某享有的债权请求权不能对抗山东国信的权利,郭某就涉案房产不享有足以排除强制执行的民事权益。综上所述,郭某的上诉请求不能成立,应予驳回。

裁判评析:

本案既是一般房屋买卖中无过错不动产买受人提起案外人执行异议之诉的典型案例,也是适用《最高人民法院关于人民法院办理执行异议和复议案件若干问题的规定》第28条的典型案例。

在本案中,最高人民法院和山东省高级人民法院重点阐释了《最高人民法院关于人民法院办理执行异议和复议案件若干问题的规定》第28条的适用情形和"非因买受人自身原因未办理过户登记"的要件。

一方面,《最高人民法院关于人民法院办理执行异议和复议案件若干问题的规定》第28条的规定只适用于无过错不动产买受人提起的案外人执行异议之诉,而不适用于无过错不动产出卖人提起的案外人执行异议之诉。原因在于,《最高人民法院关于人民法院办理执行异议和复议案件若干问题的规定》第28条赋予无过错不动产买受人特殊债权以排除执行效力的背景是:社会上存在大量非因买受人自身原因未办理过户登记的不动产,如果不加分别一律准许强制执行,将会危及社会稳定,且不动产处于普罗大众的基本生活资料地位,尤其是在强调"无恒产者无恒心"的我国,对不动产买受人在执行程序中予以优先保护,对于增强人民群众对法律公平的信心无疑具有特殊的意义。[①] 此后,《最高人民法院关于人民法院民事执行中查封、扣押、冻结财产的规定》第28条的规定,被《全国法院民商事审判工作会议纪要》第127条、《最高人民法院关于审理执行异议之诉案件适用法律问题的解释》第14条所承继,且赋予无过错不动产买受人特殊债权排除执行效力的价值考量因素并未发生变化,即始终旨在保护无过错不动产买受人的利益。因此,正如最高人民法院和山东省高级人民法院所指出,郭某并非《二手房买卖合同》中的"买受人",而是出卖人,其不存在前述优先保护的特殊价值考量,因而本案不适用《最高人民法院关于人民法院办理执行异议和复议案件若干问题的规定》第28条的规定。

另一方面,规避房屋限购政策本身具有违法性,因此不属于"非因买受人自身

---

① 参见江必新、刘贵祥主编,最高人民法院执行局编著:《最高人民法院〈关于人民法院办理执行异议和复议案件若干问题的规定〉理解与适用》,人民法院出版社2017年版,第421-422页。

原因未办理过户登记"的情形。正如最高人民法院和山东省高级人民法院所指出,郭某系为规避政府限购政策导致不能办理过户登记,在其本身存有过错的情况下,不应属于非因其自身原因未能办理过户登记的情形。值得注意的是,《最高人民法院关于审理执行异议之诉案件适用法律问题的解释》第16条,对"非因案外人自身原因未办理过户登记"的情形作出了细化规定。

本案在这两个方面具有积极的意义。

问题二　车库或车位的买受人提起的案外人执行异议之诉

【规范梳理】

《吉林省高级人民法院关于审理执行异议之诉案件若干疑难问题的解答》

问题十五:执行异议之诉案件中,案外人对车库或车位主张排除执行的,人民法院该如何处理?

金钱债权执行中,具有独立产权的车库、车位作为被执行人的财产被人民法院强制执行的,案外人以其购买了该车库、车位为由提起执行异议之诉的,人民法院可以参照《最高人民法院关于人民法院办理执行异议和复议案件若干问题的规定》第二十八条的规定进行审理;

金钱债权执行中,无独立产权的车库、车位的使用权作为房地产开发企业的财产性权益被人民法院强制执行,案外人以该车库、车位的使用权已经被房地产开发企业处分给自己为由提起执行异议之诉的,如其为该车库、车位所在小区的业主,在人民法院查封之前已经签订了合法有效的书面合同、已经支付了全部价款或者按照合同约定支付部分价款且将剩余价款按照人民法院的要求交付执行的,就其排除执行的请求,人民法院可以支持。

【理论基础】

如前所述,案外人执行异议之诉的审理内容包括两个层面,一是案外人对特定执行标的是否享有民事权益,二是案外人对特定执行标的享有的民事权益是否足以排除强制执行。① 基于此,在讨论车库或车位的买受人能否提起案外人执行异议之诉,以及是否享有足以排除强制执行的民事权益之前,首先需要明确车库或车位的买受人对车库或车位享有何种民事权益。

在司法实践与学术探讨语境下,"对车位、车库的所有权归属问题,认识并不统一。有的观点认为应当归全体业主共有,有的认为应当归开发商所有,有的认为应当由当事人自行协商确定。"②本书认为,车库、车位在实践中存在不同的类型和形态,应当类型化地讨论不同类型和形态的车库、车位的所有权归属。事实上,《民法典》第 275 条亦是采取了这种方式。

"按照是否在建筑规划内,车位、车库可以分为两大类:第一,规划内的车位、车库。规划内的车位、车库是指房地产开发企业在开发住宅小区项目前,经政府核发的建设工程规划许可证批准同意,规划用于停放汽车的车位、车库。规划内的车位、车库可以是各种形态,如地下车库、半地下车库、地面车位、首层架空车库、独立车库、人防车库等。第二,规划外的车位、车库。规划外的车位、车库是指房地产开发企业在开发住宅小区项目时,未纳入建设工程规划许可证规划,占用业主共有的道路或者其他场地用于停放汽车的车位、车库。规划外的车位、车库以地面车位居多,也有以车库形式出现的。规划外的车位、车库在建设年代较早的住宅小区较为多见。"③

规划内的车位、车库基本上都具有独立性、可分性,而且可以办理产权登记。《民法典》第 275 条也规定,建筑区划内,规划用于停放汽车的车位、车库的归属,由当事人通过出售、附赠或者出租等方式约定。基于此,车位、车库的买受人若尚未办理不动产所有权转移登记手续,则基于债权形式主义的不动产物权变动模式,其对车位、车库只享有债权。实践中有争议的问题是,车位、车库的买受人能否适用《最高人民法院关于人民法院办理执行异议和复议案件若干问题的规定》第 28 条、《全国法院民商事审判工作会议纪要》第 127 条、《最高人民法院关于审理执行异议之诉案件适用法律问题的解释》第 14 条规定的保护。

有观点认为,车库、车位的价值相较于房屋来讲非常小,其对生存权、居住权的影响也微乎其微,即使没有车库或者车位,其可以通过租赁等方式满足其停车

---

① 参见庄诗岳:《论被执行人在案外人异议之诉中的诉讼地位》,载《海南大学学报(人文社会科学版)》2024 年第 6 期。
② 最高人民法院民法典贯彻实施工作领导小组主编:《民法典物权编理解与适用》(上),人民法院出版社 2020 年版,第 359 页。
③ 黄薇主编:《中华人民共和国民法典物权编解读》,中国法制出版社 2020 年版,第 198 页。

需求,甚至选择以其他替代性交通方式也并无不可。在此背景下,很难称其具有无过错不动产买受人生存基础条件的特殊地位,故不能适用《最高人民法院关于人民法院办理执行异议和复议案件若干问题的规定》第28条、《全国法院民商事审判工作会议纪要》第127条、《最高人民法院关于审理执行异议之诉案件适用法律问题的解释》第14条的规定。

但本书认为,车位、车库的买受人应当可以适用《最高人民法院关于人民法院办理执行异议和复议案件若干问题的规定》第28条、《全国法院民商事审判工作会议纪要》第127条、《最高人民法院关于审理执行异议之诉案件适用法律问题的解释》第14条的规定。理由如下:第一,以上司法解释文本内容涉及的执行标的均是不动产,从文义解释角度来看,车位、车库属于不动产。第二,以上司法解释制定的价值考量因素,是我国的不动产登记制度不完善、不动产处于基本生活资料地位等。[1] 车位、车库的价值虽然不如房屋等不动产,但其也存在不动产登记制度不完善的问题,也是当下众多老百姓的基本生活必需。

规划外的车位,通常不具有独立性、可分性。因此,《民法典》第275条规定,占用业主共有的道路或者其他场地用于停放汽车的车位,属于业主共有。基于此,车位、车库的买受人无法取得所有权,故无法参照适用《最高人民法院关于人民法院办理执行异议和复议案件若干问题的规定》第28条、《全国法院民商事审判工作会议纪要》第127条、《最高人民法院关于审理执行异议之诉案件适用法律问题的解释》第14条的规定。

【典型案例】

案例一:李某、宋某案外人执行异议之诉案[2]

基本案情:

一审法院认定事实:2016年12月28日,李某与宁夏汇力房地产开发有限公司(以下简称汇力公司)签订《塞上翡翠城车位/车库使用权转让协议》,约定汇力公司将其开发建设的位于宁夏回族自治区永宁县××镇××小区C区C9、C10、C12、C127、C18、C19、C20、C128、C58、C270、C271、C291、C292、C293、C299共计15

---

[1] 参见江必新、刘贵祥主编,最高人民法院执行局编著:《最高人民法院〈关于人民法院办理执行异议和复议案件若干问题的规定〉理解与适用》,人民法院出版社2017年版,第421-422页。

[2] 参见甘肃省高级人民法院民事判决书,(2022)甘民终125号。

个地下车位的使用权转让给李某,转让期限自协议生效之日起至"塞上翡翠城"住宅房土地使用权期限届满时止,转让价款为750000元,在协议生效之日李某一次性向汇力公司付清全部转让价款,汇力公司于李某付清全部转让价款后1天内将车位交付给李某,车位使用权的交付以双方签订的车位使用权交接书为标志。同日,双方签订了车位使用权交接书,并向公证部门申请公证。2016年12月29日,宁夏回族自治区银川市国安公证处出具了(2016)宁银国安证字第12857号公证书,以房屋买卖协议名义对双方签订的《塞上翡翠城车位/车库使用权转让协议》进行了公证。

另查明,案涉车位系汇力公司开发建设宁夏回族自治区永宁县望远镇塞上翡翠城C区住宅小区时建设的地下车位,未办理产权登记。

再查明,宋某于2018年8月30日立案起诉汇力公司民间借贷纠纷一案,一审法院于2018年11月6日作出(2018)甘07民初160号民事调解书,确认:(1)汇力公司于2019年1月31日前偿还宋某借款本金1000万元,利息640万元,合计1640万元;(2)汇力公司若逾期未偿还借款本息,承担自2019年1月2日起年息9%的利息并利随本清。案件受理费减半收取57400元,由汇力公司负担。

调解书生效后,汇力公司未履行调解书确定的义务,宋某向一审法院申请强制执行。一审法院于2019年8月13日受理,案号为(2019)甘07执90号。2020年5月7日,一审法院作出(2019)甘07执90号之七执行裁定书,查封了汇力公司位于宁夏回族自治区永宁县××镇××小区C区001-300号300个车位,期限为3年,15个案涉车位在查封之列。2020年5月25日,一审法院作出(2019)甘07执90号之八执行裁定书,裁定对查封的300个车位进行拍卖。但实际拍卖了其中的100个车位,经二次拍卖流拍后,宋某同意以流拍价接受以物抵债。2020年7月28日,一审法院作出(2019)甘07执90号之九执行裁定书,将被执行人汇力公司位于宁夏回族自治区永宁县××镇××小区C区001-300号300个车位当中的100个车位以流拍价1680000元交付申请执行人宋某抵顶其借款1680000元。案涉车位当中的C127号、C128号2个车位被抵顶给宋某。该案现处于终本状态。

二审法院对一审法院查明的事实予以确认。

裁判要旨:

二审法院认为,本案中,宋某依据生效民事调解书确定的权利申请法院对汇力公司名下的车位进行执行,案外人李某提出异议,根据《最高人民法院关于人民法院办理执行异议和复议案件若干问题的规定》第28条"金钱债权执行中,买受人对登记在被执行人名下的不动产提出异议,符合下列情形且其权利能够排除执行的,人民法院应予支持:(一)在人民法院查封之前已签订合法有效的书面买卖合同;(二)在人民法院查封之前已合法占有该不动产;(三)已支付全部价款,或者已按照合同约定支付部分价款且将剩余价款按照人民法院的要求交付执行;(四)非因买受人自身原因未办理过户登记"的规定,李某对登记在汇力公司名下的不动产提出异议,若能同时满足以上四项条件,才能排除执行,故法院审查的重点是以上四项条件。

第一,关于签订合同。李某与汇力公司于2016年12月28日签订了《车位/车库使用权转让协议书》,于2016年12月29日签订了《房屋买卖协议书》。因《车位/车库使用权转让协议书》《房屋买卖协议书》已经公证机关公证,可认定李某与汇力公司签订了合法有效的书面买卖合同,故在人民法院查封之前已签订合法有效的书面买卖合同这一条件成就。

第二,关于合法占有不动产。李某认为其与汇力公司于2016年12月28日签订了《车位、车库使用权交接书》,属于指示交付,应视为汇力公司向李某交付了车位,李某已经合法占有不动产。法院认为,李某与汇力公司签订《车位、车库使用权交接书》不能产生李某已经合法占有案涉不动产的法律效果,在李某不能提交其他证据证明其合法占有车位的情形下,对其该项主张不予认可。李某又认为其委托汇力公司的物业公司管理案涉车位,应视为李某已经合法占有不动产。李某没有提供有效证据证明其委托汇力公司的物业公司来管理案涉车位,并且案涉车位本身是在汇力公司开发建设的,就算存在汇力公司的物业公司管理案涉车位,也属于汇力公司的职责和权利,不能视为李某已经合法占有案涉不动产,故在人民法院查封之前合法占有不动产这一条件不成就。

第三,关于支付对价。李某认为其与汇力公司存在债权债务关系,汇力公司将案涉车位抵顶给李某,李某已经通过"以物抵债"的方式支付了对价,但是,李某不能提供证据证明其与汇力公司双方之间存在真实的债权债务关系。虽然汇力公司认可双方之间存在借款关系,但是汇力公司属于被执行人,与本案存在利害关系,在李某和汇力公司均不提供能够反映双方基础债权债务关系有效证据的情况下,不能据此认定李某已经支付了对价,故已支付全部价款或者已按照合同约定支付部分价款且将剩余价款按照人民法院的要求交付执行这一条件不成就。

第四,关于办理过户登记。经查明,目前汇力公司就案涉车位进行产权初始登记尚不满足条件,更不可能为李某办理产权过户登记,未办理过户登记非因李某自身原因,故非因买受人自身原因未办理过户登记的条件成就。

由此可见，在排除强制执行须同时满足的四项条件中，李某有两项条件都不满足，故李某对案涉车位不享有足以排除强制执行的民事权益。

裁判评析：

本案裁判充分彰显了司法解释体系化适用的司法智慧。针对车位、车库的买受人提起案外人执行异议之诉，法院正确适用《最高人民法院关于人民法院办理执行异议和复议案件若干问题的规定》第28条的规定，作出裁判。如前述，《最高人民法院关于人民法院办理执行异议和复议案件若干问题的规定》第28条、《全国法院民商事审判工作会议纪要》第127条以及《最高人民法院关于审理执行异议之诉案件适用法律问题的解释》第14条的规定一脉相承。需特别强调的是，在《最高人民法院关于审理执行异议之诉案件适用法律问题的解释》公布施行以前，因不动产合法买受人期待权对抗效力的实体规范缺失，司法机关广泛地将《最高人民法院关于人民法院办理执行异议和复议案件若干问题的规定》第28条这一针对案外人执行异议程序的审查规范扩张适用于执行异议之诉的实体裁判，形成"以程序规则填补实体漏洞"的司法续造路径。而随着《最高人民法院关于审理执行异议之诉案件适用法律问题的解释》生效实施，司法机关对同类案件的审理应严格遵循新司法解释确立的审查标准。

本书认为，本案中法院的裁判思路非常正确。《最高人民法院关于人民法院办理执行异议和复议案件若干问题的规定》第28条将不动产买受人排除执行的构成要件总结为四个构成要件：(1)在人民法院查封之前已签订合法有效的书面买卖合同；(2)在人民法院查封之前已合法占有该不动产；(3)已支付全部价款，或者已按照合同约定支付部分价款且将剩余价款按照人民法院的要求交付执行；(4)非因买受人自身原因未办理过户登记。该判断方式已经基本得到了理论与实践的认可。本案中法官裁判思路顺应这一判断方式，逐一检视李某主张是否符合前述构成要件。对于具有争议的"合法占有"要件、"支付全部价款要件"展开了详尽论述。对于前者，本案法官在裁判文书中综合判断李某是否对涉案不动产存在直接占有，李某是否对于涉案不动产成立间接占有，以及该间接占有是否赋予了李某事实上的控制力，[①]最终否认了李某"合法占有"构成要件的成立。

此外，本案表面为无过错买受人异议之诉，实则涉及以物抵债权利人的特殊权利主张。依据查明事实，虽然本案中李某认为其与汇力公司存在债权债务关

---

① 参见最高人民法院民事审判第二庭编著：《全国法院民商事审判工作会议纪要理解与适用》，人民法院出版社2019年版，第642页。

系,汇力公司将案涉车位抵顶给李某,李某已经通过"以物抵债"的方式支付了对价,但是,李某不能提供证据证明其与汇力公司双方之间存在真实的债权债务关系。《最高人民法院关于审理执行异议之诉案件适用法律问题的解释》第15条对以不动产抵债的案外人针对金钱债权执行提起的执行异议之诉的处理作出了明确的规定,且不动产以物抵债排除强制执行的要件,与无过错不动产买受人排除强制执行的要件有所不同。因此,《最高人民法院关于审理执行异议之诉案件适用法律问题的解释》公布施行以后,应当适用第15条的规定处理类似案件。

案例二:丁某、中国电建集团河南省电力勘测设计院有限公司案外人执行异议之诉案[①]

基本案情:

一审法院认定事实:原海南省洋浦经济开发区中级人民法院作出(2003)浦中民终字第2号民事判决,判决:海南建瓴地产公司、海南东台房地产开发公司(以下简称东台公司)向河南省电力勘测设计海南分院共同偿还借款968万元。河南省电力勘测设计海南分院向一审法院申请恢复执行,一审法院于2021年2月22日作出(2021)琼97执恢3号执行裁定,裁定:冻结、划拨海南建瓴地产公司、东台公司银行存款181000元及利息、执行费或其价值相当的其他财产。丁某不服执行裁定提出书面异议,一审法院于2021年5月26日作出(2021)琼97执16号执行裁定,裁定:驳回丁某的异议请求。丁某对执行异议裁定不服,向一审法院提起执行异议之诉遂成本诉。另查明,1998年3月20日,丁某与东台公司签订《地下车库买卖合同》,约定:丁某向东台公司购买位于海口市美兰区××路××小区A、B公寓楼西侧地下一层车库,建筑面积1140平方米,成交总价60万元;合同签订三日内,丁某付给东台公司现金55万元,剩余5万元于车库所有权办理至丁某名下时一次性付清;办证时间为合同签订之日起六个月内。合同签订后,东台公司将车库交由丁某,丁某将案涉34个车位交由案外人代租代管使用至今,但东台公司未能配合丁某办理车库所有权证。丁某因东台公司未配合其办理车库所有权证,诉至海口市美兰区人民法院。海口市美兰区人民法院于2013年12月10日作出(2013)美民一初字第939号民事判决,判决:(1)确认丁某与东台公司于1998年3月20日签订的《地下车库买卖合同》合法有效;(2)驳回丁某主张"东台

---

① 参见海南省高级人民法院民事判决书,(2022)琼民终514号。

公司将坐落在海口市美兰区××小区A、B公寓楼西侧地下一层车库,建筑面积1140平方米的地下车库的车库所有权证办理至丁某名下"的诉讼请求。再查明,2016年5月26日,案涉34个车位初始登记于东台公司名下。2017年11月24日,东台公司向海口联合农村商业银行股份有限公司借款238万元,将案涉34个车位抵押给海口联合农村商业银行股份有限公司,并于2017年12月6日办理抵押登记。还查明,东台公司的法定代表人殷某承认其与丁某系夫妻关系。丁某陈述称"其不是案涉永发小区的业主"。

二审查明的案件事实与一审判决认定的事实一致。

裁判要旨:

二审法院认为,本案系案外人执行异议之诉,本案的争议焦点为丁某对案涉34个车位是否享有足以排除强制执行的民事权益。判断案外人对执行标的是否享有足以排除强制执行的民事权益,主要应分析案外人对执行标的享有的民事权益与申请执行人对被执行人享有的债权相比是否具有优先性,也即分析案外人对执行标的是否享有所有权或者物权期待权。

本案中,根据已经查明的案件事实,1998年3月20日,丁某与东台公司签订《地下车库买卖合同》,约定丁某向东台公司购买案涉34个车位,成交总价60万元;合同签订三日内,丁某付给东台公司现金55万元,剩余5万元于车库所有权办理至丁某名下时一次性付清;办证时间为合同签订之日起六个月内。合同签订后,东台公司将车库交由丁某,丁某将案涉34个车位交由案外人代租代管使用至今,但东台公司未能配合丁某办理车库所有权证。丁某因东台公司未配合其办理车库所有权证,诉至海口市美兰区人民法院。海口市美兰区人民法院于2013年12月10日作出(2013)美民一初字第939号民事判决,该判决认定丁某已向东台公司支付55万元。2016年5月26日,案涉34个车位初始登记于东台公司名下。一审法院于2021年2月22日查封了案涉34个车位。从上述查明的事实看,丁某与东台公司在一审法院查封案涉34个车位之前已签订《地下车库买卖合同》并依约向东台公司支付了55万元款项,东台公司也将案涉34个车位交付丁某使用。一审法院认定无法确信丁某向东台公司支付购买案涉34个车位款项的事实存在具有高度可能性不当,法院予以纠正。

虽然从案件的事实来分析,可以确认丁某在法院查封前已就案涉34个车位签订合法有效的买卖合同、按合同约定支付了款项并已占有使用案涉34个车位,但丁某并不能据此取得案涉34个车位的物权期待权。法院评析如下:首先,根据《海南经济特区物业管理条例》第55条第1、2款关于"物业管理区域内的车位(车

第十二讲　无过错不动产买受人提起的案外人执行异议之诉 | 181

库),应当首先满足业主、物业使用人的需要。车位(车库)数量等于或者少于物业管理区域的房屋套数时,每套房屋只能配套购买或者受赠一个车位(车库)"及第4款关于"建设单位或者业主不得将车位(车库)出售或者转让给本物业管理区域业主以外的其他人。本物业管理区域业主以外的其他人购买车位(车库)的,不动产登记部门不得办理登记、过户手续"的规定,物业管理区域内的车位应当首先满足业主、物业使用人的需要,且在车位数量等于或者少于物业管理区域的房屋套数时,每套房屋只能配备购买一个车位。根据该规定,丁某自认其并非案涉34个车位所在的永发小区的业主,因此其无权购买该小区的车位;退一步讲,丁某虽居住在永发小区可以成为该小区的物业使用人,但其购买的车位数量,明显超出了永发小区物业管理区域内业主或物业使用人购买车位的权限范围,其购买案涉34个车位的行为亦不符合上述规定;另根据丁某自认的事实,其与东台公司有关工作人员曾赴海口住房和城乡建设局办理过户手续,该柜台办理人员以违反《海南经济特区物业管理条例》的规定而不予办理。综上可知,丁某购买案涉34个车位的行为并不符合《海南经济特区物业管理条例》的相关规定,不动产登记部门不能为其办理登记、过户手续,其购买案涉34个车位的行为无法产生物权变动的结果。其次,(2013)美民一初字第939号民事判决中认为,"根据物权法的相关规定,小区车位、车库应当首先满足小区业主的需要,丁某一次性购入建筑面积达1140平方米车库的行为显然影响了小区业主的日常需要……丁某诉请办证的诉讼请求缺乏事实与法律依据、不予支持",据此可知,生效判决已认定丁某购买案涉34个车位的行为并不符合《物权法》的相关规定,并驳回丁某请求办证的诉讼请求。综合以上评析,法院认为,丁某基于《地下车库买卖合同》仅享有对东台公司普通的合同债权,其无法请求出卖人东台公司为其办理不动产转让登记,其不能依据《地下车库买卖合同》以及对该合同的履行而获得案涉34个车位的物权,由此,其也无法享有案涉34个车位的物权期待权。案涉34个车位仍登记在东台公司名下,丁某基于《地下车库买卖合同》对案涉34个车位所享有的合同权利并不优先于电建勘测公司对东台公司享有的债权,故丁某对案涉34个车位享有的合同权利不足以阻却申请执行人电建勘测公司的执行。

综上所述,丁某对案涉34个车位不享有足以排除强制执行的民事权益。

裁判评析：

在本案中,虽然法院并未正面阐述车位、车库的买受人能否适用《最高人民法院关于人民法院办理执行异议和复议案件若干问题的规定》第28条、《全国法院民商事审判工作会议纪要》第127条、《最高人民法院关于审理执行异议之诉案件适用法律问题的解释》第 14 条的规定,但法院指出可以确认丁某在法院查封前已就案涉 34 个车位签订合法有效的买卖合同、按合同约定支付了款项并已占有使用案涉 34 个车位。法院所确认的事实,实际上就是以上司法解释规定的无过错不动产买受人排除强制执行的构成要件。

然而本案中法院虽认为丁某对案涉 34 个车位不享有足以排除强制执行的民事权益,但其说理并不聚焦以上司法解释的适用,而是涉及更深层次的行政权与执行权的冲突与协调问题。

法院指出《海南经济特区物业管理条例》第 55 条规定,物业管理区域内的车位应当首先满足业主、物业使用人的需要,且在车位数量等于或者少于物业管理区域的房屋套数时,每套房屋只能配备购买一个车位;本物业管理区域业主以外的其他人购买车位、车库的,不动产登记部门不得办理登记、过户手续。因此在本案中,丁某未办理车库、车位的过户登记手续的原因是因为不符合以上规定,并非因其自身原因。即根据丁某自认的事实,其与东台公司有关工作人员曾赴海口住房和城乡建设局办理过户手续,该柜台办理人员以违反《海南经济特区物业管理条例》的规定而不予办理。因此,丁某实际上完全符合《最高人民法院关于人民法院办理执行异议和复议案件若干问题的规定》第 28 条、《全国法院民商事审判工作会议纪要》第 127 条、《最高人民法院关于审理执行异议之诉案件适用法律问题的解释》第 14 条的规定。

问题是,《海南经济特区物业管理条例》第 55 条的规定是行政法律规范。行政行为除会影响行政相对人的私人利益外,还旨在维护第三人的利益、社会公共利益、国家利益,例如,国家设立登记机关参与不动产登记的目的,是为了保护不动产物权变动的交易安全,尤其是保护可能受不动产物权变动影响的第三人的交易安全;行政许可的目的,在于控制危险、配置资源、提供公信力证明,以维护第三人利益、社会公共利益和国家利益;行政征收则必须是基于公共利益的需要。[①] 前述《海南经济特区物业管理条例》第 55 条的规定,显然旨在维护广大业主的利益。且由于业主属于不特定的第三人,因此实际上旨在维护社会公共公益。如果法院判决丁某享有的债权足以排除强制执行,毋庸置疑会损害社会公共利益,架空《海南经济特区物业管理条例》第 55 条的规定,导致广大业主因某主体大量购买车位而无车位可停,进而引发社会矛盾。

基于此,本书认为本案的裁判具有积极的意义,即其宣示了如下理念:在保护

[①] 参见肖建国、庄诗岳:《论民事执行权与行政权的冲突与协调》,载《东岳论丛》2020 年第 6 期。

案外人私人利益的同时,也要保护第三人的利益、社会公共利益和国家利益;在涉及民事执行权与行政权的冲突时,要综合考虑民事执行的目的、行政行为的目的、民事执行的效率等因素,实现行政权与执行权的协调。

第十三讲 消费购房人提起的案外人执行异议之诉

导 语

与无过错不动产买受人的债权或者说物权期待权相比，实体法赋予了消费购房人债权或者说物权期待权以更加优先的法律地位，在涉及商品房买卖的纠纷中，双方对购房人的合格消费者身份往往会出现较大分歧。在处理此类纠纷时，准确把握消费购房人的认定条件，对维护当事人合法权益至关重要。也正是由于此类纠纷面临"消费者"身份认定难、群体性纠纷压力大等困境，因而属于案外人执行异议之诉中审理难度较大的一类案件。

与一般不动产交易相比，商品房交易显然要复杂得多，既可以买卖直接交付的现房，也有在房屋尚未建成时即签订房屋买卖合同的预售形式。交易过程中，为维护市场交易秩序，保护消费者购房人的合法权益，在消费购房人签订房屋买卖合同后和实际取得房屋所有权之前，需要经过多个环节、多道手续，在这些环节和手续中，均可能发生导致无法办理房屋过户登记的情况。此类情况下，消费者已经支付购买价款的房屋仍在房地产开发企业名下，当房企对外欠债，遭到其他债权人申请执行时，根据执行形式化原则该房产因仍登记在房企名下也将被列入责任财产。此时，消费购房人能否以其享有债权或物权期待权为由，通过提起案外人执行异议之诉的形式对抗强制执行，还要取决于其在房屋买卖过程中相关手续的完成进度。本讲旨在围绕消费购房人提起的案外人执行异议之诉展开讨论。

问题一　消费购房人提起的案外人执行异议之诉

【规范梳理】

《最高人民法院关于审理执行异议之诉案件适用法律问题的解释》

第十一条　人民法院对登记在被执行的房地产开发企业名下的新建商品房实施强制执行,案外人以其系商品房消费者为由,提起执行异议之诉,请求排除建设工程价款优先受偿权、抵押权以及一般金钱债权的强制执行,并能够证明其主张同时符合下列条件的,人民法院应予支持:

(一)查封前,案外人已与房地产开发企业等签订合法有效的书面买卖合同;

(二)查封前,案外人已支付全部价款,或者已按照合同约定支付部分价款且查封后至一审法庭辩论终结前已将剩余价款交付人民法院执行;

(三)所购商品房系用于满足家庭居住生活需要。

案外人起诉请求被执行人办理商品房所有权转移登记手续,符合前款规定的,人民法院依法予以支持。

人民法院判决驳回案外人诉讼请求的,案外人交付执行的剩余价款应予及时退还。

《最高人民法院关于商品房消费者权利保护问题的批复》

河南省高级人民法院:

你院《关于明确房企风险化解中权利顺位问题的请示》(豫高法〔2023〕36号)收悉。就人民法院在审理房地产开发企业因商品房已售逾期难交付引发的相关纠纷案件中涉及的商品房消费者权利保护问题,经研究,批复如下:

一、建设工程价款优先受偿权、抵押权以及其他债权之间的权利顺位关系,按照《最高人民法院关于审理建设工程施工合同纠纷案件适用法律问题的解释(一)》第三十六条的规定处理。

二、商品房消费者以居住为目的购买房屋并已支付全部价款,主张其房屋交付请求权优先于建设工程价款优先受偿权、抵押权以及其他债权的,人民法院应当予以支持。

只支付了部分价款的商品房消费者,在一审法庭辩论终结前已实际支付剩余价款的,可以适用前款规定。

三、在房屋不能交付且无实际交付可能的情况下,商品房消费者主张价款返还请求权优先于建设工程价款优先受偿权、抵押权以及其他债权的,人民法院应当予以支持。

《最高人民法院关于人民法院办理执行异议和复议案件若干问题的规定》

第二十九条 金钱债权执行中,买受人对登记在被执行的房地产开发企业名下的商品房提出异议,符合下列情形且其权利能够排除执行的,人民法院应予支持:

(一)在人民法院查封之前已签订合法有效的书面买卖合同;

(二)所购商品房系用于居住且买受人名下无其他用于居住的房屋;

(三)已支付的价款超过合同约定总价款的百分之五十。

《全国法院民商事审判工作会议纪要》

125.【案外人系商品房消费者】实践中,商品房消费者向房地产开发企业购买商品房,往往没有及时办理房地产过户手续。房地产开发企业因欠债而被强制执行,人民法院在对尚登记在房地产开发企业名下但已出卖给消费者的商品房采取执行措施时,商品房消费者往往会提出执行异议,以排除强制执行。对此,《最高人民法院关于人民法院办理执行异议和复议案件若干问题的规定》第 29 条规定,符合下列情形的,应当支持商品房消费者的诉讼请求:一是在人民法院查封之前已签订合法有效的书面买卖合同;二是所购商品房系用于居住且买受人名下无其他用于居住的房屋;三是已支付的价款超过合同约定总价款的百分之五十。人民法院在审理执行异议之诉案件时,可参照适用此条款。

问题是,对于其中"所购商品房系用于居住且买受人名下无其他用于居住的房屋"如何理解,审判实践中掌握的标准不一。"买受人名下无其他用于居住的房屋",可以理解为在案涉房屋同一设区的市或者县级市范围内商品房消费者名下没有用于居住的房屋。商品房消费者名下虽然已有 1 套房屋,但购买的房屋在面积上仍然属于满足基本居住需要的,可以理解为符合该规定的精神。

对于其中"已支付的价款超过合同约定总价款的百分之五十"如何理解,审判实践中掌握的标准也不一致。如果商品房消费者支付的价款接近于百分之五十,且已按照合同约定将剩余价款支付给申请执行人或者按照人民法院的要求交付执行的,可以理解为符合该规定的精神。

126.【商品房消费者的权利与抵押权的关系】根据《最高人民法院关于建设工程价款优先受偿权问题的批复》第 1 条、第 2 条的规定,交付全部或者大部分款项的商品房消费者的权利优先于抵押权人的抵押权,故抵押权人申请执行登记在房地产开发企业名下但已销售给消费者的商品房,消费者提出执行异议的,人民法院依法予以支持。但应当特别注意的是,此情况是针对实践中存在的商品房预售不规范现象为保护消费者生存权而作出的例外规定,必须严格把握条件,避免扩大范围,以免动摇抵押权具有优先性的基本原则。因此,这里的商品房消费者应当仅限于符合本纪要第 125 条规定的商品房消费者。买受人不是本纪要第 125 条规定的商品房消费者,而是一般的房屋买卖合同的买受人,不适用上述处理规则。

《中华人民共和国城市房地产管理法》

第四十五条　商品房预售,应当符合下列条件:

(一)已交付全部土地使用权出让金,取得土地使用权证书;

(二)持有建设工程规划许可证;

(三)按提供预售的商品房计算,投入开发建设的资金达到工程建设总投资的百分之二十五以上,并已经确定施工进度和竣工交付日期;

(四)向县级以上人民政府房产管理部门办理预售登记,取得商品房预售许可证明。

商品房预售人应当按照国家有关规定将预售合同报县级以上人民政府房产管理部门和土地管理部门登记备案。

商品房预售所得款项,必须用于有关的工程建设。

《最高人民法院关于人民法院民事执行中查封、扣押、冻结财产的规定》

第二十四条　被执行人就已经查封、扣押、冻结的财产所作的移转、设定权利负担或者其他有碍执行的行为,不得对抗申请执行人。

第三人未经人民法院准许占有查封、扣押、冻结的财产或者实施其他有碍执行的行为的,人民法院可以依据申请执行人的申请或者依职权解除其占有或者排除其妨害。

人民法院的查封、扣押、冻结没有公示的,其效力不得对抗善意第三人。

《最高人民法院关于审理商品房买卖合同纠纷案件适用法律若干问题的解释》

第二条　出卖人未取得商品房预售许可证明,与买受人订立的商品房预售合同,应当认定无效,但是在起诉前取得商品房预售许可证明的,可以认定有效。

《吉林省高级人民法院关于审理执行异议之诉案件若干疑难问题的解答》

问题十四:执行异议之诉案件中,预售商品房未取得预售许可证明时,商品房买受人请求排除执行的,人民法院该如何处理?

根据《最高人民法院关于审理商品房买卖合同纠纷案件适用法律若干问题的

解释》第二条规定,房地产开发企业在起诉前仍未取得预售许可证明的,其与买受人签订的商品房预售合同应当按无效处理,买受人请求对该商品房排除执行的,原则上不应当支持;但房地产开发企业未能继续开发建设该工程经由人民政府善后处理将房屋处分给买受人的、或者是经由人民法院拍卖程序等合法途径将房屋处分给买受人的情形除外。

商品房预售合同在不动产登记机构网签或者备案的行为,属于行政机关的行政管理行为,可以作为房地产开发企业对该商品房取得预售许可证明的证据使用。

【理论基础】

一、商品房消费者权利的演进

依据《消费者权益保护法》第 2 条的规定,消费者是和经营者相对而言的身份概念。而不动产购买人到底是不是"消费者",理论界和实务界一直存在争议。但从发展角度看,承认商品房购买人的消费者地位是大势所趋。

从法律依据看,2002 年《最高人民法院关于建设工程价款优先受偿权问题的批复》(已失效)中,首次明确了商品房"消费者"的超级优先权,该权利被理论界和实务界称为"商品房消费者权利"。《民法典》出台后,该批复中引用的原《合同法》第 286 条①失效,该批复也随之被废止。但因近年房地产市场的发展遭遇寒流,国务院 2022 年发布《第十次全国深化"放管服"改革电视电话会议重点任务分工方案》,要求做好保交楼、防烂尾、稳预期相关工作,保持房地产市场平稳健康发展。为了弥补《最高人民法院关于建设工程价款优先受偿权问题的批复》失效带来的法律制度空白,对于无法完成"保交楼"的情形下,如何保护商品房消费者的返还房款请求权,最高人民法院在 2023 年出台了《最高人民法院关于商品房消费者权利保护问题的批复》,规定应优先保护商品房消费者以居住为目的购买房屋所产生的房屋交付请求权,在房屋不能交付且无实际交付可能的情况下,优先保护商品房消费者的价款返还请求权。总体来讲,《最高人民法院关于商品房消费者权利保护问题的批复》对商品房消费者的保护更加全面,无论是继续履行商品房买卖合同时消费者所享有的房屋交付请求权,还是商品房买卖合同目的无法实现而被解除时消费者所享有的价款返还请求权,均优先于建设工程价款优先受偿权、抵押权以及其他债权。

---

① 现为《民法典》第 807 条。

需说明的是,《最高人民法院关于人民法院办理执行异议和复议案件若干问题的规定》第 29 条和《最高人民法院关于商品房消费者权利保护问题的批复》第 2 条均是对消费者主张商品房交付的权利保护,但二者在适用程序、适用条件上均存在较大差异。最高人民法院在关于前述两条文如何协调适用的问题答疑中提出,实践中两个条文的适用存在冲突时,应当优先适用《最高人民法院关于商品房消费者权利保护问题的批复》第 2 条的规定。

其一,在适用程序上,《最高人民法院关于人民法院办理执行异议和复议案件若干问题的规定》第 29 条仅可适用于执行异议复议、案外人执行异议之诉等涉及执行程序的案件,而《最高人民法院关于商品房消费者权利保护问题的批复》并非单纯解决消费购房人的权利能否排除执行的程序法问题,还是解决实体法上关于消费购房人的权利取得问题的法律依据,在普通民商事案件审理中均能适用。其二,《最高人民法院关于商品房消费者权利保护问题的批复》的出台背景是房地产市场进入下行周期以及政府出台"保交楼"政策,其相较于《最高人民法院关于人民法院办理执行异议和复议案件若干问题的规定》第 29 条的规定,放宽了"以居住为目的购买房屋"的认定条件,对于不违背"房住不炒"政策、符合刚性或者改善型住房需求的情形,都依法予以保护,更契合当下的现实需求。其三,对于已支付款项的要求,不同于《最高人民法院关于人民法院办理执行异议和复议案件若干问题的规定》第 29 条要求支付 50% 以上购房款,《最高人民法院关于商品房消费者权利保护问题的批复》第 2 条特别规定,只要是符合"以居住为目的购买房屋"的商品房消费者,即可以在一审辩论终结前通过补齐剩余价款的方式,完善获得优先保护的资格,对商品房消费者的保护更为全面。

《最高人民法院关于审理执行异议之诉案件适用法律问题的解释》第 11 条进一步明确了消费者购房人的优先地位,明确消费者购房人在满足三项要件的条件下,可以优先于建设工程价款优先受偿权、抵押权以及一般金钱债权而受偿。并且,从程序角度,为方便消费者购房人行使权利,该条另规定案外人起诉请求被执行人办理商品房所有权转移登记手续,符合前款规定的,人民法院依法予以支持,消费购房人可由此一并请求排除执行和办理房产登记。

二、消费购房人权利具有优先性的依据

在商品房复杂的交易过程中,实际上涉及消费购房人、银行、实际施工人等多方主体,为何消费购房人的权利应置于优先保护顺位,此等顺位是否应受到一定限制?对于此,本书认为消费购房人之所以能够取得优先顺位,原因主要有三。

第一,消费购房人的弱者生存权值得优先保障。[1] 具言之,购房资金是消费购房人生存利益的体现,特别是目前房价居高不下的情况下,许多消费购房人穷尽一生的收入和积蓄购买居住之所,其购房的利益属于生存利益,是最基本的人权,而承包人的利益属于经营利益,两相比较,消费购房人的生存利益、基本人权应当优先,承包人的经营利益应退居其次。更何况如果允许承包人行使优先受偿权,无异于用消费购房人的资金清偿发包人的债务,这实际上是发包人将自己的债务转嫁给广大消费者,严重违背特殊保护消费购房人的法律政策导向。[2]

第二,从现实层面,目前我国现行房地产开发以及登记制度的不完善,不动产买受人签订买卖合同之后,往往不能即时进行登记,买受人取得法律意义上的所有权总会滞后于债权合意很长一段时间,社会上存在大量非因买受人原因而未办理过户登记的房屋,如果不加分别一律准许强制执行,将会危及社会稳定。[3]

第三,从民事权利顺位理论出发,消费购房人享有的权利是特殊债权或者说物权期待权,优于一般债权。通说认为,因住房时常会对买受人的生存权、居住权产生极大影响且买受人已经履行部分义务,故此种情形下的消费购房人享有的应是特殊债权或者说物权期待权。其中,所谓物权期待权,是指因已符合部分所有权取得的要件,而对未来取得完整所有权且依法律及当事人约定而受到保护的期待权利。司法实践一般认为,不动产物权期待权的权利人享有物权请求权,故具有优先性。[4]

三、消费购房人权利可以对抗的权利客体不包括其他购房人的非金钱债权

消费购房人提起的案外人执行异议之诉中,案外人的诉求并不在于挑战执行依据本身,否则将会被归入再审程序解决。案外人诉求的本质是请求法院审查其对标的物所享有的权利和申请执行人的权利孰更优先。故此,审查案外人权利之对抗性所依附的债权种类,便成了判断权利优先性的基本前提。消费购房人权利足以排除的权利包括建设工程价款优先受偿权、抵押权以及其他一般金钱债权,这些权利本质上均属于金钱债权的范畴。之所以消费购房人的权利较之其他金钱债权更加优先,原因在于消费购房人的权利涉及购房者的生存性权益,在与非

---

[1] 参见阙梓冰:《购房人优先权的价值理念与解释路径》,载《法律适用》2020年第11期。

[2] 参见杨永清:《建设工程价款优先受偿权司法解释的理解与适用——兼谈与该权利相关的几个重要问题》,载曹建明主编、中华人民共和国最高人民法院民事审判第一庭编:《民事审判指导与参考》2002年第3卷,法律出版社2002年版。

[3] 参见江必新、刘贵祥主编,最高人民法院执行局编著:《最高人民法院关于人民法院办理执行异议和复议案件若干问题规定理解与适用》,人民法院出版社2015年版,第422页。

[4] 参见庄诗岳:《中国式不动产物权期待权的批判与反思》,载《河北法学》2021年第11期。

生存权性金钱债权的对抗中足以显示出优越性。

但是,如果消费购房人提起案外人执行异议之诉想要对抗的是非金钱债权请求权,如其他商品房消费者依据购房合同享有的交付房产请求权、其他权利人主张对案涉房产享有的原物返还请求权等,则商品房消费者的权利不再必然具有优先性。对此,典型样例即"一房二卖"情形中,两位消费购房人分别成为申请执行人和案外人,因两位消费购房人的权利均涉及生存权因素,故难以适用《最高人民法院关于审理执行异议之诉案件适用法律问题的解释》第11条的规定直接作出处理。此外,即使申请执行人为普通商品房购房人,案外人为消费购房人,相互对抗的权利变成了普通消费者的特殊债权(或者说物权期待权)和商品房消费者的特殊债权(或者说物权期待权),也难以确定二者实现的优劣顺位,原因在于无论是从债权还是物权期待权的层面进行界定,上述两者的本质趋于相同。实践中,面对"一房二卖"引发的案外人执行异议之诉,主要的规范依据为《第八次全国法院民事商事审判工作会议纪要》第15条,该条规定:"审理一房数卖纠纷案件时,如果数份合同均有效且买受人均要求履行合同的,一般应按照已经办理房屋所有权变更登记、合法占有房屋以及合同履行情况、买卖合同成立先后等顺序确定权利保护顺位。但恶意办理登记的买受人,其权利不能优先于已经合法占有该房屋的买受人……"依据该条规定确定履行顺序时考虑的因素,并不包括买受人的身份,换言之,买受人是否具备消费者身份,在一房数卖中并不构成对抗其他权利人的优先事由。

四、消费购房人的主体要件认定

案外人是否具备消费购房人的消费者身份,也是实践中消费购房人执行异议之诉案件备受争议的问题。消费者概念的解读和运用主要集中在《消费者权益保护法》之中。但严格意义上讲,消费购房人概念并未借鉴经济法领域的消费者概念,该概念的运用主要体现在案外人执行异议之诉当中。就《消费者权益保护法》的角度而言,消费者的概念、含义相对固定,至于《消费者权益保护法》是否适用于商品房买卖领域,理论界颇有争议。有观点认为,《消费者权益保护法》制定时,针对的是普通商品市场存在的假冒伪劣和缺斤短两问题,其适用范围不包括商品房。[1] 也有观点坚持,房屋作为一种商品,应成为《消费者权益保护法》规范的范

---

[1] 参见梁慧星:《消费者权益保护法第四十九条的解释与适用》,载《为中国民法典而斗争》,法律出版社2002年版,第239页。

围,当经营者有欺诈行为时,适用双倍赔偿并无问题。[1] 但在实践中,适用《消费者权益保护法》去认定商品房买卖的情形并不多见。

案外人执行异议之诉当中的消费购房人,也称"购房消费者",该概念出现后,首要的难题在于如何界定其内涵。从表面上分析,商品房消费者的概念借鉴了《消费者权益保护法》中对于消费者的界定,即购买房屋的目的是"为了生活需要",而非投资经营,但是二者间又存在诸多区别。传统领域中消费者的身份一旦确定后,其便可享有《消费者权益保护法》所赋予的诸多权利,然案外人执行异议之诉中,消费者的身份识别只是第一步,还需再具备其他条件后才能获得完整的权利。且与经济法上为消费者提供若干以特别保护为目的的特殊请求权不同,消费购房人概念的创设目的在于对抗其他权利,而不引起新的请求权基础。

关于消费购房人的身份判断,关键在于如何理解"满足家庭基本居住需要"而购房。对此,主要需要借助于现购房屋用途来认定。具言之,现购房屋的用途核查中,既然是为生活所需,就需要核查所购房屋的规划用途。对于商品房而言,其一般在建设之初需要经过工程设计、规划许可等流程,故商品房的用途在建设之初就已确定,最后集中体现在权属证书的"规划用途"一栏。就规划用途的种类而言,大致可分为住宅、商业、工业、办公、市政设施、教育等内容。与消费者身份认定相关的房屋性质,大致存在三类,即住宅房、商业房和商住房。关于住宅房,实践中的观点趋于一致,即购买此类房屋是认定满足购房人生活居住需要的重要前提,除非出现了下文所述的购买人或其家庭已有的房屋套数"超标"情况。关于商业房,其是否影响消费者身份的判断,实践中存在一定的争议。一种观点认为,商铺、写字楼等具有投资属性,不属于消费者生存权保护的范畴,进而也意味着此类房屋的购买人不具有消费者的身份。[2] 另一种观点则认为,有些写字楼、门面房因面积小、总价低,购房人也可能会根据自身情况选择购买此类房屋以用于居住或者商住两用,如果一味采用房屋性质的标准认定,则无法充分保护此类购房人的合法权益。

本书认为,对于商业房是否影响消费者的身份,应坚持一个原则和极少数例外相结合的判断方式。所谓一个原则,是指商业房一般具有投资属性,故原则上应当成为否定购房者消费者身份的前提。极少数例外,是指购买人及其家庭在

---

[1] 参见闵治奎、郭卫华主编:《中国典型消费纠纷法律分析》,中国法制出版社2000年版,第92页。
[2] 参见最高人民法院民事审判第二庭编著:《〈全国法院民商事审判工作会议纪要〉理解与适用》,人民法院出版社2019年版,第632页。

特定区域内只有唯一一套面积适当的商业房且将此处也用于满足居住需求时,该房在一定意义上也与自然人的生存权、居住权有关,不能仅以其商业房性质为由简单否定购房人的消费者身份。关于商住房,其兼具商业和居住两种用途,如果仅因商业而完全否认其满足生活需要的功能未免过于僵化,故面对此类房屋,实践中的观点也较为一致,认为商住两用房屋并不能影响"满足生活居住需要"的性质认定。如《黑龙江省高级人民法院关于审理执行异议之诉案件若干问题的解答》(2019 版)第 19 条第 2 项规定:"房屋用途的单一性。重点审查房屋具体用途,辅以房屋性质作出判断。对买受人名下确无其他房屋,对所购房屋性质为商住两用,买受人用以居住的,可以认定为居住。"

此外,消费购房人的身份判断,在大多数情况下无须考虑已有房屋的数量。对此,《最高人民法院关于人民法院办理执行异议和复议案件若干问题的规定》第 29 条规定,消费购房人的认定需满足"买受人名下无其他用于居住的房屋"。《全国法院民商事审判工作会议纪要》第 125 条对该标准作出从宽解释,提出"'买受人名下无其他用于居住的房屋',可以理解为在案涉房屋同一设区的市或者县级市范围内商品房消费者名下没有用于居住的房屋。商品房消费者名下虽然已有 1 套房屋,但购买的房屋在面积上仍然属于满足基本居住需要的,可以理解为符合该规定的精神。"在《最高人民法院关于商品房消费者权利保护问题的批复》和《最高人民法院关于审理执行异议之诉案件适用法律问题的解释》第 11 条中,则直接取消了该要求。只要房屋买受人的购房目的不是为了投资炒房,即便其名下已有一套或两套住房,也不能否认其具有消费购房人主体资格。例如,家庭将房产集中登记在长孙名下,该自然人名下虽有多套房产,仍难以满足祖孙三代的同堂居住需求,再次购买时不影响其消费购房人属性。再如,在改善型购房消费中,购房人想要将名下两套小面积的房屋更换为更大户型,其已将房屋出售并签订买卖合同,但未完成过户登记,此时不影响买受人新购房屋是为了居住的目的,不影响消费购房人的资格成立。[①]

五、对抗要件:房屋买卖合同的签订和价款支付

在购房人具备消费者身份之后,尚不能仅凭此身份而排除强制执行,无论是《最高人民法院关于审理执行异议之诉案件适用法律问题的解释》第 11 条还是此前系列司法解释,都明确了商品房消费者享有优先权时尚需具备其他对抗要件,主要是房屋买卖合同的签订和价款支付两个方面。

[①] 参见史智军:《商品房消费者权利之疑难问题研究》,载《法律适用》2024 年第 11 期。

(一)房屋买卖合同的签订要件

关于买卖合同的签订,需要分析下列问题。第一,法律规范对于商品房消费者优先权设定的对抗要件之一是合同的签订时间,即在人民法院查封之前已签订合法有效的书面买卖合同。究其目的,在于避免房屋买受人与房地产企业或者他人恶意串通,损害申请执行人的权益。从执行法体系的角度,该规定并非商品房执行的特殊规则,而是执行查封"相对效力"的当然体现。[①]《最高人民法院关于人民法院民事执行中查封、扣押、冻结财产的规定》第 24 条第 1 款规定:"被执行人就已经查封、扣押、冻结的财产所作的移转、设定权利负担或者其他有碍执行的行为,不得对抗申请执行人。"其原理在于,房产查封一般需进行查封登记,从而使查封具备对世效力,由此可推定在房产被查封后仍然签订购房合同的消费购房人和房企,均明知该房产有被用于对外偿还申请执行人之债权的可能,并应受到该查封裁定之拘束。尽管消费购房人的生存权利值得保障,但在其明知订立合同极可能导致不能履行之后果时仍订立商品房买卖合同,系自愿置身于风险极高的交易之中,不再值得保护,否则将有损执行程序的安定性,还可能引起案外人与被执行人串通签订房产合同抽逃责任财产的虚假诉讼问题。

第二,如何理解"书面买卖合同"的含义。书面合同是否仅限于纸质合同,若当事人未订立纸质合同,仅是进行了网签,是否符合"书面"的条件。本书认为,对于书面合同的理解应以《民法典》的规定为基础,其第 469 条第 2、3 款明确规定:"书面形式是合同书、信件、电报、电传、传真等可以有形地表现所载内容的形式。以电子数据交换、电子邮件等方式能够有形地表现所载内容,并可以随时调取查用的数据电文,视为书面形式"。由此可知,只要买卖合同可以有形的方式记录和固定在载体上,即可构成书面买卖合同。房屋买卖中的网签系合同双方就买卖事宜达成一致意见后,在房屋行政主管部门的网络化管理系统上签约的一种交易方式。因此,网签除反映了买卖双方的意思表示以外,还附加了房屋行政主管部门对双方合同关系的确认及公示,[②]故此,网签足以认定双方已订立书面买卖合同。

第三,如何理解书面合同的签订时间与抵押权设立的关系。除却普通的债权之外,房地产企业出售的房屋尚可能存在抵押权,若商品房买卖在先抵押权成立在后,则根据《最高人民法院关于审理执行异议之诉案件适用法律问题的解释》第

[①] 参见张静:《论处分查封之物的法律效力》,载《交大法学》2022 年第 2 期;常鹏翱:《处分查封财产的民事后果——以禁止处分查封财产规范的定位为展开主线》,载《法学家》2025 年第 1 期。

[②] 参见司伟、王小青:《执行异议之诉中不动产买受人排除强制执行的要件审查》,载《人民司法(案例)》2019 年第 23 期。

11条的规定,消费购房人的权利居于优先顺位。但是,实践中,房产公司时常以在建工程为向其提供贷款的银行设置抵押权,此时商品房买卖合同的签订时间在抵押权设立之后,如此是否影响消费购房人权利的实现？此类情况下,消费购房人是否明知抵押权存在,是否对其优先权有影响？

关于第一个问题,梳理商品房消费者权利的产生及发展过程,其相关规范中并未因买卖合同和抵押权设立先后而设置不同规则。此外,对于房地产企业而言,其抵押权的产生大致基于两种情形,一种是因向银行贷款而产生;另一种则是因向他人借款而产生。在此前提下,或者抵押权人同意房地产企业出售房屋以尽快还款(银行作为抵押权人时较为普遍);或者抵押权人限制房屋出售,但对于普通的购房人而言,其一般难以知晓抵押权的存在以及抵押权人的意思表示,即便知晓,也有理由相信房地产企业的销售行为系其与抵押权人达成协议的结果。再结合消费购房人权利的设定初衷,本书认为无论买卖合同的签订时间是在抵押权前或后,都不应影响商品房消费者权利的实现。此外,尚需特别说明的是,关于抵押期间抵押物能否转让的问题,《民法典》第406条明确规定,"抵押期间,抵押人可以转让抵押财产,当事人另有约定的,依照其约定。抵押财产转让的,抵押权不受影响"。由此,买卖合同和抵押权的设立时间问题更难以成为影响消费者权利实现的障碍。

关于第二个问题,其本质上与第一个问题存在交叉之处,基础理由也部分相通。故此,除却能够证明存在购房人和房地产企业恶意串通损害抵押权人利益的情形之外,商品房消费者在签订合同时是否知晓抵押权的存在,都不足以成为否定商品房消费者权利优先性的理由。

(二)房屋价款的支付要件

房屋价款已支付多少以及后续的支付进展,也是确定商品房消费者权利的对抗要件之一。关于购房款支付需分析下列问题。

第一,房屋价款的支付比例。关于商品房消费者已经支付的房款比例,从司法解释规定的历史变化来看,呈现放宽趋势。2002年《最高人民法院关于建设工程价款优先受偿权问题的批复》(已失效)中规定的房屋价款支付比例为"全部或大部分"。《最高人民法院关于人民法院办理执行异议和复议案件若干问题的规定》第29条中规定了"超过合同约定总价款的百分之五十"的支付比例。《全国法院民商事审判工作会议纪要》第125条则进一步放宽,规定"案外人已支付全部价款,或者已按照合同约定支付部分价款且已将剩余价款交付人民法院执行",即可认为满足支付比例。

《最高人民法院关于审理执行异议之诉案件适用法律问题的解释》第11条采取了与《全国法院民商事审判工作会议纪要》第125条类似的方案,规定"查封前,案外人已支付全部价款,或者已按照合同约定支付部分价款且查封后至一审法庭辩论终结前已将剩余价款交付人民法院执行",原因有二:一方面,已付房款即金钱的支付比例与生存权之间究竟是否具有合理联系再度分析,为何支付50%房款的买受人就应当比支付49%房款的买受人更值得保护优先,一直缺乏有力的理论解释;另一方面,实践中,相当一部分房屋买卖涉及的金额巨大,当事人之间多约定贷款和分期付款,买受人虽仅支付部分款项,但如其将剩余房款按照人民法院指定的期限交付执行,不影响债权受偿,司法自然没有拒绝保护的道理。

　　第二,房屋价款支付的证明标准。购房人支付房屋价款的方式多样,也不乏时间久远者,故此,诉讼中需要面对的问题之一是如何把握商品房消费者已付款的证明标准。有观点认为,案外人执行异议之诉与普通商品房买卖合同纠纷案件并无本质区别,在审查和证明标准上不宜强调特殊性,如果商品房消费者能够提供发票、收据,或者房地产企业对付款事实表示认可,即可认定购房人已完成相应的付款义务。本书认为,案外人执行异议之诉的审理中,涉及的是案外人、申请执行人和被执行人三方当事人的利益,需审查的重点不仅包括权利的存在与否,还包括权利之间的对抗规则,与普通商品房买卖合同纠纷存在诸多差异。此外,更为重要的是,赋予符合一定条件的商品房消费者权利特别的优先性,使其可以对抗建设工程承包人的优先受偿权、抵押权和其他债权,某种意义上是对物权优先债权和债权平等原则的突破,对于交易安全和房地产企业的债权人的利益影响巨大。故此,为了最大限度避免被执行人和案外人恶意串通以案外人执行异议之诉的方式逃避执行,应当对商品房消费者支付价款的情况坚持从严审查的原则。

　　如果商品房消费者仅能提供发票、收据,或者房地产企业对收款表示认可,尚不足以认定满足证明标准,人民法院还应当对购房款转账凭证、支付时间和过程进行严格审查,比如商品房消费者应当提供银行转账形成的付款凭证;如果商品房消费者主张现金交付,即便房地产企业认可但无其他证据佐证的,对该事实也一般不予认定。当然,除却上述因素之外,尚可结合案件具体情况,综合考察金额大小、当事人的职业特点、经济能力以及交易习惯等因素进行辅助性判断。

【典型案例】

案例一：华鑫国际信托有限公司与杨某等案外人执行异议之诉纠纷案[①]

基本案情：

华鑫国际信托有限公司与宁夏某置业公司、置业公司执行董事徐某本签订了《人民币资金贷款合同》《保证合同》《不动产抵押合同》《股权质押合同》等。2010年12月30日，华鑫国际信托有限公司与宁夏某置业公司对位于银川市兴庆区××花园在建工程在银川市房屋产权交易管理中心办理抵押登记，办理了本案争议所涉及的抵押权的登记。

2011年6月8日，案外人杨某与宁夏某置业公司签订了《宁景花园项目订购协议书》，当日杨某向宁夏某置业公司支付订购定金5万元。2011年11月9日杨某与某置业公司签订了《银川市商品房买卖合同》，约定杨某购买置业公司开发的宁景花园×号楼×××号房屋，该商品房规划批准建设的用途为"商业"性质的"公寓"，至案发时杨某实际交纳购房资金已经远超50%。且2012年至2020年，杨某已经实际使用该房产，有物业储备金、数字电视业务资费、房屋增容费、供暖费的支付凭证作为证据。

2012年1月19日，华鑫国际信托有限公司与宁夏某置业公司、置业公司执行董事徐某本在北京市中信公证处进行公证。公证书载明：作为上述贷款的担保，宁夏某置业公司自愿签署《不动产抵押合同》及其补充合同，以该公司名下位于银川市兴庆区的在建工程及对应国有土地使用权为抵押物为上述贷款提供担保，并已办理了抵押登记手续。

华鑫国际信托有限公司依据该公证债权文书向一审法院申请强制执行。一审法院依法作出执行裁定。2012年2月22日，一审法院向银川市国土资源局和银川市房屋产权交易管理中心送达了执行裁定书和协助执行通知书，对宁夏某置业公司位于宁夏回族自治区银川市兴庆区××花园的在建工程共计276套房产予以查封，查封期限3年。2022年3月29日，一审法院作出（2021）宁执恢8号公告，拟对宁夏某置业公司位于宁夏回族自治区银川市兴庆区××花园××号楼的61套房产进行处置。

[①] 参见最高人民法院民事判决书，(2023)最高法民终344号。

案外人杨某向一审法院提出书面执行异议。一审法院于2022年9月28日作出(2022)宁执异8号执行裁定书，以宁夏某置业公司名下杨某主张的涉案房屋，均已办理了在建工程抵押登记，抵押给某信托公司，某信托公司对执行标的享有可以对抗案外人的优先受偿权，杨某对涉案房屋主张权利不足以对抗某信托公司对该房屋享有的优先受偿权为由，裁定驳回杨某的执行异议请求。杨某对该执行裁定不服，向一审法院提起本案案外人执行异议之诉。

案外人执行异议之诉一审法院宁夏回族自治区高级人民法院适用《最高人民法院关于人民法院办理执行异议和复议案件若干问题的规定》第29条，支持了案外人杨某的排除执行请求。华鑫国际信托有限公司不服，向最高人民法院提起上诉，提出三点理由：第一，根据房屋预售许可证，案涉房屋明确用途为"商业"，杨某并非《最高人民法院关于人民法院办理执行异议和复议案件若干问题的规定》第29条规定的"商品房消费者"；第二，关于杨某名下有无其他用于居住的住房问题，一审法院未能查明杨某配偶及子女名下有无住房，也未查明其在其他区域有无住房；第三，杨某在法院查封之前缴纳的房款远低于合同约定总房款的50%。最高人民法院最终维持了一审判决，支持案外人杨某对涉案房产享有足以排除强制执行的民事权益。

裁判要旨：

在华鑫国际信托有限公司对法院查封的案涉房屋办理了抵押登记，可就抵押财产优先受偿的情况下，根据《最高人民法院关于人民法院办理执行异议和复议案件若干问题的规定》第27条"申请执行人对执行标的依法享有对抗案外人的担保物权等优先受偿权，人民法院对案外人提出的排除执行异议不予支持，但法律、司法解释另有规定的除外"之规定，杨某欲排除案涉房屋的执行，应具备《最高人民法院关于人民法院办理执行异议和复议案件若干问题的规定》第29条规定的条件，即："（一）在人民法院查封之前已签订合法有效的书面买卖合同；（二）所购商品房系用于居住且买受人名下无其他用于居住的房屋；（三）已支付的价款超过合同约定总价款的百分之五十。"根据华鑫国际信托有限公司的上诉请求和理由以及本案查明的事实，法院分析如下：

第一，2011年11月9日杨某与宁夏某置业公司签订的《银川市商品房买卖合同》，是双方当事人真实意思表示，应认定为合法有效合同。案涉合同签订时间早于人民法院查封的时间，符合《最高人民法院关于人民法院办理执行异议和复议案件若干问题的规定》第29条第1项规定。

第二，无论是单纯的居住房还是商住两用住房，只要是有居住功能的，即可视为用于居住的房屋。本案案涉房屋系公寓,具有居住属性和功能,并且现有证据能够证明该案涉房屋已交付杨某占有使用。同时杨某提交的《无房证明》证实目前在银川市杨某无其他用于居住的房屋,符合《最高人民法院关于人民法院办理执行异议和复议案件若干问题的规定》第29条第2项规定。

第三,参照《最高人民法院关于商品房消费者权利保护问题的批复》第2条关于"商品房消费者以居住为目的购买房屋并已支付全部价款,主张其房屋交付请求权优先于建设工程价款优先受偿权、抵押权以及其他债权的,人民法院应当予以支持。只支付了部分价款的商品房消费者,在一审法庭辩论终结前已实际支付剩余价款的,可以适用前款规定"之精神,2014年6月12日前杨某陆续总计支付20万元,超过了合同约定总价款332581元的50%,符合《最高人民法院关于人民法院办理执行异议和复议案件若干问题的规定》第29条第3项规定。

裁判评析:

本案是适用《最高人民法院关于人民法院办理执行异议和复议案件若干问题的规定》第29条,判定消费购房人权利成立,足以对抗申请执行人的抵押权的典型案例。尽管该案在法律适用方面争议并不大,但却极为典型地反映了当事人对购房消费者权利成立要件的争议点。该案反映的裁判观点,与《最高人民法院关于审理执行异议之诉案件适用法律问题的解释》第11条也相契合,即案外人执行异议之诉中消费购房人权利的认定,应主要围绕买卖合同签订时间、购买商品房的目的和支付款项的情况三项要件进行探讨。

第一,对于买卖合同签订时间,案外人应在执行法院查封前,就与房地产开发企业等签订合法有效的书面买卖合同。之所以有此规定,是因为执行实践中,虚假诉讼问题极为猖獗,多有案外人与被执行人恶意串通,对抗强制执行的情况。如果允许案外人与被执行人在涉案房屋被查封后再行订立商品房买卖合同,被执行人极可能利用该制度抽逃责任财产,损害申请执行人利益。因此,此情况下应严格根据执行查封的相对效力,不允许查封之后订立的商品房买卖合同具有对抗申请执行人的效力,即使该合同符合消费购房合同的其他构成要件,也不能支持案外人排除强制执行的请求。本案中,杨某与宁夏某置业公司签订房屋买卖合同早于查封之日,符合消费购房人权利的成立要件。

第二,对于购买商品房的目的,消费购房人权利之所以值得赋予"超级优先"地位,是因为消费购房人购买商品房的目的系用于满足家庭基本居住生活需要,涉及公民的基本生存权利。在《最高人民法院关于商品房消费者权利保护问题的批复》和《最高人民法院关于审理执行异议之诉案件适用法律问题的解释》第11

条出台之前,我国司法实践长期以购房人及其家属名下房屋的套数作为判断消费目的的重要依据,①因此华鑫国际信托有限公司提出一审法院应依职权查明杨某及其家属名下房产的情况。不过,从证明责任原理出发,由于《最高人民法院关于审理执行异议之诉案件适用法律问题的解释》第11条并未将名下无其他房产作为消费购房人权利的成立要件,因此案外人名下是否有其他房产,并非案外人需举证证明的要件事实。本案中,案外人提供的办理数字电视、物业费、供暖等缴费凭证,已经足以证明其实际居住于案涉房屋之中,完成了对购买商品房目的为居住的证明责任。申请执行人可以举证证明案外人或其家属名下有其他住房,用以抗辩案外人的购房目的,但是此事实仅作为间接事实,影响法院对购房目的要件的心证判断,案外人执行异议之诉的审理法院也无须对此作职权调查。

此外,就购买商品房的目的要件,华鑫国际信托有限公司另提出案涉房产的土地规划类型为商业用地,非住宅用地。但是,该房产的规划用地类型为商业性质的"公寓",公寓虽可作商用,但也具备居住功能。社会生活中,购买商用公寓用于居住的情况非常常见。因商业用地层高规划等因素影响,loft公寓等部分特殊房型,多建设于商业公寓规划的土地之上。故而本案土地规划性质不影响消费购房人身份的成立。

第三,房屋买卖合同的价款支付要件,消费购房人需实际支付了购房价款,将辛苦积攒下的"买房钱"交付后,才具有优先要求负债房企向其交付房屋的优先权。对于付款时间的判断,早年观点较为严格,将之确定为房产被查封之前。但是,随着房产价格的不断攀升,为在提价的同时保证购房人具有足够的购房能力,商品房交易演化出灵活的交易形式:首付比例不断下降,按揭贷款时长不断延长。因此,即使查封之时买受人尚未支付50%价款,亦可能已经投入较多购房款,为此,根据《全国法院民商事审判工作会议纪要》第125条和《最高人民法院关于商品房消费者权利保护问题的批复》的规定,只支付了部分价款的商品房消费者,在一审法庭辩论终结前可以补足剩余价款,不再以查封之时作为判断时点。《最高人民法院关于审理执行异议之诉案件适用法律问题的解释》第11条对此予以沿用。

---

① 参见最高人民法院民事审判第二庭编著:《〈全国法院民商事审判工作会议纪要〉理解与适用》,人民法院出版社2019年版,第632页。

案例二：麻某某与甘肃银行股份有限公司庆阳分行、庆阳金昊房地产开发有限公司案外人执行异议之诉纠纷案[①]

基本案情：

2015年6月，麻某某购买了庆阳金昊房地产开发有限公司（以下简称金昊公司）开发的6处商品房，双方签订了买卖合同，金昊公司将位于甘肃省庆阳市环县环城镇共6套门面房出售给麻某某，2015年12月31日前交付房屋，并办理了商品房预售合同备案登记，但金昊公司并未按时交付房屋。后因另案纠纷，一审法院根据甘肃银行庆阳分行诉前财产保全申请，裁定冻结金昊公司等银行账户资金人民币1040万元或查封、扣押其等值的其他财产。

2016年1月8日，一审法院查封了金昊公司开发的位于环县环城镇兴隆路地中海商住小区全部房地产，其中包括涉案6套房屋。2016年5月3日，麻某某认为其与金昊公司就涉案房产已签订有《商品房买卖合同》，并支付购房款，该房产属于其个人财产，一审法院查封不当，遂向一审法院提出执行异议。一审法院于2016年7月25日作出（2016）甘执异13号执行裁定，驳回了麻某某的异议请求。麻某某不服该裁定，向一审法院提起本案案外人执行异议之诉。

裁判要旨：

一审法院认为，本案争议的焦点问题为麻某某对涉案6套房产是否享有足以排除一审法院查封执行行为的实体权益。经审查，麻某某虽然与金昊公司就涉案6套房产签订了《商品房买卖合同》并办理了预售备案登记，但至今没有办理产权登记，也没有交付。根据原《物权法》第14条[②]、《商品房预售管理办法》第10条的规定，商品房预售备案登记是房地产管理部门出于行政管理的目的，对商品房预售合同进行的备案，系行政管理范畴。而预告登记制度系物权法确定的一种物权登记制度，预告登记后，其请求权产生权利保全的效力。合同备案登记与《物权法》第20条[③]规定的不动产预告登记制度存在本质区别。在本案中，麻某某提供的备案登记实为预售备案而非预告登记，因此，主张其对商品房预售合同的备案登记等同于房屋产权预告登记的理由于法无据，不能成立。根据物权的排他性原则，只有物权或者准物权才能够排除法院的强制执行行为。本案中麻某某对执行

[①] 参见最高人民法院民事裁定书，(2017)最高法民终606号。
[②] 现为《民法典》第214条。
[③] 现已被《民法典》第221条吸收。

标的物仅享有债权,并非物权或者准物权,因此,不能对抗法院对涉案标的物的查封行为。另外,根据《最高人民法院关于人民法院办理执行异议和复议案件若干问题的规定》第28条的规定,本案中涉案房产在法院查封前并未交付麻某某占有。因此,麻某某的主张亦不符合法律规定,不予支持。

二审法院认为,《物权法》第14条规定,不动产物权的设立、变更、转让和消灭,依照法律规定应当登记的,自记载于不动产登记簿时发生效力。麻某某提供的《商品房预售备案审批表》,加盖的印章为环县房管局合同备案专用章,金昊公司在二审询问中也述称,麻某某在房管局的登记程序与其他购房者并无差异,故原审认定涉案房屋备案仅是依据《城市商品房预售管理办法》规定的履行合同备案登记并无不当。依据《物权法》第20条的规定,麻某某虽然与金昊公司就涉案6套房产签订合同并办理预售备案登记,但未办理预告登记,且在一审、二审庭审中并未提交其在涉案6套房屋备案登记的同时,曾向当地登记机构申请预告登记并提交书面材料的相关证据。故麻某某主张其对商品房预售合同的备案登记等同于房屋产权预告登记的上诉理由不能成立。其对执行标的物享有的债权不能对抗法院对涉案标的物的查封行为。麻某某的主张不符合《最高人民法院关于人民法院办理执行异议和复议案件若干问题的规定》第29条规定,不予支持。

裁判评析:

商品房买卖可分为现房交易和期房交易,现房交易引起的纠纷相对较容易处理,而期房交易的交易流程更为复杂,对消费者而言也更容易遇到房屋交付不能的风险。期房交易即所谓商品房预售制,是指房地产开发经营企业将建设中的房屋预先出售给买受人,由买受人支付定金并分期支付房屋价款的行为。[①] 由于商品房预售的房屋仅限于尚在建设中的房屋,还不具备完全交付的条件,商品房预购人想要实际取得房屋所有权,不仅要等待房屋建设完成,还要履行后续一系列交易手续。在商品房预购人实际取得房屋所有权之前,可能会出现各种难以预料的情形,导致商品房预购人客观上无法取得房屋所有权。例如,房地产开发商因资金链断裂导致房屋无法继续建设,房地产开发商未能取得销售资格,房地产开发商存在"一房二卖"等。为此,国家通过实施了一系列特殊监管措施,以保障商品房预购人权益应用最广的即为本案涉及的预售网签备案制度。

网签备案是指房屋买受人签订房屋买卖合同后,应当到房屋管理部门进行网签备案,将房屋买卖于网上进行公示,本案麻某某办理的即此类备案。该制度属

---

① 参见李延荣、周珂:《房地产法》,中国人民大学出版社2016年版,第134页。

于行政管理部门的一项监管措施,其主要目的在于防止"一房二卖",促进房地产交易的公开性和透明度。但应当注意的是,网签备案仅能起到证明商品房买卖合同生效的作用,不直接产生物权设立或者变动的法律效果,这就意味着购房人即使完成网签备案也并未获得房屋产权,后续仍应当依据法律规定进行不动产物权设立或者变更登记。在网签备案登记后,购房人实际享有的系债权请求权,故仅依据办理网签备案而请求排除法院对房屋的强制执行,仍然难以得到支持。[①]

在网签备案之后,预售房屋交易需要进一步进行商品房预告登记。预告登记是物权法层面对预付房产产权的预先登记,可以赋予被登记的请求权以物权的排他效力。在完成预告登记后,预告登记权利人所享有的请求权即可对抗与该项请求权内容相同的其他不动产物权处分行为,以此对原本仅为债权性质的请求权实现保全效果。因此,办理了预告登记的购房人,在预告登记有效期内,享有对抗他人处分所涉房屋的权利,也即此时购房人才具有可以对抗申请执行人的执行请求。本案中麻某某未办理预告登记,因此对争议房屋享有的实体权利无法对抗申请执行人的执行请求。

预售制交易之下,消费购房人面临的法律风险不仅表现在网签备案和预告登记阶段当事人权利对抗效力缺乏,还体现在商品房预售合同订立阶段可能出现的合同瑕疵。此阶段,消费者需与房企签订预售合同,但《城市房地产管理法》第45条对商品房预售设置了一定条件,若房企违规对外签订预售合同,合同效力将存在瑕疵,进而影响消费购房人的实体权利。具言之,根据《城市房地产管理法》第45条的规定,房地产企业在具备四项要件的条件下,方可与商品房预购人签订预售协议:一是已交付全部土地使用权出让金,取得土地使用权证书;二是持有建设工程规划许可证;三是按提供预售的商品房计算,投入开发建设的资金达到工程建设总投资的25%以上,并已经确定施工进度和竣工交付日期;四是向县级以上人民政府房产管理部门办理预售登记,取得商品房预售许可证明。如果房地产企业在尚不符合法定条件的情形下与商品房预购人签订预售协议,合同效力存在瑕疵。此时,实践中较为一致的意见是,原则上应以预售合同无效为由,否定商品房预购人的对抗执行请求。

例如,《黑龙江省高级人民法院关于审理执行异议之诉案件若干问题的解答(2019版)》认为,案外人与开发商签订商品房买卖合同时,开发商没有获得商

[①] 参见李玉林:《〈民法典〉预告登记制度的司法适用——以效力问题为中心》,载《法律适用》2021年第8期。

房预售许可证明,该商品房买卖合同属无效合同,不符合《最高人民法院关于人民法院办理执行异议和复议案件若干问题的规定》第 28 条关于买受人与被执行人在执行前已签订合法有效的书面买卖合同的规定。在此情况下案外人对案涉房产不能过户具有过错,案外人基于无效合同对案涉房产所享有的民事权益,不能对抗申请执行人合法有效的执行申请。但开发商在执行查封前取得商品房预售许可证明的,以及系开发商未能继续开发建设,经由人民政府、人民法院等依合法途径将房屋处分给买受人的,如无其他导致合同无效的因素,则应认定合同有效。在其他条件符合规定的情形下,可以依法对抗执行。① 类似观点另可参见《吉林省高级人民法院关于审理执行异议之诉案件若干疑难问题的解答》问题十四。②

问题二　无过错买受人与消费购房人提起的案外人执行异议之诉的关系

【规范梳理】

《最高人民法院关于审理执行异议之诉案件适用法律问题的解释》

第十一条　人民法院对登记在被执行的房地产开发企业名下的新建商品房实施强制执行,案外人以其系商品房消费者为由,提起执行异议之诉,请求排除建设工程价款优先受偿权、抵押权以及一般金钱债权的强制执行,并能够证明其主张同时符合下列条件的,人民法院应予支持:

(一)查封前,案外人已与房地产开发企业等签订合法有效的书面买卖合同;

(二)查封前,案外人已支付全部价款,或者已按照合同约定支付部分价款且查封后至一审法庭辩论终结前已将剩余价款交付人民法院执行;

(三)所购商品房系用于满足家庭居住生活需要。

案外人起诉请求被执行人办理商品房所有权转移登记手续,符合前款规定的,人民法院依法予以支持。

人民法院判决驳回案外人诉讼请求的,案外人交付执行的剩余价款应予及时退还。

---

① 参见《黑龙江省高级人民法院关于审理执行异议之诉案件若干问题的解答(修订版)》第二十四问,载黑龙江法院网 2019 年 4 月 30 日,http://www.hljcourt.gov.cn/public/detail.php?id=27215。

② 参见《吉林省高级人民法院关于审理执行异议之诉案件若干疑难问题的解答》问题十四。

第十四条　人民法院对登记在被执行人名下的不动产实施强制执行,案外人以其系该不动产买受人为由,提起执行异议之诉,请求排除一般金钱债权的强制执行,并能够证明其主张同时符合下列条件的,人民法院应予支持:

（一）查封前,案外人已与被执行人签订合法有效的书面买卖合同;

（二）查封前,案外人已支付全部价款,或者已按照合同约定支付部分价款且查封后至一审法庭辩论终结前已将剩余价款交付人民法院执行;

（三）查封前,案外人已合法占有该不动产;

（四）非因案外人自身原因未办理不动产所有权转移登记。

人民法院判决驳回案外人诉讼请求的,案外人交付执行的剩余价款应予及时退还。

《最高人民法院关于人民法院办理执行异议和复议案件若干问题的规定》

第二十八条　金钱债权执行中,买受人对登记在被执行人名下的不动产提出异议,符合下列情形且其权利能够排除执行的,人民法院应予支持:

（一）在人民法院查封之前已签订合法有效的书面买卖合同;

（二）在人民法院查封之前已合法占有该不动产;

（三）已支付全部价款,或者已按照合同约定支付部分价款且将剩余价款按照人民法院的要求交付执行;

（四）非因买受人自身原因未办理过户登记。

第二十九条　金钱债权执行中,买受人对登记在被执行的房地产开发企业名下的商品房提出异议,符合下列情形且其权利能够排除执行的,人民法院应予支持:

（一）在人民法院查封之前已签订合法有效的书面买卖合同;

（二）所购商品房系用于居住且买受人名下无其他用于居住的房屋;

（三）已支付的价款超过合同约定总价款的百分之五十。

【理论基础】

相较于无过错不动产买受人,商品房消费者的权利获得了执行法的更优先保障。究其原因,后者享有的特殊债权或者说物权期待权被附加了消费者的生存权属性,故而从弱者保护原理出发,更值得优先保护。具体而言,《最高人民法院关于审理执行异议之诉案件适用法律问题的解释》第11条和第14条相比,相同之处在于,两者均是针对申请执行的债权为金钱债权这一共同情形,且均要求在人民法院查封之前已经签订合法有效的书面买卖合同。两者的不同点则主要表现为以下三个方面。

其一,买受房产的性质不同。与一般民事主体之间房屋买卖的民事交易不同的是,消费购房人所购买的房屋限定在房地产经营者开发的商品房,也即通常所谓的购买新房。而一般无过错买受人所买受的房产主要是二手房,二手房的卖方不是房地产企业。[①] 之所以有此区别,原因有二:一是消费者与经营者系关联主体,也只有发生在这一组主体之间的交易行为,才能被认定为消费行为,如果其系与自然人或者其他不具有经营者资格的出卖人进行房屋买卖交易,则不能认定该行为系消费行为。二是与一般不动产买受人相比,消费购房人权利的成立要件更为宽松,这是因为房地产企业对外出售房产时,有网签备案等一系列行政监管措施加以规制,较之于二手房市场更加健全。如果将标的物扩展到所有房屋,可能会造成房屋买卖法律关系混乱,不利于维护房地产市场安全稳定的交易秩序,最终损害的还是全体购房人的合法权益。[②]

其二,权利成立的判断要件不同。两者相较,消费购房人权利的成立重在消费者资格的认定,即是否满足"所购商品房系用于满足家庭基本居住生活需要"这一目的要件,且该要件的判断标准在规范层面趋向宽松。而一般无过错不动产买受人权利需额外满足"人民法院查封前案外人已合法占有该不动产""非因案外人自身原因未办理不动产所有权转移登记"两项要件。对于前者,之所以需要满足占有之要件,是因为赋予无过错不动产买受人权利优先的理论正当性,原因恰恰在于无过错不动产买受人为取得房产,已经履行了一定的义务,并以一定的方式进行了权利的公示。此处之占有,主要是指当事人已经取得房产钥匙,进入房内实际占有生活。对于后者,实践中的主要情况包括以下四种情形:(1)案外人与出卖人已共同向不动产登记机构提交办理所有权转移登记申请;(2)案外人已请求出卖人履行办理所有权转移登记手续等合同义务或因办理所有权转移登记与出卖人发生纠纷并已起诉或者申请仲裁等;(3)新建商品房尚不符合首次登记条件;(4)已办理买卖合同网签备案。而可归责于案外人的原因则可分为三个层面:(1)对他人已经公示的权利的忽视,如房产已经被执行法院查封,仍然买受房屋;(2)对政策限制的忽略,如明知某地对购房资格有明确要求,不具备资格仍然购房;(3)消极不行使权利,如出于避税之目的故意不办理过户登记。

[①] 参见申光伟:《案外人涉房执行异议之诉及其主要权利类型》,载《人民司法(应用)》2019年第22期。

[②] 参见江必新、刘贵祥主编,最高人民法院执行局编著:《最高人民法院〈关于人民法院办理执行异议和复议案件若干问题规定〉理解与适用》,人民法院出版社2015年版,第432页。

其三,能否对抗案外人的担保物权等优先受偿权的效力不同。《最高人民法院关于人民法院办理执行异议和复议案件若干问题的规定》第 27 条规定:"申请执行人对执行标的依法享有对抗案外人的担保物权等优先受偿权,人民法院对案外人提出的排除执行异议不予支持,但法律、司法解释另有规定的除外。"前述条文中的"除外"情形是否同时包含了第 28 条和第 29 条? 换言之,在申请执行人对标的物享有担保物权等优先受偿权时,第 28 条和第 29 条是否存在排除执行的竞合关系——只要案外人符合其中一条规定的条件就可以排除执行?

对此,本书认为,《最高人民法院关于人民法院办理执行异议和复议案件若干问题的规定》第 27 条但书条款的规定,包括第 29 条消费购房人权利的规定而不包括第 28 条无过错不动产买受人的规定。原因在于,房企被执行时,房产之上不同债权的顺位排序为"商品房消费者的权利 > 建设工程价款优先受偿权 > 抵押权 > 无过错不动产买受人的权利"。从上述排序看,能够优于法定担保物权的,只有消费者购房人的特殊债权或者说物权期待权,而非无过错不动产买受人的特殊债权或者说物权期待权。故《最高人民法院关于人民法院办理执行异议和复议案件若干问题的规定》第 29 条属于但书条款规定的内容,而第 28 条则不属于。

【典型案例】

案例:中国东方资产管理股份有限公司甘肃省分公司与黄某、甘肃华屹置业有限公司案外人执行异议之诉纠纷案[①]

基本案情:

2016 年 2 月 10 日,甘肃华屹置业有限公司向黄某出具 435728 元的收款收据,事由为"甘肃第五建设集团第九分公司工程款抵房××号 2-1202"。2016 年 12 月 10 日,甘肃华屹置业有限公司与黄某签订《商品房买卖合同》,约定购买"××"小区第××幢 2 单元 1202 室房屋,总金额 435728 元。在签订本合同时,由黄某一次性付清房款。2017 年 9 月 19 日黄某交纳了装修保证金、住宅专项维修资金等相关费用。

2014 年 11 月 27 日,一审法院受理了中国华融资产管理股份有限公司甘肃省

---

① 参见最高人民法院民事判决书,(2023)最高法民终 41 号。

分公司(以下简称华融资产甘肃分公司)与甘肃华屹置业有限公司(以下简称华屹置业公司)、福建海峡两岸农产品物流城发展有限公司(以下简称海峡两岸公司)、洪某灿、洪某福、洪洁某、洪晓某合同纠纷一案,2015年5月22日作出(2014)甘民二初字第61号民事判决书,该判决查明:华屹置业公司与中国华融资产管理公司兰州办事处签订《抵押合同》,约定华屹置业公司以其位于甘肃省永靖县"××"住宅小区开发项目住宅作为抵押物,为中国华融资产管理公司兰州办事处对华屹置业公司享有的债权提供抵押担保。2011年11月8日,双方就"××"住宅小区开发项目住宅、商铺、土地作了抵押登记。该案审理中,华融资产甘肃分公司、华屹置业公司确认对华屹置业公司提供抵押的部分住宅、商铺解除了抵押,并记载于抵押权证。(2014)甘民二初字第61号民事判决书主文第3项为:如华屹置业公司不能按时履行第1、2项判决确定的债务,华融资产甘肃分公司享有就华屹置业公司提供的位于甘肃省永靖县"××"住宅小区开发项目住宅抵押财产折价或者拍卖、变卖所得价款优先受偿的权利。后华屹置业公司、华融资产甘肃分公司不服该判决,向最高人民法院提起上诉。最高人民法院于2016年3月25日作出(2016)最高法民终84号民事调解书,华融资产甘肃分公司、华屹置业公司、海峡两岸公司、洪某灿、洪某福、洪洁某、洪晓某均确认并接受甘肃省高级人民法院作出的(2014)甘民二初字第61号民事判决书认定的全部债权债务金额及各方应当承担的责任义务。后因华屹置业公司等债务人未及时履行生效法律文书确定的义务,华融资产甘肃分公司向一审法院申请强制执行。

一审法院于2016年7月21日作出(2016)甘执33号执行裁定书,裁定华屹置业公司位于甘肃省永靖县"××"住宅小区开发项目住宅、商铺、土地抵押财产折价或者拍卖、变卖所得价款由华融资产甘肃分公司优先受偿。2016年7月26日,一审法院向永靖县房地产管理局发出(2016)甘执33-1号协助执行通知书,查封了华屹置业公司名下上述住宅、商铺及国有土地使用权,查封期限2年。案涉××号楼2单元1202室房屋属上述查封财产范围。2019年3月5日,一审法院作出(2016)甘执33号之三执行裁定书,裁定变更中国东方资产管理股份有限公司甘肃分公司(以下简称东方资产甘肃分公司)为本案的申请执行人。

2021年8月25日,黄某向一审法院提出案外人执行异议,经过审查,一审法院于2021年12月20日作出(2021)甘执异138号执行裁定书,裁定驳回案外人黄某异议请求。黄某遂提起本案诉讼。兰州市自然资源局2021年12月21日出具的兰州市不动产登记信息查询证明,以及永靖县自然资源局2022年10月10日出具的不动产信息查询证明,均显示黄某名下无登记的房屋。一审法院认为,案外人黄某属于《最高人民法院关于人民法院办理执行异议和复议案件若干问题的规定》第29条规定的消费购房人,有权请求排除强制执行。东方资产甘肃分公司不服,向最高人民法院提起上诉。

裁判要旨:

关于法律适用问题东方资产甘肃分公司主张,《最高人民法院办理执行异议和复议案件若干问题的规定》第28条及第29条在本案适用上产生竞合,上诉人可以选择适用对其有利的第28条。《最高人民法院关于人民法院办理执行异议和复议案件若干问题的规定》第28条针对的是无过错的一般不动产买受人,买受人名下是否有房产不影响适用,买卖的对象可以是企业或个人等民事主体所有的一切不动产,不动产买受人仅能排除一般金钱债权的强制执行;第29条针对的是商品房消费者,买卖的是房地产开发企业出售的商品房,根据《全国法院民商事审判工作会议纪要》第126条的规定,符合条件的商品房消费者的权利优先于受抵押担保的金钱债权,因此两条规定在适用主体、适用条件、权利范围等方面存在区别。根据一审查明事实,东方资产甘肃分公司对法院查封的案涉房屋办理了抵押登记,可就抵押财产优先受偿,在此情况下,根据《最高人民法院关于人民法院办理执行异议和复议案件若干问题的规定》第27条"申请执行人对执行标的依法享有对抗案外人的担保物权等优先受偿权,人民法院对案外人提出的排除执行异议不予支持,但法律、司法解释另有规定的除外"之规定,黄某提出执行异议欲排除案涉房屋执行,应当适用该规定第29条进行审理。东方资产甘肃分公司关于选择适用《最高人民法院关于人民法院办理执行异议和复议案件若干问题的规定》第28条审理本案的主张不能成立,法院不予支持。

裁判评析:

本案是《最高人民法院关于人民法院办理执行异议和复议案件若干问题的规定》第27条、第28条、第29条法律适用冲突的典型案例。本案上诉人主张,当购房人同时满足第28条、第29条时,两条构成竞合关系,应适用对抵押权人有利的第28条。不过,该观点并不合理,也没有得到最高人民法院的支持。

本案涉及的实质问题是,消费购房人权利、无过错不动产买受人权利和抵押权的优先受偿顺位关系。对此,从最高人民法院不同时期的判例来看,其关于第28、29条对抗优先受偿的担保物权效力存在着认识上的变化。起初,最高人民法院在指导案例第156号中认定第28条和第29条可以选择适用,案外人只要符合其中一条规定的条件就可以排除执行,[①]该观点在一段时间内影响着其他法院。其后,《全国法院民商事审判工作会议纪要》第126条明确,只有符合第125条规定的商品房消费者的权利才可优先于抵押权人的优先受偿权,即"商品房消费者的权利＞抵押权＞无过错不动产买受人的权利"。

最高人民法院在(2021)最高法民终1245号案中又进行了详细说理:"《执行异议和复议规定》第二十八条和第二十九条分别规定了案外人的'物权期待权'和'消费者生存权'成立的条件,但对上述第二十七条'除外'具体指向,需要比较执行标的物上存在的不同类型权利的效力顺位,此为执行异议之诉的本质所在。就本案所涉实体权利优先顺位而言,'消费者生存权'最优,担保物权次之,'物权期待权'虽被赋予'物权'名义,但毕竟不是既得的物权,本质上仍属于债权请求权,故虽优先于普通债权,但应劣后于担保物权。也就是说,《执行异议和复议规定》第二十七条规定的'除外'内容包括第二十九条,但不包括第二十八条。"由此可见,第28条与第29条对于具有优先受偿权的担保物权效力不同,第27条规定的"除外"内容包括第29条,但不包括第28条。此种观点目前已经成为通说。[②]

在此基础上,当房屋买受人同时满足《最高人民法院关于人民法院办理执行异议和复议案件若干问题的规定》第28条和第29条,其同时享有消费购房人权利和无过错不动产买受人权利,购房人对于向法院诉请主张哪一权利,享有选择权,此为民事诉讼法处分原则的体现。从有利于案外人的角度,案外人一般会选择主张第29条规定的消费购房人权利,保障自身债权也即物权期待权能够优先担保物权实现。

---

① 参见王某岩诉徐某君、北京市金陆房地产发展有限责任公司案外人执行异议之诉案,最高人民法院指导案例156号(2021年)。
② 参见王毓莹:《不动产买受人提起的执行异议之诉的处理》,载《人民法院报》2019年2月21日,第7版。

第十四讲　其他涉房的案外人执行异议之诉

导　语

由于房屋是基本的生活资料且在我国价值较大,因此涉及房屋的案外人执行异议之诉,是司法实践中案件数量最多、审理难度最大的诉讼。本书前面已经重点讨论了无过错不动产买受人、车库或车位的买受人、商品房消费者等案外人提起的涉房执行异议之诉。除此之外,关于以房抵债的债权人、借名买房的借名人能否提起案外人执行异议之诉,以及其是否享有足以排除强制执行的民事权益,在司法实践中也存在较大的分歧。尤其是关于借名买房的借名人能否提起案外人执行异议之诉排除执行,从最高人民法院到地方人民法院,裁判尺度需要统一。《最高人民法院关于审理执行异议之诉案件适用法律问题的解释》的出台,为这类执行异议之诉案件的审理提供了新的思路与规则。本讲围绕这两种涉房的案外人执行异议之诉,展开探讨。

问题一　以房抵债债权人提起的案外人执行异议之诉

【规范梳理】

《最高人民法院关于审理执行异议之诉案件适用法律问题的解释》

第十五条　人民法院对登记在被执行人名下的不动产实施强制执行,案外人以被执行人已将该不动产向其抵偿债务为由,提起执行异议之诉,请求排除一般金钱债权的强制执行,并能够证明其主张同时符合下列条件的,人民法院应予支持:

(一)案外人与被执行人存在真实的债权债务关系且债务履行期限已届满,案外人与被执行人在查封前已签订合法有效的以不动产抵债协议;

(二)有证据证明抵债金额与抵债时执行标的的实际价值基本相当;

(三)案外人在查封前已合法占有该不动产;

(四)非因案外人自身原因未办理不动产所有权转移登记。

第十七条 人民法院对登记在被执行的发包人名下的不动产实施强制执行,案外人以其与被执行人约定以不动产折抵工程债务为由,提起执行异议之诉,请求排除抵押权和一般金钱债权的强制执行,并能够证明其主张同时符合下列条件的,人民法院应予支持:

(一)案外人依据《民法典》第八百零七条规定,在查封前行使建设工程价款优先受偿权,与被执行的发包人签订合法有效的以不动产折价协议;

(二)有证据证明抵债金额与抵债时执行标的的实际价值基本相当。

案外人起诉请求被执行人办理不动产所有权转移登记手续,符合前款规定的,人民法院依法予以支持。

《江苏省高级人民法院执行异议及执行异议之诉案件办理工作指引(二)》

8.金钱债权执行中,执行法院对登记在被执行人名下的不动产采取强制执行措施,案外人以其享有物权期待权为由提出执行异议及执行异议之诉的,应参照适用《查扣冻规定》第十五条或者《异议复议规定》第二十八条规定的条件进行审查,具有下列情形的,应予支持:

(1)案外人与被执行人在案涉不动产查封之前已经签订了合法有效的书面房屋买卖合同。案外人虽然未与被执行人签订书面的买卖合同,但双方已经办理网签的,应认定其签订了书面合同。合同是否成立以及合法有效,应根据《民法典》合同编及其司法解释、《最高人民法院关于审理商品房买卖合同纠纷案件适用法律若干问题的解释》等相关规定予以认定。

(2)案外人在案涉不动产查封之前已经实际占有该不动产。案外人提供了案涉不动产被查封之前实际形成的物业服务合同、交房证明、水电费及物业费缴纳凭证,或者案外人与他人签订的有效租赁合同、租金收取凭证,以及其他足以证明其已经过交接实际接收或占有该房屋的证据的,可认定其在查封之前已经合法占有该不动产。

(3)案外人已经支付全部价款。案外人主张其已支付全部价款的,应提供其通过银行转账形成的付款凭证。仅提供开发商或出卖方出具的收据,或者主张购房款系现金交付,且无其他证据证明其存在支付事实的,对其主张不予支持。

案外人主张其与被执行人通过以房抵债,已支付全部价款,同时符合下列情形的,应予支持:

①案外人与被执行人在案涉房屋被查封前存在合法有效的到期债权债务关系；

②案外人对被执行人享有的到期债权与执行标的的实际价值大致相当；

③案外人与被执行人在案涉房屋被查封前已经签订书面以房抵债协议；

④以房抵债协议不存在规避执行或逃避债务情形；

⑤以房抵债协议不损害申请执行人或其他债权人的利益；

⑥以房抵债协议不违反《第八次全国法院民事商事审判工作会议（民事部分）纪要》精神。

案外人基于建设工程价款，与被执行人订立以物抵债协议，主张其已支付全部价款，同时具备下列情形的，应予支持：

①案外人系建设工程承包人或实际施工人；

②案外人与被执行人之间存在真实的书面建设工程承包合同；

③案外人与被执行人的工程款清偿期已经届满；

④案外人享有的工程价款与抵债标的的价值相当；

⑤以房抵债协议合法有效。

（4）案外人非因其自身原因未办理过户登记手续。

具有下列情形之一的，应认定非因案外人自身原因未办理过户登记手续：

①案外人因办理过户登记与出卖人发生纠纷并已提起诉讼或申请仲裁；

②案外人作为被征收人，其所购房屋因政府征收安置调换经济适用房等原因未能办理过户登记手续；

③案外人已向房屋登记机构提交了过户登记材料，或者已向出卖人提出了办理过户登记请求；

④新建商品房虽不符合首次登记条件，但已办理买卖合同网签备案；

⑤案外人通过其他方式积极主张过物权登记请求权，或有其他合理客观理由未办理过户登记。

《海南省高级人民法院关于审理执行异议之诉纠纷案件的裁判指引（试行）》

8. 针对案外人因以房抵债提起的执行异议之诉，案外人只有同时具备以下四个要件，其对房产才享有足以排除强制执行的民事权益：

（1）以房抵债行为客观存在，且达成以房抵债协议时原债务履行期限已经届满；

（2）在人民法院查封之前签订合法有效的以房抵债协议并合法占有该房屋；

（3）用以抵债的房屋的价值与原债权数额一致，且经清算债务数额已经确定；

(4)非因案外人自身原因未办理过户登记。

《山东高院民一庭关于审理执行异议之诉案件若干问题的解答》

七、案外人基于以房抵债提起执行异议之诉,如何处理?

答:对于案外人与被执行人之间的债务清偿期届满,案外人在房产查封前,已与被执行人签订了合法有效的以房抵债协议并实际合法占有被执行房屋,且不存在规避执行或逃避债务等情形的,可以参照适用《最高人民法院关于人民法院办理执行异议和复议案件若干问题规定》第二十八条。人民法院应当对以房抵债所涉及的债权债务是否合法有效进行实质性审查,还要注意结合案件是否存在涉及消费者权益、弱势群体保护、公民基本生存权利等因素,对以房抵债的法律效力和法律后果,综合进行审查判断。

如案外人系建设工程承包人或实际施工人,其与被执行人之间存在合法有效的建设工程施工合同,且工程款清偿期已经届满,案外人基于建设工程价款与被执行人订立合法有效的以物抵债协议,据以主张支付了相应对价,请求排除执行的,一般可予支持。

【理论基础】

以物抵债是一种合同。这里的"物"并不限于有体物,故在解释上可以将以物抵债概括为:当事人双方达成以他种给付替代原定给付的合同。[①]《最高人民法院关于适用〈中华人民共和国民法典〉合同编通则若干问题的解释》第27条和第28条对以物抵债协议进行了详细的规定。

以房抵债,是以物抵债的典型形态。具体来说,债务人无法履行金钱债务时,经与债权人协商签订以房抵债协议,约定以其房屋抵顶所欠债权人款项,此为以房抵债的基本形式。在以房抵债法律关系中,以房抵债协议系双方最为重要的权利义务关系凭证,尤其是其中所涉的债权债务关系、抵债房屋的具体情况、抵顶对价等相关事项,对于认定以房抵债协议的真实性、合法性以及以房抵债协议是否具有对抗他人权利的效力都具有重要意义。与其他房屋买卖一样,双方签订以房抵债协议后至房屋产权变更登记完成前,房屋所有权仍登记在债务人名下,房屋的所有权仍归属债务人所有。对于被执行人责任财产的查明,民事强制执行奉行

[①] 参见王洪亮:《以物抵债的解释与构建》,载《陕西师范大学学报(哲学社会科学版)》2016年第6期。

形式化原则,即执行机关仅能依据权利外观对执行标的权利归属作出判断。① 基于此,如果债务人的其他债权人因债权债务纠纷,向人民法院申请对登记在债务人名下的房屋采取执行措施,以房抵债的债权人可能作为案外人,通过提起案外人执行异议之诉的方式维护自己的合法权益。

以房抵债的债权人以其对房屋具有特殊债权或者物权期待权为由提起的案外人执行异议之诉,与其他房屋买受人提起的案外人执行异议之诉需要具备的条件基本相同,其最大的特殊之处在于支付对价的方式以及由此可能带来的恶意串通、虚假诉讼等问题。也正因以物抵债场景下以房抵债基础法律关系存在与否较难查明,关于以房抵债的债权人是否享有足以排除强制执行的民事权益,理论和实践存在分歧。

一种观点认为,如果以房抵债协议签订于人民法院采取执行措施之前,且内容真实、合法,可以认定其与被执行人之间存在合法有效的房屋买卖关系。如果双方约定的抵顶房屋价款合理,应当视为其已支付对价。如果以房抵债债权人已经实际占有房屋且对办理房屋产权过户无过错,应当视为其对房屋具有物权期待权,可以排除对房屋的强制执行。此种债之更改型以物抵债债权人的地位无异于不动产买受人,相关以物抵债协议可被《最高人民法院关于人民法院办理执行异议和复议案件若干问题的规定》第28条、《最高人民法院关于审理执行异议之诉案件适用法律问题的解释》第14条所规定的"买卖合同"经扩大解释而涵盖。②

另一种观点则认为,物权以登记为公示公信要件,非经登记,不能对抗第三人。以房抵债债权人系为实现其债权而与被执行人签订以房抵债协议,其实质仍是以房屋折价款实现其债权,从这一角度上看,其依以房抵债协议所享有的权利与申请执行人对被执行人所享有的债权相比并不具有优先性,也不满足其对房屋享有物权期待权的条件,无从得出以房抵债债权人在权利保护上具有优先性的正当性结论。换言之,以物抵债系诺成合同,旨在消灭金钱债务,在完成不动产变更登记前,抵债债权人仅享有债权请求权而非物权或物权期待权,不能适用《最高人民法院关于人民法院办理执行异议和复议案件若干问题的规定》第28条、《最高人民法院关于审理执行异议之诉案件适用法律问题的解释》第14条排除对其他

---

① 参见肖建国:《强制执行形式化原则的制度效应》,载《华东政法大学学报》2021年第2期。
② 参见付荣:《论执行程序中的以物抵债》,载《法学家》2024年第2期。

债权的执行。①

本书认为,以房抵债实际上属于双方协商一致的债的偿还方式,以房抵债债权人虽然未现实地支付房屋价款,但是其通过对房屋出卖人或他人的到期债权冲抵房款,一般不具有规避政策的目的,故不能仅以未进行产权变更登记为由轻易否定以房抵债债权人的权利。实践中值得担忧的是,以房抵债情形下,很容易出现恶意串通、逃避执行等行为。例如,所谓冲抵房款的债权并非真实、合法,房屋买卖协议"倒签",名为房屋买卖实为让与担保,以及其他买受人与出卖人之间通过恶意串通以逃避债务,等等。如果排除以上问题,从双方行为来看,如双方存有建立房屋买卖法律关系的真实意思表示,或者说以物抵债协议构成债之更改型的以物抵债,则既然法律保护无过错不动产买受人的物权期待权或者说特殊债权,在以房抵债债权人符合房屋买受人认定条件的情况下,也应当赋予其优先于普通债权的法律地位。

从目前的实践案例与审判观点来看,可以发现,在以房抵债债权人符合房屋买受人认定条件的情况下,赋予其优先于普通债权的法律地位,也是一种主流观点。《最高人民法院关于审理执行异议之诉案件适用法律问题的解释》第15条和第17条,最终也采纳了实务主流观点。即第15条规定了以不动产抵债的案外人针对金钱债权执行提起的执行异议之诉的处理,第17条规定了以不动产抵工程款的案外人提起执行异议之诉的处理。当然,法院在审理此类案件时,应当注意认真审查有关事实的真伪,尤其是审查抵债人与债权人之间的基础债权债务关系是否真实、有效,依法认定以房抵债协议的合同效力,再进一步审查是否符合《最高人民法院关于审理执行异议之诉案件适用法律问题的解释》第15条和第17条规定的其他要件。

具体来说,对于以房抵债债权人提起的案外人执行异议之诉,审查案外人是否享有足以排除强制执行的民事权益时,应当重点围绕以下内容展开。

首先,以房抵债协议的效力认定。

为防止双方通过倒签以房抵债协议的方式逃避债务或者规避执行,对以房抵债协议的效力审查应当从严,重点应把握以下几个方面:

第一,债权债务关系应当真实、有效。债权债务关系真实存在、依法成立,是以房抵债协议签订的基础条件,否则,双方之间的行为应当认定为恶意串通。在

---

① 参见胡继先:《论以物抵债能否排除执行的法律适用》,载《辽宁大学学报(哲学社会科学版)》2022年第3期。

认定债权债务关系是否真实有效时,不能仅以房抵债协议之孤证作为判断依据,应当对案外人提交的证据进行全面审查,只有在形成完整证据链条的基础上才能予以认定。例如,案外人可以提交双方之间签订的借款合同、银行转账凭证、收款收据等证据进行证明。采用现金形式转账的,应当严格审查其资金来源、取款记录,并要求其对采现金方式支付的原因作出合理解释,否则不应采信其现金支付的主张。《黑龙江省高级人民法院关于审理执行异议之诉案件若干问题的解答》规定,即重点关注冲抵房款债权的真实性、合法性,以防止房屋买卖协议"倒签"、名为房屋买卖实为让与担保、双方恶意串通逃废债务等行为。

第二,债权已到期且以房抵债协议签订时间发生于执行机关采取执行措施之前。以房抵债债权人享有的债权应为到期债权,且以房抵债协议的签订时间应当先于人民法院对房屋采取查封等执行措施之前。如果债权此时尚未到期,或者于查封后签订以房抵债协议的,极有可能属于双方之间恶意串通签订虚假逃债协议。《最高人民法院关于审理执行异议之诉案件适用法律问题的解释》第 15 条和第 17 条,均对此作出了明确规定。

第三,严格审查双方确定的对价。房抵债协议除应真实有效之外,还应满足以房抵债债权人不能从该协议中获得超过合理范围的利益的要求。其背后法理逻辑在于,此时房屋仍归被执行人所有,如以房抵债债权人从该房屋中获得超额利益,必然损害申请执行人等其他债权人的合法权益。因此,在对价确定的问题上,如果债权的实际价值大于房屋价值或者与房屋价值大致相当,均无不可。但若债权的实际价值小于房屋价值,则应当由以房抵债债权人补足相关差价。另外需要注意的是,在审查债权数额时,应当同时对利息进行审查,防止约定的利息过高而变相损害申请执行人的利益。《最高人民法院关于审理执行异议之诉案件适用法律问题的解释》第 15 条和第 17 条均对此作出了明确规定。

其次,应当审查是否符合其他构成要件。

以房抵债情形的特殊性即在于对支付价款的认定问题,除此之外,与其他案外人基于被执行人名下的不动产提起的案外人执行异议之诉区别不大。根据此类案件的处理规则,应重点审查以房抵债债权人是否在房屋查封之前已经实际占有房屋、对未能办理过户登记手续是否具有过错等,如果认定其符合一般不动产物权期待权或者说特殊债权的构成要件,则应当认定以房抵债债权人有权请求排除执行机关对房屋的强制执行行为。《最高人民法院关于审理执行异议之诉案件适用法律问题的解释》第 15 条对此作出了明确规定。

【典型案例】

案例一：王某威与某国际贸易有限公司等案外人执行异议之诉纠纷上诉案[①]

基本案情：

一审法院经审理查明：某银行天津红桥支行（以下简称红桥支行）曾经于1999年7月6日、1999年12月22日、1999年12月24日、1999年12月25日与某国际贸易有限公司（以下简称某公司）签订了4份贷款合同，约定贷款本金共计900万元，期限1年。针对上述贷款合同，红桥支行与某公司签订了4份不动产抵押合同，以某公司位于天津市和平区某地68号的A公寓进行抵押，双方办理了抵押登记。后因某公司欠款未还，双方成讼。天津市高级人民法院经审理，于2003年3月31日作出(2003)津高民二初字第2号民事判决书，判令"某公司给付某银行天津市分行贷款本金900万元和利息，某银行天津市分行对某公司的抵押物享有优先受偿权。"天津市高级人民法院(2006)津高执字第11-1号执行裁定书裁定：变更(2003)津高民二初字第2号民事判决书的申请执行人为程某。在诉讼、执行期间，天津市高级人民法院依法对位于天津市和平区某地的A公寓进行了查封。王某威于2014年6月25日对执行标的提出书面异议，主张法院查封的某公司房产中有部分为其所有，请求法院依法予以解除相关查封。天津市高级人民法院作出(2014)津高执异字第4号执行裁定，驳回了案外人王某威的异议。王某威遂提起本案诉讼。

王某威诉称，1998年10月20日，王某威与某公司签订借款协议书，约定某公司向王某威借款300万元，期限12个月，到期后偿还本金及利息390万元。后王某威依约向某公司出借约定款项，但到期后经王某威多次催要，某公司未能还款付息。2000年1月30日，某公司在无力偿还借款的情况下，与王某威及案外人联华房地产发展(天津)有限公司（以下简称联华公司）签订协议书，约定某公司同意将联华公司名下的A公寓1号楼102、202号（坐落于天津市和平区常德道68号）两套房屋的所有权用于抵偿王某威390万元的借款本金和利息，并由某公司协助王某威办理产权过户手续。后因种种原因，某公司及联华公司并未协助王某威办理产权过户手续，但各方抵债事实清楚，该两套房屋应归王某威所有。现上述两套房屋被法

[①] 参见最高人民法院民事判决书，(2016)最高法民终113号。

院查封,故王某威提起本案诉讼,请求:(1)确认天津市和平区某地A公寓1号楼102、202两套房屋所有权归王某威所有;(2)诉讼费用由某公司、程某负担。

程某辩称,(1)不动产变动以公示为准,王某威对案涉抵押房产主张所有权缺乏事实和法律依据。《城市房地产管理法》第59条规定:"国家实行土地使用权和房屋所有权登记发证制度。"该法此后修改时亦重申房屋与土地实行登记公示原则(现为第60条)。《物权法》第9条亦规定:"不动产物权的设立、变更、转让和消灭,经依法登记,发生效力;未经登记,不发生效力,但法律另有规定的除外。"该法第14条规定:"不动产物权的设立、变更、转让和消灭,依照法律规定应当登记的,自记载于不动产登记簿时发生效力。"前述规定明确了我国不动产变动是以登记公示为准,未经公示不发生物权变动的效力。王某威在执行阶段提出执行异议,提供的证据均是其与某公司之间借款以及约定以案涉房屋折抵债务的内容,从未提及某公司抵债给王某威的房屋已经办理了登记手续的证据。在案涉房产没有办至王某威名下,该房产也未发生任何转让的情况下,王某威对房产主张权利缺乏依据。(2)程某对案涉房产依法享有的抵押权已经被天津市高级人民法院依法确认,程某有权要求执行法院依法评估、拍卖并优先受偿。红桥支行与某公司曾经签署4份贷款合同,某公司向红桥支行借款900万元,某公司以其所有的A公寓b座餐厅、a座餐厅、a座二层、a-b座首层共1273.6平方米为其借款提供抵押担保,某公司与红桥支行依法办理了抵押登记手续。借款到期后,某公司未依约还款,中国银行天津市分行起诉至天津市高级人民法院,后天津市高级人民法院以(2003)津高民二初字第2号民事判决判令某公司偿还900万元借款及相应利息,并对某公司提供的抵押物享有优先受偿权。后经资产转让,程某成为债权人。截至目前,某公司仍未履行该判决所载义务,程某有权就案涉房产申请执行并依法评估、拍卖。(3)王某威、某公司、联华公司于2000年1月30日共同签署"以A公寓抵偿债务协议书",而某公司在1999年至2000年1月18日已经在涉案房产上设定抵押。而且,协议书也约定"某公司、联华公司保证房产已经撤销抵押",该协议证明王某威明知涉案房产被抵押的事实,其不可能成为房屋的所有权人。综上,王某威的起诉缺乏事实和法律依据,请求予以驳回。

二审查明的其他事实与一审法院查明的事实相同。

裁判要旨:

二审法院认为,本案为案外人执行异议之诉,尽管王某威一审的诉讼请求是确认其对案涉房屋具有所有权,但其主张所有权的目的是阻却天津市高级人民法院(2003)津高民二初字第2号民事判决的执行。一审判决不支持王某威的诉讼请求,理据清楚。第一,王某威与某公司、联华公司签订以房抵债协议后,自称在2001年11月与联华公司签订了商品房买卖合同,且当时天津市并未实行商品房买卖合同备案制度,但王某威此后从未在房地产管理部门办理案涉房屋的产权过户登记手续。因此,王某威无法通过不动产登记簿来证明其为案涉房屋的所有权人。第二,王某威主张其取得案涉房屋所有权的依据首先是其对于某公司享有300万元的债权。但其只提供了借款合同和某公司的3张收据,却未能提供其依据合同向某公司支付出借款项的银行转账凭证和现金交付出借款项的其他证据。某公司一审、二审均未出庭应诉,没有提供相关证据支持王某威的观点,仅凭王某威提供的借款合同和收据,不足以证明其为某公司的债权人。第三,王某威二审中提交了其与联华公司签订的两份商品房买卖合同,其中对于案涉两套房屋价格的约定分别是225万元和345万元,与王某威主张的其对某公司享有的债权数额不同。而且,两份合同中有关付款形式与付款时间部分均为空白,从中无法看出王某威向联华公司购买案涉房屋与其主张的某公司以上述房产抵债一事之间的联系。综上,王某威提供的证据,不能形成完整的证据链,无法达到其证明自己为某公司的债权人,债务人某公司因无法偿还债务而以案涉A公寓的两套房屋抵偿给王某威,但采取由案外人联华公司与王某威签订商品房买卖合同的方式完成所有权转移的目的。在没有办理房屋产权转移登记的情况下,王某威没有从自己是已经实际支付了对价并实际占有所购房屋的商品房购买者的角度主张阻却生效判决的执行。

对于程某通过受让的方式取得案涉债权和抵押权的事实,王某威于一审、二审诉讼中均未提出异议。王某威不仅没有提供证据证明其已经取得了案涉房屋的所有权,也没有从法律适用方面提出理据,说明其即使取得了案涉房屋的所有权,又有何依据阻却(2003)津高民二初字第2号民事判决的执行。故一审判决驳回王某威的诉讼请求并无不当。

裁判评析:

本案是以房抵债债权人提起的案外人执行异议之诉的典型案例。由于以房抵债不需要实际支付对价,且目前缺乏有效鉴定以房抵债合同签订时间的技术,因此司法实践中案外人与被执行人恶意串通,虚构以房抵债法律关系,伪造以房抵债合同,企图转移被执行人的责任财产,损害申请执行人执行债权的情形,屡见不鲜。因此,在讨论以房抵债债权人能否提起案外人执行异议之诉,以及是否享有足以排除强制执行的民事权益时,需要考虑以房抵债的真实性、案外人与被执行人是否存在恶意串通进行虚假诉讼等问题。最高人民法院在审理本案时,即重点关注了案外人与被执行人是否存在恶意串通进行虚假诉讼的可能,重点审查了以房抵债事实的真伪,尤其是重点审查了抵债人与债权人之间的基础债权债务关系是否真实、有效。

比如,最高人民法院指出:"王某威主张其取得案涉房屋所有权的依据首先是其对于某公司享有300万元的债权。但其只提供了借款合同和某公司的三张收据,却未能提供其依据合同向某公司支付出借款项的银行转账凭证和现金交付出借款项的其他证据。"虽然借款合同能够证明王某威与某公司之间存在借贷法律事实,但在以房抵债的案件中,借款合同的证明力有所降低,需要其他证据加以印证。如果没有银行转账凭证和现金交付出借款项等其他证据,将不足以达到证明王某威与某公司之间存在借贷法律事实的证明标准。

又如,最高人民法院指出:"王某威二审中提交了其与联华公司签订的两份商品房买卖合同,其中对于案涉两套房屋价格的约定分别是225万元和345万元,与王某威主张的其对某公司享有的债权数额不同。而且,两份合同中有关付款形式与付款时间部分均为空白,从中无法看出王某威向联华公司购买案涉房屋与其主张的某公司以上述房产抵债一事之间的联系。"同样,虽然商品房买卖合同可以证明王某威与联华公司之间存在商品房买卖合同法律事实,但因付款方式与付款时间约定不明,且约定的房屋价格与所抵债权的数额不相对应,不足以达到证明王某威与联华公司之间存在商品房买卖合同法律事实的证明标准。

最高人民法院的裁判思路值得肯定,且具有重要的指导意义。以房抵债债权人提起的案外人执行异议之诉,在《最高人民法院关于审理执行异议之诉案件适用法律问题的解释》公布施行之前,有适用《最高人民法院关于人民法院办理执行异议和复议案件若干问题规定》第28条的空间,即在以房抵债债权人符合房屋买受人认定条件的情况下,应当赋予其优先于普通债权的法律地位,但为防止双方通过倒签以房抵债协议来逃避债务或者规避执行,对以房抵债协议的效力应当从严进行审查。《最高人民法院关于审理执行异议之诉案件适用法律问题的解释》公布施行后,应当适用该司法解释第15条、第17条的规定。

案例二:刘某向与王某诚、王某文等案外人执行异议之诉纠纷案[①]

基本案情:

一审法院认定事实:2009年9月27日,王某林与王某平、某公司房屋买卖合

---

① 参见湖南省衡阳市中级人民法院民事判决书,(2024)湘04民终2093号。

同纠纷一案,衡南县人民法院作出(2009)南车民一初字第16号民事判决:(1)解除王某林与衡阳市某宾馆实业有限公司签订的住房购销合同协议书;(2)衡阳市某宾馆实业有限公司偿付王某林购房款105000元,赔偿损失8628元,合计113628元,限判决书生效后3日内付清;(3)驳回王某林对王某平的其他诉讼请求。判决生效后,申请人王某林于2010年4月16日向该院申请强制执行,案号为(2010)南法执字第96号。案件执行过程中,因申请人王某林死亡,王某诚、王某文、王某香作为王某林的法定继承人依法向该院申请变更其为该案申请执行人。2020年5月9日,该院作出(2020)湘0422执异11号执行裁定书,裁定变更王某诚、王某文、王某香为(2010)南法执字第96号案件的申请执行人。2020年7月1日,王某诚等三人向该院申请恢复执行,2020年8月4日,衡阳市不动产登记中心依据该院(2020)湘0422执恢230号协助执行通知书,轮候查封了某公司位于衡阳市石鼓区中山××路××号××等不动产(产权证号:南房权证城区字第0××某号),查封期限为3年。2020年12月10日,该院作出(2020)湘0422执恢230号之四执行裁定书,裁定终结本次执行程序。2023年9月18日,刘某向以案外人身份向该院申请执行异议,要求该院解除对衡阳市石鼓区中山××路××号房屋的查封。该院审查后于2023年9月28日作出(2023)湘0422执异17号执行裁定书,裁定驳回刘某向的异议请求。刘某向不服,于2023年11月28日向该院提起案外人执行异议之诉。

另查明,2008年1月24日,刘某向、案外人张某军与某公司就案涉房屋办理抵押登记(不动产登记证明号:南房城区他字第0××1号),被担保主债权数额为200000元,债务履行期限(债权确定时间)为2008年1月24日起至2011年1月23日止。2008年10月8日,案外人谢某连因与某公司企业借贷纠纷一案,向衡阳市石鼓区人民法院提起诉讼,并提出财产保全申请。2008年10月9日,衡阳市石鼓区人民法院作出(2008)石民二初字第91号民事裁定书,衡阳市不动产登记中心依据该文书于当日查封了案涉房屋,查封期限为2008年10月9日起至2011年10月8日止。2009年2月16日,衡阳市石鼓区人民法院作出(2008)石民二初字第91号民事判决书,判令某公司于判决生效后10日内归还谢某连借款155万元。某公司不服该判决,上诉至衡阳市中级人民法院,因某公司未在规定期限内缴纳诉讼费,2009年6月16日,衡阳市中级人民法院作出(2009)衡中法民二终字第59号民事裁定书,裁定按自动撤诉处理,双方均按原判决执行。

2009年3月10日,刘某向因与王某国(案外人)、某公司民间借贷纠纷一案,向衡阳市石鼓区人民法院提起诉讼。2009年4月13日,衡阳市石鼓区人民法院作出(2009)石民一初字第103号民事调解书,调解书载明:王某国借刘某向借款本金30万元,利息1.68万元,合计31.68万元,由某公司以其所有的坐落在衡阳市石鼓区中山××路××号,建筑面积共266.53平方米的住宅抵偿给刘某向。该调解书生效后,刘某向与某公司未就案涉房屋办理产权过户手续,刘某向在调解书生效后向衡阳市石鼓区人民法院申请执行,2010年11月9日,衡阳市石鼓区人民法院作出(2009)石执字第90号民事裁定书,查封案涉房屋2年。

2010年8月3日,谢某珀(案外人)因与某公司房屋买卖合同纠纷一案,向衡阳市石鼓区人民法院提起诉讼,并提出财产保全申请。2010年8月5日,衡阳市石鼓区人民法院作出(2010)石民一初字第324-1号民事裁定书查封案涉房屋。因刘某向以案外人身份提出书面异议,2010年10月25日,衡阳市石鼓区人民法院作出(2010)石民一初字第324-2号民事裁定书,裁定驳回案外人刘某向提出的异议。2011年8月3日,衡阳市石鼓区人民法院作出(2010)石民一初字第324号民事裁定书,裁定准许谢某珀撤回起诉。2011年10月8日,衡阳市石鼓区人民法院作出(2010)石民一初字第324-3号民事裁定书,裁定解除对案涉房屋的查封。

2011年10月8日,谢某珀、谢某连(案外人)因与某公司、王某平房屋买卖合同纠纷一案,向衡阳市石鼓区人民法院提起诉讼。2012年4月17日,衡阳市石鼓区人民法院作出(2011)石民一初字第381号民事判决书。谢某珀、谢某连申请执行后,衡阳市石鼓区人民法院于2012年11月12日作出(2012)石执字第93号民事裁定书,并于2013年4月22日向衡南县房产管理局发出协助执行通知书,查封了案涉房屋。2013年12月4日,刘某向以案外人身份提出书面异议。2014年5月13日,衡阳市石鼓区人民法院作出(2012)石执异字第93-1号民事裁定书,裁定驳回异议人刘某向的请求。异议审查期间,经衡阳市石鼓区人民法院审判委员会讨论决定,衡阳市石鼓区人民法院于2014年5月9日作出(2014)石民一监字第2号民事裁定书,裁定对(2009)石民一初字第103号民事调解书再审;再审期间,中止原调解书的执行。2018年12月1日,衡阳市石鼓区人民法院作出(2014)石民一再初字第2号民事判决书,判决维持该院(2009)石民一初字第103号民事调解书。2020年5月20日,衡阳市石鼓区人民法院作出(2019)湘0407执异6号执行裁定书,裁定支持异议人刘某向的异议请求,解除对案涉房屋的查封。2023年12月1日,衡阳市不动产登记中心依据衡阳市石鼓区人民法院(2019)湘0407执异6号执行裁定书,登记解除对案涉房屋的查封。2011年10月8日,谢某珀、谢某连(案外人)因与刘某向、某公司、王某国不当得利纠纷一案,向衡阳市石鼓区人民法院提起诉讼。2011 年 10 月 13 日,谢某珀、谢某连提出财产保全申请,同日,衡阳市石鼓区人民法院作出(2011)石民一初字第 382 - 1 号民事裁定书,裁定查封了案涉房屋。2012 年 9 月 13 日,衡阳市石鼓区人民法院作出(2011)石民一初字第 382 - 2 号民事裁定书,裁定准许谢某珀、谢某连撤诉。2013 年 3 月 6 日,衡阳市石鼓区人民法院作出(2011)石民一初字第 382 - 3 号民事裁定书,裁定解除对案涉房屋的查封。

还查明,本案案涉房屋现由谢某连(案外人)实际占有和使用。

二审法院对一审法院查明的事实依法予以确认。

裁判要旨:

二审法院认为,本案二审的争议焦点为:(1)刘某向对案涉房屋的权利能否排除人民法院强制执行;(2)一审法院收取的案件受理费是否正确。针对双方当事人争议的焦点问题,二审法院作如下分析认定:

焦点一。刘某向依据衡阳市石鼓区人民法院(2009)石民一初字第 103 号民事调解书所载明的"由被告衡阳市某宾馆实业公司以其所有的坐落在衡阳市石鼓区中山××路××号,建筑面积共 266.53 平方米的住宅抵偿给刘某向"的内容,向一审法院提出执行异议,认为案涉房屋应当归其所有,主张一审法院对案涉房屋的查封行为影响到其将案涉房屋过户至自己名下。对此,二审法院认为,因案涉民事调解书于 2009 年作出,故此处主要涉及原《物权法》第 28 条①中导致物权变动的人民法院的法律文书范围的理解。《物权法》第 28 条中的法律文书是指人民法院作出的直接为当事人创设或者变更物权的法律文书。一般而言,该类文书仅限于共有物纠纷诉讼中,人民法院直接认定案件当事人之间对于案涉标的物是否存在共有关系的判决或者裁定。在此类案件中,人民法院的介入直接对诉争物的权属作出了判断,因此产生物权变动的法律效果。而在人民法院作出关于以物抵债的民事调解书的情形中,人民法院只是确认当事人之间采取以物抵债这种清偿方式的合法性,并不产生物权变动的效果。这类调解书一般具有给付内容,人民法院可以根据当事人的申请,强制义务人交付标的物或者进行权利变更登记。只有在标的物完成交付或者完成权利变更登记后,才产生物权变动的法律效力。故而,债权人不能因此取得抵债物的所有权。债权人作为案外人,以以物抵债的民事调解书为依据申请排除强制执行的,人民法院不应予以支持。《最高人民法院关于适用〈中华人民共和国民事诉讼法〉的解释》第 310 条规定:"对案外人提起

---

① 现已被《民法典》第 229 条吸收。

的执行异议之诉,人民法院经审理,按照下列情形分别处理:(一)案外人就执行标的享有足以排除强制执行的民事权益的,判决不得执行该执行标的;(二)案外人就执行标的不享有足以排除强制执行的民事权益的,判决驳回诉讼请求。"本案中,(2009)石民一初字第103号民事调解书只是衡阳市石鼓区人民法院对刘某向与王某国、某公司以物抵债协议的合法性的确认,其实质内容是确认王某国、某公司用以物抵债的方式来履行债务合法,并不产生案涉房屋权属变动的效果。综上,刘某向对案涉房屋的权利性质系普通债权,并无优先性,不能排除人民法院强制执行。

焦点二。二审法院认为,案外人执行异议之诉并不能简单定性为形成之诉、确认之诉或者给付之诉,而是一种复合型的新类型诉讼,兼具形成之诉、确认之诉的特点。案外人执行异议之诉在形式上体现为是否排除强制执行行为的纠纷,在实质上是案外人与被执行人对该执行标的的权属纠纷和案外人对执行标的所享有权益与申请执行人的请求权的优先效力纠纷。由此,案外人执行异议之诉案件的性质是兼具形成之诉、确认之诉特点的复合型诉讼,此为案外人执行异议之诉案件受理费收取的内在考量因素。本案中,刘某向提起案外人执行异议之诉的目的是解决案涉房屋的权属纠纷与优先效力的问题,故一审法院将本案归属于财产类案件,并按照办理财产案件的标准计收案件诉讼费,并无不当,二审法院予以维持。

裁判评析:

本案涉及法院根据当事人达成的以房抵债协议制作的调解书是否具有物权变动效力,以及以房抵债的债权人能否提起案外人执行异议之诉、是否享有足以排除强制执行的民事权益。

物权变动是物权法的核心内容,其关乎财产的流转与归属。其中,基于法律行为的物权变动和非基于法律行为的物权变动,是物权变动的两大基本分类。基于法律行为的物权变动,是指基于当事人的意思表示而发生的物权变动,如买卖、赠与、互易等行为引发的物权转移或设立。非基于法律行为的物权变动,是指基于法律行为之外的法律事实而发生的物权变动,不以当事人的意思表示为要件。针对非基于法律行为的物权变动,原《物权法》第28条规定,因人民法院、仲裁委员会的法律文书或者人民政府的征收决定等,导致物权设立、变更、转让或者消灭的,自法律文书或者人民政府的征收决定等生效时发生效力。原《最高人民法院关于适用〈中华人民共和国物权法〉若干问题的解释(一)》(已失效)第7条规定:"人民法院、仲裁委员会在分割共有不动产或者动产等案件中作出并依法生效的改变原有物权关系的判决书、裁决书、调解书,以及人民法院在执行程序中作出的拍卖成交裁定书、以物抵债裁定书,应当认定为物权法第二十八条所称导致物权设立、变更、转让或者消灭的人民法院、仲裁委员会的法律文书。"《民法典》第229条、《最高人民法院关于适用〈中华人民共和国民法典〉物权编的解释(一)》第7条承继了以上规定。

根据以上规定,能够导致物权设立、变更、转让或者消灭的人民法院、仲裁委员会的法律文书,只包括分割共有不动产或者动产的法律文书、拍卖成交裁定书、执行程序中的以物抵债裁定书。法院在诉讼过程中根据当事人达成的以房抵债协议所制作的调解书,并不能导致物权设立、变更、转让或者消灭。本案二审法院认为,对人民法院作出的关于以物抵债的民事调解书的情形,人民法院只是确认当事人之间以物抵债这种清偿方式的合法性,并不产生物权变动的效果。这一说理值得赞同。事实上,《最高人民法院关于适用〈中华人民共和国民法典〉合同编通则若干问题的解释》第27条第3款已经明确规定,该条前款规定的以物抵债协议经人民法院确认或者人民法院根据当事人达成的以物抵债协议制作成调解书,债权人主张财产权利自确认书、调解书生效时发生变动或者具有对抗善意第三人效力的,人民法院不予支持。

因此,法院根据当事人达成的以房抵债协议制作的调解书不具有物权变动效力,以房抵债的债权人只享有债权。但是,本案二审法院认为,债权人作为案外人以以物抵债的民事调解书为依据,排除强制执行的,人民法院不应予以支持。本书认为这一说理值得商榷。即便案外人享有的只是债权,该债权未必不能排除强制执行,《最高人民法院关于审理执行异议之诉案件适用法律问题的解释》第15条和第17条,亦对以物抵债的排除执行效力作出了明确规定。

问题二 借名买房人提起的案外人执行异议之诉

【规范梳理】

《江苏省高级人民法院执行异议及执行异议之诉案件办理工作指引(二)》
四、案外人基于借名买房提起的执行异议之诉案件的处理
14. 金钱债权执行中,执行法院对案涉房屋采取查封措施后,案外人以其与被执行人存在借名买房关系,且系房屋实际所有权人为由提出异议的,应裁定驳回

异议。由此引发的执行异议之诉案件,应驳回其诉讼请求。

15.金钱债权执行中,执行法院对登记在被执行人名下的房屋采取强制执行措施,案外人与被执行人为套取银行贷款而虚构房屋买卖事实订立买卖合同的,该案外人以其系房屋实际所有权人为由,提起执行异议之诉,请求排除对该房屋执行的,不予支持。

《海南省高级人民法院关于审理执行异议之诉纠纷案件的裁判指引(试行)》

7.针对案外人因借名买房提起的执行异议之诉,人民法院应当区分以下两种情况进行分别处理:

(1)如果案外人基于限购、限贷、逃避债务、规避税收等违法原因借名买房的,对其提起的执行异议之诉应依法不予支持;

(2)如果案外人借名买房的行为不存在损害国家利益和社会公共利益的情形,案外人能够举证证明其为真实权利人,被执行人只是名义产权人的,对其提起的执行异议之诉应依法予以支持。

《吉林省高级人民法院关于审理执行异议之诉案件若干疑难问题的解答》

问题十八:执行异议之诉案件中,对"因买受人自身原因未办理过户登记"该如何判断?

执行异议之诉案件中,人民法院经审查发现存在以下情形,应当认定属于《最高人民法院关于人民法院办理执行异议和复议案件若干问题的规定》第二十八条第四项规定的"因买受人自身原因未办理过户登记":

(一)存在法律、政策上的登记障碍,如经济适用房或限购、限贷等原因不能登记的;

(二)存在着如抵押权、共有等他人权利的登记障碍,而买受人未加以合理注意的;

(三)已经满足了登记条件,而买受人未积极主张办理登记的。如借名买房、预告登记等买受人未及时登记的、或者因规避法律政策、逃避纳税等原因买受人不登记的。

《北京市高级人民法院关于审理执行异议之诉案件适用法律若干问题的指导意见(试行)》

第十九条 法院在执行生效法律文书确定的金钱债权过程中,对登记在被执行人名下的特定房屋实施强制执行,案外人以其与被执行人之间存在借名买房关系,其是房屋实际所有权人为由,要求对该房屋停止执行的,一般不予支持;申请执行人要求对该房屋许可执行的,一般应予支持。

【理论基础】

所谓借名买房,是指由房屋借名买受人(以下简称借名人)出资,借用出名人名义购买房屋,并将房屋登记在出名人名下的行为。在借名买房情形中,借名人和出名人通常会约定,借名人在办理产权登记时使用出名人的名义,但是房屋的各项实际权益归属于借名人。双方的约定使得房屋的所有权权利表征和权益实际享有者并不一致,出名人并不完整享有房屋的全部权益。在不涉及第三人时,此种利益安排并无障碍。然而一旦出名人因与他人的经济纠纷成为被执行人,借名所买的房屋便可能会被视为出名人的责任财产而被纳入责任财产加以执行,此时就会引发诉争,即借名人将提起案外人执行异议之诉。

关于借名人能否提起案外人执行异议之诉排除执行,司法实践存在较大分歧。

比如,有的判决认为,借名人可以排除强制执行:"依照《不动产登记暂行条例》第8条第3款之规定,房屋产权登记仅用于记载不动产自然状况和权属情况,仅具有不动产权利的推定效力,并不具有不动产实际归属的确定效力,在现有证据能够证明借名人借出名人之名购买案涉房屋并实际支付房款的情况下,不动产权属的登记状态并不影响借名人对案涉房屋享有实际产权。出名人并非借名房屋所有权人,债权人基于其与出名人之间的债权债务关系申请执行不能及于借名房屋。"①

与之相反,还有判决认为,借名人不能排除强制执行:"基于物权公示原则,设立或转让物权,必须以实定法规定的公示方式予以公示,方得以产生对抗第三人之法律效果。而在借名买房情形中,借名人同出名人之间关于借名登记的内部约定,不产生对抗善意申请执行人之效力……借名人主张其借出名人名义购买案涉房屋的事实即使属实,其与出名人订立的《委托购买房屋协议书》系债权协议属性,并非实定法规定的可引发物权关系变动的法定事由情形,不能因此而导致物权变动效果发生,借名人对案涉房屋享有的是债权请求权而非物权请求权。因此,原审认定借名人并非案涉房屋物权的真实权利人,其以借出名人名义购买案涉房屋为由,请求排除对该房屋的强制执行,未予支持,适用法律亦无不当。"②

从司法实践来看,目前对涉"借名买房"的案外人执行异议之诉大致存在以下

---

① 参见最高人民法院民事判决书,(2020)最高法民申4号。
② 参见最高人民法院民事判决书,(2020)最高法民申5818号。

四种类型的审查路径。

路径一：一概否定型。法院不全面审查是否构成"借名买房"事实，而是统一认为无论具体情形如何变化，借名人依据借名合同享有的权利性质即为债权。基于债权一般不得排除执行的基本认识，认定借名人享有的民事权益不得排除执行。此一路径的优势在于可以统一裁判尺度，可操作性极强，但是这种一概否定对于万千变化的具体情形显得过于绝对和僵化。

路径二："借名买房"事实审查—价值判断型。法院首先审慎审查"借名买房"的具体事实，通过审查借名买房协议的签订、购房款的支付、房屋的占有等情况进行事实判断，在认定借名人构成"借名买房"的事实后，再对案件作出价值判断。但是在进行价值判断时，不同法院又因利益倾向不同而形成不同观点：第一种观点在事实审查后回归路径一，认为即使在构成"借名买房"的情况下，借名人享有的是债权，不能排除执行，实质是补强论证后的路径一；第二种观点则认为借名人作为实际权利人，能够排除执行；第三种观点则在此基础上，进一步判断"借名买房"的效力，如果存在无效情形，如违反社会公共利益等，则借名人不能排除执行，反之则能排除执行；第四种观点则是在"借名买房"事实审查基础上，进一步审查借名人是否具有更名的障碍，如果存在障碍，则不能排除执行，反之则能排除执行；第五种观点则是在此基础上，反向考察申请执行人是否对借名所买的房屋具有信赖利益，若有则不能排除执行，反之则能排除执行。

路径三：要件审查型。部分判决直接借助《最高人民法院关于人民法院办理执行异议和复议案件若干问题的规定》第28条进行要件审查，如果满足构成要件，则认定借名人可以排除执行，反之则不能排除执行。这一路径的优势在于符合司法审判的要件审查逻辑，可以提供具体的评价标准，但是这一规定是否能够适用于案外人执行异议之诉有待检视。

路径四：个案考察型。法院认为应当根据个案情况进行利益平衡，强调追寻实质正义。正如最高人民法院在(2019)最高法民终370号判决书中的论述："对于案外人排除强制执行的主张能否成立，应当在依据法律、司法解释对于民事权利(益)的规定认定相关当事人对执行标的的民事权利(益)的实体法性质和效力的基础上，通过对相关实定法规则之间的层级关系、背后蕴含的立法价值初衷等的探寻与分析，并结合不同案件中，相关当事人的身份职业特点、对于执行标的权利瑕疵状态的过错大小，与执行标的交易相关的权利行使状况、交易履行情况，以及进一步探寻执行标的对于相关当事人基本生活保障与秩序追求的影响等具体情况,综合加以判断"。① 这种司法审查路径更接近实质正义,但是此种路径裁判结果不确定性大,依赖于个案法官的裁量。

除路径一考量因素单一外,其他三个路径在具体审查过程中均涉及多个要件的事实审查,以及多种要素的价值判断,特别是在价值判断上,涉及借名人在"借名"上的可非难性程度、"借名"行为是否损害社会公共利益、申请执行人的信赖利益保护、是否保护借名人的基本生存和居住权利等。

在传统理论观点上,就是否支持借名人就借名房屋提起的案外人执行异议之诉,存在多种不同的观点,同时它们在论证进路上以不同的学说为支撑。

第一,债权说。持该说者主张借名登记合同只在约定主体内部产生债权债务关系,而不发生物权变动的效果,不能据此认定借名人是房屋的所有权人。依据双方约定,借名人只能向出名人要求过户借名房屋,可主张的是债权请求权,而债权请求权不能阻却执行。此外,借名登记合同是私主体的合意,借名人对造成"名实不符"有过错,而且借名合同的缔约目的一般是为了规避国家调控政策,应风险自负。② 基于物权公示原则,设立或转让物权,必须采用法律规定的公示方式,才能取得对抗第三人的效果。因此,在"借名买房"情况下,私主体间的借名登记约定不能够产生对抗善意申请执行人的法律后果。③ 该学说与不动产基于法律行为的以"合意+登记"为物权变动模式相匹配,具有理论体系自洽性,因此成为通说。各地高级人民法院在地方实践中或在制定地方司法规范性文件时也以此为理论基础,如黑龙江省高级人民法院、北京市高级人民法院、江苏省高级人民法院等均采类似观点。然而,对该学说的反思日渐兴起,批判者认为此种学说的适用实际上是外观主义在执行领域的过度延伸,申请执行人不应得到与交易第三人同等的信赖利益保护。

第二,物权说。该说主张物权虽登记在出名人名下,但借名人才是真正的所有权人,出名人的再处分行为,属于无权处分。第三人只有在满足善意取得的苛刻条件时才能获得房屋所有权。④ 在借名人享有实际物权的情况下,借名人对房屋享有程序上的变更登记请求权,实际应理解为物权请求权,相较于申请执行人

---

① 参见最高人民法院民事判决书,(2019)最高法民终370号。
② 参见司伟:《借名买房纠纷中房屋权属认定的物权法思考》,载最高人民法院民事审判第一庭编:《民事审判指导与参考》第66辑,人民法院出版社2016年版,第109-122页。
③ 参见王毓莹等:《隐名权利能否阻却法院执行:权利性质与对抗效力的法理证成》,载《人民司法(应用)》2017年第31期。
④ 参见王若冰:《无权处分与善意第三人的保护——兼论〈合同法〉第51条与〈物权法〉第106条的关系》,载《法学杂志》2012年第12期。

的一般债权具有优先性,应当予以保护。① 此说从逻辑上看,与不动产基于法律行为"合意+登记"的物权变动模式不相匹配,更违背了物权的公示原则,容易对市场的动态交易安全信赖造成负面影响。

第三,事实物权说。持该说者主张"借名买房"属于法律物权与事实物权分离之情形,即本应取得法律物权的借名人以保留物权的意思表示,委托或指令出名人就房屋享有法律物权,而借名人享有的是事实物权。第三人只有在满足基于对不动产登记的信赖通过法律行为从法律物权人(出名人)处取得物权,且已经进行不动产登记的条件下,才能对抗事实物权人。② 在执行领域,被强制执行的财产应当是被执行人的责任财产,而这一界分应当按照实质界分的方法,不能采用外观主义进而适用《民法典》第209条、第214条和第216条的规定。③ 因此申请执行人的一般债权不能对抗事实物权人,借名人此时的权利应当优先于申请执行人的一般债权。即使其因限购、逃避债务、规避税收、贷款等原因而借名登记,自身有一定过错,也仅应承担行政管理意义上的不利后果,而不应因此而直接导致其丧失对房屋的所有权。对于出名人的债权人而言,房屋本不属于出名人的责任财产,不将房产认定为出名人责任财产,只是没有给其责任财产带来额外增量,并未实质损害债权人利益。因此,案外人主张登记在被执行人名下的房屋所有权应归其所有,并要求法院停止执行的,应予支持。此说难以在法律规范中找寻到基本依托,事实物权与法律物权的二分并未得到现行法的支持。

第四,风险分配的经济理论说。该说主张从民法教义学的认知方式无法逻辑自洽地论证借名买房的法律构造,前述观点均只是一种事后解释,应另辟蹊径予以突破,运用风险分配的经济理论,寻找风险预防需承受经济效益损失较小者,进而确定经济效益最大化的分配方案。据此,申请查封时,由于第三人通常缺乏风险预防的可行性,苛责第三人开展调查,经济成本高,而且被执行人的隐蔽或者伪造行为更使第三人的调查"难上加难",不鼓励借名人采用借名行为更具备经济可行性。④ 据此,通常应不允许借名人对抗执行,除非第三人对"借名买房"事实明知。该说在风险的经济学分配层面揭示了法律问题的经济安排正当性,为规则

---

① 参见王毓莹等:《隐名权利能否阻却法院执行:权利性质与对抗效力的法理证成》,载《人民司法(应用)》2017年第31期。
② 参见孙宪忠、常鹏翱:《论法律物权和事实物权的区分》,载《法学研究》2001年第5期。
③ 参见崔建远:《论外观主义的运用边界》,载《清华法学》2019年第5期。
④ 参见张伟强:《借名登记问题的经济分析——兼论物债何以二分》,载《法学杂志》2019年第8期。

的确定提供了可供借鉴的新视角,能在经济学层面对法律规范的正当性予以佐证。

近年来,鉴于适用债权说可能带来绝对化的僵化结果,借名人有关"名实不符"的特意安排会使其民事权益处于缺乏保护的状态,与普通人朴素的公平感存在一定距离,理论新发展尝试通过反思债权说的正当性,对"借名买房"案外人执行异议之诉裁判规则进行调整,主要有以下三种尝试。

一是反思"外观主义"适用场景,主张其适用范围有边界,不应作为原则予以机械适用,而应衡量在特定情形下是否存在需要保护的信赖利益。在执行领域,申请执行人作为第三人并不都是信赖利益所保护的对象,应当作类型化区分,如果申请执行人对登记簿切实存在信赖基础,则借名人不得排除执行,反之则可以。[①] 二是以既定的"明确权利类型—权益对抗比较"为逻辑基础,提出"动态体系论",在坚持借名人享有的是债权基础上,以"债权物权化"为原理,主张当借名人享有的债权动态物权化到一定程度时,可以排除执行。[②] 三是在坚持原有债权说基础上,引入"基本生存居住权"(生存权)的特别考量,为现有规则留下弹性空间。[③]

第一,申请执行人是否享有信赖利益的反思。第一种尝试以"登记—公示外观—信赖受保护"的论证模式为反思基点,主张外观主义在《民法典》体系中并非一项无须佐证即可适用的"原则",仅是一类现象的概括,不具有普适性,其适用应当有所限制。在个案中,应平衡借名人与申请执行人之间的利益。而一般金钱债权申请执行人通常对登记并无信赖利益,并无特别保护之必要,故应当支持借名人作为案外人提出的排除执行请求。

诚然,"外观主义"确实并非《民法典》确立的一项基本原则,司法实践亦认可"外观主义原则系为保护交易之安全设定的例外规定,通常主要适用于因第三人合理信赖权利或意思表示外观而为的交易行为。然而,对于实际权利人与名义权利人之间的法律关系与权属界定,不应仅关注权利之外观,而应更加注重审查权利的实质归属。"[④]在此种前提下,该种理论认为申请执行人一般情况下对登记簿

---

① 参见姚辉、阙梓冰:《不动产隐名权利的私法保护——以案外人执行异议之诉为视角》,载《中国人民大学学报》2021年第2期。

② 参见张力、莫杨燊:《论借名买房者对强制执行的排除力》,载《中国不动产法研究》2020年第2期。

③ 参见司伟:《借名买房排除强制执行的法律规则——基于学说与案例的分析与展开》,载《法治研究》2021年第4期。

④ 参见《全国法院民商事审判工作会议纪要》引言部分。

缺乏信赖利益,将借名房屋纳入"出名人"的责任财产范围并无必要。此种论证看似逻辑严谨,却遗漏了其中的关键一环:由于申请执行人向执行机关申请执行,对借名房屋采取的执行措施改变了房屋仅为出名人责任财产泛泛一分子的格局。对于申请执行人而言,被采取了执行措施的借名房屋因执行行为而成为其享有切实利益信赖的特定财产,即申请执行人可以合理期待,其债权将因对借名房屋的执行而获得现实清偿。事实上,《最高人民法院关于适用〈中华人民共和国民法典〉有关担保制度的解释》第 54 条的规定已认可执行措施的效力优于未登记的动产抵押权,该规定已经暗含着申请执行债权人对于被采取执行措施的财产享有特殊信赖利益的观点。而否认一般金钱债权人对借名房屋享有信赖利益的理论,事实上忽视了"采取执行措施"对信赖利益带来的改变。更为重要的是,此种理论在反思"外观主义"适用场景和"第三人"范围时,是从借名人的视角进行衡量的。但在考虑在何种情形或者需要达到何种程度申请执行人作为第三人能够要求对房屋予以执行时,这种视角的转换改变了案外人执行异议之诉审理路径以申请人执行人为基点的视角,忽视了原本暗含的基本假设,即申请执行人因执行行为的介入已合法占据价值平衡中的天然优势,只有当案外人享有的民事权益保护顺位优于申请执行人享有的民事权益时,才能排除执行。如果仅是同等保护顺位,案外人仍然难以排除执行。

第二,对动态体系论的反思。动态体系论主张债权形式主义物权变动模式下,借名人享有的是债权,债权物权化至一定的程度亦可具有排除强制执行的效力。同时,该学说指出"借名买房"情形下,判断借名人所享有的不动产取得型债权是否足以排除强制执行不宜直接类推适用《最高人民法院关于人民法院办理执行异议和复议案件若干问题的规定》第 28 条,而应并抽象出"合同效力、可归责性、占有状况、价款支付、生存利益"等要素,斟酌损益《最高人民法院关于人民法院办理执行异议和复议案件若干问题的规定》第 28、29 条,作为"借名买房"情形下债权物权化的两种原则性示例。[①]

该学说是在坚持遵循"明确权利类型—权益对抗比较"的审理路径基础上,尝试以债权物权化的弹性化概念来回应现实需求,是一种有益尝试,且原理的抽取和要素的选取都具有合理性和启发性。但是该学说在合理抽取相关要素之前,并未能充分说明借名人可以取得类似于《最高人民法院关于人民法院办理执行异议

---

① 参见司伟:《借名买房排除强制执行的法律规则——基于学说与案例的分析与展开》,载《法治研究》2021 年第 4 期。

和复议案件若干问题的规定》第 28 条对无过错买房人权利的理由。诚然,因为"名实不符"的后果是借名人之特意追求,"非因买受人自身原因未办理过户登记"无法直接类推适用。同样作为案外人,对于并不追求"名实不符"的无过错房屋买受人,要排除执行尚且要满足书面合同、占有和价款支付及无过错未登记等严苛条件,自主追求"名实不符"的借名人却可以不衡量其追求"名实不符"的主观性,难言合理。除非有更强大的客观理由,否则借名人不应取得更优的保护。

第三,对引入"生存权"作例外考量要素的评析。为避免现有司法实践一概否定型审查路径的僵化性、个案考察型的不确定性,理论和实践都尝试在坚持债权说的基础上,将"生存权"作为例外支持排除执行的要素,打开弹性化空间,此种做法具有相当的合理性,但是对于如何将"生存权"外化为可供操作的要件,仍然需进一步探索。

综前所述,就借名人提起的执行异议之诉的处理,不应忽略执行措施为申请执行人赋予的保护基点,应当以此为判断基准,置于案外人执行异议之诉已达成的"明确权利类型—权益对抗比较"共识的裁判路径框架之中,以现行法为基础,以学理理论为支撑,为裁判规则在逻辑自洽中保持弹性化空间,避免审查路径的僵化与异化。

一方面,我们需要再审视借名人民事权益的性质。

从《民法典》相关规则及民法原理逻辑分析,明确借名人享有的权利是债权是更为符合逻辑自洽的理性选择,应当予以坚持。具体理由如下:

首先,从体系解释一致性的角度,在案外人执行异议之诉中,坚持债权说更为妥当。物权与债权最核心的区分标准是是否具有对世效力,究竟是绝对权还是相对权。[1] 绝对权和相对权两者区分的关键在于权利效力所及范围,前者的效力及于所有人,后者权利效力仅及于特定人。[2] 从借名人与出名人的约定看,借名人依据双方的约定享有的是要求出名人协助办理房屋的所有权变更登记的权利,借名人依据借名合同取得的权利只能向协议相对的出名人主张,而不能向不特定的任何人主张,在现实中借名人不能以持有借名合同自行前往登记机关要求变更登记。故从权利效力上看,借名人依据借名约定取得的权利应当是债权。这一思路与部分司法实践在处理不涉及第三人的借名人与出名人之间的合同纠纷的思路

---

[1] 参见王轶、关淑芳:《物权债权区分论的五个理论维度》,载《吉林大学社会科学学报》2014 年第 5 期。

[2] 参见朱庆育:《民法总论》,北京大学出版社 2016 年版,第 512 页。

亦是一致的,借名人不能直接要求法院确认其所有权,而只能依据借名合同,以合同纠纷诉请出名人协助办理变更登记。

其次,认定借名人享有物权不符合物权公示原则。《民法典》第209条和第216条的规定,基本完全承继了原《物权法》的相关规定,要求不动产物权变动采用债权形式主义。从立法过程看,这一延续并非盲目承继,而是立法机关经过广泛征求意见,综合法理、长期实践,土地管理法、房地产管理法等系列法律制度连续性等各项重大因素,所作重大立法选择,而且后续还将就此全面完善不动产登记制度。《民法典》对物权取得方式的规定,原则上须经登记为生效原则;当然也规定了例外情况,但借名情形并不在该法律另有规定的除外情形中。有观点认为,《民法典》第217条的规定表明,不动产权属证书仅是物权的证明,仅是一种公示,而非物权的确认,且现实物权登记的状态仍然不尽如人意,如果坚持以登记为准,难免带来认识的困惑。该种观点虽是基于客观现实情况的一种考量,但是法律规定还具有行为规范指引的作用,不动产登记的规范化也已发展了十余年,考虑到"名实不符"作为一种不宜提倡的现象,尽量缩小对其保护,以引导主观上追求"名实相符"更为合宜。

再次,认定借名人享有物权不利于信赖利益的保护。这里的信赖利益包含两层含义。一是申请执行人的信赖利益。虽然有学者主张外观主义作为一种学说仅能适用于基于法律行为的物权变动的领域,不能适用于执行领域,执行领域应当依据实事求是原则确定被执行人的财产,而不应适用公信原则。[1] 尽管申请执行人并非实体层面上的"善意第三人",特别是交易行为中的"善意第三人",但申请执行人因相应权利之外观而合理地信赖执行标的应为被执行人所有,并且基于该合理信赖而为启动强制执行程序付出了一定的金钱、时间等成本。执行标的之外观亦使善意的申请执行人产生信赖并遭受一定损失,故应当予以保护。[2] 更为重要的是,正如前述,执行行为的介入已经改变借名房屋作为被执行人一般宽泛责任财产的特性,其已经变成特定的、具有合理期待的可现实变现以获取清偿的特定财产。

又次,从风险分配的经济学原则看,申请执行人通常无法以合理成本控制"名实不符"的风险,而且,实践中被执行人还有可能会伪造所谓的借名合同,真假难

---

[1] 参见张伟强:《借名登记问题的经济分析——兼论物债何以二分》,载《法学杂志》2019年第8期。

[2] 参见肖建国、庄诗岳:《论案外人执行异议之诉中足以排除强制执行的民事权益——以虚假登记财产的执行为中心》,载《法律适用》2018年第15期。

辨,是故只有借名人舍弃借名本身才是综合风险成本更低的举措。① 信赖利益的第二层含义是整体市场之信赖利益。如果认定借名人享有的是物权,则市场参与者在未来交易时对于相对人的责任财产将不存在外观信赖基础,需加以实体深度调查区分,市场参与者如要保障交易安全,就必须采用抵押等物权担保方式,市场的整体交易成本将显著增加。

最后,认定借名人享有物权期待权亦不妥当。期待权仅是学理概念,主要是指具备取得物权的部分要件,因受法律保护而具有预先效力和可让与性,被赋予物权性质的法律地位。② 由于享有期待权,法律给予了权利人优于债权,弱于物权的保护。但是期待权并不以自身之价值存在作为终点,而是以保障能够取得未来之完整权利为最终目标。在借名买房的情形中,借名人所处于的状态是借名人自身有意选择的结果,其并不追寻取得未来之完整权利的目标,故其不符合期待权的范畴。

鉴于借名人享有的债权,普通债权通常而言不具有排除强制执行的效力,除非有其他特别的利益考量。借名人享有的权益虽然不能排除执行,但是借名人的民事权益并不是不能得到保障,而是仍然可以依据借名合同向出名人要求承担相应的违约责任,只是借名人需要承担向出名人追偿不能的风险。

另一方面,我们需要考虑生存权特别考量下的例外。

第一,引入生存权的必要性。借名人作为普通债权人,通常不享有权利的优先性。但是在"借名买房"情形下涉及的价值碰撞是多元的,各种突破与尝试的深层原因是,"房屋"作为附带基本生存权和居住权的价值利益影响。虽然"物权期待权利益保护"的学理理论与"借名买房"横亘借名人对"名实不符"追求这一不可逾越的构成要件而不应适用,但是对于理论背后期待保护的"生存权"利益,如果完全置之不理,势必会与普通人的一般价值观念相违背。故考虑到生存权是最基本的权利,应当在实体权益对抗规则中引入"生存权"的概念作为例外规则,遵循商品房消费者生存权特别保护的同一理念,对基于生存权的借名人提供一以贯之的体系性特别保护。

第二,生存权特别保护的体系性。对于生存权的特别保护,最初出现在对商品房消费者的特别保护中,2002 年施行的《最高人民法院关于建设工程价款优先

---

① 参见姚辉、阙梓冰:《不动产隐名权利的私法保护——以案外人执行异议之诉为视角》,载《中国人民大学学报》2021 年第 2 期。
② 参见王睿:《期待权概念之理论源流与界定》,载《北方法学》2017 年第 2 期。

受偿权问题的批复》中第一、二方面的规定赋予了商品房消费者的民事权益优先保护顺位。而后《最高人民法院执行工作办公室关于〈最高人民法院关于建设工程价款优先受偿权问题的批复〉中有关消费者权利应优先保护的规定应如何理解的答复》将商品房消费者的保护限制于"满足生活居住需要",明确了保护的依据是对消费者居住权的特别保护,据此,将基于居住权的商品房消费者权益置于民事权益顺位链条的优势地位,能够对抗抵押权等物权和具有优先性的建筑工程的承包人的优先受偿权等特别债权,之所以如此设置,核心考量因素是用于自身居住的房屋,保障的是商品房消费者的居住权,而居住权是一种生存利益,生存利益作为最基本的人权,应当具有优先性,优先于建筑工程承包人的经营利益。而且如果允许承包人的权益顺位优先于商品房消费者的权益,则实质是由消费者承担双重债务,不符合保护消费者的理念。[①]

延续同样的理由,2015 年出台的《最高人民法院关于人民法院办理执行异议和复议案件若干问题的规定》第 29 条的规定细化了在执行异议中,商品房消费者基于生存权能够排除房地产开发商债权人对商品房执行的相关要件。而后出台的《全国法院民商事审判工作会议纪要》第 125 条、《最高人民法院关于商品房消费者权利保护问题的批复》第 2 条,将《最高人民法院关于人民法院办理执行异议和复议案件若干问题的规定》第 29 条的适用范围通过法律解释扩大化,并阐释用途标准的理解,将"买受人名下无其他用于居住的房屋"辅之以地域范围和面积标准,延续对商品房消费者生存权保护的理念,在"借名买房"情形中亦可以作出类似规定。《最高人民法院关于审理执行异议之诉案件适用法律问题的解释》第 11 条将"唯一住房"拓宽为"满足家庭居住生活需要",明确保护改善型需求及非唯一住房。

第三,"借名买房"情形下生存权保护的特殊性。与商品房消费者不同,在对抗要件上,由于借名人对于"名实不符"的状态具有不可推卸的责任,故借名人能够排除强制执行的例外场景应更为限缩。其一,对借名人的保护仅限于借名购买房屋这一与生存权紧密相连的情形,而不能扩展至其他不动产等权利类型;其二,对借名人的对抗要件规定应当更为严格,借名人须已经实际支付全部价款,而不能仅支付部分房屋价款。

[①] 参见杨永清:《建设工程价款优先受偿权司法解释的理解与适用——兼谈与该权利相关的几个重要问题》,载曹建明主编、最高人民法院民事审判第一庭编:《民事审判指导与参考》(第 11 卷),法律出版社 2002 年版,第 77 - 98 页。

出于对生存权的特别保护,构建了例外规定,但生存权要件仅是一个概括性的定性描述,如何将其外化为可供裁量的具体标准就成为一大难点。要准确把握该要件,需要在司法审判中,就是否涉及借名人的"生存权"重点审查"借名房屋"的实际用途和借名人房屋数量。

第一,关于"借名房屋"的用途核查。应当关注"借名房屋"的具体用途,而不能仅与房屋性质直接挂钩来推定。对于房屋而言,通常根据"规划用途"与家庭日常基本居住需要来认定包括住宅、商业和商住房等类型在内的具体用途。住宅属性与"居住需要"直接相关并无疑议。而关于商业房的认定中,关于是否适用"居住需要"的判准观点不一。主张不适用者认为,投资属性是商业房的核心属性,与"居住需要"性质不同,缺乏生存利益保护基础,借名人购买商住房性质的"借名房屋"不具有排除执行的权益优先性。① 主张根据具体情况确定者认为,实践中,由于相较住宅房价格较低,该种性质房屋实际集居住与经营一体的情况也确实存在,不应将此种情形的借名人直接排除出保护范围。对于是否用于满足"居住需要",应视具体情况而定。相较而言,后者的主张更符合现实实际,亦更为契合实质公平,只是司法过程中应当由借名人承担房屋系为满足"居住需要"的举证责任。商住房兼具居住和投资属性,更应以实际用途为认定标准。

第二,关于借名人房屋情况的核查。因对借名人的例外保护是建立在维护生存权基础上,而生存权的必要性认定在满足"居住需要"的条件下,仍需满足"家庭日常基本需要"的要件,对此,司法审判可以从已有房屋的主体范围、数量和位置等方面进行衡量。

首先,核查已有房屋主体。"借名房屋"应当满足家庭所需,所以在核查房屋数量时,应当以家庭为单位进行核查,包括案外人及其配偶、未成年子女名下有无其他房屋。其次,核查房屋数量。对于借名人家庭已有的房屋数量是否达到"满足基本居住需要"的条件要求存在两种观点。一种观点认为,生存权是最基础的保障,故应当严格限定于第一套房购房者,对于一套以上的购房者,不应予以保护。另一种观点则认为,如果查明购买人家庭成员多,系为一定条件改善居住环境,也应支持借名人排除执行的请求。② 从体系性对生存权予以保护的角度,应当借鉴对商品房消费者的保护,如果已有一套房屋登记在借名人名下,但该等房屋

---

① 参见最高人民法院民事审判第二庭编著:《〈全国法院民商事审判工作会议纪要〉理解与适用》,人民法院出版社2019年版,第632页。

② 参见最高人民法院民事审判第二庭编著:《〈全国法院民商事审判工作会议纪要〉理解与适用》,人民法院出版社2019年版,第632页。

面积上仍为基本生活所需,仍然可以认定为满足家庭日常基本居住需要。最后,核查房屋位置。生存离不开具体的地域和场所,跨区域的房屋虽具有经济价值,但难以直接满足现实的生存居住需求,故应当将"家庭"房屋数量的核查限制在特定区域,从体系性统一的角度考量,建议以《全国法院民商事审判工作会议纪要》的规定作为参考,限制在设区的地级市的市区或县级行政区域范围内。

【典型案例】

案例一:崔某甲、王某甲等案外人执行异议之诉纠纷案[①]

基本案情:

一审法院认定事实如下:

一、执行依据情况

2021年11月12日,一审法院作出(2021)新01民初74号民事判决,冯某、云某、王某乙、崔某乙不服,上诉至二审法院,二审法院于2022年6月1日作出(2022)新民终99号民事判决书,该判决认定,王某乙于2019年12月23日出具《抵押协议》,承诺以其名下案涉房屋为崔某乙1100000元债务提供抵押,并将购房合同及票据交付张某甲,王某乙的上述行为具有与张某甲建立抵押合同关系的意思表示。《抵押协议》合法有效,张某甲未主张继续办理该房屋抵押登记,崔某乙不能清偿债务时,王某乙应承担损害赔偿责任,其性质为补充责任。对崔某乙不能返还部分,在1100000元范围内以案涉房屋的价值为限承担损害赔偿责任。二审法院遂判决:(1)撤销新疆维吾尔自治区乌鲁木齐市中级人民法院(2021)新01民初74号民事判决书;(2)崔某乙向张某甲返还借款本金6644600元;(3)崔某乙向张某甲支付截至2021年1月20日的借款利息9093812.35元;以借款本金6644600元为基础,按照年利率15.4%支付自2021年1月21日起至借款本息清偿之日止的逾期利息;(4)冯某对上述第2项、第3项债务14406470.42元(借款本金6644600元+借款利息7761870.42元)中崔某乙不能返还部分,以乌鲁木齐市天山区某房屋价值,海南省海口市龙华区某房屋价值的75%,乌鲁木齐市天山区某小区负一层92号车位、负二层6号车位、负二层15号车位、负二层16号车位、负二层40号车位、负二层46号车位使用权价值的75%,乌鲁木齐市天山区某

[①] 参见最高人民法院民事判决书,(2024)最高法民申5649号;新疆维吾尔自治区高级人民法院民事判决书,(2024)新民终109号。

小区负二层小库房、乌鲁木齐市天山区某房屋使用权价值的75%为限承担损害赔偿责任;(5)王某乙对上述第2项、第3项债务14406470.42元(借款本金6644600元+借款利息7761870.42元)中崔某乙不能返还部分,在1100000元范围内以案涉房屋的价值为限承担损害赔偿责任;(6)冯某、王某乙承担损害赔偿责任后,有权向崔某乙追偿;(7)驳回张某甲的其他诉讼请求。

二、执行相关情况

张某甲申请对冯某名下的财产进行查封,一审法院于2021年2月2日作出(2021)新01民初74号民事裁定书,裁定:(1)冻结被申请人崔某乙、冯某、云某、王某乙价值37640284元的财产;(2)如上述款额不足,则查封、扣押其相应价值的财产。2022年2月9日,一审法院向乌鲁木齐市不动产登记中心发出(2021)新01执保20号协助执行通知书,要求该中心协助:(1)查封新疆某房地产开发有限责任公司名下(预购人王某乙)的案涉房屋;(2)查封期限3年,自2022年2月9日起至2025年2月8日止。

(2022)新民终99号民事判决发生法律效力后,因被执行人未履行生效法律文书确定的义务,张某甲向一审法院申请强制执行。一审法院于2022年7月20日作出(2022)新01执426号执行裁定书,裁定:(1)冻结、划拨被执行人冯某、王某乙、崔某乙在银行、信用社或其他金融机构账户中的存款15821550.35元(其中执行标的15738412.35元、案件执行费83138元);(2)冻结、划拨被执行人冯某、王某乙、崔某乙应负担的迟延履行期间(至实际付款日期止)加倍债务利息及执行中实际支出的费用;(3)如上述款项不足,则查封、扣押、拍卖、变卖被执行人冯某、王某乙、崔某乙相应价值的财产。另经执行法院查实,生效法律文书认定的位于乌鲁木齐市天山区某小区的房屋经前往乌鲁木齐市房屋产权交易中心查询,现为案涉房屋。

三、执行异议情况

崔某甲针对查封案涉房屋提出执行异议,一审法院于2023年9月4日作出(2023)新01执异285号执行裁定书,裁定驳回案外人崔某甲的异议请求。崔某甲对该裁定不服,遂提起本案执行异议之诉。

四、案争其他相关事实

崔某甲、王某甲提交一份于2016年12月20日与案外人张某乙签订的《房屋买卖协议》,内容载明:"甲方(出售方)张某乙自愿将案涉房屋出售给乙方(购买方)崔某甲。上述住宅的出售价为人民币捌拾捌万元(880000元)。崔某甲分两个阶段将房屋价款支付给甲方,1.定金为伍万元整;2.过户手续前支付张某乙捌拾叁万元整。2016年11月24日,崔某甲已向张某乙支付定金五万元整,张某乙将案涉房屋在2016年12月31日之前完全交付给崔某甲。"对此费用崔某甲提交个人借记卡账户历史明细清单显示,2016年11月24日,崔某甲转入张某乙账户50000元;2016年12月20日,崔某甲转入张某乙账户830000元。

张某甲提交2019年12月23日王某乙签字并捺手印的《抵押协议》一份,内容载明:"王某乙将案涉房屋以110万元的价格抵押给张某甲,用于崔某乙借张某甲的借款110万元做抵押,待崔某乙还给张某甲110万元借款后,张某甲归还王某乙的购房合同和票据,至此抵押协议结束。"

张某甲提交一份编号为GF-2000-0171的《商品房买卖合同》载明:"出卖人新疆某房地产开发有限责任公司、买受人王某乙。第三条:买受人购买的商品房房号为:第一(幢)(座)B单元3006号房,该商品房建筑面积共115.788平方米,套内建筑面积90.473平方米,公共部位与公用房屋分摊建筑面积25.315平方米。第四条:出卖人与买受人约定按下述第壹种方式计算该商品房价款:1.按建筑面积计算,该商品房单价为人民币每平方米3420元,总金额叁拾玖万伍仟玖佰玖拾肆元玖角陆分。第六条:买受人按下列第1种方式按期付款:1.一次性付款。买受人于(空白)年(空白)月(空白)日交付出卖人叁拾玖万伍仟玖佰玖拾肆元玖角陆分元(395994.96元)。"该商品房买卖合同出卖人与买受人签章处落款日期为空白。新疆某房地产开发有限责任公司于2016年12月20日开具收据一张,内容载明:"今收到王某乙B-3006房款395994.96元。"

崔某甲、王某甲提交《中华人民共和国税收完税证明》一张载明:"税种:契税;品目名称:房屋买卖;入(退)库日期:2022年2月8日;实缴(退)金额:5939.93元;备注计税依据:395994.96,房源编号:F65010020220013625,房屋坐落位置:乌鲁木齐市天山区某小区,房屋面积:114.95平方米,合同签订时间:2016年4月5日。"对此费用崔某甲、王某甲提交借记卡账户历史明细清单显示,2022年2月8日崔某甲向乌市地税局-分局办税服务厅转账5939.93元。

2023年11月8日,乌鲁木齐市天山区建设西路社区开具一张居住证明,内容载明崔某甲、王某甲现实际居住地址为乌鲁木齐市天山区光明路58号金碧华府B2-3006室。

2023年11月9日乌鲁木齐市不动产登记信息查询结果载明,"产权人:新疆某房地产开发有限责任公司;证件号尾号为370F;房屋坐落:乌鲁木齐市天山区某小区A、B商住楼B座3006室;建筑面积:114.95平方米;竣工年代:2006年11月30日;登记时间:2022年1月18日。"

2023年11月10日乌鲁木齐市不动产登记信息查询结果载明:"经查询崔某甲在我不动产登记中心无不动产权登记信息。"

一审法院另查,第三人王某乙与崔某甲系母女关系、与王某甲系父女关系。

二审法院查明的其他事实与一审法院查明的事实一致。

裁判要旨:

最高人民法院认为,本案的争议焦点是崔某甲、王某甲对案涉房屋是否享有足以排除强制执行的民事权益。结合本案案情,分析评述如下:

(1)崔某甲、王某甲对案涉房屋不享有所有权。依照《最高人民法院关于适用〈中华人民共和国民法典〉时间效力的若干规定》第1条第2款"民法典施行前的法律事实引起的民事纠纷案件,适用当时的法律、司法解释的规定,但是法律、司法解释另有规定的除外"之规定,引起本案民事纠纷的法律事实发生在民法典实施前,故本案应适用当时的法律、司法解释规定。

《物权法》第9条规定:"不动产物权的设立、变更、转让和消灭,经依法登记,发生效力;未经登记,不发生效力,但法律另有规定的除外。依法属于国家所有的自然资源,所有权可以不登记。"依照上述法律确立的物权公示原则和不动产物权登记生效原则,除法律另有规定外,不动产物权的转让,经依法登记才发生物权变动的法律效力。崔某甲、王某甲并非不动产登记信息查询结果载明的案涉房屋产权人,对案涉房屋不享有所有权。

(2)现有证据不足以证明崔某甲、王某甲借用王某乙名义购买案涉房屋的事实成立。根据现已查明的案件事实,王某乙系与新疆某某房地产开发有限责任公司签订房屋买卖合同以及缴纳案涉房屋契税的主体。崔某甲、王某甲主张其二人借用王某乙名义购买案涉房屋,以及其二人对案涉房屋实际占有,并提交了银行转账记录、物业费收据等证据。然而,基于崔某甲、王某甲与王某乙之间系父母与子女的关系,日常生活中父母为子女出资买房以及在子女的房屋中占有使用的情况均较为常见。此外,崔某甲、王某甲主张的其与案外人签订的房屋买卖协议,与王某乙签订的案涉房屋买卖合同价款差异较大,且与契税上载明的房款价款存在矛盾,原审中崔某甲、王某甲亦未作出合理解释。据此,崔某甲、王某甲所提供的现有证据不足以证明其二人借用王某乙名义购买案涉房屋的事实成立。

(3)退一步讲,即便崔某甲、王某甲主张的借用王某乙名义购买案涉房屋的事实成立,亦不足以排除强制执行。崔某甲、王某甲与王某乙之间即便存在借名买房法律关系,也系订立该法律关系的双方当事人之间的内部关系,借名人所享有的债权请求权也仅在其与被借名人之间产生效力,既不能直接导致物权变动,也并不具有对抗第三人的法律效果。而且,借名人亦应对其借名买房行为导致名义买房人与实际买房人不一致时可能带来的权利风险有一定的认知并应自行承担相应后果。此外,申请执行人申请启动强制执行程序付出了时间、机会等成本,存在程序法上的信赖利益。比较而言,申请执行人的信赖利益应受到优先保护。因此,即便崔某甲、王某甲主张借用王某乙名义购买案涉房屋事实成立,也不能据此排除强制执行。

裁判评析:

本案是借名买房人提起案外人执行异议之诉的典型案例。关于案外人享有的民事权益是否足以排除强制执行,理论和实践普遍认为,应当首先审查案外人对执行标的是否享有民事权益,其次审查案外人对执行标的享有的民事权益是否足以排除强制执行,本案亦是遵循了这一审理思路。

首先,就借名买房人对案涉房屋是否享有民事权益而言,最高人民法院认为,本案现有证据不足以认定借名买房的法律关系真实存在,实际上隐含着法院认为本案构成近亲属之间恶意串通进行虚假诉讼损害申请执行人利益的情形。具体来说,一方面,法院基于经验法则指出,基于崔某甲、王某甲与王某乙之间系父母与子女的关系,日常生活中父母为子女出资买房以及占有使用子女的房屋的情况均较为常见。另一方面,法院根据日常房产交易的一般规则指出,崔某甲、王某甲主张的其与案外人签订的房屋买卖协议,与王某乙签订的案涉房屋买卖合同价款差异较大,且与契税上载明的房款价款存在矛盾。在我国案外人执行异议之诉虚假诉讼高发,尤其是案外人与被执行人恶意串通损害申请执行人利益的情形较为常见的背景下,最高人民法院的这一审查思路值得肯定。此外,最高人民法院还指出,退一步讲,即便崔某甲、王某甲主张的借用王某乙名义购买案涉房屋的事实成立,崔某甲、王某甲也并非不动产登记信息查询结果载明的案涉房屋产权人,对案涉房屋不享有所有权,只享有债权请求权。显然,关于借名买房人享有的民事权益的法律性质,最高人民法院坚持了不动产物权变动的形式主义模式,认为借名买房人只享有债权,而不享有物权、不动产物权期待权、准物权、物权化的债权、事实物权等。最高人民法院的这一做法值得肯定,其有利于在强制执行程序中落实《民法典》关于不动产物权变动模式的规定,符合现行民法体系。

其次,就借名买房人享有的民事权益是否足以排除强制执行而言,最高人民法院认为即便借名买房人对案涉房屋享有债权,该债权也不足以排除强制执行。一方面,最高人民法院认为,借名人应当自担风险。即借名人应对其借名买房行为导致名义买房人与实际买房人不一致时可能带来的权利风险有一定的认知并应自行承担相应后果。借名人既然采取了借名买房的方式规避限购政策等,就应当预料到房屋将来被强制执行的风险。另一方面,最高人民法院认为,申请执行人申请启动强制执行程序付出了时间、机会等成本,存在程序法上的信赖利益,应受到优先保护。的确,申请执行人虽然不是商事交易中的善意第三人,但其在执行程序中也存在程序法上的信赖利益,且这一信赖利益同样值得保护。

综上,本案的判决对于借名买房案外人执行异议之诉的审理,具有较强的指导意义。

案例二:献县鑫瑞小额贷款有限公司、孙某案外人执行异议之诉纠纷案[①]

基本案情:

沧州市中级人民法院查明,2009年6月,房产中介北京长盈恒润房地产经纪有限公司将本案涉案房屋××山庄C座2106作为房源推荐给杜某然(孙某之妻)。2009年7月11日,杜某然代替陈某签字以陈某作为购买人与出售人慕某坡签订《买卖定金协议书》约定购买涉案房屋,并对房屋价款及定金、服务费用支付进行了约定。2009年7月15日,陈某与慕某坡签订《居间成交确认书》,对陈某作为购买人购买慕某坡出售的涉案房屋进行了确认,并确认了契税、工本费、居间报酬由购买方承担。同日,陈某与慕某坡签订《北京市存量房屋买卖合同》,孙某于当日向北京长盈恒润房地产经纪有限公司支付涉案房屋买卖居间服务费35000元,后于2009年8月15日再次支付居间服务费35000元。2009年8月10日慕某坡与陈某填写《房屋所有权转移登记申请书》。慕某坡分别于2009年8月10日、2009年8月11日缴纳城市建设税等,转账凭证由孙某保管。2009年8月11日孙某缴纳印花税5元。同日以陈某名义分别缴纳二手房交易契税、房屋登记收费,并办理所有权人为陈某的房权证。孙某于2009年8月12日向慕某坡转账500000元。涉案房屋登记在陈某名下至今。涉案房屋房权证、契税发票、房屋登记收费收据、印花税发票、居间服务费收据现均由孙某保管。

另查明,孙某与陈某、秦某签订《劳动谅解相关协议》约定孙某借用陈某、秦某名义购买房屋两套。孙某提供银行转账凭证、流水记录及和陈某之间短信记录,

---

[①] 参见最高人民法院民事判决书,(2020)最高法民申4号;河北省高级人民法院民事判决书,(2019)冀民终12号。

主张涉案房屋首付款及贷款由孙某支付并每月偿还。

二审法院对沧州市中级人民法院查明的事实予以确认。

裁判要旨：

最高人民法院经审查认为，首先，根据原审查明的事实，本案用于购买案涉房屋的合同、收据等凭证的原件均在孙某处保管，案涉房屋亦由孙某实际占有使用，结合案涉房屋买卖中介公司对该房屋购买过程出具的情况说明，以及孙某与秦某签订的《劳动谅解相关协议》等证据相互佐证，可以证明孙某借陈某之名购买案涉房屋的事实。其次，孙某主张本案房款由其实际出资购买，提交了相关银行转账凭证、流水记录及和陈某之间短信记录，亦可证明房屋首付款及贷款由孙某支付并每月偿还。鑫瑞公司、陈某虽对此不予认可，但没有提出相反证据，也不能提出合理解释，不足以反驳孙某的主张。再次，依照《不动产登记暂行条例》第八条第三款之规定，房屋产权登记仅用于记载不动产自然状况和权属情况，仅具有不动产权利的推定效力，并不具有不动产实际归属的确定效力，在现有证据能够证明孙某借陈某之名购买案涉房屋并实际支付房款的情况下，不动产权属的登记状态并不影响孙某对案涉房屋享有实际产权。最后，关于孙某对案涉房屋享有的权益是否足以排除执行的问题。陈某并非案涉房屋所有权人，鑫瑞公司基于其与陈某之间的债权债务关系申请执行不能及于案涉房屋。

裁判评析：

本案也是借名买房人提起案外人执行异议之诉的典型案例，且也遵循了关于案外人执行异议之诉的一般审理思路，即首先审查案外人对执行标的是否享有民事权益，其次审查案外人对执行标的享有的民事权益是否足以排除强制执行。

就借名买房人对案涉房屋是否享有民事权益而言，最高人民法院认为，现有证据可以证明孙某借陈某之名购买案涉房屋的事实。且认为，依照《不动产登记暂行条例》的规定，房屋产权登记仅用于记载不动产自然状况和权属情况，仅具有不动产权利的推定效力，并不具有不动产实际归属的确定效力，在现有证据能够证明孙某借陈某之名购买案涉房屋并实际支付房款的情况下，不动产权属的登记状态并不影响孙某对案涉房屋享有实际产权。换言之，最高人民法院认为，案外人孙某对案涉房屋享有所有权。对此，本书并不赞同，本书认为借名买房人对案涉房屋只享有债权。理由如下：

首先，从体系解释一致性的角度，在执行异议之诉中，坚持债权说更为妥当。

物权与债权的最核心区分标准是是否具有对世效力,究竟是绝对权还是相对权。①绝对权和相对权两者区分的关键在于权利效力所及范围,前者的效力及于所有人,后者权利效力仅及于特定人。② 从借名人与出名人的约定看,借名人依据双方的约定享有的是要求出名人协助办理房屋的所有权变更登记的权利,借名人依据借名合同取得的权利只能向协议相对的出名人主张,而不能向不特定的任何人主张,在现实中借名人不能以持有借名合同自行前往登记机关要求变更登记。故从权利效力上看,借名人依据借名约定取得的权利应当是债权。这一思路与部分司法实践在处理不涉及第三人的借名人与出名人之间的合同纠纷的思路亦是一致的,借名人不能直接要求法院确认其所有权,而只能依据借名合同以合同纠纷,诉请出名人协助办理变更登记。

其次,认定借名人享有物权不符合物权公示原则。《民法典》第209条和第216条的规定,基本完全承继了原《物权法》的规定,要求不动产物权变动采用的是债权形式主义。从立法过程看,这一延续并非盲目承继,而是立法机关经过广泛征求意见,综合法理、长期实践,土地管理法、房地产管理法等系列法律制度连续性等各项重大因素,所作的重大立法选择,而且后续还将就此全面完善不动产登记制度。《民法典》对物权取得方式的规定,原则上须经登记为生效原则;虽然也规定了例外情况,但借名情形并不在该法律另有规定的除外情形中。虽然有观点认为《民法典》第217条规定表明,不动产权属证书仅是物权的证明,仅是一种公示,而非物权的确认,且现实物权登记的状态仍然不尽如人意,如果坚持以登记为准,难免带来认识的困惑。该种观点是基于客观现实情况的一种考量,但是法律规定还具有行为规范指引的作用,不动产登记的规范化也已发展了十余年,考虑到"名实不符"作为一种不宜提倡的现象,尽量缩小对其保护,以引导主观上追求"名实相符"更为合宜。

再次,认定借名人享有物权不利于信赖利益的保护。这里的信赖利益包含两层含义。一是申请执行人的信赖利益。虽然有学者主张外观主义作为一种学说仅能适用于基于法律行为的物权变动的领域,不能适用于执行领域,执行领域应当依据实事求是原则确定被执行人的财产,而不应适用公信原则。③ 尽管申请执

---

① 参见王轶、关淑芳:《物权债权区分论的五个理论维度》,载《吉林大学社会科学学报》2014年第5期。
② 参见朱庆育:《民法总论》,北京大学出版社2016年版,第512页。
③ 参见张伟强:《借名登记问题的经济分析——兼论物债何以二分》,载《法学杂志》2019年第8期。

行人并非实体层面上的"善意第三人",特别是交易行为中的"善意第三人",但申请执行人因相应权利之外观而合理地信赖执行标的应为被执行人所有,并且基于该合理信赖而为启动强制执行程序付出了一定的金钱、时间等成本。执行标的之外观亦使得善意的申请执行人产生信赖并遭受一定损失,故应当予以保护。[①] 更为重要的是,正如前述,执行行为的介入已经改变借名房屋作为被执行人一般宽泛责任财产的特性,其已经变成特定的具有合理期待的可现实变现以获取清偿的特定财产。

最后,就借名买房人享有的民事权益是否足以排除强制执行而言,因最高人民法院认为,孙某对案涉房屋享有所有权,故进一步认为足以排除强制执行。但本书认为,孙某对案涉房屋只享有债权,其应当自行承担可以预料到的案涉房屋被强制执行的风险,法律也应当保护申请执行人程序法上的信赖利益,因此该债权不足以排除强制执行,最高人民法院的观点值得商榷。

[①] 参见肖建国、庄诗岳:《论案外人执行异议之诉中足以排除强制执行的民事权益——以虚假登记财产的执行为中心》,载《法律适用》2018 年第 15 期。

第十五讲　不动产预告登记权利人提起的案外人执行异议之诉

导　语

　　不动产物权公示依据登记,已登记的不动产能够排除执行自无异议,但在我国房屋买卖实践中还存在着商品房预售合同备案登记制度以及预告登记制度。根据《民法典》第221条的规定,预告登记,是指当事人签订买卖房屋或者其他不动产物权的协议后,为保障将来实现物权,按照约定可以向登记机构申请的一类特殊登记。预告登记后,未经预告登记的权利人同意处分该不动产的,不发生物权效力。根据《城市房地产管理法》第45条第2款的规定,备案登记,是指商品房预售人应当按照国家有关规定将预售合同报县级以上人民政府房产管理部门和土地管理部门登记备案。司法实践中常出现的情况是,案外人(一般为不动产买受人)以不动产物权已预告登记为由,要求排除强制执行。甚至,部分债权人与被执行人签订购房合同,完成网签备案,并依据此网签备案行为请求排除房产上的建设工程优先受偿权或抵押权等优先权利。而对于预告登记与备案登记能否成为足以排除强制执行的民事权益,在实践中存在较大争议。本讲将从不动产预告登记及商品房预售合同备案登记两个制度层面,对该情形下案外人是否享有足以排除执行的民事权益展开讨论。

问题一　不动产预告登记权利人提起的案外人执行异议之诉

【规范梳理】

《最高人民法院关于审理执行异议之诉案件适用法律问题的解释》

第十九条　人民法院对登记在被执行人名下的不动产实施强制执行,案外人以在查封前已与被执行人签订合法有效的书面买卖合同且已按照合同约定支付价款,并已办理了合法有效的不动产预告登记为由,提起执行异议之诉,请求停止处分,事由成立的,人民法院应予支持;符合物权登记条件,案外人请求排除强制执行的,人民法院应予支持。

《最高人民法院关于人民法院办理执行异议和复议案件若干问题的规定》

第三十条　金钱债权执行中,对被查封的办理了受让物权预告登记的不动产,受让人提出停止处分异议的,人民法院应予支持;符合物权登记条件,受让人提出排除执行异议的,应予支持。

《江苏省高级人民法院执行异议及执行异议之诉案件办理工作指引(二)》

11.金钱债权执行中,执行法院对被执行人名下不动产采取执行措施,案外人以其系物权预告登记权利人为由提出执行异议,请求停止处分,应根据下列情形予以处理:

(1)案涉不动产已办理物权预告登记的,应予支持;

(2)案涉不动产符合物权登记条件,且在预告登记有效期内的,应予支持;

(3)案涉不动产的预告登记已经失效,或者在执行法院查封之后办理预告登记的,不予支持。

……

《吉林省高级人民法院关于审理执行异议之诉案件若干疑难问题的解答(二)》

问题十九:金钱债权执行中,申请执行人对被执行人向房地产开发企业购买但未办理登记的商品房请求实施执行,而房地产开发企业作为出卖人就案涉商品房提出权属主张的,人民法院该如何处理?

答:金钱债权执行中,申请执行人请求对被执行人向房地产开发企业购买但尚未办理登记的商品房实施执行,而房地产开发企业作为出卖人就案涉商品房提

出权属主张,同时满足以下条件的,对申请执行人继续执行的请求,人民法院应当支持:

(一)被执行人与房地产开发企业之间就案涉商品房已经形成了合法有效的商品房买卖合同关系;

(二)被执行人已经合法占有了案涉商品房,或者被执行人已经办理了合法有效的所有权预告登记、合同备案登记、合同网签登记等情形之一的;

(三)被执行人已经支付了全部价款,或者被执行人按照合同约定仅支付了部分价款但房地产开发企业同意剩余价款从变价款中优先向其支付。

问题二十:金钱债权执行中,申请执行人请求对被执行人购买但尚未办理转移登记的不动产实施执行,而出卖人作为权利登记人就案涉不动产提出权属主张的,人民法院该如何处理?

答:金钱债权执行中,申请执行人请求对被执行人购买但尚未办理转移登记的不动产实施执行,而出卖人作为权利登记人就案涉不动产提出权属主张,同时满足以下条件的,对申请执行人继续执行的请求,人民法院应当支持:

(一)被执行人与出卖人之间就案涉不动产已经形成了合法有效的不动产买卖合同关系;

(二)被执行人已经合法占有案涉不动产,或者被执行人已经就案涉不动产办理了有效的所有权预告登记;

(三)被执行人已经支付了全部价款,或者被执行人按照合同约定仅支付了部分价款但出卖人同意剩余价款从变价款中优先向其支付。

《安徽省高级人民法院关于审理执行异议之诉案件若干问题的会议纪要》

19.受让人办理了物权预告登记,符合物权登记条件,提起执行异议之诉的,应予支持。

《河北省高级人民法院执行异议之诉案件审判指南(一)》

14.【案外人以物权预告登记提起执行异议之诉的处理】人民法院对登记在被执行人名下的不动产采取强制执行措施,案外人以其系物权预告登记人为由提起执行异议之诉,请求排除金钱债权强制执行的,应根据下列情形予以处理:

(1)案涉不动产已办理物权预告登记,且在预告登记有效期内,请求停止处分的,应予支持;

(2)案涉不动产已办理物权预告登记,且符合物权登记条件,案外人请求排除人民法院查封的,应予支持;

(3)案涉不动产的预告登记已经失效,或者在执行法院查封之后办理预告登记的,不予支持。

【理论基础】

在《最高人民法院关于审理执行异议之诉案件适用法律问题的解释(一)》公布施行前,《最高人民法院关于人民法院办理执行异议和复议案件若干问题的规定》第30条规定:"金钱债权执行中,对被查封的办理了受让物权预告登记的不动产,受让人提出停止处分异议的,人民法院应予支持;符合物权登记条件,受让人提出排除执行异议的,应予支持。"该规定规定了"停止处分异议"和"排除执行异议"两种不同的异议形式,但未明确两种异议的性质。从文义表述上看,本条前半部分所称的"停止处分",是指可排除处分性执行措施,但不得排除控制性执行措施。换言之,执行法院在此情况下仅可查封、扣押、冻结不动产,但不得拍卖、变卖或以物抵债不动产;而后半部分所称的"排除执行",是指不但能够排除控制性执行措施,亦可排除处分性执行措施。换言之,此时执行法院既不能查封、扣押、冻结不动产,也不能拍卖、变卖或以物抵债不动产。① 之所以作出如此区分,是因为预告登记本身并非一种独立存在的权利,而是增强债权或物权期待权(关于不动产买受人享有的权利是债权还是物权期待权,理论和实践存在一定争议)优先性的一种措施。在预告登记未被涂销,但出现债权或物权期待权消灭、未在法定期限内办理物权登记等情况下,预告登记也会失去效力。因此,仅凭预告登记的公示直接从实体上排除执行存在一定的风险,因此最高人民法院对此作出了"凭预告登记表象暂停执行、凭物权期待权实质排除执行"的区分。而新颁布的《最高人民法院关于审理执行异议之诉案件适用法律问题的解释》第19条对此作出了更为细化的规定,强调了案外人"在查封前已与被执行人签订合法有效的书面买卖合同且已按照合同约定支付价款"的要件下,可以以"已办理了合法有效的不动产预告登记为由",提起执行异议之诉,请求人民法院停止处分或排除强制执行,人民法院应予支持。

通说认为,旨在实现物权变动的债法请求权,经由预告登记之后,便具有排斥在后其他物权变动的效力。② 在不动产买卖的场合下,预告登记本身不能够改变

---

① 参见司伟:《预告登记排除金钱债权执行中的几个问题——以房屋所有权预告登记为例》,载《法律适用》2017年第21期。
② 参见孙宪忠:《中国物权法总论》,法律出版社2003年版,第234页;王利明:《物权法研究》(上册),中国人民大学出版社2013年版,第352页;金可可:《预告登记之性质——从德国法的有关规定说起》,载《法学》2007年第7期。

其所指向的标的物权属,因此权属登记在被执行人名下的,无论其是否已经有预告登记,执行法院都可以进行查封。① 考虑到预告登记的主要功能是防止不动产物权被他人取得,但并不能够确保预告登记的内容一定实现,故对预告登记的不动产采取查封等执行控制措施是有必要的。预告登记买受人的权益保护,应分两个层面进行。

第一,基于预告登记本身的保护。在预告登记期间,应当停止对不动产的处分,这也是预告登记排斥其他物权变动的直观体现。对预告登记的保护有时间和程度上的限制,即对执行处分行为的中止仅限于预告登记期间,且已采取的执行措施不必解除、回转。在预告登记的权利人同意人民法院处分不动产或预告登记的债权或物权期待权消灭、自能够办理登记3个月内未办理而导致预告登记失效时,预告登记同样会丧失中止执行处分的功能。

第二,基于买卖合同履行事实的保护。预告登记停止处分的效力仅是执行过程的暂停,并不能够达到排除执行的目的。只有在受让人提供证据证明其已经符合取得物权的条件时,方能请求人民法院排除执行。此外,依据不动产买卖合同办理的预告登记,预告登记权利人同时也是不动产买受人的,会产生法律规范的竞合,其既可以依据本条规定的"符合物权登记条件"主张排除执行,也可以依据《最高人民法院关于人民法院办理执行异议和复议案件若干问题的规定》第28条、第29条规定主张排除执行。

有观点认为,当事人仅依预告登记的事实请求停止处分不动产的,执行法院裁定中止对该不动产的执行后,如申请人未在法律规定的期限内提起申请执行人执行异议之诉,人民法院应当按照《最高人民法院关于适用〈中华人民共和国民事诉讼法〉的解释》(2015年)第316条的规定解除对不动产的查封。② 但本书认为,在申请执行人对暂时的、非终局的停止处分裁定无异议的情况下,强求其发起诉讼来维持执行保全措施属于对诉讼资源的无端浪费,且未能体现停止处分和排除执行的区别,违背了司法解释的初衷。在执行实施程序中审查裁定中明确停止执行的效力边界,是更好的解决方式。买受人仅依预告登记请求停止处分的,人民法院应当在裁判中作出限定性表述,如"在预告登记发生效力期间停止处分执行标的",并可考虑注明"已采取的查封、扣押、冻结措施不受影响(不得解除)""预

---

① 参见江必新主编:《强制执行法理论与实务》,中国法制出版社2014年版,第592页。
② 参见江必新、刘贵祥主编,最高人民法院执行局编著:《最高人民法院关于人民法院办理执行异议和复议案件若干问题规定理解与适用》,人民法院出版社2015年版,第441页。

告登记失效的,申请执行人可申请法院继续执行"等内容,而非简单地作出中止执行的表述。

值得注意的是,根据《最高人民法院关于审理执行异议之诉案件适用法律问题的解释》第19条的文义,对于前述第一层面而言,案外人权利是否足以对抗处分性执行措施的判断时点应当是执行法院采取查封、扣押、冻结措施之时。而对于第二层面而言,本书认为,案外人权利是否足以对抗控制性执行措施的判断时点应当是案外人执行异议之诉二审庭审辩论终结时。原因在于,依据《最高人民法院关于人民法院办理执行异议和复议案件若干问题的规定》第26条的规定,查封、冻结、扣押等执行措施的相对效果是被执行人不得在被采取执行措施的财产上再行设立权利负担,不得转移、买卖房屋,但该条文并未禁止被执行人继续建设房屋甚至是对房屋的验收等程序。此外,最高人民法院在多个司法文件中亦表明了不动产被查封不影响其继续建设的态度,例如《最高人民法院关于在执行工作中进一步强化善意文明执行理念的意见》第5条规定:"灵活采取查封措施……(1)查封在建工程后,原则上应当允许被执行人继续建设……"换言之,根据司法解释的精神,在执行法院采取查封、扣押、冻结措施之后,仍然应当允许被执行人继续建设工程进而使得工程达到验收标准以符合物权登记标准。

【典型案例】

案例一:杨某刚诉陕西某建工公司、陕西某房地产开发有限公司案外人执行异议之诉案[①]

基本案情:

一审法院认定事实如下:陕西某建工公司与陕西某房地产开发有限公司(以下简称某房地产公司)建设工程施工合同纠纷一案,渭南市中级人民法院(以下简称渭南中院)判决某房地产公司支付某建工公司工程款595万元;某房地产公司返还某建工公司工程款1618176元及相应利息。某建工公司据此申请强制执行,渭南中院裁定查封被执行人某房地产公司位于大荔县某小区单元房26套(包含本案诉争的8套房屋),查封期限2年。该裁定书送达后,本案原告杨某刚以查封裁定中涉及案外人的财产为由向渭南中院提出执行异议,该院作出(2018)陕05执异23号执行裁定,驳回案外人杨某刚的异议请求。杨某刚不服,提起案外人执

---

① 参见最高人民法院民事裁定书,(2020)最高法民申4357号。

行异议诉讼,主张其对大荔县某小区3号楼的8套单元房依法办理了预告登记,根据原《物权法》第20条之规定,预告登记后未经权利人同意处分该不动产的,不发生物权效力。现该预告登记仍然合法有效,故原告对诉争单元房享有排他的权利,渭南中院查封该房屋是错误的,请求解除对大荔县某小区3号楼上述8套单元房的查封措施,并不得执行。

另查明,2013年7月2日,案外人冯某政、睢某侠因房地产开发需要资金周转,向原告杨某刚借款300万元,期限自2013年7月2日起至2014年1月1日止。借款人到期未还款,2014年9月18日,冯某政、睢某侠以某房地产公司名义与杨某刚签订了19份商品房买卖合同,某房地产公司向杨某刚出具了房款300万元的收款收据。同年9月25日,双方到大荔县房产管理部门办理了预告登记,领取了19份房屋预告登记证明,其中包含本案所涉8套商品房。杨某刚于2016年以民间借贷纠纷为由向陕西省渭南市大荔县人民法院起诉睢某侠、冯某政、某房地产公司等,请求偿还上述300万元借款及利息。陕西省渭南市大荔县人民法院经审理认为:"借款期满后,原告与被告某房产公司签订19套商品房买卖合同,该商品房买卖合同是为了担保债权的实现,符合法律规定,按照《最高人民法院关于审理民间借贷案件适用法律若干问题的规定》第二十四条规定,原告在被告冯某政、睢某侠不履行生效判决确定的金钱义务,可以申请拍卖合同标的物,以偿还债务。"遂判决被告冯某政、睢某侠偿还原告杨某刚借款本金2765800元及逾期利息,若被告冯某政、睢某侠不履行本判决确定的金钱债务,原告杨某刚可以依据本判决,申请强制执行买卖合同标的物某小区3-1-302号等19套房屋。冯某政、睢某侠不服,提出上诉,渭南中院作出(2017)陕05民终2320号民事判决书,驳回上诉,维持原判。2018年3月杨某刚依据该判决向陕西省渭南市大荔县人民法院申请执行,该院经两次拍卖流拍后作出执行裁定书:解除对位于大荔县某小区3-1-302、3-1-802、3-1-1202、5-1-702号房产的查封;将上述4套房产作价1114470元,交付申请执行人杨某刚抵偿案件款。

裁判要旨:

一审法院认为,本案涉诉房屋杨某刚已经办理了预告登记,预告登记的效力在于使权利人获得一种预先的排他性保全,未经预告登记权利人同意所作出的处分行为,不发生物权效力;预告登记人能否对抗人民法院的强制执行行为,主要根据《最高人民法院关于人民法院办理执行异议和复议案件若干问题的规定》第30条之规定审查。审查重点应是是否符合物权登记的条件,本案中因实际开发人逃跑,工程未达到竣工验收条件,无法办理物权登记,故本案虽未进行物权登记但受

第十五讲 不动产预告登记权利人提起的案外人执行异议之诉

让人杨某刚对此并无过错,其请求排除强制执行,应予支持。

二审法院认为,本案争议的焦点问题是杨某刚对案涉房屋是否享有足以排除强制执行的民事权益。

根据《最高人民法院关于适用〈中华人民共和国民事诉讼法〉的解释》(2015年)第311条、第312条的规定,案外人执行异议之诉以排除对特定标的物的执行行为为目的,审理中应当首先查明案外人对执行标的物是否享有权利、享有何种民事权利,进而综合判断案外人所享有的权利能否排除对诉争房屋的强制执行。

第一,关于杨某刚对人民法院查封诉争房屋享有权利的性质。杨某刚与睢某侠、冯某政、某房地产公司等民间借贷纠纷案一审民事判决书认定的借款本金为2765800元,并明确认定案涉商品房买卖合同是为了担保债权的实现,若被告冯某政、睢某侠不履行本判决确定的金钱债务,原告杨某刚可以依据本判决,申请强制执行买卖合同的标的物。该判决确定了杨某刚对冯某政、睢某侠享有借款及利息债权,并可以申请执行案涉房屋。所依据的法律是《最高人民法院关于审理民间借贷案件适用法律若干问题的规定》(2015年)第24条规定:"当事人以签订买卖合同作为民间借贷合同的担保,借款到期后借款人不能还款,出借人请求履行买卖合同的,人民法院应当按照民间借贷法律关系审理,并向当事人释明变更诉讼请求。当事人拒绝变更的,人民法院裁定驳回起诉。按照民间借贷法律关系审理作出的判决生效后,借款人不履行生效判决确定的金钱债务,出借人可以申请拍卖买卖合同标的物,以偿还债务。就拍卖所得的价款与应偿还借款本息之间的差额,借款人或者出借人有权主张返还或补偿。"该生效判决已经明确认定杨某刚与某房地产公司签订商品房买卖合同的目的是为民间借贷提供的房屋担保,因而,本案应认定案涉房屋买卖合同的性质是为民间借贷提供担保的担保合同。

第二,关于杨某刚对案涉房产是否享有足以排除执行的民事权益。杨某刚对案涉房屋办理了预购商品房预告登记。预告登记所登记的,不是不动产物权,而是目的在于将来发生不动产物权变动的请求权。《物权法》第20条规定:"当事人签订买卖房屋或者其他不动产物权的协议,为保障将来实现物权,按照约定可以向登记机构申请预告登记。预告登记后,未经预告登记的权利人同意,处分该不动产,不发生物权效力。预告登记后,债权消灭或者自能够进行不动产登记之日起三个月内未申请登记的,预告登记失效。"该规定是对真实的不动产交易买受人的保护。本案中,杨某刚在渭南中院查封案涉房屋之前与某房地产公司签订了案涉房屋商品房买卖合同,但因其并未支付房屋价款,也未实际占有案涉房屋,且其在先已经主张民间借贷债权,并经生效判决确定其对案涉房屋享有一般债权。

杨某刚在本案中主张案涉商品房买卖合同是其与冯某政、睢某侠借款到期后,双方经过结算达成以房抵债的房屋买卖关系。因以物抵债协议成立要件之一就是债权人与债务人达成以物抵债协议后,原来的债务随之减少或者消灭。但杨某刚在该民间借贷案件中主张了债权,并经生效判决确定其对案涉房屋享有一般债权,双方的债权债务并未减少,杨某刚主张的以房抵债关系因无证据证明其原借款减少或消灭而不能成立。

《最高人民法院关于人民法院办理执行异议和复议案件若干问题的规定》第30条,即"金钱债权执行中,对被查封的办理了受让物权预告登记的不动产,受让人提出停止处分异议的,人民法院应予支持;符合物权登记条件,受让人提出排除执行异议的,应予支持",规定了金钱债权执行中,预告登记权利人提出案外人异议的审查规则。预告登记的权利人对不动产享有的是物权期待权并未完成本登记,未取得不动产所有权。该司法解释将预告登记权利人提出的案外人异议区分为两种情况:一是如果受让人请求停止处分不动产,因预告登记的目的就是排除包括强制执行在内的处分行为,人民法院对停止处分的异议请求应予支持;二是如果受让人请求排除人民法院查封则应审查其是否符合取得物权的条件,如果符合,则受让人应确定无疑地取得不动产物权,人民法院应当解除查封。本案杨某刚在一审的诉讼请求是解除对案涉房屋的查封,并不得执行。那么,其应当证明其符合取得案涉房屋物权的条件,可以确定地取得不动产物权,则人民法院对其异议请求应予支持,将相关执行措施予以解除,以利于受让人办理物权登记。事实上,杨某刚在先主张了债权,并获得生效判决,且已经申请强制执行,并已经陕西省渭南市大荔县法院强制执行拍卖了预告登记的其中4套房屋,实现了部分债权。现杨某刚主张房屋买受人的权利与其在先主张债权相悖,即其已主张债权,就意味着未支付购房款,也就不能确定地取得案涉房屋。因此,杨某刚对案涉房屋并不享有足以排除强制执行的民事权利。

综上所述,上诉人某建工公司的上诉请求成立,应予支持。一审判决认定基本事实清楚,但适用法律有误,应予纠正。

最高人民法院经审查认为:首先,杨某刚在签订以物抵债型房屋买卖合同并办理房屋预告登记后,先以另案诉讼方式选择了该合同基础上的民间借贷法律关系主张权利。根据杨某刚的诉讼请求,在另案生效判决已将杨某刚与冯某政、睢某侠、某房地产公司之间确认为民间借贷法律关系,并判决确认了相应债权债务之后,杨某刚又以房屋买卖合同关系就同一债权债务在本案诉讼中主张房屋买受人权利。因案涉债权债务已为此前生效判决确认,意味着房屋买卖合同中买受人的付款义务未履行,某房地产公司亦未实际收到购房款,故杨某刚又以预告登记为由主张房屋买受人权利及抵销权,缺乏事实根据。其次,另案生效判决确定杨某刚对案涉房屋的权利为具有担保性质的一般债权,并不具有优先性,与某建工公司的债权属于同一顺位。因某建工公司首先申请查封案涉房屋,而杨某刚的权益不足以排除强制执行,故二审判决未支持杨某刚的诉讼请求,并无不当。最后,案外人执行异议之诉是针对执行标的本身,以案外人是否对执行标的享有足以阻却执行的正当权利为前提,就执行程序应否继续,作出评价和判断。关于某房地产公司是否还有其他财产可供执行,以及作为执行依据的生效裁判是否妥当,某建工公司是否未通过执行程序处分案涉财产,均不属于本案审理范围,不予审查。综上,杨某刚的再审申请不符合《民事诉讼法》(2017年)第200条第1项、第6项规定的情形。

裁判评析:

本案为陕西省高级人民法院第152号参考性案例,是适用《最高人民法院关于人民法院办理执行异议和复议案件若干问题的规定》第30条的典型案例,并对预告登记排除处分性执行措施与控制性执行措施的审查规则进行了较为完整的说理。

二审法院认为,"如果受让人请求停止处分不动产,因预告登记的目的就是排除包括强制执行在内的处分行为,人民法院对停止处分的异议请求应予支持;但如果受让人请求排除人民法院查封则应审查其是否符合取得物权的条件,如果符合,则受让人应确定无疑地取得不动产物权,人民法院应当解除查封"。因此,对于预告登记权利人提起案外人执行异议之诉要求排除执行而非仅停止处分的,法院审查规则应当视案外人是否符合本登记条件而定。如前所述,处分性执行措施是指拍卖、变卖等实际处分查封房产的措施,该类措施会影响标的物所有权的变动,因此会妨碍预告登记权利人行使权利。预告登记期内,预告登记权利人享有债权或不动产物权期待权已经具备了对抗所有权人和第三人的物权效力,未经预告登记权利人同意,处分该不动产的,不发生物权效力。

但人民法院对已办理预告登记的不动产采取查封等控制性执行措施,并不会侵害预告登记权利人的合法权益。根据《民法典》的相关规定,预告登记与本登记存在本质区别。预告登记权利人并非不动产的实际所有权人,而是享有以实现物权为目标的债权请求权。在办理预告登记时,权利人尚未真正取得所有权,预告登记本身并不导致不动产所有权的变动。只有当完成本登记后,预告登记权利人才能依法获得不动产的所有权。二审法院也明确指出,"预告登记所登记的,不是不动产物权,而是目的在于将来发生不动产物权变动的请求权"。正因如此,预告登记制度的核心本就是阻却出卖人的再次处分,执行中则体现为阻却处分性执行措施。预告登记权利人并不具备行使不动产所有权各项权能的资格,无法对该不动产进行占有、使用或处分等操作。并且,即便在人民法院对预告登记的不动产采取查封等控制性执行措施的情况下,也不影响预告登记权利人继续办理本登记。所以,人民法院对已办理预告登记的不动产采取查封等控制性执行措施,并不会对预告登记权利人的权益造成损害。因此,预告登记并不能阻却查封等控制性执行措施,仅能够阻却拍卖、变卖等处分性执行措施。当预告登记权利人仅享有预告登记但暂不满足物权登记的条件时,预告登记权利人无权排除处分性执行措施。

最高人民法院同样肯定了二审法院的判决,认定预告登记权利人的权益不足以排除强制执行,最终裁定驳回了原告杨某刚的再审申请。本案的二审判决说理充分,对《最高人民法院关于人民法院办理执行异议和复议案件若干问题的规定》第30条的规则理解准确,是近年来应用该司法解释规范的优秀裁判。

案例二:长春市领运房地产开发有限公司、黄某轩案外人执行异议之诉纠纷案[①]

基本案情:

一审法院查明事实:庆丰公司因与轻工工程公司、孙某丹等诉前保全纠纷案,于2015年4月27日向长春市绿园区人民法院提出诉前财产保全申请,长春市绿园区人民法院于2015年4月28日在长春市房屋档案馆查封孙某丹所有的位于长春市净月开发区某小区T3幢101号房,查封期限1年。后在庆丰公司与轻工工程公司、孙某丹、黄某轩、黄某尧买卖合同纠纷一案中,一审法院于2015年8月21日作出(2015)长民四初字第34号民事判决书,判决:(1)孙某丹在夫妻财产范围内及继承财产范围内、黄某轩、黄某尧在其继承财产范围内于本判决生效后立即向庆丰公司支付钢材款12064538.5元及违约金;(2)轻工工程公司应在10494642元及违约金范围内对黄某华欠付庆丰公司的钢材款承担连带清偿责任;(3)驳回庆丰公司的其他诉讼请求。轻工工程公司不服该判决,上诉至二审法院。二审判决于2016年2月26日作出(2015)吉民二终字第98号民事判决书,驳回上诉,维持原判。后庆丰公司针对该判决向一审法院申请执行,一审法院以(2016)吉01

[①] 参见最高人民法院民事判决书,(2019)最高法民再299号。

执166号执行裁定书立案执行。在执行过程中,一审法院于2016年4月13日续封了孙某丹所有的位于长春市净月开发区某小区T3幢101号房。查封期限3年。领运公司对此提出执行异议,一审法院于2017年5月2日作出(2017)吉01执异813号执行裁定书,驳回其异议请求,并于2017年5月15日向领运公司送达,一审法院于2017年5月25日收到领运公司就本案提交的网上立案材料。

另查明,孙某丹于2014年10月23日向领运公司交纳1560319元购房款后,于2014年12月12日和领运公司签订了《商品房买卖合同》,约定:孙某丹购买由领运公司开发的位于长春市净月开发区某小区第T3幢101号,建筑面积为469.42平方米的房屋一套。房屋总价款为5200319元。付款方式为银行按揭贷款。同时该合同在房产部门已备案。针对案涉房屋的按揭贷款,孙某丹作为借款人、吉林某银行长春净月潭支行作为贷款人、领运公司作为保证人于2014年12月15日签订《个人房屋按揭借款合同》,合同约定:孙某丹向吉林某银行长春净月潭支行贷款3640000元,借款期限自2014年12月15日起至2044年12月14日止。同时该合同还约定用孙某丹购买的上述房屋为该笔贷款提供担保。对孙某丹取得该房屋所有权证并办理完毕抵押登记之前所产生的所有孙某丹应付款项,领运公司提供连带责任保证。孙某丹于2015年1月13日取得案涉房屋的预告登记证,证号为长房预Y字第××号。孙某丹于2015年7月21日起逾期向银行还贷,吉林某银行长春净月潭支行于2017年1月20日向领运公司发出《履行担保责任通知书》,因孙某丹逾期18个月未偿还贷款,通知领运公司承担阶段性连带保证责任。二审法院查明事实与一审法院一致。

再审法院补充查明,案涉备案《商品房买卖合同》附件四《商品房买卖合同补充协议》第6条,针对《商品房买卖合同》第7条的补充约定第3项第2款约定:"买受人以按揭贷款方式购房,如买受人未能按照其与银行(公积金管理中心)签订的合同约定期限内及时还款,出卖人因承担担保责任而造成出卖人损失的,出卖人有权解除合同,并将上述商品房另行出售……"另,案涉《商品房买卖合同》第19条约定,本合同在履行过程中发生的争议,由双方当事人协商解决;协商不成的,提交长春仲裁委员会仲裁。

再查明,长春仲裁委员会于2018年7月26日作出案涉仲裁裁决查明,孙某丹自2015年7月21日起拖欠银行贷款本息,吉林某银行净月潭支行以孙某丹及领运公司为被告,向长春市净月高新技术产业开发区人民法院提起诉讼,要求孙某丹及领运公司清偿贷款本息。领运公司于2017年2月15日代偿10000元本息。2017年12月20日,长春市净月高新技术产业开发区人民法院对此作出(2015)长净开民初字第675号民事判决书,判令孙某丹偿还本金3607901.33元及利息,领运公司承担连带清偿责任。领运公司已于2018年1月26日代为清偿银行本金3607901.33元、利息535168.05元、诉讼费及保全费40743元。据此,裁决:(1)解除领运公司与孙某丹于2014年12月12日签订《商品房买卖合同》及其补充协议。(2)孙某丹向领运公司支付违约金人民币156009.57元。(3)孙某丹立即协助领运公司办理撤销案涉房屋的预告登记。(4)驳回确认领运公司为长春市净月开发区某小区T3幢101号房屋所有权人的仲裁申请。

裁判要旨:

二审法院认为,本案为案外人执行异议纠纷,争议焦点为领运公司请求不得执行案涉房屋并确认其为案涉房屋所有权人的主张应否得到支持。根据原审查明的事实,孙某丹于2014年10月23日向领运公司交纳1560319元购房款后,于2014年12月12日和领运公司签订了《商品房买卖合同》,同时约定了付款方式为银行按揭贷款。该合同在房产部门已备案。该案涉房屋为按揭贷款,孙某丹作为借款人、吉林某银行长春净月潭支行作为贷款人、领运公司作为保证人于2014年12月15日签订《个人房屋按揭借款合同》,合同约定用孙某丹购买的案涉房屋为该笔贷款提供担保。对孙某丹取得该房屋所有权证并办理完毕抵押登记之前所产生的所有孙某丹应付款项,领运公司提供连带责任保证。孙某丹于2015年1月13日取得案涉房屋的预告登记证。孙某丹于2015年7月21日起逾期向银行还贷,吉林某银行长春净月潭支行于2017年1月20日向领运公司发出《履行担保责任通知书》,因孙某丹逾期18个月未偿还贷款,通知领运公司承担阶段性连带保证责任。本案中,孙某丹在案涉房屋查封前,支付了全部购房款,已取得案涉房屋的所有权预告登记证。该所有权预告登记尚在有效期内,且领运公司向孙某丹交付房屋使用通知书,故一审判决认定孙某丹取得案涉房屋的原因行为真实且合法有效,法院据此将案涉房屋作为孙某丹的财产予以查封并无不当。根据《个人房屋按揭借款合同》,孙某丹作为借款人、吉林某银行长春净月潭支行作为贷款人、领运公司作为保证人,即使领运公司因孙某丹逾期偿还银行贷款而承担连带保证责任,并就其承担连带保证责任对孙某丹享有债权请求权,该债权请求权相较于庆丰公司对孙某丹享有的对钢材款的债权请求权,效力也并未更优,不足以排除庆丰公司申请的案涉执行行为。虽然领运公司提交案涉仲裁裁决、建设用地规划许可证等五证及备案证明等相关证据,主张案涉仲裁裁决已经解除其与孙某丹签订的《商品房买卖合同》及补充协议,领运公司为该房屋的合法权利人,法院不应对房屋采取执行行为,但案涉仲裁的提起时间及受理时间均在法院对该案涉房屋查封之后,且未发生法律效力,故该仲裁裁决书对本案不发生直接的影响力,其提交的建设用地规划许可证等五证不影响本案事实的认定。故领运公司上诉理由不成立,不予支持。

再审法院认为,本案系因诉争房屋被查封后,领运公司以仲裁裁决解除诉争房屋买卖合同为由提出案外人执行异议之诉,阻却人民法院对诉争房屋的执行。故本案应当审理认定以下几个方面:(1)庆丰公司对人民法院查封的诉争房屋享有的权利性质;(2)人民法院的查封能否限制领运公司行使合同解除权;(3)领运公司对案涉房屋能否享有足以排除强制执行的民事权益。

一、庆丰公司对人民法院查封的诉争房屋享有的权利性质

依据《最高人民法院、国土资源部、建设部关于依法规范人民法院执行和国土资源房地产管理部门协助执行若干问题的通知》第15条的规定:"下列房屋虽未进行房屋所有权登记,人民法院也可以进行预查封:(一)作为被执行人的房地产开发企业,已办理了商品房预售许可证且尚未出售的房屋;(二)被执行人购买的已由房地产开发企业办理了房屋权属初始登记的房屋;(三)被执行人购买的办理了商品房预售合同登记备案手续或者商品房预告登记的房屋。"二审判决以孙某丹取得案涉房屋的原因行为真实且合法有效,进而认定人民法院将诉争案涉房屋作为孙某丹的财产予以查封并无不当。虽然这一认定的理由不妥,但因孙某丹于2015年1月13日取得案涉房屋的预告登记证,符合上述通知第15条第3项规定的条件,二审判决认定的结论正确,再审法院予以维持。

依据《物权法》第20条的规定,预告登记系在不动产登记簿中公示的,具有一定物权效力的、以将来物权变动为内容的预先登记。预告登记的效力在于排除或阻却第三人对登记权利人名下不动产物权的取得,从而保证将来本登记的实现。但预告登记权利人并不因办理了预告登记而当然取得预告登记房屋的所有权。本案中,人民法院对办理了房屋预告登记的房屋进行查封,查封的是孙某丹享有的在本登记完成之前的要求领运公司履行案涉《商品房买卖合同》的请求权,属于合同权利。而庆丰公司对于查封预告登记房屋的执行效果取决于房屋预告登记能否符合本登记的条件。只有当诉争房屋完成本登记(产权人为孙某丹),庆丰公司才能对诉争房屋进行拍卖、变卖、折价等以满足其债权。

二、人民法院的查封能否限制领运公司行使合同解除权

首先,人民法院查封的效力是禁止被执行人处分财产,且法律并无明确规定,与被执行人发生交易关系的合同相对人的合同权利也因交易标的物被查封而不得行使。本案中,孙某丹向领运公司购买诉争房屋,2015年1月办理了房屋预告登记,2015 年 4 月因人民法院对预告登记在孙某丹名下的房屋进行查封。故查封的效力限制的是孙某丹处分诉争房屋的行为,并不当然等同于限制孙某丹、领运公司关于诉争房屋买卖的合同权利。进一步而言,案涉《商品房买卖合同》及补充协议约定了领运公司享有合同解除权的条件,这是合同当事人的真实意思表示。非因法定事由,不能剥夺领运公司的合同解除权。

其次,领运公司依据其与孙某丹签订的《商品房买卖合同》及补充协议的约定,向长春仲裁委员会申请确认解除上述合同及补充协议。长春仲裁委员会依据《合同法》第 93 条、第 96 条的规定,作出案涉仲裁裁决,解除案涉《商品房买卖合同》及补充协议。庆丰公司及孙某丹主张长春仲裁委员会作出的上述裁决书在受理、裁决上均存在违反法律法规的情形,无权解除案涉《商品房买卖合同》及补充协议等理由,目的在于否定上述仲裁裁决书的效力。但依据《仲裁法》第 58 条规定,当事人申请撤销仲裁裁决的,应当向长春仲裁委所在地的中级人民法院申请,故庆丰公司、孙某丹在本案再审中提出上述理由没有法律依据,再审法院不予支持。此外,二审判决认定案涉仲裁裁决未发生法律效力,但未阐述具体理由。庆丰公司及孙某丹也未能进一步说明。故依据《仲裁法》第 57 条规定,裁决书自作出之日起发生法律效力。二审判决认定上述仲裁裁决未发生法律效力缺乏事实根据,再审法院予以纠正。因此,根据已经查明的事实以及庆丰公司、孙某丹主张的理由,在案涉仲裁裁决未被撤销的前提下,该裁决的法律效力应当予以采信。

最后,依据原《物权法》第 20 条第 2 款规定:"预告登记后,债权消灭或者自能够进行不动产登记之日起三个月内未申请登记的,预告登记失效。"原《最高人民法院关于适用〈中华人民共和国物权法〉若干问题的解释(一)》进一步对预告登记因债权消灭而失效进行了规定。引起债权消灭的原因很多,例如,债权因为合同被撤销、合同被解除、混同、清偿、免除、提存以及预告登记的权利人放弃债权等其他原因而归于消灭。本案中,案涉仲裁裁决已经确认解除了案涉《商品房买卖合同》及补充协议,即孙某丹享有的诉争房屋物权变动请求权因合同解除而消灭,相应的对诉争房屋的预告登记亦归于失效。

三、领运公司对案涉房屋能否享有足以排除强制执行的民事权益

领运公司依据诉争房屋被查封后作出的案涉仲裁裁决排除庆丰公司执行申请,应否得到支持。

首先,从《最高人民法院关于人民法院办理执行异议和复议案件若干问题的规定》第 25 条、第 26 条规定来看,第 25 条确立了案外人执行异议程序应当作形式审查的原则,而第 26 条则是形式审查原则的例外规定。第 26 条适用的前提条

件是存在案外人依据另案生效法律文书提出排除执行异议申请,该法律文书认定的执行标的权利人与依照前款规定得出的判断不一致的,即上述两个条文应当同时适用,且以第25条为先。而第26条的规范目的是防止在人民法院作出查封等执行措施之后,当事人再通过另案裁判确认新的物权归属,架空人民法院采取的查封措施的效力;同时敦促案外人向作出查封措施的人民法院提出案外人执行异议之诉时进行物权确认,而不是另寻其他法院或者路径解决,以避免生效裁判之间既判力的相互矛盾。本案中,当事人争议的是不动产,故应当首先适用上引司法解释第25条第1款第1项规定。而领运公司提交的案涉仲裁裁决并未对案涉房屋的所有权归属进行确认,故并未触发上引司法解释第26条的适用。进一步而言,案涉仲裁裁决书的主文是确认解除案涉《商品房买卖合同》及补充协议,并未确认诉争房产的所有权归属。故案涉《商品房买卖合同》及其补充协议已经解除的事实能够作为本案认定事实的前提和基础。

其次,领运公司提交了国有土地使用权证、建设工程规划许可证、建设用地规划许可证、建筑工程施工许可证、商品房销(预)售许可证五证及备案证明等证据,足以证明领运公司为诉争房屋的开发企业。在案涉《商品房买卖合同》及补充协议解除后,根据《合同法》第97条①,《最高人民法院关于适用〈中华人民共和国民事诉讼法〉的解释》第312条第2项规定,能够确认领运公司系诉争房屋的所有权人。在案涉仲裁裁决确认领运公司与孙某丹之间的《商品房买卖合同》及补充协议解除后,针对诉争房屋的预告登记失效。作为诉争房屋所有权人的领运公司诉求解除人民法院对诉争房屋的查封,再审法院予以支持。应说明的是,上述认定并不剥夺因案涉《商品房买卖合同》及补充协议解除后,孙某丹享有的已付购房款项返还请求权,孙某丹可另寻其他途径解决。领运公司以诉争房屋所有权人身份提起本案诉讼,主张对诉争房屋享有所有权,而二审判决在审理中却将领运公司诉请的法律性质识别为保证人的追偿权,适用法律错误,再审法院予以纠正。

综上,人民法院的查封措施固定的是房屋预告登记本身以及本登记完成之后对房屋的查封,不包括通过执行程序对标的物进行拍卖、变卖、折价等。房屋预查封的执行效果取决于房屋预告登记能否符合本登记的条件。案涉《商品房买卖合同》及补充协议解除后,预告登记失效,孙某丹不再享有相应的物权期待权。而领运公司作为诉争房屋开发企业有权向人民法院申请解除查封,排除执行。二审判决认定事实,适用法律均有错误,应予以纠正。

---

① 现已被《民法典》第566条吸收。

裁判评析：

本案为最高人民法院再审改判案例，回答了"已预告登记的商品房被法院查封后，开发商可否诉请解除该商品房买卖合同，从而成为房屋所有权人并排除强制执行"的问题。

作为不动产预告登记案外人执行异议之诉的典型案例，本案的案情更为特殊，本案中案外人并非预告登记权利人，而是原登记人领运公司要求排除对预告登记权利人所登记房屋的查封执行，并确认其为房屋所有权人。本案经历了一审、二审并最终由最高人民法院再审，最高人民法院最终认定二审判决认定事实、适用法律均有错误并予以改判，也足以见其特殊之处。

本案案情可以简要梳理为如下法律关系：孙某丹与领运公司签订《商品房买卖合同》，并通过银行按揭贷款购买房屋，完成了预告登记。但因孙某丹未按时偿还贷款，银行通知领运公司承担担保责任，之后法院对房屋进行了查封。领运公司以合同解除为由，提出执行异议，要求解除查封。最高人民法院在本案中主要确立了以下裁判标准：

第一，对于合同解除权的行使是否受到作为标的的不动产被查封的影响问题，最高人民法院认可了仲裁裁决对买卖合同的解除，也即开发商在购房者违约（如逾期还贷）时，有权依据合同约定行使解除权。这一权利并不因房屋被查封而受到限制，预告登记及预查封措施并不影响合同双方行使合同解除权。最高人民法院对此特别指出："人民法院查封的效力是禁止被执行人处分财产，且法律并无明确规定，与被执行人发生交易关系的合同相对人的合同权利也因交易标的物被查封而不得行使。"对于二者合同约定的真实意思表示，无法定事由不应剥夺领运公司的合同解除权。

第二，对于合同解除后，预告登记权利人的债权或物权期待权是否丧失的问题，最高人民法院指出，"人民法院的查封措施固定的是房屋预告登记本身以及本登记完成之后对房屋的查封，不包括通过执行程序对标的物进行拍卖、变卖、折价等。房屋预查封的执行效果取决于房屋预告登记能否符合本登记的条件。随着《商品房买卖合同》的解除，预告登记失效，购房者不再享有物权期待权"。根据《民法典》相关规定，预告登记具有物权期待效力，但若合同解除或其他变动导致权利消灭，预告登记亦会失效。法院认定案涉房屋的预告登记因合同解除而失效，领运公司作为合同解除后的房屋所有权人，申请解除查封以保护自身合法权益合法合理。

可以看出，本案中，最高人民法院对于开发商与购房者之间的利益平衡与风险防范进行了一定取舍,并非仅保护购房者的权益,同样考量了开发商的合法权利。这同样提醒了开发商在与购房者签订合同时,也应充分评估购房者的资信状况,并考虑在合同中设置合理的违约条款,以保障自身利益。最高人民法院的判例为我们提供了明确的法律指引:在已预告登记的商品房被法院查封后,开发商有权依据合同约定解除商品房买卖合同,并据此成为房屋所有权人,排除强制执行。这一判决不仅保护了开发商的合法权益,也为类似案件的处理提供了重要参考。

问题二　不动产备案登记权利人提起的案外人执行异议之诉

【规范梳理】

《山东高院执行疑难法律问题解答(三)》

25.被执行人系房地产开发企业,买受人购买了被执行人名下的预售商品房且已办理预售备案登记,其请求依照《最高人民法院关于人民法院办理执行异议和复议案件若干问题的规定》第三十条的规定,对该商品房请求排除执行,法院应否支持?

答:《最高人民法院关于人民法院办理执行异议和复议案件若干问题的规定》第三十条规定:"金钱债权执行中,对被查封的办理了受让物权预告登记的不动产,受让人提出停止处分异议的,人民法院应予支持;符合物权登记条件,受让人提出排除执行异议的,应予支持。"商品房预售备案登记是房地产管理部门依据《城市房地产管理法》对商品房预售合同进行的备案登记,是一种行政管理措施。预告登记是物权法规定的一种物权登记制度,目的是保障权利人将来能够实现物权。商品房预售合同的备案登记不能等同于预告登记,不具有物权效力,不能适用《最高人民法院关于人民法院办理执行异议和复议案件若干问题的规定》第三十条的规定,可以按照上述规定第二十八条或第二十九条的规定予以审查。

《吉林省高级人民法院关于审理执行异议之诉案件若干疑难问题的解答(二)》

问题十九:金钱债权执行中,申请执行人对被执行人向房地产开发企业购买但未办理登记的商品房请求实施执行,而房地产开发企业作为出卖人就案涉商品房提出权属主张的,人民法院该如何处理?

答:金钱债权执行中,申请执行人请求对被执行人向房地产开发企业购买但尚未办理登记的商品房实施执行,而房地产开发企业作为出卖人就案涉商品房提

出权属主张,同时满足以下条件的,对申请执行人继续执行的请求,人民法院应当支持:

（一）被执行人与房地产开发企业之间就案涉商品房已经形成了合法有效的商品房买卖合同关系;

（二）被执行人已经合法占有了案涉商品房,或者被执行人已经办理了合法有效的所有权预告登记、合同备案登记、合同网签登记等情形之一的;

（三）被执行人已经支付了全部价款,或者被执行人按照合同约定仅支付了部分价款但房地产开发企业同意剩余价款从变价款中优先向其支付。

【理论基础】

商品房预售备案登记,又称网签备案,是商品房买卖过程中的重要程序。根据我国《城市房地产管理法》第45条及相关文件的规定,房屋买受人签订房屋买卖合同后,应当到政府房屋管理部门进行网签备案,将房屋买卖于网上进行公示,备案登记未经购房人同意不可撤销。[①] 该制度属于行政管理部门的一项监管措施,其主要目的在于防止一房二卖,促进房地产交易更加公开和透明。不同于预告登记,虽然商品房买卖预售合同备案、网签备案也具有保护购房人债权的功能,在实践中与预告登记的功能上有重叠,但是二者有巨大差异。

预告登记作为不动产登记的一种,当事人是否申请、申请的具体时间完全遵循意思自治原则,法律并未作出强制性要求。而商品房买卖预售合同备案、网签备案与之不同,它们是针对房屋买卖所设置的监管措施,目的是维护商品房市场交易秩序,具有行政管制的特性。[②] 具体到预售商品房交易实践中,一套商品房只能进行一次网签备案,备案后预售人便无法再完成房屋转让或抵押的相关物权登记,房地产开发商要在规定的期间内申请办理备案登记,如果未按时履行备案程序,房屋登记管理部门就不予办理房屋产权过户登记手续。因而,其实际上发挥着极其类似于预告登记的预防"一房二卖"的公示作用。但易言之,"一旦实际运作有变,如预售合同备案与房屋所有权转移登记不再关联挂钩,该功能将荡然无存。预售合同备案保护购房人债权的功能仅有实践的实然性,而无法律规定的规

[①] 参见《住房城乡建设部房屋交易与产权管理工作导则》第3.3条、《住房城乡建设部关于进一步规范和加强房屋网签备案工作的指导意见》和《住房和城乡建设部房屋交易合同网签备案业务规范（试行）》第1条。

[②] 参见李玉林:《〈民法典〉预告登记制度的司法适用——以效力问题为中心》,载《法律适用》2021年第8期。

范性"①。另外,若承认预售网签备案登记具有等同于房屋预告登记制度的作用,则违背了预售网签备案登记的制度初衷,也架空了预告登记制度的精细制度设计,如网签备案登记制度中并未见如预告登记制度所规定的 3 个月有效期间,而若认为其效力等同预告登记,则变相认可了其具有无时限的预告登记功能。司法实践中的观点也普遍认为,由于合同备案登记不具有物权公示效力,购房人的债权不能对抗其他债权人对备案标的物的查封行为,在购房人依合同备案登记所提起的案外人执行异议之诉中,不能构成足以排除强制执行的民事权益。

但由于备案登记本身具有一定的对外公示效力,因此也有学者认为,对于案外人执行异议之诉中商品房预售合同备案登记的效力应当更加注重实然层面的探讨。② 依据我国《不动产登记暂行条例实施细则》第 38 条第 2 款的规定,"不动产买卖合同依法应当备案的,申请人申请登记时须提交经备案的买卖合同",预售房所有权转移登记必须提交已备案的商品房预售合同,排除了第三人取得已备案登记预售房所有权的可能。依据我国《不动产登记暂行条例实施细则》第 86 条的规定,预售房预告登记必须提交已备案的商品房预售合同,排除了已备案登记预售房办理第三人预告登记的可能。因此,应当承认商品房预售合同备案登记制度与预告登记制度均赋予了商品房预售合同以对世效力,都具有保障债权实现的作用,否则将会架空商品房预售登记制度的实践效果。若商品房预售合同备案登记无法对抗其他债权人对备案标的物的查封并最终排除执行,很有可能导致房地产预售方一房多卖或与其他债权人恶意串通进行虚假预售等实践现象。③

本书认为,商品房预售合同备案登记制度的公示效力评价,不应脱离法秩序的规范性,其是否享有足以排除执行的民事权益,仍然应当遵循民法与民诉法的规定,商品房预售登记与预告登记仍然具有本质区别。商品房预售登记本质还是对债权合同的公示,仅起到证明商品房买卖合同生效的作用,不直接产生物权设立或者变动的法律效果,这就意味着购房人即使完成网签备案也并未获得房屋产权,仍应当依据法律规定进行不动产物权预告登记或者变更登记。而如问题一所述,即便是案外人对被执行的不动产已办理物权公示效力更强的预告登记,依据

---

① 参见常鹏翱:《中国式买房:网签备案的功能分析》,载《法律科学(西北政法大学学报)》2020 年第 4 期。
② 参见孟勤国:《论备案登记应有预告登记效力——一个事关我国经济和民生的重大法技术问题》,载《法治研究》2022 年第 5 期。
③ 参见孟勤国:《论备案登记应有预告登记效力——一个事关我国经济和民生的重大法技术问题》,载《法治研究》2022 年第 5 期。

《最高人民法院关于审理执行异议之诉案件适用法律问题的解释》第19条,仅凭预告登记的事实也只能排除控制性执行行为,达到符合物权本登记条件后,方能认定案外人具有请求排除强制执行的合法权益。商品房预售合同备案登记既不具有物权公示属性,也不具有类似预告登记的物权期待权属性。[①]

因而具体到案外人执行异议之诉中,地方司法文件《山东高院执行疑难法律问题解答(三)》即回答了案外人能否依商品房预售备案登记排除执行的问题,山东省高级人民法院明确指出,商品房预售备案登记是房地产管理部门依据《城市房地产管理法》对商品房预售合同进行的备案登记,是一种行政管理措施。预告登记是物权法规定的一种物权登记制度,目的是保障权利人将来能够实现物权。商品房预售合同的备案登记不能等同于预告登记,不具有物权效力,不能适用《最高人民法院关于人民法院办理执行异议和复议案件若干问题的规定》第30条的规定,可以按照上述规定第28条或第29条的规定予以审查。本书对此持赞同观点,网签备案登记后,购房人实际享有的系债权请求权,故仅依据办理网签备案而请求排除法院对房屋的强制执行,不应得到支持。

【典型案例】

案例一:麻某某与甘肃某银行庆阳分行、原审第三人庆阳金昊房地产开发有限公司案外人执行异议之诉[②]

基本案情:

一审法院认定事实如下:2015年6月18日,麻某某与庆阳金昊房地产开发有限公司(以下简称金昊公司)签订了6份《商品房买卖合同》,约定金昊公司将其开发的位于甘肃省庆阳市环县环城镇共6套门面房出售给麻某某,2015年12月31日前交付房屋,并办理了商品房预售合同备案登记,但至今金昊公司并未交付房屋。2016年2月25日,一审法院受理甘肃某银行庆阳分行与金昊公司、胡某、胡某霞、任某倩金融借款合同纠纷一案。2016年1月5日一审法院根据甘肃某银行庆阳分行诉前财产保全申请,作出(2016)甘财保字1号民事裁定书,裁定冻结

[①] 参见袁野:《〈民法典〉中预告登记的效力修正与体系展开》,载刘云生主编:《中国不动产法研究》2021年第1辑,社会科学文献出版社2021年版,第192页。

[②] 参见最高人民法院民事裁定书,(2017)最高法民终606号。

金昊公司、胡某、胡某霞、任某倩的银行账户资金人民币1040万元或查封、扣押其等值的其他财产。2016年1月8日,一审法院向庆阳市环县房地产管理局发出(2016)甘执保字第01号协助执行通知书,查封了金昊公司开发的位于甘肃省庆阳市环县环城镇某小区全部房地产,其中包括涉案6套房屋。2016年5月3日,麻某某认为其与金昊公司就涉案房产已签订有《商品房买卖合同》,并支付购房款,该房产属于其个人财产,一审法院查封不当,向一审法院提出执行异议。一审法院于2016年7月25日作出(2016)甘执异13号执行裁定书,驳回了麻某某的异议请求。麻某某不服该裁定,向一审法院提起案外人执行异议之诉。

裁判要旨:

一审法院认为,本案争议的焦点问题为麻某某对涉案6套房产是否享有足以排除一审法院查封执行行为的实体权益。经审查,麻某某虽然与金昊公司就涉案6套房产签订了《商品房买卖合同》并办理了预售备案登记,但至今没有办理产权登记,也没有交付。根据《物权法》第14条的规定,不动产物权的设立、变更、转让和消灭,依照法律规定应当登记的,自记载于不动产登记簿时发生效力。当事人签订买卖房屋或者其他不动产物权的协议,是为保障将来实现物权,其权利性质仍属于债权。《城市商品房预售管理办法》第10条第1款规定:"商品房预售,开发企业应当与承购人签订商品房预售合同。开发企业应当自签约之日起30日内,向房地产管理部门和市、县人民政府土地管理部门办理商品房预售合同登记备案手续。"因此,商品房预售备案登记是房地产管理部门出于行政管理的目的,对商品房预售合同进行的备案,系行政管理范畴。而预告登记制度系物权法确定的一种物权登记制度,预告登记后,其请求权产生权利保全的效力。合同备案登记与《物权法》第20条规定的不动产预告登记制度存在本质区别。本案中麻某某提供的备案审批表名称为《商品房预售备案审批表》,加盖的印章为环县房管局合同备案专用章,可以看出涉案房屋备案只是依据《城市商品房预售管理办法》办理的合同备案登记,并非物权预告登记。根据物权法定原则,仅办理了商品房预售合同的登记备案,并不当然产生预告登记的物权效力。故,麻某某主张其对商品房预售合同的备案登记等同于房屋产权预告登记的理由于法无据,不能成立。根据物权的排他性原则,只有物权或者准物权才能够排除法院的强制执行行为。本案中麻某某对执行标的物仅享有债权,并非物权或者准物权。因此,不能对抗法院对涉案标的物的查封行为。另外,根据《最高人民法院关于办理执行异议和复议案件若干问题的规定》第28条规定,金钱债权执行中,买受人对登记在被执行人名下的不动产提出异议,符合下列情形且其权利能够排除执行的,人民法院应予以支持:(1)在人民法院查封之前已签订合法有效的书面买卖合同;(2)在人民法院查封之前已合法占有该不动产……。本案中涉案房产在法院查封前并未交付麻某某占有。因此,麻某某的主张亦不符合法律规定,不予支持。综上,麻某某对一审法院查封标的不享有足以排除强制执行的民事权益。

二审法院认为,本案二审的焦点问题是麻某某对涉案6套房产是否享有足以排除查封执行行为的实体权益。《物权法》第14条规定:"不动产物权的设立、变更、转让和消灭,依照法律规定应当登记的,自记载于不动产登记簿时发生效力。"麻某某提供的《商品房预售备案审批表》,加盖的印章为环县房管局合同备案专用章,金昊公司在二审询问中也述称,麻某某在房管局的登记程序与其他购房者并无差异,故原审认定涉案房屋备案仅是依据《城市商品房预售管理办法》规定的履行合同备案登记并无不当。《物权法》第20条规定:"当事人签订买卖房屋或者其他不动产物权的协议,为保障将来实现物权,按照约定可以向登记机构申请预告登记。预告登记后,未经预告登记的权利人同意,处分该不动产的,不发生物权效力。预告登记后,债权消灭或者自能够进行不动产登记之日起三个月内未申请登记的,预告登记失效。"麻某某虽然与金昊公司就涉案6套房产签订《商品房买卖合同》并办理了预售备案登记,但没有办理预告登记,该6套房屋至今仍未办理产权移转登记,也并未实际交付。麻某某虽然主张在当地预告登记与备案登记合二为一,但其并未提交充分证据予以证明,且在一审、二审庭审中并未提交其在涉案6套房屋备案登记的同时,曾向当地登记机构申请预告登记并提交的书面材料的相关证据。故麻某某主张其对商品房预售合同的备案登记等同于房屋产权预告登记的上诉理由不能成立。其对执行标的物享有的债权不能对抗法院对涉案标的物的查封行为。《最高人民法院关于办理执行异议和复议案件若干问题的规定》第29条规定:"金钱债权执行中,买受人对登记在被执行的房地产开发企业名下的商品房提出异议,符合下列情形且其权利能够排除执行的,人民法院应予支持:(一)在人民法院查封之前已签订合法有效的书面买卖合同;(二)所购商品房系用于居住且买受人名下无其他用于居住的房屋;……"询问时,麻某某述称其与金昊公司签订《商品房买卖合同》的背景系其与金昊公司之间有债权债务关系,债到期后,金昊公司用涉案6套门面房抵顶债务。故麻某某的该主张不符合前述规定,二审法院不予支持。

裁判评析:

本案是最高人民法院对案外人主张商品房预售合同备案登记排除执行的典型案例,虽然相关司法解释对涉及备案登记权利人提起的案外人执行异议之诉未有明确规定,但本案中最高人民法院的判决对类似案例具有较强的指导作用。

第一,最高人民法院在该案判决中明确强调了商品房预售合同备案与预告登记的区别,商品房预售备案登记是房地产管理部门出于行政管理的目的,对商品房预售合同进行的备案。而预告登记制度系物权法确定的一种物权登记制度,预告登记后,对预告登记人的请求权产生权利保全的效力。这也是司法实践中的普遍观点,即案外人仅依据商品房预售合同备案登记不得请求类推适用预告登记的案外人执行异议之诉排除执行规则。地方司法文件中也对此予以印证,《山东高院执行疑难法律问题解答(三)》中明确指出,商品房预售备案登记是房地产管理部门依据《城市房地产管理法》对商品房预售合同进行的备案登记,是一种行政管理措施。预告登记是物权法规定的一种物权登记制度,目的是保障权利人将来能够实现物权。商品房预售合同的备案登记不能等同于预告登记,不能适用《最高人民法院关于人民法院办理执行异议和复议案件若干问题的规定》第30条的规定。

第二,最高人民法院在排除《最高人民法院关于办理执行异议和复议案件若干问题的规定》第30条预告登记规则的适用后,回归了不动产案外人执行异议之诉的普适性条款,即对于所有类型的被执行人和不动产均可适用的一般规则。根据《最高人民法院关于办理执行异议和复议案件若干问题的规定》第28条和第29条的规定,需在人民法院查封之前已签订合法有效的书面买卖合同,所购商品房系用于居住,且买受人名下无其他用于居住的房屋,才能排除执行行为。基于债的相对性原理,不动产买受人权利原则上不足以排除强制执行,但仍应进行特殊利益的衡量,如案外人生存权之保障、申请人信赖利益的保护、社会效果等。麻某某未能证明其对涉案房产的实际占有并使用,系其与金昊公司之间有债权债务关系,涉案6套门面房是金昊公司用以抵顶债务因而签订的买卖合同,因此无法对抗法院查封执行。

通过本案的判决,最高人民法院同样借由对不动产案外人执行异议之诉中备案登记能否排除执行的说理传递了一个重要信号:在不动产交易中,购房者不仅需要关注商品房买卖合同的法律效力,还需要进一步落实不动产物权预告登记和首次登记。有助于促进公众对不动产登记制度的理解和遵守,从而促进不动产交易的规范化。

案例二：赣州某房地产公司与杨某某、赣州某开发公司执行复议案[1]

基本案情：

杨某某诉赣州某开发公司、胡某某民间借贷纠纷两案，江西省赣州市中级人民法院（以下简称赣州中院）在诉讼过程中，首次查封了赣州某开发公司的房产。由于房产网签备案在案外人赣州某房地产公司名下。赣州某房地产公司向赣州中院提出执行异议，其主张案涉房产是赣州某房地产公司购买，执行法院应当解除案涉房产的查封。赣州中院驳回其异议请求后，赣州某房地产公司提起诉讼，要求解除对案涉房产的首次查封，经审理，法院认为赣州某房地产公司对案涉房产的拍卖价款不享有优先受偿权。在江西省高级人民法院（以下简称江西高院）续封时，该公司继续提出执行异议，主要理由是案涉房产已经预售登记至其名下，网签登记备案行为具备公示效力，应视为对案涉房产的变相查封。

2021年2月2日，江西高院作出（2020）赣执异3号执行裁定书，驳回赣州某房地产公司的异议请求。赣州某房地产公司不服，向最高人民法院申诉。2021年12月20日，最高人民法院作出（2021）最高法执复90号执行裁定书，驳回赣州某房地产公司的复议请求，维持江西高院的异议裁定。

裁判要旨：

江西高院认为，本案焦点之一为赣州某房地产公司对赣州某开发公司的债权是否优先于本案申请执行人杨某某对赣州某开发公司的债权问题。赣州某开发产公司是以房产买卖的形式为赣州某房地产公司案涉债权提供了担保，该担保的外在形式是案涉房产的网签备案在赣州某房地产公司名下。依据《全国法院民商事审判工作会议纪要》第71条的规定："债务人或者第三人与债权人订立合同，约定将财产形式上转让至债权人名下，债务人到期清偿债务，债权人将该财产返还给债务人或第三人，债务人到期没有清偿债务，债权人可以对财产拍卖、变卖、折价偿还债权的，人民法院应当认定合同有效。合同如果约定债务人到期没有清偿债务，财产归债权人所有的，人民法院应当认定该部分约定无效，但不影响合同其他部分的效力。当事人根据上述合同约定，已经完成财产权利变动的公示方式转让至债权人名下，债务人到期没有清偿债务，债权人请求确认财产归其所有的，人民法院不予支持，但债权人请求参照法律关于担保物权的规定对财产拍卖、变卖、

---

[1] 参见最高人民法院执行裁定书，(2021)最高法执复90号。

第十五讲　不动产预告登记权利人提起的案外人执行异议之诉 | 273

折价优先偿还其债权的,人民法院依法予以支持。债务人因到期没有清偿债务,请求对该财产拍卖、变卖、折价偿还所欠债权人合同项下债务的,人民法院亦应依法予以支持。"本案中,案涉房产网签备案在赣州某房地产公司名下,未完成财产权利变动的公示方式转让至债权人赣州某房地产公司名下,商品房网签登记仅是政府部门依托其建立的商品房网上签约备案平台,规范房地产开发企业、房屋中介公司等相关主体进行商品房预售管理的网上备案登记行为,并不具有物权变动性质,不直接产生不动产物权设立或者变动的效力。江西高院(2017)赣民终585号民事判决中叙述,本案网签备案实际上是商品房买卖的公示而非抵押担保的公示,并不具有物权预告登记的公示效力,赣州某房地产公司主张网签备案即为物权预告登记没有事实和法律依据。按照物权法定和物权公示原则,让与担保为债权担保方式,不具有物权效力,执行法院认定赣州某房地产公司对赣州某开发公司本案所涉房产享有优先受偿权不当,江西高院予以纠正。在执行司法实践中,仅办理备案登记的房屋买受人都无权主张排除强制执行行为,更何况仅以网签备案担保的行为,更不能排除强制执行。从物权法的规定看,物权公示原则为法律规定的基本原则,对不动产而言,其设立、变更、转让和消灭,应当依照法律规定登记,显然网签备案并不具有物权变动性质,案涉房产权利未转让至赣州某房地产公司名下。

最高人民法院认为,本案的焦点问题是赣州某房地产公司对赣州某开发公司的权利是否优先于本案申请执行人杨某某对赣州某开发公司的债权。

根据江西高院(2017)赣民终585号民事判决书和判决生效后民事审判庭对该判决的书面回函可知,赣州某房地产公司与赣州某开发公司就案涉房产签订的买卖合同实为让与担保性质。按照《民法典》第二编物权编的相关规定和物权法定原则,结合《全国法院民商事审判工作会议纪要》第67条,该让与担保只是一种债权担保方式,并不具有物权效力,该担保只在赣州某房地产公司与赣州某开发公司之间生效,并不能对抗其他权利人,也不具有优先性。按照江西高院查明的事实,在本案申请执行人杨某某已获得对案涉房产的首封权时,虽然生效判决已确认赣州某房地产公司对赣州某开发公司享有债权,但并不能优先于本案申请执行人杨某某对赣州某开发公司债权的受偿。

关于赣州某房地产公司提出的因办理商品房网签备案手续从而获得优先受偿权的问题,江西高院(2017)赣民终585号判决书已经明确,根据《物权法》《城市商品房预售管理办法》《房屋登记办法》等规定,签订买卖合同后网签备案并非物权预告登记。网签备案是行政强制性行为,实际上是商品房买卖的公示而非抵押担保的公示，并不具有物权预告登记的公示效力，赣州某房地产公司抗辩网签备案即为物权预告登记没有事实和法律依据。同时，赣州某房地产公司又提出网签备案登记可否视为法院查封的问题，作为政府部门规范房地产开发企业、房屋中介公司等相关主体进行商品房预售管理的网上备案登记行为，与人民法院依照《民事诉讼法》等法律在保全或执行阶段对被保全人或被执行人的不动产等财产进行控制的查封行为从性质到效力完全不同，非经人民法院的法定程序，相关民事主体无法通过网签备案登记获得查封的效力。因此，对赣州某房地产公司关于网签备案登记可视为法院查封的主张，不应予以支持。赣州某房地产公司对案涉房产不享有优先受偿权。江西高院强制执行本案案涉房产于法有据。

裁判评析：

本案为人民法院案例库2023-17-5-202-010号入库案例，也是最高人民法院关于网签备案能否阻却法院强制执行的典型案例。

本案中，案外人赣州某房地产公司对查封行为不服并提出执行异议的主张是，网签备案行为是完全对外公开的，且可为第三方所知晓，完全具备公示效力，所以对于赣州某房地产公司、赣州某开发公司间的让与担保情形，赣州某房地产公司明显具有优先受偿权。这也是理论界对商品房网签备案性质的常有争议之所在，网签备案的公示效力能否使其比肩预告登记所能达到的排除执行之效力？最高人民法院在本入库案例中对司法实务中的相关问题做出了回答。

第一，最高人民法院肯定了江西高院对于商品房网签备案的定性，"物权公示原则为法律规定的基本原则，对不动产而言，其设立、变更、转让和消灭，应当依照法律规定登记，显然网签备案并不具有物权变动性质"，网签备案仅是房地产交易的公示行为，不能视作物权预告登记，不能产生类似物权变动的效力，因而不能对抗执行和享有优先受偿权。因此，赣州某房地产公司主张的优先受偿权缺乏法律依据。

第二，对于本案中赣州某房地产公司与赣州某开发公司签订的买卖合同的性质认定，应当认定为让与担保合同而非物权转让合同。让与担保本质上是一种债务担保方式，仅在当事人之间有效，不具有优先权或对抗其他债权人的效力。因此，赣州某房地产公司并不能通过此类担保方式优先受偿。

第三，对于网签备案登记可否视为法院查封的问题，最高人民法院认为，赣州某房地产公司关于网签备案即为法院查封的主张并不成立。网签备案是行政行为，并非司法行为，其作用仅限于商品房买卖的公示，不具备查封性质。因此，即便赣州某房地产公司已经办理网签备案登记，也不能排除法院的执行查封。

综上所述,签订买卖合同后的网签备案是行政强制性行为,是商品房买卖的公示而非抵押担保的公示,并不具有物权预告登记的公示效力。作为政府部门规范房地产开发企业、房屋中介公司等相关主体进行商品房预售管理的网上备案登记行为,与人民法院依照民事诉讼法等法律在保全或执行阶段对被保全人或被执行人的不动产等财产进行控制的查封行为,从性质到效力完全不同,非经人民法院的法定程序,相关民事主体无法通过网签备案登记获得查封的效力。该案例严格遵循了物权法定原则和物权公示原则,通过对网签备案和让与担保等概念的解释,明确区分了网签备案与物权变动、让与担保与物权设立之间的法律效力,还确定了这样一条裁判规则:利害关系人办理商品房网签手续不能获得优先受偿权,亦不能获得法院查封的效力。该案为其他类案提供了重要指导。

第十六讲　涉行政权的不动产的案外人执行异议之诉

> **导　语**
>
> 案外人执行异议之诉的部分案例类型中，不动产的权属认定涉及行政权的运行，行政权与执行权在案外人执行异议之诉中形成交错，典型案例为被拆迁人提起的案外人执行异议之诉和涉及违法建筑物的案外人执行异议之诉。对于前者，被拆迁人依据行政机关与其签订的征收协议提起案外人执行异议之诉，行政法上的信赖利益和行政行为公信力值得特殊保障。在申请执行人是消费者购房人或具有工程价款优先权等民法优先权时，此种带有公法性质的征收债权应居于何种顺位，值得思考。对于后者，违法建筑物无法取得房屋登记机关的房屋初始登记，房屋无法在市场中自由流通，不过违法建筑物又可能具有较高价值，若不予执行可能引起申请执行人异议。由此依行政法禁止融通之房屋又与执行法优先保护债权人之执行价值存在冲突。如何处理涉行政权的不动产的案外人执行异议之诉，需要进一步廓清。

问题一　被拆迁人提起的案外人执行异议之诉

【规范梳理】

《最高人民法院关于审理执行异议之诉案件适用法律问题的解释》

第十八条　人民法院对登记在被执行人名下的不动产实施强制执行，案外人以该不动产系用于产权调换的征收补偿为由，提起执行异议之诉，请求排除建设工程价款优先受偿权、抵押权以及其他债权的强制执行,并能够证明其主张同时符合下列条件的,人民法院应予支持：

（一）查封前,案外人已与房屋征收部门、房屋征收实施单位等依法签订征收补偿性质的协议；

（二）用于征收补偿的不动产的位置明确特定。

案外人起诉请求被执行人办理不动产所有权转移登记手续,符合前款规定的,人民法院依法予以支持。

2003年《最高人民法院关于审理商品房买卖合同纠纷案件适用法律若干问题的解释》

第七条（已废止）　拆迁人与被拆迁人按照所有权调换形式订立拆迁补偿安置协议,明确约定拆迁人以位置、用途特定的房屋对被拆迁人予以补偿安置,如果拆迁人将该补偿安置房屋另行出卖给第三人,被拆迁人请求优先取得补偿安置房屋的,应予支持。

被拆迁人请求解除拆迁补偿安置协议的,按照本解释第八条的规定处理。

《国有土地上房屋征收与补偿条例》

第二十五条　房屋征收部门与被征收人依照本条例的规定,就补偿方式、补偿金额和支付期限、用于产权调换房屋的地点和面积、搬迁费、临时安置费或者周转用房、停产停业损失、搬迁期限、过渡方式和过渡期限等事项,订立补偿协议。

补偿协议订立后,一方当事人不履行补偿协议约定的义务的,另一方当事人可以依法提起诉讼。

【理论基础】

随着我国工业化、城镇化发展不断推进,因公共利益需要,房屋拆迁现象日益增多。房屋系人民群众重要的生活、生产资料,房屋拆迁对生存权、居住权等相关权益将会产生巨大影响。而房屋拆迁又与房屋买卖存在较大不同,因此,对被拆迁人的权利保护也具有一定的特殊性。

国务院于2011年出台《国有土地上房屋拆迁与补偿条例》,对规范国有土地上房屋拆迁与补偿活动、维护公共利益、保障被拆迁房屋所有权人的合法权益具有重要意义。《国有土地上房屋拆迁与补偿条例》的核心内容之一是赋予被拆迁人就补偿方式以选择权,明确被拆迁人既可以选择货币补偿,也可以选择房屋产权调换。其中第25条规定,房屋拆迁部门与被拆迁人依照该条例的规定,就补偿方式、补偿金额和支付期限、用于产权调换房屋的地点和面积、搬迁费、临时安置费或者周转用房、停产停业损失、搬迁期限、过渡方式和过渡期限等事项，订立补偿协议。第 27 条规定，实施房屋拆迁应当先补偿、后搬迁。根据前述规定，选择产权调换房屋的被拆迁人由于与房屋拆迁部门可能存在签订补偿协议在先、实际交付房屋在后的情况，在过渡期内，产权调换房屋的所有权仍归属于拆迁人。拆迁人因与他人发生债权债务纠纷，经人民法院生效法律文书确定其对他人负有清偿责任的，可能面临他人申请人民法院对该房屋进行强制执行情形。此时，被拆迁人作为案外人可以通过提起执行异议之诉寻求权利救济。

尽管此类案件中，案涉房产尚未被转移至被拆迁人名下，被拆迁人尚不享有房屋的物权，但是此类案件不能仅从私法角度判断，在老城改造、旧城拆迁等房屋拆迁的社会语境下，被拆迁人的权利具有特殊性，值得优先保护。一方面，与商品房消费者类似，被拆迁人取得房产的目的一般是生活居住需要，有生存权保障性质，从权利位阶上看，应当优先于一般债权而保护，被拆迁人之权利应为不动产物权期待权。[①] 另一方面，被拆迁人的房产置换，源自政府的统一规划与政策要求，若在案外人执行异议之诉中被拆迁人的权利期待落空，最终仍需由政府部门协调解决。从维护拆迁行为公信力的角度，拆迁人有保障拆迁补偿落实的义务，应为被拆迁人提供无权利负担的房产。[②] 因此，实践中一般会支持被拆迁人提起的案外人执行异议之诉。

在《最高人民法院关于审理执行异议之诉案件适用法律问题的解释》第 18 条明确被拆迁人提起案外人执行异议之诉制度的处理规则前，司法实践一般类推适用《最高人民法院关于人民法院办理执行异议和复议案件若干问题的规定》第 29 条关于商品房消费者特殊债权或者说物权期待权（关于该权利是特殊债权还是物权期待权，理论和实践尚存争议）保护的规定，提出产权置换的房屋若用于居住，且被拆迁人依照约定履行了原房屋的产权交付手续，应视为已履行了全部价款支付义务，因此被拆迁人对案涉房产享有的实体权利具有足以排除强制执行的效力。[③] 这种方案可以为被拆迁人取得优先于建设工程价款优先权、担保权、一般债

[①] 参见邬某与歌某建设集团有限公司执行异议案，人民法院案例库第 2024 - 17 - 5 - 201 - 020 号入库案例。

[②] 参见万挺：《执行异议之诉类型化处理研究——以推动"名实相符"为目标》，载《法律适用》2025 年第 2 期。

[③] 参见邬某与歌某建设集团有限公司执行异议案，人民法院案例库第 2024 - 17 - 5 - 201 - 020 号入库案例。

第十六讲　涉行政权的不动产的案外人执行异议之诉

权的优先顺位提供依据。但是,若消费者购房人与被拆迁人出现权利冲突,对于何者应更加优先而存在疑问,《最高人民法院关于审理执行异议之诉案件适用法律问题的解释》第 18 条亦未对此直接明确,但理论界与实务界的多数意见均认同,被拆迁人的权利不仅具备生存权属性,而且涉及行政权之公信力,可以更优先于消费购房人之权利。①

《最高人民法院关于审理执行异议之诉案件适用法律问题的解释》第 18 条吸纳了上述审判经验,并根据被拆迁人提起案外人执行异议之诉的具体情况,另行确立了两项实体要件,在新司法解释的适用中应重点审查。

第一,人民法院查封前,案外人已经与房屋拆迁部门、房屋拆迁实施单位依法签订拆迁补偿性质的协议。对此,一是要注意拆迁补偿协议应合法有效,被拆迁人、拆迁人的身份是否真实,例如,拆迁补偿协议是否基于伪造的事实而签订,是否因被拆迁房屋"名实不符"导致不具备拆迁资格的自然人被认定为被补偿主体,是否拆迁协议涉及无权处分等。② 需要说明的是,若申请执行人对行政拆迁补偿协议的合法性存在异议,则根据《行政诉讼法》第 12 条的相关规定,拆迁补偿协议的合法性本身属于行政诉讼的审理范围,不应由民事诉讼性质的案外人执行异议之诉审理程序处理,案件为"行民交叉"性质的程序。行民交叉问题的处置程序在实践中争议极大,③本书认为,此行政拆迁补偿协议之合法性,系案外人执行异议之诉的先决问题,根据《民事诉讼法》第 153 条"本案必须以另一案的审理结果为依据,而另一案尚未审结的"应当中止审理之规定,应暂时中止案外人执行异议之诉的审理。因案外人执行异议之诉的审理期间可产生暂时中止对案涉房产实施强制执行的效力,发挥对案外人的临时性救济功能,此时不应暂时驳回案外人执行异议之诉的起诉。否则,在拆迁协议行政诉讼审理期间,申请执行人即有权申请法院强制执行交付房产和办理房产权属登记,从而取得对房产的物权登记和占有,嗣后若拆迁协议合法有效,再行执行回转的成本将过高,不利于保护被拆迁人的合法权益。二是要注意拆迁补偿协议的订立时间点要在人民法院查封案涉房产之前。之所以要求拆迁补偿协议订立在查封之前,是因为根据执行查封的相对

---

① 参见万挺:《执行异议之诉类型化处理研究——以推动"名实相符"为目标》,载《法律适用》2025 年第 2 期;王聪:《案外人执行异议之诉中异议事由的类型化研究——以"足以排除强制执行的民事权益"为中心》,载《法治研究》2018 年第 4 期。

② 参见赵锋:《涉无权处分的房屋征收补偿协议效力的认定》,载《法治时代》2024 年第 6 期;张祺炜:《征收拆迁行政纠纷中被征收对象的认定规则》,载微信公众号"法律适用"2024 年 12 月 17 日,https://mp.weixin.qq.com/s/WbqYLUnGFizb1_iOUcw-dg。

③ 参见王玥:《"行民交叉"问题研究》,西南政法大学 2021 年博士学位论文,第 166-170 页。

效力,被执行人在执行标的被查封后对外处分该财产的法律行为相对于查封人无效,①其依据在于处分被查封之物有较大的逃避执行嫌疑,而且查封具有公法上的公示公信效力,涉及申请执行人的信赖利益保护和执行秩序的权威性。

第二,用于拆迁补偿的不动产的位置明确且特定,此为拆迁房产的特定化要件。被拆迁人对案涉不动产享有的权利是基于行政拆迁协议的特殊债权,此类债权系被拆迁人对动迁房产的不动产所有权转化而来,故被赋予生存权保障之意义,呈现"债权物权化"之效力,②在受偿顺位上极为优先,优先性接近于物权,并可定性为特殊债权或不动产物权期待权。但也因被拆迁人依据拆迁协议享有的特殊债权在效力上极为强势,此种特殊债权或物权期待权所指向的对象不能过于泛化,不可直接拘束义务人的所有责任财产,而应当具体明确为特定房产,被拆迁人仅可对用途、位置、面积特定的不动产享有该特种债权。若拆迁协议尚未就被拆迁人的置换房产作以特定化,则在法院查封前其对执行标的不成立物权期待权,不可对抗申请执行人的执行申请。③

在《最高人民法院关于审理执行异议之诉案件适用法律问题的解释》第 18 条出台前,判例中对被拆迁人案外人执行异议之诉的认定,另要求满足《最高人民法院关于人民法院办理执行异议和复议案件若干问题的规定》第 29 条规定的关于消费者购房人权利的其他权利成立要件,按照《最高人民法院关于审理执行异议之诉案件适用法律问题的解释》第 11 条的规定,具体为被拆迁人的置换房应当用于居住,以及被拆迁人应当已经履行价款支付义务,后者在"以房换房"的语境下,应当为履行了原房屋产权交付手续。④《最高人民法院关于审理执行异议之诉案件适用法律问题的解释》第 18 条并未将被拆迁人权利的成立要件与消费购房人之权利成立要件相联系,故在新司法解释施行后,不必再参照适用此裁判规则。

---

① 参见张静:《论处分查封之物的法律效力》,载《交大法学》2022 年第 2 期。
② 参见袁野:《"债权物权化"之范畴厘定》,载《法学研究》2022 年第 4 期。
③ 参见韩玥:《破产程序中的回迁安置债权属性及其清偿顺位研究》,载《法律适用》2024 年第 4 期。
④ 参见邬某与歌某建设集团有限公司执行异议案,人民法院案例库案例编号 2024 - 17 - 5 - 201 - 020 号入库案例。

【典型案例】

案例一：天津市某商务发展服务中心诉某银行股份有限公司天津分行、天津某置业有限公司等案外人执行异议之诉案[①]

基本案情：

2008年7月8日，原告天津市某商务发展服务中心（以下简称天津某服务中心）与津南土地整理中心签订《土地收购安置补偿合同》：津南土地整理中心对天津某服务中心津南（华）单国用（2005）字第××号国有土地使用权证所载明的国有土地使用权予以置换，该宗土地面积为12681.5平方米（约19.02亩）。2010年5月4日，天津市国土资源和房屋管理局津南区国土资源分局（出让人）与被告天津某置业有限公司（受让人，以下简称天津某置业公司）签订《国有建设用地使用权出让合同》，其中约定：本合同项下宗地所建商业建筑建成后，其中7000平方米由津南土地整理中心进行回购，用于地块内被拆迁人还迁安置，回购价格3290元/平方米，回购房屋的位置等具体事宜由津南土地整理中心根据需要确定。2011年11月11日，津南土地整理中心（甲方）、天津某置业公司（乙方）、天津某服务中心（丙方）签订《房地产回购合同》约定：甲方对乙方所建设的部分商业房地产予以回购用于安置丙方。由甲、乙、丙三方共同确认的7000平方米还迁商业用房，由甲方于2011年12月31日前组织乙方直接与丙方签订《商品房销售合同》。同年12月5日，津南土地整理中心向天津某置业公司交付转账支票一张，金额为16121000元。2014年9月19日，津南土地整理中心向天津某置业公司交付转账支票一张，金额为4000000元。后天津某置业公司未与天津某服务中心签订《商品房销售合同》。因天津某置业公司等未履行另案生效法律文书确定的义务，被告某银行股份有限公司天津分行（以下简称某银行天津分行）向天津市第二中级人民法院（以下简称天津二中院）申请强制执行，该院依法查封了天津某置业公司名下的房产等财产，并确认某银行天津分行有权以登记的抵押物折价或者以拍卖、变卖相关财产所得价款在《最高额抵押合同》约定的范围内优先受偿，抵押物包括案涉房屋。天津某服务中心对某银行天津分行的强制执行提出异议，天津二中院裁定驳回天津某服务中心的异议请求。天津某服务中心不服该裁定，提起

[①] 参见人民法院案例库第2024-07-2-471-011号入库案例。

本案的案外人执行异议之诉,请求依法判令排除对坐落于咸水沽镇某小区 2 号楼 122-145、201-225 房屋的执行(总价款 13775000 元)。某银行天津分行辩称,应当依法驳回天津某服务中心的诉讼请求,理由如下:(1)天津某服务中心享有的系《土地收购安置补偿合同》或《房地产回购合同》项下的相应债权,其主张依据合同对案涉房屋享有优先取得权与事实不符。(2)天津某服务中心不符合《最高人民法院关于人民法院办理执行异议和复议案件若干问题的规定》第 28 条规定的情形,其权利不能排除强制执行。天津二中院于 2022 年 8 月 24 日作出(2021)津 02 民初 1498 号民事判决,驳回原告天津某服务中心的全部诉讼请求。宣判后,天津某服务中心不服,提起上诉。天津市高级人民法院于 2023 年 4 月 13 日作出(2023)津民终 196 号民事判决,驳回上诉,维持原判。天津某服务中心向最高人民法院申请再审。最高人民法院于 2024 年 4 月 1 日作出(2023)最高法民申 595 号民事裁定提审本案,并于 2024 年 8 月 2 日作出(2024)最高法民再 140 号民事判决:(1)撤销天津市高级人民法院(2023)津民终 196 号民事判决、天津二中院(2021)津 02 民初 1498 号民事判决;(2)不得执行咸水沽镇某小区 2 号楼 122-145、201-225 房屋。

裁判要旨:

第一,拆迁人与被拆迁人按照所有权调换形式订立拆迁补偿安置协议,明确约定以位置、用途特定的房屋对被拆迁人予以补偿安置,被拆迁人的拆迁安置补偿权益优先于抵押权人的抵押权,可以排除抵押权人申请的强制执行。

第二,拆迁人、被拆迁人、房地产开发企业签订协议约定,由被拆迁人向房地产开发企业购买房屋作为还迁房,用于安置被拆迁人,以履行拆迁人的拆迁安置义务,房屋的位置、面积确定的,可以认定为"拆迁人与被拆迁人按照所有权调换形式订立拆迁补偿安置协议"。

裁判评析:

本案是判决支持被拆迁人排除强制执行之诉讼请求的典型案例,本案所针对的情况是 2003 年至 2020 年间,原《最高人民法院关于审理商品房买卖合同纠纷案件适用法律若干问题的解释》第 7 条第 1 款未被废止时的被拆迁人提起的案外人执行异议之诉纠纷。案例基于体系解释,明确消费者购房人的权利劣后于被拆迁人。此外,被拆迁人在拆迁人安排下向特定房地产企业以优惠价格购置置换房产,也是我国拆迁实践中的常见方式,此时尽管不是传统的"以房换房"置换方式,但仍成立被拆迁人权利。新司法解释出台后发生的同类案件,可以适用《最高人民法院关于审理执行异议之诉案件适用法律问题的解释》第 18 条的规定排除强制执行。

首先,《最高人民法院关于适用〈中华人民共和国民法典〉时间效力的若干规定》第1条第2款规定:"民法典施行前的法律事实引起的民事纠纷案件,适用当时的法律、司法解释的规定,但是法律、司法解释另有规定的除外。"本案拆迁补偿事实发生于《民法典》施行前,由此引起的纠纷应当适用当时有效的司法解释。原《最高人民法院关于审理商品房买卖合同纠纷案件适用法律若干问题的解释》(已被修改)第7条第1款规定:"拆迁人与被拆迁人按照所有权调换形式订立拆迁补偿安置协议,明确约定拆迁人以位置、用途特定的房屋对被拆迁人予以补偿安置,如果拆迁人将该补偿安置房屋另行出卖给第三人,被拆迁人请求优先取得补偿安置房屋的,应予支持。"故被拆迁人基于所有权调换形式的拆迁安置补偿权益,具有优先于商品房买受人特殊债权或物权期待权的效力。《最高人民法院关于建设工程价款优先受偿权问题的批复》第1条规定:"人民法院在审理房地产纠纷案件和办理执行案件中,应当依照《中华人民共和国合同法》第二百八十六条的规定,认定建筑工程的承包人的优先受偿权优于抵押权和其他债权。"第2条规定:"消费者交付购买商品房的全部或者大部分款项后,承包人就该商品房享有的工程价款优先受偿权不得对抗买受人。"故交付全部或者大部分商品房购房款的消费者,其特殊债权或物权期待权优先于抵押权人的抵押权。根据上述规定,被拆迁人基于所有权调换形式的拆迁安置补偿权益优先于抵押权人的抵押权,可以排除抵押权人申请的强制执行。

其次,根据天津某服务中心再审提交的证据以及原审查明事实,能够认定天津某服务中心对案涉房屋享有的权益为基于所有权调换形式的拆迁安置补偿权益。2007年10月12日,天津市规划局向津南土地整理中心核发《选址意见通知书》,案涉土地在项目选址范围内。同年11月26日,津南土地整理中心作为"土地征收(商住用地)"项目用地单位委托天津市地籍管理中心开展地籍调查工作,形成《地籍调查前置成果表》,记载天津某服务中心为所调查土地的国有土地使用单位。2008年1月30日,天津市国土资源和房屋管理局同意津南区国土局上报的《征收土地方案》,批准征收津南区咸水沽镇某村集体土地2.4141公顷。同年4月25日,津南土地整理中心因实施某市场土地整理项目取得《房屋拆迁许可证》。同年5月9日,津南区房地产管理局发布《拆迁公告》,列明拆迁人为津南土地整理中心。同年7月8日,拆迁人津南土地整理中心与被拆迁人天津某服务中心签订《土地收购安置补偿合同》,约定以7000平方米房屋作为拆迁补偿的主要对价。2023年8月22日,津南区住房和建设委员会出具《情况说明》,证明案涉土地在津南土地整理中心实施津南区咸水沽镇某市场土地整理项目范围内。以上事实表明,津南土地整理中心与天津某服务中心之间形成拆迁补偿关系,且系以所有权调换形式进行拆迁补偿。2010年5月4日,津南区国土局与天津某置业公司签订《国有建设用地使用权出让合同》,明确约定天津某置业公司所建房屋中7000平方米由拆迁人津南土地整理中心购买,用作还迁房。该合同确立了天津某置业公司应当修建7000平方米还迁房并由津南土地整理中心购买用于安排被拆迁人的义务。2011年11月11日,拆迁人津南土地整理中心、被拆迁人天津某服务中心与开发商天津某置业公司三方签订《房地产回购合同》约定,津南土地整理中心出资2303万元向天津某置业公司购买7000平方米房屋作为还迁房,房屋交付天津某服务中心,确定了具体的房屋门牌号和面积。该合同确定了天津某置业公司负有将案涉房屋作为还迁房交付给天津某服务中心的义务。对上述合同和拆迁安置补偿行为应作整体理解,《国有建设用地使用权出让合同》和《房地产回购合同》关于还迁房的约定是对拆迁补偿安置的细化和落实。《房地产回购合同》签订后,津南土地整理中心已支付天津某置业公司2012.1万元购房款,并表示未支付尾款的原因是未达到合同约定的支付条件,而非违约拒不支付尾款。这种情况下,天津某服务中心对案涉房屋享有的权益属于基于所有权调换形式的拆迁安置补偿权益,效力优先于抵押权,足以排除抵押权人申请的强制执行。

案例二:郭某等诉沈某、广州市某房地产公司、张某案外人执行异议之诉案[①]

基本案情:

原告郭某等诉称:原广州市东华西路某某号及骑楼(新某某)房屋是李某的物业。李某去世后,郭某等人于2002年7月10日办理了继承手续并取得《广州市房地产权属证明书》。2003年9月18日广州市某房地产公司通知郭某等回迁到××大厦××、××、××、××单元使用。但商铺部分一直没有交回郭某等。后因该公司经营不善被多方追债,而郭某等全部居住在国外,委托人多次到该公司注册地址,也无法找到工作人员以办理回迁安置及产权交换手续。2008年10月郭某等只得向原广州市房管局仲裁委申请仲裁,要求该公司办理上述房屋补偿安置手续。在裁决过程中,被申请人找出种种理由予以拖延,最后原广州市房管局作出终结裁决通知。经二审行政诉讼,于2013年12月19日经广州市中级人

[①] 参见人民法院案例库第2023-10-2-471-005号入库案例。

民法院行政判决,要求广州市国土资源和房屋管理局撤销终结裁决,继续审查并裁决。该公司一直拖到 2016 年 7 月 28 日才与郭某等办理好拆迁补偿及备案手续。2016 年 11 月 7 日因郭某等与拆迁方达成协议并鉴证备案,广州市住房和城乡建设委员会作出终结裁决的通知。之后郭某等发现案涉房产被广州市中级人民法院因他案查封。2016 年 9 月郭某等向广州市中级人民法院提出执行异议申请,要求解除对案涉两套商铺的查封。广州市中级人民法院以 (2016) 粤 01 执异××号裁定驳回郭某等的异议请求。郭某等认为上述房屋是原祖屋被征迁后补偿回来的房产,房管局在拆迁时已与拆迁公司办理了所有拆迁补偿安置、产权交换手续,也办理了政府拆迁管理部门的备案鉴证手续。发还后,只是因拆迁公司的原因一直未帮其重新办理拆迁手续和新产权证。根据《最高人民法院办理执行异议和复议案件若干问题的规定》第 28 条第 3 款 "已支付全部价款"、第 4 款的规定 "非因买受人自身原因未办理过户登记",权利能够排除执行。本案涉及房屋已全部交给拆迁方拆除,应视为全部价款郭某等已经支付,产权交换备案在广州市中级人民法院查封前和查封后也已分别完成,被拆迁人权益理应优先得到保护,因拆迁方经营不善无法也无人办理郭某等产权交换和房产证,而非郭某等自身原因无法办理过户登记手续。请求解除对广州市东华西路案涉两套商铺的查封,判决不得执行该标的。

沈某辩称:郭某等作为执行异议的权利人存在瑕疵,案涉房产并非在郭某等名下,也没有证据显示郭某等是权利人。郭某等所提交的证据材料并不足以证明其主张,陈述的事实和理由也不符合司法解释,不足以解封案涉房产,请求驳回其诉讼请求。

广州市某房地产公司、张某辩称:郭某等的回迁安置权属于生存权利,而沈某的债权属于经营利益,在两种权利冲突时,应优先保护生存权利。《房屋拆迁补偿协议》实际上是履行之前与房管部门签订的直管房补偿协议的补充行为,该行为发生在案涉房产发还之后,其公司只是履行被拆迁人的补偿义务。

法院经审理查明:原广州市东山区东某某路某某号首层及二楼部分,总建筑面积××平方米,权属人为郭某等。2002 年 7 月 10 日,权属人为郭某等办理了继承公证。1995 年 6 月 30 日、1998 年 12 月 4 日,权利人就案涉房屋的拆迁补偿事宜签订协议,权利人同意拆除案涉房屋,并进行产权调换(补偿),并经过了原广州市城市房屋拆迁管理办公室对上述协议予以备案登记。后因规划变更,而对回迁安置房进行了调整。

2003 年 9 月 18 日,广州市某房地产公司通知权属人李某等回迁。2003 年 10

月 10 日,原广州市东山区落实华侨房屋政策工作领导小组将东华西路某某号(新某某)首层及二楼部分房屋发还郭某等七位业主。2004 年 5 月 14 日,广州市某房地产公司和李某签订关于某某华厦第十层自编某某、某某、某某、某某、某某单元的《收楼确认书》,确认自 2004 年 6 月 1 日起,上述房产移交给权属人回迁使用。2016 年 7 月 28 日,广州市某房地产公司与郭某等七人签订《广州市城市房屋拆迁补偿协议书》。同年 6 月 30 日,该公司与七人之一的曾某签订《收楼确认书》,双方确认自 2016 年 6 月 30 日起,某某华厦 AB 栋二楼某某 1 铺、某某 4 铺由该公司交付曾某回迁使用;该商铺建筑面积比原产权面积增大 98.8046 平方米。郭某等还提交了其将案涉房产对外出租的《商铺租赁合同》。一审法院在执行(2014)穗中法执恢字第××号、第××号案过程中,查封了该公司名下包括某某 1、某某 4 铺在内的财产。郭某等提出书面异议,请求解除对案涉房产的查封。

广州市中级人民法院于 2017 年 12 月 25 日作出(2016)粤 01 民初 556 号民事判决:驳回郭某等的全部诉讼请求。宣判后,郭某以案涉房屋是以产权置换补偿的方式进行拆迁,郭某等的房屋已全部交给拆迁方拆除应视为全部价款已经支付,产权交换备案在广州市中级人民法院查封前和查封后也已分别完成,被拆迁人的权益理应优先得到保护等为由,提起上诉。广东省高级人民法院于 2019 年 8 月 30 日作出(2018)粤民终 754 号民事判决:(1)撤销广州市中级人民法院(2016)粤 01 民初 556 号民事判决;(2)不得执行案涉房沈某不服二审判决,以原判决认定在 2005 年人民法院查封之前已经签订了合法有效的书面买卖合同缺乏证据证明,该两处房产并非住宅,《广州市城市房屋拆迁补偿协议书》涉嫌伪造,郭某等所享有的权利为债权等为由向最高人民法院申请再审。最高人民法院于 2021 年 12 月 6 日作出(2020)最高法民电 1586 号裁定:驳回沈某的再审申请。

裁判要旨:

法律维护被拆迁人合法权益的精神是一以贯之的。被拆迁人与拆迁人按照所有权调换形式签订房屋拆迁协议,明确约定拆迁人以位置、面积等特定的房屋对被拆迁人予以补偿安置,被拆迁人在法院查封前已实际占有案涉房屋,其对拆迁补偿安置房屋享有的民事权益足以排除对该房屋的强制执行。

裁判评析:

本案是被拆迁人提起案外人执行异议之诉得到支持的典型案例。本案的特殊之处在于,因房屋拆迁是复杂的社会行政活动,拆迁补偿方案可能随着工程开展、经济发展、楼市房价等因素经历调整,负责拆迁的政府部门可能组织尚未实际履行拆迁协议的被拆迁人重签协议。这种现实可能会影响"补偿协议应签订与查封之前"这一要件的认定。本案明确,在政府安排就相同拆迁房产重签协议的情况下,新协议订立于查封之后,不影响被拆迁人实体权利的成立。另外,关于拆迁协议合法的证明责任,被拆迁人应当提交拆迁协议原件,达到高度盖然性之证明标准,作为拆迁人参与的行政协议,此类合同真实性较高。申请执行人对拆迁协议真实性提出异议,主张其为伪造的证据,应当承担反证的证明责任。

本案中,法院生效裁判认为,侨居境外的郭某等因位于原广州市东山区的祖屋被拆迁而获补偿东华西路征用地段新建大楼某某大厦有关房屋作为回迁安置房,其中包括案涉房产。有关拆迁补偿协议《广州市城市房屋拆迁补偿协议书》《征地拆迁直管房屋补偿协议书》《拆迁(房屋补偿协议书)补充协议》陆续签订于1995年、1998年、2002年,其中确定了补偿面积及地址、范围,并于2003至2004年实际安排了部分面积的回迁,2016年6月30日实际安排了案涉房产的回迁。前述1998年《征地拆迁直管房屋补偿协议书》系由祖屋代管单位原广州市东山区房地产管理局与房地产公司签订。2003年,前述祖屋不再由管理局代管而发还郭某等七位业主,有关部门通知房地产公司与业主重新签订房屋补偿协议。2016年7月28日,房地产公司与业主签订《广州市城市房屋拆迁补偿协议书》。

虽然《广州市城市房屋拆迁补偿协议书》签订于案涉房产被查封之后,但该协议只是按照政府通知要求进行的重签,原判决认为本案涉及历史遗留问题,联系历史沿革认定被申请人对某某1、某某4铺享有合法权利并已实际履行,有事实和法律依据。沈某没有充足证据推翻原判决的认定。广州市某房地产公司在二审期间提交的有关证据经过了质证,原判决保障了沈某的质证权利。沈某申请再审称《广州市城市房屋拆迁补偿协议书》涉嫌伪造,但未提交证据予以证明。

本案申请执行人沈某因对广州市某房地产公司享有金钱债权而申请执行登记在该公司名下的案涉房产。郭某等的权利为请求进行征地拆迁补偿安置的权利。1998年《征地拆迁直管房屋补偿协议书》附表明确了对于非住宅的补偿方案,案涉房屋的位置、用途符合协议约定。参照《最高人民法院关于审理商品房买卖合同纠纷案件适用法律若干问题的解释》(2003年)第7条第1款关于"拆迁人与被拆迁人按照所有权调换形式订立拆迁补偿安置协议,明确约定拆迁人以位置、用途特定的房屋对被拆迁人予以补偿安置,如果拆迁人将该补偿安置房屋另行出卖给第三人,被拆迁人请求优先取得补偿安置房屋的,应予支持"的规定,被拆迁人对拆迁补偿安置房屋享有优先权,原判决认定郭某等对案涉房产享有的权利足以排除执行并无不当。

问题二　涉及违法建筑物的案外人执行异议之诉

【规范梳理】

《最高人民法院关于人民法院办理执行异议和复议案件若干问题的规定》

第二十五条　对案外人的异议,人民法院应当按照下列标准判断其是否系权利人:(一)已登记的不动产,按照不动产登记簿判断;未登记的建筑物、构筑物及其附属设施,按照土地使用权登记簿、建设工程规划许可、施工许可等相关证据判断……

《人民法院办理执行案件规范(第二版)》

749.【无证房产的执行之一】人民法院在执行程序中,既要依法履行强制执行职责,又要尊重房屋登记机构依法享有的行政权力;既要保证执行工作的顺利开展,也要防止"违法建筑"等不符合法律、行政法规规定的房屋通过协助执行行为合法化。

750.【无证房产的执行之二】执行程序中处置未办理初始登记的房屋时,具备初始登记条件的,执行法院处置后可以依法向房屋登记机构发出协助执行通知书;暂时不具备初始登记条件的,执行法院处置后可以向房屋登记机构发出协助执行通知书,并载明待房屋买受人或承受人完善相关手续具备初始登记条件后,由房屋登记机构按照协助执行通知书予以登记;不具备初始登记条件的,原则上进行"现状处置",即处置前披露房屋不具备初始登记条件的现状,买受人或承受人按照房屋的权利现状取得房屋,后续的产权登记事项由买受人或承受人自行负责。

751.【无证房产的执行之三】执行法院向房屋登记机构发出协助执行通知书,房屋登记机构认为不具备初始登记条件并作出书面说明的,执行法院应在三十日内依照法律和有关规定,参照行政规章,对其说明理由进行审查。理由成立的,撤销或变更协助执行通知书并书面通知房屋登记机构;理由不成立的,书面通知房屋登记机构限期按协助执行通知书办理。

《最高人民法院关于转发住房和城乡建设部〈关于无证房产依据协助执行文书办理产权登记有关问题的函〉的通知》

各省、自治区、直辖市高级人民法院,解放军军事法院,新疆维吾尔自治区高级人民法院生产建设兵团分院：

现将住房和城乡建设部《关于无证房产依据协助执行文书办理产权登记有关问题的函》（建法函〔2012〕102号）转发你们，请参照执行，并在执行中注意如下问题：

一、各级人民法院在执行程序中，既要依法履行强制执行职责，又要尊重房屋登记机构依法享有的行政权力；既要保证执行工作的顺利开展，也要防止"违法建筑"等不符合法律、行政法规规定的房屋通过协助执行行为合法化。

二、执行程序中处置未办理初始登记的房屋时，具备初始登记条件的，执行法院处置后可以依法向房屋登记机构发出《协助执行通知书》；暂时不具备初始登记条件的，执行法院处置后可以向房屋登记机构发出《协助执行通知书》，并载明待房屋买受人或承受人完善相关手续具备初始登记条件后，由房屋登记机构按照《协助执行通知书》予以登记；不具备初始登记条件的，原则上进行"现状处置"，即处置前披露房屋不具备初始登记条件的现状，买受人或承受人按照房屋的权利现状取得房屋，后续的产权登记事项由买受人或承受人自行负责。

三、执行法院向房屋登记机构发出《协助执行通知书》，房屋登记机构认为不具备初始登记条件并作出书面说明的，执行法院应在30日内依照法律和有关规定，参照行政规章，对其说明理由进行审查。理由成立的，撤销或变更《协助执行通知书》并书面通知房屋登记机构；理由不成立的，书面通知房屋登记机构限期按《协助执行通知书》办理。

北京市高级人民法院《北京市法院执行办案规范——不动产的执行》

第三十条 【无证房产的执行之一】人民法院在执行无证房产的过程中，既要依法履行强制执行职责，又要尊重房屋登记机构依法享有的行政权力；既要保证执行工作的顺利开展，也要防止"违法建筑"等不符合法律、行政法规规定的房屋通过协助执行行为合法化。

第三十一条 【无证房产的执行之二】执行程序中处置未办理初始登记的房屋时，具备初始登记条件的，执行法院处置后可以依法向房屋登记机构发出协助执行通知书；暂时不具备初始登记条件的，执行法院处置后可以向房屋登记机构发出协助执行通知书，并载明待房屋买受人或承受人完善相关手续具备初始登记条件后，由房屋登记机构按照协助执行通知书予以登记；不具备初始登记条件的，原则上进行"现状处置"，即处置前披露房屋不具备初始登记条件的现状，买受人或承受人按照房屋的权利现状取得房屋，后续的产权登记事项由买受人或承受人自行负责。

第三十二条 【无证房产的执行之三】执行法院向房屋登记机构发出协助执行通知书,房屋登记机构认为不具备初始登记条件并作出书面说明的,执行法院应在三十日内依照法律和有关规定,参照行政规章,对其说明理由进行审查。理由成立的,撤销或变更协助执行通知书并书面通知房屋登记机构;理由不成立的,书面通知房屋登记机构限期按协助执行通知书办理。

《江西省高级人民法院关于执行异议之诉案件的审理指南》

29. 金钱债权执行中,案外人以其对执行标的享有足以排除执行的民事权为由,提起案外人执行异议之诉,经审查发现该执行标的系未取得建设工程规划许可证或者未按照建设工程规划许可证的规定进行建设的,人民法院不予受理;已经受理的,裁定驳回起诉。但案外人系以其为合法占有人为由对执行法院针对不具备首次登记条件的建筑物进行的"现状处置"提起执行异议之诉的,应依法受理,并对是否许可执行或不予执行该执行标的作出裁判,但不得就违法建筑予以确权或判决案外人对此享有所有权。

《江苏省高级人民法院执行异议及执行异议之诉案件办理工作指引(二)》(2022)

19. 执行法院对无证房产予以现状处置,案外人以其对该无证房产享有排除执行的实体权益为由提起执行异议及执行异议之诉的,应依法受理,并对是否许可执行或不予执行该执行标的作出裁判,但不得就无证房产予以确权或判决案外人对此享有所有权。

20. 案外人就无证房产提起执行异议之诉,应区分以下情形予以处理:

(1)案外人仅请求对无证房产予以确权的,应向其释明变更诉讼请求;

(2)案外人既请求对无证房产确权,又请求对无证房产排除执行的,应向其释明放弃对无证房产确权的诉讼请求;

(3)案外人拒不变更或拒绝放弃对无证房产确权的诉讼请求的,对该请求不予受理;已经受理的,裁定驳回其要求确权的起诉。

21. 案外人就无证房产提起执行异议之诉,请求排除执行的,应当重点围绕买卖关系的真实性、款项支付情况及占有使用情况等,审查认定案涉无证房产是否属于被执行人的责任财产范畴。如果经审查属被执行人的责任财产,则对案外人排除执行的诉讼请求不予支持。

在审理该类案件过程中,不得参照适用《异议复议规定》第二十八条规定。

【理论基础】

本讲所论的违法建筑物,是指未登记的"建筑物、构筑物及其附属设施(为方便行文,以下统一简称建筑物)",具体可以再分为两类。一类是狭义的违法建筑,即根据行政强制法律法规,建筑物违反有关建设规划、土地使用、城市容貌标准、环境卫生标准以及其他行政管理方面的法律、行政法规,没有取得合法手续的建筑物。[1] 另一类是因历史因素形成的没有取得合法手续的建筑物,虽然其不违反法律法规的禁止性规定,但也属于不具有合法手续的非法房屋。

上述两类建筑物的实际占有人作为被执行人时,违法建筑可否作为执行标的,成为关键问题。

一方面,按照强制执行法基本原理,对于违法物品,因不违反法律或政策约定不可自由交易流通,执行程序也不宜将之作为执行标的,否则会导致禁止融通之违禁品借助执行程序合法交易,异化程序功能,冲击市场交易秩序。[2] 这种理念也贯彻于违法房产之执行当中,《人民法院办理执行案件规范》(第二版)第749条规定:"人民法院在执行程序中,既要依法履行强制执行职责,又要尊重房屋登记机构依法享有的行政权力;既要保证执行工作的顺利开展,也要防止'违法建筑'等不符合法律、行政法规规定的房屋通过协助执行行为合法化。"根据第750~751条,若房屋登记管理部门依据行政权力认定案涉无证房产为违反相关行政法律法规的非法房产,则执行机关不宜依执行权要求房屋登记部门为案涉无证房产办理登记,使之成为合法房产。

另一方面,尽管不能进行房产登记,但违法建筑客观存在,具有居住等使用价值,因此实际中可以在民间进行交易,具有一定财产价值。在被执行人资信状况不佳时,为保障债权人债权的有效实现,应当允许债权人向法院申请对此类无证建筑物采取执行措施,承认其可执行性。[3] 在承认违法建筑可执行性的基础上,在对相关建筑物执行时,由于此类建筑物的产权相对混乱,可能出现其他民事主体主张其对案涉违法房屋享有实际权益,由此提出案外人执行异议之诉请求排除执行。

我国司法实务界,早年对违法房屋可否强制执行,存在较大争议,不少观点采取否定说,认为若房屋管理机关经审查认定案涉房产无法办理房屋登记,就不能

---

[1] 参见柯阳友、孟穗:《占有违法建筑可以排除强制执行的理性分析》,载《法学论坛》2023年第1期。
[2] 参见肖建国主编:《民事执行法》,中国人民大学出版社2014年版,第104页。
[3] 参见肖建国、庄诗岳:《论民事执行权与行政权的冲突与协调》,载《东岳论丛》2020年第6期。

作为执行标的。① 例如,2015年江苏省高级人民法院发布的《执行异议之诉案件审理指南》第20条规定:"执行异议之诉案件审理中,发现执行标的是违法建筑的,如何处理？案外人以其对执行标的享有阻却执行的实体权利为由提起执行异议之诉,经审查发现该执行标的是违法建筑的,人民法院对该执行异议之诉案件应当不予受理;已经受理的,裁定驳回起诉。"近年来,司法解释则普遍承认违法建筑也可强制执行。根据《人民法院办理执行案件规范》(第二版)第750条,对于未登记的建筑物、构筑物及其附属设施,如果满足初始登记条件,应向房屋登记机关发出协助执行通知书,为案涉房屋办理房屋登记。若房管部门经审查认定违法房屋不具备初始登记条件,原则上进行"现状处置",即处置前披露房屋不具备初始登记条件的现状,买受人或承受人按照房屋的权利现状取得房屋,后续的产权登记事项由买受人或承受人自行负责。江苏省高级人民法院也另于2022年制定《江苏省高级人民法院执行异议及执行异议之诉案件办理工作指引(二)》,其中第19~21条承认违法建筑可以成为执行标的。因此,目前我国实务上已经普遍承认违法建筑的可执行性,且案外人可以就违法建筑提起案外人执行异议之诉。

承认违法建筑的可执行性,就需回答违法建筑物之上产生何种利益,但目前理论界对此仍有较大争议,有占有权说、动产所有权说(违法建筑材料所有权说)、不动产所有权说等,②尚未达成共识。实践中,可能提起案外人执行异议之诉的主体主要是违法建筑的建造人或买受人。在审查权利的真实性时,应区分两类不同主体。③ 对建造人,应依据《最高人民法院关于人民法院办理执行异议和复议案件若干问题的规定》第25条重点审查土地使用权登记簿、建设工程规划许可、施工许可等相关证据。对买受人,应参照2022年《江苏省高级人民法院执行异议及执行异议之诉案件办理工作指引(二)》第21条,重点审查买卖关系的真实性、款项支付情况及占有使用情况。

在违法建筑权利人提起的案外人执行异议之诉的审理范围问题上,需注意不得包括违法建筑的确权请求,原因在于,案外人对违法房产享有的权利并非合法的房产所有权,对房产所有权权属之确定属于房屋登记管理机关的专属行政职

---

① 参见郭尔绚:《申请执行人提起执行异议之诉的审理范围》,载《人民司法(案例)》2013年第2期;最高人民法院民事裁定书,(2017)最高法民申886号。

② 参见黄忠:《违法建筑的私法地位之辨识——〈物权法〉第30条的解释论》,载《当代法学》2017年第5期;肖洒:《违法建筑上合法权益的行政赔偿——张文胜诉沈阳市于洪区人民政府行政赔偿案评析》,载《行政法学研究》2021年第2期。

③ 参见朱亚奇:《对违法建筑的强制执行及救济》,载《中国政法大学学报》2023年第2期。

权。若法院判决中对违法建筑予以"确权",可能导致案外人以法院判决为由主张依据判决取得对违法建筑的所有权,可能产生审判权与行政权的冲突。① 因此,实务通说认为,不应允许案外人在案外人执行异议之诉中同时提起确权请求,此情况不适用《最高人民法院关于审理执行异议之诉案件适用法律问题的解释》第4条关于一般情况下案外人执行异议之诉中允许案外人同时提出确认之诉、人民法院作合并审理的一般法规则。例如,《江西省高级人民法院关于执行异议之诉案件的审理指南》第29条规定,"但案外人系以其为合法占有人为由对执行法院针对不具备首次登记条件的建筑物进行的'现状处置'提起执行异议之诉的,应依法受理,并对是否许可执行或不予执行该执行标的作出裁判,但不得就违法建筑予以确权或判决案外人对此享有所有权"。《江苏省高级人民法院执行异议及执行异议之诉案件办理工作指引(二)》第20条有类似规定。

广义上讲,小产权房也属于本节所称违法建筑物范畴之内,但小产权的产生有特殊背景,其与权利人的生存权、居住权联系更紧密,故而实践中对涉及这类特殊的违法建筑物确立了相对独立的裁判规则。对于小产权房权利人提起的案外人执行异议之诉,将在本书后续章节专门论述。

【典型案例】

案例:吴某明与王某案外人执行异议之诉纠纷案②

基本案情:

2005年,吴某华向原郫县安靖镇林湾村中心村建办公室交纳建房工程款、建房配套设施费等,取得案涉房屋的相关权益。2018年,金昌市中级人民法院在执行(2018)甘03执保1号申请人王某与被申请人吴某华民间借贷纠纷一案过程中,安靖镇村委会于2018年1月22日向该院出具证明,证实位于成都市郫县安靖镇林湾村鸿发街134-144号房屋(缘圆缘商务酒店)归吴某华所有。同日,该院以(2018)甘03执保1号协助执行通知书对该案涉房屋进行查封。该院在(2018)甘03执9号执行案件中,已对吴某华名下位于成都市郫县安靖镇林湾村鸿发街134-144号房屋进行了评估。后吴某明提出执行异议申请,该院于2019年9月2日作出(2019)甘03执异15号民事裁定,驳回吴某明的异议申请,吴某明遂提出案

---

① 参见朱亚奇:《对违法建筑的强制执行及救济》,载《中国政法大学学报》2023年第2期。
② 参见甘肃省高级人民法院民事判决书,(2021)甘民终234号。

外人执行异议之诉要求:撤销(2019)甘03执异15号执行裁定;解除对成都市郫都区安靖镇林湾村鸿发街136、138号小产权房屋的查封,并停止对该房屋采取的强制执行措施。吴某华、吴某明均非成都市郫都区安靖镇林湾村集体经济组织成员。

该案一审法院认为,案外人执行异议之诉的目的是通过阻却、排除人民法院对执行标的的强制执行。本案中,吴某明以案涉房屋属其所有为由,排除对案涉房屋的强制执行。事实上,案涉房屋是安靖镇村委会在集体土地上修建的房屋,吴某明不具有成都市郫都区安靖镇林湾村集体经济组织成员资格,即使吴某华与其存在真实的《门面房转让协议》,吴某明亦不能据此取得案涉房屋的所有权。因此,吴某明就执行标的不享有足以排除强制执行的民事权益,吴某明以案涉房屋归其所有而排除人民法院的强制执行的请求依法不能成立。因此,吴某明的诉讼请求不能成立,应予驳回。

二审甘肃省高级人民法院认为,吴某明对案涉房屋享有足以排除执行的民事权益,撤销了一审判决,改判不得执行成都市郫都区安靖镇林湾村鸿发街136、138号房屋。

裁判要旨:

本案中申请执行人王某申请执行的债权属于普通金钱债权,而案涉房屋在查封前被执行人吴某华转让给案外人吴某明,且已交付并由案外人吴某明出租使用,故该房屋已不属于被执行人吴某华的责任财产范畴。尽管该案执行标的为违法建筑,无法办理房屋登记,但案外人吴某明是否享有足以排除执行的合法权益,应以当事人之间的合同为依据。

裁判评析:

本案为违法建筑物权利人提起案外人执行异议之诉得到支持的案例,该案中,执行标的为无法办理房地产登记的违法建筑,但案外人执行异议之诉的审理法院承认在违法房产上可以成立合法权利,通过审查涉案违法建筑的转让合同,认定案外人享有相应民事权益。

本案的争议焦点为案外人吴某明对案涉房屋是否享有足以排除强制执行的民事权益。

本案中执行标的为四川省成都市郫都区安靖镇林湾村集体建设用地上开发建设的房屋,至案发时没有办理产权登记。《最高人民法院关于人民法院办理执行异议和复议案件若干问题的规定》第28条仅适用于执行标的登记在被执行人名下情形,故本案不适用该条。该案应适用《最高人民法院关于人民法院办理执行异议和复议案件若干问题的规定》第24条规定:"对案外人提出的排除执行异议,人民法院应当审查下列内容:(一)案外人是否系权利人;(二)该权利的合法性与真实性;(三)该权利能否排除执行。"第25条规定:"对案外人的异议,人民法院应当按照下列标准判断其是否系权利人:(一)已登记的不动产,按照不动产登记簿判断;未登记的建筑物、构筑物及其附属设施,按照土地使用权登记簿、建设工程规划许可、施工许可等相关证据判断;……(五)其他财产和权利,有登记的,按照登记机构的登记判断;无登记的,按照合同等证明财产权属或者权利人的证据判断。"故本案中对案涉房屋权益的判断应以当事人之间的合同为依据。

首先,林湾村委会证明吴某华出资参与开发,该村将案涉位于四川省郫都区安靖镇林湾村鸿发街136、138号房屋出售给吴某华,由其占有使用。现行法律规定虽禁止宅基地上修建的房屋在非集体组织成员之间转让。但《全国人民代表大会常务委员会关于授权国务院在北京市大兴区等三十三个试点县(市、区)行政区域暂时调整实施有关法律规定的决定》(2015年2月27日第十二届全国人民代表大会常务委员会第十三次会议通过)中对于农村集体建设用地入市进行试点,对《城市房地产管理法》中关于暂时调整实施集体建设用地使用权不得出让等的规定,调整为"在符合规划、用途管制和依法取得的前提下,允许存量农村集体经营性建设用地使用权出让、租赁、入股,实行与国有建设用地使用权同等入市、同权同价"。郫都区属于试点地区之一,本案房屋属安靖镇林湾村进行新农村建设整体规划,完成村民拆迁安置后修建,在符合当地相关政策规定情形下可以入市交易。据此,虽然吴某华、吴某明均非成都市郫都区安靖镇林湾村集体经济组织成员,但在无其他导致合同无效法定事由情形下,不能以此认定林湾村与吴某华、吴某华与吴某明之间关于诉争房屋买卖合同无效。

其次,2012年7月28日,吴某华与吴某明签订《门面房屋转让协议》,将案涉房屋出售给吴某明,转让协议上原郫县安靖镇林湾村委会除加盖有印章外,还有签署时间为"2012年8月16日"。吴某明也已全额支付了转让价款,有银行转账单据佐证。林湾村村委会也出具《情况特别说明书》对以上事实予以了证明。此外另案中,赵某芳从金川区民政局调取的其与吴某辉2015年12月25日《自愿离婚协议书》中也有将案涉房屋作为夫妻共同财产进行分割的约定,进一步印证吴某华与吴某明之间签订的《门面房屋转让协议》的真实性。因此,王某辩称吴某明与吴某华之间相互串通,伪造合同的主张没有证据支持,不应得到法院支持。

因此,本案中王某申请执行的债权属于普通金钱债权,而案涉房屋在查封前吴某华已转让给吴某明,且已交付并由吴某明出租使用,故该房屋已不属于吴某华的责任财产范畴。吴某明对案涉房屋享有足以排除执行的民事权益,法院予以支持。

第十七讲　其他涉及不动产的案外人执行异议之诉

导　语

除了前述涉及无过错不动产买受人、消费购房人等直接对不动产享有债权或者说物权期待权(关于权利的性质,理论和实践目前还存在一定争议)并据此提出案外人执行异议之诉的情形外,不动产的权利状态在实践中还存在多种类型,而鉴于不动产本身既具有居住属性,也是生存保障的重要资料,同时实践中价值往往比较大,因此在处理时往往需要兼顾各方利益。实践中除前述几种情形外,其他涉及不动产纠纷的案外人执行异议之诉还包括合作开发人或联建房屋人提起的案外人执行异议之诉,以及涉及违法建筑、小产权房的案外人执行异议之诉。如何认识这些情形,是否应当支持案外人提起的排除执行请求,亦是实践中涉及不动产纠纷裁判的重要问题。本讲旨在围绕合作开发人或者联建房屋人、小产权房人提起的案外人执行异议之诉展开讨论。

问题一　合作开发人或者联建房屋人提起的案外人执行异议之诉

【规范梳理】

《吉林省高级人民法院关于审理执行异议之诉案件若干疑难问题的解答》

问题三十一:案外人以其与被执行人为合资、合作开发房地产为由主张对作为执行标的物的不动产排除执行的,人民法院该如何处理?

金钱债权执行中,案外人以其与被执行人系合资、合作开发房地产为由对作为执行标的物的不动产请求排除执行的,如该案外人系实际出资人或借用被执行人资质以被执行人名义开发建设房地产,并将建设用地使用权、不动产的所有权登记在被执行人名下的,其请求排除执行的,不予支持。

《江苏省高级人民法院执行异议及执行异议之诉案件办理工作指引(二)》
五、案外人基于房屋合作开发或联建关系提起的执行异议之诉案件的处理

16.金钱债权执行中,案外人以其系房屋联建合同关系当事人为由提起的执行异议之诉案件,区分下列情形予以审理认定:

(1)执行法院依据生效法律文书,对作为被执行人的项目公司名下房屋执行时,该项目合作当事人中一方以其对房屋享有实体权益为由提起执行异议及执行异议之诉,要求排除执行的,不予支持;

(2)执行法院依据生效法律文书,对被执行人与他人显名合作联建开发的房屋采取查封或执行措施,案外人作为合作联建开发合同的另一方,以其对房屋享有共有权为由提起执行异议,请求解除查封的,不予支持。案外人提起执行异议之诉,请求对案涉房屋停止执行的,应根据双方之间合作联建的基础合同法律关系的审理,区分以下情形予以处理:

①联建合同已明确约定案外人应分得的建筑物的具体部位、楼层或者房屋的部分,不得执行;

②联建合同未明确约定应分得的建筑物的具体部位、楼层或者房屋,仅约定分配份额或者比例的,对案外人应分得的份额或比例之内的房屋不得执行。

(3)执行法院依据生效法律文书,对被执行人开发建设的房屋采取执行措施,案外人以其与被执行人存在隐名开发合同关系,对隐名开发合同中约定归其所有的房屋提出执行异议,并要求排除执行的,不予支持。案外人认为其权益受到损害的,可根据合作协议另行向被执行人追偿。

《江西省高级人民法院关于执行异议之诉案件的审理指南》

28.金钱债权执行中,案外人以其系房屋合作开发或联建合同关系当事人为由提起的执行异议之诉案件,请求排除执行的,区分下列情形进行处理:

(1)执行法院对被执行人与他人显名合作开发、联建的房屋采取执行措施,案外人以其为合作开发、联建合同的另一方,并对房屋享有共有权为由提起执行异议之诉,如合作开发、联建合同已明确约定案外人应分得的建筑物的具体部位、楼层或者房屋的部分,对该约定部分应予支持;如合作开发、联建合同未明确约定应分得的建筑物的具体部位、楼层或者房屋,仅约定分配份额或者比例的,对案外人应分得的份额或比例之内的部分应予支持;

（2）执行法院对被执行人开发建设的房屋采取执行措施，案外人以其与被执行人存在隐名合作开发、联建合同关系，对隐名合同中约定归其所有的房屋提出执行异议之诉，要求排除执行的，不予支持。

【理论基础】

在房地产开发过程中，出于资金、收益等方面的考虑，存在大量以合资、合作等方式开发房地产的现象，因为房地产开发建设本身涉及大量的资金，同时还涉及多方利益主体的法律关系，为保障房屋按期建成，联建人或合作开发人往往需要寻找多方合作，共同完成房地产的开发建设。一般而言，在房屋正式交付消费者之前，房屋本身属于开发商所有，在合作开发与联建关系中，各方当事人对在建房屋的所有权问题就成了一项棘手问题。如果双方签订合同约定合资、合作开发房地产，并分得一定比例的不动产所有权，此时，如果其中一方成为被执行人，而开发的房地产成为执行标的时，另外一方可以作为案外人基于共有关系提起案外人执行异议之诉进行救济。①

但是对房屋的合作开发或房屋联建本身可能存在不同的认识，例如，实践中可能存在名为合作开发实为房屋买卖合同的现象。在"大连凯祥房屋开发有限公司与大连浩盛房地产开发有限公司、大连浩盛建筑工程有限公司房屋买卖合同纠纷再审案"②中，虽然最高人民法院最终指出，一审判决认定《合作协议》名为合作开发房地产合同实为房屋买卖合同不妥，应予纠正，但实践中仍然存在大量将合作开发合同认定为一种实为买卖合同的现象，这也使合作开发人提起案外人执行异议之诉的情况变得更加复杂。此外，在"陕西兴庆熙园物业管理有限公司、陕西兴庆御园物业管理有限公司合资、合作开发房地产合同纠纷案"③中，最高人民法院也明确指出，合作开发不能成为承担连带责任的依据，这一裁判虽然与案外人执行异议之诉本身关联不大，但也在一定程度上说明房地产合作开发本身与一般的房屋共有、房屋买受人、消费购房人存在极大的区别。

从前述各地法院的裁判中，可以看出，对于合作开发人或联建房屋人主张的对房屋享有所有权的主张，法院一般不予支持。但经由对房屋联建合同或合作开

---

① 参见王勤劳：《非股权式合作开发房地产的物权归属》，载刘云生主编：《中国不动产法研究》2022年第2辑，社会科学文献出版社2022年版，第225页。

② 参见大连市中级人民法院民事判决书，（2013）大民二初字第40号；辽宁省高级人民法院民事判决书，（2013）辽民一终字第284号；最高人民法院民事判决书，（2014）民申字第599号。

③ 参见最高人民法院民事判决书，（2020）最高法民再315号。

发合同的审查,法院在查明法律关系存在的情况下予以支持。这是因为:一方面,完全支持合作开发人或房屋联建人的请求可能诱发合同倒签风险,进而损害到申请执行人的合法权益;另一方面,如果存在真实的合作开发或联建关系,法院理论上应当予以支持,因为合作开发人与房屋联建人对于在建房屋的所有权关系属于共有,因此,共有人提起的案外人执行异议之诉能否排除强制执行,应当按照共有关系来处理。例如,明确约定了对房屋的所有或比例,在执行中,应当排除对相应的比例或建筑的执行。虽然《最高人民法院关于审理执行异议之诉案件适用法律问题的解释》与《最高人民法院关于人民法院办理执行异议和复议案件若干问题的规定》,均未对案外人基于房屋合作开发或联建关系提起的案外人执行异议之诉如何处理作出规定,但吉林省、江苏省、江西省相应地方司法文件中对该问题均有所回应。其中以江苏省的规定最为细化,将合作开发房地产分为显名合作开发以及隐名合作开发,并对两种不同情形采取不同的处理办法。《最高人民法院关于人民法院民事执行中查封、扣押、冻结财产的规定》第2条第2款规定,"未登记的建筑物和土地使用权,依据土地使用权的审批文件和其他相关证据确定权属"。根据该条规定可知,在执行阶段,对于尚未取得房产证的房屋,原则上按照所记载的用地单位、建设单位来确定不动产的归属。按照该标准区分,可将合作开发房地产分为显名合作开发(用地单位、建设单位系合作双方)以及隐名合作开发(用地单位、建设单位仅系合同一方,另一方依据合作开发协议主张权益)。

对于显名合作开发而言,合作方都被登记为土地使用权人,相关规划和建造许可均显示双方名称,被执行人与另一方合作开发当事人对所涉房产构成按份共有或共同共有,对于土地上建造的房屋的案外人执行异议之诉纠纷应当参照按份共有或共同共有之规则予以解决。[①] 而《民法典》第303条规定,"共有人约定不得分割共有的不动产或者动产,以维持共有关系的,应当按照约定,但是共有人有重大理由需要分割的,可以请求分割";第304条规定,"共有人可以协商确定分割方式。达不成协议,共有的不动产或者动产可以分割且不会因分割减损价值的,应当对实物予以分割;难以分割或者因分割会减损价值的,应当对折价或者拍卖、变卖取得的价款予以分割"。据此可知,如按份共有人之间已经对共有财产的分割作出约定,且不存在恶意串通逃避债务的情况,应当认可案外人对于共有房产

---

① 参见王毓莹、翟如意:《执行异议之诉中排除执行的民事权利类型化研究》,载《人民司法》2019年第28期。

的部分所有权,对于案外人享有的财产应当排除执行。① 更进一步地,如果共有人之间对于分配方案尚未有明确约定的,基于对执行效率和申请执行人合法权益保护的考量,应允许进行变价分割,并保留共有人份额内的变现价款。地方司法文件中,《江苏省高级人民法院执行异议及执行异议之诉案件审理指南(二)》第16条即作出规定:首先,对于共有人基于所有权主张所提出的整体排除执行请求不予支持;其次,如果合作开发协议已经明确约定案外人(共有人)应分得的建筑物的具体部位、楼层或者房屋的部分,则可以判决对于该部分不得执行;最后,如未明确约定分割方案,仅约定分配份额或者比例的,可以对房产强制执行,同时判令不得执行案外人份额内的变现价款。

隐名的合作开发则相对更复杂,一般而言,司法实务中较为常见的房地产联建模式为一方出地、一方出资金以完成建设,双方可能约定对建成的房屋按面积、坐落进行分配,也可能约定建成房屋销售后的收益按一定比例进行分配。但往往在此情况下,相关开发审批手续是以土地提供方的名义办理,房产登记于被执行人的名下。② 而出地合作方的债权人申请强制执行已经建成的房屋,出资合作方能否基于建造行为主张所有权以排除强制执行?实务判决中对此存在争议:一种裁判观点认为,隐名出资人实际出资建造建筑物为事实行为,能够取得对建筑物所有权的共有权,据此可以排除对其应有份额的强制执行。其主要依据《民法典》第352条"建设用地使用权人建造的建筑物、构筑物及其附属设施的所有权属于建设用地使用权人,但是有相反证据证明的除外"的规定。而建设所需的许可仅构成行政机关对建设行为的管理,并非取得所有权之要件,未办理所有权首次登记以前,房屋所有权属于实际出资建造者,而不应拘泥于形式上持有建造许可的主体。因此,隐名出资人出资建造的事实行为构成但书中的"相反证据",能够证明其对所建造房产的所有权。③ 而相反的观点认为,通过建造取得房产物权的前提是合法建造,而建造取得物权的前提条件必须满足合法的建房手续,对于未进行首次登记的在建房产,应当按照土地使用权登记簿、建设工程规划许可、施工许可等相关证据判断其所有权归属。因此,隐名出资人不可能成为"合法建造人"这一事实行为的主体,不能基于建造行为直接取得不动产物权,而仅能够依据合作

---

① 参见王利明主编:《中国民法典评注·合同编》,人民法院出版社2021年版,第2069页。
② 参见李洪威:《借用资质开发房地产执行异议之诉的裁判规则》,载刘云生主编:《中国不动产法研究》2022年第2辑,社会科学文献出版社2022年版,第239页。
③ 参见最高人民法院民事裁定书,(2019)最高法民申6917号。

开发合同对显名者行使相应的债权请求权,不足以排除强制执行。① 本书赞同后一观点,联建开发不等于共同建造,建造行为必须在依法办理相关登记及许可的前提下,才能在建造事实行为完成时产生设立物权的法律效力,没有进行上述登记的合作开发合同当事人并不当然因合作开发合同约定而享有物权,没有进行上述登记的合作开发合同当事人并不当然因合作开发合同约定而享有物权。江苏省、吉林省、江西省等省份的地方司法文件中也持相同观点,规定案外人以其与被执行人存在隐名开发合同关系,对隐名开发合同中约定归其所有的房屋提出执行异议,并要求排除执行的,不予支持。案外人认为其权益受到损害的,可根据合作协议另行向被执行人追偿。

【典型案例】

案例一:陕西崇立实业发展有限公司与西安佳佳房地产综合开发有限责任公司案外人执行异议纠纷案②

基本案情:

一审法院认定事实如下:2004 年 9 月 3 日、6 日,西安佳佳房地产综合开发有限责任公司(以下简称佳佳公司)与中国工商银行股份有限公司西安朱雀大街支行(以下简称工行朱雀支行)分别签订了陕工银营朱雀经字第 002 号、第 003 号《房地产业借款合同》及陕工银营朱雀抵字第 004、005 号《抵押合同》。佳佳公司共计向工行朱雀支行借款 8000 万元整,借款期限 30 个月,佳佳公司以坐落于西安市经济技术开发区文景路以西的文景花园 3、4、5 号楼在建工程提供抵押担保。2004 年 9 月 10 日,陕西省西安市汉唐公证处对上述合同予以公证,2007 年 1 月 10 日,陕西省西安市汉唐公证处作出(2007)陕证执字第 1 号和第 2 号执行证书,对佳佳公司所欠本金利息合计 85592366.6 元赋予强制执行效力。2007 年 2 月 14 日,一审法院立案执行,案号分别为(2007)陕执二公字第 58 号、第 59 号。2014 年 3 月 3 日,一审法院对位于西安市经济技术开发区北二环西段 31 号佳家时代广场 B、C 座的 15 套房屋予以查封。

---

① 参见最高人民法院民事判决书,(2016)最高法民终 763 号;最高人民法院民事判决书,(2019)最高法民再 285 号;山东省高级人民法院民事判决书,(2020)鲁民 1148 号。

② 参见最高人民法院民事判决书,(2016)最高法民终 763 号。

另查明:2014年12月8日信达陕西分公司与工行东大街支行签订债权转让协议,执行法院裁定变更信达陕西分公司为申请执行人。

2015年6月15日,陕西崇立实业发展有限公司(以下简称崇立公司)向一审法院提出案外人执行异议。一审法院作出裁定驳回了崇立公司的异议请求。崇立公司不服,向一审法院起诉,遂形成本案。

一审法院还查明,2006年7月19日,崇立公司与佳佳公司签订《佳家时代广场B、C座项目联合开发合同书》约定,双方联建项目为B、C座住宅楼及B座以北的地下车库工程,联建面积85000平方米。佳佳公司提供建设项目用地、项目的规划审批手续和建筑设计方案及施工图纸,崇立公司以人民币出资,承担项目设计蓝图内所有的建安费用。双方共同投资至本项目总价的25%~30%时,佳佳公司应无条件地将该项目过户给崇立公司,由崇立公司独自建设、经营、销售,收益归崇立公司所有。佳佳公司应收回投资和收益为总建筑面积每平方米700元,B座一至三层裙房每平方米1250元。其余投资、楼盘的销售、产权(同土地证年限)及收入全部归崇立公司所有。

2007年6月19日,佳佳公司作出授权书载明:"经佳佳公司研究决定,将佳家时代广场B、C座销售全权委托崇立公司。B、C座的个人住户贷款和保证金直接转入崇立公司的账户。"

2008年12月2日,佳佳公司与崇立公司向西安市住房公积金管理中心作出《情况说明》称:"我公司开发的佳家时代广场项目是与投资商崇立公司联合开发,前期报建手续全部以佳佳公司名义报建、后期销售我公司委托崇立公司负责第10号楼、第11号楼的销售和收款工作。因此,这两座楼的买受人首付款收据均由崇立公司出具,买受人办理的公积金贷款同样转入崇立公司账户。"

2009年9月7日,崇立公司与佳佳公司签订《有关〈佳家时代广场B、C座项目联合开发合同书〉相关问题的协议》载明,工程已经验收竣工。双方一致认可崇立公司已经按照合同约定向佳佳公司付清了全部投资收益,双方就合同收益分配问题再无任何争议。双方一致认可崇立公司已经依据合同合法且无争议地拥有佳家时代广场B、C座及协议约定的地下车库全部产权以及产权转让后的全部销售收益。

佳佳公司与崇立公司合同约定的佳家时代广场B、C座即为佳家SPORT第10幢、第11幢房屋。佳家时代广场项目已办理的国有土地使用权证、建设用地规划许可证、建设工程规划许可证、建设工程施工许可证等手续均登记在佳佳公司名下。

第十七讲 其他涉及不动产的案外人执行异议之诉 | 303

裁判要旨：

一审法院认为，案外人执行异议之诉，是指案外人就执行标的享有足以排除强制执行之权利，请求法院不得对该标的实施执行的诉讼。本案系崇立公司提起的案外人执行异议之诉，其诉讼请求为确认其对涉案 10 套房屋享有所有权，判令不得执行该房屋，并解除对该房屋的查封。诉讼请求能否成立，应判断其是否依法享有涉案 10 套房屋的所有权或其他足以排除强制执行的民事权益，并进而决定是否停止执行。

《物权法》第 30 条规定："因合法建造、拆除房屋等事实行为设立或者消灭物权的，自事实行为成就时发生效力。"①依法建造房屋属于取得权利的事实行为，房屋建好后即在事实上产生了房屋的所有权，建造人亦因此取得该房屋的所有权，该种取得属于物权法第 30 条规定的原始取得方式，不以登记作为取得房屋所有权的要件。佳佳公司与崇立公司系联建关系，共同出资开发建设涉案房屋，故佳佳公司与崇立公司均为房屋建造人，自房屋建成，即应共同享有对涉案房屋的所有权。2009 年 9 月 7 日，佳佳公司与崇立公司签订的《有关〈佳家时代广场 B、C 座项目联合开发合同书〉相关问题的协议》载明，双方确认崇立公司已经向佳佳公司付清全部投资收益，崇立公司拥有佳家时代广场 B、C 座及协议约定的地下车库全部产权以及产权转让后的全部销售收益。佳佳公司与崇立公司之间的上述约定对合作开发的共有财产进行了分割，该约定系双方的真实意思表示，不违反法律、行政法规的强制性规定，应为有效。本案争议的 10 套房屋属于崇立公司所有，崇立公司请求确认其为该 10 套房屋的所有权人合法有据，应予支持。信达陕西分公司认为国有土地使用权证、建设工程规划许可证等证书均在佳佳公司名下，根据《最高人民法院关于人民法院办理执行异议和复议案件若干问题的规定》第 25 条之规定，佳佳公司应为权利人。但该司法解释适用于执行程序，就本案所涉房屋所有权归属的审查认定在执行异议中仅仅是一种初步审查，一审法院在诉讼程序中依据查明的基础交易事实认定崇立公司为涉案房产的所有权人与上述司法解释并不矛盾。信达陕西分公司的该项抗辩理由不能成立。信达陕西分公司对佳佳公司仅享有一般的金钱债权，该普通债权不能对抗崇立公司对涉案房屋所享有的物的所有权。

根据《最高人民法院关于适用〈中华人民共和国民事诉讼法〉的解释》(2015 年) 第 312 条的规定，"对案外人提起的执行异议之诉，人民法院经审理，按照下列

---

① 现已被《民法典》第 231 条吸收。

情形分别处理：（一）案外人就执行标的享有足以排除强制执行的民事权益的，判决不得执行该执行标的；（二）案外人就执行标的不享有足以排除强制执行的民事权益的，判决驳回诉讼请求。案外人同时提出确认其权利的诉讼请求的，人民法院可以在判决中一并作出裁判。"本案中，崇立公司依法享有涉案10套房屋的所有权，足以排除强制执行，故依照上述规定，应不得执行该10套房屋。至于崇立公司请求解除对涉案10套房屋的查封，应在执行程序中申请，本案不予涉及。

最高人民法院二审认为，本案争议焦点为原判决认定崇立公司享有案涉10套房屋所有权并可排除执行是否正确。

第一，不动产物权变动一般应以登记为生效要件。依照《物权法》规定的物权法定原则，物权的种类和内容，由法律规定，当事人之间不能创设。《物权法》第9条规定，不动产物权的设立、变更、转让和消灭，经依法登记，发生效力；未经登记，不发生效力，但法律另有规定的除外。① 《物权法》第14条规定，不动产物权的设立、变更、转让和消灭，依照法律规定应当登记的，自记载于不动产登记簿时发生效力。② 根据查明事实，案涉房屋并未登记于崇立公司名下，崇立公司不能依据登记取得案涉房屋所有权。

第二，崇立公司能否基于合法建造取得案涉房屋所有权。最高人民法院认为，首先，《物权法》第142条③规定，建设用地使用权人建造的建筑物、构筑物及其附属设施的所有权属于建设用地使用权人，但有相反证据证明的除外。即建设用地使用权人建造的建筑物、构筑物及其附属设施的所有权一般属于建设用地使用权人。就本案而言，建设用地使用权证载明的权利人为佳佳公司并非崇立公司。其次，虽然《物权法》第30条规定，因合法建造、拆除房屋等事实行为设立或者消灭物权的，自事实行为成就时发生效力，④但合法建造取得物权，应当包括两个前提条件：一是必须有合法的建房手续，完成特定审批，取得合法土地权利，符合规划要求；二是房屋应当建成。根据查明事实，案涉房屋的国有土地使用权证、建筑用地规划许可证、建筑工程规划许可证、施工许可证等记载的权利人均为佳佳公司。即在案涉房屋开发的立项、规划、建设过程中，佳佳公司是相关行政审批机关确定的建设方，崇立公司仅依据其与佳佳公司的联建协议，并不能直接认定其为《物权法》第30条规定的合法建造人，并因事实行为而当然取得物权。结合《佳家

---

① 现为《民法典》第209条。
② 现为《民法典》第214条。
③ 现已被《民法典》第352条吸收。
④ 现已被《民法典》第231条吸收。

时代广场 B、C 座项目联合开发合同书》约定内容分析,双方联建的佳家时代广场 B、C 座楼位及 B 座以北的地下车库项目,双方共同投资至本项目总价的 25%~30% 时,佳佳公司应无条件的将该项目转让,过户给崇立公司,由崇立公司独自建设、经营、销售,收益归崇立公司所有,转让过户的税费由崇立公司承担。即崇立公司、佳佳公司双方亦明知,双方合作开发,崇立公司仅能依据联建协议参与建成房屋分配,项目转让仍需履行相关审批手续。

第三,《最高人民法院关于适用〈中华人民共和国民事诉讼法〉的解释》(2015年)第 311 条规定,案外人或者申请执行人提起执行异议之诉的,案外人应当就其对执行标的享有足以排除强制执行的民事权益承担举证证明责任。崇立公司主张其基于合法建造事实享有案涉房屋所有权,应当承担举证证明责任。现其既未提交证据足以证明对于案涉项目投资事实,亦未提交证据证明其对涉案房屋占有的权利外观,更未提交证据证明案涉房屋已经登记至其名下,应当承担举证不能不利后果。

第四,《物权法》规定物权公示原则,即物权的变动必须将其变动的事实通过一定方法向社会公开,其目的在于使第三人知道物权变动情况,以免第三人遭受损害并保障交易安全。本案中,崇立公司与佳佳公司之间存在合作开发房地产合同关系,崇立公司有权另案向佳佳公司主张基于合作开发合同产生的相关权利。但在其提交证据不足以证明其为相关审批手续载明的合法建造主体、投资事实、占有权利外观情况下,仅依据其与佳佳公司合作开发合同关系,不属于《物权法》第 30 条规定的合法建造人,原判决认定崇立公司基于合法建造取得案涉房屋所有权属,适用法律不当,最高人民法院予以纠正。

裁判评析:

本案为最高人民法院的公报案例,是最高人民法院审理的案外人基于隐名合作主张合法建造取得物权请求排除执行的典型案例。合作开发房地产合同,是指当事人订立的以提供出让土地使用权、资金等作为共同投资,共享利润、共担风险合作开发房地产为基本内容的合同。而在合作开发中常常存在一方出资、一方出地的情形,也即隐名出资。实践中,提供土地使用权的一方往往为相关审批手续载明的合法建造主体并对相关房产具有占有权利外观,当土地提供方的债权人申请执行其名下的房产时,隐名出资人往往会以其为合作开发房产的事实主张对该房产的共有的所有权,提起案外人执行异议之诉以排除对其享有权益的财产的执行。

本案案情较为简单,崇立公司与佳佳公司签订联合开发协议,共同开发"佳家时代广场B、C座项目"。崇立公司出资并承担建设费用，佳佳公司提供土地及审批手续。双方约定，完成一定投资后，项目将转由崇立公司独立经营，收益归崇立公司所有。后崇立公司虽依据约定取得了投资和销售权益，但相关土地和建设手续却登记在佳佳公司名下。作为隐名出资人的案外人崇立公司提出执行异议，主张其作为隐名出资人对房产享有所有权，应当排除在执行之外，因而产生本案。

在本案中，最高人民法院对于此类涉及隐名合作开发案件中隐名出资人所提起的排除执行请求，具有较为明确的认定思路。首先，合法建造是隐名房地产联建协议履行的前提和基础，无论哪种房地产联建合作方式，都需要先通过合法建造取得房屋物权，然后再按照合同约定进行具体分配。其次，合法建造只能由符合国家规定的主体取得物权，也就是依照《最高人民法院关于人民法院办理执行异议和复议案件若干问题的规定》第25条第1款规定的，"对案外人的异议，人民法院应当按照下列标准判断其是否系权利人：(一)已登记的不动产，按照不动产登记簿判断；未登记的建筑物、构筑物及其附属设施，按照土地使用权登记簿、建设工程规划许可、施工许可等相关证据判断……"最后，房地产联建中的隐名联建方不能直接依据合法建造这一原始取得方式来取得物权，而只能根据不同的联建协议种类所确定的法律关系，通过联建协议的履行来继受取得物权。最高人民法院明确指出，当案外人，也即隐名出资人"提交证据不足以证明其为相关审批手续载明的合法建造主体、投资事实、占有权利外观情况下，仅依据其与佳佳公司合作开发合同关系，不属于《物权法》第30条规定的合法建造人"。

最高人民法院在本案中的裁判说理充分、逻辑清晰，对实践中不在少数的合作开发执行异议纠纷案件具有指引作用，从物权法的角度重申了隐名出资人不具有足以排除执行的实体权利，明确指出了隐名出资人仅对合作开发合同等具有期待其履行以继受取得所有权的请求权，对于房产本身并不享有因建造而原始取得的所有权。

案例二：北京长富投资基金、郑某波申请执行人执行异议纠纷案[①]

基本案情：

一审法院认定事实如下：2013年8月28日，北京长富投资基金（以下简称长富基金）、兴业银行哈分行与中然公司签订《委托贷款借款合同》，约定：长富基金

[①] 参见最高人民法院民事判决书，(2018)最高法民终1298号。

委托兴业银行哈分行向中然公司发放贷款 9000 万元,该贷款由中然公司提供抵押担保。同日,兴业银行哈分行与中然公司签订《抵押合同》,约定:中然公司以其丽都国际小区 204 套在建房屋和土地使用权为上述贷款提供担保。2013 年 9 月 5 日,兴业银行哈分行与中然公司在哈尔滨市阿城区房地产事业管理局办理了在建房屋抵押登记。其后,长富基金因与中然公司金融借款合同纠纷诉至一审法院。2015 年 12 月 10 日,一审法院根据长富基金的财产保全申请作出(2015)黑高商初字第 38 号民事裁定,查封包括案涉房屋在内的丽都国际小区 182 套房屋。2015 年 12 月 25 日,一审法院作出(2015)黑高商初字第 38 号民事判决,判令中然公司偿还长富基金贷款本金 8835 万元及利息;如中然公司不能清偿,对其不能清偿部分,长富基金有权以中然公司提供的抵押物房产、土地折价或拍卖、变卖的价款优先受偿。该判决生效后,中然公司未能履行给付义务。长富基金向一审法院申请执行,执行过程中,一审法院作出(2016)黑执 18 号执行裁定,查封该房屋,郑某波以案外人身份提出执行异议。2017 年 7 月 19 日,一审法院作出(2017)黑执异 140 号执行裁定,中止对案涉房屋的执行。之后,长富基金向一审法院提起诉讼。

同时查明,2009 年 5 月 5 日,郑某波与其子案外人吕某与中然公司签订《联建房屋协议书》,主要内容包含:案涉房屋的位置、使用面积、计价方式、付款方式、面积调差方式等,房屋价款为 297051.30 元,郑某波于当日交付全部房款。中然公司为其出具收据。2014 年 1 月 10 日,郑某波补交购房款 23751 元,中然公司为其开具收据并向郑某波发出《进户通知单》,郑某波办理入住手续。现郑某波占有案涉房屋。

又查明,中然公司于 2012 年 5 月 23 日取得丽都国际小区 D4 号楼、D5 号楼、D6 号楼项目的"商品房预售许可证",于 2012 年 7 月 19 日取得丽都国际小区 G5 号楼、G7 号楼、G8 号楼项目的"商品房预售许可证",于 2013 年 5 月 20 日取得丽都国际小区 G9 号楼、地下车库、游泳馆项目的"商品房预售许可证"。因丽都国际小区尚未办理竣工验收手续,案涉房屋尚不能办理所有权登记及变更登记。

再查明,2013 年 9 月 2 日,兴业银行哈分行向哈尔滨市阿城区房地产事业管理局出具《抵押可售函》,载明含案涉房屋在内的多套房屋"在抵押期间,抵押房屋可以销售"。

裁判要旨:

一审法院认为,解决本案争议的关键问题在于:郑某波是否享有足以排除强制执行的民事权益。

案涉《联建房屋协议书》的内容具备了商品房买卖合同中关于房屋位置、面积、付款方式、交房时间等主要条款,且中然公司已经于签订协议后收取了郑某波的全部购房款,根据《最高人民法院关于审理商品房买卖合同纠纷案件适用法律若干问题的解释》(以下简称《商品房买卖合同解释》)第5条"商品房的认购、订购、预订等协议具备《商品房销售管理办法》第十六条规定的商品房买卖合同的主要内容,并且出卖人已经按照约定收受购房款的,该协议应当认定为商品房买卖合同"之规定,应当认定该协议书的性质为商品房买卖合同。该协议书系郑某波与中然公司的真实意思表示,不违反法律、行政法规效力性强制性规定,中然公司虽然在该协议签订后才取得了案涉房屋的《商品房预售许可证》,但根据《商品房买卖合同解释》第2条"出卖人未取得商品房预售许可证明,与买受人订立的商品房预售合同,应当认定无效,但是在起诉前取得商品房预售许可证明的,可以认定有效"的规定,应认定案涉《联建房屋协议书》有效。郑某波已按照协议的约定,向中然公司交付全部购房款,又在一审法院查封前实际占有案涉房屋,未办理所有权变更登记亦非郑某波原因所致,根据《最高人民法院关于人民法院办理执行异议和复议案件若干问题的规定》第28条"金钱债权执行中,买受人对登记在被执行人名下的不动产提出异议,符合下列情形且其权利能够排除执行的,人民法院应予支持:(一)在人民法院查封之前已签订合法有效的书面买卖合同;(二)在人民法院查封之前已合法占有该不动产;(三)已支付全部价款,或者已按照合同约定支付部分价款且将剩余价款按照人民法院的要求交付执行;(四)非因买受人自身原因未办理过户登记"的规定,应认定郑某波对案涉房屋享有的民事权益足以排除强制执行。

最高人民法院二审认为,本案的主要争议焦点为郑某波是否享有足以排除强制执行的民事权益。

关于是否在查封前签订合法有效书面买卖合同的问题。不动产买受人享有的足以排除强制执行的民事权益必须建立在合法有效的基础法律关系之上,前提条件是以物权变动为内容的买卖合同成立且有效。本案中,一审法院查封案涉房屋的时间为2015年12月10日,郑某波与吕某于2009年5月5日与中然公司签订《联建房屋协议书》。根据《商品房买卖合同解释》第5条"商品房的认购、订购、预订等协议具备《商品房销售管理办法》第十六条规定的商品房买卖合同的主要内容,并且出卖人已经按照约定收受购房款的,该协议应当认定为商品房买卖合同"的规定,案涉《联建房屋协议书》载明了双方当事人的基本情况,房屋的基本情况,包括位置、面积、付款方式、房屋位置调整及面积调差方式等商品房买卖合同应具备的要件,且郑某波已经全额支付了案涉房屋的购房款,应认定案涉《联建房屋协议书》的性质为商品房买卖合同。《联建房屋协议书》是双方当事人的真实意思表示,并不违反法律、行政法规的效力性强制性规定。根据《商品房买卖合同解释》第2条"出卖人未取得商品房预售许可证明,与买受人订立的商品房预售合同,应当认定无效,但是在起诉前取得商品房预售许可证明的,可以认定有效"的规定,中然公司已于本案诉讼前取得案涉房屋的《商品房预售许可证》,案涉商品房买卖合同应认定合法有效。

长富基金主张案涉《抵押可售函》出具于抵押登记之前,抵押权尚未产生,因此《抵押可售函》无效。本案中,案涉《委托贷款借款合同》的签订时间为2013年8月28日,同日兴业银行哈分行与中然公司签订《抵押合同》。2013年9月2日,兴业银行哈分行向哈尔滨市阿城区房地产事业管理局出具《抵押可售函》,明确含案涉房屋在内的多套房屋"在抵押期间,抵押房屋可以销售"。2013年9月5日,兴业银行哈分行与中然公司对案涉房屋办理抵押登记。最高人民法院认为,《抵押可售函》是兴业银行哈分行的真实意思表示,且不违反法律、行政法规的强制性规定,不违背公序良俗,应为有效。不因案涉《抵押可售函》出具在先,抵押登记办理在后,《抵押可售函》即失效。长富基金的该项上诉理由,没有事实和法律依据,不予支持。

关于是否在查封之前已合法占有的问题。合法占有是不动产买受人对外公示的一种方式,是对不动产实际控制的一种事实状态,占有不动产需发生在人民法院查封之前,是对过去事实状态的一种回溯。本案中,郑某波于2014年1月10日根据中然公司发出的《进户通知单》办理入住手续,在一审提供的水费、电费、热费等收费单据可证明已实际居住案涉房屋,故郑某波对案涉房屋已合法占有。

关于是否支付全部价款的问题。不动产价款的支付是买受人是否享有足以排除强制执行的民事权益的核心问题。本案中,2009年5月5日,郑某波交付全部房款297051.30元。中然公司为其出具收据。2014年1月10日,郑某波补交购房款23751元,中然公司为其开具收据。可以认定郑某波已经按照合同约定支付了全部购房款,中然公司向郑某波交付房屋,双方之间商品房买卖合同已实际履行。

关于未办理过户登记的原因。本案中,案涉房屋尚未办理竣工验收手续,客观上不具备办理产权过户登记的条件。即郑某波虽未取得案涉房屋的所有权,并非其自身原因导致,郑某波对案涉房屋未办理过户登记手续并无过错。

综上,长富基金的上诉请求缺乏事实和法律依据,应予驳回;一审判决认定事实清楚,适用法律正确,应予维持。

裁判评析：

在涉及房屋联建合同的案外人执行异议之诉纠纷中，联建协议本身的认定亦会产生争议，实践中不乏联建协议具有商品房买卖合同特征的情形。根据《最高人民法院关于审理涉及国有土地使用权合同纠纷案件适用法律问题的解释》第22条的规定，虽均名为合作开发房地产合同，但根据合同基本内容的差异，对合同性质的认定有所不同。对于合作开发房地产合同约定提供资金的当事人不承担经营风险，只分配固定数量房屋的，应当认定为房屋买卖合同，而非真正房地产合作开发合同。

在本案中，一审法院对于案涉《联建房屋协议书》的性质进行辨析，认为其具备了商品房买卖合同中关于房屋位置、面积、付款方式、交房时间等主要条款，根据《最高人民法院关于审理商品房买卖合同纠纷案件适用法律若干问题的解释》第5条的规定，应认定案涉《联建房屋协议书》名为房地产联建合同实为商品房买卖合同。进而根据本案房屋交付、购房款交付等情况支持案外人依据买卖合同取得了房屋所有权，进而具有排除执行的实体权益。在申请执行人对于本案"联建房屋合同"性质认定及法律适用提出异议后，最高人民法院二审中仍然支持了一审法院的观点，认为其合同约定内容的本质并非房地产合作开发，而是房屋买卖，因而应当依据《最高人民法院关于人民法院办理执行异议和复议案件若干问题的规定》第28条中案外人对登记在被执行人名下的不动产提出异议的一般规定认定能否排除执行，也即应当从合法有效的书面买卖合同、合法占有该不动产、支付全部价款、非因买受人自身原因未办理过户登记等情况判断案外人是否具有足以排除执行的合法权益。

最高人民法院指出："在金钱债权执行中，《执行异议和复议规定》第二十八条适用于买受人对登记在被执行人名下的不动产提出异议的情形，系普适性的条款，对于所有类型的被执行人和不动产均可适用。一审适用第二十八条规定审理本案，并不存在适用法律错误的情形。"而对于合同性质，最高人民法院还指出，"案涉《联建房屋协议书》载明了双方当事人的基本情况，房屋的基本情况，包括位置、面积、付款方式、房屋位置调整及面积调差方式等商品房买卖合同应具备的要件，且郑某波已经全额支付了案涉房屋的购房款，应认定案涉《联建房屋协议书》的性质为商品房买卖合同"。本书认为，最高人民法院对于案涉房屋联建合同的性质认定非常准确，本案中，双方虽然名义上签订合作开发房地产合同，但提供资金的当事人并不承担经营风险，只分配固定数量房屋，这与真正合作开发房地产合同中双方提供出让土地使用权与资金等共同投资，进而达到共享利润、共担风险的房地产开发的合同目的具有本质区别。在名为房屋联建开发实为房屋买卖合同的情形下,双方并无利润共享之追求,提供"资金"的一方仅为取得房屋所有权。因而,从房屋买卖合同的角度来审视案外人所提起的执行异议之诉,其裁判结果自然异于一般隐名房屋联建合同纠纷。最高人民法院在本案判决中说理清晰,对于房屋联建合同及房屋买卖合同的性质及不同法律适用进行了厘清,也为类案判决提供了明晰的思路。

问题二　涉及小产权房的案外人执行异议之诉

【规范梳理】

《江苏省高级人民法院执行异议及执行异议之诉案件办理工作指引(二)》

七、案外人基于无证房产提起的执行异议之诉案件的处理

19. 执行法院对无证房产予以现状处置,案外人以其对该无证房产享有排除执行的实体权益为由提起执行异议及执行异议之诉的,应依法受理,并对是否许可执行或不予执行该执行标的作出裁判,但不得就无证房产予以确权或判决案外人对此享有所有权。

20. 案外人就无证房产提起执行异议之诉,应区分以下情形予以处理:

(1)案外人仅请求对无证房产予以确权的,应向其释明变更诉讼请求;

(2)案外人既请求对无证房产确权,又请求对无证房产排除执行的,应向其释明放弃对无证房产确权的诉讼请求;

(3)案外人拒不变更或拒绝放弃对无证房产确权的诉讼请求的,对该请求不予受理;已经受理的,裁定驳回其要求确权的起诉。

21. 案外人就无证房产提起执行异议之诉,请求排除执行的,应当重点围绕买卖关系的真实性、款项支付情况及占有使用情况等,审查认定案涉无证房产是否属于被执行人的责任财产范畴。如果经审查属被执行人的责任财产,则对案外人排除执行的诉讼请求不予支持。

在审理该类案件过程中,不得参照适用《异议复议规定》第二十八条规定。

《江西省高级人民法院关于执行异议之诉案件的审理指南》

29. 金钱债权执行中,案外人以其对执行标的享有足以排除执行的民事权益为由,提起执行异议之诉,经审查发现该执行标的系未取得建设工程规划许可证

或者未按照建设工程规划许可证的规定进行建设的,人民法院不予受理;已经受理的,裁定驳回起诉。但案外人系以其为合法占有人为由对执行法院针对不具备首次登记条件的建筑物进行的"现状处置"提起执行异议之诉的,应依法受理,并对是否许可执行或不予执行该执行标的作出裁判,但不得就违法建筑予以确权或判决案外人对此享有所有权。

《河南高院执行裁决庭:涉不动产异议之诉案件审理的若干问题》

19.【无证房产的处理】如果案涉不动产为小产权房、安置房,该类房屋可以长期占有、使用,具有财产价值,可以成为执行标的进行现状处置,案外人对该类房产主张排除执行的,应当重点审查买卖关系的真实性、价款支付情况及房屋占有使用情况等,以判断案涉无证房产是否仍属于被执行人责任财产的范畴,进而裁决是否准许不予执行,但在裁决时不应对案涉房屋进行确权。

【理论基础】

小产权房,也即在农村集体土地上建设的未办理相关证件的无证房屋,在其性质上往往被认定为违法建筑物。违法建筑物主要可以分为两类,一类是根据行政强制法中对违法建筑物的理解,是指建筑物本身违反有关建设规划、土地使用、城市容貌标准、环境卫生标准以及其他行政管理方面的法律、行政法规,未取得建设工程规划许可证或者未按照建设工程规划许可证的规定进行建设的建筑物。另一类是因历史因素形成的没有取得合法手续的建筑物,如小产权房等,虽然其也属于不具有合法手续而取得房屋的情形,但在不同程度上发挥着保障民众基本居住和生存需求的作用,在社会层面全国各地区也事实上存在大量对小产权房的占有、使用、交易及强制执行的现象,对此类纠纷不宜采用"一刀切"的归类标准,而应当本着实事求是的原则依法依规妥善处理。

小产权房的违法性在于,由于违法建筑欠缺规划许可材料,构成《不动产登记暂行条例》第22条第1款第1项规定的"违反法律、行政法规规定"的情形。因此,不动产登记机构应当不予登记,也即欠缺物权公示的有效依据。根据《城市房地产管理法》第38条第6项的规定,"未依法登记领取权属证书的"房地产不得转让,违法建筑不能取得权属证书,理所当然更不得转让。[①] 然而,虽然不能进行处分,但基于其事实上仍具有一定财产价值,为妥善解决执行问题,保障债权人债权

---

① 参见危先平、危雅芸:《违章建筑转让合同确认有效后的执行》,载《人民法院报》2014年4月23日,第8版。

的有效实现,债权人仍可向法院申请对此类建筑物采取执行措施。由于此类建筑物的产权相对混乱不清,在对相关建筑物执行时,可能存在其他主体主张其对房屋享有实际权益,由此提出执行异议之诉请求排除执行。

小产权房能否作为执行标的的问题曾在学理与司法实践中存在争议,但目前司法实务已采"肯定说",即认为违法建筑的建造人等占有人对其享有占有利益,加之违法建筑本身具有财产的使用价值,因此法院可以将违法建筑作为占有人的责任财产实施强制执行。[①] 最高人民法院发布的《最高人民法院关于转发住房和城乡建设部〈关于无证房产依据协助执行文书办理产权登记有关问题的函〉的通知》(法〔2012〕151号)中即明确规定:"执行程序中处置未办理初始登记的房屋时,具备初始登记条件的,执行法院处置后可以依法向房屋登记机构发出《协助执行通知书》;暂时不具备初始登记条件的,执行法院处置后可以向房屋登记机构发出《协助执行通知书》,并载明待房屋买受人或承受人完善相关手续具备初始登记条件后,由房屋登记机构按照《协助执行通知书》予以登记;不具备初始登记条件的,原则上进行'现状处置',即处置前披露房屋不具备初始登记条件的现状,买受人或承受人按照房屋的权利现状取得房屋,后续的产权登记事项由买受人或承受人自行负责。"

而关于小产权房被作为执行标的时案外人是否能够提起执行异议之诉请求排除对违法建筑的强制执行的问题。首先,司法实务和学说并未区分建造人与受让人的不同情形,而是统一加以解决。也即无论案外人为建造人或受让人,提起执行异议之诉均应基于对小产权房具有占有利益。[②] 因为小产权房买卖不具有合法性基础,故买卖合同从法律上看更应当认定为无效合同,按照该法律逻辑,房屋的所有权应当为建造人也即原村集体成员享有,其当然可以作为案外人提起执行异议之诉。但是,考虑到小产权房买受人已经实际占有、使用房屋许多年,而原来的村集体成员具有出卖房屋的意思表示,根据现状处置原则,其不符合提起案外人执行异议之诉的条件。因此,提起案外人执行异议之诉的建造人和受让人均应定性为违法建筑的占有人。其次,对于建造人及受让人等违法建筑的占有人可否提起案外人异议之诉请求排除对违法建筑实施的强制执行,我国学界对此问题观点不一。否定说认为,小产权房系违法建筑物,对违法建筑的认定和处理属于行

---

① 参见张伟:《民事执行中对部分违法建筑的司法处置》,载《人民法院报》2016年8月10日,第8版。
② 参见朱亚奇:《对违法建筑的强制执行及救济》,载《中国政法大学学报》2023年第2期。

政机关的职权范围,不属于法院的主管范围。因而应当避免在案外人执行异议之诉中直接认定和处理违法建筑,否则就等于民事审判权越俎代庖。① 故否定说认为,案外人以其系执行标的违法建筑物的占有人为由提起案外人执行异议之诉,应当裁定不予受理或者驳回起诉。而肯定说认为,既然执行实践中存在对违法建筑采取"现状处置"的做法,那么就意味着违法建筑的占有人的权益有可能受到强制执行的侵害,本着有权益即应有救济的基本原则,应当给予违法建筑的占有人案外人执行异议之诉这一救济途径。② 因此,对于案外人基于对小产权房的占有权益所提起的案外人执行异议之诉,法院也应当受理。

与上述最高人民法院司法解释中"现状处置"原则一以贯之的是,目前司法实务对于能否提起此类案外人执行异议之诉倾向于持肯定态度,观点较为趋同,在对违法建筑物性质的认识上也在发生变化。江苏省高级人民法院曾于 2015 年发布的《执行异议之诉案件审理指南》中规定,案外人以其对执行标的享有阻却执行的实体权利为由提起执行异议之诉,经审查发现该执行标的是违法建筑的,人民法院对该执行异议之诉案件应当不予受理;已经受理的,裁定驳回起诉。但于 2022 年出台的《江苏省高级人民法院执行异议及执行异议之诉案件办理工作指引(二)》中则规定,执行法院对违法建筑予以现状处置,案外人以其对该违法建筑享有排除执行的实体权益为由提起执行异议及执行异议之诉的,应依法受理,并对是否许可执行或不予执行该执行标的作出裁判,但不得就违法建筑予以确权或判决案外人对此享有所有权。可以看出,涉及违法建筑的执行异议及执行异议之诉,由不予受理向依法受理转变,符合立案登记制改革以及执行异议之诉理论发展的趋势。同时应当注意的是,江苏省的相关规定中也提出不能对所涉违法建筑物进行确权,这也保证了我国相关法律适用的权威性及连贯性。最高人民法院 2016 年发布的《第八次全国法院民事商事审判工作会议(民事部分)纪要》第 21 条规定:"对于未取得建设工程规划许可证或者未按照建设工程规划许可证规定内容建设的违法建筑的认定和处理,属于国家有关行政机关的职权范围,应避免通过民事审判变相为违法建筑确权。当事人请求确认违法建筑权利归属及内容的,人民法院不予受理;已经受理的,裁定驳回起诉。"因而对于案外人执行异议之诉中,对案外人对小产权房所提起的排除执行请求之外的确权请求,应向其释明

---

① 参见魏彦珩:《民事审判权不应侵害行政权》,载《天津法学》2014 年第 1 期。
② 参见司伟《执行异议之诉:原理与实务》,法律出版社 2022 年版,第 144 页;刘颖、朱亚奇:《论对执行标的的占有可否排除强制执行》,载刘云生主编:《中国不动产法研究》第 1 辑,社会科学文献出版社 2023 年版,第 87 页。

变更诉讼请求,拒不变更或拒绝放弃对无证房产确权的诉讼请求的,应当裁定不予受理或驳回其要求确权的起诉。在具体程序中,由于案外人或者被执行人其双方均不能提交其系合法所有权人的证据,因此应当重点审查案外人对房屋的占有情况与价款支付情况,谁实际享有无证建筑物占有、使用、收益的权利,双方之间的交易往来等,参照普通房屋中案外人执行异议之诉的标准进行判断。

【典型案例】

案例一:邢某、江苏鑫禄置业有限公司等案外人执行异议之诉纠纷案[①]

基本案情:

一审法院查明事实:邢某诉江苏鑫禄置业有限公司(以下简称鑫禄置业公司)、鑫禄大市场公司民间借贷纠纷一案,淮安市中级人民法院于2014年1月8日作出(2014)淮中民初字第0014号民事裁定,裁定冻结鑫禄置业公司、鑫禄大市场公司的银行存款900万元或者查封其他等额财产。同年1月24日,该院向盱眙县淮河镇村镇服务站送达保全裁定书和协助执行通知书,查封鑫禄大市场公司所有的56套房屋,包括涉案的5幢207室房屋。同日,该院张贴查封公告。2014年5月4日,该院作出(2014)淮中民初字第0014号民事判决:(1)鑫禄置业公司于本判决生效之日起十日内向邢某偿还借款本金433.25万元并给付利息;(2)鑫禄大市场公司在其56套房产的价值范围内对上述债务承担担保责任;(3)驳回邢某的其他诉讼请求。案件受理费74460元、诉讼保全费5000元,合计79460元,由鑫禄置业公司负担。

因鑫禄置业公司、鑫禄大市场公司未履行判决确定的义务,邢某申请强制执行,淮安市中级人民法院于2014年6月19日立案,执行案号为(2014)淮中执字第0223号。在执行中,该院于2015年3月16日作出(2014)淮中执字第0223号执行裁定,拍卖被执行人鑫禄大市场公司所拥有的位于盱眙县淮河镇镇政府大门左侧江苏鑫禄淮河建材大市场5幢共56套房屋。同年4月13日,该院在淘宝网司法拍卖网络平台上发布公告,拍卖被执行人鑫禄大市场公司上述56套房产。经三次拍卖,上述房产均因无人竞买而流拍,申请执行人邢某同意以第三次拍卖保留价接受上述房产抵偿部分债务。该院于2015年6月10日裁定将上述56套

[①] 参见江苏省高级人民法院民事判决书,(2019)苏民终615号。

房产作价5046602元,交付申请执行人邢某抵偿鑫禄大市场公司所欠邢某部分债务,明确"该财产所有权自邢某。同日,该院裁定(2014)淮中民初字第0014号民事判决书未履行部分本次执行程序终结。

案外人刘某对淮安市中级人民法院执行的江苏鑫禄淮河建材大市场5幢207室房屋(以下简称案涉房产)提出异议,要求中止执行,并将该房产返还给异议人。淮安市中级人民法院于2018年5月29日作出(2018)苏08执异44号执行裁定,驳回刘某的异议请求。后刘某向淮安市中级人民法院提出诉讼请求要求停止对原告位于盱眙县房屋的执行。

经查明,2011年2月18日,刘某与鑫禄大市场公司签订《商品房买卖合同》一份,约定:刘某购买案涉房产,建筑面积为119.17平方米,房屋总金额为18万元,购房时付11万元,交房时付清剩余款项。出卖人应于2011年8月8日前将房屋交付买受人使用。同日,鑫禄大市场公司向刘某出具收据一张,称收到刘某现金11万元。后鑫禄大市场公司未向刘某交付房屋,刘某亦未付余款。在异议审查中,该院于2018年5月22日找异议人刘某谈话,刘某称其于2017年4月对所购房屋进行装修,同年10月入住。原告刘某除提交鑫禄大市场公司所开收据外,未向该院提供其向鑫禄大市场公司付款11万元的其他证据材料。

另查明,该院裁定抵债的56套房产所占土地系盱眙县淮河镇城根村所有,涉案房屋为小产权房,原告刘某户籍地为盱眙县。

裁判要旨:

淮安市中级人民法院认为,本案争议焦点为原告刘某对涉案房屋是否享有足以排除强制执行的民事权益。《最高人民法院关于人民法院办理执行异议和复议案件若干问题的规定》第24条规定:"对案外人提出的排除执行异议,人民法院应当审查下列内容:(一)案外人是否系权利人;(二)该权利的合法性与真实性;(三)该权利能否排除执行。"《物权法》第9条第1款规定:"不动产物权的设立、变更、转让和消灭,经依法登记,发生效力;未经登记,不发生效力。"[1]《土地管理法》(2004年)第63条规定:"农民集体所有的土地使用权不得出让、转让或者出租用于非农业建设;但是,符合土地利用总体规划并依法取得建设用地的企业,因破产、兼并等情形致使土地使用权依法发生转移的除外。"因涉案房屋系农村集体土地上的小产权房,依照上述法律规定,农村集体土地上的房屋只能在同一个集体经济组织成员之间。本案中,原告刘某户籍地在盱眙县,其与鑫禄大市场公司

---

[1] 现为《民法典》第209条。

签订的购房合同违反了农民集体所有土地使用权不得出让、转让或者用于非农业建设的强制性规定,应认定无效,其依法不享有涉案房屋所有权。另外,原告刘某与鑫禄大市场公司签订购房合同后,只交纳部分款项,且鑫禄大市场公司并未将涉案房屋交付给原告。故原告刘某对涉案房屋依法不享有足以排除强制执行的权利。原告刘某称被告邢某不具备购买小产权房的资格,淮安市中级人民法院以物抵债裁定违法,该主张不属案外人执行异议之诉审理范围,故对此不予理涉。据此,判决驳回刘某的诉讼请求。

二审法院分析如下:

《最高人民法院关于转发住房和城乡建设部〈关于无证房产依据协助执行文书办理产权登记有关问题的函〉的通知》第2条规定,执行程序中处置未办理初始登记的房屋时,具备初始登记条件的,执行法院处置后可以依法向房屋登记机构发出《协助执行通知书》;暂时不具备初始登记条件的,执行法院处置后可以向房屋登记机构发出《协助执行通知书》,并载明待房屋买受人或承受人完善相关手续具备初始登记条件后,由房屋登记机构按照《协助执行通知书》予以登记;不具备初始登记条件的,原则上进行"现状处置",即处置前披露房屋不具备初始登记条件的现状,买受人或承受人按照房屋的权利现状取得房屋,后续的产权登记事项由买受人或承受人自行负责。本案中,案涉房产属于上述通知中所称的"不具备初始登记条件"的建筑,淮安市中级人民法院依法对包括案涉房产在内的房产进行现状处置,有事实与法律依据。

《最高人民法院关于人民法院办理执行异议和复议案件若干问题的规定》第24条规定,对案外人提出的排除执行异议,人民法院应当审查下列内容:(1)案外人是否系权利人;(2)该权利的合法性与真实性;(3)该权利能否排除执行。《最高人民法院关于人民法院民事执行中查封、扣押、冻结财产的规定》(2008年)第26条规定,第三人未经人民法院准许占有查封、扣押、冻结的财产或者实施其他有碍执行的行为的,人民法院可以依据申请执行人的申请或者依职权解除其占有或者排除其妨害。本案中,案涉房产系"不具备初始登记条件"的建筑,但仍然具有使用价值,被执行人因建设而取得案涉房产的使用价值,人民法院对其进行查封有事实与法律依据。淮安市中级人民法院于2014年1月24日查封案涉房产,而刘某主张其于2017年装修入住,因此刘某对案涉房产的占有晚于人民法院的查封,且刘某不能提供其支付房款的证据材料。因此,刘某上诉请求不符合上述法律规定,不能阻却人民法院对案涉房产的执行。

综上,刘某的上诉请求不能成立,应予驳回。一审判决认定事实清楚,适用法律正确,应予维持。

裁判评析:

本案为江苏省淮安市中级人民法院作出的小产权房案外人执行异议案件的典型判决,主要涉及作为小产权房受让人的案外人对执行查封房产的异议,法院对是否应当排除此类房屋执行的审查标准进行了深入分析。

本案的核心问题是小产权房的受让人是否享有足以排除强制执行的民事权益。首先,对于小产权房能否作为责任财产,二审法院明确引用了《最高人民法院关于转发住房和城乡建设部〈关于无证房产依据协助执行文书办理产权登记有关问题的函〉的通知》第2条作为判断小产权房这类无证房屋能否执行的依据,也即对于所称的"不具备初始登记条件"的建筑以现状处置为原则,且被执行人虽不能因建设而取得案涉房产的所有权,但其仍有使用价值。因而对案涉小产权房进行现状处置有事实与法律依据,也即小产权房可以作为被执行人也即建设人的责任财产。其次,对于小产权房买受人能否排除执行,本案一审法院与二审法院的思路有所不同。一审法院结合原《物权法》第9条及相关法律规定明确指出,涉案房屋系"小产权房",即属于农村集体土地上建设的房屋,不具备合法的转让和登记条件。由于购房合同违反了《土地管理法》的强制性规定,因此该合同无效,刘某并不享有合法的房屋所有权。此外,刘某虽然支付了部分房款,但房屋并未交付,且其未能提供全额支付房款的有效证据。因此,刘某的购买行为并未完全履行合同,无法证明其已实际取得该房产的占有利益。而二审法院并未对购房合同的有效性进行认定,而是进一步认为,根据房屋是否交付占有使用并支付完款项是判定小产权房屋上是否有足以排除执行的民事权益的重要依据,尽管案外人对房屋进行了装修并入住,但对案涉房产的占有晚于人民法院的查封,且不能提供其支付房款的证据材料。因而,刘某无法享有足以排除强制执行的权益。

本案中,案外人刘某不具有排除执行的合法权益,并非因其购买的是违法建筑范畴的小产权房,而是因其不具有小产权房买受人足以排除执行的占有利益。我们可以看到,法院对案外人可否对该类房产主张排除执行持肯定态度,对于案外人也即小产权房受让人是否具有足以排除执行的合法权益的主要审查因素为其是否真实购买占有使用该房屋:第一,真实购买,实践中常常会结合小产权房"买卖合同"订立是否存在恶意串通损害他人利益,是否存在真实的房款交付凭证等进行判断;第二,实际占有并使用,实践中则往往会结合装修、支付水电费、支付物业管理费等占有、使用房屋的相关证据进行审查。

本案的二审判决明确了此类案件的判断标准,同时也明确了小产权房买卖合同无效性司法认定和小产权房本身违法性行政认定的界限,在不对小产权房屋进行确权的前提下解决了买受人能否排除执行的问题。法院通过详细审查案外人的购房合同及其支付情况,合理判定了其权益无法排除执行的法律后果,为涉及小产权房和执行异议案件提供了有力的法律参考。

案例二:柴某、张某等案外人执行异议之诉案[①]

基本案情:

一审法院查明事实如下:某社区属于郸城县人民政府批准建设的新型农村社区,由某房地产公司开发建设。柴某娘家在该村,后因工作需要,柴某户口迁入郸城县城。2016年1月28日,柴某与某房地产公司签订《房屋买卖协议书》,约定柴某购买案涉社区二期第二排、自东向西第八户,总房款25万元。某房地产公司同日向柴某出具了房款收据。2020年6月19日,某房地产公司向柴某出具《证明》,载明案涉房屋归柴某所有。2020年7月,柴某开始装修案涉房屋,花费10多万元。2022年10月31日某房地产公司又出具两份《证明》,载明案涉房屋出售给了柴某,房款25万元于2016年1月28日经中间人转交,产权归柴某所有,该房屋已装修完毕,给其他人出具的证明无效。张某合伙人李某于2012年6月26日与某房地产公司签订了《建设工程施工合同》,承建了案涉社区一期11、12、13、14号楼的建设工程。某房地产公司因欠付李某工程款,于2015年5月5日向李某出具收条,把该社区二期二排东起第七户和第八户等房屋折抵欠李某的工程款。2022年8月5日,李某起诉某房地产公司、谢某,要求后者交付已出售给其的房屋或工程款60万元及利息。后又申请追加张某为第三人参加诉讼,各方当事人于2022年8月8日达成调解协议,约定如某房地产公司、谢某不能履行还款义务,第三人张某有权对某房地产公司开发的案涉社区二期第二排,自东向西第七户、第八户(该户即柴某所购房屋)申请强制执行,法院出具了民事调解书。后因某房地产公司、谢某未如期支付工程款,张某申请法院执行,法院于2022年8月22日查封案涉房屋。法院现场查封照片显示:查封公告和执行裁定书张贴在柴某修建的院墙上,防盗窗已经安装。柴某提出执行异议后,法院于2022年10月17日作出执行裁定书,裁定驳回柴某的执行异议申请。柴某遂提起本案执行异议之诉,请求停止对案涉房屋的执行,并判决案涉房屋产权归其所有。

[①] 参见李慧娟、高继伟、河南高院审监庭:《"小产权房"买受人能否排除开发企业一般债权人的强制执行》,载《公民与法(审判版)》2024年第6期。

裁判要旨：

一审法院认为，柴某在法院查封案涉房屋之前，已经签订房屋买卖合同、支付了全部价款、实际装修并占用案涉房屋，因案涉房屋是"小产权房"，暂时不能办理房产登记，房屋未登记过错不在柴某。而李某、张某与某房地产公司、谢某达成的调解协议对协议当事人有效，对案外人柴某不具有约束力，且张某、李某承建的工程并不包含案涉房屋，对案涉房屋不享有建设工程价款优先受偿权。因此，柴某对案涉房屋享有的物权请求权，优于张某对某房地产公司享有的债权请求权，可以排除法院对该房屋的强制执行。一审判决：（1）不得执行柴某购买的房产；（2）驳回柴某的其他诉讼请求。

张某不服，提起上诉。二审法院认为，城镇居民不得到农村购买宅基地、农民住宅或"小产权房"，案涉房屋性质属"小产权房"，柴某并非案涉房屋所在地的村集体经济组织成员，因此《房屋买卖协议书》无效，柴某主张对案涉房屋享有足以排除强制执行的民事权益，并请求排除对案涉房屋的执行，不应得到支持。二审判决：撤销一审判决，驳回柴某的诉讼请求。

柴某不服二审判决，向河南省高级人民法院申请再审。

河南省高级人民法院再审认为，在案证据能够证明柴某交清了案涉购房款，并在法院查封之前已经合法占有案涉房屋，可以认定柴某实际购买占有使用了案涉房屋。案涉房屋系新型农村社区，建设在集体经济组织的土地上，在某房地产公司、谢某收取柴某购房款并将房屋交付后，柴某购买的案涉房屋已经不属于某房地产公司、谢某的责任财产，在此情况下，张某因某房地产公司、谢某欠付工程款而申请执行案涉房屋应不予准许。虽然某房地产公司将案涉房屋折抵欠付李某工程款时间早于柴某购买案涉房屋时间，但某房地产公司未向李某交付该房屋，李某起诉要求某房地产公司、谢某交付房屋或支付工程款并追加张某为第三人参加诉讼后，各方达成调解协议的内容系向张某支付工程款，达成调解协议时间亦晚于柴某购买案涉房屋时间，该调解协议对柴某并不产生效力。并且柴某购买案涉房屋时并不知晓该房屋已经折抵工程款，其夫妻仅有该套房屋，张某与其合伙人李某承建的系案涉社区一期工程，而柴某购买的房屋系案涉社区二期房屋，就该房屋来说，申请执行人张某系某房地产公司的一般债权人。因此，柴某可排除对案涉房屋的强制执行。再审判决：撤销二审判决，维持一审判决。

裁判评析：

本案为河南省高级人民法院再审改判案例，涉及小产权房的法律属性、物权归属及其能否排除强制执行等核心议题。通过对相关法律法规的解读，本案为小产权房人提起的案外人执行异议之诉的审查提供了重要指导。本案基本事实较为简单,一审、二审法院的分歧主要集中在对小产权房买卖合同的性质认定。一审法院认为,受让人与某房地产公司签订了有效的房屋买卖合同并支付了房款,且在法院查封前已实际占有并装修案涉房屋。基于小产权房房屋未登记过错不在柴某,柴某的物权请求权优于张某等人对某房地产公司的债权请求权。因此,柴某对案涉房屋享有物权请求权,法院裁定排除对该房屋的强制执行。二审法院则认为,小产权房购房合同属无效合同,柴某不是案涉房屋所在地村集体经济组织成员,其对案涉房屋并不享有物权,无法排除强制执行。二审法院指出,城镇居民不能购买农村宅基地及农民住宅,因此,柴某的房屋买卖合同在法律上无效,并且其主张对房屋的物权请求权无法排除执行。

河南省高级人民法院再审并未支持二审法院的判决。河南省高级人民法院虽未正面肯定小产权房买卖合同的效力,但肯定了案外人真实购买并合法占有的事实,进而认定案涉房屋已经不属于某房地产公司、谢某的责任财产。另外,对于申请执行人对开发企业享有的债权,虽建设工程施工合同的承包人对承建工程价款享有优先受偿权,但案涉小产权房并不包含在申请执行人所承建的工程中,申请执行人的资金、劳务及建筑材料等未物化到该房屋,对该房屋不享有建设工程价款优先受偿权,因而仅为一般债权人,对案涉房屋并不享有优先于案外人的权利。二审法院的判决应当予以撤销。

河南省高级人民法院在本案评析中指出,"小产权房可以长期占有使用,具有财产价值,案外人亦可对该类房产主张排除执行,但小产权房买受人主张异议的前提是其真实购买占有使用该房屋"。而从开发企业责任财产角度,小产权房受让人签订房屋买卖合同后交纳了全部购房款,存在真实的房屋买卖关系,此时开发企业收取对价并转移占有,其责任财产并未因此减损,既然其对该房屋已不享有实体权利,则无权再用该房屋继续偿付债务,否则有违诚实信用原则。而开发企业的一般债权人若主张以该房屋抵偿债务则必须能够证明小产权房受让人与开发企业恶意串通损害债权人利益。

本书认为,再审法院的处理最为妥当,平衡了债权人与小产权房买受人的利益。虽然原则上占有利益并不能排除执行,但由于小产权房的特殊性质值得保护,应当认为小产权房可以作为占有利益能够排除执行的例外。且认定小产权房之上具有足以排除执行的合法权益并不等于对小产权房的变相确权,排除执行判决肯定的并非小产权房的所有权而仅为使用权。因而二审法院直接认定小产权房买卖合同无效的判决过于绝对,易造成利益失衡,亦未考虑到小产权房买卖现象在房屋买卖交易中占有一定比重的实践现实。再审法院的判决进一步明确了小产权房在执行中的特殊性,并对当事人在购买此类房屋后的权利保护做出了司法上的保障。尽管小产权房不具备正式的房产登记,但只要当事人能够证明购房款已支付、房屋已交付并实际占有,法院仍应当根据事实确认其享有相应的物权请求权,并在执行程序中予以保护。

本案的再审判决纠正了二审判决的错误,强化了对小产权房购房人占有及居住权益的保护,并且明确了此类案外人执行异议案件的审理标准和规范,为今后类似案件的裁判提供了有益的参考。

第十八讲　涉及动产的案外人执行异议之诉

导　语

根据《民法典》第224条的规定,动产物权的设立和转让,自交付时发生效力,但法律另有规定的除外。根据《民法典》第225条的规定,诸如船舶、航空器、机动车等特殊动产的物权设立、变更、转让、消灭,其物权行为需要办理登记手续,未经登记不得对抗善意第三人。司法实践中,当被执行人占有动产或者特殊动产登记在被执行人名下时,案外人可能会以其已经从被执行人处购买了动产或者占有了该特殊动产等为由,提起执行异议之诉。关于此时案外人是否享有足以排除强制执行的民事权益,在司法实践中存在一定争议,基于此,本讲将围绕涉及一般动产、特殊动产的案外人执行异议之诉,展开讨论。

问题一　涉及机动车等特殊动产的案外人执行异议之诉

【规范梳理】

一、机动车买受人提起的案外人执行异议之诉

《最高人民法院关于人民法院办理执行异议和复议案件若干问题的规定》

第二十五条　对案外人的异议,人民法院应当按照下列标准判断其是否系权利人:

(一)已登记的不动产,按照不动产登记簿判断;未登记的建筑物、构筑物及其附属设施,按照土地使用权登记簿、建设工程规划许可、施工许可等相关证据判断;

(二)已登记的机动车、船舶、航空器等特定动产,按照相关管理部门的登记判断;未登记的特定动产和其他动产,按照实际占有情况判断;

（三）银行存款和存管在金融机构的有价证券，按照金融机构和登记结算机构登记的账户名称判断；有价证券由具备合法经营资质的托管机构名义持有的，按照该机构登记的实际出资人账户名称判断；

（四）股权按照工商行政管理机关的登记和企业信用信息公示系统公示的信息判断；

（五）其他财产和权利，有登记的，按照登记机构的登记判断；无登记的，按照合同等证明财产权属或者权利人的证据判断。

案外人依据另案生效法律文书提出排除执行异议，该法律文书认定的执行标的权利人与依照前款规定得出的判断不一致的，依照本规定第二十六条规定处理。

《江苏省高级人民法院执行异议及执行异议之诉案件办理工作指引（一）》

五、执行异议及执行异议之诉案件的审理规则

1.案外人提出的执行异议案件，原则上进行形式审查以及书面审理，并根据下列情形判断执行标的的权利归属：

（1）已登记的不动产，按照不动产登记簿判断；未登记的建筑物、构筑物及其附属设施，按照土地使用权登记簿、建设工程规划许可、施工许可等相关证据判断；

（2）已登记的机动车、船舶、航空器等特定动产，按照相关管理部门的登记判断；未登记的特定动产和其他动产，按照实际占有情况判断；

（3）银行存款和存管在金融机构的有价证券，按照金融机构和登记结算机构登记的账户名称判断；有价证券由具备合法经营资质的托管机构名义持有的，按照该机构登记的实际出资人账户名称判断；

（4）股权按照工商行政管理机关的登记和企业信用信息公示系统公示的信息判断；

（5）其他财产和权利，有登记的，按照登记机构的登记判断；无登记的，按照合同等证明财产权属或者权利人的证据判断。

人民法院按照《最高人民法院关于刑事裁判涉财产部分执行的若干规定》第十四条规定办理的执行异议、复议案件，应参照案外人执行异议之诉的审理标准进行实质审查。

《江苏省高级人民法院执行异议及执行异议之诉案件办理工作指引（三）》

三、案外人基于动产所有权提出的执行异议及执行异议之诉案件的处理

14.案外人以其系登记在被执行人名下的机动车、船舶等特殊动产买受人为由对执行法院的查封、扣押等执行行为提出执行异议的,应裁定驳回其异议。案外人提起执行异议之诉,请求排除执行,同时具备下列条件的,应予以支持:

(1)案外人与被执行人在案涉特殊动产被采取查封等执行措施之前已签订合法有效的买卖合同;

(2)案外人在执行法院采取查封等执行措施之前已经实际占有并使用该特殊动产;

(3)案外人已向被执行人支付了全部价款,或者在指定时间内将剩余价款全部交付执行。

《安徽省高级人民法院关于审理执行异议之诉案件若干问题的会议纪要》

15.人民法院对登记在被执行人名下的机动车、船舶航空器等特殊动产实施强制执行,案外人以其在查封前已经购买了该特殊动产为提起执行异议之诉,一般不予支持,但同时符合下列条件的除外:

(1)案外人与被执行人在人民法院查封之前已签订合法有效的买卖合同;

(2)案外人在人民法院查封之前已向被执行人支付了全部价款或者已按照合同约定支付部分价款且将剩余价款按照人民法院的要求交付执行;

(3)案外人在人民法院查封之前已合法占有该机动车、船舶航空器;

(4)非因买受人自身原因未办理过户登记。

《山东高院民一庭关于审理执行异议之诉案件若干问题的解答》

九、案外人对机动车、船舶等特殊动产提起执行异议之诉,如何处理?

答:买受人主张对登记在被执行人名下的机动车、船舶等特殊动产具有民事权益,请求排除执行的,同时符合以下三个条件的,应予支持:

(一)案外人在查封前已与被执行人签订了合法有效的买卖合同;

(二)案外人在查封前已经支付了相应价款;

(三)案外人在查封前已经实际占有、使用该动产。

二、挂靠人提起的案外人执行异议之诉

《江苏省高级人民法院执行异议及执行异议之诉案件办理工作指引(三)》

三、案外人基于动产所有权提出的执行异议及执行异议之诉案件的处理

15.案外人以其与被执行人存在机动车挂靠关系为由提起执行异议,请求对登记在被执行人名下的机动车排除执行的,应裁定驳回其异议请求。由此引发的执行异议之诉案件,根据以下情形予以处理:

(1)作为被执行人的运输企业出资购买车辆,将车辆运输经营权转让给案外人,并由案外人挂靠在运输企业从事道路运输,案外人请求排除执行的,不予

支持;

（2）案外人出资购买车辆，挂靠在被执行人运输企业的名下，并以运输企业作为车主办理车辆所有权登记的，如双方签订合法有效的合同，且案外人确系执行标的物实际所有权人的，对其排除执行的请求应予以支持。

《山东高院民一庭关于审理执行异议之诉案件若干问题的解答》

十、案外人以与被执行人之间存在机动车、船舶挂靠经营关系为由提起执行异议之诉，如何处理？

答：买受人对登记在被执行人名下的机动车、船舶等特殊动产，主张与被执行人存在挂靠经营关系请求排除执行的，应当区分情况处理：

（一）机动车、船舶系由案外人出资购买，挂靠在被执行人名下运营，能够确认案外人为实际权利人的，应予支持；

（二）机动车、船舶系由被执行人出资购买，交由案外人进行挂靠运营的，不予支持。

《黑龙江省高级人民法院关于审理执行异议之诉案件若干问题的解答》

三十三、特殊动产挂靠他人名下营运，挂靠人提起的执行异议之诉能否得到支持？

对实践中遇到的车辆、船舶等特殊动产挂靠在有经营资格的运输公司名下营运，由此导致车辆、船舶的实际所有人与登记所有人相脱离，对被挂靠人为被执行人，人民法院对被执行人名下的特殊动产实施强制执行所引发的执行异议之诉案件，如经审查，案外人确与被执行人之间存在真实的车辆挂靠运营关系，且为标的物的实际所有权人，其要求对该标的物停止执行的，一般应予支持。

【理论基础】

一、机动车买受人提起的案外人执行异议之诉

根据《民法典》的规定，船舶、航空器和机动车等特殊动产（下文统称机动车）的物权变动采登记对抗主义。也即机动车等特殊动产物权变动的，虽然自交付时起物权变动生效，但如果未经登记，不得对抗善意第三人。[①] 由于动产物权变动通常以交付为公示方法，因此，只要在特殊动产交付于被执行人或者案外人时，即应

---

① 参见王利明:《特殊动产物权变动的公示方法》，载《法学研究》2013年第4期。

当认定动产物权发生了转移,[①]而由于特殊动产相较于一般动产的法律变动模式存在差异,立法还要求特殊动产物权变更经过登记程序,但是否登记并不影响物权变动,仅不得对抗善意第三人。[②] 易言之,机动车等特殊动产的物权变动以交付为生效要件、以登记为对抗要件。但由于存在着登记制度这一直接表明财产权利归属的公示外观,意味着其可能产生不同于一般动产,而是同不动产相似的案外人执行异议之诉纠纷。分析《最高人民法院关于人民法院办理执行异议和复议案件若干问题的规定》第25条的规定,可知若案外人对机动车、船舶、航空器等特殊动产提出执行异议,法院对其是否系权利人的判断标准与不动产执行异议之诉的判断模式更为相近,对于已经登记的机动车等特殊动产按照相关管理部门的登记判断;而未登记的特定动产和其他动产,按照实际占有情况判断,均要求一定的权利公示外观。

在涉及不动产的案外人执行异议之诉中,产生争议的主要原因在于不动产的交易与公示之间存在的时间差,因为不动产以登记为物权变动的公示方式,但在交易与公示之间可能存在多种形态。[③] 例如,依据双方就不动产买卖的时间进度,可以将其分为以下几种情形:第一种情形,双方当事人仅仅签订了不动产买卖合同,尚未办理不动产权利变更登记,同时,买方也尚未支付对价,相应地,卖方亦未作交付不动产,买方也未能实际占有该不动产;第二种情形,双方当事人签订了不动产买卖合同,尚未办理不动产权利变更登记,但此时买方已经支付了部分对价但尚未支付全部对价,相应地,卖方亦未交付不动产,买方也未能实际占有该不动产;第三种情形,双方当事人签订了不动产买卖合同,虽尚未办理不动产权利变更登记,但此时买方已经支付了全部对价,卖方尚未交付不动产,卖方也未能实际占有该不动产,但未能办理变更登记的原因在买方而不在卖方;第四种情形,在前述第三种情形的基础上,将未能办理变更登记的原因归属于卖方,且此时买方已经实际占有该不动产;第五种情形,双方当事人签订了不动产买卖合同,卖方已经实际转移该房屋的占有,买方实际占有该不动产,买方虽未支付全部价款但已经支付了部分价款,且剩余价款在该案涉不动产被查封后支付完毕或者支付给法院。

---

① 参见孙宪忠、朱广新主编:《民法典评注:物权编(1)》,中国法制出版社2020年版,第162－164页;崔建远:《中国民法典释评:物权编(上卷)》,中国人民大学出版社2020年版,第137页。

② 参见王利明:《论债权形式主义下的区分原则——以〈民法典〉第215条为中心》,载《清华法学》2022年第3期。

③ 参见万挺:《执行异议之诉类型化处理研究——以推动"名实相符"为目标》,载《法律适用》2025年第2期。

这五种情形中,第一种、第二种、第三种情形,可以说都还未完成产权转移的准备,因此,通常情况下对于这些情形,买方依据其与被执行人之间的买卖合同主张排除强制执行,法院往往不予支持。而对于第四种情形和第五种情形,因为此时双方当事人已经完成了关于产权交易的几乎全部事项,仅未完成产权变更登记,[①]物权化特征较明显。可以说,此时的买方虽然只是基于不动产买卖合同而生成的债权,但本质上,这类债权已经实现了向物权化转变的大部分过程,因此,应当对买方的权利进行保护。

同样地,在涉及机动车等特殊动产的案外人执行异议之诉中,因为机动车等特殊动产的权利转移同不动产有相似之处,因此可能同样产生前述五种情形,但值得注意的是,机动车等特殊动产的权利转移是否完全适用前述针对不动产的第四种、第五种情形,目前理论上与实践中存在争议。换言之,第四种情形,买方已经实际占有该机动车或其他特殊动产,也已经实际支付了全部价款,只是因为卖方的原因而未能办理产权变更登记,此时法院对于买方排除强制执行的请求一般都予以支持,自无争议。但对于第五种情形,因为买方在法院采取查封等执行措施前尚未完成支付全部价款这一对待给付义务,因此是否容许买方在案外人执行异议之诉中请求排除强制执行,当前的各项规则中都尚未有统一规定。

针对第四种情形,《江苏省高级人民法院执行异议及执行异议之诉案件办理工作指引(三)》第14条指出,若买方购买了机动车等特殊动产,在尚未办理过户登记的情况下,买方提起了案外人执行异议之诉请求排除强制执行的,原则上法院不予支持,但具备了特殊条件的,法院可以支持其诉讼请求。这些条件主要包括:案外人与被执行人在案涉特殊动产被采取查封等执行措施之前已签订合法有效的买卖合同、案外人在执行法院采取查封等执行措施之前已经实际占有并使用该特殊动产、案外人已向被执行人支付了全部价款或者在指定时间内将剩余价款全部交付执行。《安徽省高级人民法院关于审理执行异议之诉案件若干问题的会议纪要》第15条针对登记在被执行人名下的机动车、船舶、航空器等特殊动产的案外人执行异议之诉,也明确指出,原则上不允许排除强制执行,但是允许在满足查封前签订合法有效的买卖合同、支付了全部价款或者在查封时按照约定支付了全部价款、已经合法占有该机动车等特殊动产、非因买受人的原因未能办理产权过户登记的条件下,可以支持其执行异议。《黑龙江省高级人民法院关于审理执

---

① 参见陶密:《论特殊动产所有权的登记对抗与多重处分——以物权变动的内在逻辑为视角》,载《求是学刊》2023年第6期。

行异议之诉案件若干问题的解答》《山东高院民一庭关于审理执行异议之诉案件若干问题的解答》也同前述江苏规定采取了基本相同的做法。

总结来说,我们从各地法院的审理工作指引或解答中也可以提炼出各地地方法院对于案外人提起的涉及特殊动产执行异议之诉的普遍规则,前述安徽省、黑龙江省、山东省、江苏省等省份均采取了"附条件支持"的态度,一般要求案外人须满足以下条件:(1)已经签订合法有效的合同;(2)已经实际占有并使用了该特殊动产;(3)已向被执行人支付了全部价款或者在指定时间内将剩余价款全部交付执行;(4)非因案外人原因未能办理产权过户登记。但对于买受人是否已经支付了全部价款上各省存在一定差异,如山东省要求买受人已经支付全部价款方能排除执行,而更多省份则规定买受人虽然在保全措施之前或指定时间未能支付全部价款,但在保全措施时或指定时间内按照法院的要求支付了剩余全部价款亦可以排除执行。相较而言,后一种规定模式比前一种规定模式更加具有包容性,对于买受人的权利保护更加充分,后一情形也相当于前述不动产案外人执行异议之诉中的第五种情形。另外,黑龙江省、广东省、海南省均要求第四个要件——案外人(买受人)对未办理车辆过户不存在过错,而山东省、江苏省、吉林省则没有这一项要求。本书认为,虽然前述不同的法院对于当事人权利的支持力度不同,但本质上差异并不是很大地表现出了"附条件支持"的态度。这引起我们思考,为什么买受人仅仅基于买卖合同等一系列的因素即可主张排除对案涉机动车等特殊动产的强制执行?事实上,这与前述债权物权化的演变过程存在着非常重要的联系。

从理论上来讲,执行程序中对于案涉执行标的的强制执行,通常是一种所有权的转让,而所有权是我们当前对于民事权利划分体系当中强制属性最为强烈的物权类别,其具有对世性可对抗一切第三人。但是,在满足部分条件的情况下,买受人仅仅依据债权就可以请求排除对于所有权这一"最强物权"的强制执行。显然,这并不符合当前对于权利体系的基本认知。也即,违反了物权足以排除强制执行而债权原则上不得排除强制执行的共识。[①] 但是反过来讲,在买受人已经完全支付价款,或者在法院查封该特殊动产的情况下,通知买受人支付剩余价款而买受人及时按照法院的指示支付了剩余全部价款的情况下,仅仅是基于卖方的原因而未能办理产权过户登记,就完全置买受人的权利于不顾,也并不符合公平正

---

① 参见[德]奥拉夫·穆托斯特:《德国强制执行法》,马强伟译,中国法制出版社2019年版,第266页;张登科:《强制执行法》,台北,三民书局有限公司2019年版,第190页。

义的基本要求。① 因此,正确面对物权与物权化的债权之间产生的张力,是解决买受人提起的案外人执行异议之诉问题的关键。

在前述不动产案外人执行异议之诉研究的基础上,本书将于此更进一步地探讨物权、债权、物权化的债权、债权化的物权之间的关系。如果我们对既存的私有权利按照对抗效力强弱进行划分,可以发现,处于对世性最弱的一端的往往是最为普通的债权,例如双方当事人仅仅签订了合同,尚未办理任何权属的变更登记,也未进行任何的支付行为。当这一债权在合同的要求下支付了部分价款或支付了全部价款,该权利也就在权利体系中完成了一步从债权向物权的转化,这一步其实并不体现在权利的公示效力,而在于法律对于债权人的保护效力。随着双方当事人对于合同的履行,双方当事人趋于物权变动这一环节已经越来越近,直到双方当事人办理了物权变更登记,此时,债权完全转化为物权。② 倘若我们以一个坐标轴来表示债权的物权化过程,可以发现处在最左端的是作为普通的债权,处在中间位置的是部分履行了的债权,处在最右端位置的是已经办理了产权过户登记的物权。需要再次强调,本书此处所指的物权化的债权并不是指其在公示效力或者在私法的效力上面,债权已经产生了物权的效果,而是法律应当赋予债权人以一定的保护效力。这一保护效力并不仅仅体现在案外人执行异议之诉程序当中,其还体现在完整的私法的权利交易过程中。典型如一物二卖的审判中,法院选择保护当事人的权利,需要综合考量各方当事人在合同的成立、履行中所进展的程度,即使各方当事人签订的合同时间相同,但如果有一方支付在先,此时应当支持已经支付的买受方的权利。此种基于支付价款强化保护的司法逻辑,实际上是债权因履行行为实现物权化演变路径的司法确认。

以这种思路去看前述买受人针对机动车等特殊动产买受人所提起的案外人执行异议之诉问题。买受人提起的案外人执行异议之诉,是基于其已经与卖方签订了有效合法的合同,并且支付了全部价款,同时已经占有了该机动车等特殊动产。并且此时,双方虽尚未办理产权变更登记,但并非基于买受方的原因。那么此时可以认为,买受方基于卖方所签订的买卖合同,特殊动产买受人债权已呈现对抗效力强度实质性物权化演进的特征。鉴于此,本书认为应当对买受人这一权利进行支持。

---

① 参见刘颖:《物权期待权排除强制执行规则之再审思》,载《当代法学》2023 年第 4 期。
② 参见袁野:《"债权物权化"之范畴厘定》,载《法学研究》2022 年第 4 期。

二、挂靠人提起的案外人执行异议之诉

车辆挂靠经营就是一种名实不符的"隐性权利"[1],其在实践中并不少见,其中最为常见的为两种情形:第一种是,由运输企业购买车辆,车辆信息登记归属出资企业所有,但实际运营交由个人,也即,运输企业享有车辆所有权,而个人享有车辆的经营权;第二种是,个人出资购买的车辆,但为方便经营,挂靠在运输企业名下,而车辆所有权亦登记在运输企业名下,车辆实际由个人经营。对比这两种情况,可以发现,第一种情况下,运输企业因实际出资在事实上无争议对车辆享有所有权,个人享有的只是经营权;第二种情形下,运输企业只是在形式上对车辆享有"形式上的所有权",而个人因对该车辆出资购买享有"事实上的所有权"。对于这两种情形,《江苏省高级人民法院执行异议及执行异议之诉案件办理工作指引(三)》第16条指出,第一种情形下,由于个人对该车辆并不享有所有权,其仅仅依据对车辆享有的经营权提起案外人执行异议之诉请求法院判决排除强制执行的,法院不予支持;第二种情形下,由于车辆事实上应当归属个人所有,如果经查明该车辆确实归属个人出资购买,个人只是将该车辆挂靠在运输企业名下,应当认定个人对该车辆享有所有权,其主张排除强制执行的请求应当予以支持。

【典型案例】

案例一:李某国与侯某明、延边祥安货物运输中心案外人执行异议之诉纠纷案[2]

基本案情:

一审法院经审理查明:本案执行异议标的物为吉 H03091 号牵引货车、吉 H0213 号挂车、吉 H03190 号牵引货车、吉 H0297 号挂车。其中,吉 H03091 号牵引货车、吉 H03190 号牵引货车与另外一台牵引车系关某斌于 2011 年 9 月从吉林省航天汽车销售服务有限公司购买,购买方式为首付 30%,共 35.7 万元,剩余车款 119 万元由关某斌从吉林银行股份有限公司长春一汽支行贷款。因延边祥安货物运输中心(以下简称祥安运输中心)在关某斌购买车辆时提供担保和方便营运,关某斌将车辆挂靠登记在祥安运输中心。2012 年 12 月,关某斌将吉 H03091 号牵引

---

[1] 参见蒋大兴:《为什么法定的商业秩序难以形成和维持?——尊重商法对"隐名交易"的基本立场》,载《法制与社会发展》2024 年第 2 期,第 164 页。

[2] 参见最高人民法院民事裁定书,(2016)最高法民申 2585 号。

货车和与李某奎交换的吉 H0213 号挂车以 30 万元的价格卖给侯某明,并将车辆交付给了侯某明,由侯某明管理、运营至今。2013 年 10 月,关某斌将吉 H03190 号牵引货车和吉 H0297 号挂车以 25 万元的价格卖给侯某明,由侯某明管理、运营至今。2013 年 8 月 26 日,关某斌还清购买牵引货车的贷款。侯某明在运营案涉车辆期间,曾委托其雇用的司机黄某海及侯某明的妻子程某凤、儿子侯某文办理了案涉车辆的交强险和商业保险。侯某明运营和管理案涉车辆期间,未办理车辆转移登记手续。关某斌与侯某明事后补签了车辆买卖协议,关某斌、侯某明与祥安运输中心事后补签了车辆挂靠协议。

2014 年 1 月 6 日,一审法院受理李某国诉李某奎、祥安运输中心、延边祥安煤炭经销有限公司合同纠纷一案,李某国向一审法院申请保全李某奎、祥安运输中心、延边祥安煤炭经销有限公司的财产,一审法院于 2014 年 1 月 10 日作出(2014)延中民二初字第 2 号民事裁定,对包括案涉车辆在内的祥安运输中心名下财产予以保全。一审法院在办理李某国申请执行(2014)延中民二初字第 2 号民事判决一案过程中,拟对案涉车辆予以强制执行,侯某明提出执行异议,一审法院于 2014 年 10 月 28 日作出(2014)延中执异字第 14 号执行裁定书。侯某明不服该裁定,于 2014 年 11 月 17 日诉至一审法院。

二审法院查明的事实与一审法院查明的事实相同。

裁判要旨:

一审法院认为,本案为案外人执行异议之诉。吉 H03091 号牵引货车、吉 H0213 号挂车、吉 H03190 号牵引货车、吉 H0297 号挂车最初由关某斌出资购买和交换取得,故案涉车辆原所有权人为关某斌。侯某明庭审提供的证据足以证明关某斌与侯某明之间形成了机动车买卖合同关系,并不违反法律、行政法规的强制性规定,该买卖合同有效,双方均履行了合同义务。机动车属动产,依据《物权法》第 23 条[①]之规定,动产物权的设立和转让,自交付时发生效力,故侯某明在关某斌向其交付车辆时即取得了案涉车辆的所有权。案涉车辆在公安机关交通管理部门登记的所有权人虽为祥安运输中心,但祥安运输中心并未对案涉车辆实际出资购买,也未实际占有、使用,不应仅凭公安机关交通管理部门的登记就认定案涉车辆属祥安运输中心的财产,李某国申请对案涉车辆予以强制执行不当。

综上,一审法院判决如下:(1)停止对吉 H03091 号牵引货车、吉 H0213 号挂车、吉 H03190 号牵引货车、吉 H0297 号挂车的执行;(2)吉 H03091 号牵引货车、

---

① 现为《民法典》第 224 条。

吉 H0213 号挂车、吉 H03190 号牵引货车、吉 H0297 号挂车归侯某明所有。

二审法院认为,案涉车辆由关某斌购买,故关某斌应为所有权人。关某斌将案涉车辆登记在祥安运输中心名下经营,并不意味着祥安运输中心成为案涉车辆的所有权人。作为所有权人,关某斌有权将案涉车辆处分给侯某明,相关买卖协议是当事人的真实意思表示,且不违反法律、行政法规的强制性规定,应为有效。依据《物权法》第 23 条关于"动产物权的设立和转让,自交付时发生效力,但法律另有规定的除外"的规定,因案涉车辆已经交付,故侯某明已经从关某斌处取得案涉车辆的所有权。其后,侯某明还为案涉车辆办理了机动车交通事故强制责任保险和商业保险,说明其实际占有使用案涉车辆。案涉车辆虽然仍登记在祥安运输中心名下,没有过户到侯某明名下,但因李某国并非物权法意义上的善意第三人,依据《物权法》第 24 条关于"船舶、航空器和机动车等物权的设立、变更、转让和消灭,未经登记,不得对抗善意第三人"的规定,侯某明的权利能够对抗李某国。

最高人民法院再审认为,侯某明在其对案涉车辆提出的执行异议申请被人民法院裁定驳回的情形下,在法律规定的期限内,提起本案案外人执行异议之诉,双方争议的主要问题是侯某明对执行标的即案涉车辆是否享有足以排除强制执行的民事权益。《物权法》第 23 条规定,"动产物权的设立和转让,自交付时发生效力,但法律另有规定的除外"。第 24 条①规定,"船舶、航空器和机动车等物权的设立、变更、转让和消灭,未经登记,不得对抗善意第三人"。根据上述法律规定,交付为机动车物权变动的生效要件,登记仅为对抗善意第三人的要件,未办理所有权变更登记,并不影响所有权的转移。根据原审查明的事实,案涉车辆原所有权人为关某斌,关某斌将车辆所有权挂靠登记在祥安运输中心。后关某斌于 2012 年 12 月、2013 年 10 月将案涉车辆分别以 30 万元及 25 万元的价格出售给侯某明,并将车辆交付给侯某明,由侯某明占有、使用、运营至今。因此,虽然关某斌与侯某明并未办理车辆转移登记手续,但并不影响案涉车辆所有权的转移,原审判决停止对案涉车辆的执行并确认案涉车辆归侯某明所有,有事实和法律依据,并无不当。对李某国申请再审主张原审认定案外人关某斌在贷款购买案涉车辆时由祥安运输中心提供担保的事实证据不足的问题,经审查,一审期间侯某明提供了相关协议及收据、借款合同、银行的还款证明等证据证明案涉车辆原由关某斌购买的相关事实,关某斌也出庭作证予以确认。因此,在侯某明提供的相关证据

---

① 现为《民法典》第 225 条。

足以证明案涉车辆最初所有权人为关某斌的情形下,关某斌购买案涉车辆时是否由祥安运输中心提供担保的事实证据是否充分,并不足以推翻对关某斌为案涉车辆原所有权人并有权将案涉车辆出售给侯某明的事实认定,因而不足以影响原审对侯某明已取得案涉车辆所有权的事实认定以及裁判结果。据此,李某国主张的原审认定祥安运输中心为关某斌的贷款提供担保的事实并不属于本案基本事实,李某国以该事实缺乏证据证明为由主张应再审本案,理由不成立。

裁判评析：

本案为最高人民法院涉及特殊动产的案外人执行异议之诉的典型案例,核心问题为机动车物权的设立和转让问题,以及案外人执行异议之诉的法律适用问题。在本案中,虽然案涉车辆在登记于祥安运输中心名下的情况下,但是案外人侯某明一方面以涉案车辆为标的,与涉案车辆的实际所有人关某斌存在真实交易,并已支付合理价款,另一方面已因所有人的交付行为而对涉案车辆进行实际占有与使用。因此,本案的争议焦点即在于,是否应当认为案外人已经取得该车辆的所有权,并是否有权排除强制执行。

此类案件的本质是物权变动规则与外观主义原则的冲突:从物权法视角看,交付行为已导致所有权实质转移;但从执行程序视角看,登记外观可能成为债权人信赖保护的依据。这种冲突的解决需要司法裁判在维护交易安全与保障实体权利之间作出价值平衡。法院在审理过程中,依据《物权法》(现《民法典》)的相关规定,认定动产物权以交付为生效要件,而机动车的登记仅具有对抗善意第三人的效力,最终裁定侯某明享有案涉车辆的所有权,并排除了对车辆的强制执行。

本案虽是在《最高人民法院关于人民法院办理执行异议和复议案件若干问题的规定》施行后的典型案例,此时各省高级人民法院亦尚未发布机动车等特殊动产的地方司法文件。但可以看到在本案中,最高人民法院并未依照《最高人民法院关于人民法院办理执行异议和复议案件若干问题的规定》第25条第2项的规定说理,即对于"已登记的机动车、船舶、航空器等特定动产,按照相关管理部门的登记判断",而是依照物权法的相应原理进行说理:对于与机动车登记不符的案外人(机动车买受人)排除执行的权利进行了确认,特别指出"交付为机动车物权变动的生效要件,登记仅为对抗善意第三人的要件,未办理所有权变更登记,并不影响所有权的转移",实现了对于地方法院多持的"执行机构审查执行异议应坚持形式审查为原则,实质审查为例外的审查标准""执行机构审查机动车权属应当以登记为判断标准"①的观点有所纠偏,对于在执行案件中保护机动车等特殊动产买受人起到了较好的效果。

此外,最高人民法院的观点说理虽是依据物权法原理进行判决,但也为此后各省高级人民法院所发布的执行异议之诉地方司法文件中,对于买受人基于买卖合同等一系列条件即可主张排除对案涉机动车等特殊动产的强制执行的规定提供了支撑,也即当买受人已经支付了全部价款,或者只支付了部分价款,但在案涉机动车等特殊动产被查封时按照法院的要求支付了剩余的全部价款,同时满足签订了合法有效的买卖合同,并且合法占有该动产时,便可以排除强制执行。本案裁判对动产交付效力与登记对抗规则的审查标准进行了清晰阐释,对同类执行异议之诉的裁判具有重要参考意义。

案例二:刘某某与赵某某案外人执行异议之诉纠纷案[②]

基本案情:

林某某欠债权人刘某某借款本金30万元及利息3万元未还。双方在法院达成分期偿还的调解协议,但林某某仍未归还。刘某某申请执行后,法院于2020年6月4日查封林某某名下涉案车辆,查封期限2年。2022年5月24日,一审法院对涉案车辆进行续封。因林某某无财产可供执行,一审法院于2020年6月11日裁定终结本次执行程序。2022年9月8日,一审法院执行庭对涉案车辆采取扣押措施,扣押时赵某某实际使用控制涉案车辆。

案外人赵某某向一审法院执行庭提出执行异议。一审法院驳回了赵某某的异议申请。赵某某不服,并提起执行异议之诉,以其购买并使用涉案车辆为由,主张其系涉案车辆的实际所有人,请求法院停止对涉案车辆的执行,解除查封并将涉案车辆发还。

庭审中,赵某某确认其提交由保险公司提供的担保,一审法院于2023年4月21日向其发还扣押的涉案车辆。本案审理过程中,赵某某提交2018年9月18日双方的协议书一份,协议约定林某某将一辆黑色奔驰卖给赵某某,并注明了车牌号、车架号和发动机号,总价格为60万元。2018年9月18日,赵某某向林某某转账付款50万元;2019年2月26日,赵某某向林某某转账付款10万元。

[①] 参见饶群:《对登记在被执行人名下却被案外人占有的车辆的执行》,载《人民司法(案例)》2016年第23期。

[②] 参见北京市高级人民法院民事判决书,(2023)京02民终18525号。

为证明涉案车辆已经交付由赵某某占有使用,赵某某提交维修单、保险单等。维修单记载最早日期为 2019 年 4 月 11 日,车牌号均为京 NT××××,客户均为赵某某,商业保险保险单及强制保险单记载保险期限均为 2020 年 4 月 20 日至 2021 年 4 月 19 日,被保险人为赵某某,被保险机动车号牌号码为京 NT××××。赵某某表示购买涉案车辆后因未过户,保险仍以林某某名义投保,保险费由赵某某负担,后涉案车辆涉及被查封故保险由赵某某自己名义投保。

基本案情:

赵某某对涉案车辆是否享有足以排除强制执行的民事权益为本案争议焦点。

一审法院认为,本案审理过程中,赵某某提交了与林某某签订的买卖协议、赵某某向林某某转账交付协议约定价款,即 60 万元的银行交易明细。虽然刘某某不认可上述协议及转款系交付购车款,但刘某某未提交相反证据予以证明,故对赵某某与林某某就涉案车辆签订买卖协议及赵某某已向林某某交付全部购车款予以确认。关于涉案车辆是否交付问题。赵某某提交的车辆维修单最早记载日期为 2019 年 4 月 11 日,早于法院查封涉案车辆日期。同时法院对涉案车辆采取扣押时实际控制涉案车辆的亦为赵某某。据此,刘某某未提交相反证据的情况下,一审法院对涉案车辆已经交付给赵某某予以确认。

赵某某购买涉案车辆已经交付,赵某某已取得涉案车辆所有权。虽然赵某某与林某某未办理所有权转移登记,但刘某某作为林某某的债权人,并不属于《物权法》第 24 条规定的善意第三人。赵某某就涉案车辆享有足以排除强制执行的民事权益,其要求停止对涉案车辆执行并确认涉案车辆归其所有的诉讼请求,一审法院予以支持。赵某某要求林某某协助办理涉案车辆过户登记的诉讼请求,不属于本案审理范围。根据我国民事诉讼法的规定,当事人有答辩并对对方当事人提交的证据进行质证的权利,本案林某某经一审法院合法传唤,无正当理由未出庭应诉,视为其放弃了答辩和质证的权利。综上,法院判决:(1)不得执行涉案车辆;(2)确认涉案车辆归赵某某所有;(3)驳回赵某某其他诉讼请求。

二审法院经审理认为,生效民事判决对赵某某与林某某签订涉案车辆买卖协议书的时间,赵某某支付全部价款并实际占有使用涉案车辆的事实予以查明,并依据该事实判决停止对京 NT×××× 小型轿车的执行。本案中,刘某某对上述事实提出异议,但其提交的车辆维修单、解除抵押手续签收确认单以及车辆修理单位的工商登记信息等,均不足以否定以上生效判决确定的事实,法院对其主张难以支持。据此,一审法院认定赵某某就涉案车辆享有足以排除强制执行的民事权益正确,二审法院亦予以确认。

裁判评析：

本案也是机动车等特殊动产占有与登记"名实不符"的典型案例，北京市高级人民法院对于买受人是否享有足以排除强制执行的民事权益的争议焦点进行了解答。在司法实践中，此类因特殊动产占有与登记状态不一致引发的法律争议，往往涉及物权变动效力认定与债权人权益保护的复杂平衡。机动车作为《民法典》第208条明确规定的特殊动产，其物权变动既遵循普通动产的交付生效规则，又受到登记对抗制度的特别规制，这种双重属性导致了实务中大量"名实分离"现象的出现。

本案的裁判说理为解决此类争议提供了可供参考的裁判观点。在实践中，特殊动产占有与登记"名实不符"引起的案外人执行异议之诉多是一般债权债务纠纷中对于当事人名下登记特殊动产的执行所引起的。本案中，北京市高级人民法院认为，回答案外人是否享有足以排除执行的民事权益的问题时，需要明确的是，对于已交付未登记的受让人所取得的所有权，根据《民法典》之规定，机动车等特殊动产"未经登记，不得对抗善意第三人"。而对于申请执行的债权债务纠纷当事人是否属于善意第三人，北京市高级人民法院认为，善意第三人应当限于不知道物权发生了物权关系变动相对人，包括以取得所有权为目的的相对人、抵押权人、质权人和留置权人，普通金钱债权人仅对债务人的责任财产享有一般期待利益，其并未与登记权利人建立特定的物权或物权期待权意义上的法律关系，也未基于登记公示产生合理信赖利益。若将普通债权人也纳入"善意第三人"范畴，将不当扩大登记对抗制度的适用范围，实质架空交付作为动产物权变动核心要件的法律地位。

更进一步的，关于登记对于特殊动产的功能和意义，登记对抗旨在为交易中的第三人提供信赖保护，不是物权归属认定的规则。交付虽然相较登记而言公示效果较弱，但仍是动产物权归属和转移的法定标志。在本案中，法院确认了合法有效的买卖合同、实际支付价款、实际转移占有使用作为保护要件，并以此认定案外人（买受人）享有足以排除执行的民事权益。值得注意的是，对于多省高级人民法院所规定的"案外人（买受人）对未办理车辆过户不存在过错"的要件，北京市高级人民法院在对本案的评析中进一步提出，审查买受人未登记的过错并无必要："登记作为一种公示方法，机动车登记亦产生公示效果，往往宣示存在转让所有权的合意（借名买车除外），在判断特殊动产的归属时登记和交付（占有）均为考虑因素，如二者不一致时，买受人有进一步核实的义务，否则构成故意或重大过失，难言善意，但无论如何登记不是特殊动产物权变动的生效要件。"因此，既然在认定特殊动产归属（确权）时采交付原则，则买受人是否对未登记有过错不应在考虑范围之内。[①]

本案的裁判重点较为突出，点明了此类案件中在逻辑上需要解决的焦点问题，对实践中涉及特殊动产的案外人执行异议纠纷案件具有参考价值。

问题二 涉及货币等特殊动产的案外人执行异议之诉

【规范梳理】

《最高人民法院关于人民法院办理执行异议和复议案件若干问题的规定》

第二十五条 对案外人的异议，人民法院应当按照下列标准判断其是否系权利人：

（一）已登记的不动产，按照不动产登记簿判断；未登记的建筑物、构筑物及其附属设施，按照土地使用权登记簿、建设工程规划许可、施工许可等相关证据判断；

（二）已登记的机动车、船舶、航空器等特定动产，按照相关管理部门的登记判断；未登记的特定动产和其他动产，按照实际占有情况判断；

（三）银行存款和存管在金融机构的有价证券，按照金融机构和登记结算机构登记的账户名称判断；有价证券由具备合法经营资质的托管机构名义持有的，按照该机构登记的实际出资人账户名称判断；

（四）股权按照工商行政管理机关的登记和企业信用信息公示系统公示的信息判断；

（五）其他财产和权利，有登记的，按照登记机构的登记判断；无登记的，按照合同等证明财产权属或者权利人的证据判断。

案外人依据另案生效法律文书提出排除执行异议，该法律文书认定的执行标的权利人与依照前款规定得出的判断不一致的，依照本规定第二十六条规定处理。

《浙江省高级人民法院审理执行异议之诉案件疑难问题解答（二）》

9、被执行人银行账户内款项的所有权认定规则？

答：《物权法》第二十三条规定"动产物权的设立和转让，自交付时发生效力，

[①] 参见程惠炳：《特殊动产物权归属及流通的认定》，载《人民司法（案例）》2024年第20期。

但法律另有规定的除外。"货币作为一种特殊动产,其本身存在无法辨别的困难,同时又是一种价值符号,流通性系其生命。被执行人银行账户是行使货币流通手段的一种方式,在银行账户发挥其流通功能的情形下,账户内货币的占有与所有高度一致,只要货币合法转入即属于法律规定的合法交付行为,所有权自交付时发生转移。但法律、行政法规、规章和最高人民法院司法解释有特殊规定,应按照规定执行。

《吉林省高级人民法院关于审理执行异议之诉案件若干疑难问题的解答(二)》

问题十:金钱债权执行中,案外人以其借用被执行人的银行账户或以借用被执行人名义开立账户流转资金为由提起执行异议之诉请求排除执行的,人民法院该如何处理?

答:金钱债权执行中,人民法院对被执行人开立的银行账户或银行账户内的资金实施执行,案外人仅以其借用被执行人的银行账户或以借用被执行人名义开立账户流转资金为由提起执行异议之诉请求排除执行的,除法律另有规定外,人民法院不予支持。

问题十一:金钱债权执行中,开证行作为案外人以案涉银行账户系信用证开证保证金账户或该账户内的资金系质押保证金为由提起执行异议之诉请求排除执行的,人民法院该如何处理?

答:金钱债权执行中,人民法院对被执行人名下的银行账户或账户内的资金实施执行,开证行作为案外人以案涉银行账户系信用证开证保证金账户或账户内的资金系信用证质押保证金为由提起执行异议之诉请求排除执行,同时满足以下条件的,人民法院应当支持:

(一)案外人在人民法院实施执行之前已经开立了合法有效的信用证并依合同约定将案涉银行账户设定为质押保证金账户;

(二)被执行人在人民法院实施执行之前已经将案涉银行账户交由案外人实际管理、控制的;

(三)案涉银行账户内的资金仅作为关联信用证的专属资金用于质押业务而非其他业务,同时案涉资金在人民法院实施执行之前尚未丧失保证金功能的;

(四)案外人在人民法院实施执行之前已经实际履行了对外支付义务的,或者申请开证人提供的开证保证金为外汇且信用证受益人提供的单据与信用证条款相符的。

信用证保证金账户内的质押资金丧失保证金功能的情形是指银行因信用证

无效、过期或者单证不符等原因拒付信用证款项并且免除了对外支付义务的情形，以及银行已经对外支付了信用证款项并从信用证保证金中扣除相应款项之后尚有剩余资金的情形。

问题十二：金钱债权执行中，承兑行作为案外人以案涉账户系银行承兑汇票保证金账户或该账户内的资金系质押保证金为由提起执行异议之诉请求排除执行，人民法院该如何处理？

答：金钱债权执行中，人民法院对被执行人名下的银行账户或账户内的资金实施执行的，承兑行作为案外人以案涉账户系银行承兑汇票保证金账户或账户内的资金系质押保证金为由提起执行异议之诉请求排除执行，同时满足以下条件的，人民法院应当支持：

（一）案外人在人民法院实施执行之前开具了合法有效的银行承兑汇票并依合同约定将案涉银行账户设定为质押保证金账户的；

（二）被执行人在人民法院实施执行之前已经将案涉银行账户交由案外人实际管理、控制的；

（三）案涉银行账户内的资金仅作为关联银行承兑汇票的专属资金用于质押业务而非其他业务，同时案涉资金在人民法院实施执行之前尚未丧失保证金功能的；

（四）案外人承兑汇票行为或对外付款行为之一发生在人民法院实施执行之前。

银行承兑汇票保证金账户内的质押资金丧失保证金功能的情形是指银行拒绝承兑汇票或者银行实际履行对外付款义务并从银行承兑汇票保证金中扣除相应款项之后尚有剩余资金的情形。

问题十三：金钱债权执行中，人民法院对被执行人名下的银行账户实施执行，出借人作为案外人以其对该账户内的资金享有质押权为由提起执行异议之诉请求排除执行的，人民法院该如何处理？

答：金钱债权执行中，人民法院对被执行人名下的银行账户实施执行，出借人作为案外人以其对该账户内的资金享有质押权为由提起执行异议之诉请求排除执行的，同时满足以下条件的，人民法院应当支持：

（一）案外人在人民法院实施执行之前为担保主债权的实现而与被执行人签订了合法有效的书面质押合同，并依合同约定将案涉银行账户内的资金质押为关联债权的保证金的；

（二）被执行人在人民法院实施执行之前已经将案涉银行账户交由案外人实

际管理、控制的；

（三）案涉银行账户内的资金仅作为关联债权的专属资金用于质押业务而非其他业务，同时案涉资金在人民法院实施执行之前尚未丧失保证金功能的；

（四）案外人在人民法院实施执行之前已经按照合同约定实际履行了出借资金的义务。

借款保证金丧失保证金功能的情形是指案外人与被执行人之间的债权债务关系经其他方式清偿已经消灭的情形，以及案涉借款保证金超过借款本金及利息金额的部分，或者双方另行约定不再将该账户内的资金作为关联债权的质押保证金等情形。

《山东省高级人民法院执行疑难法律问题解答（二）》

23.银行以法院冻结的被执行人银行账户系保证金账户为由，主张其享有质权，提出案外人异议的，符合何种情形时可以排除执行？

答：银行就法院冻结的被执行人的银行账户资金提出异议，主张该账户系保证金账户，请求排除执行的，法院应当审查该异议是否符合下列条件：一是具备质押合意，即：被执行人与银行签订明确的担保协议；二是账户特定化，即：争议账户名称与担保协议约定的账号名称一致，并且该账户仅为担保所用，未作其他结算；三是担保协议约定银行在特定情形下有权止付、扣收，且该特定情形已实际发生。在符合上述条件时，银行基于对账户资金享有的质权可以排除一般债权人对该账户的强制执行。

《山东省高级人民法院执行局执行疑难法律问题审查参考（一）——案外人执行异议专题》

11.案外人以其对特户、封金、保证金享有质权为由提出执行异议，请求解除对案涉账户或款项的查封、冻结措施的，法院应适用何种程序予以审查？

参考意见：案外人以其对特户、封金、保证金享有质权为由提出执行异议，请求解除对案涉账户或款项的查封、冻结措施的，适用民事诉讼法第二百二十五条规定进行审查，并裁定不予支持。

但案外人以其对特户、封金、保证金享有质权为由，请求实现质权并要求解除查封或冻结措施或请求不得扣划的，应依照民事诉讼法第二百二十七条规定进行审查。同时具备下列情形的，应予支持：

（1）具备质押合意，案外人与出质人订立了书面质押合同；

（2）账户特定化，即争议账户名称与担保协议约定的账号名称一致，并且该账户仅为担保所用，未作其他结算；

(3)该账户内的资金已经移交给案外人实际控制或者占有;

(4)担保协议约定质权人在特定情形下有权止付、扣收,且该特定情形已实际发生。

《江苏省高级人民法院执行异议及执行异议之诉案件办理工作指引(三)》

二、案外人基于特殊担保物权提出的执行异议及执行异议之诉案件的处理

6.异议人以其对特户、封金、保证金享有质权为由提出执行异议,请求解除对案涉账户或款项的查封、冻结措施的,适用《民事诉讼法》第二百三十二条规定进行审查,并裁定不予支持。

但案外人以其对特户、封金、保证金享有质权为由,请求实现质权并要求解除查封或冻结措施或者请求不得扣划的,应依照《民事诉讼法》第二百三十四条规定进行审查。同时具有下列情形的,应予以支持:

(1)案外人与出质人订立了书面质押合同;

(2)出质人已经开设专门的保证金账户;

(3)该账户内资金已经移交给案外人实际控制或者占有;

(4)该账户有别于出质人非保证金业务的日常结算账户;

(5)案外人请求实现质权的,其实现质权的条件已经满足。

《山东高院民一庭关于审理执行异议之诉案件若干问题的解答》

十一、案外人主张被执行人账户资金系错误汇款,提起执行异议之诉,如何处理?

答:对于货币资金的权利归属,一般应当根据资金占有的表面状态,推定现金持有人、银行账户登记人为权利人。案外人以被执行人账户资金系错误汇款主张权利,请求排除执行的,一般不予支持。

如案外人有证据证明,货币资金已通过特户、专户、封金等方式特定化,足以表明财产权益处于所有权与占有权相分离状态,应当根据真实的权利归属关系,确定货币资金的实际权利人。

【理论基础】

自货币诞生以来,货币形式一直处于不断演变之中。从商品货币、不兑现纸币、支票逐步向电子支付、电子货币发展,货币支付体系日趋完善。[①] 货币虽然本

---

① 参见[美]爱德华·甘伯、戴维·哈克斯编:《米什金货币金融学(第九版)学习指导》,郑艳文、荆国勇译,中国人民大学出版社2011年版,第56-58页。

质上仍属于动产,但其相较其他动产有明显差异。但由于货币本身具有交易媒介、记账单位、价值储藏等功能,与普通动产存在较大差别。按照物权法的规定,其于转移占有时所有权即发生变动。然而在有些情况下,虽然货币本身已转移占有,但实际上当事人并没有转移所有权的意思表示。因此,一种观点认为,在当事人并无转移所有权意思表示的情况下,即便发生占有转移,也不具备物权变动的效果。而另一种观点则认为,货币本身具有特殊性,其在更多情况下仅仅作为价值表彰的符号,这一点与具有实体形态的一般动产财产并不相同。尤其是进入银行账户内的货币,仅仅作为价值符号,基于账户内的货币占有与所有高度一致的属性,其所有权的认定应当以"占有即所有"为原则。也即,正常情况下,认定账户内货币所有权应当以账户登记人为准。[1]

"占有即所有"原则是认定货币所有权的基本原则,但起初系因货币属于有体物。又因货币并非特定物,通常情况下与货币所有权人的其他货币产生混同,因此"占有即所有"原则具有合理性。但随着支付体系的细分,货币尤其是电子货币具有了其他功能,例如作为保证金时,虽然转移占有,但所有权并未转移,[2]此时能否继续坚持"占有即所有"原则认定所有权,可能需要作进一步的思考和制度安排。

一、涉及金钱担保的案外人执行异议之诉

对于一般账户中的资金,应当以账户的名称作为权属判断的基础与依据,但对于特定专用账户中的资金,应根据账户当事人对该资金的特殊约定以及相关法律规定来判断资金权属,并确定能否对该账户资金强制执行,如信用证开证保证金、证券期货交易保证金、银行承兑汇票保证金、质押保证金、基金托管专户资金、社会保险基金等。对特定账户中的资金主张权利,符合法定专用账户构成要件及阻却执行条件的,可以排除对该账户的执行。

《最高人民法院关于适用〈中华人民共和国民法典〉有关担保制度的解释》第70条规定:"债务人或者第三人为担保债务的履行,设立专门的保证金账户并由债权人实际控制,或者将其资金存入债权人设立的保证金账户,债权人主张就账户内的款项优先受偿的,人民法院应予支持。当事人以保证金账户内的款项浮动为由,主张实际控制该账户的债权人对账户内的款项不享有优先受偿权的,人民

---

[1] 参见朱晓喆:《存款货币的权利归属与返还请求权——反思民法上货币"占有即所有"法则的司法运用》,载《法学研究》2018年第2期。

[2] 参见孙鹏:《金钱"占有即所有"原理批判及权利流转规则之重塑》,载《法学研究》2019年第5期。

法院不予支持。在银行账户下设立的保证金分户，参照前款规定处理。当事人约定的保证金并非为担保债务的履行设立，或者不符合前两款规定的情形，债权人主张就保证金优先受偿的，人民法院不予支持，但是不影响当事人依照法律的规定或者按照当事人的约定主张权利。"

司法实践中，比较常见的是被执行人为获得贷款，与债权人签订书面质押合同，共同约定开立保证金专用账户并存入一定数量金钱作为质押。被执行人名下的保证金账户被冻结后，该账户担保的债权人（也即案外人）就账户内资金主张民事权益，请求排除强制执行，提起执行异议之诉。此种情况下，因账户资金的质权人享有的权利优先于申请执行人的普通金钱债权，其主张应予支持。但在被执行人与该质押权人之间的债权债务结清后，该笔保证金不再具有金钱质押的性质，则不能排除强制执行。[①] 本书认为，金钱作为特殊的动产质押须应具备以下要件：一是双方当事人签订书面质押合同；二是要将作为质押物的金钱特定化，并移交债权人占有。债权人（主要是银行等金融机构）与贷款人约定为出质金钱开立保证金账户并存入一定保证金，该账户未作日常结算使用，符合特定化要求。此时，则不能简单地适用"占有即所有"的规则，案外人对于账户内资金享有质押权的，可以排除强制执行。

二、涉及借用账户的案外人执行异议之诉

账户借用人与被执行人之间签订借用账户协议，并将相关资金存入该账户内，人民法院对账户资金采取强制执行措施的，借用人作为案外人提出的排除执行的诉讼请求应否支持理论与实践中存在争议。支持的主要理由为：在借用协议真实有效的情况下，借用人对账户内的资金并无转移所有权的意思表示，账户内的资金仍应归属于借用人，故不宜对该笔资金强制执行。反对的主要理由为：货币作为特殊动产，应当遵循动产交付即发生物权变动效果的基本原则，进入账户内的资金对外仅以数字表示权利，其与被执行人账户内的资金难以区分，尤其是在该账户内资金进出频繁的情况下，如果仅以借用协议就可作为对抗强制执行的依据，大大增加了双方通过签订借用协议规避执行的可能性。而且，借用他人账户本身即违反相关监管规定，借用人应当充分认识到该种行为可能带来的风险。借用人因该笔资金被强制执行完毕而遭受的损失，其可以依据双方之间的约定向被执行人主张赔偿损失。

[①] 参见管英芝、陈泳滨：《账户内资金是否享有质权的司法认定》，载《人民司法（案例）》2022年第17期。

本书认为,反对观点的理由更加充分。与以货币提供动产质押类似,因借用账户而形成的法律关系中,当事人同样没有转移占有的意思表示,而强行将货币所有权归属于出借人名下,违背了当事人的意思自治。但要注意的是:首先,借用他人账户属于违规行为,其本身并不具有正当性基础;其次,当事人之间的约定系内部约定,应当由其自行承担风险;最后,如果认定该行为具有合理性,则可能为倒签合同规避执行留下较大漏洞,不利于保护申请执行人的合法权利及司法公正。在具体处理规则上,有的法院认为,对于银行存款,原则上按照金融机构开立的账户名称判断款项是否为被执行人所有。账户借用人以其系款项实际所有权人为由主张排除执行的,原则上不予支持。[1] 有的法院认为,案外人仅以其借用被执行人的银行账户或以借用被执行人名义开立账户为由提起执行异议之诉请求排除执行的,除法律另有规定外,人民法院不予支持。[2] 此两种做法实际上仅作了倾向性的意见,至于原则之外或者法律另有规定的具体情形,并未详细列之,还需要结合具体案情做进一步认定。

三、涉及非债清偿的案外人执行异议之诉

在非债清偿情况下,非债清偿人能否对错误进行清偿的账户内的资金主张权利,并进而排除强制执行,司法实践中存在争议。[3] 一种意见认为,货币是特殊的种类物,无论何种情况,占有即所有,货币进入他人账户,即成为他人的财产,非债清偿人即便是错误清偿也不得以返还原物的理由要求他人返还货币,只能主张不当得利要求返还。另一种意见认为,如果进行非债清偿的货币特定化,没有与被执行人的其他财产混同,则能够阻却被执行人的债权人对账户内的资金的继续执行。

本书倾向于第二种意见,当资金特定化时,不能简单适用"占有即所有"原则。比如,该账户一直被冻结,期间除了非债清偿人错误汇入的款项外,并无其他款项进出,错误汇入的款项没有与其他货币混同,该笔款项已经实现特定化。因为是错误汇款,双方并无支付和接受的意思表示,客观上账户因被冻结也无法动用,在此情况下,进行非债清偿的货币尚未与被执行人的其他财产混同,能够区分。非债清偿人提出的排除强制执行的诉讼请求应当予以支持。

然而值得关注的是,司法实践似乎存在截然不同的观点。2022 年 1 月,最高

---

[1] 参见《山东高院民一庭:执行异议之诉案件审判观点综述》第 18 条。
[2] 参见《吉林省高级人民法院关于审理执行异议之诉案件若干疑难问题的解答(二)》问题十。
[3] 参见王毓莹:《执行异议之诉中账户资金的排除执行问题》,载《人民法院报》2017 年 11 月 1 日,第 7 版。

人民法院民一庭法官会议讨论认为,案外人以非债清偿请求排除强制执行的,不予支持。其背后理由主要有三:其一,货币作为一种特殊动产,同时作为不特定物,流通性系其基本属性,在银行执行了汇款人意图的情况下,即发生资金交付的效力,货币合法转入产生的民事权利由账户所有人享有,汇入被执行人账户的资金为被执行人责任财产,属于可供执行的财产。其二,基于货币"占有即所有"的基本原则,即使错误汇款确属事实,对于汇款人而言,错误汇款的法律后果是其对汇入款项账户所有权人享有不当得利请求权,属于债权范畴,而非物权,该不当得利请求权并无优先于其他普通金钱债权的效力,不能排除强制执行。其三,如案外人确有证据证明其系错误汇款的,其可依法另行向被执行人主张不当得利返还等途径实现救济。

四、涉及错误汇款的案外人执行异议之诉

案外人主张其因错误汇款行为误将金钱汇入他人账户,请求排除对该笔金钱的强制执行,也是实践中可能遇到的情形。[1] 按照常理,如果有证据证明确系错误汇款,就像误将自己的物品交与他人,并没有物权变动的意思表示,显然不能仅因金钱客观转移占有的事实即认定已经发生物权变动。但抛开错误汇款的偶然性因素,值得警惕的是,要防止以错误汇款之名,行转移财产之实。因此,对于错误汇款的情形,也存在不同的处理方法。一种观点坚持货币所有权"占有即所有"原则,此时案外人仅能依据不当得利请求账户所有人返还相应款项。另一种观点则认为,如果能够查明案外人系错误汇款的事实,其应为真正的权利人,此时如若执行该笔款项有违公平正义。[2]

本书赞同第二种观点,即错误汇款人并没有作出将资金转移至特定账户的意思表示,在这一点上,其与借用人主动将资金转移至特定账户的非债清偿并不相同,若仅仅因为事实上的错误行为导致金钱进入他人账户,该行为的过失程度不应导致其承受资金被他人强制执行的严重后果。当然,在审理此类案件时,应当重点审查是否真实系错误汇款,关注错误汇款人与账户所有人之间的关系上来,例如错误汇款人与账户所有人之间是否存在业务往来、相关债务是否已经清偿等,如果能够确认确系错误汇款,错误汇款人提起的案外人执行异议之诉应当得到支持。

---

[1] 参见肖芳:《错误汇款排除执行的效力和要件审查》,载《法律适用》2024 年第 6 期。
[2] 参见司伟:《错误汇款返还请求权排除强制执行的效力研究——基于裁判分歧的展开与分析》,载《比较法研究》2022 年第 6 期。

【典型案例】

案例一：石某、牛某案外人执行异议之诉纠纷案[①]

基本案情：

2013年10月15日，东胜区人民法院作出(2012)东法民初字第7157号民事判决书，判决李志某向牛某偿还借款本金866477元及利息。其后，该院作出(2014)东执字第898号执行裁定书，查封李志某在恒翔加油站的注册资本150万元的60%。一审法院将该案提级执行后，于2015年6月11日作出(2014)鄂中法执字第358-8号、第358-9号和第358-10号执行裁定书，分别冻结了恒翔加油站在上海浦东发展银行股份有限公司鄂尔多斯分行的账户、兴业银行股份有限公司鄂尔多斯分行账户和内蒙古伊金霍洛农村商业银行股份有限公司元丰支行账户。恒翔加油站在上海浦东发展银行股份有限公司鄂尔多斯分行账户中现金有163.4554万元，在内蒙古伊金霍洛农村商业银行股份有限公司元丰支行账户中现金有9.4903万元。

另查明，第三人李志某是恒翔加油站的法定代表人，组织形式为个人经营。2011年11月22日，李志某、李增某与石某签订了《加油站租赁经营合同》，约定由石某租赁经营涉案加油站，承包期自2011年11月22日至2014年11月22日止，每年租赁费为50万元。租赁合同到期后，双方又续租1年，租赁费变为30万元。

裁判要旨：

一审法院认为，本案的执行标的是恒翔加油站在银行账户内的资金。恒翔加油站是个体工商户，法定代表人是第三人李志某，由于个体工商户不具备独立的法人资格，其财产与自然人混同，故恒翔加油站在银行账户内的资金属于第三人李志某所有。石某与李志某签订恒翔加油站租赁合同，以租赁的形式实际经营并使用该加油站的银行账户，违反了行政机关对加油站这一特殊行业的审批管理和中国人民银行关于银行开设账户实行实名制的相关规定，所以石某使用他人银行账户的行为不具有合法性，由此造成的后果应由石某承担。另外，货币作为商品交换的一般等价物，具有特殊的属性，一般情况下遵循占有即所有的原则，石某或者其他人将钱存入涉案加油站的一刻，该笔存款的所有权即发生了转移，属于恒翔加油站即李志某所有。据此，驳回石某的全部诉讼请求。

[①] 参见最高人民法院民事判决书，(2018)最高法民再220号。

二审法院认为,石某以恒翔加油站的名义进行经营,对外发生的法律效力的责任主体应为恒翔加油站。恒翔加油站为个体工商户,李志某作为恒翔加油站的负责人,该账户内的资金可以作为李志某的财产予以执行。石某上诉主张其对银行账户内的资金享有所有权,但没有提供充分证据证明其享有足以排除强制执行的民事权益,故其上诉请求没有事实依据,该院不予支持。基于合同相对性原则,租赁合同中约定的权利义务仅对合同双方发生法律效力,合同一方在履行合同过程中造成财产损失的,可以依法向合同相对方主张权利。

再审法院认为,本案为案外人执行异议之诉纠纷,应当进行实质审查。对于银行账户中的货币,原则上应以账户名称为权属判断的基本标准,但案外人在执行异议之诉中提出充分证据证实银行账户中的货币为其合法财产并足以排除执行的除外。具体到本案中,首先,李志某、李增某与石某签订了《加油站租赁经营合同》,约定由石某租赁经营涉案加油站。除租赁合同外,石某提交了银行回单以及收条,证明其实际支付了租金。原审判决结合本案案情认定李志某、李增某与石某签订了《加油站租赁经营合同》,并无不当。其次,根据《加油站租赁经营合同》的约定,为了使会计财务的延续,在签订合同时甲方将以前会计报表中所反映的所有往来款项全部清理。石某提交的账号为12××× 36的银行对公账户对账单显示,在签订租赁合同时,李志某已经将账户资金进行清理。再次,石某提交了恒翔加油站与多家单位签订的《柴油购销合同》,并提交了尾号为1136的银行账户流水明细,并说明了购销合同与部分银行流水的对应情况。上述证据形成证据链,能够证明石某租赁恒翔加油站并实际经营,在其经营期间对于恒翔加油站账户内资金享有实际权利。李志某对于石某所陈述的事实均表示认可。牛某提出石某使用恒翔加油站账户违反有关金融管理规定以及有关成品油经营规定,但该问题并不影响石某对恒翔加油站账户内资金享有实际权利这一认定。最终,再审法院判决撤销原一审、二审判决,判定案涉账户内款项属于石某所有,并判令不得执行。

裁判评析:

本案为最高人民法院再审裁判的涉及借用账户案外人执行异议之诉的典型案例,在本案中,最高法再审撤销了原一审、二审判决,并进行了充分说理,具有较强的参考性。案外人执行异议之诉纠纷多发生于名义权利人与实际权利人不一致的情况,在针对账户资金提起的案外人执行异议之诉中,主要体现为账户借用问题,即一方借用另一方的账户进行经营活动,由于出借方负担债务,导致账户被查封或冻结,借用账户方向执行法院提起案外人执行异议之诉,请求确认被查封或冻结的账户内的资金归借用人所有并请求排除强制执行。此类案件的核心矛盾在于账户外观主义与实质权利归属的冲突：从外观形式看，账户登记信息直接表征权利归属；但从实体法律关系分析，账户内资金的实际控制与支配均由借用人实施。这种"名实分离"现象在民间借贷、合作经营等经济活动中尤为常见，而执行程序中如何认定资金权属，直接关系到债权人利益保护与交易秩序稳定的价值平衡。

被执行人与案外人之间关于借用账户的协议，能否作为资金归属的依据，在司法实践中存在争议。原则来说，货币作为一种特殊动产，其本身存在无法辨别的困难，同时又是一种价值符号，流通性系其生命。这一特性决定了货币适用"占有即所有"的基本规则，即货币的占有与所有不可分离。当货币存入被借用账户时，即发生法律意义上的交付，资金所有权随之转移至账户名义人。此种制度设计的法理基础在于维护货币流通的确定性与交易安全，避免因追溯资金实际来源而阻滞经济活动的正常运转。被执行人银行账户是其行使货币流通手段的一种方式，只要货币合法转入即属于法律规定的合法交付行为，资金所有权自交付时发生转移而成为被借用人的责任财产。借用人与被借用人内部有关资金的约定，不能阻却被借用人的债权人对该资金账户的执行。

但在本案中，最高人民法院认为，案外人执行异议之诉纠纷应当进行实质审查。并进一步指出，"对于银行账户中的货币，原则上应以账户名称为权属判断的基本标准，但案外人在执行异议之诉中提出充分证据证实银行账户中的货币为其合法财产并足以排除执行的除外"。具体到本案中，最高人民法院在再审审理时依据《加油站租赁经营合同》、银行流水明细、购销合同与部分银行流水的对应情况与资金往来等能够证明账户内货币权属的实质性证据，最终认定该案证据能够形成证据链，确认了石某租赁恒翔加油站并实际经营，在其经营期间对于恒翔加油站账户内资金享有实际权利。结合其他在案证据，最高人民法院最终裁判案涉账户内款项属于石某所有，可以排除强制执行。

本案中，最高人民法院对于改判理由进行了充分的说理，对于账户内资金权属采取了实质主义的认定标准，突破了账户名称为权属判断的形式标准，对实践中账户内资金权属认定以及涉及借用账户的案外人执行异议纠纷案件具有较强的指引作用。

案例二：富滇银行股份有限公司大理分行与杨某鸣、大理建标房地产开发有限公司案外人执行异议之诉纠纷案[①]

基本案情：

2010年1月28日,大理建标房地产开发有限公司(以下简称建标公司)董事会通过决议,向富滇银行股份有限公司大理分行(以下简称富滇银行大理分行)申请"建标华城"楼宇按揭额度4.5亿元,同意为在富滇银行大理分行办理"建标华城"项目按揭贷款的客户承担连带保证责任。2010年8月,富滇银行同意给予建标公司4.5亿元楼宇按揭贷款授信额度,授信期限3年。2011年8月28日,富滇银行大理分行与建标公司签订《个人住房贷款合作协议书》,约定:双方就建标公司开发建设的"建标华城"进行合作,对于符合贷款条件的购房户,富滇银行大理分行提供总额不超过4.5亿元的贷款,建标公司对购房户提供连带保证担保,建标公司应在富滇银行大理分行开立保证金账户,保持存放不低于富滇银行大理分行发放贷款最高额的5%的保证金,用于履行建标公司的连带保证责任,未经富滇银行大理分行同意,建标公司不得将保证金挪作他用。2012年11月19日,富滇银行大理分行与建标公司再次签订《个人住房贷款合作协议书》,约定富滇银行大理分行为"建标华城"购房户提供总额不超过4000万元的贷款,建标公司对购房户提供连带保证担保,相关约定同2011年贷款合作协议书。2010年,建标公司在富滇银行大理分行开设"9700××××××××0990"保证金账户(以下简称0990账户),自2010年10月开始向该账户转入资金。后0990账户内的资金全部转结至2011年6月17日建标公司在富滇银行大理分行开设的"9700×××××××6596"保证金账户(以下简称6596账户)。自2011年6月开始,建标公司依约向6596账户转入资金,富滇银行大理分行对违约贷款保证金进行了扣划。2017年9月8日,大理中级人民法院在办理杨某鸣申请执行建标公司借款合同纠纷案中,冻结了6596账户内的存款280万元,富滇银行大理分行向大理中级人民法院提出执行异议。

裁判要旨：

一审法院认为:《最高人民法院关于适用〈中华人民共和国担保法〉若干问题的解释》第85条规定:"债务人或者第三人将其金钱以特户、封金、保证金等形式

[①] 参见云南省高级人民法院民事判决书,(2018)云民终1121号。

特定化后,移交债权人占有作为债权的担保,债务人不履行债务时,债权人可以以该金钱优先受偿。"《物权法》第 210 条①第 1 款规定,"设立质权,当事人应当采取书面形式订立质权合同",本案富滇银行大理分行虽提交了建标公司按揭额度的申请、富滇银行审批的相关材料,但未提交可证明 2010 年至 2011 年 8 月与建标公司之间存在出质约定的《个人住房贷款合作协议书》,因缺乏双方就建标华城项目达成合作的最终协议,故富滇银行大理分行的举证不足以认定 2010 年至 2011 年 8 月保证金账户内的资金往来特定为建标公司为购房者交纳的保证金,未能就案争保证金账户内的金钱已全部特定化完成举证责任,应承担举证不能的不利后果,对其诉讼请求不予支持。据此,一审法院判决驳回原告富滇银行大理分行的诉讼请求。

二审法院认为:根据《物权法》第 212 条②"质权自出质人交付质押财产时设立",以及《最高人民法院关于适用〈中华人民共和国担保法〉若干问题的解释》第 85 条"债务人或者第三人将其金钱以特户、封金、保证金等形式特定化后,移交债权人占有作为债权的担保,债务人不履行债务时,债权人可以以该金钱优先受偿"的规定,金钱质押生效的条件包括金钱特定化和移交债权人占有两方面。本案 0990、6596 两个保证金专户开立后,存入的款项均注明为保证金,转出款项只有两次,一次为部分购房户还清贷款后银行退回相应保证金,一次为扣划清偿购房户的逾期欠款,款项进出均能一一对应。保证金以专户形式特定化并不等于固定化,案涉账户内的资金因业务发生浮动,但均与保证金业务相对应,除缴存保证金外,支出的款项均用于保证金的退还和扣划,未作日常结算使用,符合《最高人民法院关于适用〈中华人民共和国担保法〉若干问题的解释》第 85 条规定的金钱以特户形式特定化的要求。另占有是指对物进行控制和管理的事实状态,因案涉账户开立在富滇银行大理分行,该行实际控制和管理该账户,符合出质金钱移交债权人占有的要求,故案涉保证金质权依法设立。此外,扣划款项表明富滇银行大理分行对该账户资金享有处置权,属于实现质权的情形。最终改判支持富滇银行大理分行的诉讼请求。

裁判评析:

本案为最高人民法院的公报案例,涉及案外人对保证金账户的款项享有的质权是否足以排除强制执行的问题。此类案件的核心争议在于如何准确界定金钱

---

① 现已被《民法典》第 427 条吸收。
② 现为《民法典》第 429 条。

质押的设立要件,特别是账户资金"特定化"标准的认定问题。随着金融业务创新加速,保证金账户作为非典型担保方式被广泛运用,但因其货币的流动性特征与传统质押物的固定性存在冲突,司法实践中对账户资金权属的认定长期存在分歧。本案裁判通过对适用法律的解释,为与此案类似的案外人执行异议之诉案件确立了具有普遍适用性的审查标准。

在本案中,争议焦点是案涉账户资金是否特定化。富滇银行大理分行认为案涉账户内资金流动均与保证金业务相关,符合特定化的要求,申请执行人杨某鸣则认为账户内资金并未对应具体购房户,且资金流动未特定化。双方争议的本质是对"特定化"要件的不同理解:是否要求账户资金与具体债务一一对应?是否允许资金余额发生合理浮动?这些问题的解答直接关系到新型担保方式的司法评价与金融创新活动的合规边界。

一审中,大理市中级人民法院认为,富滇银行大理分行未能证明案涉保证金账户内的金钱已全部特定化。而二审云南省高级人民法院认为,保证金以专户形式特定化并不等于固定化,案涉账户内的资金因业务发生出现浮动,但均与保证金业务相对应,除缴存保证金外,支出的款项均用于保证金的退还和扣划,未作日常结算使用,符合《最高人民法院关于适用〈中华人民共和国担保法〉若干问题的解释》第85条(现已废止)规定的金钱以特户形式特定化的要求。对此,现行有效的《最高人民法院关于适用〈中华人民共和国民法典〉有关担保制度的解释》第70条第1款规定,债务人或者第三人为担保债务的履行,设立专门的保证金账户并由债权人实际控制,或者将其资金存入债权人设立的保证金账户,债权人主张就账户内的款项优先受偿的,人民法院应予支持。

本案作为公报案例,裁判文书对于涉及保证金账户款项质权是否足以排除强制执行的问题说理准确、逻辑清晰,准确区分了质权的"特定化"与"固定化",特定化的实质是资金用途的排他性而非数额的恒定性。账户资金因担保业务的开展发生增减,只要资金流动严格限定在担保业务范围内,未混同于日常经营资金,即符合特定化要求。这种动态审查标准既尊重了金融实务操作规律,又维护了法律要件的适用,为此类案外人执行异议之诉案件提供了裁判思路。

第十九讲　涉及典型担保的案外人执行异议之诉

导　语

实践中,涉及典型担保的案外人执行异议之诉较多。一方面,从担保的种类来看,可能涉及抵押、留置和质押这三类典型担保的案外人执行异议之诉;另一方面,从权利人的角度来看,可能涉及担保权人为案外人、申请执行人的案外人执行异议之诉。由此组合而成的纠纷类型又涉及不同的利益衡量,例如抵押权与物权期待权的博弈与衡量、金钱质权与一般债权的利益衡量,这些纠纷给司法实务带来不小困扰。尤其是,抵押、留置和质押这三类典型担保在实践中应用广泛,利益衡量不仅要考虑权利本身的性质,还要兼顾权利排序是否会造成对相关主体利益的伤害。例如,涉及房地产企业、金融机构与消费购房人的执行案件中,消费购房人的物权期待权与金融机构的抵押权之间的利益衡量,既关涉消费购房人生存权的弱者保护问题,还可能触及系统性金融风险的预防问题。因此,在不同矛盾加持下,涉及典型担保的案外人执行异议之诉的处理成为当前一项棘手问题,本讲将围绕这一主题展开讨论。

问题一　涉及抵押权的案外人执行异议之诉

【规范梳理】

《最高人民法院关于商品房消费者权利保护问题的批复》
一、建设工程价款优先受偿权、抵押权以及其他债权之间的权利顺位关系,按照《最高人民法院关于审理建设工程施工合同纠纷案件适用法律问题的解释（一）》第三十六条的规定处理。

二、商品房消费者以居住为目的购买房屋并已支付全部价款，主张其房屋交付请求权优先于建设工程价款优先受偿权、抵押权以及其他债权的，人民法院应当予以支持。

只支付了部分价款的商品房消费者，在一审法庭辩论终结前已实际支付剩余价款的，可以适用前款规定。

三、在房屋不能交付且无实际交付可能的情况下，商品房消费者主张价款返还请求权优先于建设工程价款优先受偿权、抵押权以及其他债权的，人民法院应当予以支持。

《最高人民法院关于人民法院办理执行异议和复议案件若干问题的规定》

第二十七条　申请执行人对执行标的依法享有对抗案外人的担保物权等优先受偿权，人民法院对案外人提出的排除执行异议不予支持，但法律、司法解释另有规定的除外。

《最高人民法院关于人民法院执行工作若干问题的规定（试行）》

93. 对人民法院查封、扣押或冻结的财产有优先权、担保物权的债权人，可以申请参加参与分配程序，主张优先受偿权。

《最高人民法院关于法院民事执行中拍卖、变卖财产的规定》

第二十八条　拍卖财产上原有的担保物权及其他优先受偿权，因拍卖而消灭，拍卖所得价款，应当优先清偿担保物权人及其他优先受偿人的债权，但当事人另有约定的除外。

拍卖财产上原有的租赁权及其他用益物权，不因拍卖而消灭，但该权利继续存在于拍卖财产上，对在先的担保物权或者其他优先受偿权的实现有影响的，人民法院应当依法将其除去后进行拍卖。

《江苏省高级人民法院执行异议及执行异议之诉案件办理工作指引（三）》

二、案外人基于特殊担保物权提出的执行异议及执行异议之诉案件的处理

5. 异议人基于担保物权产生的优先受偿权提出执行异议，请求排除对执行标的处分行为的，人民法院应告知其先行就财产变价款向执行实施机构主张优先受偿。执行实施机构对其主张不予支持的，其可依据《民事诉讼法》第二百三十二条规定提起执行异议。

但该处分行为同时具有下列情形的，应适用《民事诉讼法》第二百三十四条规定审查处理：

①导致案外人享有的担保物权丧失或者可能减损担保物价值的；
②导致案外人优先受偿权的实现受到实质性损害的。

《吉林高院关于审理执行异议之诉案件若干疑难问题的解答(一)》

问题二十四：案外人认为其对作为执行标的的不动产享有抵押权的，是否可以提起执行异议之诉？人民法院该如何处理？

金钱债权执行中，案外人认为其对作为执行标的物的不动产享有抵押权的，应当在执行分配程序中主张优先受偿或者根据《中华人民共和国民事诉讼法》第二百二十五条①规定主张权利，其提起执行异议之诉请求排除执行的，人民法院应当不予受理；已经受理的，裁定驳回起诉。

如果执行法院作出的异议裁定否定案外人享有抵押权的，该案外人应当另行提起诉讼确认其抵押权。

问题二十五：抵押权人对登记在被执行人名下的不动产申请执行的，该不动产受让人是否可以提起案外人执行异议之诉？人民法院该如何处理？

金钱债权执行中，抵押权人依据各类具有强制执行效力的文书对登记在被执行人名下的不动产申请执行，该不动产的受让人可以提起案外人执行异议之诉。

如果据以执行的原生效裁判已经直接确定了抵押物就是执行标的物的，则案外人对该执行标的物主张排除执行的异议实质上是对原生效裁判的异议，应当通过审判监督程序或第三人撤销之诉主张权利，其提起执行异议之诉请求排除执行的，人民法院应当不予受理；已经受理的，裁定驳回起诉。如果执行法院作出异议裁定停止执行的，申请执行人应当向执行部门申请复议或通过执行监督程序主张权利；申请执行人提起执行异议之诉请求继续执行的，人民法院应当不予受理；已经受理的，裁定驳回起诉。

《安徽省高级人民法院关于审理执行异议之诉案件若干问题的会议纪要》

5.承租人以其对承租的房屋、有限责任公司股东、合伙人以其对股权合伙份额享有优先购买权为由提起执行异议之诉，请求停止执行的，不予支持。

担保物权人、建设工程价款优先受偿权人以其对执行标的享有优先受偿权为由提起执行异议之诉，请求停止执行的，不予支持但金钱质权人除外。

担保物权人、建设工程优先受偿权人对执行分配方案不服的，可依法提起执行分配方案异议之诉。

---

① 现为《民事诉讼法》第236条。

【理论基础】

基于抵押权的案外人执行异议之诉种类各异，所涉纠纷的利益衡量也多有不同，不过从实际纠纷来看，主要可以将其分为两类：抵押权人为案外人时的执行异议之诉、抵押权人为申请执行人时的案外人提起的执行异议之诉。鉴于本书主要聚焦案外人执行异议之诉，因此对于其他类型暂不探讨。而在前述两类案例中，不论是抵押权人作为案外人提起的执行异议之诉，还是抵押权人作为申请执行人对抵押物变价时案外人提起的执行异议之诉，其裁判焦点都是抵押权同其他权利之间的利益衡量。因此，如何裁判取决于对权利的认识，即如何认识优先权与抵押权。

一、优先权概述

优先权是抵押权的上位概念，其"原初语境在于特定债权人就债务人的一般或特定财产优先受偿"[1]，通常分为一般优先权和特别优先权，前者指向债务人的全部财产，通常包括税收优先权、工资优先权、共益费用优先权、债务人丧葬费用优先权等，后者则是指就特定财产优先受偿。[2] 以此划分，抵押权、留置权以及质权均属于特别优先权。这类优先权的特点在于，其往往基于抵押、质押等权利对特定财产享有优先于其他一般债权人的受偿权。当然从广义的角度来讲，除了包含前述针对债权清偿时的优先权之外，有时还包括在其他场景当中的优先权，比如股东对股权的优先购买权。但鉴于本章聚焦涉典型担保的执行异议之诉，因而对于诸如股东优先购买权一类的优先权暂不讨论。

优先权本质上是在利益保护中作出的衡量，例如在不动产按揭买卖当中，银行固然以放贷为其主要的盈利渠道，但其同时需要考虑该贷款收回的可能性，因而将不动产抵押给银行，是银行保障自己的债权能够得到清偿的重要途径。也就是说，倘若缺乏不动产的抵押，购房人可能本就无法享有对该不动产的所有权，也就无从谈起房地产市场的繁荣。在这层意义上，银行对该不动产所享有的抵押权，应当优先于其他一般债权，这一层优先权基于法律关系产生。而在不动产开发建设中，实际施工人基于施工而对开发商所享有的建设工程价款的请求权，在一般意义上仍是一种一般债权，倘若该建设工程上同样还有其他的抵押权，理论上建设工程价款的请求权应当劣后于抵押权。但建设工程价款的清偿并非仅仅

---

[1] 参见申卫星：《我国优先权制度立法研究》，载《法学评论》1997年第6期。
[2] 参见袁野：《优先权之反思与重述》，载《交大法学》2024年第2期。

关系到建设公司,同时还关涉到大量实际施工的工人,尤其其中还有大量农民工。而在房地产开发中,在市场火热的现实下,基于利润的考量,房地产开发商并不会等待房屋售罄收回成本才去竞拍下一地块,这在市场繁荣、房价上涨的时期可以通过地块甚至是其上建筑物的抵押不断获得现金流而维持高速增长,不过也容易因资金链的断裂而出现偿付危机。在这一情况下,实际施工人可能要为开发商的冒进而买单。此时在众多债权人中,对可能是唯一资产的在建或建成建筑物享有优先权的债权人时常不止一个,依据抵押权的实现规则,不论债权人基于怎样的考量获得怎样的救济,相较于实际施工人而言至少享有优先权,其利益可以得到一定的保护。此时,付出最多、谈判能力最弱的实际施工人则成为实际上的弱势群体。基于保护弱势群体的现实考量,法律创设建设工程优先受偿权,既可以避免抵押权等优先权在规范上的钳制,导致实际施工人权益保护的法律困境,也可以实际保护实际施工人的合法权益。

当然,除此之外,实践中常见的优先权种类还更多,这些优先权或是基于当事人之间的磋商,或是基于法律创设,其核心特点即在于保护债权人基于契约和磋商而享有的利益,或是基于当事人的实际地位而应当享有的利益。

二、抵押权

"抵押权,是指债权人对债务人或者第三人不转移占有而为债权提供担保的抵押财产,于债务人不履行债务时,或者发生当事人约定的实现抵押权的情形,依法享有的就该物变价并优先受偿的担保物权。"[1]因此,所谓抵押权的实现实质上就是抵押权的变价权与优先受偿权的实现。[2] 如前所述,抵押权是一类典型的优先权,这类优先权的取得来源于债权人与债务人之间的磋商,是一种基于双方当事人一致意思表示而形成的优先权。抵押权同留置权、质权在这一层意义上并没有本质区别。不过,值得注意的是,抵押权虽然是一种担保物权,但其对抵押物所享有的权利仅限于物权的部分,纯粹物权关注标的物的占有、使用、收益、处分,而抵押权仅关注标的物的交换价值,而反过来,抵押权也必须经过处分才能取得相应价款,进而通过实现交换价值的方式实现抵押权。"盖抵押物必须经处分阶段方能转换为交换价值,此即为变价权之范畴,而具体化之交换价值,抵押权人亦须有优先受偿之手段,其担保债权方能获得优先之满足,此即为优先受偿权之机

---

[1] 杨立新:《物权法》,中国人民大学出版社 2016 年版,第 202 页。
[2] 参见程啸:《论抵押权的实现程序》,载《中外法学》2012 年第 6 期。

能。"①从这里可以看出,基于抵押权而享有的优先权实际是优先受偿权,而该优先受偿权的实现又需要借助变价权。不过值得注意的是,是否实际行使变价权并不影响抵押权中的优先受偿权的实现,因为在实践中,倘若同一标的物上存在多个抵押权时,后顺位的抵押权人可径直请求已获得的变价款,而不必自行实现变价款。同样地,在如前所述的建设工程优先受偿权的行使、标的物所有权人作为被执行人被执行时,都会使标的物被变价。

三、抵押权人作为案外人提起的执行异议之诉

基于担保物权的法律功能和特征,设立担保物权后担保权人所取得的是该财产的交换价值,该权利还具有物上代位性,因此通常情况下该权利并不因案件执行过程中对担保物进行拍卖、变卖等行为受到损害,即便担保物灭失或毁损,只要代替该财产的交换价值还存在,则担保物权的效力就存在。因此,基于这一权利特征,担保物权人能否针对案涉标的物的执行提出案外人执行异议之诉则不无疑问。当前的理论与实践探讨中存在三种观点。

第一,否定说。该观点认为,担保物权的目的是以特定财产的交换价值担保债权的履行,本质上是一种优先受偿权,"抵押权不转移占有的特性决定了抵押财产被查封后抵押权人也不会受到侵害"②,法院对执行标的的强制执行并不影响债权人从变价所得中优先受偿,③故担保物权不具有排除强制执行的效力,担保物权人不能提起案外人执行异议之诉。

第二,肯定说。该观点认为,判断案外人执行异议之诉应否受理,应严格依据法定要件进行程序性审查,并不包含对案外人是否"享有足以排除强制执行的民事权益"的实体审查,对于符合法定要件的案外人执行异议之诉,应予受理。此外,我国执行立法对抵押权人保护较为薄弱,何况执行行为异议路径与执行标的异议路径本质并无区别,④而执行标的异议路径作为实质审查程序,还可以审查抵押权是否成立。⑤

第三,区分说。该观点从实体权利的不同特点出发,认为对于担保物权人是否有权提起案外人执行异议之诉不应一概而论,应作区分处理。定限物权是否足

---

① 谢在全:《民法物权论》(中),台北,新学林出版股份有限公司2010年版,第452页。
② 朱腾飞:《案外人异议之诉研究》,中国政法大学出版社2016年版,第117页。
③ 参见安徽省合肥市中级人民法院民事判决书,(2016)皖01民终2120号;甘肃省高级人民法院民事判决书,(2017)甘民终465号。
④ 参见百晓峰:《案外人异议之诉的程序构造》,载《清华法学》2010年第3期。
⑤ 参见周家开:《执行异议之诉中抵押权实现的相关问题探析——以〈民法典〉第419条为视角》,载《法律适用》2021年第5期。

以排除强制执行应视定限物权是否因强制执行而丧失或受侵害而定。[1]

原则上来说,担保物权是以直接支配特定财产的交换价值为内容,并不像用益物权一样是以对他人之物为使用收益的目的而设立,需要对"物"的实际占有为必要。同时,基于担保物权优先受偿的法律效力,担保物被拍卖、变卖一般不会影响担保权人优先受偿权的实现;基于担保物权的物上代位性特征,担保物的流转一般不会影响交换价值的实现。因此在一般情况下,担保物权人的权利不受担保物执行程序的影响。

从抵押权的角度来讲,抵押权系权利人对标的物拍卖、变卖后的价款享有优先受偿的权利,并不直接支配物的使用,执行中仅需通过参与分配程序保护其优先受偿权即可,抵押权人也可对分配方案提起异议及异议之诉来主张权利,这种程序与案外人执行异议之诉的程序和性质不同。如前所述,抵押权作为担保物权,本质是支配抵押物的交换价值并有权优先受偿,重要特征是抵押权的设立不须转移抵押物的占有,不影响抵押人占有使用抵押物,同时又具有物上代位性,因此对抵押物进行查封、拍卖、变卖等的强制执行行为一般不会对抵押权造成侵害,故一般不能阻却强制执行。根据《最高人民法院关于适用〈中华人民共和国民事诉讼法〉的解释》第157、506条等规定,执行法院对抵押物采取保全措施后进入执行程序处置抵押物时,抵押权人只能就抵押物拍卖所得的价款优先受偿,不能以其对被执行人财产享有抵押权为由对抗法院的保全或者强制执行行为。如果抵押权人对法院的保全或者强制执行行为有异议,人民法院应当告知其向执行法院就抵押物的拍卖、变卖价款主张优先受偿权。法院对其请求不予支持的,抵押权人可以依据《民事诉讼法》第236条之规定,提出执行行为异议。抵押权作为不转移抵押物占有的担保物权,着眼于对抵押物交换价值的优先受偿。《最高人民法院关于适用〈中华人民共和国民事诉讼法〉的解释》第506条第2款和《最高人民法院关于人民法院执行工作若干问题的规定(试行)》第31条明确规定了抵押权人可以在执行程序中直接申请参与分配。该制度设计已经考虑了抵押物作为另案执行标的时抵押权人的权益救济途径。抵押权人无须再提起案外人执行异议之诉维护权益。对于因强制执行行为造成抵押物毁损、贬值,损害抵押权人权益的,抵押权人可以对此提出异议,但是应属于执行行为异议范畴,不属于对执行标的的异议。[2]

---

[1] 参见司伟:《执行异议之诉原理与实务》,法律出版社2022年版,第226-228页。
[2] 参见司伟:《执行异议之诉原理与实务》,法律出版社2022年版,第231页。

概言之,在抵押权人作为案外人提出的执行异议之诉中,以不阻却执行为原则,当执行标的被强制执行时,抵押权人可就抵押财产的拍卖、变卖价款优先于申请执行人受偿。因此,如抵押权人提起案外人执行异议之诉要求排除强制执行,因其并不享有足以排除执行的民事权益,法院应告知其先向执行法院主张优先受偿权,执行法院未予支持的,依据《民事诉讼法》第236条规定,以执行行为异议立案审查,判断其是否享有相应参与分配资格;如执行法院认定其有优先权,已经将其纳入分配资格,其他债权人、当事人对此提出异议或对案外人的抵押权的真实性、优先受偿顺位和受偿比例提出异议,应依据参与分配方案异议和异议之诉的程序处理,并不按照执行标的异议的程序进行救济。

四、抵押权人为申请执行人时的案外人执行异议之诉

前种情形主要描述了抵押权人作为案外人提起执行异议之诉的情形,由于担保物权指向标的物的交换价值,这使得在标的物的处分不影响其抵押权的实现时,抵押权人不得提起案外人执行异议之诉。事实上,在前种情况下,之所以抵押权人作为案外人提起执行异议之诉被驳回,主要原因在于抵押物的流转并不影响抵押权的实现,抵押权人同样可以依据其抵押权就标的物实行变价权。易言之,抵押权人的执行并未被阻却。但当抵押权人系申请执行人,案外人基于对该标的物享有的权利提起执行异议之诉时,此时即影响到抵押权人的权利实现,此时应当作何种利益衡量,法院应当支持抵押权人还是案外人,则是另外一个较为棘手的问题。抵押权人作为申请执行人而与案外人之间发生权利冲突的情形在实践中往往发生在消费购房、二手房买卖、土地征收、房屋租赁等场景中。其中,最为典型的情况发生在消费购房情形中。

本书前面讲到,在房地产开发中,开发商基于扩大经营的考量,在房地产市场下行的情况下,可能出现资金链断裂甚至破产的可能,此时,建成房屋之上可能存在消费购房人的物权期待权(关于该权利是物权期待权还是债权,存在一定争议)、实际施工人的建设工程优先受偿权、债权人的抵押权以及其他债权。可以看出,在这种情形下,建成的房屋之上可能同时存在三种优先权,其中,抵押权系债权人与开发商之间基于契约而形成的权利,而建设工程优先受偿权和消费购房人的物权期待权则是法律规定的权利,如前所述,后两种权利都优先于债权人的抵押权。对于何以消费购房人的物权期待权要优先于建设工程优先受偿权,本书前已述及,在此不赘。但此处需要进一步探讨的问题是,抵押权在这系列优先权中,是否有被保护的可能性,因为显而易见的是,在消费购房人提起的案外人执行异议之诉中,消费购房人以其对案涉标的物享有的物权期待权排除对案涉不动产的强制执行后,将直接导致抵押权人丧失对该物的变价权,至于消费购房人购买该标的物的资金,则成为被执行人的破产财产,显然不再属于优先受偿权能够行使的范围。事实上,我们应当注意到,在消费购房人和抵押权人之间作利益衡量时,不应仅仅关注到消费购房人弱势群体的地位,各地法院在出台裁判指引时,也并未一边倒地倾向消费购房人。在房地产开发中,房地产开发商会通过拉高杠杆的方式拓展业务,而商业银行基于房地产市场的火热,也会不断地给房地产企业高杠杆运营提供助力,其中主要原因在于,即便开发商因资金链断裂难以为继,其仍可以就抵押物行使变价权以及优先受偿权,即便是存在建设工程优先受偿权,也并不足以完全消耗掉案涉房地产的所有变价款,况且,房地产市场的火热也给商业银行提供了极大的保障,至少其不用担心房屋变价问题。但反过来,在房地产市场下行时,开发商资金链断裂后的恶性后果将远大于前述情形,因为市场信心的影响,房产变价不仅受阻,即便变价成功,其实际价值相较于抵押时也已大打折扣,而此时再在抵押权之前塞进消费购房人的物权期待权,对于抵押权人而言无异于雪上加霜。虽然如前所述,商业银行作为强势群体,其谈判能力较之于实际施工人乃至消费购房人更强,但作为金融机构,商业银行的变价能力受阻,最终可能产生严重后果。在通常情况下,抵押权人都是金融机构,而金融机构的业务存在较大的金融风险性,"金融纠纷执行案件,案涉执行标的数额巨大,银行、信托公司、资管公司承担着相应的金融风险,处置程序中止时间越长,越可能引发金融行业内的系统性金融风险。"[1]

因此,在涉及消费购房人的案外人执行异议之诉中,当作为申请执行人的商业银行等抵押权人申请对案涉房地产进行执行时,法院不仅要考量消费购房人的物权期待权的保护,还要考量抵押权人的权益。因此,可以看到,各地法院在制定裁判指引时,均严格遵循消费购房人物权期待权的基本要求,也即消费购房人是否享有物权期待权要遵循严格的条件。例如,应当同时符合三个条件:人民法院查封前,案外人已与房地产开发企业等签订合法有效的书面买卖合同;所购商品系用于满足家庭基本居住生活需要;查封前,案外人已支付全部价款,或者已按照合同约定支付部分价款且查封后至一审法庭辩论终结前已将剩余价款交付执行。除此之外,应当严格限制其他权益侵害抵押权人的权益。

---

[1] 赖芸池:《申请执行人与案外人利益衡平的现实困境与路径构建——基于抵押权与物权期待权的博弈分析》,载《法律适用》2024 年第 7 期。

【典型案例】

案例一：新疆汇友房地产开发有限责任公司与乌鲁木齐银行股份有限公司通商支行、康某、兰某案外人执行异议之诉纠纷案[①]

基本案情：

2012年10月22日，新疆汇友房地产开发有限公司（以下简称汇友房产公司）与康某、兰某签订《商品房预售合同》，约定某处房产的预售事宜，总房款892806元。次月6日，两名买受方与招商银行乌鲁木齐分行签订《个人购房借款及担保合同》，约定贷款与分期偿还以及担保事宜。同日，汇友房产公司（甲方）与康某、兰某（乙方）签订《按揭贷款担保协议书》。上述合同由出卖人汇友房产公司和广汇信邦公司签章，买受人处有康某、兰某的签字和捺印。次日，汇友房产公司为康某、兰某就涉案房屋办理了预告登记。

2015—2016年，康某、兰某未依约履行合同义务，汇友房产公司为两买受人垫付银行贷款29734.85元。2016年7月5日，依据双方签订的《按揭贷款担保协议书》，广汇信邦公司一次性向招商银行乌鲁木齐分行偿还剩余贷款558872.87元。后招商银行乌鲁木齐分行向乌鲁木齐市房产交易中心出具解押通知，载明广汇信邦公司结清所有贷款本息，需办理解押业务。

其后，因康某、兰某与乌鲁木齐银行股份有限公司通商支行（以下简称乌鲁木齐通商支行）之间的纠纷，案涉房产被法院查封拍卖，并最终以849909元的价格为肖某拍得。汇友房产公司对此提出执行异议申请，一审驳回其执行异议，汇友房产公司遂提起案外人执行异议之诉。

另查明，2010年11月29日，汇友房产公司与广汇信邦公司签订《商品房代销合同书》和《代付协议书》，约定汇友房产公司将涉案房屋所在的中央郡商住小区委托给广汇信邦公司进行对外销售，广汇信邦公司有权就购房款及担保合同产生的各类款项（如银行代垫款、银行回购款）进行代付，广汇信邦公司代表汇友房产公司向银行履行担保义务的行为视为汇友房产公司履行，汇友房产公司有权享有因此产生的相应权利，进行回购、追偿等。一审法院于2019年9月20日就涉案房

[①] 新疆维吾尔自治区高级人民法院民事判决书，(2022)新民终201号；乌鲁木齐市中级人民法院民事判决书，(2022)新01民初48号。

屋在乌鲁木齐市不动产登记中心进行查询,结果显示权利人名称登记在兰某、康某名下;2019年11月7日查询结果显示,权利人名称登记在汇友房产公司名下。

裁判要旨:

一审认为:(1)汇友房产公司与广汇信邦公司系委托关系,因而广汇信邦公司偿还剩余贷款行为因双方委托关系而实际归属于汇友房产公司,后者因此而成为本案涉案房屋的权利人,有权提起执行异议之诉。(2)因预告登记,康某、兰某对案涉房屋享有期待权,法院有权对其进行拍卖。汇友房产公司虽对该房屋享有抵押权,但依据《最高人民法院关于适用〈中华人民共和国民事诉讼法〉的解释》第506条第2款等法律规定,抵押权人可以通过对拍卖变卖的价款参与分配、主张优先受偿来维护自身合法权益,但不得排除强制执行。故此,驳回汇有房产公司诉讼请求。

二审认为:就汇友房产公司是否对案涉房屋享有阻却人民法院强制执行的民事权益问题,首先,汇友房产公司与康某、兰某之间并无保留所有权的约定,在后者未按约履行义务后,汇友房产公司也未向后者通知主张行使回购的权利;其次,案涉房屋已经预告登记,产生物权效力,汇友房产公司在承担担保责任后也并未取得排除强制执行的民事权益,即便房屋被拍卖或变卖,汇友房产公司可基于抵押权的物上代位性对拍卖款主张优先受偿,其权益无须在执行异议之诉程序中予以特别保护。因此,驳回汇有房产公司的上诉,维持原判。

裁判评析:

本案中,康某、兰某以按揭贷款方式购买汇友房产公司开发的2306号房屋,汇友房产公司已经收到全部房款(包括首付款272806元和招商银行乌鲁木齐分行发放的贷款620000元),并为康某、兰某办理了预告登记。在康某、兰某未及时还贷的情况下,广汇信邦公司作为汇友公司的受托人,依照约定替康某、兰某向招商银行乌鲁木齐分行偿还了剩余贷款558872.87元。招商银行乌鲁木齐分行向房地产交易中心出具解押通知,但汇友房产公司并未持通知办理解押。之后,2017年4月,涉案房屋在康某、兰某与乌鲁木齐通商支行的纠纷中被法院查封并拍卖。拍卖成交裁定未向买受人肖某送达。在法院查封期间(2017年4月18日至2020年4月17日),案涉房屋权利人由康某、兰某变更为汇友房产公司(2019年11月7日)。

汇友房产公司上诉的理由是康某、兰某拖欠贷款,故依据约定案涉房屋有权保留所有权,其目的是以案涉房屋所有人的身份阻止案涉房屋的执行。但是尽管有回购的约定,汇友房产公司并未行使该权利。

该案值得关注的问题有两个：一是被执行人康某、兰某对案涉房屋是否拥有所有权，是否是其责任财产，在案外人执行异议之诉中，该问题也是法院重点审查的要件；二是汇友房产公司在本案中享有的民事权益是什么，是否足以排除强制执行？

第一，一审、二审法院均认为，康某、兰某已经付清全部房款，办理了预告登记，占有了房屋，虽对案涉房屋不享有所有权，但享有物权期待权，因此汇友房产公司不能排除执行。但是判决书对此并未做进一步的分析论证。汇友房产公司仍是案涉房屋的登记所有人，汇友房产公司上诉时也主张其对案涉房屋享有所有权，那么该案中，汇友房产公司是否仍然是案涉房屋所有人？如果是，康某、兰某对案涉房屋的物权期待权和汇友房产公司对案涉房屋的所有权是否存在冲突，谁的权益更应得到保护？上述判决并未回应。

本案中，康某、兰某是案涉房屋的预告登记权利人，在预告登记有效的前提下，也享有上述权利。但是，从实际情况看，2012年11月7日，案涉房屋完成预告登记，2017年4月被法院查封，2019年6月被法院拍卖。预告登记何时失效，判决书中未交代。本案中，汇友房产公司与康某、兰某之间的购房合同并未出现上述无效、被撤销或者被解除的情形。判决书中未提及康某、兰某放弃案涉债权的情形。此外，汇友房产公司也未行使回购权。综合上述情形，就双方之间的买卖关系而言，并未解除或者终止。案涉房产虽仍在汇友房产公司名下，但一审、二审法院将其作为康某、兰某的责任财产看待，是妥当的。

第二，汇友房产公司对案涉房产享有抵押权，但不足以对抗执行。本案中，康某、兰某以案涉房屋提供抵押，招商银行乌鲁木齐分行为抵押权人，汇友房产公司为保证人，在康某、兰某拖欠贷款的情况下，汇友房产公司偿还了剩余贷款，承担了担保责任，按照上述法律规定，汇友房产公司可以行使招商银行与乌鲁木齐分行原来享有的抵押权，因此，法院认定汇友房产公司为案涉房屋抵押权人是正确的。根据《最高人民法院关于适用〈中华人民共和国民事诉讼法〉的解释》第506条第2款规定，汇友房产公司可在以康某、兰某为被执行人的案件中申请参与分配，主张优先受偿权。

案例二：中国建设银行股份有限公司怀化市分行与中国华融资产管理股份有限公司湖南省分公司案外人执行异议之诉案[①]

基本案情：

中国华融资产管理股份有限公司湖南省分公司（以下简称华融湖南分公司）与怀化英泰建设投资有限公司（以下简称英泰公司）、东星建设工程集团有限公司（以下简称东星公司）、湖南辰溪华中水泥有限公司（以下简称华中水泥公司）、谢某某、陈某某合同纠纷一案，湖南省高级人民法院于2014年12月12日作出（2014）湘高法民二初字第32号民事判决（以下简称第32号判决），判决解除华融湖南分公司与英泰公司签订的《债务重组协议》，由英泰公司向华融湖南分公司偿还债务9800万元及重组收益、违约金和律师代理费，东星公司、华中水泥公司、谢某某、陈某某承担连带清偿责任。未按期履行清偿义务的，华融湖南分公司有权以英泰公司已办理抵押登记的房产3194.52平方米、2709.09平方米及相应土地使用权作为抵押物折价或者以拍卖、变卖该抵押物所得价款优先受偿。双方均未上诉，该判决生效。英泰公司未按期履行第32号判决所确定的清偿义务，华融湖南分公司向湖南省高级人民法院申请强制执行。湖南省高级人民法院执行立案后，作出拍卖公告拟拍卖第32号判决所确定华融湖南分公司享有优先受偿权的案涉房产。中国建设银行股份有限公司怀化市分行（以下简称建行怀化分行）以其已签订房屋买卖合同且支付购房款为由向湖南省高级人民法院提出执行异议。该院于2017年12月12日作出（2017）湘执异75号执行裁定书，驳回建行怀化分行的异议请求。建行怀化分行遂提起案外人执行异议之诉，请求不得执行案涉房产，确认华融湖南分公司对案涉房产的优先受偿权不得对抗建行怀化分行。

湖南省高级人民法院作出（2018）湘民初10号民事裁定书，裁定驳回华融湖南分公司的起诉。建行怀化分行上诉至最高人民法院，最高人民法院作出（2019）最高法民终603号民事裁定书，裁定撤销湖南省高级人民法院（2018）湘民初10号民事裁定。后该案又经历两审。

[①] 参见湖南省高级人民法院民事裁定书，（2018）湘民初10号；最高人民法院民事裁定书，（2019）最高法民终603号；湖南省高级人民法院民事判决书，（2020）湘民初1号；最高人民法院民事判决书，（2022）最高法民终34号。

裁判要旨：

一审中，湖南省高级人民法院认为，本案系争房产系生效判决直接确定的标的物，而建设银行怀化分行认为其权利可以排除强制执行，其异议内容同（2014）湘高法民二初字第32号民事判决确定的权利义务关系的客体具有同一性，系对原生效判决的异议，符合《民事诉讼法》（2017年修正）第56条①第3款和第227条②"认为原判决、裁定错误"之规定，可通过提起第三人撤销之诉等方式寻求救济。

二审中，最高人民法院认为，基于对《民事诉讼法》（2017年修正）第227条、《最高人民法院关于适用〈中华人民共和国民事诉讼法〉的解释》（2015年施行）第305条的分析可以得知，所谓"与原判决、裁定无关"应为"诉讼请求"无关，本案华融湖南分公司申请执行所依据之判决主文内为偿还债务等，建行怀化分行请求排除强制执行，二者诉讼请求不同，属于"与原判决、裁定无关"，应予立案。

重审一审中，湖南省高级人民法院认为，第一，建行怀化分行尚未缴清房款，也未催告过户登记，存在过错；第二，《最高人民法院关于人民法院办理执行异议和复议案件若干问题的规定》第27条所明确之"法律、司法解释另有规定的除外"不应包含本解释第28条，依据原《最高人民法院关于建设工程价款优先受偿权问题的批复》第1条、第2条，本案房屋买卖并非用于居住，不符合消费购房人的条件，因此，建行怀化分行所享有之权益不能优先于华融湖南分公司登记的抵押权。

重审二审中，最高人民法院认为，关于建行怀化市分行对案涉房产享有的民事权益是否足以排除强制执行的问题，从权利的性质来看，建行怀化市分行对案涉房产享有物权期待权，而华融湖南分公司享有抵押权，均优先于一般债权。但从权利取得时间的先后看，华融湖南分公司的抵押权在先、建行怀化市分行的物权期待权在后。从权利取得有无过错的角度看，现有证据不能证明华融湖南分公司在办理抵押登记过程中存在过错，而建行怀化市分行在购房过程中未尽应有的审慎注意义务，存在一定过失。综上，驳回上诉，维持原判。

裁判评析：

本案的典型意义在于，一方面，本案明确了在涉抵押权的强制执行中，案外人以其在抵押登记之前购买了抵押房产，享有优先于抵押权的权利为由提起案外人执行异议之诉，主张依据《最高人民法院关于人民法院办理执行异议和复议案件若干问题的规定》排除强制执行，但不否认抵押权人对抵押房产的优先受偿权的，

---

① 现为《民事诉讼法》（2023年修正）第59条。
② 现为《民事诉讼法》（2023年修正）第238条。

属于《民事诉讼法》第238条规定的"与原判决、裁定无关"的情形,人民法院应予依法受理。本案历经四次审判,一审裁判直接驳回起诉,认为建行怀化市分行的主张系认为原判决、裁定有误,故而不适用执行异议之诉。该认识以案涉标的物具有同一性为由,虽然如果支持其执行异议之诉所产生的结果同直接提起再审具有相似之处,但二者性质存在差异。执行异议之诉系赋予案外人在执行程序中以一定的权利排除可能对其权益产生损害的救济机制,但该救济适用范围系与原判决、裁定无关,本案建行怀化市分行的主张并非认为原判决、裁定有误,亦即原判决、裁定虽直接指涉其享有物权期待权的物,但其裁判法律关系与其所主张的并不相同,因此,应当认为其可以提起执行异议之诉。

另一方面,本案还有一个典型意义,即明确了执行程序中债权、担保物权以及物权期待权的优先顺位。其一,本案湖南省高级人民法院以及最高人民法院都指出,担保物权以及消费购房人的物权期待权要优先于一般债权,在一般债权同担保物权或物权期待权并存的情况下,后者可以主张排除对前者的强制执行。申言之,担保物权人的担保物权可以排除强制执行。这一观点似乎与前述理论不一致,但值得注意的是,法院在论述时并未展开担保物权与一般债权的对抗问题,因此,担保物权人即便是享有优先权,也可以解释为一种对物的变价享有的优先受偿权。其二,本案在担保物权与物权期待权的顺位中明确,在物权期待权成立且时间在担保物权之前的情况下,前者的顺位要优先于后者。而在本案中,之所以建行怀化市分行的请求未被支持,原因在于其物权期待权成立时间在后,且其并非基于自身居住而购买该房产,因此不符合本书前面讲到的消费购房人提起的执行异议之诉,其物权期待权也与后者不同。

总的来看,本案确立了几个基本的裁判倾向:案外人基于担保物权、物权期待权提起的执行异议之诉应当予以受理;案外人的担保物权与物权期待权在顺位上要优先于一般债权;在物权期待权成立且时间在先的情况下,其优先于担保物权。

问题二　涉及留置权的案外人执行异议之诉

【规范梳理】

《最高人民法院关于适用〈中华人民共和国民事诉讼法〉的解释》

第一百五十四条　人民法院在财产保全中采取查封、扣押、冻结财产措施时,应当妥善保管被查封、扣押、冻结的财产。不宜由人民法院保管的,人民法院可以指定被保全人负责保管;不宜由被保全人保管的,可以委托他人或者申请保全人保管。

查封、扣押、冻结担保物权人占有的担保财产,一般由担保物权人保管;由人民法院保管的,质权、留置权不因采取保全措施而消灭。

第一百五十七条 人民法院对抵押物、质押物、留置物可以采取财产保全措施,但不影响抵押权人、质权人、留置权人的优先受偿权。

《最高人民法院关于人民法院执行工作若干问题的规定(试行)(2020修正)》

31. 人民法院对被执行人所有的其他人享有抵押权、质押权或留置权的财产,可以采取查封、扣押措施,财产拍卖、变卖后所得价款,应当在抵押权人、质押权人或留置权人优先受偿后,其余额部分用于清偿申请执行人的债权。

《最高人民法院关于人民法院民事执行中查封、扣押、冻结财产的规定》

第十一条 查封、扣押、冻结担保物权人占有的担保财产,一般应当指定担保物权人作为保管人;该财产由人民法院报关的,质权、留置权不因转移占有而消灭。

第十三条 对第三人为被执行人的利益占有的被执行人的财产,人民法院可以查封、扣押、冻结;该财产被指定给第三人继续保管的,第三人不得将其交付给被执行人。

对第三人为自己的利益依法占有的被执行人的财产,人民法院可以查封、扣押、冻结,第三人可以继续占有和使用该财产,但不得将其交付给被执行人。

第三人无偿借用被执行人的财产的,不受前款规定的限制。

《江苏省高级人民法院执行异议及执行异议之诉案件办理工作指引(三)》

5. 异议人基于担保物权产生的优先受偿权提出执行异议,请求排除对执行标的处分行为的,人民法院应告知其先行就财产变价款向执行实施机构主张优先受偿。执行实施机构对其主张不予支持的,其可依据《民事诉讼法》第二百三十二条规定提起执行异议。

但该处分行为同时具有下列情形的,应适用《民事诉讼法》第二百三十四条规定审查处理:

①导致案外人享有的担保物权丧失或者可能减损担保物价值的;

②导致案外人优先受偿权的实现受到实质性损害的。

9. 异议人以其系执行标的的留置权人为由,主张其享有优先受偿权,并请求排除对留置物查封、扣押的,人民法院应告知其先行就财产变价款向执行实施机构主张优先受偿。执行实施机构对其主张不予支持的,其可依据《民事诉讼法》第二百三十二条规定提起执行异议。

《河北省高级人民法院执行异议之诉案件审判指南(一)》

3.【不得提起执行异议之诉的权利类型】案外人基于以下权利提出执行异议的,不应依据《民事诉讼法》第二百三十八条规定的异议之诉予以受理:

(1)主张对执行标的享有抵押权或不能阻却执行的留置权、质押权;

......

浙江省高级人民法院《关于审理案外人异议之诉和许可执行之诉案件的指导意见》

第八条　案外人依照民事诉讼法第二百零四条的规定提起诉讼的,须对执行标的享有足以阻止其转让、交付的实体权利,该实体权利包括:

......

(3)部分担保物权,如质权、留置权;

......

【理论基础】

在我国法上,留置权与抵押权、质权虽同为担保物权,但其在成立基础、权利类型、法律特征等方面都存在特殊性。尤其是,设立在同一标的物上的留置权还优先于抵押权和质权,因而标的物被执行时留置权人得否请求排除强制执行的问题至少较抵押权更为复杂;同时,留置权的效力存在动态波动性,其权利内容中的变价权和优先受偿权与抵押权和质权的自始同一性又有不同,这又为对其与其他权利作冲突衡量增加了复杂性;更为重要的是,对于留置权成立与消灭中至关重要的占有如何理解也使权利衡量变得更加棘手。除以上问题外,留置权人在执行中如何行使其权利,是通过执行行为异议路径还是执行实体异议、留置权人能否提起执行异议之诉、留置权人诉讼中法院是否需要审查该留置权是否成立等问题也困扰着理论界与实务界。因此,探讨涉及留置权的案外人执行异议之诉,需要从留置权本身的法律特征谈起,进而论及对留置物的保全问题、留置权能否排除强制执行问题,以及在执行程序中究竟应当如何保障留置权人的合法权益。

一、留置权的基本问题

从执行角度讲,涉及留置权的基本问题主要包括其取得要件、功能等。

其一,关于留置权的取得要件。日本学者我妻荣将留置权定义为"占有他人之物的人就该物拥有债权时,至债权获得清偿时止可留置该物的权利"①。该定义指出了留置权取得的几个重要要件:债权人在留置该物时已占有该标的物;留置的期间自拥有债权时始至债权获得清偿时止。不过该定义相较于当前对一般留置权与特殊留置权、民事留置与商事留置等更为细致化的划分来看尚且不够。有学者指出,从我国法的角度来看,留置权的取得需要满足六个条件:债权人已合法占有留置财产、债权人占有的债务人动产与债权属于同一法律关系、债务人逾期未履行清偿义务、不存在不得留置的情形、留置行为不违背公序良俗、不危害社会公共利益。② 其中,当前针对留置权取得要件的探讨中,最容易引起争议的莫过于债权人可以留置的财产包含哪些以及同一法律关系的认定等。针对哪些财产可以留置的问题,按照《民法典》第 447 条之规定,限于"债务人的动产",据此,倘若留置财产属于第三人所有,能否适用善意取得规范予以调整成为一项争议话题。③ 这一问题本属于留置权取得问题的探讨,但涉及执行程序时,由于查封、扣押及至后面的强制执行时,将会产生留置权是否取得的实体审查问题,由此带来新的争议。针对同一法律关系的认定问题,如前一样,在涉及执行程序时也需要关注是否应当作实体审查的问题,其本身的争议在于,倘若涉及商事留置,是否需要考察牵连关系的问题。④

其二,针对留置权的功能问题。如前所述,依据我国法律,留置权与抵押权、质权同属于担保物权,因此,留置权本质上是一种物权,并且应当是一种拥有对标的物的变价权和对变价款的优先受偿权的权利。但不少学者指出,域外针对留置权存在不同的界定,例如在德国、法国、意大利,留置权只存在抗辩的效力,而不存在优先受偿权的效力。⑤ 这意味着,在上述国家,留置权本质上只是一种债权,仅能产生对抗效力。虽然我国对留置权的界定不同于上述国家,但在其功能上存在相通之处,因而以此审视留置权,会发现其在很大程度上起到的对抗效力要强于其物权效力。有学者指出,"留置权具有督促债务人履行和直接对动产变价清偿

---

① [日]我妻荣:《新订担保物权法》,申政武、封涛、郑芙蓉译,中国法制出版社 2008 年版,第 18 页。
② 参见王乐兵:《担保法专论》,对外经济贸易大学出版社 2018 年版,第 281-284 页。
③ 参见常鹏翱:《留置权善意取得的解释论》,载《法商研究》2014 年第 6 期。
④ 参见刘骏:《商事留置权的"祛魅":以牵连关系为中心》,载《华东政法大学学报》2024 年第 6 期。
⑤ 参见蒋新苗、朱方毅、蔡唱等:《留置权制度比较研究》,知识产权出版社 2007 年版,第 28 页。

的双重功能"①,其中,督促债务人履行的功能系留置权独有,这可以从其成立要件上窥见一斑。留置权的成立需要遵守法定要件,而抵押权与质权则遵循双方当事人的意思表示,因此留置权在成立上并不承载着双方当事人的意思表示,正因如此,留置标的物是债权人督促债务人履行债务的重要手段,也是法律赋予其的单方面权利。因此,留置权在功能上包含督促债务人履行、基于占有的抗辩以及条件满足下的变价权和优先受偿权。

二、留置权能否对抗保全与执行

基于前述探讨,留置权能否排除强制执行问题相较而言就变得更为复杂。展开而言,其一,留置权的取得相较于抵押权与质权而言更为复杂,债权人留置债务人的动产是否符合留置权取得要件是一项实体审查问题,在债权人以其系留置权人而请求排除强制执行甚至排除查封扣押等保全措施时,是否需要对留置权的取得作实体审查是一项重要问题;其二,留置权在权利功能上同其他担保物权的区别又使对该权利能否排除强制执行甚至保全措施的问题变得更加复杂。同时,执行导致债权人丧失对留置物占有的问题能否成为留置权人对抗强制执行的问题同样是其与抵押权与质权相区别的重要关节。

第一,针对留置权的实体审查问题。如前所述,留置权的取得应当遵循法定条件,而留置又分为商事留置和民事留置,同时留置权又存在是否存在善意取得的争议等,倘若留置权的取得本身存在争议,而法院又据此认定该留置权排除强制执行,在对方当事人就留置权提起诉讼而最终被法院否定该留置权时,将会产生执行程序与实体审判程序的冲突,不利于稳定。有学者调查指出,当前在执行程序中法院对于留置权是否成立的问题往往并不直接提及,其目的是要避免同可能出现的实体审判产生冲突。② 此外,基于"审执分离"的基本理念,审查留置权是否成立属实体审判问题,自然不能在执行程序中进行。对此,可以从两个方面展开:一方面,倘若允许留置权人提起执行异议之诉,对方当事人若无异议则自不必言,对方当事人若对留置权是否成立存在异议,在该诉中进行审查应属可行,因为执行异议之诉虽是在执行程序中,但其本质上仍是一种实体审判程序,因而在该诉中审查留置权问题自然不存在障碍。同时,双方当事人针对留置权是否成立的异议本身与已经生效的判决、裁定无关,符合执行异议之诉的受理条件。另一

---

① 郝丽燕:《〈民法典〉第447-452条(一般留置权的成立要件与效力)评注》,载《南大法学》2023年第2期。

② 参见林珂亮、唐一然:《论处置案外人留置权执行异议的实践分歧与路径选择》,载《西南民族大学学报(人文社会科学版)》2025年第3期。

方面,倘若不允许留置权人提起案外人执行异议之诉并排除强制执行,这意味着其仅能在执行程序中提起执行行为异议,或在后续的变价款分配中提起分配方案异议之诉,对此,在执行程序中提起执行行为异议属于执行中的程序问题,执行机关就留置权是否成立问题的审查属于实体审查,已然超越其权限,因此执行机关不应对其审查。但倘若不审查,而要求留置权人通过诉讼确认留置权,又可能造成延误,进而导致留置权人权利受损。因此,应当要求执行机关就留置权是否成立作形式审查,在完全不可能取得留置权的情况下驳回其申请,在满足形式要件的情况下,受理其执行行为异议申请。而倘若留置权人提起分配方案异议之诉,同前述相似,该情况下在诉讼中审查留置权人的权利是否取得并未超越该诉讼的功能范围,应当允许。

其二,基于对留置权的属性认识,留置权人能否提起执行异议之诉,以及留置权人能否排除强制执行问题。一方面,如前所述,债权人留置债务人的动产,可以起到督促债务人履行债务、抗辩和担保债权的功能。由此可见,留置权在功能上同抵押权和质权存在显著区别,细究其中的差别,债权人留置债务人的动产对债务人而言系一种非基于自身意志而形成的担保,因此相较于基于自由意思表示而达成的担保,基于留置权所形成担保并非处于债务人的计划之内,因此其督促债务人履行的功能要远大于抵押权和质权。易言之,从人之常理来讲,扣留债务人的动产对债务人而言是一种警示,即要求其即刻或尽快偿还债务。而该留置的取得除了债权债务关系、同一法律关系之外,最为重要的即占有,从某种程度上讲,正是占有成就了留置权。因此,如前面的规范梳理部分,部分法院肯定了留置权人可以提起执行异议之诉,甚至在执行程序中排除强制执行。当前学界与实务界针对留置权能否排除强制执行问题的探讨主要聚焦占有问题,例如有学者从广义角度指出,担保物权可以阻止执行标的转让、交付[1],进一步而言,学者主张,查封、扣押等控制性执行措施,留置物的担保价值不会因此而降低,故留置权不能阻却执行,而对于变价、拍卖、变卖、以物抵债等处分性执行措施,执行行为在未能充分保障留置权人优先受偿权实现时,能够阻却执行。[2] 由此可见,主张留置权能够排除强制执行,主要源于其作为一种占有型担保物权而不能轻易丧失占有,或不能因丧失占有而损害其担保功能,却鲜有顾及留置权在变价之前的督促债务人履行

---

[1] 参见百晓峰:《论案外人异议之诉的程序构造》,载《清华法学》2010年第3期。
[2] 参见王聪:《案外人执行异议之诉中异议事由的类型化研究——以"足以排除强制执行的民事权益"为中心》,载《法治研究》2018年第4期。

的功能。易言之,既有对留置权占有的探讨只关注了担保层面,而未估计其督促功能。另一方面,留置权的督促功能表现为留置权所发挥的两次效力,这同样是留置权在变价权和优先受偿权方面同抵押权和质权显著区别的部分。将留置权进行拆解可以发现,留置权分为取得和实现两个阶段,在取得阶段,债权人基于债务人未能清偿债务而留置其动产,但债权人此时尚不能直接就该动产变价获得清偿,其应当给予债务人一定的履行债务的期限,因而此阶段的留置权人并不享有变价权,也不享有优先受偿权,细究来看,此阶段的留置权只具有督促债务人履行债务的功能,同时可以对抗债务人返还占有的请求。而当债务人在约定的履行期限内未能履行债务的情况下,留置权人才取得变价权和优先受偿权,此时的留置权在功能上才同抵押权和质权相似。

由此观之,留置权人能否提起执行异议之诉,以及能否排除强制执行甚至查封、扣押等,应当区分来看。在债权人仅取得留置权的阶段,此时的留置权人只是基于占有而得督促债务人履行债务并且对抗债务人返还占有的请求,以及未来获得变价权和优先受偿权的期待,因此,此时的执行手段应当在占有上对留置权人做更多保护。但由于留置权人尚未取得变价权和优先受偿权,因而其不得对抗执行,更不得对抗查封、扣押等手段,但此时的查封、扣押手段应当保留占有,即不得转移控制,而执行手段应保障留置权人未来可能获得的优先受偿权,在债务人履行期限届满前对于变价款应当提存,同时允许留置权人提起执行行为异议。而在债务人未履行债务,留置权人取得变价权和优先受偿权的情况下,留置权同抵押权没有本质区别,此时可以完全按照抵押权的规则来处理。但值得注意的是,当前并未有对留置物执行阶段保障留置权人优先受偿权的规则,因此应当允许留置权人针对特定可能导致其担保权益丧失或受损的执行行为提起异议甚至排除强制执行。

【典型案例】

案例:金属材料公司、中信银行武汉分行等借款合同纠纷执行监督执行裁定书[①]

基本案情:

2014年6月23日,中信银行武汉分行(甲方)与金储物资公司(乙方)、金属材料总公司(丙方)签订动产质押监管协议,协议约定根据甲乙双方与新余钢铁股

[①] 参见最高人民法院执行裁定书,(2021)最高法执监356号。

份有限公司签订的合作协议以及甲乙双方已经前述或者即将签署的一个或多个动产质押担保合同,乙方愿意以其向新余钢铁股份有限公司购买的货物向甲方出质,丙方为甲方的代理人,代理甲方提取、监管质物。丙方代理甲方通过占用并监管的方式取得对质物事实上的管理和控制能力。2015年4月14日,金储物资公司、金属材料总公司向中信银行武汉分行出具质物清单,载明在库钢材数量为31723.939吨。

后因金储物资公司、庆某斌、李某芳未履行生效判决确定的义务,中信银行武汉分行向武汉市中级人民法院申请执行,武汉市中级人民法院于2017年11月20日立案执行。

武汉市中级人民法院基于质押清单于2019年11月13日作出执行裁定,查封金储物资公司存放在金属材料总公司江岸分公司仓库72-8区的31723.939吨钢材,并向金属材料公司送达上述执行裁定和协助执行通知书。金属材料公司在送达回证上备注:"1.相关质物清单文件非我公司盖章;2.2014年10月18日,中信银行武汉汉口支行盘库对账表在库数量4871.62吨,详细情况说明随后报法院。"2020年6月1日,金属材料公司向武汉市中级人民法院提出执行异议称,前述执行裁定执行标的错误,金储物资公司存放在金属材料公司江岸分公司仓库72-8区的钢材仅有3806.9750吨,而非31723.939吨,(2017)鄂01民初2178号案件审理程序错误,且未查明相关事实,依据《民事诉讼法》(2017年修正)第227条[①]的规定,请求中止执行金储物资公司存放在金属材料公司江岸分公司仓库72-8区的31723.939吨钢材。

裁判要旨:

武汉市中级人民法院认为,(2017)鄂01民初2178号民事判决内容具体、明确、具有可执行性,故武汉市中级人民法院查封行为符合法律规定,金属材料公司的异议不成立,不予支持。依照《民事诉讼法》(2017年修正)第225条[②]及《最高人民法院关于人民法院办理执行异议和复议案件若干问题的规定》第17条第1项规定,作出执行(2020)鄂01执异441号执行裁定,驳回金属材料公司的异议请求。

湖北省高级人民法院认为,依据《最高人民法院关于人民法院办理执行异议和复议案件若干问题的规定》(2015年版)第5条,本案金属材料公司仅是执行标的的管理人,而非实体权利人,主张其是作为案外人对执行标的提出的异议,于法

---

① 现为《民事诉讼法》第236条。
② 现为《民事诉讼法》第238条。

无据。金属材料公司主张武汉市中级人民法院适用《民事诉讼法》(2017年修正)第225条规定系适用法律错误的理由不能成立。金属材料公司主张金储物资公司在其仓库存放的钢材没有31723.939吨,该异议实际上是对(2017)鄂01民初2178号判决确认的事实提出异议,该异议系对执行依据提出的异议,不属于执行异议案件的审查范围,武汉市中级人民法院告知其应通过其他法律途径解决,并无不当。2020年11月9日,湖北省高级人民法院作出(2020)鄂执复742号执行裁定,驳回金属材料公司复议申请。

最高人民法院认为,本案的焦点问题是,武汉市中级人民法院依据《民事诉讼法》(2017年修正)第225条规定审查金属材料公司的执行异议是否正确。首先,从判决认定的事实看,金属材料公司仅是代中信银行武汉分行对质物监管,与武汉市中级人民法院查封案涉钢材,并不冲突。其次,金属材料公司关于其基于仓储合同关系可以对质押物行使留置权的主张,应另行救济。即便金属材料公司确实对案涉钢材享有留置权,也仅能在本案执行程序中对留置物的变价款主张优先受偿权,而不能据此排除执行。最后,《最高人民法院关于人民法院办理执行异议和复议案件若干问题的规定》第8条规定的是案外人提出异议与利害关系人提出异议相竞合的情形,金属材料公司并非本案案外人,其主张本案应依据异议复议规定第8条规定,对其异议适用《民事诉讼法》(2017年修正)第227条规定进行审查,与法律规定不符。综上,金属材料公司的申诉理由不能成立。

裁判评析:

本案中,最高人民法院对于金属材料公司主张的对案涉钢材享有之留置权问题明确,金属材料公司基于仓储合同关系对质押物行使留置权的主张应当另行救济。本案的典型意义在于两个方面,即针对留置物的查封如何开展,以及基于留置权提起的执行异议之诉应当如何处理。

针对留置物的查封问题。本案前面审判中提到,金属材料公司应当协助查封质押物,但并未要求其转移占有,因此从这一层意义上来讲,法院的查封手段在一定程度上反而变相保全了金属材料公司的留置权。前面讲到,留置权系占有型担保物权,其优先性来源于其对留置物的占有,一旦丧失占有,该留置权即宣告丧失。因此,如何在查封程序中保护留置权本身,是值得关注的重要问题。本案法院在查封程序中,并未采取直接转移占有的方式,较好地起到了对留置权保护的作用。此外,应当注意的是,针对留置物的查封行为很可能会直接衔接到后面的执行异议之诉中,因为在正常情况下,留置权人在接到查封通知后,出于正常考量会积极参与其后的诉讼程序。但保全手段的先后顺序也会在一定程度上影响留置权人参与诉讼程序，因为如果保全手段发生在裁判文书作出之前，留置权人有充足的时间参与后续诉讼；若查封手段在裁判文书生效后的执行程序中，留给留置权人的时间则明显少了。

针对基于留置权提起的执行异议之诉应当如何处理的问题，本案裁判也指出，金属材料公司即便是主张留置权，也仅仅能在执行程序中对留置物的变价款享有优先受偿权，而不能排除强制执行。最高人民法院对这一问题的态度也表明，即便留置权相较于其他担保物权有着特殊性，其亦不能请求基于留置权而排除强制执行。事实上，我们应当注意到，执行异议之诉中虽然留置权人不能基于担保物权而排除强制执行，但在执行财产分配上，因为其享有的优先权，应当对执行财产享有优先受偿权，这在一定程度上也可以照顾到了优先权。而且，即便留置权人未提起案外人执行异议之诉，在被执行人的财产分配上，因为其享有的留置权，其提起的分配方案异议之诉同样属于执行异议之诉的广义分类。因此，从这层意义上讲，留置权人提起的执行异议之诉也在一定程度上被支持。

综上来看，留置权相对于抵押权在权利的设立上更加强调占有，因此，在对留置物的财产保全手续中，应当注意保护留置权，尽量做到不转移占有。而在留置权人提起的执行异议之诉中，因其同其他担保权一样，强调对担保物本身的交换价值而非占有或所有价值，因此不能直接排除强制执行，但对担保物被执行后的价款享有优先受偿权。

问题三　涉及质权的案外人执行异议之诉

【规范梳理】

《江苏省高级人民法院执行异议及执行异议之诉案件办理工作指引（三）》

二、案外人基于特殊担保物权提出的执行异议及执行异议之诉案件的处理

5.异议人基于担保物权产生的优先受偿权提出执行异议，请求排除对执行标的处分行为的，人民法院应告知其先行就财产变价款向执行实施机构主张优先受偿。执行实施机构对其主张不予支持的，其可依据《民事诉讼法》第二百三十二条规定提起执行异议。

但该处分行为同时具有下列情形的，应适用《民事诉讼法》第二百三十四条规定审查处理：

①导致案外人享有的担保物权丧失或者可能减损担保物价值的;
②导致案外人优先受偿权的实现受到实质性损害的。

6. 异议人以其对特户、封金、保证金享有质权为由提出执行异议,请求解除对案涉账户或款项的查封、冻结措施的,适用《民事诉讼法》第二百三十二条规定进行审查,并裁定不予支持。

但案外人以其对特户、封金、保证金享有质权为由,请求实现质权并要求解除查封或冻结措施或者请求不得扣划的,应依照《民事诉讼法》第二百三十四条规定进行审查。同时具有下列情形的,应予以支持:

(1)案外人与出质人订立了书面质押合同;
(2)出质人已经开设专门的保证金账户;
(3)该账户内资金已经移交给案外人实际控制或者占有;
(4)该账户有别于出质人非保证金业务的日常结算账户;
(5)案外人请求实现质权的,其实现质权的条件已经满足。

7. 案外人以其对查封、冻结或者强制执行的被执行人的应收账款(到期债权)享有质权为由,提出执行异议,请求解除查封、冻结或不得强制执行的,应适用《民事诉讼法》第二百三十四条规定进行审查。因此提起执行异议之诉,且同时具有下列情形的,应判决不得执行该应收账款债权:

(1)案外人与被执行人订立了书面的质押合同;
(2)该质押合同签订于案涉债权被查封或冻结之前;
(3)案外人与被执行人订立质押登记协议并在中国人民银行征信中心办理质押登记;
(4)案涉债权与登记的应收账款具有同一性;
(5)案外人与被执行人不存在恶意逃债以及规避执行情形。

8. 证券登记结算机构主张其对证券公司等结算参与人、投资者或发行人提供的回购质押券、价差担保物、行权担保物、履约担保物等,在交收完成前享有质权,请求不得冻结或扣划的,依照《民事诉讼法》第二百三十四条规定进行审查。该质权有效设立的,应判决不得执行案外人享有的质权范围内的案涉财产。

《江西省高级人民法院关于执行异议之诉案件的审理指南》

第十七条 金钱债权执行中,案外人主张其就被执行人账户资金享有质权,就此提起执行异议之诉,请求排除执行,符合下列条件的,应予支持:

(1)案外人与被执行人之间存在质押合同关系;
(2)用于出质的账户资金已经特定化,账户内资金独立于被执行人和案外人

的其他资金;

(3)用于出质的账户已经移交案外人控制,被执行人对账户资金的支取无控制权。

《吉林省高级人民法院关于审理执行异议之诉案件若干疑难问题的解答(二)》

问题十一:金钱债权执行中,开证行作为案外人以案涉银行账户系信用证开证保证金账户或该账户内的资金系质押保证金为由提起执行异议之诉请求排除执行的,人民法院该如何处理?

答:金钱债权执行中,人民法院对被执行人名下的银行账户或账户内的资金实施执行,开证行作为案外人以案涉银行账户系信用证开证保证金账户或账户内的资金系信用证质押保证金为由提起执行异议之诉请求排除执行,同时满足以下条件的,人民法院应当支持:

(一)案外人在人民法院实施执行之前已经开立了合法有效的信用证并依合同约定将案涉银行账户设定为质押保证金账户;

(二)被执行人在人民法院实施执行之前已经将案涉银行账户交由案外人实际管理、控制的;

(三)案涉银行账户内的资金仅作为关联信用证的专属资金用于质押业务而非其他业务,同时案涉资金在人民法院实施执行之前尚未丧失保证金功能的;

(四)案外人在人民法院实施执行之前已经实际履行了对外支付义务的,或者申请开证人提供的开证保证金为外汇且信用证受益人提供的单据与信用证条款相符的。

信用证保证金账户内的质押资金丧失保证金功能的情形是指银行因信用证无效、过期或者单证不符等原因拒付信用证款项并且免除了对外支付义务的情形,以及银行已经对外支付了信用证款项并从信用证保证金中扣除相应款项之后尚有剩余资金的情形。

问题十二:金钱债权执行中,承兑行作为案外人以案涉账户系银行承兑汇票保证金账户或该账户内的资金系质押保证金为由提起执行异议之诉请求排除执行,人民法院该如何处理?

答:金钱债权执行中,人民法院对被执行人名下的银行账户或账户内的资金实施执行的,承兑行作为案外人以案涉账户系银行承兑汇票保证金账户或账户内的资金系质押保证金为由提起执行异议之诉请求排除执行,同时满足以下条件的,人民法院应当支持:

（一）案外人在人民法院实施执行之前开具了合法有效的银行承兑汇票并依合同约定将案涉银行账户设定为质押保证金账户；

（二）被执行人在人民法院实施执行之前已经将案涉银行账户交由案外人实际管理、控制的；

（三）案涉银行账户内的资金仅作为关联银行承兑汇票的专属资金用于质押业务而非其他业务，同时案涉资金在人民法院实施执行之前尚未丧失保证金功能的；

（四）案外人承兑汇票行为或对外付款行为之一发生在人民法院实施执行之前。

银行承兑汇票保证金账户内的质押资金丧失保证金功能的情形是指银行拒绝承兑汇票或者银行实际履行对外付款义务并从银行承兑汇票保证金中扣除相应款项之后尚有剩余资金的情形。

问题十三：金钱债权执行中，人民法院对被执行人名下的银行账户实施执行，出借人作为案外人以其对该账户内的资金享有质押权为由提起执行异议之诉请求排除执行的，人民法院该如何处理？

答：金钱债权执行中，人民法院对被执行人名下的银行账户实施执行，出借人作为案外人以其对该账户内的资金享有质押权为由提起执行异议之诉请求排除执行的，同时满足以下条件的，人民法院应当支持：

（一）案外人在人民法院实施执行之前为担保主债权的实现而与被执行人签订了合法有效的书面质押合同，并依合同约定将案涉银行账户内的资金质押为关联债权的保证金的；

（二）被执行人在人民法院实施执行之前已经将案涉银行账户交由案外人实际管理、控制的；

（三）案涉银行账户内的资金仅作为关联债权的专属资金用于质押业务而非其他业务，同时案涉资金在人民法院实施执行之前尚未丧失保证金功能的；

（四）案外人在人民法院实施执行之前已经按照合同约定实际履行了出借资金的义务。

借款保证金丧失保证金功能的情形是指案外人与被执行人之间的债权债务关系经其他方式清偿已经消灭的情形，以及案涉借款保证金超过借款本金及利息金额的部分，或者双方另行约定不再将该账户内的资金作为关联债权的质押保证金等情形。

【理论基础】

基于质权是否可以提起案外人执行异议之诉，实践中争议较大。一种观点认为,质权人作为案外人提起执行异议之诉,应予以支持。另一种观点认为,实践中要审查质权是否成就、是否足以阻却执行,质权人可以通过参与分配行使优先受偿权,但不足以排除法院的强制执行。质权属于担保物权,《民法典》第 18 章对质权作了专章规定,分为动产质权和权利质权两节。两种不同种类的质权有共同点,但是也存在很大差异。就质权的实现而言,在质物变现时,质权人可以就变价款优先受偿,按照相关法律规定,质权人可以向变现质物的执行法院主张在分配程序中优先受偿,一般情况下不会影响质权实现。即便相关当事人有异议,也可以通过执行行为异议来救济。但是,从司法实践情况看,仍有几种特殊质权需要执行异议之诉程序来救济。下面分别情况进行论述。

一、关于一般动产质权

《民法典》第 425 条规定,质权人的标的不是质物的使用价值,而是物的交换价值。但是质权设立是以质权人占有质押财产为前提的,《民法典》第 429 条规定,质权自出质人交付质押财产时设立。就动产质权的实现而言,当债务履行期限届满而债务人不履行债务或者出现约定的实现债权的情形时,质权人有权就质押财产折价或者拍卖、变卖该质押财产的价款优先受偿。

根据质权的上述特征,质权的设立以及实现都以质权人占有质物为前提。对质物的强制执行是否会改变质权人对物质的占有,进而影响质权的效力,是判断是否给予质权人提起案外人执行异议之诉救济途径的关键。有观点即认为,若强制执行妨碍用益物权人对执行标的之占有、使用、收益,侵害质权人、留置权人对执行标的之占有,对抵押物为无益执行,则根据物权的优先效力,其足以排除强制执行。① 不过,基于《最高人民法院关于人民法院民事执行中查封、扣押、冻结财产的规定》第 11 条的规定,对质物的保全措施中,即便转移占有质权仍存在。因此,在执行程序中对质物进行处置时,质权人像抵押权人一样参与到分配程序中优先受偿即可,一般情形下无须给予质权人提起案外人执行异议之诉的救济途径。

二、关于金钱质权

金钱质权是动产质权中比较特殊的情形。金钱作为一种特殊的动产,具备一定的形式要件之后可以用于质押。

对于案外人是否有权基于金钱质权提起执行异议之诉,存在不同观点。一种观点认为,金钱不存在变价问题,因此其仅存在方案制定、执行顺序确定等问题,不存在排除执行问题。故不应赋予金钱质权人提起案外人执行异议之诉的权利。

---

① 参见赖来焜:《强制执行发总论》,台北,元照出版有限公司 2007 年版,第 672－681 页。

另一种观点认为,金钱质权的标的物就是货币,执行即意味着受偿。金钱一旦被执行,质权人所享有的优先受偿权等权益将无从谈起,会直接损害质权人的实体权利。因此通过执行分配方案执行异议之诉无法对金钱质权人提供有效救济,应赋予金钱质权人通过案外人执行异议之诉寻求救济的权利。还有观点认为,通过执行分配方案保障质权人优先受偿的顺位和通过执行异议之诉保障质权人可优先受偿的数额,在最终效果上是相同的。但就质权人而言,通过提出案外人执行异议之诉直接排除强制执行,无疑比等待人民法院作出分配方案更加高效。[1]

三、关于质权的一般裁判

法定担保物权,即抵押权、质权和留置权,均是以支配物的交换价值为内容,在债务人逾期不履行或者发生约定的情形时,担保物权人有权就担保物拍卖、变卖,并就相关价款优先受偿,实际上就是对担保物的交换价值优先受偿。因此一般情况下,在涉及担保物的执行程序中,对担保物进行拍卖、变卖时并不会侵害到担保权人的利益。按照《最高人民法院关于适用〈中华人民共和国民事诉讼法〉的解释》第506条第2款的规定,担保权人可以直接申请参与分配、主张优先受偿权。如果对分配方案有异议,可根据《最高人民法院关于适用〈中华人民共和国民事诉讼法〉的解释》第510条规定,提出分配方案执行异议以及分配方案执行异议之诉。

但是,像动产质押中的金钱质押、权利质押中的单位定期存单质押和应收账款质押案件中,基于质物的特殊性质,对其强制执行时可能导致担保权人的优先受偿权受到实质性的损害,质物可能不复存在。在此情况下,需要案外人执行异议之诉发挥救济功能,排除对质物的强制执行,以保证担保权人对质物享有的实体权益。当然,需要处理好与分配方案执行异议之诉程序的关系和衔接问题。担保权人在另案参与分配程序中,就优先受偿问题也可能遇到各种问题。如果是不涉及实体争议,例如未被允许参与分配程序或者分配方案并未送达给担保权人等,则可对该行为提出异议并有权申请复议。如果是涉及实体性争议,例如优先受偿权数额或者优先受偿权是否成立、分配顺位、分配比例等有异议,则可以提出分配方案执行异议以及提起分配方案执行异议之诉。概言之,在涉及担保物为执行标的的另案执行案件中,如果法院的强制执行行为会直接导致担保物受到侵害甚至"不复存在",从而使担保权人优先受偿权受到实质性损害,则应该赋予担保权人对强制执行行为提出异议、提出执行异议之诉的权利,对其实体权益进行救

---

[1] 参见司伟:《执行异议之诉原理与实务》,法律出版社2022年版,第233页。

济。如果没有这种情形,则担保权人可以按照相关法律规定,在另案执行中参与到分配程序中,按照法律规定的权利顺位实现优先受偿权。如果在分配程序中有异议,则区分是行为异议还是实体权益异议,通过行为异议及复议程序或者分配方案异议及分配方案异议之诉分别寻求救济。

【典型案例】

案例一:大连银行沈阳分行与抚顺市艳丰建材有限公司郑某案外人执行异议之诉纠纷案[①]

基本案情:

2011年12月6日,抚顺市艳丰建材有限公司(以下简称艳丰公司,借款人)与郑某(出借人)签订借款合同,向对方借款8000万元,用于支付汇票保证金,还款日期为2011年12月7日。同日,艳丰公司(甲方)与大连银行沈阳分行(乙方)签订汇票承兑合同,约定后者向前者开具承兑汇票8张,总额8000万元,同时收取足额保证金8000万元,汇兑到期日为2012年6月6日,收款方为沈阳首创物资有限公司。甲方在乙方开立账户并汇入8000万元作为保证金,合同中明确甲方同意将上述本息作为履约担保,若甲方未按时足额交付汇票金额,则乙方有权将该保证金用于偿还垫付持票人的款项、利息及手续费。后于2012年5月23日,中国邮储银行辽宁分行以委托收款形式对6张银行承兑汇票进行收款,同月25日,中国民生银行深圳分行以委托收款方式对2张银行承兑汇票进行收款。2012年6月6日,大连银行沈阳支行对上述8张承兑汇票进行付款,并于同日将8000万元转为承兑逾期垫款。

后艳丰公司未按时偿还郑某的借款,双方及明达意航公司(担保人)后续又两次签订还款协议,但均未履行,艳丰公司被郑某诉至法院,同时申请了保全,其中包含艳丰公司在大连银行沈阳分行开立的保证金账号中的8000万元。判决生效后,郑某申请执行,大连银行沈阳分行提出执行异议被驳回,后提起执行异议之诉。

裁判要旨:

一审廊坊市中级人民法院认为,本案的焦点之一是保证金账户的性质及大连

[①] 参见最高人民法院民事判决书,(2015)民提字第175号;河北省高级人民法院民事判决书,(2014)冀民二终字第32号;廊坊市中级人民法院民事判决书,(2013)廊民三初字第123号。

银行沈阳分行对该账户是否享有优先受偿权。本案艳丰公司在大连银行沈阳分行开立的账户系保证金,属于金钱质押,其有优先受偿权的主张不能成立。

二审河北省高级人民法院认为,出票人艳丰公司与收款人沈阳首创物资有限公司间的买卖合同系虚构,大连银行沈阳分行对此疏于审查,仍对汇票进行承兑,对艳丰公司套取银行8000万元资金存在重大过错。在艳丰公司保证金账户被冻结后,大连银行沈阳支行并未要求艳丰公司依约将汇票进入存入指定账户,而是进行兑付,对其损失的造成具有不可推卸的责任。从《汇票承兑合同》的约定来看,双方并未有设立金钱质押的意思表示,故其不具有金钱质押的性质,大连银行沈阳分行不享有优先受偿权。对其上诉不予支持。

最高人民法院认为,首先,《汇票承兑合同》约定之合意中可以看出其保证金本质系金钱质押。其次,金钱质权的生效要件包括金钱特定化和移交债权人占有两个方面,本案开立的保证金账户已将该笔款项特定化,同时大连银行沈阳分行向艳丰公司出具了《保证金冻结通知书》,对保证金账户进行了冻结,使大连银行沈阳分行能够对该保证金专用账户进行实际控制和管理,实现了移交占有。因而大连银行沈阳分行对案涉4000万元保证金享有质权。最后,大连银行沈阳分行对案涉保证金享有担保物权,而郑某对案涉存款仅享有一般债权,二者比较,前者顺位要优于后者。故而,支持大连银行沈阳分行的诉讼请求。

裁判评析:

该案例为最高人民法院公报案例,对同类案件的审理具有重要参考价值。该案例的裁判要旨为:当事人开立银行承兑汇票时存入银行保证金专户内的存款,性质上属于金钱质押,银行对此享有的质权足以排除其他债权人对该标的的强制执行。就金钱质押是否成立的问题,一审、二审法院均认为其不具有金钱质押性质。再审程序中,最高人民法院就质押合同是否成立,金钱质押是否设立问题进行了重点论证,论据充分,逻辑严密,对类似案件的审理起到了重要参考作用,是一件非常有价值的参照案例。

最高人民法院认为,从合同中的合意即可看出,保证金本身在表述等方面都具有担保的属性,而在实际情况中,保证金这类资金又实现了特定化和转移占有的特征,这使得金钱质押本身存在现实基础。事实上,如前所述,金钱作为种类物并不符合质押对物的特定性要求。但是一方面,实践中诸如金钱质押的情形非常常见,尤其是在金融业务中,商事交易不同于民事交易,后者以特定物为交易对象,而对于种类物则未有更多保护。在规范上,民法规范是社会运行的基础规范,体现了相互帮扶、社会公平、公序良俗等社会理念,采纳了无偿性推定条款。商法规范基于商人、企业或经营者及其活动的营利性,强调等价有偿、经济性和有偿性推定条款。因此,在商事交易尤其是金融交易中,时常出现种类物的交易,所以,金钱质押在民法上的成立可能存在一定的障碍,而在商事交易乃至金融交易中则十分常见。另一方面,金融交易中存在大量以种类物为标的的行为,并不意味着金钱质权的成立就不需要符合质权的成立要件。同样,类似保证金这种情形,因其种类物特定化且转移占有的性质,使其在金钱质权的成立上满足民法上的要求。

而在金钱质权的强制执行中,由于该金钱上成立了担保权,因而在强制执行中,应当考虑质权人的合法权益。尤其是,金钱质权的成立并未在外观上将该金钱表征为特定物,在申请执行人看来,这类金钱仍然是种类物,这就容易产生对作为种类物的金钱申请强制执行的情况。本案在明确汇票保证金系金钱质权的前提下,还明确了金钱质权作为一种担保权优于一般债权。

案例二:中国金融租赁有限公司与中航光合(上海)新能源有限公司、阿拉善盟晟辉能源技术有限责任公司、内蒙古山路能源集团有限责任公司案外人执行异议之诉纠纷案[①]

基本案情:

2014年,中国金融租赁有限公司(以下简称中金租赁公司)与阿拉善盟晟辉能源技术有限公司(以下简称晟辉公司)先后签订两份融资租赁合同和一份质押合同,质押合同系为担保前述融资租赁公司而签订,质押物为晟辉公司位于某处的光伏电站收费权。双方在质押合同中约定了对账户监管的问题,晟辉公司后对该笔质押作出了应收账款质押登记。

2018年9月11日,晟辉公司因纠纷被申请强制执行,执行中,法院冻结上述账户,余额为7975.22万元。中金租赁公司遂提出执行异议,被驳回后提起执行异议之诉。

裁判要旨:

一审法院认为,本案中金租赁公司与晟辉公司签订的质押合同约定了账户监管事项,包括晟辉公司不得在未经中金租赁公司允许情况下对电费收入作任何处分。但本案中,经核实账户流水发现案涉账户并非专用账户而系一般账户,自己

[①] 参见内蒙古自治区高级人民法院民事裁定书,(2019)内民终408号。

支取不受任何限制,因而权利质权未设立,对其诉讼请求不予支持。

二审法院认为,中金租赁公司如果认为其对案涉财产享有优先权,应当通过申请参与分配的方式解决,而非提起执行异议之诉,对其执行异议之诉的请求应予驳回。一审法院判决应予撤销。

裁判评析:

应收账款质押本质上是以"出质人对债务人的付款请求权"作为"质权人对出质人的请求权"实现的担保。简言之,是某一"请求权"为另一"请求权"提供担保,即本质上应收账款的标的物为"请求权",但是该种担保以对"请求权内容进行登记公示"的方式突破了债权请求权的相对性,具有了对抗第三人的效力和优先受偿等物权效力。

本案中,一审法院认为案涉账户为一般账户,并非专用账户,该账户中资金用途为晟辉公司日常经营往来款项,并非仅限于收取存放电费收入使用,账户内资金支取未受到任何限制,中金租赁公司对第三人晟辉公司的电费收入未采取相关监管措施,以中金租赁公司提供的证据不足以证明另案执行中冻结的款项属于其享有质权的范围为由,判决驳回中金租赁公司的诉讼请求。

本书认为上述理由并不充分。应收账款质押属于权利质押,不同于动产质押中的金钱质押,要求特定化和转移占有。本案中,案涉账户已经在中国人民银行征信中心完成登记,质权已经成立。按照《民法典》第440条第6项和《最高人民法院关于适用〈中华人民共和国民法典〉有关担保制度的解释》第61条之规定,应收账款的质押客体是"现有的"和"将有的"应收账款,本身就不是特定的。另外,二审判决书中提到,中金租赁公司的员工刘某、杨某先后作为共同监管人在01278的账户的开户信息中留存有印鉴。说明对该账户资金流转的情况,中金租赁公司是进行了控制的,并非放任不管。

二审法院认为,根据《最高人民法院关于适用〈中华人民共和国民事诉讼法〉的解释》(2015年施行)第508条第2款和《最高人民法院关于人民法院执行工作若干问题的规定(试行)》(2008年调整)第40条规定,中金租赁公司可以质权人的身份直接申请参与分配,主张优先受偿权,因此中金租赁公司如认为其对案涉款项有优先受偿权,可在人民法院执行该案涉款项时,申请参与分配,而不应提起案外人执行异议之诉,该诉讼不属于人民法院执行异议之诉的受理范围。故撤销原判,裁定驳回了中金租赁公司的起诉。

二审法院的判决理由,对于大多数情况下的担保物权人尤其是抵押权人是成立的,但是并不是所有的担保物权人优先受偿权的实现都可以通过执行分配程序得到满足,要根据案件的具体情况具体分析。

《民法典》对应收账款质权的实现方式没有规定。本案中,对于光伏电站收费权是否能参照《民法典》第436条规定,以协议折价、拍卖、变卖方式实现应收账款质权,判决中并未查明,无从判断。另外,担保的主债权是否已经到期,也没有作出认定。

就本案情况而言,质权已经成立,对案涉账户中的资金,中金租赁公司是有优先受偿权的。法院已经冻结和扣划电费收入约460万元。如果担保的主债权尚未到期,中金租赁公司如何参与到执行分配程序中?而如果上述款项划走之后,中金租赁公司的债权无法实现,则中金公司的实体权益肯定是受到了侵害,而通过执行异议之诉程序对其实体权益进行保护,停止强制执行是非常必要的。所以本书认为,二审判决并不妥当。

从审判实践暴露出的问题看,在应收账款质权的设立、实现、客体范围、权利救济程序等方面,需要立法和司法解释进一步完善。

第二十讲　优先权人、非典型担保的权利人提起的案外人执行异议之诉

导　语

本书之前集中探讨了抵押权、质押权以及留置权三种典型担保所涉案外人执行异议之诉的问题，实践中，除了以上三种外，还存在一些非典型担保，例如让与担保、所有权保留的买卖问题。同时，在建设工程施工领域，还涉及建设工程价款优先受偿权这一特殊的优先权问题。本质上，建设工程价款优先受偿权同各类担保中的权利人主张的优先受偿权性质相似，因而在探讨典型担保行为后，本讲主要聚焦一些其他优先权和非典型担保所涉及的案外人执行异议之诉问题。

问题一　优先权人提起的案外人执行异议之诉

【规范梳理】

《最高人民法院关于商品房消费者权利保护问题的批复》

一、建设工程价款优先受偿权、抵押权以及其他债权之间的权利顺位关系，按照《最高人民法院关于审理建设工程施工合同纠纷案件适用法律问题的解释（一）》第三十六条的规定处理。

二、商品房消费者以居住为目的购买房屋并已支付全部价款，主张其房屋交付请求权优先于建设工程价款优先受偿权、抵押权以及其他债权的，人民法院应当予以支持。

只支付了部分价款的商品房消费者，在一审法庭辩论终结前已实际支付剩余

价款的,可以适用前款规定。

三、在房屋不能交付且无实际交付可能的情况下,商品房消费者主张价款返还请求权优先于建设工程优先受偿权、抵押权以及其他债权的,人民法院应当予以支持。

《最高人民法院关于审理建设工程施工合同纠纷案件适用法律问题的解释(一)》

第三十六条　承包人根据民法典第八百零七条规定享有的建设工程价款优先受偿权优于抵押权和其他债权。

《黑龙江省高级人民法院关于审理执行异议之诉案件若干问题的解答》

十七、对同一不动产所涉及的抵押权、建设工程优先权、一般不动产买受人的物权期待权和消费者物权期待权应如何确定保护顺位?

综合有关法律、司法解释规定,同一不动产所涉及的抵押权、建设工程优先权、一般不动产买受人的物权期待权和消费者物权期待权,应当按照消费者物权期待权、建设工程优先权、抵押权、一般不动产买受人的物权期待权的优先顺位予以保护。需要注意的是,执行异议之诉案件审理中所涉上述优先顺位的衡量,系辅助判断、解决案外人所主张享有的权利能否阻却正在进行中的执行(执行分配方案异议之诉除外),而对案涉相关权利的执行顺位作出裁决一般应为执行行为异议所管辖范畴。此外,案外人认为其对作为执行标的物的不动产享有建设工程价款优先受偿权的,一般应当在执行分配程序中主张优先受偿或者依法另行提起诉讼;案外人认为其对作为执行标的物的不动产享有抵押权的,一般亦应在执行分配程序中主张优先受偿或者另行提起诉讼。

《山东省高级人民法院执行异议之诉案件审判观点综述》

15.建设工程优先受偿权人提起执行异议之诉的处理

观点:案外人以其享有建设工程价款优先受偿权为由提起执行异议之诉,请求排除执行的,原则上不予支持,告知其在执行程序中主张权利。

《吉林省高级人民法院关于审理执行异议之诉案件若干疑难问题的解答》

问题二十二:金钱债权执行中,案外人认为其对作为执行标的物的不动产享有建设工程价款优先受偿权的,是否可以提起执行异议之诉?人民法院该如何处理?

金钱债权执行中,案外人认为其对作为执行标的物的不动产享有建设工程价款优先受偿权的,应当在执行分配程序中主张优先受偿或者依据《中华人民共和国民事诉讼法》第二百二十五条规定主张权利,其提起执行异议之诉请求排除执行的,人民法院应当不予受理;已经受理的,裁定驳回起诉。

如执行法院作出的异议裁定否定案外人享有建设工程价款优先受偿权的,该案外人应当另行提起诉讼确认其建设工程价款优先受偿权。

问题三十二:实际施工人以其系工程款债权所有人为由针对承包人的到期债权提起执行异议之诉的,人民法院该如何处理?

人民法院针对建设工程发包人应给付承包人的工程款到期债权强制执行的,实际施工人以其与承包人之间存在挂靠关系,其应享有工程款债权为由提起案外人执行异议之诉的,在建设工程存在违法分包、转包及挂靠的情形下,实际施工人不能直接向发包人主张债权,且与排除执行的诉讼目的无关,其提起执行异议之诉的,人民法院应当不予受理;已经受理的,裁定驳回起诉。

《江苏省高级人民法院制定〈执行异议及执行异议之诉案件办理工作指引(三)〉》

34.案外人以其对执行标的物享有建设工程价款优先受偿权为由提出的异议的,人民法院应告知其先行就财产变价款向执行实施机构主张优先受偿。执行实施机构对其主张不予支持的,其可依据《民事诉讼法》第二百三十二条规定提起执行异议。

被执行人或其他债权人对人民法院支持其行使优先受偿权及其受偿顺序提出异议的,适用执行分配方案异议之诉程序处理。主张优先受偿的债权人同时具备下列情形的,应予支持其权利主张:

(1)案外人系案涉建设工程承包人或实际施工人;

(2)案外人在案涉建设工程被采取强制执行措施前已经通过诉讼或仲裁方式行使建设工程价款优先受偿权,或者在提出执行异议时尚未超过行使建设工程价款优先受偿权的18个月期限。

【理论基础】

关于涉及其他优先权的案外人执行异议之诉,实践中比较常见的是建设工程价款优先受偿权[①]、税收优先权等,前者在实践中涉及争议最为典型,此处即以此为例。建设工程价款优先受偿权作为一种优先权在执行程序中与其他权利发生

[①] 当前针对建设工程承包人对工程价款的优先受偿权存在两种称呼:一为建设工程优先受偿权,如前述规范中部分法院的表述;二为建设工程价款优先受偿权。详见《最高人民法院关于审理建设工程合同纠纷案件适用法律问题的解释(一)》第36条及以下。本书认为建设工程价款优先受偿权强调的是对价款的优先受偿,因此第二种表述更为合适。

冲突时本质上看似只是一种权利冲突时的顺位排序问题,但其作为一种法定优先权,在实践中的适用情况却远非权利排序那么简单,尤其是,建设工程价款优先受偿权涉及一些前置审查问题,例如该权利是否成立、实际施工人以挂靠为由主张优先受偿时如何裁判等问题。因此,针对这一特殊的优先权所涉之案外人执行异议之诉,此讲从建设工程价款优先受偿权本身的基本问题、挂靠行为的认定谈起,再探讨其涉及执行异议之诉时的处理以及如何对该项权利进行保护等问题。

一、建设工程价款优先受偿权概述

建设工程价款优先受偿权作为一项法定优先权,同以合意为成立要件的抵押权、质权等优先权存在明显区别,这也导致在理论与实践中对该项权利存在一些争议。而作为一项保护建筑工人的重要权利,其司法适用情况却并非如立法者预设那样,这也在一定程度上使对该项权利的认识呈现更为复杂的状态。在案外人执行异议之诉中,最为关键的问题莫过于厘清权利顺位,因此如何认识建设工程价款优先受偿权是明确这一问题的重要前提。同时,鉴于实践中承包人施工情况的复杂性,实际施工人可能与承包人为两个主体,表现为挂靠关系,此时产生前者是否同样享有建设工程价款优先受偿权的问题,这一问题一旦落入案外人执行异议之诉中,将会再次增加问题的复杂性。

1. 建设工程价款优先受偿权的性质

对于建设工程价款优先受偿权最为常见的规范论证莫过于以留置权为基础论证其合理性,学者主张,承包人承包建设工程与承揽人签订承揽合同并进行增益活动存在异曲同工之处,二者既表现在同为增益行为,也表现在可以通过留置标的物实现债权的清偿。[1] 本书认为,以留置权解释建设工程价款优先受偿权并不妥当,且不说留置权的取得系债权人可以通过实际占有控制标的物的方式,而建设工程价款优先受偿权人本身并没有能力控制该建设工程,就权利内容来看,二者都存在显著差异。如本书第十九讲所述,留置权在功能上包含督促债务人履行债务、基于占有而获得的抗辩以及条件满足下的变价权和优先受偿权,而建设工程价款优先受偿权仅表现为对建设工程的变价权和对所得价款的优先受偿权,既没有两次效力的变化,也不包含对债务人债务履行的督促功能。综合来看,留置权的督促功能来源于其对标的物的实际管控和法律对债务履行期限的规定,而

---

[1] 参见江平主编:《中华人民共和国合同法解释》,中国政法大学出版社1999年版,第223页;梁慧星:《合同法第二百八十六条的权利性质及其适用》,载《山西大学学报(哲学社会科学版)》2001年第3期。

建设工程价款优先受偿权并不以实际管控标的物为前提,其权利的取得仅仅依据法律的明确规定,如果说留置权是法律对当事人私力救济的妥协,建设工程价款优先受偿权则是法律的一次主动干预以及对建筑工人利益的主动保护。

从当前立法来看,建筑工程价款优先受偿权系一种法定的优先权,该优先权又以对建筑工程变价所得价款的优先受偿权,而系一种法定的担保物权,具有担保物权的共同属性,如支配性、排他性、法定性、优先性、追及性等属性。① 有学者甚至指出,也正是其担保物权的属性,决定了工程款债权受让人应享有优先受偿权。② 本书亦认可其担保物权属性:其一,建设工程价款优先受偿权系以建设工程的交换价值为标的,并非对该建设工程的用益,这与抵押权、留置权、质权等典型担保物权存在相同之处;其二,法律赋予承包人以优先权目的在于保护建筑工人的利益,该利益并非建筑工人对建设工程的物权,而系其工资薪酬,该薪酬本质上是一种债权而非物权,这也使得建设工程价款优先受偿权本质上无法对建设工程享有包括用益在内的其他权利。

2.建设工程价款优先受偿权的司法适用现状

建设工程价款优先受偿权的司法适用当前存在几个重要问题:其一,约定排除较为常见。理论上建设工程价款优先受偿权作为一项法定权利,当事人并无权约定排除,或者即便约定排除,该约定行为也应当认定为无效,因为约定不能对抗法定。③ 但现实是,司法实践遭遇了大量约定排除的案件,法院裁判对此却呈现出摇摆现象,例如最高人民法院发布的《2015年全国民事审判工作会议纪要》就暴露了这一分歧,第52条给出了两种完全相反的判决意见。④ 这意味着,建设工程价款优先受偿权不再是一项纯粹的法定优先权,而系一种可以约定排除的权利,这在一定程度上也削弱了对建筑工人利益保护的价值,但这并不意味着该项权利的实施存在错误,反而可能说明建设工程价款优先受偿权正在回归其应有的地位,对此本文将在后文针对建设工程价款优先受偿权的经济与金融逻辑部分详细阐述。

其二,作为权利主要保护对象的建筑工人缺乏足够的激励以行使权利,尤其

---

① 参见王旭光:《建筑工程优先受偿权制度研究》,人民法院出版社2010年版,第98－104页。
② 参见宋会谱:《建设工程价款优先受偿权疑难问题研究》,载《法律适用》2021年第6期。
③ 参见陈信勇:《建设工程价款优先受偿权放弃行为的效力分析》,载《浙江社会科学》2016年第2期。
④ 参见方玮伦:《法律干预的回旋镖效应——以建设工程价款优先受偿权制度为例》,载《法律科学(西北政法大学学报)》2025年第3期。

是自 2018 年《最高人民法院关于审理建设工程施工合同纠纷案件适用法律问题的解释(二)》第 23 条①颁布后,建筑工人更难透过该条保护自身权益。该条明确:"发包人与承包人约定放弃或者限制建设工程价款优先受偿权,损害建筑工人利益,发包人根据该约定主张承包人不享有建设工程价款优先受偿权的,人民法院不予支持。"这意味着发包人与承包人理论上可以约定排除建设工程价款优先受偿权,其前提是该约定并不损害建筑工人的利益,但问题在于,如何认定是否损害建筑工人的利益?当然更为重要的是,即便是存在损害建筑工人利益的情况,建筑工人有哪些渠道可以维权?实践中,建筑工人往往由农民工组成,囿于文化程度以及维权意识,当发包人与承包人约定排除建设工程价款优先受偿权时,建筑工人往往并无意识和能力对该项行为进行反驳,况且,立法明确承包人为建设工程价款优先受偿权人,而承包人主张的价款又不仅仅包括建筑工人的工资,还可能包括承包人的前期成本投入以及可能的利润,这意味着,建设工程价款优先受偿权在形式上保护的更多的是承包人。因此,若承包人不为建筑工人主张权益,则该"损害建筑工人利益"除外的条款则失去实际价值。

3. 挂靠情况下的实际施工人是否享有建设工程价款优先受偿权

从性质上来看,挂靠施工并不涉及优先权,但现实中,由于许多挂靠人很多时候都是实际施工人,因此在实践中会出现倾斜保护,这使其具有了一定的优先的特征。

挂靠施工涉及的法律关系相对复杂,挂靠人作为实际施工人,在人民法院就建设工程发包人应给付承包人的工程款到期债权实施强制执行的情况下,其提起执行异议之诉应否得到支持,实务中存在两种观点,一种观点认为,人民法院针对建设工程发包人应给付承包人的工程款到期债权实施强制执行,实际施工人以其与承包人之间存在挂靠关系,其应享有工程款债权为由提起执行异议之诉的,不予支持。② 另一种观点认为,《最高人民法院关于审理建设工程施工合同纠纷案件适用法律问题的解释》(已失效)第 26 条第 2 款③规定,实际施工人以发包人为被告主张权利的,人民法院可以追加转包人或者违法分包人为本案当事人。发包人

---

① 现为《最高人民法院关于审理建设工程施工合同纠纷案件适用法律问题的解释(一)》第四十二条 发包人与承包人约定放弃或者限制建设工程价款优先受偿权,损害建筑工人利益,发包人根据该约定主张承包人不享有建设工程价款优先受偿权的,人民法院不予支持。

② 参见《江西省高级人民法院关于执行异议之诉案件的审理指南》第 37 条。

③ 现整合为《最高人民法院关于审理建设工程施工合同纠纷案件适用法律问题的解释(一)》第四十三条 实际施工人以转包人、违法分包人为被告起诉的,人民法院应当依法受理……

只在欠付工程价款范围内对实际施工人承担责任。根据该条规定,实际施工人有权对发包人直接主张工程款,据此可以认为实际施工人系该笔工程款的真正权利人,其提起案外人执行异议之诉的,应当予以支持。

本书认为,挂靠施工性质上虽然属于借名法律关系,即不具备资质的挂靠人借用有资质的被挂靠人名义与发包人签订建设工程施工合同,但挂靠人与发包人之间并不必然直接形成合同关系。根据合同相对性原理,在发包人订立合同时并不知晓挂靠事实的情况下,基于信赖保护原则,合同仅在发包人与承包人之间具有约束力,挂靠人与承包人之间仅存在工程款转付责任,该种责任系挂靠人与承包人之间的内部责任问题,不具有对抗他人对发包人支付给承包人工程款债权的效果。关于实际施工人的权利救济,可以根据其与被挂靠人之间的合同关系,向被挂靠人主张该笔债权。①

二、案外人基于建设工程价款优先受偿权提起的执行异议之诉

本书认为,建设工程价款优先受偿权人不能提起案外人执行异议之诉,也不能据以排除强制执行,但在以物抵债等执行行为实质损害其建设工程价款优先受偿权时允许其提起执行异议之诉并排除强制执行。除此之外,其对建设工程变价存在异议可以通过执行行为异议主张,通过执行分配程序主张权益。具体理由除了常见的对建设工程价款优先受偿权同其他权利在权利属性上的对比外,本书尤其关注了学界与实务界时常忽略的实践问题,即倘若允许建设工程价款优先受偿权人提起执行异议之诉甚至排除强制执行,会不会与当前与建设工程价款优先受偿权的立法、裁判产生不一致的情况,以及会不会不符合基本的经济乃至金融逻辑。

1. 建设工程价款优先受偿权的权利属性使然

《民法典》第 807 条确立了建设工程价款优先受偿权,但在司法实践中,由于对建设工程价款优先受偿权的性质及效力存在不同认识,对案外人以其享有建设工程价款优先受偿权为由提起的执行异议之诉如何处理,存在较大争议。一种观点认为,根据前述规定,承包人享有对工程折价或者拍卖款的优先受偿权,如能够确认其确实享有优先受偿权,当然可以排除其他债权人的执行请求。另一种观点则认为,建设工程价款优先受偿权的本质是以建设工程的交换价值担保工程款债权的实现,其只是一种顺位权,不能达到阻却执行的效果。② 例如,部分观点即认

---

① 实际施工人以发包人为被告主张权利的,人民法院应当追加转包人或者违法分包人为本案第三人,在查明发包人欠付转包人或者违法分包人建设工程价款的数额后,判决发包人在欠付建设工程价款范围内对实际施工人承担责任。

② 参见李玉生主编:《建设工程施工合同案件审理指南》,人民法院出版社 2019 年版,第 300 页。

为建设工程价款优先受偿权系属分配异议之诉。[①] 即使人民法院对建设工程采取强制执行措施,该执行措施一般并不影响承包人的优先受偿权,其可以通过声明参与分配或由执行法院依职权列入分配等方式实现。如果执行法院对建设工程的不当执行行为,导致标的物担保价值被不当毁损,承包人应当提起执行行为异议而不是执行异议之诉。

本书认为,建设工程价款优先受偿权本身作为一种优先权,应当获得保护,否则该制度的目的将会落空。但作为一种优先权,其指向的是建设工程价款的受偿,而非该工程的所有权或其他具有排他性质的权利,因此,对其优先保护应当在普通债权以及抵押权等权利中排序,盖这几种权利都是以交易价值为主要指向,而并不对该建设工程本身享有排他性权利。由此,建设工程价款优先受偿权的保护应当作如下解释:其一,建设工程价款优先受偿权优先于抵押权和普通债权,但劣后于消费购房人的物权期待权或者说债权(关于消费购房人享有的权利的性质,理论和实践尚存争议)[②];其二,建设工程价款优先受偿权人不得以其对该建设工程享有价款优先受偿权而直接提起案外人执行异议之诉,而仅能提出执行异议;其三,鉴于建设工程价款优先受偿权是以该建设工程的交易价值为主要指向,易言之,该建设工程最终是要清偿债务,因此,当建设工程价款优先受偿权人与债务人在执行前达成了以物抵债协议,且已实际履行,应当认定其可以提起案外人执行异议之诉,盖因此时的建设工程价款优先受偿权人系以所有权人身份提起案外人执行异议之诉,应当予以支持。

2. 与既有关涉建设工程价款优先受偿权的规范与司法裁判相协同

如前所述,2018 年以前,在承包人、发包人与银行之间就优先权的诉讼竞争中,绝大多数法院判例允许放弃建设工程价款优先受偿权,而在 2018 年《最高人民法院关于审理建设工程施工合同纠纷案件适用法律问题的解释(二)》(已失效)第 23 条[③]颁布后,法院裁判逐渐呈现出不同的裁判结果。[④] 该条明确指出,"损害建筑工人利益"的放弃约定,人民法院不予支持。由此可以看出,作为一项

---

① 参见王静:《民事执行异议之诉问题研究》,载《河南财经政法大学学报》2021 年第 4 期。
② 参见冉克平:《〈民法典〉视域中不动产买受人的法律地位——以"执行异议复议"的修改为中心》,载《武汉大学学报(哲学社会科学版)》2021 年第 3 期。
③ 现为《最高人民法院关于审理建设工程施工合同纠纷案件适用法律问题的解释(一)》第四十二条 发包人与承包人约定放弃或者限制建设工程价款优先受偿权,损害建筑工人利益,发包人根据该约定主张承包人不享有建设工程价款优先受偿权的,人民法院不予支持。
④ 参见方玮伦:《法律干预的回旋镖效应——以建设工程价款优先受偿权制度为例》,载《法律科学(西北政法大学学报)》2025 年第 3 期。

法定优先权的建设工程价款优先受偿权,其法律实践并非绝对的强行性规定,虽然立法并未以"当事人另有约定的除外"作出缺省性规定,但司法实践中却对排除法律适用持肯定态度,至少在前述第23条[①]的表述下,不损害建筑工人利益的约定排除应当予以支持。易言之,原则上当事人可以排除建设工程价款优先受偿权,例外情况下在损害建筑工人利益的情况下,当事人不可以排除建设工程价款优先受偿权。由此,建设工程价款优先受偿权渐由一项法定优先权降级为一种缺省性的优先受偿权,当事人的约定可以对该权利作特殊安排。循此逻辑,倘若允许建设工程价款优先受偿权人提起执行异议之诉甚至排除强制执行,是否意味着再次加强了对该项权利的法定性,或者说该项权利又再一次成为更加严格的法定权利而不容排除不容其他权利在其之上。要知道,允许建设工程价款优先受偿权人提起执行异议之诉甚至排除强制执行,是在权利顺位上作绝对优先的排序,即建设工程价款优先受偿权要绝对优先于抵押权等担保物权。但如前所述,一方面,建设工程价款优先受偿权在本质上是法定担保物权,其不同于留置权,亦非法定抵押,[②]但至少同为担保物权,建设工程价款优先受偿权同抵押权等并无本质区别;另一方面,允许约定排除建设工程价款优先受偿权的立法政策转变即表明在该权利中掺入了当事人自由意志的成分,这使得建设工程价款优先受偿权渐渐趋近抵押权,甚至弱于留置权。在这层含义上,强制保护建设工程价款优先受偿权,赋予其优先于其他担保物权的效力,显然并不符合该权利性质的动态演变。

3. 建设工程价款优先受偿权的经济与金融逻辑的要求

司法实践实际上反映了建设工程价款优先受偿权所涉的经济乃至金融逻辑。如第十九讲中讲到的建设工程价款优先受偿权的金融逻辑,该权利的本质是保护建筑工人的合法权益,系一种法定的优先权,一种法律干预手段。倘若抛开这种法律干预手段,重新审视建筑工程建设项目,可以将其描述为以下过程:建设工程发包人为该项目投入部分资金,再以该项目作为抵押向银行等金融机构融资,由此获得的资金去除发包人的利润与成本,系承包人承包该项目的全部资金,承包人获得资金后开展项目建设,其中部分资金成为投入的材料等成本,部分成为建筑工人的薪酬,部分成为承包人的项目利润。在项目正常运行,且房价处于稳定或上行状态下,项目正常建设如期获得相应利润,建筑工人获得薪酬,承包人、发

[①] 现为《最高人民法院关于审理建设工程施工合同纠纷案件适用法律问题的解释(一)》第四十二条 发包人与承包人约定放弃或者限制建设工程价款优先受偿权,损害建筑工人利益,发包人根据该约定主张承包人不享有建设工程价款优先受偿权的,人民法院不予支持。

[②] 参见崔建远:《论建设工程价款优先受偿权》,载《法商研究》2022年第6期。

包人与银行等金融机构照常获得利润。反过来，如果发包人出现债务危机无法偿付银行的借款与承包人的债务，银行可以就抵押物变现回笼资金，承包人也可以就该建设项目变现资金获得受偿，因为此时房价较为稳定或处于上行状态，承包人与银行的债务在一定程度上都可以获得清偿。银行与承包人之间的诉讼竞争并不十分激烈，但这并不意味着建筑工人的薪酬都会获得补偿，正是因为房地产行情向好，发包人加大杠杆不断举债，反而增大其债务危机的风险。在这种情况下，银行等金融机构作为最为常见的"强势债权人"，可以通过抵押、诉讼等各种手段获得清偿。相反，建筑工人作为最常见的"弱势债权人"，不仅缺乏通过契约磋商或诉讼手段维护权益的意识，也欠缺维权的能力，据此，法律通过赋予其建设工程价款优先受偿权，优先于银行等金融机构抵押权的方式弥补其上述缺陷。民法学者对该项权利进行了多方论证，包括公平及诚信原则[1]、符合劳动法的立法宗旨[2]、维护承包人利益并利于社会秩序稳定[3]、解决农民工"讨薪难"问题[4]、建设工程价款优先受偿权堪比留置权因而与法体系契合[5]、避免承包人采取极端手段[6]等。

但是，保护建筑工人合法权益与设定法定的、强制性的、在特定情形下不得约定排除的优先权之间是否存在必然的逻辑关联？本书认为不然。如前所述，建设工程价款优先受偿权并非源于留置权，其与留置权存在本质差异，这意味着该权利的设置完全出于法律的强制规定，缺乏法解释学上的来源，这也就表明解决建筑工人的利益保护问题并不必然导向建设工程价款优先受偿权，例如可以通过设立更多建筑工人利益维护渠道等方式解决。前面所说实践中大量出现的发包人与承包人约定排除建设工程价款优先受偿权即表明通过该权利解决建筑工人的利益保护问题在一定程度上触动了工程建设的系列经济链条，从而使该项链条上的当事人出现了"应激反应"。沿着上述经济逻辑继续推演建筑工程项目可以发现，作为当事人的发包人与承包人之间实际上并没有动力约定排除建设工程价款优先受偿权，一方面，承包人显然不愿意排除法律赋予其的这项优先权；另一方

---

[1] 参见李建星：《〈民法典〉第807条（建工价款的优先受偿权）评注》，载《南京大学学报（哲学·人文科学·社会科学）》2021年第4期。
[2] 参见李世刚：《论法定不动产担保物权隐秘性削减的修法趋势——以法国和台湾地区的经验看我国〈合同法〉第286条》，载《法学杂志》2016年第11期。
[3] 参见王利明：《抵押权若干问题的探讨》，载《法学》2000年第11期。
[4] 参见王利明：《抵押权若干问题的探讨》，载《法学》2000年第11期。
[5] 参见张国炎：《论建筑承揽商法定抵押权》，载《社会科学》1998年第7期。
[6] 参见王利明：《抵押权若干问题的探讨》，载《法学》2000年第11期。

面,发包人作为可能出现债务危机的债务人,建设工程价款优先清偿给谁对其来说并不重要,因而其同样没有动力推动排除建设工程价款优先受偿权。因此,推动约定排除这项工作的只能是银行等金融机构,因为显然受建设工程价款优先受偿权损害最大的莫过于拥有抵押权的银行等金融机构,作为主放贷方,银行本可以通过抵押等方式弥补其可能出现的坏账危机,却被建设工程价款优先受偿权阻碍了,这在一定程度上会显著降低银行的放贷意愿,由此进一步影响整体房地产市场的热度。但现实是,建设工程价款优先受偿权并未影响到银行的放贷行为,这是否意味着建设工程价款优先受偿权并未起到任何阻碍作用？其实不然,学者指出,这实际上是因为市场反弹对冲甚至淹没了法律的实施效果,[①]这市场的反弹即表现为前述讲到的约定排除建设工程价款优先受偿权。但市场为什么出现这么激烈的反应,以至于法院对这一鲜见的排除法律强制性规定的行为竟然出现踌躇的现象？显然,这根源于长期向好的房地产市场。建设工程价款优先受偿权降低了承包人的追债风险,因此也放大了承包人的投机风险,承包人在低于没有建设工程价款优先受偿权情况下的利润就敢于承包项目,相反,银行却因此承担了更大的风险,不仅包括建设工程价款优先受偿权对其抵押权的优先性,还来源于该权利对承包人投机行为的放大而带来的风险。但房地产市场的持续向好对冲了这些风险,一方面,银行可以通过敦促发包人和承包人签订放弃建设工程价款优先受偿权的方式降低风险;另一方面,即便该排除行为最终被法院认定为无效,房产的价值又既能保障发包人再融资能力,也能使该建筑工程在清偿承包人的债权后尚能偿还银行贷款。此外,更为重要的是,因为市场行情较好,银行通过房产投资可以获得更大利润,在市场竞争之下,银行回收的利润显著大于可能承担的风险,因此,在这一金融背景下,银行仍然甘愿对其贷款和投资。

但随着房地产市场下行,建设工程的总体价值不断下降,这使其清偿承包人的债权可能都捉襟见肘,遑论清偿银行贷款。而更为重要的是,随着对消费购房人的保护,消费购房人的物权期待权又优于建设工程价款优先受偿权,这意味着在银行的抵押权之前本就只有一项已被撬动的建设工程价款优先受偿权,现在又多了一项更为优先的优先权,如此,倘若仍然固守建设工程价款优先受偿权的强行效力,必然会使房地产的投资雪上加霜,在当前各地探索烂尾楼续建的现实下,银行借贷的冷却必然会殃及烂尾楼续建的进度,进而深度影响到消费购房人的合

[①] 参见方玮伦:《法律干预的回旋镖效应——以建设工程价款优先受偿权制度为例》,载《法律科学(西北政法大学学报)》2025年第3期。

法权益以及承包人、建筑工人的利益。因此，基于这一经济与金融逻辑与背景，更不应当赋予建设工程价款优先受偿权人提起执行异议之诉乃至排除强制执行的权利。

【典型案例】

案例一：索某某与许某某等执行复议案[①]

基本案情：

原告许某某与被告甲公司、乙公司、江某某民间借贷纠纷一案，山东省济南市中级人民法院（以下简称济南中院）于2013年6月7日作出（2012）济民五初字第20号民事判决，判令被告甲公司于判决生效之日起10日内支付原告许某某借款及利息981.37535万元，被告乙公司对上述款项承担连带清偿责任。判决生效后，甲公司未及时履行义务，许某某向济南中院申请执行。在执行过程中，济南中院查封了被执行人甲公司名下涉案房产，并裁定拍卖上述不动产。

利害关系人索某某在执行过程中提出异议，主张其对上述不动产享有留置权，要求济南中院解除对涉案房产的查封、中止拍卖程序，并主张优先受偿权。异议人索某某提供的协议书载明，2010年4月3日，索某某与甲公司签订协议书，约定甲公司所欠索某某款项100万元，由索某某负责在建工程的后期建设并对外售卖。后期工程出售权全部转给索某某，所得售楼款由索某某支配。

济南中院于2022年12月5日作出（2022）鲁01执异600号执行裁定：驳回异议人索某某的异议请求。后索某某向山东省高级人民法院申请复议，2023年3月27日，山东省高级人民法院作出（2023）鲁执复43号执行裁定，驳回索某某的复议申请，维持（2022）鲁01执异600号执行裁定。

裁判要旨：

法院生效裁判认为，《民法典》第447条规定："债务人不履行到期债务，债权人可以留置已经合法占有的债务人的动产，并有权就该动产优先受偿……"根据上述法律规定，留置权适用于动产，而本案执行财产为不动产，索某某主张留置权没有法律依据。关于索某某主张对案涉工程价款享有优先受偿权的问题，在执行程序中，该优先受偿权体现在对建设工程处置后的价款分配顺位上；索某某主张享有优先受偿权，可以在财产处置完毕后向法院提出分配的请求，由法院对其是

[①] 参见山东省高级人民法院执行裁定书，（2023）鲁执复43号。

否享有优先权及分配数额等问题审查确认;但该优先受偿权不能阻却对案涉不动产的查封及处置。

裁判评析:

优先受偿权的设立旨在保护特定债权人的合法性利益,确保债务人在无法履行债务时,能够优先就其债权得以清偿,是维护经济秩序、保障各方权益的重要制度。留置权是基于某种事实原因下,债权人合法地占有债务人动产,当债务人不履行到期债务时,债权人就该留置的动产享有优先受偿。值得注意的是,留置权的适用范围在于动产。本案裁判中,有两个关键点,其一,索某某的主张能否得到支持;其二,若主张不能支持,索某某的权利如何救济。第一个关键点在于执行标的范围的审查,索某某就不动产的留置权是否能够对抗原告许某某的优先受偿权,显而易见,索某某主张的事实无法律依据,不能得到支持。第二关键点在于索某某受损权利的救济。索某某与甲公司约定"索某某负责甲公司在建工程的后期建设并对外售卖,后期工程出售权全部转给索某某,所得售楼款由索某某支配"的事项仅是非公开性的约定,不具有对世效力。即许某某就甲公司建设工程价款的优先受偿权不受索某某和甲公司约定的影响,可以在执行程序中向法院提出优先分配价款的主张。

如若将索某某与甲公司的约定视为以物抵债的买卖合同,裁判思路可能存在些许差异。依据《最高人民法院关于适用〈中华人民共和国民法典〉合同编通则若干问题的解释》第27条规定"债务人或者第三人与债权人在债务履行期限届满后达成以物抵债协议,不存在影响合同效力情形的,人民法院应当认定该协议自当事人意思表示一致时生效"。但第28条规定"当事人订立前款规定的以物抵债协议后,债务人或者第三人未将财产权利转移至债权人名下,债权人主张优先受偿的,人民法院不予支持"。索某某与甲公司的以物抵债协议应当合法有效,但实质性权利未发生转移,优先受偿权的主张也不能得到支持,不得对抗善意第三人许某某。若该实质性权利发生转移登记,那将依据《最高人民法院关于适用〈中华人民共和国民法典〉有关担保制度的解释》第68条"债务人或者第三人与债权人约定将财产形式上转移至债权人名下,债务人不履行到期债务,债权人有权对财产折价或者以拍卖、变卖该财产所得价款偿还债务的,人民法院应当认定该约定有效。当事人已经完成财产权利变动的公示,债务人不履行到期债务,债权人请求参照民法典关于担保物权的有关规定就该财产优先受偿的,人民法院应予支持的"的规定,索某某便可就案涉工程款主张优先受偿权。

案例二：某安装建设公司诉胡某、某甲房地产开发公司案外人执行异议之诉纠纷案①

基本案情：

第二安装公司承揽被执行人某甲房地产开发公司开发的××苑项目施工工程，合同约定价款1800万元。第二安装公司投入项目所需的材料、人力、管理，完成案涉项目工程量的70%，后某甲房地产开发公司拖欠某安装建设公司工程进度款且经第二安装公司多次催告仍不支付。胡某与某甲房地产开发公司因其他纠纷产生债权，经判决生效后向广西壮族自治区浦北县人民法院申请执行××苑项目2号楼104号、105号铺面，广西壮族自治区浦北县人民法院作出（2018）桂0722执318号执行裁定书，裁定拍卖104号、105号铺面。第二安装公司于2018年7月25日提出书面异议，执行法院审查后作出民事裁定书驳回第二安装公司的异议申请，第二安装公司对该裁定书不服，遂提起本次异议之诉。请求：（1）停止拍卖××苑项目2号楼104号、105号铺面；（2）确认原告对执行标的××苑项目2号楼104号、105号铺面拍卖的价款具有优先受偿权。

裁判要旨：

广西壮族自治区浦北县人民法院经审理认为：案外人对执行标的提出异议的权利是指对执行标的享有足以排除强制执行的民事权益。根据《最高人民法院关于适用〈中华人民共和国民事诉讼法〉执行程序若干问题的解释》第15条的规定②，足以排除强制执行的民事权益范围，应当为"所有权或者有其他足以阻止执行标的转让、交付的实体权利"。案外人只有认为自己对执行标的享有实体权利，而人民法院的强制执行行为妨碍了其所享有的实体权利的，才可以作为执行异议之诉的原告提起执行异议之诉。依据《合同法》第286条③，建设工程价款优先受偿权属于法定优先权的范畴，这种权利不是所有权等实体权利，不能阻止执行标的的转让、交付。因此，主张建设工程价款优先权的人，不能依照《民事诉讼法》第

---

① 参见广西壮族自治区钦州市中级人民法院民事裁定书，(2019)桂07民终96号。
② 现为《最高人民法院关于适用〈中华人民共和国民事诉讼法〉执行程序若干问题的解释（2020修正）》第十四条："案外人对执行标的主张所有权或者其他足以阻止执行标的转让、交付的实体权利的，可以依照民事诉讼法第二百二十七条的规定，向执行法院提出异议。"
③ 现为《民法典》第八百零七条："发包人未按照约定支付价款的，承包人可以催告发包人在合理期限内支付价款。发包人逾期不支付的，除根据建设工程的性质不宜折价、拍卖外，承包人可以与发包人协议将该工程折价，也可以请求人民法院将该工程依法拍卖。建设工程的价款就该工程折价或者拍卖的价款优先受偿。"

第二十讲　优先权人、非典型担保的权利人提起的案外人执行异议之诉 | 401

227条①规定提出执行异议。本案第二安装公司请求确认其对执行标的享有建设工程款优先受偿权,并以享有优先受偿权为由请求排除对执行标的的强制执行,其请求不属执行异议之诉的审理范围。二审法院同意一审法院裁判意见。

裁判评析:

案外人执行异议之诉是我国2007年修正的《民事诉讼法》第204条首次确立的新诉讼程序,现行《民事诉讼法》第238条继续沿用了该条款的规定。案外人执行异议之诉是指在执行过程中,当事人和案外人对执行标的的实体权利存在争议,请求执行法院解决争议而引起的诉讼。在实践中,当事人、执行法官均对案外人执行异议之诉受案范围把握不准,错误地让一些不属于案外人执行异议之诉的问题引入了诉讼程序,影响了执行工作效率,那么,案外人执行异议之诉的受案范围又是什么呢?要准确界定案外人执行异议之诉受案范围的关键点是要准确分清《民事诉讼法》第236条的"执行行为"和第238条的"执行标的"。《民事诉讼法》第236条规定:"当事人、利害关系人认为执行行为违反法律规定的,可以向负责执行的人民法院提出书面异议。当事人、利害关系人提出书面异议的,人民法院应当自收到书面异议之日起十五日内审查,理由成立的,裁定撤销或者改正;理由不成立的,裁定驳回。当事人、利害关系人对裁定不服的,可以自裁定送达之日起十日内向上一级人民法院申请复议。"第238条规定:"执行过程中,案外人对执行标的提出书面异议的,人民法院应当自收到书面异议之日起十五日内审查,理由成立的,裁定中止对该标的的执行;理由不成立的,裁定驳回。案外人、当事人对裁定不服,认为原判决、裁定错误的,依照审判监督程序办理;与原判决、裁定无关的,可以自裁定送达之日起十五日内向人民法院提起诉讼。"

两条文规定的内容均是执行救济,但对象不同,当事人的救济途径也不同,其中对执行行为有异议,经法院审查作出裁定后,当事人不服向上一级法院申请复议;对执行标的有异议,经法院审查作出裁定后,当事人不服的提出案外人执行异议之诉(审监程序的除外)。从文本应有之义,结合两条款的区别,对"执行行为"应理解为执行人员在执行过程中的程序性行为是否规范提出异议,如送达、查封、冻结、扣押、评估、拍卖等行为;对"执行标的"应理解为对物权等提出异议,即对执行标的主张所有权、用益物权等物权。譬如,人民法院在执行一民间借贷纠纷案

---

① 现为《民事诉讼法》第二百三十八条:"执行过程中,案外人对执行标的提出书面异议的,人民法院应当自收到书面异议之日起十五日内审查,理由成立的,裁定中止对该标的的执行;理由不成立的,裁定驳回。案外人、当事人对裁定不服,认为原判决、裁定错误的,依照审判监督程序办理;与原判决、裁定无关的,可以自裁定送达之日起十五日内向人民法院提起诉讼。"

时,在裁定拍卖被执行人的房产过程中,被执行人认为评估程序有瑕疵而提出异议的,应作为执行行为异议审查;如案外人对裁定拍卖的房产主张所有权或承租权而提出异议的,应作为执行标的异议审查。综上所述,当事人或案外人对人民法院查封、扣押、冻结、拍卖的标的物主张所有权、用益物权而提出执行异议的,人民法院应按《民事诉讼法》第236条规定审查,如执行标的不属裁判文书确认的权属的,当事人或案外人不服的应向人民法院提出执行异议之诉来解决。本案中,案外人对人民法院拍卖的商铺主张工程款优先受偿权,而工程款优先受偿权是承包人就建设工程折价或拍卖的价款优先受偿的权利,其本质是以建设工程的交换价值担保工程款债权的实现,工程款优先受偿权只是顺位权,即债权清偿顺序,并不是所有权、用益物权等物权。因此,案外人对执行标的物主张工程款优先受偿权不属于"执行标的"的执行异议,不能适用《民事诉讼法》第238条规定的程序审查,当事人更不能依该条提出案外人执行异议之诉。

问题二　非典型担保的权利人提起的案外人执行异议之诉

【规范梳理】

《吉林省高级人民法院关于审理执行异议之诉案件若干疑难问题的解答(二)》

问题七:金钱债权执行中,案外人以其系保留案涉特殊动产所有权的出卖人为由提起执行异议之诉请求排除执行的,人民法院该如何处理?

答:金钱债权执行中,人民法院对登记在被执行人名下的特殊动产实施执行,案外人以其系保留案涉特殊动产所有权的出卖人为由提起执行异议之诉请求排除执行的,在人民法院实施执行之前,案外人与被执行人就案涉特殊动产已经形成了合法有效的买卖合同关系并书面约定由案外人保留案涉特殊动产的所有权,同时被执行人已经实际占有并使用案涉特殊动产的,人民法院应当就案外人是否已经丧失了案涉特殊动产的取回权进行审查,案外人尚未丧失案涉特殊动产取回权且将其已经收取的价款按照人民法院的要求交付执行的,对案外人排除执行的请求,人民法院应当支持。

被执行人已经支付的价款虽未超过全部价款的百分之七十五但申请执行人已经向案外人支付了剩余价款的,可以按照案外人丧失案涉特殊动产的取回权处理。

问题八：金钱债权执行中,申请执行人以被执行人系保留案涉特殊动产所有权的出卖人为由提起执行异议之诉请求继续执行的,人民法院该如何处理？

答：金钱债权执行中,人民法院对登记在被执行人名下的特殊动产实施执行,案外人以其已经购买了案涉特殊动产为由提出异议,申请执行人以被执行人系保留案涉特殊动产所有权的出卖人为由提起执行异议之诉请求继续执行的,在人民法院实施执行之前,被执行人与案外人就案涉特殊动产已经形成了合法有效的买卖合同关系并书面约定由被执行人保留案涉特殊动产的所有权,同时案外人已经实际占有并使用案涉特殊动产的,人民法院应当就被执行人是否已经丧失了案涉特殊动产的取回权进行审查,被执行人尚未丧失案涉特殊动产取回权的,对申请执行人继续执行的请求,人民法院应当支持。

案外人已经支付的价款虽未超过总价款的百分之七十五但其已经将剩余价款按照人民法院的要求交付执行的,可以按照被执行人丧失案涉特殊动产的取回权处理。

《安徽省高级人民法院关于审理执行异议之诉案件若干问题的会议纪要》

17.动产所有权保留买卖中,作为买受人的被执行人尚未取得所有权,出卖人以其系所有权人提起执行异议之诉的,应予支持。

【理论基础】

除了前述典型担保以及建设工程价款优先受偿权等法定担保物权之外,实践中还存在多种非典型担保,这些类型在本质上都是一种担保,即以担保物的交换价值为标的,但实际情形却各有不同,如所有权保留买卖、融资租赁等在成立和法律保护等方面都存在不同程度的差异,在其涉及执行异议之诉时应当如何审判仍需要进一步探讨。

一、非典型担保的类型

非典型担保一般是基于合同约定而产生。《民法典》第388条规定,设立担保物权,应当依照本法和其他法律的规定订立担保合同。担保合同包括抵押合同、质押合同和其他具有担保功能的合同。此处的"其他具有担保功能的合同",包括所有权保留买卖、保理、融资租赁、让与担保合同等。因此,基于非典型担保引发的案外人执行异议之诉,主要包括以下类型。

第一,涉及所有权保留买卖的案外人执行异议之诉。

《民法典》第641条规定,当事人可以在买卖合同中约定买受人未履行支付价款或者其他义务的,标的物的所有权属于出卖人。出卖人对标的物保留的所有权,未经登记,不得对抗善意第三人。此即所有权保留的买卖合同。在所有权保留买卖合同的履行过程中,出卖人或者买受人可能被列为另案的被执行人,上述标的物可能被列为出卖人或者买受人的责任财产而进入执行程序中,相应地,买受人或者出卖人作为案外人提出执行异议乃至执行异议之诉来排除对标的物的执行。

第二,涉及保理合同的案外人执行异议之诉。

《民法典》合同编下第十六章专章规定了保理合同。《民法典》第761条规定,保理合同是应收账款债权人将现有的或者将有的应收账款转让给保理人,保理人提供资金融通、应收账款管理或者催收、应收账款债务人付款担保等服务的合同。上述保理人提供的"应收账款债务人付款担保"服务,指的是保理人作为应收账款债务人的保证人就付款义务向债权人提供担保。而保理人提供担保是有条件和对价的,即应收账款债权人已经将相应的应收账款转让给保理人,并就该应收账款进行了登记,此时的保理人,相当于应收账款的质权人。当应收账款债权人成为被执行人时,上述应收账款列为责任财产,此时保理人可能以案外人身份主张对应收账款的优先受偿。

第三,涉融资租赁合同的案外人执行异议之诉。

《民法典》第735条规定,融资租赁合同是出租人根据承租人对出卖人、租赁物的选择,向出卖人购买租赁物,提供给承租人使用,承租人支付租金的合同。《民法典》第745条规定,出租人对租赁物享有的所有权,未经登记,不得对抗善意第三人。《最高人民法院关于适用〈中华人民共和国民法典〉有关担保制度的解释》第65条第1款规定,在融资租赁合同中,承租人未按照约定支付租金,经催告后在合理期限内仍不支付,出租人请求承租人支付全部剩余租金,并以拍卖、变卖租赁物所得的价款受偿的,人民法院应予支持;当事人请求参照民事诉讼法"实现担保物权案件"的有关规定,以拍卖、变卖租赁物所得价款支付租金的,人民法院应予准许。

与所有权保留买卖中出卖人保留的所有权具有担保功能一样,融资租赁合同中出租人对租赁物所享有的所有权同样具有担保功能,主要是为出租人享有的租金债权提供担保。当然,按上述《民法典》第745条规定,在对租赁物进行登记的情况下,所有权人才能就租赁物的拍卖、变卖所得的价款享有优先受偿权。基于融资租赁合同而提起的案外人执行异议之诉主要发生在基于对承租人所占有的租赁物进行执行时,出租人提起的案外人执行异议之诉。如前所述,融资租赁的性质类似所有权保留的买卖,具有担保功能,但由于出租人对案涉标的物享有所有权,应当支持其排除对租赁物的强制执行。

第四,涉让与担保合同的案外人执行异议之诉。

让与担保在学说理论上一直有争议。《物权法》立法过程中学术界曾就让与担保的立法内容展开激烈争论,但最终未被采纳。但实践中让与担保交易行为并不鲜见。让与担保的交易模式,是债务人或者第三人(让与人)以转移动产、不动产或者股权等财产所有权给债权人(受让人)的形式,为主合同的履行提供担保。《最高人民法院关于适用〈中华人民共和国民法典〉有关担保制度的解释》第68条对让与担保的定义和权利实现程序作了规定。"债务人或者第三人与债权人约定将财产形式上转移至债权人名下,债务人不履行到期债务,债权人有权对财产折价或者以拍卖、变卖该财产所得价款偿还债务的,人民法院应当认定该约定有效。当事人已经完成财产权利变动的公示,债务人不履行到期债务,债权人请求参照民法典关于担保物权的有关规定就该财产优先受偿的,人民法院应予支持"。在债务得到清偿之后,担保物返还给债务人或者第三人,在债务到期不履行时,债权人就该担保物优先受偿。此时,债权人虽然是担保物名义上的权利人,但是基于双方的约定及流质条款的禁止性规定,实际上并不发生担保物的所有权变动。由此导致担保物的名义所有人与实际所有人分离,因此在让与人或者受让人成为另案被执行人时,案涉担保物在执行程序中如何认定和处理,往往引发案外人执行异议之诉。尤其是受让人成为被执行人时,受让人的债权人申请执行案涉担保物,让与人提出案外人执行异议之诉如何处理,实践中同样争议较大。

二、涉及非典型担保的案外人执行异议之诉审判思路

依据《民法典》第388条的规定,担保合同包括抵押合同、质押合同和其他具有担保功能的合同。该规定以法律的形式承认了法定的担保形式之外而具有担保功能的各类担保合同的效力,一是构建了一个相对开放的担保体系,能够更好地因应资本市场的客观需要,让市场主体有更多的选择;二是为非典型担保适用担保的规则制度架起了桥梁,为法院或者仲裁机构准确适用法律提供统一的裁判标准。非典型担保大多基于合同约定而产生。实践中存在的所有权保留买卖、融资租赁和让与担保,实质是合同当事人通过合同对交易内容的安排、交易结构的设计,将标的物的所有权以保留或者让与的形式,为合同债权的实现提供担保。即从权利的功能来看,此处的所有权,对于所有权人来说,无论是暂时放在自己名下还是对方名下,都是为了实现相应的合同债权提供额外的一种保障,所有权的权能退化为"担保功能"。此外,如保理合同(保理的必备要素是应收账款债权的转让),就担保功能而言,是指按照《民法典》第766条的规定,约定有追索权保理的,保理人可以向应收账款债权人主张返还保理融资款本息或者回购应收账款债权，也可以向应收账款债务人主张应收账款债权。此种情形下，对于保理人（应收账款债权受让人）而言，应收账款债权人（应收账款债权让与人）相当于保证人，对保理人的债权（向应收账款债务人主张债权）提供担保。

《民法典》第 224 条规定，动产物权变动以"占有"和"交付"为公示手段。而在上述所有权保留买卖、融资租赁的交易模式中，动产的占有状态与所有权状况发生分离，这种分离是由合同双方当事人通过合同内容约定的。一般情况下，合同内容仅对当事人具有法律约束力，对第三人而言，无从知晓，也不受合同内容约束。动产的这种占有状态与所有权状况发生分离的情况，往往导致善意第三人无法识别，在相关的执行案件中导致执行异议和执行异议之诉的发生。

《民法典》第 641 条规定，在所有权保留买卖合同中，出卖人对标的物保留的所有权，未经登记，不得对抗善意第三人。《民法典》第 745 条规定，出租人对租赁物享有的所有权，未经登记，不得对抗善意第三人。《最高人民法院关于适用〈中华人民共和国民法典〉有关担保制度的解释》第 67 条规定，在所有权保留买卖、融资租赁等合同中，出卖人、出租人的所有权未经登记不得对抗"善意第三人"的范围及其效力，参照本解释第 54 条的规定处理。第 54 条是关于动产抵押合同订立后未办理抵押登记如何处理的规定。根据上述规定，"善意第三人"的范围，应当是已经占有了案涉动产的买受人或者承租人。

所有权保留、融资租赁等形式的隐形担保会滋生债务人与个别债权人倒签合同虚设担保的风险、增大债务人与一般债权人的交易成本等一系列问题。有鉴于此，《民法典》第 641 条、第 745 条等条文分别针对所有权保留、融资租赁等情形引入登记对抗规则，力图让隐形担保显形。[①] 所以在涉及"所有权保留买卖"或者"融资租赁"关系，因案涉标的物成为执行标的的执行异议之诉中，如果进行了登记，则可以按照"可对抗善意第三人"的法律效果判断优先保护对象为"出卖人"或者"出租人"。如果未进行登记，则优先保护"善意第三人"的权益。

对于让与担保合同关系而言，《最高人民法院关于适用〈中华人民共和国民法典〉有关担保制度的解释》第 68 条对让与担保的实现程序作了规定。同理，已经完成了财产权利变动公示的情况下，债务人不履行到期债务，债权人就案涉财产享有优先受偿权。

《民法典》第 768 条规定，应收账款债权人就同一应收账款订立多个保理合

---

① 参见刘颖：《物权期待权排除强制执行规则之再审思》，载《当代法学》2023 年第 4 期。

同,致使多个保理人主张权利的,已经登记的先于未登记的取得应收账款;均已经登记的,按照登记时间的先后顺序取得应收账款;均未登记的,由最先到达应收账款债务人的转让通知中载明的保理人取得应收账款;既未登记也未通知的,按照保理融资款或者服务报酬的比例取得应收账款。

【典型案例】

案例一:某旅游集团与某甲房地产开发公司、某乙家俱公司案外人执行异议之诉纠纷案[①]

基本案情:

2002年,某甲房地产开发公司与某乙房地产开发公司签订了一份《联建协议》和一份《合作协议书》,双方约定就某甲房地产开发公司拥有使用权和开发建设的土地与某乙房地产开发公司联建,合作项目位于哈尔滨市经济开发区内,面积65096平方米,某乙房地产开发公司负责开发建设、资金投入及销售工作。

2003年5月9日,某甲房地产开发公司取得了某国际商城商品房预售许可证。

2003年8月30日,某乙家俱公司通过某乙房地产开发公司就案涉房屋签订两份《商品房买卖合同》,某甲房地产开发公司加盖公章,上述两份《商品房买卖合同》又于2006年4月10日在房产部门进行联机备案预售登记。两份合同约定,某甲房地产开发公司将某国际商城B2栋1单元101号、B2栋2单元101号商品房出售给某乙家俱公司,房屋按套计算总价款为22112825元,付款方式100%现金交纳。

2005年11月7日,某乙房地产开发公司向某乙家俱公司出具《承诺函》,该函载明,某乙房地产开发公司与某甲房地产开发公司联合开发某国际商城,因急需大量资金,某乙房地产开发公司受某甲房地产开发公司的委托,向某乙家俱公司累计融资22112825元。某甲房地产开发公司为保障某乙家俱公司资金安全,已于2003年8月30日以融资总额为购房款总额签订商品房买卖合同。现某乙房地产开发公司代表某甲房地产开发公司承诺:如1年内仍无法还款,某乙家俱公司有权直接履行商品房买卖合同。

2005年12月26日,某乙房地产开发公司、某乙家俱公司及项目部等当事人

---

① 参见最高人民法院民事判决书,(2019)最高法民终1548号;黑龙江省高级人民法院民事判决书,(2018)黑民初341号。

就案涉房屋签订《房屋移交书》，某乙家俱公司取得大门钥匙。

因另外的仲裁案件，某乙家俱公司用案涉房屋为华风建筑公司财产保全申请提供担保。2006年10月18日，哈尔滨市香坊区人民法院作出(2006)香法执字第660号民事裁定与(2006)香法执字第660-2号协助执行通知书，查封了案涉房屋。

至一审法院审查时，包含案涉房屋在内的"某国际商城项目"工程未竣工验收。

另外，2006年11月22日，某旅游集团依据其与某甲房地产开发公司约定的仲裁条款向北京仲裁委员会（以下简称北京仲裁委）申请仲裁。北京仲裁委于2007年4月10日作出裁决，解除双方签订的转让协议，某甲房地产开发公司返还某旅游集团预付款4.5亿元及双倍返还某旅游集团定金3亿元。仲裁期间，根据某旅游集团申请，黑龙江高院于2006年11月30日作出裁定，查封某甲房地产开发公司价值7.55亿元人民币或等值财产，包括案涉房屋在内的十余栋在建工程。黑龙江高院执行上述仲裁裁决过程中，某乙家俱公司对案涉两套房屋提出异议，请求不予执行。法院裁定同意其请求。某旅游集团对异议裁定不服，向法院提起执行异议之诉，请求准许执行案涉房屋。

裁判要旨：

一审法院认为，某旅游集团主张某乙家俱公司与某乙房地产开发公司为民间借贷担保法律关系，而非真正的房屋买卖关系，该主张缺乏充分证据支持。某乙家俱公司在某乙房地产开发公司大额借款长期未偿还的情况下，双方有理由、有权利重新形成以房抵债的意思表示，并以签订《商品房买卖合同》、交付房屋等方式实际履行，此系二公司对自身权益的处分。现某旅游集团未能举示证据证实案涉合同的签订属于《物权法》（已失效）第186条[①]规定的禁止流押情形，《商品房买卖合同》合法有效。

既有证据显示，某乙家俱公司在人民法院查封前合法占有案涉房屋。依据《商品房买卖合同》《房屋移交书》等可以认定某甲房地产开发公司、某乙房地产开发公司、某乙家俱公司对2212万元借款作为抵顶全部购房款达成合意，并履行完毕。某旅游集团主张某乙家俱公司与某乙房地产开发公司为关联关系，现有证据无法认定两公司人格混同。而既有证据也证明未能办理房屋所有权变更登记非某乙家俱公司原因所致。

---

① 现为《民法典》第401条："抵押权人在债务履行期限届满前，与抵押人约定债务人不履行到期债务时抵押财产归债权人所有的，只能依法就抵押财产优先受偿。"

综上,某乙家俱公司所享有的民事权益,符合《最高人民法院关于人民法院办理执行异议和复议案件若干问题的规定》第28条的规定,可排除申请执行人某旅游集团对案涉房屋的强制执行。判决:驳回某旅游集团的诉讼请求。

二审法院认为,综合本案证据,能够证明案涉《商品房买卖合同》签订目的是保证某乙家俱公司借款的资金安全而以案涉房屋作为担保,且直至2007年4月某乙家俱公司才承诺放弃主张借款的权利。

本案中,虽然某甲房地产开发公司与某乙家俱公司签订了《商品房买卖合同》,但该合同是为某乙家俱公司借款的归还提供的一种担保,案涉借款行为与《商品房买卖合同》之间的关系直至案涉房屋被人民法院查封并未发生改变。故基于对案涉《商品房买卖合同》法律性质的认定,其相应的法律后果并非案涉房屋产权变动。某乙家俱公司对案涉房屋享有的是案涉房屋可以作为一般责任财产申请执行的权利。该权利的属性并非所有权、他物权或应受特别保护的债权,而案涉房屋的所有权人是某甲房地产开发公司。因此,某乙家俱公司(案外人)对案涉房屋享有的权利不能排除人民法院对作为案涉房屋所有权人的某甲房地产开发公司(被执行人)的执行。

综上,一审判决认定事实不清,适用法律有误,二审法院予以纠正,判决:(1)撤销黑龙江省高级人民法院(2018)黑民初341号民事判决;(2)准许对位于哈尔滨市南岗区湘江路、嵩山路、赣水路街坊的某国际商城项目B2栋1单元101号、B2栋2单元101号房屋的执行。

裁判评析:

本案是比较典型的将不动产用作让与担保的担保物所引起的案外人执行异议之诉案件。

因生效的裁决书裁决某甲房地产开发公司向某旅游集团偿还7亿余元,法院执行过程中依法查封了某甲房地产开发公司名下的包括案涉两套房屋在内的相应财产。某乙家俱公司对此提出异议,称其在查封前与某甲房地产开发公司签订了《商品房买卖合同》,案涉两套房屋已经交付,虽然因为未竣工验收而未办理过户登记,但是仍可排除执行。一审法院执行异议裁定支持某乙家俱公司的请求。某旅游集团提出的执行异议之诉请求被驳回,二审予以改判,认为某乙家俱公司的异议不能对抗执行。

一审、二审法院的分歧点在于:第一,对于某乙家俱公司与某甲房地产开发公司之间的法律关系,认定不一。一审法院认为,虽然双方最初是以案涉房屋作为借款的担保,但是某乙家俱公司在某乙房地产开发公司大额借款长期未予偿还的情况下,双方有理由、有权利重新形成以房抵债的意思表示。二审法院认为,2007年4月某乙家俱公司才承诺放弃主张借款的权利,此时才有可能将法律关系转变为真正的房屋买卖关系,而早在2006年11月,某旅游集团就因申请执行案查封了某甲房地产开发公司名下的案涉房产,当时《商品房买卖合同》的性质仍然是对某乙家俱公司借款的担保。即使房屋已经交付,也不是为了履行买卖合同,而是用涉案房屋来做担保。第二,一审法院认为,《商品房买卖合同》合法有效,并已得到实际履行,房屋已经交付,借款折抵为房款,未办理过户登记是因为没有办理竣工验收,并非某乙家俱公司的过错,某乙家俱公司对案涉房屋享有的是物权期待权,可以对抗执行。二审法院认为,在法院查封之前,案涉房屋仍然是起担保功能,并非真正的转移房屋所有权的房屋买卖关系;基于此,某乙家俱公司对案涉房屋享有的是案涉房屋可以作为一般责任财产申请执行的权利。该权利的属性并非所有权、他物权或应受特别保护的债权,而案涉房屋的实际所有权人仍然是某甲房地产开发公司,即案涉房屋仍然是某甲房地产开发公司的责任财产。因此,某乙家俱公司不能对抗法院针对某甲房地产开发公司的执行。

二审法院对案件中法律关系的认定更加精准,对法律的适用更加妥当。

值得探讨的是,如果案涉房屋已经完成了过户手续,变更到了某乙家俱公司名下,判决结果是否会有变化?按照二审法院的审理思路,在某旅游集团作为申请执行人的执行案件中,法院查封案涉房屋之前,即便案涉房屋已经完成了过户手续,但是对《商品房买卖合同》的双方而言,此时该行为仍然是为某乙家俱公司借款的归还提供的一种担保,案涉借款行为与《商品房买卖合同》之间的关系直至案涉房屋被人民法院查封并未发生改变。因此,此时某乙家俱公司与某甲房地产开发公司之间并非真正的买卖合同关系,案涉房屋的真正所有人仍为某甲房地产开发公司,因此本书认为,即便案涉房屋完成了过户手续,判决结果仍不会有变化。

案例二:某石油工程技术公司与某金融租赁公司、某机械制造公司、某石油装备公司案外人执行异议之诉纠纷案[①]

基本案情:

2018年5月7日,某金融租赁公司与某机械制造公司签订《回租物品转让协

---

① 参见浙江省高级人民法院民事判决书,(2022)浙民终761号;杭州市中级人民法院(2021)浙01民初2932号。

议》,约定后者以1.5亿元转让原价1.76683亿元的混砂车等设备,所有权自首期付款时转移至某金融租赁公司。同日双方签订《融资租赁合同》,约定某金融租赁公司将上述设备回租给某机械制造公司使用,租赁期至2023年5月,期间所有权归属某金融租赁公司。某金融租赁公司依约支付了价款,并于2018年5月9日完成动产权属登记。

2020年2月20日,某石油工程技术公司与某机械制造公司签订《设备租赁合同》,承租山东恒业公司生产的8台3000型压裂设备及1台混砂车,租赁期至2025年2月,总租金2900万元。某石油工程技术公司于2020年3月27日支付2000万元首期租金,设备合格证签发单位为某机械制造公司。

因某机械制造公司未履行融资租赁合同义务,某金融租赁公司于2020年11月获杭州市中级人民法院判决支持:某机械制造公司需支付租金1.38亿元及违约金,某石油装备公司承担连带责任,某金融租赁公司对租赁物享有所有权。执行阶段,法院于2021年6月查封青海茫崖市采油厂的9台设备(共16台),并向实际使用人某石油工程技术公司送达协助执行通知书。某石油工程技术公司未交付设备并提出异议,一审被驳回后提起案外人执行异议之诉。

二审期间查明:某控股公司曾同时控制某机械制造公司与某石油工程技术公司,两公司存在关联关系。法院查封时,案涉设备虽登记在某金融租赁公司名下,但实际由某石油工程技术公司使用。某金融租赁公司主张设备所有权依据融资租赁合同及登记公示,某石油工程技术公司则以善意取得抗辩,主张设备所有权应属某机械制造公司。

裁判要旨:

本案核心争议围绕某石油工程技术公司对案涉8台压裂车及1台混砂车是否享有足以排除执行的租赁权展开,经一审、二审法院审理,最终驳回某石油工程技术公司诉讼请求。关键裁判要点如下:

1. 所有权归属认定。根据《回租物品转让协议》及《融资租赁合同》约定,某金融租赁公司于2018年5月9日完成动产权属统一登记,依法取得案涉设备所有权。法院认为该登记具有对抗善意第三人的法律效力,且租赁物所有权自首期价款支付时即转移至出租方。

2. 租赁合同真实性存疑。某石油工程技术公司主张其与某机械制造公司存在真实租赁关系,但存在以下矛盾:租金支付凭证未标注用途,且收款方为关联企业山东恒业公司;控制权归属存疑,两公司同属某控股集团实际控制;证据链未能达到高度盖然性证明标准。

3. 租赁权对抗效力分析。即使承认租赁关系成立,仍存在双重障碍:时间效力,2020年签订的《设备租赁合同》晚于2018年所有权登记,无法对抗在先权利;善意第三人排除,某石油工程技术公司作为关联企业,明知设备存在融资租赁关系,丧失善意第三人地位;法律依据,《民法典》第745条明确登记所有权可对抗后续租赁权。

4. 裁判结论。二审法院维持原判,认为某石油工程技术公司既缺乏真实租赁关系证据,其主张的租赁权亦无法对抗已登记的物权。本案确立了融资租赁登记对抗效力优先原则,强调关联企业间交易需严格遵循物权公示制度,对同类案件具有重要参考价值。

裁判评析:

《民法典》第735条对融资租赁合同的定义作了规定。结合《民法典》第388条、第745条以及《最高人民法院关于适用〈中华人民共和国民法典〉有关担保制度的解释》第65条、第67条的内容,融资租赁交易中,出租人对租赁物所享有的所有权,实际上已经"功能化"为担保权,不再是《民法典》物权编意义上的所有权(完全所有权),其权利内涵更接近于动产抵押权这一定限物权。[①]

依据上述法律及相关司法解释规定,在融资租赁交易模式中,融资租赁属于非典型担保物权,即出租人对租赁物所享有的所有权,其功能主要是用来为其享有的租金债权提供担保。由于此种交易模式下,租赁物(动产)的所有人(出租人)和占有人(承租人)处于分离状态,因此,与一般状态下动产所有权以占有为公示手段有所不同,法律特别规定,将租赁物进行统一登记作为权利状态的公示手段,以此来对抗善意第三人。

本案中,某金融租赁公司作为案涉租赁物(机器设备)的所有人和出租人,在人民银行征信中心进行了动产登记,故其对租赁物的权利状态具有了公示公信对抗效力。在承租人某机械制造公司欠租的情况下,某金融租赁公司起诉某机械制造公司,要求其支付租金、违约金等。在法院执行过程中,查封了案涉租赁物。某石油工程技术公司以善意第三人的身份对执行提出异议,在诉求被裁驳后提出执行异议之诉。

本案中,承租人某机械制造公司主张其将案涉租赁物又转租他人,即与其有关联关系的某石油工程技术公司,某石油工程技术公司也以实际承租人和善意第

[①] 《最高人民法院民法典担保制度司法解释理解与适用》,人民法院出版社2021年版,第560页。转引自高圣平:《民法典动产担保权登记对抗规则的解释论》,载《中外法学》2020年第4期。

三人的身份,对案涉标的物的执行提出异议和异议之诉。法院审查后认定,某机械制造公司和某石油工程技术公司之间不存在真实的租赁关系,即便存在真实租赁关系,因某金融租赁公司对案涉租赁物进行了登记,租赁关系成立在后,且某石油工程技术公司非善意第三人等原因,不能对抗执行。上述判决理由是正确的。

值得一提的是,关于融资租赁纠纷,即杭州中院审理(2020)浙01民初1402号案件时,《民法典》及《最高人民法院关于适用〈中华人民共和国民法典〉有关担保制度的解释》尚未生效,出租人某金融租赁公司并未在该案中主张用案涉租赁物为其租金债权承担担保责任。在上述1402号案件执行过程中,法院查封了案涉租赁物,某石油工程技术公司提出执行异议才引发该案。

第二十一讲　租赁权人提起的案外人执行异议之诉

导　语

在以不动产为执行标的的执行案件中,法院往往会遇到该不动产上存在租赁关系的情形。实践中,该不动产是否"带租拍卖"往往对该不动产的拍卖成交价格影响巨大。在申请执行人的债权和案外人的租赁权产生冲突时,何者应当优先保护,是法院在执行过程中必须面对和解决的问题。基于此,本讲从租赁权人在执行程序中的可能救济途径出发,探讨实践中应如何化解租赁权人提起的案外人执行异议之诉所致的相关问题,以期完善案外人执行异议之诉的理论建构。

问题一　租赁权人提起的案外人执行异议之诉

【规范梳理】

《最高人民法院关于审理执行异议之诉案件适用法律问题的解释》

第二十条　不带租拍卖、变卖等情况下的强制执行中,案外人以在查封前已与被执行人签订合法有效的书面租赁合同并合法占有使用执行标的,且已按照合同约定支付租金为由,提起执行异议之诉,请求在租赁期内排除一般债权的不带租强制执行,事由成立的,人民法院应予支持;符合上述规定条件的案外人签订租赁合同及合法占有使用执行标的均在抵押权设立之前,请求在租赁期内排除抵押权的不带租强制执行的,人民法院应予支持。

申请执行人可以对带租拍卖、变卖等情况下的强制执行提出书面异议。执行法院作出执行裁定后,案外人不服,自裁定送达之日起十五日内向执行法院提起诉讼的,按前款规定处理。

申请执行人对执行裁定不服,可以自裁定送达之日起十五日内以承租人、被执行人为被告向执行法院提起诉讼,请求不带租强制执行执行标的的,人民法院经审,按照下列情形分别处理:

(一)承租人符合本条第一款规定的,判决驳回诉讼请求;

(二)承租人不符合本条第一款规定的,判决准许不带租强制执行该执行标的。

《最高人民法院关于人民法院办理执行异议和复议案件若干问题的规定》

第三十一条 承租人请求在租赁期内阻止向受让人移交占有被执行的不动产,在人民法院查封之前已签订合法有效的书面租赁合同并占有使用该不动产的,人民法院应予支持。

承租人与被执行人恶意串通,以明显不合理的低价承租被执行的不动产或者伪造交付租金证据的,对其提出的阻止移交占有的请求,人民法院不予支持。

《江苏省高级人民法院执行异议及执行异议之诉案件办理工作指引(三)》

一、案外人基于租赁权提出的执行异议及执行异议之诉案件的处理

1.承租人基于不动产或动产被抵押或查封之后与被执行人订立的租赁合同提出执行异议的,适用《民事诉讼法》第二百三十二条规定进行审查。

承租人请求在租赁期内停止对执行标的的处置或者阻止向受让人移交占有该不动产或动产的,不予支持。

2.承租人基于不动产或动产被抵押、质押或查封之前与被执行人订立的租赁合同提出执行异议,请求在租赁期内阻止向受让人移交占有被执行的不动产或动产的,适用《民事诉讼法》第二百三十四条规定进行审查,并就是否停止执行作出裁定。因此引发的执行异议之诉案件,根据以下情形进行处理:

(1)承租人在租赁物被查封之前已与被执行人签订了合法有效的租赁合同,并已按约支付租金,且实际占有使用租赁物的,对承租人要求阻止交付的诉讼请求应予以支持,对其要求停止对执行标的处置的诉讼请求不予支持。

(2)承租人在租赁物被抵押之前已与被执行人签订了合法有效的租赁合同,并已按约支付租金,且实际占有使用租赁物,抵押权人或首查封法院的申请执行人申请拍卖该租赁物,承租人要求阻止交付的,应予以支持,对其要求停止对执行标的处置的诉讼请求不予支持。

(3)租赁物具有下列情形的,应分别根据《最高人民法院关于审理城镇房屋租赁合同纠纷案件具体应用法律若干问题的解释》第二条、第三条以及《民法典》第七百零六条的规定认定租赁合同的效力：

①未取得建设工程规划许可证或者未按照建设工程规划许可证的规定建设的房屋；

②未经批准或者未按照批准内容建设的临时建筑；

③租赁期限超过临时建筑的使用期限的；

④当事人以房屋租赁应办理登记备案手续为由主张合同效力的。

3. 案外人以其在执行标的被设定抵押或被查封之前与被执行人订立租赁合同，且对执行标的实际占有使用为由，提出执行异议及执行异议之诉，具有下列情形之一的，应认定为虚假租赁：

（1）承租人与被执行人恶意串通，将执行标的以明显不合理的低价出租的；

（2）承租人或者被执行人伪造、变造租赁合同的；

（3）承租人或者被执行人倒签租赁合同签署时间的；

（4）承租人或被执行人伪造租金交付或收取证据的；

（5）承租人与被执行人伪造其实际占有使用执行标的证据的；

（6）承租人系被执行人的近亲属或关联企业，该租赁关系与案件其他证据或事实相互矛盾的。

4. 承租人基于租赁期限为5年以上的长期租约，对执行标的提出执行异议或提起执行异议之诉的，应重点围绕以下几种情形对租赁合同的真实性予以审查：

①租赁合同的订立时间；

②租金约定是否明显低于所在区域同类房屋的租金水平；

③租金支付是否违反常理；

④是否办理房屋租赁登记备案手续；

⑤是否存在名为租赁实为借贷情形；

⑥租赁房屋是否实际转移占有使用；

⑦是否存在其他违反商业习惯或商业常理的情形。

案涉不动产为被执行人或其他人占有使用，承租人仅以其已向房产管理部门办理登记备案，并将该不动产登记为新设公司营业地址为由主张租赁权的，应认定其未实际占有并使用该不动产。承租人已在租赁的土地或房屋内从事生产经营活动，包括已将租赁物用于生活、生产、经营、已进行装修或以其他方式行使对租赁物的实际控制权的，应视为承租人实际占有并使用租赁物。

《江西省高级人民法院关于执行异议之诉案件的审理指南》

第三十三条 金钱债权执行中,承租人作为案外人提起执行异议之诉的,应当区分情形分别处理:

(1)如果法院在执行过程中并不否定承租人享有的租赁权,承租人只是对执行法院要求其腾退房屋的执行行为有异议的,属于对执行行为的异议,应当通过执行复议程序或执行监督程序解决,承租人提起执行异议之诉的,不予受理;已经受理的,裁定驳回起诉;

(2)如果执行法院否定承租人租赁权的成立或存续的,因涉及实体权利的争议,承租人主张其享有足以排除执行的占有、使用和收益权的,在执行异议被驳回后,可以提起执行异议之诉。

第三十四条 金钱债权执行中,承租人在执行法院采取查封等执行措施之前,已与被执行人签订了合法有效的房屋租赁合同,且已按约支付租金并实际占有使用租赁物的,应认定为先租赁后查封。执行法院对该租赁物的执行如果影响到承租人租赁权的行使,承租人据此提起执行异议之诉,请求排除执行的,应予支持。

承租人在执行法院采取查封等执行措施之后,与被执行人签订房屋租赁合同的,应认定为先查封后租赁。承租人提起执行异议之诉,请求排除执行的,不予支持。

第三十五条 金钱债权执行中,承租人在债权人设立抵押权之前,已经与被执行人签订了合法有效的房屋租赁合同,且已按约支付租金,并实际占有使用租赁物的,应认定为先租赁后抵押。执行法院对该租赁物的执行如果影响到承租人租赁权的行使,承租人据此提起执行异议之诉,请求排除执行的,应予支持。

承租人在债权人设立抵押权之后,与被执行人签订房屋租赁合同的,应当认定为先抵押后租赁。承租人提起执行异议之诉,请求排除执行的,不予支持。

【理论基础】

《最高人民法院关于人民法院办理执行异议和复议案件若干问题的规定》第31条和《最高人民法院关于审理执行异议之诉案件适用法律问题的解释》第20条是当前实践中针对租赁权人提起执行异议之诉裁判问题的主要条款。当然,从更广义的角度讲,传统民法中"买卖不破租赁"这一基本原则也可以作为承租人提起案外人执行异议之诉的原则依据,只是不同的是,执行行为与买卖行为并不完全一致,买卖不破租赁并不当然意味着执行也要遵循这一原则。除此之外,由前述《最高人民法院关于人民法院办理执行异议和复议案件若干问题的规定》第31条和《最高人民法院关于审理执行异议之诉案件适用法律问题的解释》第20条也可以看出，承租人提起的案外人执行异议之诉排除强制执行的表现应当限于交付而非交易或者转移所有权，所以从实质上讲，基于不动产租赁权所提起的案外人执行异议之诉在某种程度上并不能阻碍所有权的转移，而应当仅限于阻碍执行人对不动产的占有。由此来看，承租人提起的案外人执行异议之诉的相关依据，除了前述规定，以及《民法典》中关于"买卖不破租赁"的相关规定外，还应当包括《民法典》及其他法律有关占有的规定。

一、租赁权能否排除强制执行

承租人的租赁权能否排除执行，以及如果相关当事人对于是否应当带租执行存在争议的，其能否提起案外人执行异议之诉，实践中一直存在不同观点。因为案外人执行异议之诉解决的是实体权利之间的冲突问题，执行行为异议解决的是执行行为本身是否违法的问题，因此应当根据具体案件情况对承租人适用不同的救济程序。一种观点认为，此种争议应属于《民事诉讼法》第236条规定的执行行为异议。理由是无论租赁关系经审查认定是否合法，均不能阻止法院对于租赁物本身的执行。因此，对于是否应去除租赁权进行拍卖，在性质上应作为行为异议来对待较为妥当，当事人无权提起执行异议之诉。另一种观点认为，此类异议属于《民事诉讼法》第238条规定的案外人执行异议之诉。理由是租赁权是否得以对抗租赁物的执行，既要考虑租赁合同的签订时间以及其真实性问题，又要考虑租金支付是否符合当地市场水平，还要考虑承租人占用使用租赁物的情况。这些无法通过形式审查作出判断，应当通过诉讼的方式予以解决。[①]

租赁权是一种比较特殊的债权。租赁合同本为一种债权债务关系。在早期民法上，承租人只能向出租人本人主张对租赁物的使用、收益权能，租赁权不能对抗第三人。随着社会经济的发展，民法逐渐承认在房屋等财产的租赁关系中，租赁物所有权在租赁期间内的转移并不影响承租人的权利，原租赁合同对受让租赁物的第三人仍然有效，该第三人不得解除租赁合同，此即"买卖不破租赁"原则的产生。这一原则突破了传统的合同相对性法理，使租赁权具有了对抗第三人的效力。这种情况被称为"租赁权的物权化"或"债权的物权化"。在这种情况下，承租人的租赁权性质如何，学者之间素有争论。概括起来主要有债权说、物权说和

[①] 参见司伟：《执行异议之诉原理与实务》，法律出版社2022年版，第238、239页。

物权化说三种学说。《民法典》第 725 条①关于租赁合同对抗效力的规定即是租赁权物权化说的体现。②

但是就承租人的租赁权性质而言,不论是债权说、物权说还是物权化说,均是一项实体性权利,而且还会衍生出优先购买权和优先承租权。但是基于"买卖不破租赁"的原则,对案涉不动产的拍卖变卖并不当然影响租赁权的实现,即使该不动产上另行设立了抵押权,也不必然影响租赁权的实现,因此,要根据执行异议的具体情况,来区分给予当事人不同的救济权利。如果法院在执行过程中涉及租赁权是否设立或者存续的争议,则属于实体权利的争议,另外,相关当事人对租赁权的设立时间、租赁物的占有时间等与抵押权设立事项等发生异议,导致权利冲突的,也应属于实体权利的争议,均应通过案外人执行异议之诉程序来予以解决。如果仅仅是就法院对租赁物的查封行为或者限制所有权转让的执行行为等产生异议的,应属于行为异议的范畴,由执行行为异议和复议程序予以解决。

因此,本书认为,案外人基于租赁权提出执行异议的问题,首先要区分该异议的依据是针对执行行为违法还是基于租赁权被否定,针对不同的情形给予不同的救济途径。只有涉及承租人的租赁权被否定的情形下,才需要案外人执行异议之诉程序来处理。基于租赁权提出的案外人执行异议之诉,根据原告的不同情况可以概括为两种类型,一是承租人要求"带租拍卖",法院驳回其请求后承租人提起的;二是承租人要求"带租拍卖",法院同意其请求后,申请执行人提起的。

从目前的司法实践来看,对于对抗不动产的拍卖执行行为,相关当事人恶意串通、虚构租赁关系的情况屡见不鲜,需要法院认真核实案件事实,避免虚假诉讼的干扰。由于租赁权能够对抗执行的核心要件之一是租赁关系的成立时间和占用不动产的时间先于法院查封时间或者抵押权设立时间,因此,相关当事人倒签租赁合同签订日期的情况并不鲜见。就房屋租赁管理的现行法律法规来看,无论是 1995 年开始实施的《中华人民共和国城市房地产管理法》还是 2011 年开始实施的《商品房屋租赁管理办法》的相关规定,对于房屋租赁的备案登记均是倡导性的,并不具有强制性,所以实践中真正进行租赁合同备案登记的情形并不普遍。司法实践中很难从租赁合同备案登记管理的层面审查相关案件事实,法院需要结

---

① 《民法典》第 725 条规定,租赁物在承租人按照租赁合同占有期限内发生所有权变动的,不影响租赁合同的效力。

② 参见王利明、杨立新、王轶、程啸:《民法学》,法律出版社 2020 年版,第 806 页。

合租赁合同实际履行的相关细节对上述关键事实作出认定。

法院审查的重点，首先，租赁合同的真实性和效力。其次，法院要综合全案证据，准确认定租赁关系的成立时间和实际占有使用租赁物的时间，以便与法院对案涉不动产的查封时间做对比，以此为准确定是否具有对抗效力。

此外，此处的查封，应当注意区分查封登记和现场查封的不同。从执行实务要求看，一般是执行法官先在房地产管理部门办理完查封登记后再去现场办理查封并拍照留存。两种公示方式都会产生相应的公示效果。对于租赁物的占有使用的审查，由于租赁物的登记备案并非强制，因此需要综合审查不动产交付手续、租赁物使用情况、房租支付记录、物业缴费情况、水电费缴费情况等各种证据作出准确判断。

二、租赁权能否对抗抵押权

关于租赁权能否对抗抵押权的问题。如前所述，租赁权是一种特殊债权，根据《民法典》第725条"买卖不破租赁"之规定，是"物权化"的表达，在不动产租赁关系中，承租人对租赁物的占有使用，也是一种重要的公示手段。而抵押权是典型的担保物权，根据《民法典》第402条的规定，不动产抵押权自登记时设立。因此，两种权利发生冲突的情况下，应当对时间在先的权利优先保护，需要特别强调的是，租赁权必须是已经占有使用的时间在先，不仅是租赁关系的成立在先。

根据《民法典》第405条的规定，抵押权设立前，抵押财产已经出租并转移占有的，原租赁关系不受该抵押权的影响。《民法典》第405条之规定，"抵押不破租赁"，要点一是租赁关系成立在先并且承租人已经占有租赁物；要点二是抵押权设立在后，不能仅仅是签订抵押合同。根据上述法律规定，抵押权的设立时间与租赁关系的成立时间、租赁物交付时间的先后，是判断哪项权利应该优先保护的标准。租赁权和抵押权，就性质而言，租赁权本质上仍属于债权，但是基于租赁权在外观上体现为租赁权利人持续占用使用租赁物的状态，具有外观公示效应，在长期的民法发展过程中被"物权化"，因此具备了一定程度的物权公示和对抗的效力。抵押权属于担保物权，以登记为生效要件，但是具有不转移交付的特征。所以，就两种权利的性质、公示方式和对抗效力而言，两者"各有所长"，在同一不动产上并存时，并不能简单地得出抵押权（担保物权）优先于租赁权（债权）的结论。由于抵押权的设立是在不动产相关管理部门办理，抵押登记证书的记载比较清楚，因此法院认定起来相对容易；而租赁关系的成立时间和租赁物的交付时间，法院认定起来难度较大。从司法实践的情况看，虚假租赁关系的情形比较多见。

常见的情形包括：伪造、变造租赁合同的、倒签租赁合同签署时间的、伪造租金交付或收取凭证的、伪造承租人实际占有使用不动产的证据等，需要法院综合全案证据，准确认定租赁关系的真实性、合法性和租赁物实际交付时间。因此，就租赁权与抵押权的对抗关系案件审理而言，其焦点和难点问题，是租赁关系成立时间和租赁物交付时间的准确认定问题。质言之，是关于租赁关系的证据认定和采纳问题。

此外，在明确租赁权与抵押权判断标准上，我们还需回答下述问题：如何正确理解租赁权不得对抗已经登记的抵押权问题？在执行异议之诉案件中，并存于同一不动产上的租赁权和抵押权是不是"一山不容二虎"的直接对抗关系？从权利功能来看，租赁权是发挥不动产的占有使用功能，是使用价值的体现；抵押权是不动产的交换价值的体现，用不动产的交换价值来担保主债权的实现，因此并不是不具有共存的可能性。依据《最高人民法院关于人民法院民事执行中拍卖、变卖财产的规定》第28条的规定，如果租赁关系的设立和租赁物的交付在抵押权设立之后，在法院查封等强制措施之前，如果租赁关系对抵押权的实现没有影响，则不需要除去租赁关系。那么，"租赁关系对抵押权的实现没有影响"实务中应该怎么来认定？从字面解释，指的是抵押权实现时（无论是拍卖还是变卖带租抵押物），足以实现抵押担保范围内的债权的情形。与此相反，如果租赁权对在先设立的抵押权有影响，则人民法院应当将租赁权除去之后进行拍卖。随后带来的问题是，去除租赁权的决定权在谁？是抵押权人依法申请还是人民法院依职权决定？对此，一种观点认为，既然在租赁对抵押权的实现有不利影响时才需要去除租赁，那么当然就应当在强制执行程序中由执行法官作出判断。另一种观点则认为，租赁权不得对抗已登记的抵押权，意味着在抵押权实现时，抵押权人有权去除租赁权。[①] 以上两种观点都有一定的道理，可以进行折中，即在理论上应当由抵押权人决定是否去除租赁权，但在操作层面，可以后设立的租赁权原则上会影响抵押权的实现为由，推定抵押权人会申请除去租赁权。故除非抵押权人明确声明不除去抵押权，否则，人民法院应当除去抵押权。[②]

[①] 参见司伟：《执行异议之诉原理与实务》，法律出版社2022年版，第242-243页。
[②] 参见麻锦亮：《民法典担保注释书》，中国民主法制出版社2023年版，第669、679页。

【典型案例】

案例一：刘某某、中国光大银行股份有限公司成都分行与杨某某、陈某案外人执行异议之诉纠纷案①

基本案情：

案涉房屋登记在杨某某、陈某名下。2015年3月15日，刘某某与陈某签订《房屋租赁合同》，约定将案涉房产出租给刘某某，租赁期限为2015年3月20日至2025年3月19日，月租金为2400元，水电及物业费用由刘某某缴纳。合同签订后，刘某某通过支付宝转账方式于2017年12月31日向陈某支付租金14400元，通过微信分别于2018年9月29日、2019年12月27日、2020年6月28日、2020年12月29日向案外人郑某某转款，每次转账金额为14400元。刘某某于2015年10月起，以自己名义向案涉房屋物业管理公司支付物业费、水电费和垃圾处理费。刘某某于2018年10月11日为案涉房屋开通中国移动宽带服务。

2018年11月30日，杨某某、陈某与光大银行成都分行签订《抵押合同》，以案涉房屋为牧蜂人公司对光大银行成都分行的债务提供抵押担保；2018年12月5日，办理了抵押登记，抵押权人为光大银行成都分行，担保债务的履行期限为2018年12月3日至2021年12月2日。

2020年10月20日，国力公证处向光大银行成都分行依据出具(2020)川国公证执字第400号执行证书，执行证书载明：陈某于2018年11月30日与光大银行成都分行签订了《抵押合同》，……六、对杨某某、陈某名下位于成都市金牛区不动产享有顺位抵押权并对该不动产拍卖、变卖、折价所得价款享有顺位优先受偿权。其后光大银行成都分行依据上述执行证书向法院申请强制执行。法院裁定责令被执行人杨某某、陈某及刘某某于裁定送达之日起六十日内迁出案涉房屋，并对案涉房屋予以评估、拍卖。

刘某某提出其已承租案涉房屋并缴纳租金，有权排除人民法院的强制执行措施，向法院提出执行异议。法院裁定驳回刘某某的申请。原告刘某某不服，在法定期限内以光大银行成都分行为被告，杨某某、陈某为第三人，向法院提出案外人执行异议之诉，其诉讼请求为：(1)判令刘某某对位于成都市金牛区房屋享有承租权，期限自2015年3月15日起至2025年3月19日止；(2)判令刘某某无须迁出

---

① 参见四川省彭州市人民法院民事判决书，(2021)川0182民初3321号。

成都市金牛区房屋。

裁判要旨：

法院认为,本案争议焦点为刘某某依据《房屋租赁合同》享有的承租权能否排除执行迁出命令。

对于该争点问题,首先应当对《房屋租赁合同》签订时间进行确认。本案中,刘某某提交了六次转账记录,其中2017年12月31日的转账系转给出租人陈某,而其他转账虽转给案外人郑某某,但刘某某当庭说明系受出租人指示所为的转账行为,且金额与第一次转账金额一致,亦与租赁合同约定的标准契合,故该六次转账记录虽不连续,但可以证明刘某某持续支付租金的事实。又结合物业缴费记录和宽带安装记录,依照高度盖然性之证据采信的规则,法院对刘某某主张的2015年3月15日签订《房屋租赁合同》并实际占有至今的事实予以确认。对于该合同的效力,光大银行成都分行未对效力问题提出异议,法院经审查,亦未发现无效之原因,故《房屋租赁合同》应系有效合同。但对于刘某某主张判决确认其基于该合同享有承租权,并明确租赁期限的诉请意见,法院认为,权利的存在状态及内容的确定系刘某某第二项诉请之事实基础,在刘某某已经提出第二项诉请前提下,再行单独就该法律事实进行确认,并无判决之必要,对解决双方的争议并无必要性,缺乏诉之利益,故在判决主文中不应再行单独判决。

其次,在《房屋租赁合同》签订事实确定之情形下,刘某某之承租权能否排除强制执行的迁出命令问题。对此争点,应当从刘某某和光大银行成都分行的请求权基础进行分析。刘某某提出《民法典》第725条,该条规定了买卖不破租赁规则。该条的要件在于承租权产生先于所有权变动时间、所有权变动在租赁期限内。根据该条规定,在符合前述要件的情况下,所有权的变动不影响因租赁合同所导致的物的使用权与所有权分离之状态,即物的所有权变动必须接受该所有权因租赁合同所产生债务负担。而光大银行成都分行提出的《民法典》第405条,对于抵押权在行使时与租赁合同的关系,亦明确在租赁合同成立、占有均先于抵押权设立时间的,抵押权不具有排除该租赁合同关系的效力。故综合上述理由,法院认为刘某某有权在租赁期限内继续占有使用案涉房屋。综上,法院判决:(1)刘某某在租赁期限(自2015年3月20日起至2025年3月19日止)内,无须迁出成都市金牛区房屋;(2)驳回刘某某的其他诉讼请求。

裁判评析：

抵押权与租赁权在性质上是相容的。抵押权所追求的是物的交换价值,并且不要求转移抵押物的占有;租赁权追求的是物的使用价值,同时转移占有。二者发生冲突时,应根据二者成立的先后参照确定权利优先与否。其一,是抵押权的设立先于租赁权。《物权法》第190条规定:"订立抵押合同前抵押财产已出租的,原租赁关系不受该抵押权的影响。抵押权设立后抵押财产出租的,该租赁关系不得对抗已登记的抵押权"①。其二是租赁权的设立先于抵押权。《民法典》第405条规定:"抵押权设立前,抵押财产已经出租并转移占有的,原租赁关系不受该抵押权的影响。"这承袭了《物权法》第190条的基本精神,在租赁方实现对租赁物实际占有且"抵押权设立"的情况下,先有租赁关系则适用"抵押不破租赁"原则,租赁合同继续有效,承租人可继续对租赁物占有使用。根据本条规定,在本案中,杨某某、陈某是在《抵押合同》签订前将案涉房屋出租给刘某某的,租赁权的设立时间先于抵押权,因此当刘某某对租赁房实际占有后,抵押不破租赁,此时该租赁合同继续有效。

因此,本案裁判思路中着重审查了租赁合同的签订日期、房屋租金的支付情况、房屋占用的情况、物业缴费记录和宽带安装记录等。当刘某某提供的租赁合同、付款记录、向案涉房屋物业管理公司支付物业费、水电费和垃圾处理费以及为案涉房屋开通中国移动宽带服务等高度盖然性的证据后,足以证实杨某某、陈某与刘某某之间签订的租赁合同合法有效且真实。在《房屋租赁合同》签订事实确定之情形下,刘某某之承租权能否对抗光大银行成都分行的抵押权便能一目了然。结合上述《民法典》第405条和第725条之规定以及《异议复议规定》第31条第1款的规定来看,租赁关系合法成立并且实际占用租赁物的时间优先于法院查封时间和抵押权设立时间,是判断不动产租赁权能否对抗执行的核心要件。也就是说,光大银行成都分行对案涉房产的抵押权不足以排除刘某某的租赁权,该案认定事实准确,适用法律正确,是不动产租赁权能够排除强制执行的比较典型的案例。

案例二:天水恒顺房地产开发有限公司
　　　　与天水市麦积区桥南茗香阁苑茶餐厅、
　　　　案外人执行异议之诉案②

基本案情:

2014年3月,刘某某与天水恒顺房地产开发有限公司(以下简称恒顺公司)签订《商品房买卖合同》和《补充协议》。约定刘某某购买恒顺公司开发的江山悦

---

① 现为《民法典》第405条。
② 参见最高人民法院民事裁定书,(2022)最高法民申302号。

×幢×层201号和203号房屋,刘某某在缴纳部分购房款后向建行天水分行办理按揭贷款,恒顺公司提供阶段性保证。2014年5月,恒顺公司按照合同约定将两套商品房交付给刘某某使用,其装修后用于经营天水市麦积区桥南茗香阁茶餐厅(以下简称天水茶餐厅)。

2015年4月,刘某某与王某某(现天水茶餐厅经营者)签订《房屋租赁合同》。该合同约定:刘某某将案涉房屋租赁给王某某使用。租赁期限为15年,即2015年5月1日至2030年4月30日,王某某共付租金1000万元。2016年4月,因刘某某资金困难发生逾期还款的情况,建行天水分行多次书面催收无果后宣布该笔贷款提前到期。2018年1月,恒顺公司将刘某某诉至天水市中级人民法院要求解除其与刘某某签订的两份《商品房买卖合同》,并要求刘某某向其返还案涉房屋,法院以(2018)甘05民初20号民事判决书予以支持,同时判决恒顺房地产公司给刘某某返还购房款700余万元。

在上述案件执行中,天水茶餐厅提出异议,理由为:第一,法院判决解除的是刘某某与恒顺公司签订的《商品房买卖合同》,判决刘某某向恒顺公司交付案涉房屋,而不是异议人向恒顺公司交付房屋。第二,恒顺公司与刘某某之间的纠纷属于房屋买卖合同纠纷,该纠纷导致房屋权属变化与异议人和刘某某之间的已经实际履行数年的租赁合同无关,恒顺公司无权因买卖合同纠纷导致产权变动而要求解除异议人与刘某某签订的合法租赁合同。第三,异议人与刘某某之间的租赁关系没有经过法定程序解除,是合法有效的受法律保护的法律关系。2019年恒顺公司起诉异议人要求解除租赁关系返还房屋,麦积区法院以甘(0503)民初1931号民事判决书驳回了恒顺公司的诉讼请求,后天水市中级人民法院以(2019)甘05民终713号民事判决书维持了一审判决,异议人与刘某某签订的租赁合同合法有效,异议人没有向恒顺公司返还房屋的义务。第四,涉案房屋由麦积区法院、西安开发区法院和未央区法院查封,异议人被告知可以合法租赁经营但不能买卖。

甘肃省高级人民法院作出的(2021)甘民终203号民事判决,认定天水茶餐厅可以继续履行租赁合同,驳回恒顺公司的相关诉求。恒顺公司不服,向最高院申诉。

裁判要旨:

最高人民法院认为,本案关键问题是天水茶餐厅能否依据其与刘某某签订的《房屋租赁合同》阻止向恒顺公司在租赁期内移交占有案涉房屋。

(一)关于天水茶餐厅与刘某某签订《房屋租赁合同》的真实性与合法性问题

已经生效的(2019)甘05民终713号民事判决认定:"王某某与刘某某形成租赁合同法律关系。从当事人签订的租赁合同时间落款来看,2015年4月28日案外人刘某某尚未出现资金困难而逾期向银行偿还按揭贷款的情况。从合同签订的背景来看，王某某租赁该房屋期限较长，刘某某承诺放弃屋内装修及所有经营品所有权，伴随房屋出租时一并赠与王某某，同时考虑租赁市场价格上涨因素，双方签订长期租赁合同具有其合理性。从租金给付来看，2015年10月至2016年4月王某某与刘某某之间有多笔资金往来，涉及金额570余万元。庭审中王某某陈述其余不足1000万元的部分系现金给付，案外人刘某某接受询问时对转账结合现金的付款方式也作了说明。天水市中级人民法院(2018)甘05民初20号民事判决书亦认定刘某某将房屋租赁给了案外人。"进而认定："就本案现有证据无法认定《房屋租赁合同》存在无效或可撤销的情形，应为合法有效。"在另案生效判决已对相关事实作出认定的情况下，原判决综合考虑当前我国房地产领域实行"预售＋按揭"模式，购房人往往要间隔相当长的时间内才能通过办理房屋过户登记手续成为法律意义上的所有权人的现实情况，如果在此期间不允许买受人对房屋进行租赁，既不利于社会资源的利用，也与鼓励交易的市场经济基本原则相违背，最终认定《房屋租赁合同》属于刘某某、王某某的真实意思表示，不违反法律法规的强制性规定，系合法有效的合同，并无不当。恒顺公司关于王某某租赁案涉房屋时未尽合理注意义务、原判决未实质性审查天水茶餐厅经营者王某某与刘某某之间是否存在真实租赁合同关系以及王某某支付租金情况、认定基本事实缺乏证据证明的申请再审理由不能成立。

（二）关于天水茶餐厅能否在租赁期内阻止向恒顺公司移交案涉房屋占有的问题

行为时有效的《合同法》第229条规定："租赁物在租赁期间发生所有权变动的，不影响租赁合同的效力。"[1]该规定是为保护承租人在租赁期间内，顺利、安全地对租赁物使用收益而作出的，即使租赁物的所有权人不再是租赁合同中的出租人，或者出租人在租赁物上设定了抵押等担保物权，并不会造成租赁合同终止，承租人仍然可以继续租赁，对租赁物使用收益，目的是维护租赁关系的稳定性，即"买卖不破租赁"原则。根据《最高人民法院关于人民法院办理执行异议和复议案件若干问题的规定》第31条第1款"承租人请求在租赁期内阻止向受让人移交占有被执行的不动产，在人民法院查封之前已签订合法有效的书面租赁合同并占有使用该不动产的，人民法院应予支持"的规定，在执行程序中同样适用"买卖不破租赁"原则。

本案中，刘某某与恒顺公司签订《商品房买卖合同》，并针对该合同办理了预告登记。购房合同签订后，刘某某已支付700余万元购房款，剩余690万元购房款

---

[1] 现为《民法典》第725条。

在办理银行按揭贷款后亦付至恒顺公司,恒顺公司亦将案涉房屋交付刘某某占有使用。王某某在与刘某某签订合法有效的《房屋租赁合同》后,在案涉房屋被查封时已经经营天水茶餐厅五年之久。原判决根据以上事实,结合"买卖不破租赁"的本意和公平原则,认定恒顺公司已将案涉房屋的占有、使用权转移给了刘某某,刘某某的出租行为实质上是向王某某让渡其从恒顺公司所取得的房屋占有、使用权,在刘某某合法拥有案涉房产使用权期间发生的租赁关系,且该租赁关系不违反法律法规的情况下,不应当因后发生的物权变动、合同解除等事实而否定或影响已合法建立的租赁权,并无不当。根据法律规定,天水茶餐厅不能以其对执行标的享有的租赁权阻却案涉房屋的过户转让,只能阻止在租赁期内向恒顺公司转移占有,原判决对此认定正确。恒顺公司关于本案不适用"买卖不破租赁"原则、天水茶餐厅不具有占有恒顺公司房产的合法依据、原判决适用法律错误的申请再审理由不能成立。

裁判评析:

该案件历次审判均参照适用了"买卖不破租赁"的原则。回顾本案中当事人间法律关系,其并非实践中经常遇到的房屋所有权人将房屋转卖他人所引起的"买卖不破租赁",而是购房者与房地产开发公司的《商品房买卖合同》被法院判决解除,案涉房屋需要返还给房地产开发公司时,已经建立的租赁关系能否对抗债权执行的情形。这一问题的复杂性在于,案涉房屋的所有权并没有真正发生转移,仍在房地产公司名下,一直没有过户。因此,本案的核心问题在于,租赁关系是否能够在房屋买卖合同解除后继续存在,并能否对抗房地产开发公司的债权执行。二审甘肃高院在审理此案时,结合了"买卖不破租赁"的本意以及公平原则进行处理。法院认为,尽管房屋买卖合同已被解除,房屋所有权并未发生转移,但租赁关系在房屋买卖合同解除之前已经合法成立,并且承租人已经实际占有和使用房屋,支付了相应的租金。因此,租赁关系应当继续有效,承租人的合法权益应当得到保护。最高人民法院对此予以认可,进一步明确了租赁关系在房屋买卖合同解除后的法律效力。

从最高人民法院的判决理由看,首先是确认房屋租赁关系的合法性和真实性。当事人之间争议的关键问题之一也是本案中是否存在真实租赁合同关系这一问题。法院结合租赁合同履行的相关事实,包括承租人实际支付租金情况(数额、时间等)、承租人实际占有使用房屋情况等相关的一系列证据作出认定。基于前认定法院认为,租赁合同的成立和履行应当基于双方的真实意思表示,并且本案中承租人已经按照合同约定支付了租金并实际占有使用房屋,因此租赁关系是合法有效的。

其次，论证承租人能否在租赁期内阻止向房地产公司移交案涉房屋占有的问题。最高人民法院认可了二审法院的法律适用意见，认定成立在先且合法有效的租赁关系应当予以继续维护，不因物权变动或者租赁物买卖合同解除而解除。这一判决体现了法律对租赁关系稳定性的保护，尤其是在房屋买卖合同解除的情况下，租赁关系不应当因此而受到影响。最高人民法院认为，租赁关系的成立和履行是基于承租人和出租人之间的合同约定，与房屋买卖合同是否解除并无直接关系。因此，即使房屋买卖合同被解除，租赁关系仍然应当继续有效，承租人的合法权益应当得到保护。

此外，最高人民法院还强调了公平原则在本案中的适用。法院认为，租赁关系的成立和履行是基于双方的真实意思表示，并且承租人已经按照合同约定支付了租金并实际占有使用房屋，因此租赁关系是合法有效的。如果因为房屋买卖合同的解除而解除租赁关系，将对承租人造成不公平的损失。因此，法院认为，租赁关系应当继续有效，承租人的合法权益应当得到保护。

在实际生活中，房屋租赁关系的稳定性和合法性对于承租人来说至关重要。承租人在租赁房屋时，往往已经投入了大量的时间和金钱，如果后续仅因为房屋买卖合同的解除而失去租赁权，将对承租人造成严重的经济损失。因此，法律对租赁关系的保护不仅是对承租人合法权益的维护，也是对社会经济秩序稳定的重要保障。本案的判决充分体现了这一点，为类似案件的审理提供了重要的法律依据。该判决不仅明确了"买卖不破租赁"原则的适用范围，还强调了租赁关系的合法性和稳定性。从最高人民法院的判决理由看，首先，确认房屋租赁关系的合法性和真实性。当事人之间争议的关键问题之一也是本案中是否存在真实租赁合同关系的问题。法院结合租赁合同履行的相关事实，包括承租人实际支付租金情况（数额、时间等）、承租人实际占有使用房屋情况等相关的一系列证据作出认定。其次，论证承租人能否在租赁期内阻止向房地产公司移交案涉房屋占有的问题。最高人民法院认可了二审法院的法律适用意见，认定成立在先且合法有效的租赁关系应当予以继续维护，不因物权变动或者租赁物买卖合同解除而解除。最高人民法院的判决理由充分体现了法律对公平原则的重视，为类似案件的审理提供了重要的参考依据。这一判决不仅维护了承租人的合法权益，也为社会经济秩序的稳定提供了重要的法律保障。

二审法院是结合"买卖不破租赁"的本意和公平原则进行处理的。最高人民法院对此予以认可。

问题二 租赁权人的其他执行救济路径

【规范梳理】

《浙江省高级人民法院关于执行非住宅房屋时案外人主张租赁权的若干问题解答》

一、人民法院执行被执行人的房屋时,案外人以其在案涉房屋设定抵押或者被人民法院查封之前(以下简称抵押、查封前)已与被执行人签订租赁合同且租赁期限未满为由,主张拍卖不破除租赁,执行机构应如何审查?

答:执行机构可根据案外人及当事人提供的证据,重点围绕租赁合同的真实性、租赁合同签订的时间节点、案外人是否占有案涉房屋等问题进行审查。如果租赁合同真实、合同签订于案涉房屋抵押、查封前且案外人在抵押、查封前已依据合同合法占有案涉房屋至今的,执行中应当保护案外人的租赁权。

《上海市高级人民法院关于在执行程序中审查和处理房屋租赁权有关问题的解答(试行)》

1. 在变现作为可供执行财产的房屋时,执行法院应当如何保障案外人可以提出异议以主张其对变现房屋所享有的租赁权?

答:执行法院裁定拍卖、变卖房屋之后委托评估之前,应当在房屋上张贴公告,告知被执行人以及占有房屋的案外人应当自公告之日起十五日内迁出该房屋。案外人认为其对该房屋享有租赁权而合法占有的,应当自公告之日起十五日内向执行法院提出书面异议。案外人逾期未提出书面异议的,执行法院应当在房屋不负担租赁权的状态下对其进行委托评估、拍卖、变卖。

2. 案外人向执行法院提出书面异议主张对房屋享有租赁权的,执行法院应当如何处理?

答:案外人提出书面异议主张对房屋享有租赁权的,执行法院应当依据《最高人民法院关于执行案件立案、结案若干问题的意见》第九条第(二)项和《民事诉讼法》第二百二十七条的规定进行立案和审查,经审查认为案外人所主张的租赁权依法成立且能够对抗申请执行人的,裁定案外人异议成立,中止对房屋不负担租赁权予以变现;经审查认为案外人所主张的租赁权依法不能成立或者不能够对抗申请执行人的,裁定驳回案外人异议。

【理论基础】

前面详细讲到了租赁权人在案外人执行异议之诉中的权利救济问题,实际上,抛开租赁权人提起的执行异议系执行行为异议还是执行异议之诉的争议来看,不论是从权利的优先性还是《民法典》中的"买卖不破租赁"原则来看,承租人对房屋的利益都值得保护,但前提是其对房屋的租赁权成立,且该租赁权成立于查封之前。因此,可以看出,各地法院关于租赁权人提起执行异议或者执行异议之诉的问题,首要审查的是租赁合同是否成立、何时成立、是否涉及租赁权人与被执行人恶意串通规避执行等情形。因此,对租赁权人的执行救济主要集中在前面几个问题。倘若租赁合同合法成立有效,且成立时间在查封之前,此时租赁权人除了在执行程序中提起案外人执行异议之诉之外,还可以通过哪些方式救济权益?通过比较当前的程序设置,可以发现租赁权人还可以通过执行行为异议阻却房屋交付、优先购买权等途径保护其利益。但除此之外,从更广的角度来讲,租赁权人也应当通过各种在先方式保护合法权益,如通过事前合同约定。

一、租赁权人利益保护的必要性与边界

针对租赁权人合法权益的保护问题,司法实践中已经形成了较为丰富的经验,这也表明租赁权相较于其他权利而言更为复杂。关于租赁权的属性存在较多争议,诸如债权说、物权说等学说观点都揭示了租赁权的重要特征,也正因如此,在满足部分条件的情况下,租赁权人可以提起执行异议之诉,甚至排除强制执行。但如前所述,理论上即便是"买卖不破租赁",也仅是在不妨碍买卖的情况下保障租赁权人对租赁物的合法使用,因此从租赁物交易的角度可以说是"买卖不破租赁",但从租赁角度来讲,也可以说是"租赁不破买卖"。易言之,即便是对承租人应当施以保护,但该保护也应有所限度,该限度即体现在不破坏租赁的情况下应当允许租赁物所有权的转移。

在这一基础上,应当对租赁权人作何种程度的保护,实际上决定了在执行程序中租赁权人可以多大程度上影响执行。事实上,这仍然要落脚于对"买卖不破租赁"的理解。针对"买卖不破租赁"的正当性基础问题,有学者指出,"买卖不破租赁"的正当性在于保护作为社会或经济上弱者的承租人这一公共政策,避免影响承租人的生存利益,这使"买卖不破租赁"只能在"保护弱势承租人"的政策目标内加以适用,而动产租赁不在适用范围内,无偿借用合同也不得类推适用。不过,从根本上来讲,"买卖不破租赁"的正当性基础在于保护承租人对租赁物享有的值得保护的在先使用利益,这不违反让与人和受让人在订立合同时的预期,有

利于降低交易成本,避免对承租人救济不足以及损害承租人之相对人的信赖。[①] 拆解对于这一问题的认识可以从以下几个方面展开:首先,"买卖不破租赁"并非公理,例如在古罗马时期就遵循买卖破租赁的规则,但在这一规则下,法律仍然为租赁权人提供了较多的利益保护规则。[②] 通过这一对比可以发现,保护租赁权人的合法权益是租赁制度的一项基本原则。其次,为什么要对租赁权进行倾斜性的保护,前面几项理由也有讲到,例如认为租赁权人是弱势群体,尤其是在房屋租赁中,租赁权人往往是在经济上处于弱势地位的群体,倘若任由买卖破坏租赁关系,对于这些经济上处于弱势地位的群体而言将是不公平的。但是前述学者也讲到,正是因为基于对租赁权人弱势地位的认识,使"买卖不破租赁"只能适用于不动产租赁,而不能适用于动产处理,因为通常情况下动产租赁更多适用于商业领域,例如融资租赁,其中就不涉及经济上的弱势群体利益保护问题。这显然不符合"买卖不破租赁"的基本要求,所以就有学者认为,"买卖不破租赁"的正当性基础是对预期利益的保护,以及为了降低交易成本。应当认识到,"买卖不破租赁"这一规则之所以能够在许多国家成为一项默认的规则,不仅来源于对弱势群体的保护或者是对期待利益的保护,更为重要的是,"买卖不破租赁"更加符合经济逻辑。倘若允许买卖破租赁,将会产生以下不良后果:其一,租赁权人的合法权益无法得到保障,其要么通过与租赁人进行事前的合同磋商,禁止租赁人在租赁期间买卖租赁物,要么在事后与受让人磋商进一步的租赁事宜。这无疑会大大增加交易成本。其二,在租赁权人合法权益无法得到保障以及交易成本直线上升的情况下,市场上的租赁意愿将会大幅下降,而这显然并不利于对于租赁物的合理使用,也不利于对租赁物价值的发挥,甚至整个租赁市场可能因此消失。其三,细究租赁权人的合法权益,大致包括在合同签订时对于生产与生活的安排,例如部分租赁权人已经围绕租赁物的使用投入了大量的前期成本,此时更换租赁物将会使得前期成本丧失。因此,在这层意义,不论是动产租赁还是不动产租赁,都应当保护租赁权人的合法权益。其四,诚如前述,对于动产或不动产的租赁会大大降低标的物的价值,这在一定程度上会阻碍对标的物的执行,并进一步影响对标的物所有权人债权人债权的清偿。因此,在租赁合同合法成立于查封扣押冻结之前,租赁权成立的情况下,对于租赁权人的利益保护也应当有所限制。其经济学基础在

[①] 参见朱虎、张梓萱:《买卖不破租赁:价值的确立、贯彻与回调》,载《苏州大学学报(法学版)》2022年第3期。

[②] 参见[德]马克斯·卡泽尔、罗尔夫·克努特尔:《罗马私法》,田士永译,法律出版社2018年版,第469-470页。

于,如果租赁权可以对抗强制执行、对抗抵押权等,将会导致租赁物金融价值的丧失,进而进一步影响到与之相关的金融借贷市场。因此,对于租赁权的保护应当限于其合法成立的租赁期限内,并且租赁不得阻碍租赁物的所有权转移。反过来,对于租赁物的执行,也不应当阻碍租赁权人对租赁物的使用。

二、执行行为异议

租赁权人提起执行行为异议,主要适用于执行法院的执行行为违反法律规定,对其合法权益造成侵害的情形。例如,执行法院在查封、拍卖租赁物过程中,未依法通知租赁权人,导致其优先购买权等合法权益受损;或者执行法院的执行措施超出执行范围,侵犯租赁权人对租赁物的正常使用权等。具体而言,可以分为以下几种:(1)针对腾退问题,在执行程序中,法院可能责令被执行人或相关承租人限期腾退租赁物。对于租赁权人而言,腾退行为可能严重影响其居住或经营权益。例如,居住型租赁权人可能面临失去住所的困境,商业型租赁权人可能因腾退导致经营中断,造成经济损失。租赁权人在租赁物被查封前已与被执行人签订合法有效的租赁合同,并实际占有、使用租赁物,法院在未保障租赁权人合法权益的情况下,责令租赁权人腾退,租赁权人可基于租赁权提起腾退行为异议,请求法院撤销或改正腾退决定。(2)针对交付问题,当执行法院将租赁物移交给他人时,若该移交行为损害租赁权人的利益,将影响租赁权人租赁合同的履行。在审查移交行为异议时,法院主要审查租赁权人与被执行人之间的租赁合同是否合法有效、租赁权人是否实际占有使用租赁物、移交行为是否违反法律规定等要点。若审查认定移交行为侵犯租赁权人合法权益,法院将裁定撤销或改正移交行为。(3)针对查封、拍卖等执行措施,租赁权人在租赁物被查封、拍卖过程中享有优先购买权等合法权益。若执行法院在查封、拍卖租赁物过程中未依法保障租赁权人的优先购买权,或者采取的查封、拍卖措施影响租赁权人对租赁物的正常使用,将侵害租赁权人的合法权益。例如,执行法院在未通知租赁权人的情况下对租赁物进行拍卖,导致租赁权人无法行使优先购买权,或者拍卖过程中对租赁物的处置方式影响租赁权人的租赁权益。租赁权人可针对查封、拍卖等执行措施提起执行行为异议,请求法院撤销或改正相关执行措施。在提出异议时,租赁权人应提供证据证明执行措施违反法律规定、侵害其合法权益。法院在审查异议过程中,将综合考虑租赁合同的内容、租赁权人的实际占有使用情况、执行措施的合法性等因素。若异议成立,法院将裁定撤销或改正执行措施;若异议不成立,法院将裁定驳回。租赁权人对裁定不服的,还可依法申请复议。

三、阻却房屋交付

从占有的角度来看,租赁权人的权益保护又有其现实基础。其一,和留置权比较相似,租赁权人基于合法的租赁合同对于租赁物实际占有和管控,这不仅是法律的认可同时也是一种事实上的状态,倘若遵循买卖破租赁的规则,租赁权人基于对自身合法权益的私力救济,可能会拒绝转移交付,拒绝腾挪租赁物,此时无疑会给强制执行增加难度。所以立法保护租赁权人的合法权益乃至设立"买卖不破租赁"规则,从某种程度上来讲实际上是法律对于现实的一种妥协。这与留置权有着较大的相似之处。其二,前面讲到,建设工程价款优先受偿权与留置权存在区别,其中一项重要原因在于,建设工程价款优先受偿权人无法实现对建设工程的管控和占有,因此也就不存在对于建设工程腾挪、转移交付的执行问题。但在租赁问题上,租赁权人本身就基于合法的租赁合同占有租赁物,尤其是,在房屋租赁合同中,租赁权人可能就生活在租赁房屋中,作为一种经济上的弱势群体,这一类租赁权人拒绝转移占有、拒绝交付而与执行行为对抗,可能会造成麻烦甚至是引发严重的后果。所以占有在一定程度上成为执行程序难以逾越的鸿沟,也成为租赁权人维护自身权益的另一种有效途径。

从基本原理来看,承租人作为租赁权人,对承租房屋享有占有和使用的权利,在租赁合约到期之前,房屋所有权人对房产的处分不能影响其使用。由此可以看出,承租人对房屋的权利本质上是一种占有和使用,并不能阻却房屋的所有权变动。但是通常情况,所有权变动后还要涉及对房屋的占有转移,因此,法院对房屋的执行本质上是一种所有权的处分,而占有的转移则在房屋拍卖、变卖之后。这意味着,在房屋占有转移时阻却房屋的交付是承租人行使其合法权益的重要时点,也是其行使权利的合法路径。实践中,在房屋拍卖变卖后,占有转移时,承租人以其租赁契约尚未到期阻却房屋交付也不失为一种权利救济的办法。

四、优先购买权

根据《民法典》第726条的规定,出租人出卖租赁房屋的,应当在出卖之前的合理期限内通知承租人,承租人享有以同等条件优先购买的权利;但是,房屋按份共有人行使优先购买权或者出租人将房屋出卖给近亲属的除外。出租人履行通知义务后,承租人在15日内未明确表示购买的,视为承租人放弃优先购买权。房屋执行通常通过拍卖变卖的方式,往往不涉及出卖给近亲属的情形,此时出租人提出行使优先购买权,亦是其权利救济的重要方式。

【典型案例】

案例:北京北大资源研修学院与北京农村商业银行
　　　股份有限公司上庄支行、北京市仕尚中学、
　　　华夏金谷担保有限公司、北京状元村教育
　　　科技有限公司案外人执行异议案①

基本案情:

2010年5月11日,北京市第一中级人民法院在北京农村商业银行股份有限公司(以下简称农商行上庄支行)与北京仕尚中学(以下简称仕尚中学)、华夏金谷担保有限公司(以下简称金谷公司)借款合同纠纷一案过程中,作出(2010)一中民初字第9292号民事裁定书,裁定冻结仕尚中学、金谷公司在银行的存款或者查封、扣押其相应价值的财产。2010年12月17日,该院作出(2010)一中民初字第9292号民事判决书,判决仕尚中学应偿还农商行上庄支行借款本金人民币17000万元及相应利息;金谷公司就上述债务承担连带责任。仕尚中学不服该判决,向北京市高级人民法院提出上诉。北京市高级人民法院于2011年4月12日作出(2011)高民终字第857号民事判决书,判决驳回上诉,维持原判。因仕尚中学、金谷公司未履行生效法律文书所确定的义务,农商行上庄支行依法向北京市第一中级人民法院申请强制执行,北京市第一中级人民法院以(2011)一中执字第674号立案执行。

后因案涉不动产流拍,2017年1月20日,法院裁定仕尚中学案涉房屋交由农商行上庄支行抵偿等额债务。碍于仕尚中学案涉房屋为划拨教育用地,农商行上庄支行无法办理过户手续,2019年9月23日,法院作出(2011)一中执字第674号之一执行裁定书,裁定书撤销北京市第一中级人民法院(2011)一中执字第674-4号执行裁定书。

2020年12月16日上午10时,北京市第一中级人民法院在京东网络司法拍卖平台上对涉案不动产进行变卖,明确提示案涉标的物目前在租赁使用状态。拍卖过程中,状元村公司以最高应价竞得涉案不动产,成交价为人民币31171万元。在后续执行过程中,研修学院就此提出案外人异议,主张:(1)2010年3月16日,其与仕尚中学签署《租赁协议书》,协议期限为自签字生效之日起20年。虽仕尚

---

① 北京市第一中级人民法院执行裁定书,(2022)京01执异10号。

中学曾以协议约定租金标准过低为由要求解除合同,但海淀法院作出(2014)海民初字第13493号民事判决书,判决驳回了仕尚中学请求;(2)北京市第一中级人民法院在未通知作为承租人的研修学院的情况下,于2020年12月17日对涉案不动产进行了拍卖,执行程序系违法;(3)研修学院对涉案不动产所享有的租赁使用权足以排除强制执行。

2020年1月28日,北京市高级人民法院裁定研修学院提出的案外人异议成立。

裁判要旨:

关于研修学院的主张是否成立的问题。依据《最高人民法院关于民事诉讼证据的若干规定》第10条的规定,已为人民法院发生法律效力的裁判所确认的基本事实,当事人无需举证证明,当事人有相反证据足以推翻的除外。本案中,仕尚中学在(2014)海民初字第13493号民事案件中,请求判令解除仕尚中学与研修学院于2010年3月16日签订的《租赁协议书》,该《租赁协议书》系(2014)海民初字第13493号案件据以确定当事人主体资格、案件性质及仕尚中学与研修学院各自权利义务关系的依据,亦是案件审查的对象,对《租赁协议书》及相关事实的认定属于该案的基本事实。法院认定,仕尚中学与研修学院的租赁合同系双方自愿达成,且已得到履行。租金过低并非合同解除合同的法定/约定事由,据此驳回了仕尚中学提出的要求解除其与研修学院签订的《租赁协议书》的诉讼请求。依据(2014)海民初字第13493号民事判决书,仕尚中学与研修学院存在租赁关系,合同签订时间为2010年3月16日,租赁期限为签字生效之日20年,目前仍在租赁期限内。依据《最高人民法院关于人民法院办理执行异议和复议案件若干问题的规定》第31条第1款之规定,结合(2014)海民初字第13493号民事判决书认定租赁事实,研修学院占有涉案不动产及签订《租赁协议书》均在法院2010年5月19日查封涉案不动产之前,因此,在无相反证据足以推翻(2014)海民初字第13493号民事判决书所认定的上述基本事实的情形下,对研修学院提出的在租赁期限内不得向状元村公司移交涉案不动产的主张,法院予以支持。

裁判评析:

本案实际是针对案外人的执行异议是否成立问题所作的裁判,案外人作为承租人,在本案中并未通过提起执行异议之诉的方式排除强制执行,而是提出执行异议,阻却案涉不动产的交付。因此,这一案件的审理不仅涉及执行程序的合法性和正当性,还涉及租赁合同的法律效力及其与执行程序之间的关系。从案件的基本事实来看,案外人作为承租人,与被执行人之间存在合法有效的租赁合同关系，且该租赁合同成立于房屋被查封之前。因此，案外人的租赁权在房屋被查封时已经成立，其合法权益应当受到法律的保护。

从其基本原理来看，作为案外人的承租人首先同被执行人之间的租赁合同应成立且有效，该合同同时成立于房屋被查封之前，其租赁权成立。租赁合同的成立和有效性是案外人提出执行异议的基础。根据《民法典》的相关规定，租赁合同是出租人将租赁物交付承租人使用、收益，承租人支付租金的合同。在本案中，案外人与被执行人之间的租赁合同符合法律规定的成立要件，且双方已经按照合同约定履行了各自的义务，承租人支付了租金并实际占有和使用房屋。因此，租赁合同的法律效力应当得到确认。其次，案涉房屋的执行过程中涉及占有的转移时，租赁权人以租赁契约未到期为由，符合民法上的"买卖不破租赁"原则，应当得到支持。"买卖不破租赁"是民法中的一项重要原则，旨在保护租赁关系的稳定性，尤其是在房屋买卖或执行程序中，确保承租人的合法权益不受所有权变动的影响。根据这一原则，租赁合同在租赁期内对新的所有权人继续有效，承租人有权继续占有和使用租赁物。在本案中，案外人的租赁合同在房屋被查封时已经成立，且租赁期限尚未届满。因此，案外人作为承租人，有权依据"买卖不破租赁"的原则，阻却案涉房屋的交付，继续占有和使用房屋。最后，在实践中，执行程序往往涉及多方利益的平衡，尤其是当案外人作为承租人提出执行异议时，如何平衡申请执行人、被执行人和案外人之间的利益，成为执行程序中的难点问题。本案的裁判明确了案外人实际占有和使用房屋的事实，为类似案件的审理提供了重要的参考依据。通过确认案外人的租赁权及其对房屋的实际占有，本案有效防止了实践中可能出现的规避执行问题，维护了执行程序的公正性和合法性，并有效回应了实践中可能出现的规避执行问题，因而具有一定的指导价值。

第二十二讲　共有权人提起的案外人执行异议之诉

> **导　语**
>
> 共有人以其对共有物享有所有权或共有权为由提起的案外人执行异议之诉，在实践中较为常见，多表现为基于不动产共有关系、家庭共有财产关系、夫妻共有财产关系等法律关系而提起。此类纠纷，不仅涉及对共有权性质的理解以及对共有法律关系中相关主体权利保护问题的认识，还会夹杂双方对共有份额、权属约定等事实的争议，导致案件审理难度较大。《最高人民法院关于人民法院民事执行中查封、扣押、冻结财产的规定》第12条尽管对此类案件的处理提供了规范基础，但对实践中复杂问题的解决仍显不足，本讲旨在围绕共有权人提起的案外人执行异议展开讨论。

问题一　共有权人提起的案外人执行异议之诉

【规范梳理】

《最高人民法院关于人民法院民事执行中查封、扣押、冻结财产的规定》

第十二条　对被执行人与其他人共有的财产，人民法院可以查封、扣押、冻结，并及时通知共有人。

共有人协议分割共有财产，并经债权人认可的，人民法院可以认定有效。查封、扣押、冻结的效力及于协议分割后被执行人享有份额内的财产；对其他共有人享有份额内的财产的查封、扣押、冻结，人民法院应当裁定予以解除。

共有人提起析产诉讼或者申请执行人代位提起析产诉讼的,人民法院应当准许。诉讼期间中止对该财产的执行。

《江苏省高级人民法院执行异议及执行异议之诉案件办理工作指引(二)》

八、案外人基于不动产共有关系提起的执行异议之诉案件的处理

22.案外人基于执行标的共有权人身份提出执行异议,请求排除执行的,根据下列情形予以处理:

(1)执行标的为共同共有且不可分割的,当事人对共有权及其份额无异议的,应裁定驳回其异议,并依照《民事诉讼法》第二百三十二条规定交代救济权利;

(2)执行标的为按份共有且可分割,且当事人对共有权及其份额无异议的,应支持案外人的异议请求,并依照《民事诉讼法》第二百三十二条规定交代救济权利;

(3)执行标的是否为共有财产或者共有份额存在争议的,应依照《民事诉讼法》第二百三十四条规定审查处理,并在执行异议之诉中对案外人享有的份额进行认定,判决不得执行案外人享有的变现份额。

《吉林省高级人民法院关于审理执行异议之诉案件若干疑难问题的解答》

问题十八:执行异议之诉案件中,对"因买受人自身原因未办理过户登记"该如何判断?

执行异议之诉案件中,人民法院经审查发现存在以下情形,应当认定属于《最高人民法院关于人民法院办理执行异议和复议案件若干问题的规定》第二十八条第四项规定的"因买受人自身原因未办理过户登记":

(一)存在法律、政策上的登记障碍,如经济适用房或限购、限贷等原因不能登记的;

(二)存在着如抵押权、共有等他人权利的登记障碍,而买受人未加以合理注意的;

(三)已经满足了登记条件,而买受人未积极主张办理登记的。如借名买房、预告登记等买受人未及时登记的、或者因规避法律政策、逃避纳税等原因买受人不登记的。

问题二十七:金钱债权执行中,人民法院能否对共同共有的不动产进行分割?共有不动产被分割后,不负有给付义务的共有人提起执行异议之诉,人民法院该如何处理?

金钱债权执行中,如果共有人一方对作为执行标的物的不动产提出分割,执行法院可以对该不动产进行分割,其他共有人不得拒绝分割。

该不动产被分割后,执行法院为执行生效裁判而对作为执行标的物的不动产强制执行的,不负有给付义务的共有人对作为执行标的物的权利份额可以主张优先购买,但其直接对作为执行标的物的不动产请求排除执行的,人民法院不予支持。

《江西省高级人民法院关于执行异议之诉案件的审理指南》

30. 金钱债权执行中,案外人基于执行标的共有权人身份提出执行异议之诉,请求排除执行的,区分下列情形予以处理:

(1)执行标的可分割的,对案外人享有的份额部分应予支持;

(2)执行标的不可分割的,应判决驳回其诉讼请求,但对案外人享有的变现份额不得执行。

【理论基础】

根据《民法典》第297条的规定,包括动产和不动产在内的财产可以由两个以上主体共有。共有权是所有权的特殊表现形式,共有物之上虽然存在多个所有权人,但其内容均相同,并不违反一物一权的基本原则。由于共有人在数量上表现为多数,一旦某一位共有人成为被执行人,该共有物作为其财产的一部分,根据申请执行人的申请,人民法院可以对该共有物采取执行措施。此时,其他共有人为维护其对共有物的所有权,可以通过提起案外人执行异议之诉的方式,请求排除强制执行。

共有分为按份共有和共同共有。[1] 按份共有是指各主体分别按照明确的份额对标的物享有所有权,共同共有则是指各主体并不区分具体份额而对标的物共同享有所有权。共同共有与按份共有存在着显著的区别,按份共有的法律关系相对较为简单,即各方当事人对于标的物按照约定的比例或份额享有财产权利,对于各方当事人是否存在其他的法律关系没有明确的要求,按份共有的当事人可以随时要求分割标的物,或者按照标的物的实际价款来分割。[2] 而共同共有则必须以各方当事人存在共有关系为前提,可以说共同共有衍生于共有关系,各方当事人在共有关系存续期间不得请求分割标的物,除非共有关系基础丧失或者存在其他重大理由,当事人才可以请求分割共有财产。[3] 共有关系在实践当中比较典型的

---

[1] 参见李锡鹤:《究竟何谓"共同关系"——再论按份共有与共同共有之区别》,载《东方法学》2016年第4期。

[2] 参见戴永盛:《共有释论》,载《法学》2013年第12期。

[3] 参见崔建远:《中国民法典释评:物权编(上卷)》,中国人民大学出版社2020年版,第459页。

如家庭关系,在家庭关系存续期间,各方当事人无权请求分割共有财产,除非家庭关系解除。可见,共同共有对共有权人的权利限制条件更加严格,处理此类纠纷比处理涉及按份共有的纠纷相对更加复杂。共同共有中,按照共同关系的不同,主要分为基于夫妻关系而产生的共同共有、基于家庭共同生活关系而产生的共同共有、基于继承关系而产生的共同共有等类型,其中涉及前两种共同共有关系的案外人执行异议之诉纠纷较多。

关于共有人提起案外人执行异议之诉应当如何处理,实践中曾存在两种不同观点。一种观点认为,生效法律文书体现国家意志,被执行人应当接受人民法院对标的物的强制执行,因此,在执行语境下,其他共有人不能拒绝分割共有财产,其提起案外人执行异议之诉均不应得到支持,其他共有人的合法权利可以通过另外的途径获得救济。① 另一种观点则认为,应当区分按份共有与共同共有两种情形。如果是按份共有,因标的物份额明确,且法律并未禁止或作出限制分割的规定,故按份共有人提起案外人执行异议之诉,要求不得执行其所享有的标的物份额,该诉讼请求应当得到支持。但在共同共有情形下,在共同关系存续期间,共有人对共有物的所有权具有完整性及平等性,该物既可以视为是被执行人的财产,也可以视为是其他共有人的财产。共同共有消灭的原因主要包括基础法律关系的消灭、共有物对外转让或者共有物灭失等情形,除此之外,在共有人并未作出消灭共有权意思表示的情况下,不应当因共有人的债权人申请执行的行为而侵害其他共有人的共有权利。因此,其他共有人对标的物所享有的物权优先于申请执行人的债权②,其他共有人请求排除对共同共有标的物的执行请求,应当予以支持。③

也就是说,针对共有权能否排除执行问题,前述两种观点的争议主要集中在对共有物能否分割的问题上。如果是按份共有的,根据《民法典》第 303 条的规定,共有人约定不得分割共有的不动产或者动产,以维持共有关系的,应当按照约定,但共有人有重大理由需要分割的,可以请求分割;没有约定或者约定不明确的,按份共有人可以随时请求分割,共同共有人在共有的基础丧失或者有重大理由需要分割时可以请求分割,因分割对其他共有人造成损害的,应当给予赔偿。《民法典》第 305 条规定,按份共有人可以转让其享有的共有的不动产或者动产份

---

① 参见唐力:《案外人执行异议之诉的完善》,载《法学》2014 年第 7 期。
② 参见汤维建、陈爱飞:《"足以排除强制执行民事权益"的类型化分析》,载《苏州大学学报(哲学社会科学版)》2018 年第 2 期。
③ 参见陈华彬:《物权法原理》,国家行政学院出版社 1998 年版,第 476 页。

额。其他共有人在同等条件下享有优先购买的权利。根据上述规定,按份共有人之间于标的物上的共有关系相对独立,其可以随时要求退出共有关系,而无论这种退出的意思表示是否完全出于自愿。① 在符合执行条件的基础上,执行程序更加关注是否存在财产分割上的障碍,显然按份共有具备财产分割的条件。因此,其他共有人不能以其享有按份共有权为由阻却人民法院的执行行为,即不能基于对财产的共有关系而排除对整个财产的强制执行。

总的来说,按份共有的内在含义即按份共有人对共有财产只享有约定或法定的份额,其当然不能排除对整体财产的强制执行,但对按份共有人提出的排除强制执行其份额的请求,人民法院应予支持。② 但是,如果按份共有人主张其享有优先购买权,则应当保证按份共有人的优先购买权,申请执行人可以就其他共有人支付的价款实现债权。需要注意的是,其他共有人提出行使优先购买权的主张,并非针对执行标的提出的异议,应当在执行程序中予以解决。

并且,即使在《民法典》第303条所规定的,当共有人(无论是按份共有人还是共同共有人)明确约定不得分割共有物的,或者双方对分割共有物未作出约定的情形下,共有物亦并非绝对不能分割。对共同共有人来说,只要满足"共有的基础丧失"或者有"重大理由"需要分割的,即可对共有物进行分割。而此处的"重大理由",应当包括因执行具有司法权威的生效法律文书所确定的应当履行的法律责任。也就是说,即使在《民法典》第303条所包含的上述两种情况下,共有物的分割均不存在法律上的障碍,共有物之上的共有关系不能阻止对其整体的强制执行。至于其他共同共有人的权利救济,应当按照双方之间的内部关系进行处理,其他共同共有人如果因财产分割而遭受损失的,可以另行向被执行人主张。

进言之,强制执行所要分割的并不是共有关系而是共有财产,财产之所以是一种私有权利,就在于其价值不同于亲属关系等主体关系,其本质实际上是一种价值。如果基于共有关系的存在而阻碍了财产价值的发挥,那么将会导致亲属法与财产法完全分离,而亲属法显然不能够建立一套完全不同于财产法的财产制度。并且,如因共有关系的存在而使得共有财产走向不可执行,则会使得共有财产失去交易、担保的价值,最终危及共有制度的价值。③ 因此,即便是共同共有关

---

① 参见戴永盛:《共有释论》,载《法学》2013年第12期。
② 参见金殿军:《被执行人共有财产的执行路径——以申请执行人代位分割之诉为中心》,载《法律适用》2023年第1期。
③ 参见金殿军:《被执行人共有财产的执行路径——以申请执行人代位分割之诉为中心》,载《法律适用》2023年第1期。

系,在财产被执行的过程中,共同共有人依然不能基于其对该财产的共同共有而主张对该财产强制执行的排除,此时应当以存在重大理由为依据对该财产进行分割,但是值得注意的是,对于共同共有人所共有的财产份额,法院依然不能强制执行。

综上,无论是按份共有人还是共同共有人,均不能以存在共有关系而排除对整体财产的强制执行,但共有人提出排除对其份额的进行强制执行的请求,人民法院应当予以支持。

另外值得注意的问题是,当债权人提起代位析产诉讼后,共有人是否有权继续提出案外人执行异议之诉以排除执行。目前司法实践对这一问题的理解存有争议,其争议焦点在于,债权人提起代位析产诉讼与共有人提出的案外人执行异议之诉是否构成对同意诉讼标的的重复评价。本书认为,对执行标的的真实权属进行审查是案外人执行异议之诉的制度目的,债权人代位析产诉讼不能完全替代案外人执行异议之诉的制度功能,债权人代位析产诉讼的功能在于审理被执行人对执行标的的财产份额,而案外人执行异议之诉之目的在于确认共有人是否对其主张份额享有足以排除执行的权利,进而纠正执行行为的非正当性、执行标的之实体失当性[1],前者无法完全解决后者中争议问题,例如:当共有人以执行标的系其个人所有为由请求排除执行,或者共有人以其对执行标的享有物权期待权为由请求排除执行,均需要通过案外人执行异议之诉以确认案外人的排除执行诉请能否得到支持。[2]

【典型案例】

案例一:甘肃省工矿材料集团公司与厦门市中汽国投贸易有限公司案外人执行异议之诉纠纷案[3]

基本案情:

一审法院审理查明:厦门市中汽国投贸易有限公司(以下简称中汽公司)与甘肃省工矿材料集团公司(以下简称工矿公司)、兰州永天机电设备装配有限公司之

---

[1] 参见肖建国:《中国民事强制执行法专题研究》,中国法制出版社2020年版,第184页。
[2] 参见郑重:《共有人执行异议之诉与债权人代位析产诉讼的衔接适用》,载微信公众号"法律适用"2024年12月18日,https://mp.weixin.qq.com/s/CC-NoHJzvdl6jAE38E5o8g。
[3] 最高人民法院民事裁定书,(2021)最高法民申2470号。

间因投资款纠纷案,业经一审法院作出兰法经初(2000)94号民事判决,且该判决已发生法律效力。由于工矿公司、兰州永天机电设备装配有限公司未依判决履行相应义务,中汽公司遂向法院申请强制执行。为此,一审法院于2017年10月13日依法作出(2017)甘01执恢133号执行裁定,裁定冻结、扣划被执行人工矿公司、兰州永天机电设备装配有限公司银行存款15712891.33元,若银行存款不足,则查封、扣押、拍卖、变卖被执行人与标的等值的财产以清偿债务。在执行该案过程中,法院对恒发公司及工矿公司广州开发部名下,位于广州市××区南北商贸城的国有土地使用权(证号:11019997)及其地上建筑物采取了查封、评估、拍卖等一系列执行措施。对此,恒发公司提出书面异议,对一审法院查封、评估、拍卖位于广州市花都区南北商贸城"吉顺楼"工程项目的执行行为表示不满。经审查,一审法院于2018年6月4日作出(2018)甘01执异321号执行裁定,裁定中止对前述国有土地使用权及地上建筑物的执行。

根据花国用(95)字第11019997号国有土地使用权证所载,该土地使用者为花都市恒发房地产开发公司与甘肃省工矿材料集团公司广州房地产开发部,土地位于新华镇107国道商贸城。另据广州市国土资源和规划委员会提供的不动产登记簿查册表显示,本案执行争议标的物坐落于新华镇南北商贸城,权属人为花都市恒发房地产开发公司和甘肃省工矿材料集团公司广州房地产开发部,地号为0118032,产权证号为11019997,土地权属性质为国有土地使用权,且土地使用期限自1995年5月10日起至2045年5月9日止。

另悉,和平公司与工矿公司之间因投资款纠纷案,经一审法院调解,于2017年1月20日作出(2016)甘01民初881号民事调解书,确认工矿公司需偿还和平公司投资款本息共计1100万元。此外,花都市恒发房地产开发公司于2000年8月28日经工商变更登记,更名为广州市花都区恒发房地产开发公司。而工矿公司广州房地产开发部,则为工矿公司的内部设立机构。

二审法院认为,一审查明事实清楚,二审法院予以确认。

裁判要旨:

最高人民法院经审查后认为,本案的核心争议焦点集中在以下三个方面:(1)恒发公司是否享有足以阻却对涉案房地产强制执行的民事权益;(2)中汽公司在一、二审诉讼中的主体资格及其委托诉讼代理人的授权是否合法有效;(3)一审诉讼程序是否存在违法之处。

1. 关于恒发公司是否享有足以阻却对涉案房地产强制执行的民事权益

最高人民法院认为，首先，依据《物权法》第14条①及第146条②之规定，不动产登记簿是确定物权归属的根据，建设用地使用权与其上的建筑物应一并处分。鉴于涉案国有土地使用权登记在恒发公司与工矿公司广州房地产开发部名下，且后者为工矿公司的内设机构，故可认定恒发公司与工矿公司为涉案房地产的共同所有权人。双方对共有形式未作约定，根据《物权法》第103条③，应视为按份共有。至于和平公司收购涉案房地产的事宜，涉及和平公司与工矿公司之间的债权债务关系，应另循合法途径解决，且和平公司非本案当事人，最高人民法院不予置评。

其次，根据《最高人民法院关于人民法院民事执行中查封、扣押、冻结财产的规定》(2008年调整)第14条，对被执行人与他人共有的财产，人民法院有权查封、扣押、冻结，并应及时通知共有人。共有人可协议分割共有财产，经债权人认可后，人民法院可认定有效。查封、扣押、冻结的效力及于分割后被执行人享有的份额；对其他共有人享有的份额，人民法院应裁定解除查封、扣押、冻结。共有人或申请执行人可提起析产诉讼，诉讼期间应中止对该财产的执行。因此，中汽公司作为债权人，有权申请执行登记在工矿公司和恒发公司名下的涉案房地产，恒发公司并不享有足以阻却强制执行的民事权益。恒发公司作为共有人，其享有的共有份额受法律保护，共有财产份额的确认可在执行程序中通过协商或诉讼途径解决。

2. 关于中汽公司在一、二审诉讼中的主体资格及其委托诉讼代理人的授权是否合法有效

最高人民法院认为，中汽公司于2007年6月2日被吊销营业执照。吊销企业法人营业执照是工商行政管理机关对违法企业法人的一种行政处罚。企业法人被吊销营业执照后，应依法进行清算，清算程序结束并办理工商注销登记后，该企业法人才视为消灭。因此，在企业法人被吊销营业执照后至被注销登记前，该企业法人仍应视为存续，可以自己的名义进行诉讼活动。中汽公司具备诉讼主体资格。本案一审、二审期间，中汽公司向法院提交了加盖有公司公章的身份证明及授权委托材料，并有其法定代表人的授权说明佐证，因此，中汽公司委托诉讼代理

---

① 现已被《民法典》第208条吸收。
② 现为《民法典》第356条。
③ 现为《民法典》第308条。

人的行为合法有效。

3.关于一审诉讼程序是否存在违法之处

最高人民法院经核实,2019年12月16日,兰州市中级人民法院审判员王某在该院约谈了和平公司法定代表人周某某,并告知其:和平公司以第三人身份申请参加该案诉讼的申请已收悉,经合议庭评议认为,该案为申请执行人执行异议之诉,和平公司并非执行案件的当事人,亦未参与执行异议审理。根据《最高人民法院关于适用〈中华人民共和国民事诉讼法〉的解释》(2020年修正)第304条,和平公司不能作为该案的第三人参加诉讼,和平公司可在执行案件中作为案外人另行主张权利。周某某表示知晓,并未提出异议。最高人民法院认为,和平公司以第三人身份申请参加诉讼,是否准许由人民法院决定。一审重审中,法院已向和平公司告知其参加诉讼申请的审查结果及理由,程序合法,并无不妥。工矿公司的此项再审申请理由不成立。

综上所述,工矿公司的再审申请不符合《民事诉讼法》(2017年修正)第200条①第2项、第6项规定的情形。依照《民事诉讼法》(2017年修正)第204条②第1款、《最高人民法院关于适用〈中华人民共和国民事诉讼法〉的解释》(2020年修正)第395条第2款之规定,裁定驳回再审申请人甘肃省工矿材料集团公司的再审申请。

裁判评析:

本案是按份共有人就被强制执行的共有物提起案外人执行异议之诉的典型案例。在本案中,最高人民法院根据原《最高人民法院关于人民法院民事执行中查封、扣押、冻结财产的规定》第14条,即新《最高人民法院关于人民法院民事执行中查封、扣押、冻结财产的规定》第12条的规定,认为恒发公司作为按份共有人,不能排除对整个财产的强制执行,其对共有财产份额的确认应在执行程序中通过协商或者诉讼途径另行解决。最高人民法院这一裁判具有保护债权人合法权益的价值取向,是对现行法的合理适用。

并且,在本案中,由于恒发公司与工矿公司并未对双方就案涉标的物的共有形式进行约定,根据《物权法》第103条(现《民法典》第308条)规定,案涉标的物应视为由恒发公司和工矿公司按份共有。换言之,恒发公司与工矿公司作为按份共有人,其各自对案涉标的物只享有法定或者约定的份额,在此种关系下,共有人

---

① 现为《民事诉讼法》第211条。
② 现为《民事诉讼法》第215条。

对其按份享有的部分得由其进行自由处分,无须经过其他按份共有人的同意,即可对其按份享有的部分进行买卖、租赁、设定抵押等负担行为或处分行为,而相应的是,对其他按份共有人利益的保护,至少在理论上对执行债务人应有部分尚不构成实质障碍。① 基于此,恒发公司对该部分份额所享有的权益保护也通常被限制在该部分份额内,无法排除对该标的物整体的强制执行,因此,本案的判决结果在理论上亦正当合理。

可以肯定的是,依照《最高人民法院关于人民法院民事执行中查封、扣押、冻结财产的规定》第 12 条,如恒发公司与工矿公司通过协议分割案涉标的物份额,经债权人中汽公司认可,或者恒发公司与工矿公司后续就其对案涉标的物的份额划分通过诉讼的方式达成生效判决,恒发公司可以依照上述文书就其对案涉标的物所享有的份额主张利益。

但应当同时引起注意的是,《最高人民法院关于人民法院民事执行中查封、扣押、冻结财产的规定》第 12 条未明确规定当被强制执行财产是不可分物时,其后续拍卖、变卖能否及于共有人所享有的份额,由于恒发公司与工矿公司对案涉标的物的按份共有份额尚未明确,双方有可能怠于就此问题进行协商,或者就此问题协商失败,或者双方协商解决的结果无法得到债权人中汽公司的认可,或者双方因认为诉讼成本高、周期长,不愿意对案涉标的物的分割进行诉讼,拖延对案涉标的物的拍卖变卖。②《最高人民法院关于人民法院民事执行中查封、扣押、冻结财产的规定》第 12 条尚无法为此时债权人中汽公司实际解决这一问题提供明确的兜底措施路径。本案在判决中也没有明确论证恒发公司对案涉标的物的共有权是否不影响标的物后续的拍卖,在此基础上,债权人的债权是否能够最终通过实际执行被高效率地实现存在疑问。

问题二　涉及夫妻共有财产的案外人执行异议之诉

【规范梳理】

《江苏省高级人民法院执行异议及执行异议之诉案件办理工作指引(二)》

23. 执行依据确定的债务人为夫妻一方,执行法院查封、扣押、冻结或处置被

---

① 参见陈杭平:《共同共有财产之强制执行》,载《国家检察官学院学报》2024 年第 4 期。
② 参见陈杭平:《共同共有财产之强制执行》,载《国家检察官学院学报》2024 年第 4 期。

执行人在夫妻共有财产中的份额,被执行人的配偶对财产份额提出异议的,适用《民事诉讼法》第二百三十四条规定进行审查。被执行人的配偶请求排除执行的,不予支持。

24. 执行依据确定的债务人为夫妻一方,夫妻另一方对被执行人个人名下的财产主张权利,或者对登记在其名下的财产是否系共同财产或其份额提出案外人异议的,依照《民事诉讼法》第二百三十四条规定审查处理,并在执行异议之诉中对案外人享有的份额进行认定,判决不得执行被执行人配偶享有的变现份额。

25. 执行依据确定的债务人为夫妻一方,执行法院对婚前登记在被执行人名下房屋予以查封,被执行人配偶作为案外人以双方约定该婚前财产归夫妻共有为由提出执行异议,请求排除执行的,依据《民法典》第一千零六十五条第二款的规定,一般不予支持。但如果有证据证明该共同财产的约定发生在执行依据所涉债务形成之前的,可以排除执行。

26. 执行依据或其他相关生效法律文书确认案涉债务系夫妻共同债务,未参加诉讼的配偶一方以该债务非夫妻共同债务为由提出执行异议的,裁定不予受理;已经受理的,驳回其异议申请,告知其依法通过审判监督程序救济。

27. 执行依据确定的债务人为夫妻一方,被执行人已离婚,执行法院不得追加其前配偶为被执行人,但该债务形成于夫妻关系存续期间的,可对原夫妻另一方离婚时分得的财产采取执行措施,原夫妻另一方提出异议的,属于案外人异议,应当依照《民事诉讼法》第二百三十四条规定审查处理。

28. 执行依据确定的债务人为夫妻一方,被执行人在案涉房产查封前已经协议离婚,约定被查封房产归另一方所有,被执行人原配偶提起执行异议及异议之诉的,区分下列情形处理:

(1)案涉房产已经过户登记到被执行人原配偶名下,被执行人原配偶因此提起案外人执行异议之诉,请求排除执行的,如果离婚财产协议分割行为发生在执行依据诉讼或仲裁之前,或者发生在执行依据所确定的债务形成之前的,应予支持。申请执行人有证据证明被执行人系与案外人虚假离婚放弃财产或无偿转让财产的,可根据《民法典》第一百四十六条、第一百五十三条、第一百五十四条、第五百三十八条规定另行起诉,请求确认夫妻财产分割协议无效或撤销该协议;

(2)案涉房产仍在被执行人名下,尚未过户登记到被执行人原配偶名下,被执行人原配偶以其为权利人为由,提出案外人执行异议及执行异议之诉,请求排除执行的,不予支持。但其提供的证据能够证明离婚财产分割行为早于执行依据所确定的债务形成时间的,应予支持;

（3）被执行人未履行离婚协议，原配偶在该房产被查封前已通过诉讼、仲裁且已裁决被执行人为其办理房屋变更登记，查封时尚未办理过户登记手续，原配偶提出案外人执行异议之诉，主张该房归其所有，请求排除执行，如果离婚协议签订于执行依据所确定的债务形成之前的，可以参照《异议复议规定》第二十六条第一款第（一）项规定，判决不得对该房屋执行。

《吉林省高级人民法院关于审理执行异议之诉案件若干疑难问题的解答》

问题二十八：作为执行依据的原生效裁判未确定债务为夫妻共同债务，其确定的债务人仅为夫妻一方，执行法院以该债务为夫妻共同债务而查封共有不动产的，被执行人配偶能否提起执行异议之诉？

作为执行依据的生效裁判未判决该债务为夫妻共同债务，其确定的债务人仅为夫妻一方，执行法院以案涉债务系夫妻共同债务而查封夫妻共有不动产的，被执行人的配偶以该债务非夫妻共同债务为由提出异议，异议被驳回后，其可以提起执行异议之诉。

问题二十九：作为执行依据的原生效裁判确认债务为夫妻共同债务，配偶一方认为该债务不属于夫妻共同债务的，其能否提起执行异议之诉？

作为执行依据的生效裁判确认债务系夫妻共同债务的，配偶一方以该债务非夫妻共同债务为由主张对作为执行标的物的共有不动产排除执行的，其本质上属于对原生效裁判的异议，应当通过审判监督程序主张权利，配偶一方提起执行异议之诉的，人民法院应当不予受理；已经受理的，裁定驳回起诉。

【理论基础】

在司法实践中，涉及夫妻共有的案外人执行异议之诉最为常见。[1] 作为一类基本的生产单位，夫妻组成的家庭不仅维系着社会的稳定，还推动着经济的发展。例如家庭单位对于大件商品的需求往往高于普通个体，如房屋、机动车等。但也正因此，对于夫妻共同财产的认定更应当谨慎。依据《民法典》等相关规定，在没有其他约定的情况下，夫妻关系存续期间创造、共同取得的财产理论上属于夫妻共有财产。

但值得注意的是，婚姻法上的夫妻共有财产同财产法上的财产关系存在着不同程度的张力。表现在，依据婚姻法上的规定，夫妻关系存续期间创造、取得的财产归属夫妻共同财产，而夫妻关系存续期间取得的财产类型本就复杂多样，如金

---

[1] 参见赵大伟：《夫妻共同财产的执行顺序》，载《河北法学》2025年第4期。

钱、不动产、动产、股权、知识产权等，而这些不同财产的公示形式并不相同。例如不动产以在登记机关的登记作为产权所有的证明，而动产则表现为占有，如机动车等特殊动产则同样以在登记机关的登记作为产权所有的证明，知识产权则以实际申请人知识产权证明为所有人。但如前所述，夫妻关系存续期间取得的财产应当属于夫妻共有财产，这种共有还是一种共同共有。[1] 这就意味着，在登记机关登记的财产与实际的所有权人之间出现了错位的现象，也就是一种财产的"名""实"分离，或者说亲属法与财产法的紧张关系。[2] 而从另一方面考虑，基于夫妻关系而形成的财产共有关系，会使得财产的表象与实际所有人之间存在"名实不副"的现象。[3] 不论是登记在一方还是双方名下，该财产只要符合夫妻共有财产的特征就属于夫妻共同共有。但是，依据《民法典》婚姻家庭编的相关规定，夫妻债务却采取完全不同的规定，法律默认夫妻关系存续期间取得的财产为夫妻共同财产，却未规定夫妻关系存续期间产生的债务为夫妻共同债务，这就意味着债权人基于对一方交易期间提供的财产证明而产生的信赖利益而与之交易，但在夫妻一方不能按期偿还债务时，却不能基于其提供的财产申请强制执行，因为该财产可能属于夫妻共同财产，依据共同共有的法律关系，缺乏一方共同共有人的同意，另一方共有人不能请求分割财产，而债权人却不能依据该债务产生于夫妻关系存续期间向另一方主张偿还债务。换言之，夫妻一方可以基于夫妻共有关系规避债权人对该财产的强制执行，同时还可以基于债务的产生系因个人原因而无法成为夫妻共同债务而主张避免另一方成为共同债务人，由此形成一种对于债权人十分不利的局面。[4] 但是对夫妻共同财产的认定和对夫妻共同债务的认定的区别，却又肇源于对夫妻关系的维护，在规则设计的过程中，本就存在着夫妻关系的保护、交易安全的维护以及对各方当事人的意思自治的维护这三种原则的平衡。[5] 因此，实践中，倘若债权人为避免成为弱势的债权人，其可以通过要求债务人夫妻双方共同决定的方式来避免。

涉及对夫妻共有财产的执行问题时，如前所述，夫妻对财产的共有属于一种共同共有。在共同共有存续期间，各方当事人除共有关系解除或存在其他重大事

---

[1] 参见刘征峰：《论身份关系与财产变动公示的体系牵连》，载《法制与社会发展》2024年第2期。
[2] 参见陈杭平：《共同共有财产之强制执行》，载《国家检察官学院学报》2024年第4期。
[3] 参见赵大伟：《共同共有财产的执行程序分割——兼评〈民事强制执行法（草案）〉相关条款》，载《甘肃政法大学学报》2023年第2期。
[4] 参见赵大伟：《共同财产制下夫妻个人债务执行程序的规则建构》，载《交大法学》2022年第2期。
[5] 参见陈杭平：《共同共有财产之强制执行》，载《国家检察官学院学报》2024年第4期。

由,不得请求分割共有财产。同样地,在夫妻关系存续期间,对于夫妻共有财产的处分也必须经过夫妻双方的同意,这类司法纠纷通常发生在交易环节。在涉及案外人执行异议之诉问题上,夫妻财产的共有关系如何适用,是否能够排除强制执行尚且并不是一件十分明朗的问题。我国《民法典》婚姻家庭编采用了法定财产制与约定财产制相结合的立法模式。法定财产制体现为夫妻共同财产制与夫妻个人特有财产制相结合,其中,夫妻个人特有财产制下的财产权利归属于夫妻一方,而约定财产制中也可能因夫妻双方达成约定,使某项财产权利归属于一方所有。因此,仅从形式上对财产所有权归属作出的判断,可能与真实权利状况并不一致,这也就导致夫妻一方以其对执行标的享有所有权为由提起案外人执行异议之诉。[1]

涉及夫妻财产的案外人执行异议之诉,当事人的异议通常集中在两方面:一是被执行人对申请执行人所负的金钱债务属于个人债务还是夫妻共同债务提出异议;二是对执行标的属于被执行人个人财产还是夫妻共同财产提出异议。

一、关于债务性质

(一)执行依据中明确所涉债务系夫妻共同债务

根据《民法典》第 1089 条的规定,离婚时,原为夫妻共同生活所负的债务,应当共同偿还。共同财产不足清偿的,或财产归各自所有的,由双方协议清偿;协议不成时,由人民法院判决。根据该条规定,夫妻对共同债务承担连带清偿责任,在清偿顺序上,首先应当以夫妻共同财产清偿,在夫妻共同财产不足或财产归各自所有或者无夫妻共同财产时,由双方协议清偿,协商不成的,可由人民法院依据双方的实际情况,公平合理地确定各自应当承担的清偿份额。然而,夫妻关于债务清偿份额的协议和人民法院关于债务清偿份额的判决,对债权人无法律约束力,债权人仍有权就夫妻共同债务向双方主张权利。[2] 也就是说,夫妻双方内部约定并不具有对抗他人的效力,只要认定系夫妻共同债务,即应由双方共同承担。

如果夫妻一方并未参加原诉讼,其在执行程序中主张所涉债务系个人债务而非夫妻共同债务的,如何处理存在争议。一种观点认为,作为执行依据的生效裁判确认债务系夫妻共同债务的,配偶一方以该债务非夫妻共同债务为由主张对作为执行标的物的共有不动产排除执行的,其本质上属于对原生效裁判的异议,应

---

[1] 参见刘征峰:《论身份关系与财产变动公示的体系牵连》,载《法制与社会发展》2024 年第 2 期。
[2] 参见房绍坤、范李瑛、张洪波编著:《婚姻家庭与继承法》,中国人民大学出版社 2018 年版,第 97 页。

当通过审判监督程序主张权利。例如,《吉林省高级人民法院关于审理执行异议之诉案件若干疑难问题的解答》问题二十九即采取这一观点。另一种观点则认为,其系对执行机构采取执行措施的财产概括主张实体权利,可以视作案外人异议,按照《民事诉讼法》第238条的规定办理。异议人不服裁定的,可以依法提起案外人执行异议之诉。例如,《浙江省高级人民法院关于执行生效法律文书确定夫妻一方为债务人案件的相关法律问题解答》即采取这一主张。本书认为,第一种观点更具有合理性,夫妻一方虽然未参加原诉讼,但如果原审诉讼并未违反程序法规定,该生效法律文书可以作为执行依据,夫妻一方主张该执行依据中确定的债务承担不应及于夫妻共有财产,并非系对执行标的提出的异议,其应当通过再审程序推翻执行依据以获得救济。

(二)执行依据中未明确所涉债务系夫妻共同债务

如果执行依据中认定所涉债务系被执行人的个人债务或者未明确系个人债务还是夫妻共同债务的,在执行程序中,为避免因对执行标的的错误执行而带来一系列后续问题,执行法院应当对是否系夫妻共同债务进行审查。[1] 经审查后,如果确定系个人债务的,应当仅就夫妻一方个人财产或者对其所享有的财产份额采取执行措施;如果确定系夫妻共同债务的,可依照申请执行人的申请,追加被执行人的配偶为被执行人,进而以夫妻共同财产为执行标的采取执行行为。此时,因对债务性质作出认定的系执行部门而非原审判部门,故被执行人配偶对债务性质提出的异议不能视为针对执行依据提出的异议,其可因执行行为影响其实体权利提起案外人执行异议之诉,就是否属于夫妻共同债务进行审查认定。

二、涉夫妻共有财产案外人执行异议之诉的一般认定

如前所述,除了执行依据中是否明确为夫妻共同债务的问题外,一般情况下涉夫妻一方财产执行,尤其是执行标的系夫妻共有财产时,应当如何认定,也是实践遭遇的重要难题。从各省高级人民法院发布的地方司法文件的规定中大致可以看出,实践中不论是共同共有关系还是按份共有关系,在涉及强制执行时普遍不支持共有人以共有关系排除强制执行。[2] 之所以这么规定,实际上源于对涉共有关系的交易和执行的不同认识和保护。

普遍认为,交易与执行存在着显著的差别,因此对于同一类财产的保护以交

---

[1] 参见任重:《民事诉讼法教义学视角下的"执行难":成因与出路——以夫妻共同财产的执行为中心》,载《当代法学》2019年第3期。

[2] 参见陈杭平:《共同共有财产之强制执行》,载《国家检察官学院学报》2024年第4期。

易和执行两种视角来审视时,会发现其最终分析的结果是不一样的。例如,商事外观主义对于交易和执行的适用就有所不同。在交易过程中,基于商事外观主义所产生的信赖利益往往是债权人主张权益保护的重要手段,基于对商事交易秩序和商事交易效率的维护,立法规定,债权人可以主张对商事外观主义产生信赖利益。① 因此,倘若商事外观所呈现的权利归属与实际情况的权利归属存在差异,债权人既没有义务去调查实际权利归属,也不需要去调查实际权利归属,可直接依据商事信赖与对方交易。但是在执行程序中,倘若仅仅依据商事外观,则可能损害到实际权利人的权益。② 这也是案外人执行异议之诉设置的主要原因。因为从实践效果来讲,普通商事交易的债权人和执行机关之间存在着显著的差异,商事外观主义旨在保护商事交易的效率和秩序,而民事执行的主要目的则是为了保证执行的效率,同时还要保护申请执行人与被执行人的合法权益。基于交易与执行这样一个本质的差异,涉及夫妻共有财产的执行与涉及夫妻共有财产的交易,则可能产生不同的裁判规则。

一方面,在涉及夫妻共有财产的交易中,倘若夫妻一方未经另一方的同意私自处分双方共有财产,其产生的法律效果可能与通常所讲的商事外观主义存在着不同之处。已如前述,商事外观主义可以保护债权人的合法权益、维护商事秩序和维护商事效率。但是在夫妻关系当中,由于亲属法对夫妻关系存在的特殊保护,使夫妻共有财产的法律保护与普通财产的法律保护之间存在着规则上的张力,这一张力最终落脚点在共同共有关系上。债权人在与夫妻一方交易时,不能仅仅依据商事外观主义产生信赖利益而主张对于交易对象的权利。因此,倘若夫妻一方未经另一方同意擅自处分夫妻共有财产,其法律后果可能是,另一方主张财产的处分未经其同意,所以财产处分合同无效,而不是只针对夫妻一方对该共有财产享有的份额主张无效。

另一方面,由于执行程序与交易之间存在的差异,在执行程序当中,执行的目的是实现申请执行人的债权,同时保护各方当事人的合法权益。但是,在保护各方当事人的合法权益与实现申请执行人的债权之间,法律需要做出一个比较合理的衡量。这一衡量就不同于前述交易过程当中,共有人可以主张其对财产的处分不知情,因为财产的处分需要遵循各方当事人的意思自治,共有人主张财产的处

---

① 参见李亚超:《〈民法典〉背景下商事外观主义的功能定位与适用进路》,载《中国政法大学学报》2024年第5期。

② 参见吴光荣:《论外观主义在民商事审判中的运用》,载《法学家》2023年第3期。

分未经其同意,所依据的是民事法律行为的成立基本要件,即意思自治原则。① 但执行程序当中并不涉及各方当事人的意思自治,执行机关执行一方当事人的财产也不需要经过另一方当事人的同意。所以,即便夫妻一方因个人债务被申请强制执行,另一方也不得主张其对于强制执行不知晓而排除强制执行。但是如前所述,共有财产的分割需要遵循共有关系消灭或重大理由这样一个事由的前提,强制执行就属于其中重大事由这一项。但为了保护共有关系以及一方当事人的合法权益,强制执行程序需要遵守共有财产分割的基本原则。换言之,共有财产可以分割的按照份额进行分割,不能分割的则需要在遵循价值衡量的基础上进行分割。简言之,能够直接分割的就直接分割,不能直接分割的就折价分割。所以综合来看,在夫妻共有财产强制执行过程中,一方配偶不得以其对该执行标的享有共有权利而主张排除强制执行,但是法院为保护一方配偶的合法权益,在其主张的权利范围内,不得执行一方配偶所应当享有的合法份额。②

关于执行标的如果双方对债务的性质并无异议,但被执行人的配偶主张执行标的系其个人财产或者夫妻共同财产,属于对执行标的提出的异议,异议被驳回后,可以提起案外人执行异议之诉。处理此类纠纷时,应当重点围绕执行标的的权利归属进行认定。

《民法典》第1062条至第1065条,确立了判断夫妻财产所有权的基本标准。在认定夫妻共同财产时,一是要看双方之间是否存在约定,如果双方之间存在书面约定,应当重点审查该约定是否真实、合法,当事人申请对签订时间进行鉴定的,应当通过鉴定以确认其效力。二是要看财产的取得时间是否发生在婚姻存续期间,这也是判断夫妻共同财产的重要标准。如果认定属于夫妻共同财产的,则被执行人的配偶作为执行标的所有权人之一,可以通过提起案外人执行异议之诉获得救济。但因夫妻一方对共有财产仅享有一定份额的财产价值,即使其提出案外人执行异议之诉,也不能完全排除对执行标的的执行行为,仅能排除对属于其所有的标的份额的强制执行。如果财产为不可分割的,在执行标的被依法处置后,可取回应得的财产份额。

---

① 参见赵秀梅:《共有物处分问题研究》,载《法学论坛》2013年第6期。
② 参见冉克平:《论夫妻债务的清偿与执行规则》,载《法学杂志》2021年第8期。

【典型案例】

案例一：章某某等案外人执行异议之诉纠纷案[①]

基本案情：

一审法院经过细致审理查明：2014年5月，一审法院对陈某某与山东绿岛公司、宁某田、宁某绪之间的借款合同纠纷案作出了(2014)青民一初字第1号民事判决，判决三被告连带清偿剩余的借款本金3768万元及滞纳金30.5万元。该案件经过最高人民法院的二审审理，最终维持了原判。由于三被告未能履行生效判决所确定的给付义务，陈某某于2015年2月依法向法院申请强制执行。

在执行过程中，一审法院依据法律规定，对登记在被执行人宁某田配偶章某某名下的1288号房产（该房产建筑面积为177.72平方米）以及宁某田名下的102号房产（该房产建筑面积为55.86平方米）采取了查封措施。同时，法院在1288号房产处张贴了查封公告，并制作了现场笔录以记录查封情况。

2018年，执行程序取得了实质性的进展：6月28日，一审法院裁定对102号房产进行拍卖；11月1日，该房产以468.41万元的价格成功成交，并在当月完成了拍卖款的划付工作，将款项支付给了申请执行人；12月5日，一审法院向北京市西城区不动产登记机构发出了协助执行通知书，要求该机构为买受人办理产权转移登记手续。

2019年3月，案外人章某某就已被一审法院查封的1288号房产以及已拍卖的102号房产提出了执行异议。经过一审法院的审查，裁定驳回了章某某的执行异议。随后，章某某依法提起了案外人执行异议之诉。

经一审法院核实，涉案的两处房产均是在章某某与宁某田婚姻关系存续期间（两人于1987年12月登记结婚）所购置的。其中，1288号房产于2010年1月完成了权属登记手续，而102号房产则登记在宁某田个人名下。

二审法院对原审法院查明的其他案件事实予以确认。

裁判要旨：

一审法院认为，本案的核心争议在于章某某是否就案涉房产享有足以排除强制执行的民事权益。该院从以下几个方面进行了深入分析与认定：

[①] 参见最高人民法院民事判决书，(2019)最高法民终1868号。

一、关于宁某田所负债务的性质

根据《最高人民法院关于审理涉及夫妻债务纠纷案件适用法律有关问题的解释》第1条和第3条的规定,夫妻双方共同签字或一方事后追认的债务应认定为夫妻共同债务;夫妻一方在婚姻关系存续期间以个人名义超出家庭日常生活需要所负的债务,除非债权人能证明该债务用于夫妻共同生活、共同生产经营或基于夫妻双方共同意思表示,否则不认定为夫妻共同债务。

本案中的《借款合同》显示,借款人为山东绿岛公司,借款金额为5000万元,用途为土地开发流动资金,借款期限为2011年11月25日至2012年2月24日。因借款未全部清偿,(2014)青民一初字第1号民事判决确定山东绿岛公司、宁某绪、宁某田连带偿还陈某某剩余欠款3768万元及滞纳金30.5万元。章某某提交的《按账号查询账户交易明细》表明,在借款后至账面余额仅剩4635.63元的期间内,山东绿岛公司未向章某某名下账户转过任何款项。陈某某虽主张该债务为夫妻共同债务,但未能提供充分证据予以证明。因此,结合法律规定、生效判决及本案事实,无法认定该债务为夫妻共同债务。

二、案涉1288号房屋的权属性质

针对案涉1288号房屋,章某某提交了《房屋所有权证》、个人说明、章为民证言、《银行现金交款单》等证据,试图证明该房屋系其父母资助购买,属其个人财产。然而,在这些证据中,除个人说明及章为民的证言外,《银行现金交款单》仅能证明章某某缴纳了购房款,无法体现其父母向其转款或直接缴纳购房款的事实;《房屋所有权证》仅能证明该房屋登记在章某某名下。而陈某某提交的章某某与宁某田的《结婚证》《户口本》等证据,则证明案涉1288号房屋系两人婚姻关系存续期间的夫妻共同财产。因此,章某某请求确认1288号房屋为其个人财产的证据不足,该房屋应认定为章某某与宁某田的夫妻共同财产。

案涉1288号房屋于2015年2月被法院查封。庭审中,章某某提交的《离婚证》《离婚协议》显示日期为2019年7月1日,《离婚协议》约定1288号房屋归章某某所有。但根据《最高人民法院关于人民法院民事执行中查封、扣押、冻结财产的规定》(2008年调整)第26条,被执行人就已查封、扣押、冻结的财产所作的移转、设定权利负担或其他有碍执行的行为,不得对抗申请执行人。因此,章某某与宁某田在《离婚协议》中对案涉1288号房屋的约定不得对抗申请执行人,该房屋仍属夫妻共同财产,章某某享有该房屋的一半份额,在执行该房屋时应保留其享有的一半变现份额。

三、章某某能否对已拍卖的 102 号房屋拍卖价款主张权利

根据《最高人民法院关于人民法院办理执行异议和复议案件若干问题的规定》(2015 年施行)第 6 条第 2 款,案外人依照《民事诉讼法》(2017 年修正)第 227 条[①]提出异议的,应当在异议指向的执行标的执行终结之前提出;执行标的由当事人受让的,应当在执行程序终结之前提出。

案涉房产查封后,法院在章某某居住的 1288 号房屋门口张贴了查封公告。2018 年 11 月 1 日,102 号房屋以 4684134.3 元的价格被法院拍卖,并通知不动产登记事务中心办理产权变更手续,拍卖款也已支付给申请执行人。2019 年 3 月 5 日,章某某提出案外人执行异议时,执行标的已执行终结,该房屋已由第三人受让,受让人通过司法拍卖程序已取得 102 号房屋的所有权。因此,章某某已无法按照《民事诉讼法》(2017 年修正)第 227 条规定的异议程序进行救济,不能在本案中对已支付给申请执行人的房屋拍卖款主张权利。在拍卖款项已全部支付给申请执行人的情况下,章某某就分配拍卖款份额的诉求,可另行对申请执行人提起不当得利之诉。

综上所述,案涉 1288 号房屋系章某某和宁某田的夫妻共同财产,章某某请求确认 1288 号房屋所有权归其所有,并停止执行的诉求不能成立,该院不予支持。但章某某系 1288 号房屋的共有人,在宁某田所负债务不能认定为夫妻共同债务的情况下,该房屋的执行变现款项中应当保留章某某的一半份额。案涉 102 号房屋已执行终结,章某某请求分配一半拍卖款的诉求,不属于本案审理范围。依照《最高人民法院关于审理涉及夫妻债务纠纷案件适用法律有关问题的解释》第 1 条、第 3 条,《最高人民法院关于人民法院民事执行中查封、扣押、冻结财产的规定》(2008 年调整)第 26 条,《最高人民法院关于人民法院办理执行异议和复议案件若干问题规定》(2015 年施行)第 6 条第 2 款及《民事诉讼法》(2017 年修正)第 227 条,《最高人民法院关于适用〈中华人民共和国民事诉讼法〉的解释》(2015 年施行)第 312 条规定,判决如下:一、不得执行位于北京市海淀区房屋变价款中章某某所享有的一半变价款份额;二、驳回章某某的其他诉讼请求。该院(2019)青执异 4 号执行异议裁定于本判决生效时自动失效。

最高人民法院经审理后认为,本案的核心争议焦点集中在以下四个方面:(1)宁某田所负债务是否构成夫妻共同债务;(2)案涉 1288 号房屋是否应认定为夫妻共同财产;(3)对于已被拍卖的案涉 102 号房屋,是否应保留章某某一半的执

---

① 现为《民事诉讼法》第 238 条。

行款份额,以及章某某是否有必要另行提起不当得利之诉;(4)原审法院关于诉讼费的认定是否存在错误。

一、关于陈某某申请执行的案涉债务是否构成夫妻共同债务的问题

最高人民法院认为,本案系章某某提起的案外人执行异议之诉,其核心诉求是排除陈某某对自己及宁某田名下房产的执行。因此,本案的审理应严格遵循案外人执行异议之诉的相关规定,重点审查案涉执行财产是否足以排除执行。至于宁某田所负债务究竟属于夫妻共同债务还是其个人债务,并不属于案外人执行异议之诉的审理范畴。原审法院对此进行审理,显属不当,最高人民法院予以纠正。

二、关于案涉1288号房屋是否应认定为夫妻共同财产的问题

章某某主张该房产登记在其名下,且是由其父母出资购买并赠与她,因此应属于其个人财产,应排除陈某某的执行申请。本院认为,1288号房屋登记在章某某名下,且该房产是在章某某与宁某田婚姻关系存续期间购买的,依法应认定为夫妻共同财产。尽管章某某提交了《银行现金交款单》等证据,试图证明该房产实际是由其父母出资,但这些证据并不足以充分证明该房产系其父母的财产或其父母购买后赠予她。因此,章某某关于该房产系其个人财产并请求排除执行的主张,缺乏事实和法律依据。原审法院判令执行该房产并保留一半变价款份额归章某某所有,这一处理并无不当。

三、关于已被拍卖的案涉102号房屋,是否应保留章某某一半的执行款份额,以及章某某是否有必要另行提起不当得利之诉的问题

最高人民法院认为,案涉102号房屋虽登记在宁某田名下,但该房屋是在章某某与宁某田婚姻关系存续期间取得的,依法应认定为夫妻共同财产。原审法院在执行该房产时,应当保留属于章某某的一半份额。根据《最高人民法院关于人民法院办理执行异议和复议案件若干问题的规定》(2015年施行)第6条第2款的规定,案外人依照《民事诉讼法》(2017年修正)第227条提出异议的,应当在异议指向的执行标的执行终结之前提出;若执行标的由当事人受让,则应在执行程序终结之前提出。陈某某认为章某某未在执行标的执行终结之前提出异议,应视为放弃该部分权利。但最高人民法院认为,在执行程序过程中,即便当事人未在执行程序规定的期间内提出异议,其实体权利并未因此丧失。章某某依然享有夫妻共同财产的相应份额。因此,案涉102号房屋在执行过程中应依法保留属于章某某的一半份额。原审法院将102号房屋的拍卖款全部支付给陈某某,这一处理存在错误。虽然原审法院赋予了章某某另案提起不当得利之诉的救济途径,但鉴于陈某某申请执行的案涉两套房产均基于同一执行依据,且该案执行程序并未终

结。在案涉1288号房屋尚未开始执行时,可以对此一并予以处理。即执行案涉1288号房屋时,拍卖价款的一半应归属于章某某所有;执行属于宁某田的另一半执行款时,应扣除102号房屋拍卖款4684134.3元的一半,即2342067.15元。原审法院判令章某某另行提起不当得利之诉,并驳回其此部分诉讼请求,这一处理不当,最高人民法院予以纠正。

四、关于原审诉讼费计算是否存在错误的问题

章某某的起诉请求包括三项:第一项是停止对1288号房屋的执行;第二项是请求将102号房屋拍卖款的一半分配给章某某;第三项是诉讼费由陈某某承担。如前所述,章某某的两项实体请求均应在本案中一并处理。即驳回章某某关于停止执行1288号房屋的请求,支持其关于返还102号房屋拍卖款一半的请求。因此,原审法院判令诉讼费由章某某和陈某某各承担一半,这一处理并无不当。

综上,章某某的上诉请求部分成立,原审法院在认定事实方面存在错误,最高人民法院依法应予纠正。

裁判评析:

本案关于被执行人的配偶能否基于共有权排除强制执行的价值判断,与前述甘肃省工矿材料集团公司与厦门市中汽国投贸易有限公司案外人执行异议之诉纠纷案中按份共有权人能否排除强制执行的价值判断一致,即共有权无法阻却标的物的强制执行。案件的值得关注的问题在于:当执行依据未认定债务是否系夫妻共同债务时,对债务性质的判断是否属于案外人执行异议之诉的审理范围。本案中,一审法院对宁某田所负债务的性质进行了分析,认为在本案中,虽然陈某某主张该债务为夫妻共同债务,但没有提交能够证明是夫妻共同债务的证据,不应当认定该债务系夫妻共同债务。而在二审中,最高人民法院认为,本案为案外人执行异议之诉,对宁某田所负的债务属于夫妻共同债务还是属于其个人债务的审理,不属于案外人执行异议之诉的审理范围。

实践中,对此问题存有争议。在程某、杨某、魏某某案外人执行异议之诉一案[1]中,最高人民法院采取了与本案观点相反的处理思路,对案涉债务是否属于夫妻共同债务进行了审理,并未以该争议焦点不属于案外人执行异议之诉的审理范围而拒绝审理。

本书认为,对案涉债务是否属于夫妻共同债务的认定,是判断案外人就其对案涉标的物的共有权能否排除强制执行的基础,如该笔债务为夫妻共同债务,则

---

[1] 最高人民法院民事裁定书,(2019)最高法民申4543号。

无论案涉标的物是个人财产抑或是夫妻共同财产,均应当纳入被强制执行的范围,即债务性质作为实体问题,对这一问题的判断是补正执行依据的必然需求。因此,在执行程序中,如执行依据未确定所涉债务是否为夫妻共同债务,为避免执行错误,执行法院实际上应当对该债务性质进行审查,被执行人配偶如对执行部门审查结果存在异议,则可就其提出案外人执行异议之诉。并且,当执行依据未认定案涉债务是否系共同债务时,在案外人执行异议之诉中对案涉债务性质进行审理实际上不会与执行依据产生不可调和的冲突,亦可以降低当事人的诉讼成本。综上,本书认为,在执行依据中未确定案涉债务是否为夫妻共同债务时,应当允许案外人执行异议之诉对债务性质进行审理。

另外,值得肯定的是,本案中,尽管一审法院认为,案涉标的物已经执行完毕,通过司法拍卖程序由第三人受让,案外人未在异议指向的执行标的执行终结之前提出,不能依据《民事诉讼法》(2017年修正)第227条以异议程序进行救济。但最高人民法院认为,当事人实体权利并未丧失,且陈某某申请执行的案涉两套房产系基于同一执行依据,该案执行程序并未终结,应在案涉1288号房屋尚未开始执行时对此一并予以处理,对案外人给予救济。最高人民法院的这一裁判体现了对共有权人利益的保护,降低了共有权人诉讼成本,对在强制执行中平衡共有权人利益具有相当的积极作用。

案例二:王某轩、贺某某、王某权、姚某某案外人执行异议之诉纠纷案[①]

基本案情:

一审法院经审理查明以下事实:2012年8月24日,贺某某(作为乙方)与王某权(作为甲方)签订了一份《借款合同》。该合同约定,因项目建设需要,甲方由乙方出借1000万元;借款期限自2012年8月31日起至2014年8月31日止,共计两年;月利率为3‰,按年支付利息360万元,借款到期后一次性还本及支付第二年的利息,合计1360万元;甲方将"大方县杜鹃大道投资建设项目8%的股权"抵押给乙方作为担保;若甲方逾期30日仍未按合同约定偿还或支付全部到期本金、利息,则构成主要违约事项,甲方需将"大方县杜鹃大道投资建设项目8%的股权"转让给乙方。上述借款由王某兵(贺某某于2012年4月12日、18日两次转款给王某兵,共计1000万元)代贺某某支付给王某权,王某兵于当日通过其向湖北

---

① 最高人民法院民事裁定书,(2017)最高法民申3404号。

绅达公司的投资往来款减少1000万元的方式完成了支付。2013年8月27日,王某权通过中国建设银行向贺某某转账360万元。2014年8月23日,王某权向贺某某出具了一份《还款计划》,申请第二年利息分期支付,借款展期至2015年8月23日,并要求贺某某在15日内书面答复后执行。绅达公司作为担保人在《还款计划》上加盖了公章(并注明:"暂时加盖公章,由借款人签字后换回此据"),但王某权未在《还款计划》上签名,也未向贺某某偿还剩余借款本息。随后,贺某某向一审法院提起诉讼,请求:(1)判令王某权、姚某某偿还借款本金1000万元;(2)判令王某权、姚某某从2013年8月24日起按银行同期贷款利率的四倍支付利息至本金还清之日止,且利息优先;(3)判令绅达公司对王某权所欠借款本息承担连带保证责任;(4)确认登记在王某轩名下的湖北省宜昌市××区××路6-3-2601号至6-3-2609号、6-3-2701号至6-3-2709号共18套房屋为王某权、姚某某、王某轩的家庭共同财产,并在王某权、姚某某不能偿还债务的情况下,拍卖上述房产用于偿还债务;(5)判令王某权、姚某某承担本案诉讼费用、保全费及律师代理费。

一审法院经审理后作出了(2014)鄂宜昌中民一初字第00363号民事判决,认定登记在王某轩名下的位于湖北省宜昌市××区××路6-3-2601号至6-3-2609号、6-3-2701号至6-3-2709号的18套房屋应为王某权、姚某某、王某轩的家庭共同财产,并判决:"王某权、姚某某于本判决生效之日起十日内向贺某某共同偿还借款本金8880219.19元,并自2013年8月28日起至实际偿还之日止按中国人民银行同期同类贷款基准利率的四倍支付利息"。一审判决宣判后,姚某某、王某轩不服,向本院提起上诉。本院经审理后作出了(2015)鄂民一终字第00069号民事判决,判决驳回上诉,维持原判。

二审判决生效后,贺某某依据已经生效的(2014)鄂宜昌中民一初字第00363号民事判决书,向一审法院申请执行。一审法院作出了(2015)鄂宜昌中执字第00351号执行裁定书,裁定:"一、冻结、扣划被执行人王某权、姚某某的银行存款1303.01373万元;或者扣留、提取其等额的收入;或者查封、扣押、冻结、拍卖、变卖其同等价值的财产。二、查封、拍卖、变卖王某权、姚某某、王某轩共有的登记在王某轩名下的位于湖北省宜昌市××区××路6-3-2601号至6-3-2609号、6-3-2701号至6-3-2709号共18套房屋"。

之后,王某轩向一审法院提出执行异议,认为(2015)鄂宜昌中执字第00351号执行裁定书中"查封、拍卖、变卖王某权、姚某某、王某轩共有的登记在王某轩名下的位于宜昌市××区××路6-3-2601号至6-3-2609号、6-3-2701号至

6-3-2709号共18套房屋"实为其个人所有,请求一审法院解除对上述房屋的查封,并中止对该标的的执行。一审法院经审理后作出了(2016)鄂05执异34号执行裁定书,裁定驳回王某轩的异议申请。王某轩不服该裁定,遂向一审法院提起本案执行异议之诉。

另查明,王某权与姚某某系夫妻关系,双方于1997年6月8日生育儿子王某轩。2010年11月2日,在王某轩年满13周岁时,姚某某作为王某轩的委托代理人与宜昌环中房地产开发有限公司签订了18份《宜昌市商品房买卖合同》。2013年5月6日至5月23日,在王某轩未满16周岁时,位于湖北省宜昌市××区××路6-3-2601号至6-3-2609号、6-3-2701号至6-3-2709号共18套房屋的所有权被登记在王某轩名下。

二审审理查明,一审法院认定的事实属实,二审法院予以确认。

裁判要旨:

一审法院认为,案涉的18套商品房买卖合同,是由姚某某作为王某轩的委托代理人,在2010年11月2日与宜昌环中房地产开发有限公司签订的。当时,王某轩年仅13周岁,作为未成年子女,他并没有独立的经济来源,购房款实际上来源于其父母王某权、姚某某。随后,2013年5月6日至5月23日,本案双方争议的位于湖北省宜昌市××区××路6-3-2601号至6-3-2609号、6-3-2701号至6-3-2709号的18套房屋,其所有权被登记在了王某轩名下。那时,王某轩尚未满16周岁。从财产的来源角度看,王某轩作为王某权、姚某某的未成年儿子,虽然房产登记在他的名下,但一般应被认定为家庭共同财产。根据我国《婚姻法》的相关规定,夫妻在婚姻关系存续期间取得的财产,无论登记在夫或妻的名下,均属于夫妻共有财产。未成年子女作为家庭成员之一,通常没有独立的经济来源,其日常生活尚需依赖父母,因此,其名下财产自然应被视为家庭共有财产的组成部分。在我国,家庭成员的基础关系决定了未成年子女名下房产的家庭共有属性。所以,未成年人王某轩作为家庭成员之一,其名下的财产除非是通过继承、奖励、他人赠与、报酬、收益等合法来源获得,否则无论来源于父母中的任何一方,都应具有家庭共同财产的性质。王某轩在获得上述争议的18套房产时,尚未满16周岁,是未成年人,即限制民事行为能力人,他并不具备独立取得经济收入的能力。同时,这些房屋也一直由王某权、姚某某夫妻用于经营,明显超出了王某轩的基本生活需要。现在,王某轩主张这些房屋归其个人所有,那么他就需要举证证明这些房屋是通过其个人劳动所得,或是通过继承、奖励、他人赠与、报酬、收益等合法来源取得的。然而,由于王某轩无法举证证明购房款是通过上述方式取得的,因此,登记在王某轩名下的位于湖北省宜昌市××区××路6-3-2601号至6-3-2609号、6-3-2701号至6-3-2709号的18套房屋,应被认定为王某权、姚某某、王某轩的家庭共同财产。综上所述,王某权、姚某某夫妻出资购买了本案案涉的18套房产,并将其用于经营,同时登记在了王某轩名下。而在贺某某起诉及案件审理时,王某轩均未满18周岁。基于上述理由,可以认定本案案涉的18套房产应为王某权、姚某某的家庭共有财产。贺某某作为债权人,依据生效判决申请执行债务人王某权、姚某某及王某轩家庭共有的本案案涉的18套房产,并无不当。王某轩主张案涉房产系其个人财产,应排除执行的诉讼主张,不能成立。依照《民事诉讼法》(2017年修正)第227条①、《最高人民法院关于适用〈中华人民共和国民事诉讼法〉的解释》(2015年施行)第312条的规定,判决:驳回王某轩的诉讼请求。一审案件受理费73962元,由王某轩负担。

二审法院认为,本案系案外人执行异议之诉,其核心在于审查案外人对执行标的物是否享有排他性权利,这一权利是否足以排除人民法院对执行标的的强制执行。在本案中,涉案的18套房屋系由王某轩的父母王某权、姚某某出资购买并用于经营,虽然这18套房屋登记在王某轩名下,使王某轩在形式上享有该18套房屋的所有权,但王某轩在取得这18套房屋时尚未成年,且这18套房屋并非其个人劳动所得,也不是通过继承、奖励、他人赠与、报酬、收益等合法来源取得的。因此,一审法院认定这18套房屋属于家庭共同财产,并无不当。此外,已生效的一审法院(2014)鄂宜昌中民一初字第00363号民事判决书也认定了该18套房屋系王某权、姚某某、王某轩的家庭共同财产。因此,王某轩对涉案执行标的物并不享有排他性权利,其请求停止执行的上诉主张,二审法院不予支持。关于一审程序是否合法的问题,由于作为执行依据的民间借贷纠纷案件与本案的案外人执行异议之诉,属于两个不同的审判程序,因此,并不适用《最高人民法院关于审判人员在诉讼活动中执行回避制度若干问题的规定》第3条的规定。同时,王某轩在一审期间并未对一审审判人员提出回避申请。因此,王某轩上诉主张一审程序违法,缺乏事实和法律依据,二审法院不予支持。

综上所述,王某轩的上诉请求不能成立,应予驳回。一审判决认定事实清楚,适用法律正确。依照《民事诉讼法》(2017年修正)第179条第1款第1项之规定,判决驳回上诉,维持原判。

最高人民法院经审查认为,王某轩的再审申请理由不能成立。

---

① 现为《民事诉讼法》第238条。

第一,原判决的认定有充分的证据支持。

(1)原判决认定王某轩没有独立经济来源,这一认定并非缺乏证据。根据《最高人民法院关于适用〈中华人民共和国民事诉讼法〉的解释》(2015年施行)第93条的规定,"下列事实,当事人无须举证证明:(一)自然规律以及定理、定律;(二)众所周知的事实;(三)根据法律规定推定的事实;(四)根据已知的事实和日常生活经验法则推定出的另一事实;(五)已为人民法院发生法律效力的裁判所确认的事实;(六)已为仲裁机构生效裁决所确认的事实;(七)已为有效公证文书所证明的事实。"在王某权、姚某某以王某轩的名义签订案涉房屋购房合同时,王某轩年仅13岁,属于无劳动能力的限制民事行为能力人,且王某轩并未提供证据证明其通过继承、奖励、父母之外的第三人的赠与、报酬、收益等方式获得了合法经济来源。《合同法》第187条规定:"赠与的财产依法需要办理登记等手续的,应当办理有关手续。"房屋是需要办理登记手续的财产,在案涉房屋登记在王某轩名下之前,他尚未取得赠与的财产,更无从谈起对赠与的财产即案涉房产进行合理使用并取得收益。因此,原判决认定在王某权、姚某某以王某轩的名义签订案涉房屋购房合同时,王某轩没有独立经济来源,这一认定并非缺乏证据。(2)原判决认定案涉房屋属于家庭共同财产,这一认定有证据支持。王某权、姚某某以王某轩的名义签订案涉房屋购买合同的时间是2010年11月2日,王某权与贺某某签订借款合同的时间是2012年8月24日,王某权、姚某某将案涉房屋登记在王某轩名下的时间是2013年6月4日。当王某权、姚某某将涉案的18套房屋登记在未成年子女王某轩名下时,他们尚未归还贺某某的借款,因此王某轩认为其取得案涉房屋并未损害贺某某的利益,这一理由不能成立。此外,案涉房屋一直由王某权、姚某某夫妻用于经营,明显超出了王某轩的基本生活需要。因此,原判决综合分析了房屋的购买时间、产权登记时间、王某权对贺某某的负债情况以及购房款的支付情况,认定案涉的18套房屋应为王某权、姚某某、王某轩的家庭共有财产,这一认定有充分的证据支持。

第二,原判决适用法律并无错误。《物权法》第17条规定:"不动产权属证书是权利人享有该不动产物权的证明。"第33条规定:"因物权的归属、内容发生争议的,利害关系人可以请求确认权利。"根据上述规定,不动产权属证书是权利人享有该不动产物权的证明,在一般情况下,登记权利人即被推定为实际权利人。但是,如果有证据证明购房款的实际出资人不是登记权利人,那么也要根据实际出资情况来确定房屋的归属。王某权、姚某某对王某轩的赠与是否成立,并不影响原判决对案涉18套房屋应为王某权、姚某某、王某轩的家庭共有财产的认定。

因此，王某轩认为原判决适用法律错误的理由不能成立。

第三，虽然本案与(2014)鄂宜昌中民一初字第00363号民事案件有关联，但该案是对贺某某与王某权、姚某某、王某轩等民间借贷纠纷一案进行审理，而本案则是对王某轩与贺某某及第三人王某权、姚某某之间的案外人执行异议之诉进行审理。两者并非同一个案件，也不属于同一个审判程序。因此，王某轩关于原审审判人员依法应当回避而未回避的理由不能成立。

综上，王某轩的再审申请不符合《民事诉讼法》(2017年修正)第200条①第2项、第6项、第7项规定的情形。本院依照《民事诉讼法》(2017年修正)第204条②第1款，最高人民法院《关于适用〈中华人民共和国民事诉讼法〉的解释》(2015年施行)第395条第2款规定，裁定驳回王某轩的再审申请。

裁判评析：

本案回应了实践中存在的以家庭赠与的方式规避执行的行为，保护了债权人的合法权益，但这一裁判的论证仍需进一步深究。本案一审、二审与再审的观点相似，皆是基于否认案涉18套房产非为王某轩个人所有，进而认定该房产系家庭共有财产，由此得出王某轩不能排除对案涉房产强制执行的结论。基于案外人执行异议之诉的基本原理，在不动产问题上，能够排除强制执行的权利主要为所有权，即便是如前所述的共有，也可能无法阻却强制执行。因而本案中王某轩主张案涉房屋为其个人所有，系企图通过完整的所有权来排除对房产的执行，而法院在裁判中则通过否认王某轩对案涉房产的所有权，进而得出其不得排除强制执行的结论，这一逻辑本身并没有问题。但在否认王某轩所有权的论证中却存在逻辑上的缺陷。本案可能存在王某轩父母为规避执行，或为自己可能出现的生意失败而预留资本以东山再起，进而将案涉房产赠与王某轩，这种行为本质上是对债权人利益的损害。因而，法院的裁判可能也是回应了这一现实问题。但否认王某轩对案涉财产的所有权，通过的方式是否认王某轩对家庭共有财产的贡献能力，这一逻辑显然存在问题。对于家庭共有财产，虽然立法并未界定家庭共有财产，在家庭内通常以夫妻共同财产来表示共有关系，但理论上与实务中却存在家庭共有财产的概念，家庭共有财产是指家庭成员在家庭关系存续期间创造或取得的财产。在司法实践中，虽然部分法院也在适用家庭共有财产这一概念，但实际情况中该家庭共有财产往往是基于夫妻共有财产衍生而来。换言之，家庭共有财产实

---

① 现为《民事诉讼法》第211条。
② 现为《民事诉讼法》第215条。

际是一种变相的夫妻共有财产。① 本案王某轩作为未成年人,并无固定收入和独立的经济来源,因而无法在家庭共有财产的创造中发挥作用。这一逻辑只能说明,王某轩本身并没有创造家庭共有财产的能力,但何以其名下的18套房产反而成为家庭共有财产？事实上,如前所述,与其说这是家庭共有财产,毋宁是夫妻共同财产,由此否认王某轩对案涉房屋的权利反而更加逻辑周延。本案裁判所达到的效果实际上是排除王某轩对案涉房产的共有,而非所有。

因此,较为适当的逻辑应当是,本案需要首先认定赠与合同无效,或是涉及未成年人的亲子间赠与无效,进而否认王某轩对案涉房屋的所有权。最高人民法院在裁判中指出案涉房屋的赠与发生在债权形成之后,对债权人的利益造成损害,显然这一判断更加契合本案的本质。以此来认定,本案的赠与行为系对债权人利益造成损害的赠与,债权人可以行使撤销权。但遗憾的是,本案最终仍回归到家庭共有财产的问题探讨上,而忽略了对赠与效力的探讨。

---

① 参见夏昊晗:《亲子间赠与、债权人保护与未成年人名下房产所有权归属的认定》,载《华东政法大学学报》2019年第3期。

第二十三讲　涉及到期债权的案外人执行异议之诉

导　语

随着现代社会的发展,为更加充分、高效地推进判决执行,被执行人可被执行的财产不再局限于其所有的动产与不动产,其所享有的到期债权同样可以作为执行标的,属于被执行人可供执行的责任财产。然而,对被执行人到期债权的执行行为,往往会涉及被执行人的债务人、债权受让人等多个其他主体。此外,尽管《最高人民法院关于适用〈中华人民共和国民事诉讼法〉的解释》第499条已经规定了此类案件的基本处理方式,但实践中,各级法院对于该条规定的理解与适用仍然充满矛盾,对涉及到期债权的案外人执行异议之诉的审理仍存在着多种难点,本讲旨在围绕涉及到期债权的案外人执行异议之诉展开讨论。

问题一　涉及到期债权的案外人执行异议之诉

【规范梳理】

《最高人民法院关于适用〈中华人民共和国民事诉讼法〉的解释》

第四百九十九条　人民法院执行被执行人对他人的到期债权,可以作出冻结债权的裁定,并通知该他人向申请执行人履行。

该他人对到期债权有异议,申请执行人请求对异议部分强制执行的,人民法院不予支持。利害关系人对到期债权有异议的,人民法院应当按照民事诉讼法第二百三十四条规定处理。

对生效法律文书确定的到期债权,该他人予以否认的,人民法院不予支持。

《江苏省高级人民法院执行异议及执行异议之诉案件办理工作指引(三)》

7. 案外人以其对查封、冻结或者强制执行的被执行人的应收账款(到期债权)享有质权为由,提出执行异议,请求解除查封、冻结或不得强制执行的,应适用《民事诉讼法》第二百三十四条规定进行审查。因此提起执行异议之诉,且同时具有下列情形的,应判决不得执行该应收账款债权:

(1)案外人与被执行人订立了书面的质押合同;

(2)该质押合同签订于案涉债权被查封或冻结之前;

(3)案外人与被执行人订立质押登记协议并在中国人民银行征信中心办理质押登记;

(4)案涉债权与登记的应收账款具有同一性;

(5)案外人与被执行人不存在恶意逃债以及规避执行情形。

19. 执行法院对被执行人在第三人处享有的到期或未到期债权,可以作出冻结债权的裁定和协助执行通知书,第三人应当依法协助履行停止支付到期或未到期债务的义务。

第三人对诉讼前及诉讼保全裁定明确指明的冻结债权不服的,应告知其向作出冻结债权裁定的审判部门申请复议。第三人对冻结裁定的实施行为有异议的,应依照《民事诉讼法》第二百三十二条规定进行审查。第三人未对冻结债权裁定提出异议的,不影响执行法院向其发出履行到期债务通知后依法享有的异议权利。

第三人在收到冻结债权裁定及协助执行通知书后,擅自向被告(被申请人)或被执行人履行债务的,可依法责令其追回擅自支付的财产;不能追回的,可裁定其在擅自支付的财产范围内承担相应的赔偿责任,并追究其妨害执行的责任。但对追回的资金或者第三人赔偿的资金采取强制执行措施,第三人提出异议的,仍应依照《民事诉讼法》第二百三十二条规定进行审查。

20. 执行法院对被执行人到期债权的执行,应当向第三人送达履行到期债务通知,该通知必须依照《民事诉讼法》及相关司法解释的规定直接送达第三人;第三人系分公司的,应同时向分公司和总公司分别送达。履行债务通知未按规定直接送达第三人的,不得对第三人强制执行。但已经生效法律文书确定的债权除外。

执行法院对被执行人的到期债权的执行,直接按被执行人收入予以提取或扣划,第三人提出执行异议的,应予以支持。

22. 第三人对到期债权的执行提出异议，执行法院对其异议部分停止执行后，申请执行人请求继续强制执行的，不予支持。申请执行人因此提出异议的，不予受理，并告知其可根据《民法典》第五百三十五条规定，通过行使代位权诉讼寻求救济。

23. 第三人在履行债务通知指定的期限内未提出异议，但在执行法院对其强制执行时以其对被执行人不存在到期债务为由提出异议的，应根据《最高人民法院执行工作办公室关于到期债权执行中第三人超过法定期限提出异议等问题如何处理的请示的答复》（〔2005〕执他字第19号）精神进行实质审查，并作出相应处理。

24.《民诉法解释》第四百九十九条第二款规定的"利害关系人"对到期债权的执行行为提出的异议，应适用《民事诉讼法》第二百三十四条规定进行审查。

案外人以其系案涉债权受让人为由提起执行异议之诉，请求排除执行，同时具有下列情形的，原则上应予以支持：

（1）案外人与被执行人于案涉债权被查封、冻结或被采取强制执行措施之前订立了合法有效的书面债权转让合同；

（2）被执行人在第三人处有多笔债权的，案外人主张其受让的债权应明显区别于被执行人未转让的其他债权；

案外人以其系案涉债权受让人为由提起执行异议之诉，请求排除执行，具有下列情形之一的，不予支持：

（1）案外人所主张的债权与被查封或执行的被执行人的案涉到期债权并非同一债权；

（2）该债权转让行为损害申请执行人或被执行人其他债权人的利益；

（3）案外人与被执行人存在利益关联或者实际控制关系的。

《民诉法解释》第四百九十九条第二款规定的"利害关系人"包括但不限于：

（1）案涉债权受让人；

（2）无追索权的保理合同债权人；

（3）有追索权的保理合同债务人；

（4）应收账款质权人；

（5）实际施工人。

《吉林省高级人民法院关于审理执行异议之诉案件若干疑难问题的解答（二）》

问题二十七：金钱债权执行中，申请执行人请求对被执行人以外的第三人开立的银行账户内的资金实施执行的，人民法院该如何处理？

答：金钱债权执行中，申请执行人请求对被执行人以外的第三人开立的银行账户内的资金实施执行的,该第三人就案涉资金提出权属主张的,人民法院应当根据被执行人与第三人之间就案涉资金形成的基础法律关系进行审查并按照以下情形分别处理:

(一)申请执行人仅以被执行人对第三人具有金钱给付内容的到期债权为由请求实施执行的,除法律另有规定外,申请执行人应当通过代位权诉讼或直接通过申请执行到期债权的方式主张权利,其提起执行异议之诉的,人民法院应当不予受理;已经受理的,裁定驳回起诉。

(二)申请执行人以被执行人系案涉资金的实际所有人为由请求实施执行并提起执行异议之诉的,有证据证明被执行人为逃避债务、规避执行而将其应当取得或实际所有的资金隐匿、转移至第三人的银行账户并且能够直接、确定的指向案涉资金的,对申请执行人继续执行的请求,人民法院可以支持;但经人民法院审查确认,被执行人对第三人仅有可能形成以金钱给付为内容的债权请求权的,人民法院可以向申请执行人释明撤回起诉并告知其就该金钱债权请求权的成立及实现另行主张权利,申请执行人拒绝撤回起诉的,人民法院裁定驳回起诉。

《黑龙江省高级人民法院关于审理执行异议之诉案件若干问题的解答(修订版)》

三十五、被执行人到期债权的债务人是否有权提起案外人执行异议之诉?

申请执行人要求执行被执行人的到期债权,被执行人的债务人以其对被执行人不负担债务为由,提起案外人执行异议之诉的,因被执行人的债务人与案件本身并无直接利害关系,不具有提起案外人异议之诉的主体资格。对其提起的执行异议之诉,不应受理、审理。对上述问题所涉的权利救济,依法应按照债务人异议、法院中止执行、申请执行人代为诉讼路径解决,而非需由债务人提起执行异议之诉主张。

《江西省高级人民法院关于执行异议之诉案件的审理指南》

36. 人民法院针对被执行人对第三人的到期债权实施强制执行,第三人否认其与被执行人之间存在到期债权或主张债权债务未经结算的,应通过执行复议程序或提起代位权诉讼解决。申请执行人或第三人提起执行异议之诉的,不予受理,已经受理的,裁定驳回起诉。

另案生效的法律文书在裁判主文中就被执行人对第三人的到期债权进行了确认,申请执行人或第三人对人民法院的执行异议裁定不服提起执行异议之诉的,应予受理。

37. 人民法院针对建设工程发包人应给付承包人的工程款到期债权实施强制

执行,实际施工人以其与承包人之间存在挂靠关系,其应享有工程款债权为由提起执行异议之诉的,不予支持。

【理论基础】

论及涉及到期债权的案外人执行异议之诉的处理,首先应当明晰被执行人的到期债权的范围如何界定。有观点认为,归属于被执行人的到期债权,如其具有财产上的给付内容,即可以作为执行标的。另有观点认为,由于对到期债权的执行具有代位性,对其范围的界定应当受到一定的限制,需要区分不同情况分类判断。实际上,到期债权并非均可以直接执行,需要根据到期债权的性质进行界分。通说认为,执行到期债权的实体权利基础系债权人的代位权,即债权人直接代债务人向次债务人主张权利。① 应当注意的是,执行程序难以对被执行人与次债务人之间的权利义务关系进行实体审理,基于此,在执行程序中对到期债权的认定须不低于代位权诉讼中的限制,即被执行人对次债务人的债权须在外观上合法、有效、到期,且该等债权不具有人身专属性。

同时,尽管《民事诉讼法》及《最高人民法院关于人民法院执行工作若干问题的规定(试行)》对被执行人的收入与到期债权的执行作了不同的规定,但实践中仍存在将被执行人的收入与到期债权相混淆的情况,变相剥夺了被执行人债务人的异议权。因此,对被执行人到期债权的认定也应当与被执行人的收入予以区分。具体而言,被执行人的收入与其到期债权的区别可以体现在如下方面:

首先,二者对应的协助执行义务人不同。执行法院提取收入的协助执行人主要是被执行人所在单位、银行、信用合作社等储蓄机构,不包括其他对被执行人负有债务的主体;到期债权执行的协助执行人与被执行人之间具有债之关系,是被执行人的债务人。②

其次,二者的性质与特点不同。收入的稳定性、经常性和连续性,主要指的是公民因劳务等非经营性活动而获得或应得的财物收益,这涵盖了个人的工资收入、奖金所得、存款产生的利息、提供的劳务所获取的报酬,以及出租财产所收取的租金等,在司法实践中,收入通常较为容易被人民法院在执行程序中加以判定和确认。③ 而到期债权人的给付义务只能依照其与被执行人之间的法律关系确

---

① 江必新主编:《强制执行法理论与实务》,中国法制出版社2014年版,第666页。
② 参见王毓莹、沈建红、李炳录:《到期债权执行异议的处理路径》,载《人民司法》2021年第10期。
③ 参见袁大川:《论对债权执行的边界——兼评〈民事强制执行法(草案)〉中的债权执行条款》,载《重庆大学学报(社会科学版)》2024年第1期。

定,不具有普遍性。

再次,对二者执行异议的审查不同。由于收入涉及的法律关系较为明确,人民法院通过实质审查通常即可以判定其异议理由是否成立,因此人民法院可以在执行程序中直接审查。而到期债权涉及的法律关系比较复杂,案外人提出异议就表明其与被执行人之间存在实体上的争议,一般应当通过审判程序解决,而不能在执行程序中解决,否则有剥夺了当事人诉权的可能。①

在明确了被执行人的收入与其到期债权的区别后,需要讨论到期债权案外人执行异议的处理。

《最高人民法院关于适用〈中华人民共和国民事诉讼法〉的解释》第499条规定了对到期债权的执行提起执行异议的不同处理方式,依照提起执行异议主体的不同,可分为对被执行人直接负有到期债务的第三人,也就是次债务人,及其他利害关系人。由此,对到期债权案外人执行异议的处理可以分为对次债务人执行异议的处理与对利害关系人执行异议的处理。

首先,是对次债务人执行异议的处理。执行机关在执行被执行人的到期债权时,次债务人以债权债务关系已终止、结清为由提出异议,法院本应只作形式审查。然而由于该等异议可能发生在异议期之外,此时法院应当进行实质审查,审查后驳回次债务人的执行异议的,次债务人能否提起案外人执行异议之诉? 实践中对于此问题存在两种不同的观点:有观点认为,次债务人作为案外人,基于其享有的实体权利主张对执行标的到期债权提出排除强制执行的异议,符合案外人执行异议之诉的构造特征,应当允许其提起案外人执行异议之诉;另有观点认为,此种情况为到期债权执行过程中次债务人提出执行异议的情形,属于执行行为异议,而不属于针对执行标的所提异议,应当通过执行异议、复议及执行监督程序来解决,不得提起案外人执行异议之诉。②

案外人执行异议之诉,是指案外人主张对执行标的享有足以排除强制执行的民事实体权益,提起的请求法院判决排除对执行标的的强制执行的诉讼。③ 而民事实体权益,一般指的是所有权、用益物权、担保物权等绝对权,以及房屋买受人的特殊债权或者说物权期待权(到底是何种权利,理论上和实践中尚存争议)、建设工程价款优先受偿权、承租权等,执行机关在执行被执行人的到期债权时,次债

---

① 江必新主编:《民事执行新制度理解与适用》,人民法院出版社2010年版,第449页。
② 参见王毓莹、沈建红、李炳录:《到期债权执行异议的处理路径》,载《人民司法》2021年第10期。
③ 参见唐力:《案外人执行异议之诉的完善》,载《法学》2014年第7期。

务人对该债权已经消灭的,并非主张其对该到期债权享有足以排除强制执行的民事权益。换言之,既然次债务人主张该到期债权已不再存续,又何谈对不存在之债权享有足以排除强制执行的民事权益呢?① 因此,次债务人就到期债权提出的执行异议被驳回时,只能通过复议、执行监督程序进行救济,不能通过提起案外人执行异议之诉的程序予以救济,这是由到期债权执行的特点以及案外人执行异议之诉的规范意旨所决定的。②

并且,根据《民事诉讼法》第 236 条、第 238 条的规定,当事人、利害关系人可以对执行行为提出异议,案外人可以对执行标的提出异议。那么,次债务人对到期债权的执行所提的执行异议,是属于执行行为异议,还是执行标的异议呢?案外人提起执行标的异议的理由一定是主张其对该执行标的享有足以排除强制执行的民事权益,而并非单纯地否定执行依据或执行行为,由于到期债权执行的特殊性,次债务人有效的抗辩只得是部分或全部债权已经消灭,对于该部分已消灭的债权就失去了强制执行的基础,由于次债务人主张该到期债权已消灭,就不可能再主张对该消灭的债权享有任何足以排除强制执行的民事权益。③

此外,次债务人除可能主张该到期债权已经消灭外,还可能以到期债权的履行期限未届至、享有先履行抗辩权、不安抗辩权等债权履行条件不成就等原因提出异议。但无论是次债务人主张债权不成立、已消灭或履行条件未成就,均非主张对该到期债权享有实体权益,非属于执行标的异议。④

实际上,目前实践中对于次债务人是否具有案外人执行异议之诉的主体资格的认识相对一致。例如,黑龙江省高级人民法院认为,申请执行人要求执行被执行人的到期债权,被执行人的债务人以其对被执行人不负担债务为由,提起案外人执行异议之诉的,因被执行人的债务人与案件本身并无直接利害关系,不具有提起案外人异议之诉的主体资格。对其提起的执行异议之诉,不应受理、审理。对上述问题所涉的权利救济,依法应按照债务人异议、法院中止执行、申请执行人代位诉讼路径解决,而非需由债务人提起执行异议之诉主张,江西省高级人民法院对此亦持有类似主张。

到期债权的存在是其能够作为执行标的的基本条件,而对到期债权是否存在的举证责任在于申请执行人。换言之,申请执行人要想对被执行人的到期债权采

---

① 参见王毓莹、沈建红、李炳录:《到期债权执行异议的处理路径》,载《人民司法》2021 年第 10 期。
② 参见王毓莹、沈建红、李炳录:《到期债权执行异议的处理路径》,载《人民司法》2021 年第 10 期。
③ 参见王毓莹、沈建红、李炳录:《到期债权执行异议的处理路径》,载《人民司法》2021 年第 10 期。
④ 参见最高人民法院民事判决书,(2020)最高法民再 3 号。

取执行措施,其首先应当查明被执行人可能存在的债权债务,而非仅向人民法院提出执行被执行人到期债权的笼统申请。在未经确认的情况下,申请执行人申请的到期债权当然可能存在不真实的情况。案外人执行异议之诉中所谓对执行标的提出异议,其前提应当是该执行标的存在的情况下,对执行标的权属问题存在争议。在执行标的是否存在都无法确定时应当先由申请执行人对执行标的存在进行举证。从该角度看,无论是申请执行人还是第三人,均无适用案外人执行异议之诉制度的必要。而应当在执行异议程序中,中止对所谓的到期债权的执行,由申请执行人另行提起代位权诉讼。

综上,笔者认为,次债务人不得提起案外人执行异议之诉。

其次,是对利害关系人执行异议的处理。《最高人民法院关于适用〈中华人民共和国民事诉讼法〉的解释》第499条规定,利害关系人对到期债权有异议的,人民法院应当按照《民事诉讼法》第234条规定处理。即利害关系人具有提起案外人执行异议之诉的主体资格。而由于只有当案外人主张其对执行标的具有足以排除强制执行的民事权益时,其异议主张才可能被支持,基于此,持有此类主张的案外人才属于上述规定下的"利害关系人"。

也就是说,利害关系人不同于次债务人,其并不否认债权的存在,而是主张被执行人对该债权不享有实体权利,利害关系人自身才是该债权的实际权利人,并且该权利足以排除强制执行,具体到债权的类型而言,这类权利人包括应收账款质权人,信托财产的委托人、受益人,资产管理计划的委托人,债权受让人等。[1]

值得提起注意的是,实践中,利害关系人可能在对执行标的提起异议的同时,对执行依据亦提起执行异议,此时,由于其已经对执行标的提出了异议,因而其对执行依据提出的异议主张不影响对其利害关系人身份的认定。[2]

【典型案例】

案例一:冯某、车某某案外人执行异议之诉纠纷案[3]

基本案情:

一审、二审法院认定事实:吕梁中院在执行申请执行人李某某与被执行人张

---

[1] 参见王毓莹、沈建红、李炳录:《到期债权执行异议的处理路径》,载《人民司法》2021年第10期。
[2] 参见王毓莹、沈建红、李炳录:《到期债权执行异议的处理路径》,载《人民司法》2021年第10期。
[3] 参见最高人民法院民事裁定书,(2020)最高法民再3号。

某明民间借贷纠纷一案过程中,于 2015 年 4 月 9 日作出(2015)吕执字第 35 号执行裁定,并依据该裁定向案外人冯某、车某某发出(2015)吕执字第 35 号、第 35-1 号协助执行通知,查封、冻结张某明在案外人冯某、车某某占煤业公司 74.7899%股份名下的 20% 的股份及张某明在案外人冯某、车某某处的债权 1308 万元。2012 年 3 月 30 日,经陕西省工商行政管理总局核准,煤业公司法定代表人何某某变更为张某兵,股东出资情况相应变更为何某某出资 220 万元占 9.2437%,马某某出资 380 万元占 15.97%,张某兵出资 1780 万元占 74.7899%,2012 年 7 月 23 日,煤业公司实际控股人张某明、法定代表人张某兵作为转让方与冯某、车某某作为受让方签订《煤矿股权转让协议》,约定张某明、张某兵将其拥有的煤业公司 100% 股权全部转让给冯某、车某某,转让总价款为 15000 万元;协议第六条约定,自该协议订立之日前煤矿发生的债权、债务均由张某明处置,协议签订之日起所发生的债权、债务均由冯某、车某某负责。该协议经印台区法院(2013)铜印民初字第 00510 号民事判决及陕西省铜川市中级人民法院(以下简称铜川中院)作出的(2014)铜中民二终字第 00035 号民事判决确认合法有效。协议签订当日,冯某、车某某支付转让价款 8500 万元,李某某认可张某明于 2012 年 10 月 29 日收到转让款 3755761.10 元,11 月 8 日收到转让款 850 万元,以上共计 97255761.1 元,双方当事人对剩余股权转让价款是否交付产生争议。冯某、车某某主张剩余转让价款已通过垫付及债权债务抵顶方式全部支付,李某某则对该部分付款不予认可。2015 年 10 月 12 日,冯某、车某某与张某兵、张某明签订调解协议,对双方之间债权债务进行明确,确认冯某、车某某已经通过现汇打款方式支付张某明、张某兵股权转让价款 100410000 元,张某明、张某兵委托冯某、车某某垫付款项 12019444 元,两项合计,冯某、车某某共计支付张某明、张某兵 112429444 元,案涉股权转让款支付完毕。陕西省铜川市印台区广阳镇人民调解委员对该调解协议予以确认,印台区法院作出(2015)印民确字第 00002 号民事裁定书,对上述调解予以确认。

裁判要旨:

二审法院认为,归纳上诉人冯某、车某某的上诉理由,主要是其认为,冯某、车某某主张因张某明欠第三方债务,冯某、车某某尚有部分股权转让款未付清张某明,双方经协商,张某明已经将债务转移给冯某、车某某,冯某、车某某已经清偿完毕该债务,冯某、车某某与张某明之间股权转让款债务归于消灭,一审法院未予认定该事实属于认定事实错误。

根据双方诉辩主张和庭审情况,本案争议焦点是冯某、车某某主张债务已经清偿完毕的事实是否存在。本案系案外人执行异议之诉,根据《最高人民法院关于适用〈中华人民共和国民事诉讼法〉的解释》(2015年施行)第311条"案外人或者申请执行人提起执行异议之诉的,案外人应当就其对执行标的享有足以排除强制执行的民事权益承担举证证明责任"的规定,本案的案外人即冯某、车某某,其应当对案涉1308万元是否享有足以排除强制执行的民事权益提供证据证明。冯某、车某某为证明自己的主张成立,向一审法院提供两个方面的证据,一是张某兵于2012年10月29日出具的《债务明细》及围绕该明细项下已清偿的证据;二是冯某、车某某与张某兵、张某明于2015年10月12日达成经陕西省铜川市印台区广阳镇人民调解委员会确认的调解协议、印台区法院确认裁定。

关于第一个方面的证据,冯某、车某某主张在一审法院采取执行措施前,其与张某明已经通过垫付、代偿方式全部清偿债务,债务已经消灭。该院认为,因该证据证明内容与铜川中院(2014)铜中民二终字第00035号民事判决中所认定的冯某、车某某支付转让款数额为97255761.1元不符,且铜川中院判决时间在2014年10月15日,该法院在审理涉及案涉股权转让协议已付转让款的基本事实时,并未对该证据所证明的事实予以认定,冯某、车某某在吕梁中院采取强制执行措施后才向法院提供该证据,不符合常理;结合张某兵在一审法院执行局询问时对冯某、车某某所主张代偿、垫付事实不予认可的表述和经一审法院已经核实的"冯某、车某某并未实际向铜川市印台区煤炭局缴纳全部罚款或向陕西省国土资源厅缴纳剩余资源价款,亦或支付移民搬迁费用"的相关事实,一审法院认定冯某、车某某在本案中提交的证据不足以证明其主张,并无不当。根据民诉法解释第90条第2项"在作出判决前,当事人未能提供证据或证据不足以证明其事实主张的,由负有举证证明责任的当事人承担不利的后果"的规定,现冯某、车某某的证据不足以证明其事实主张成立,其上诉理由不能成立,该院不予支持。

关于第二个方面的证据,根据《最高人民法院关于人民法院办理执行异议和复议案件若干问题的规定》(2015年施行)第26条第2款:"金钱债权执行案件中,案外人依据执行标的被查封、扣押、冻结后做出的另案生效法律文书提出排除执行异议的,人民法院不予支持"的规定,因冯某、车某某与张某兵、张某明达成的调解协议及印台区法院(2015)印民确字第00002号民事裁定均系在一审法院实施查封、冻结措施之后作出,故冯某、车某某以此作为排除人民法院强制执行的理由不符合上述法律规定,该院不予支持。

综上所述,二审法院认为:冯某、车某某的上诉请求不能成立,应予驳回;一审判决认定事实清楚,适用法律正确,应予维持。

最高人民法院再审认为，本案的主要争议焦点是，被执行人到期债权的债务人是否具有案外人执行异议之诉原告主体资格。

第一，《最高人民法院关于适用〈中华人民共和国民事诉讼法〉的解释》（2015年施行）第501条规定："人民法院执行被执行人对他人的到期债权，可以作出冻结债权的裁定，并通知该他人向申请执行人履行。该他人对到期债权有异议，申请执行人请求对异议部分强制执行的，人民法院不予支持。利害关系人对到期债权有异议的，人民法院应当按照民事诉讼法第227条规定处理。对生效法律文书确定的到期债权，该他人予以否认的，人民法院不予支持。"该条文规定了第三人（条文中的"他人"）及相关权利人（条文中的"利害关系人"）的救济。即第三人对其与被执行人之间的债权债务关系提出异议的，执行法院不得继续执行该债权。申请执行人可以通过代位诉讼救济其权利。如果相关权利人对该到期债权有异议的，比如主张是该到期债权的真实权利人，可以按照《民事诉讼法》（2017年修正）第227条的规定进行救济。这里对该条中的"他人"与"利害关系人"加以区别，"利害关系人"并非《民事诉讼法》第225条中的"利害关系人"，而是《民事诉讼法》（2017年修正）第227条中的"案外人"。第二，针对"对他人的到期债权"享有执行异议之诉起诉主体资格的，须是针对执行标的"对他人的到期债权"享有实体权利的人。案外人提起执行异议之诉，其理由须是针对执行标的享有实体权利提出异议，而不是针对执行行为本身提出异议。如案外人对于执行行为提出异议，只能依照《民事诉讼法》（2017年修正）第225条规定，向上一级法院申请复议，不能提起执行异议之诉。第三，《最高人民法院关于适用〈中华人民共和国民事诉讼法〉的解释》（2015年施行）第305条第1款第2项规定的提起执行异议之诉的起诉条件之一是"有明确的对执行标的继续执行的诉讼请求"，即案外人执行异议之诉最直接的功能在于排除对执行标的强制执行，有必要对案外人在执行异议之诉中提起的诉讼请求予以明确。

具体到本案，（1）冯某、车某某作为被执行人的债务人，也就是《最高人民法院关于适用〈中华人民共和国民事诉讼法〉的解释》（2015年施行）第501条中的"他人"，只有"利害关系人"对到期债权有异议的，人民法院才应当按照《民事诉讼法》（2017年修正）第227条规定处理。显然，冯某、车某某不能作为民事诉讼法第227条中的"案外人"提出执行异议之诉。（2）冯某、车某某若享有执行异议之诉的主体资格，须是针对案涉执行标的"对他人的到期债权"享有实体权利的人。本案中，其主张的并不是对案涉执行标的"对他人的到期债权"享有实体权利，而是主张"与张某明、张某兵之间已经不存在到期债权"，并为此举出"与张某兵、张某明签订调解协议"及相关裁定确定调解书效力的相应证据,作为其主张的理由。对于冯某、车某某提出的关于其与张某明、张某兵之间的债务转移事实是否存在及冯某、车某某在债务转移后是否实际支付了转移债务的事实,该事实的判定不属于本案的审查范围。从其提出异议的性质上分析,不是对于执行标的提出的异议,而是对法院执行行为提出的异议。(3)本案中,冯某、车某某没有提出明确的排除执行标的的诉讼请求,也不存在对"到期债权"的权利确权问题。冯某、车某某在一审中的诉讼请求为:撤销吕梁中院(2015)吕执字第35号执行裁定和(2015)吕执字第35-1号协助执行通知,冯某、车某某并未提出排除对执行标的执行的诉请,形式上不符合案外人提起执行异议之诉的起诉条件。(2015)吕执异字第14号执行裁定驳回了冯某、车某某的异议申请,并在该裁定中告知冯某、车某某可提起执行异议之诉,该裁定不符合《最高人民法院关于适用〈中华人民共和国民事诉讼法〉的解释》(2015年施行)第501条第2款规定,应由冯某、车某某通过执行监督程序进行纠正。李某某若想取得张某明对冯某、车某某的到期债权利益,可以提起代位权诉讼主张权利。案外人执行异议之诉与债权人代位权诉讼在提起诉讼的主体、审查范围、举证责任分配等方面均存在差别。本案通过案外人执行异议之诉对冯某、车某某与张某明、张某兵的股权转让形成的债权债务关系进行判定,一是超越其在本案中的诉讼请求,二是由于冯某、车某某在本案中否认"到期债权"的存在,客观上,其不存在对"到期债权"主张实体权利的问题,因此,本案不可以通过对案外人执行异议之诉进行实体审理从而替代代位权诉讼。

依照《最高人民法院关于适用〈中华人民共和国民事诉讼法〉的解释》(2015年施行)第408条规定,裁定撤销山西省高级人民法院(2018)晋民终586号民事判决及吕梁市中级人民法院(2016)晋11民初3号民事判决、驳回冯某、车某某的起诉。

裁判评析:

本案为涉及到期债权的案外人执行异议之诉的最高人民法院入库案例,也是适用《最高人民法院关于适用〈中华人民共和国民事诉讼法〉的解释》第499条的经典案例。本案中,二审法院适用案外人执行异议之诉程序进行处理,并未具体分析被执行人到期债权的债务人是否具有案外人执行异议之诉原告主体资格的问题,而将争议焦点归于冯某、车某某主张债务已经清偿完毕的事实是否存在,这种处理方式实际上错误理解了《最高人民法院关于适用〈中华人民共和国民事诉讼法〉的解释》第499条的规定。

《最高人民法院关于适用〈中华人民共和国民事诉讼法〉的解释》第499条是

规范到期债权执行程序的重要法条,明确本条的正确适用对于司法实践深具意义。最高人民法院在本案中对《最高人民法院关于适用〈中华人民共和国民事诉讼法〉的解释》第499条进行了详细的阐释与解读,最高人民法院认为,《最高人民法院关于适用〈中华人民共和国民事诉讼法〉的解释》第499条对次债务人与利害关系人加以了区分,将利害关系人与《民事诉讼法》中第238条中的"案外人"进行了链接。也就是说,在该条解释中,"利害关系人"与《民事诉讼法》中第238条中的"案外人"具有相似的内涵,即对该到期债权享有实体权利的主体。由于案外人执行异议之诉的目的在于保护案外人对执行标的所享有的实体权利,避免执行行为错误地侵害了案外人的合法权益,而次债务人所主张的该到期债权不存在是对执行行为本身提出的异议,而并非针对该执行标的,因而不具有提起案外人执行异议之诉的资格。最高人民法院的这一解释,不仅明确了"利害关系人"的法律地位,也为理解其在执行程序中的权利和义务提供了依据。

回归到本案中,冯某、车某某作为次债务人,其核心诉求是否认与申请执行人之间的到期债权存在,而非对到期债权主张实体权利,冯某、车某某与申请执行人之间并不存在对案涉到期债权的确权问题,不应当通过对案外人执行异议之诉进行实体审理,从而替代代位权诉讼。

最高人民法院在本案中这一系统论述,对司法实践正确适用《最高人民法院关于适用〈中华人民共和国民事诉讼法〉的解释》第499条提供了积极的指导价值,既明确了《最高人民法院关于适用〈中华人民共和国民事诉讼法〉的解释》第499条中"利害关系人"的内涵,为其他法院对"利害关系人"的认定提供了方向,也全面系统地阐述了次债务人不具有案外人执行异议之诉原告主体资格的理据,补足了之前部分判决理据阐述不充分的遗憾,对明晰法律适用具有积极意义。

案例二:朝阳宏达企业集团房地产开发有限公司、赵某等案外人执行异议之诉纠纷案[①]

基本案情:

一审法院查明事实:在赵某与晟通公司、周某某之间的借款纠纷案件中,该院于2014年9月29日依据(2014)朝立一民保字第21号民事裁定书,对涉案房产实施了查封措施。同年12月17日,该院作出(2014)朝民一初字第00216号民事判决,判决晟通公司、周某某共同偿还赵某借款本金360万元及相应利息。该判决

---

① 参见最高人民法院民事裁定书,(2021)最高法民再257号。

生效后,案件进入执行程序。应赵某的申请,一审法院于 2015 年 11 月 17 日直接向朝阳宏达企业集团房地产开发有限公司(以下简称宏达公司)送达了编号为(2015)朝执字第 17 号的履行债务通知书,要求宏达公司在收到通知后的 7 日内履行相关债务。通知中明确,若宏达公司对债务无异议且在指定期间内未能履行义务,该院将依法采取强制执行措施。同日,该院还依据(2015)朝执字第 17 号裁定,对晟通公司、周某某在宏达公司的到期债权进行了冻结。

宏达公司在规定的期限内未提出异议。随后,该院于 2016 年 9 月 21 日对涉案房产进行了查封。查封后,宏达公司以与晟通公司、周某某之间不存在债权债务关系为由,向该院提出了异议。2017 年 1 月 18 日,该院作出(2016)辽 13 执异 41 号裁定,驳回了宏达公司的异议请求。

另据查明,2015 年 5 月 13 日,宏达公司与李某签订了一份《商品房买卖合同》,约定宏达公司将涉案房屋出售给李某,并为李某开具了相应的销售不动产统一发票。此后,该房屋由李某对外出租使用。由于房屋未能及时办理过户手续,李某向凌源市人民法院提起了诉讼。2016 年 12 月 28 日,凌源市人民法院作出(2016)辽 1382 民初 4988 号民事调解书,调解内容为:宏达公司应于 2017 年 1 月 28 日前协助李某办理涉案房屋的过户手续,双方就本案再无其他争议。

此外,2018 年 9 月 20 日,鑫达公司出具了一份情况说明。该说明指出:在开发北票新城起步区 A2 地块住宅项目时,周某某曾以晟通公司、朝阳市闳厦建筑工程有限公司、朝阳金辉建筑工程有限公司的名义进行承包施工。其间,鑫达公司曾计划用部分房屋抵顶周某某的工程款,其中包括宏达公司在凌源市开发的盛世华城项目的房屋。但后来经过结算,发现房屋抵顶价格超出了工程款,因此解除了用盛世华城房屋进行抵顶的安排。同时,鑫达公司强调,宏达公司与晟通公司、周某某之间并未形成直接的建筑施工关系。另悉,2017 年,朝阳市双塔区人民法院通过执行程序,已将鑫达公司对被执行人周某某、晟通公司的到期债权 1499580.94 元全部执行完毕。

一审法院认定的事实,二审法院予以确认。

二审法院进一步查明:周某某以其女儿的名义,于 2014 年 7 月 3 日与宏达公司签订了涉及本案房屋的认购协议。随后,该房产被出租,并且其租金收益被纳入晟通公司的财务账目之中。截至 2015 年 10 月,案涉房产实际上一直处于周某某及晟通公司的占有、使用和收益状态。上述事实,有证人袁某的证言陈述、相关的抵账通知单据,以及晟通公司的财务明细账等一系列证据材料在案佐证,这些证据充分且确凿,足以对上述事实进行认定。

裁判要旨：

一审法院认为，根据《最高人民法院关于人民法院执行工作若干问题的规定（试行）》（2008年调整）第61条之规定，当被执行人无法清偿债务，但对本案之外的第三人享有到期债权时，人民法院可依申请执行人或被执行人的申请，向该第三人发出履行到期债务的通知。此通知必须直接送达第三人，且应明确包含以下内容：第三人需直接向申请执行人履行其对被执行人所负的债务，不得向被执行人进行清偿；第三人应在收到履行通知后的15日内向申请执行人履行债务；若第三人对履行到期债权存在异议，应在收到履行通知后的15日内向执行法院提出；以及第三人违背上述义务将承担的法律后果。同规定第65条进一步指出，若第三人在履行通知指定的期限内既未提出异议，又未履行债务，执行法院有权裁定对其采取强制执行措施。上述规定赋予了第三人提出异议的法律权利，并明确了未在指定期限内提出异议且未按履行通知履行的法律后果。宏达公司在收到法院发出的履行债务通知书后，既未在法定期限内提出异议，也未按照履行通知的要求履行债务，因此，一审法院对其采取强制执行措施，符合上述司法解释的相关规定。综上所述，一审法院未支持宏达公司请求停止对案涉房屋的执行并解除查封措施的诉讼请求，并依据《最高人民法院关于人民法院执行工作若干问题的规定（试行）》（2008年调整）第61条、第65条，《最高人民法院关于适用〈中华人民共和国民事诉讼法〉的解释》（2015年施行）第312条第2项、第501条，以及《民事诉讼法》（2017年修正）第144条之规定，作出一审判决：驳回原告宏达公司的诉讼请求，案件受理费由原告宏达公司承担。

二审法院认为，一审法院在向宏达公司送达履行通知后，宏达公司既未在法定期限内提出异议，也未按照履行通知的要求履行债务，一审法院据此对其采取强制执行措施，具有充分的法律依据。尽管第三人在收到履行通知后，未在法定期限内提出异议，并不直接产生承认债务存在的实体法效力，即周某某、晟通公司与鑫达公司、宏达公司之间是否仍存在债权债务关系尚待确定。但现有证据充分表明，宏达公司作为案涉房产的开发商，虽为该房产的产权登记权人，但已在2014年6、7月与周某某、晟通公司达成了房屋认购协议，并将案涉房屋交付给了周某某、晟通公司。案涉房产从2014年7月至2015年10月，一直由周某某、晟通公司占有、使用和收益，因此，周某某、晟通公司实际上是该房产的权利人。一审法院于2014年9月对该房产依法进行查封，并无不当之处。宏达公司在明知案涉房产已被查封的情况下，仍与周某某等共同移转被查封财产，其行为缺乏善意。根据《最高人民法院关于人民法院民事执行中查封、扣押、冻结财产的规定》（2008

年调整)第26条第1款之规定,被执行人对于已经查封、扣押、冻结的财产所进行的移转、设定权利负担或其他有碍执行的行为,不得对抗申请执行人。因此,二审法院未支持宏达公司的诉请,并作出二审判决:驳回上诉,维持原判。

最高人民法院再审认为,案外人异议之诉程序的适用应符合法定条件。根据《最高人民法院关于适用〈中华人民共和国民事诉讼法〉的解释》(2015年施行)第501条之规定,人民法院在执行被执行人对他人的到期债权时,可以作出冻结债权的裁定,并通知该他人向申请执行人履行。若该他人对到期债权存在异议,申请执行人请求对异议部分强制执行的,人民法院不予支持。利害关系人对到期债权有异议的,人民法院应按照民事诉讼法第227条的规定进行处理。对于生效法律文书确定的到期债权,若该他人予以否认,人民法院不予支持。在此规定中,"他人"指的是次债务人,而"利害关系人"则是指主张对到期债权享有民事权益的人。这两种不同身份的主体对于到期债权的异议,其救济途径是不同的。利害关系人因其主张对到期债权享有民事权益,故应通过执行异议之诉来解决争议;而"他人"(次债务人)的救济途径,一般应通过异议、复议等程序来进行。具体而言,根据《最高人民法院关于人民法院执行工作若干问题的规定(试行)》(2008年调整)第61条至第65条的相关规定,在执行被执行人对次债务人享有的到期债权时,人民法院应在履行到期债务通知中明确告知当事人提出异议的期限。若次债务人在履行通知指定的期限内提出异议,人民法院不得对其采取强制执行措施;若次债务人在履行通知指定的期限内既未提出异议,又未履行债务,执行法院虽有权裁定对其采取强制执行措施,但次债务人未在履行通知指定的期限内提出异议,并不意味着其承认了债务的存在。若次债务人在超过期限后才提出不存在到期债权等异议,执行法院一般应根据《民事诉讼法》(2017年修正)第225条的规定,对该到期债权是否存在以及到期债权的具体数额进行实质审查,而不是直接适用《民事诉讼法》(2017年修正)第227条的规定,并引导案外人提起异议之诉。就本案而言,执行法院在向宏达公司送达履行通知后,宏达公司虽未在法定期限内提出异议,也未按照履行通知的要求履行债务,但在执行法院采取执行措施后,宏达公司仍有权向执行法院提出异议。若对异议裁定不服,宏达公司可依法申请复议。

综上,一审、二审判决适用法律不当,应予以纠正。法院依照《民事诉讼法》(2017年修正)第207条第1款、第170条第1款第2项之规定,裁定如下:(1)撤销辽宁省高级人民法院(2019)辽民终1507号民事判决、辽宁省朝阳市中级人民法院(2018)辽13民初21号民事判决;(2)驳回朝阳宏达企业集团房地产开发有限公司的起诉。

裁判评析：

本案为最高人民法院适用《最高人民法院关于适用〈中华人民共和国民事诉讼法〉的解释》第499条的典型案例，不仅为司法实践提供了宝贵的指导，也深化了司法实践对《最高人民法院关于适用〈中华人民共和国民事诉讼法〉的解释》第499条的理解与应用。在本案中，一审法院及二审法院认为，人民法院向次债务人发送出的履行到期债务通知书中，已经包含次债务人未在指定期限内提出异议又未按照履行到期债务通知书进行履行的法律后果，而由于宏达公司没有在法定期限内对执行提出异议，也没有按照履行到期债务通知书进行履行，执行法院有权裁定对其强制执行。也就是说，一审、二审法院均在案外人执行异议之诉的程序框架下对本案进行处理，两审法院均认为，就次债务人未在履行通知的异议期内提出执行异议的纠纷，可以提起案外人执行异议之诉，次债务人具备提起案外人执行异议之诉的原告资格。然而，两审法院均并未对这种适用方式其合理性进行充分的论证和说理，这实际上是对现行法的一种错误理解。

最高人民法院对一审、二审法院的法律适用错误予以纠正。最高人民法院在裁判中指出，就案外人执行异议之诉而言，对其适用必须符合法定条件，根据《最高人民法院关于适用〈中华人民共和国民事诉讼法〉的解释》第499条的规定，次债务人与利害关系人对到期债权异议之救济途径不同，次债务人一般应通过异议、复议等程序救济，而并非通过案外人执行异议之诉。此种解读方式虽较为简洁，但亦表明最高人民法院认为次债务人通常不应适用案外人执行异议之诉的态度。

此外，值得注意的是，就次债务人提起异议的期限问题，尽管次债务人没有在履行通知指定的期限内提出异议，执行法院仍须对异议是否成立进行实质审查，审查后支持异议主张的，申请执行人可提起代位权诉讼，即次债务人的上述行为不发生承认债务存在的效力。但应当注意的是，《最高人民法院关于人民法院办理执行异议和复议案件若干问题的规定》第6条规定："当事人、利害关系人依照民事诉讼法第二百二十五条规定提出异议的，应当在执行程序终结之前提出，但对终结执行措施提出异议的除外。案外人依照民事诉讼法第二百二十七条规定提出异议的，应当在异议指向的执行标的执行终结之前提出；执行标的由当事人受让的，应当在执行程序终结之前提出。"次债务人对该履行通知的执行异议仍应当在对该到期债权的执行程序终结之前提出。

综上，本案不仅是最高人民法院对《最高人民法院关于适用〈中华人民共和国民事诉讼法〉的解释》第 499 条的一次具体适用,更是对次债务人在执行程序中权利救济途径的一次明确界定,对司法实践正确运用《最高人民法院关于适用〈中华人民共和国民事诉讼法〉的解释》第 499 条具有积极意义。

问题二 案外人以其系债权受让人提起的案外人执行异议之诉

【规范梳理】

《江苏省高级人民法院执行异议及执行异议之诉案件办理工作指引(三)》

24.《民诉法解释》第四百九十九条第二款规定的"利害关系人"对到期债权的执行行为提出的异议,应适用《民事诉讼法》第二百三十四条规定进行审查。

案外人以其系案涉债权受让人为由提起执行异议之诉,请求排除执行,同时具有下列情形的,原则上应予以支持:

(1)案外人与被执行人于案涉债权被查封、冻结或被采取强制执行措施之前订立了合法有效的书面债权转让合同;

(2)被执行人在第三人处有多笔债权的,案外人主张其受让的债权应明显区别于被执行人未转让的其他债权。

案外人以其系案涉债权受让人为由提起执行异议之诉,请求排除执行,具有下列情形之一的,不予支持:

(1)案外人所主张的债权与被查封或执行的被执行人的案涉到期债权并非同一债权;

(2)该债权转让行为损害申请执行人或被执行人其他债权人的利益;

(3)案外人与被执行人存在利益关联或者实际控制关系的。

《民诉法解释》第四百九十九条第二款规定的"利害关系人"包括但不限于:

(1)案涉债权受让人;

(2)无追索权的保理合同债权人;

(3)有追索权的保理合同债务人;

(4)应收账款质权人;

(5)实际施工人。

【理论基础】

如果案外人主张其已受让有关到期债权并据此提起案外人执行异议之诉,若双方之间转让债权的行为真实有效,可以认定案外人系该到期债权的合法权利人,因该债权已转移至他人所有,不能再作为被执行人的责任财产予以执行。

在此类纠纷审查过程中,应当重点审查是否符合以下条件:

(1)案外人与被执行人依法订立真实、有效的债权转让合同:即依照《民法典》第143条、第146条,审理案外人与被执行人之间的真实意思,确认债权转让合同的有效性,避免出现案外人与被执行人间通过通谋虚伪以达到逃避责任的情况。案外人与被执行人间所订立合同之状态是确认双方权利状态的前提,应予重点审查。

(2)合同订立时间应当早于案涉债权被查封、冻结或被采取强制执行措施之前:即案外人与被执行人间的权利变动发生于执行程序启动前,被执行人为逃避执行而进行的财产转移行为不应予以保护。

(3)转让对价合理:案外人与被执行人间就债权转让达成的对价往往决定其二者的交易是否善意,在对案外人以其系债权受让人提起的案外人执行异议之诉的审查中,应当注意考量该对价是否符合市场公允价值,综合考虑债权性质、债务人偿债能力、市场环境等因素,以确定其转让对价是否公平、合理。

(4)债权转让行为不会导致案外人实质上享有优先受偿地位:案外人与申请执行人对被执行人所享有的权利均为债权,而基于债的平等性原则,债权人间受偿机会平等,审理案外人以其系债权受让人而提起的案外人执行异议之诉时,应注意避免使该债权转让行为打破债之平等性原则,以致出现实质不公的判决结果。

值得注意的问题是,当被执行人转让债权未通知次债务人时,债权受让人能否请求排除强制执行?被执行人在未通知次债务人即转让债权时,债权转让虽已经完成,但对次债务人尚未发生效力。此时,债权受让人主张自己是债务人实际上的债权人,提出执行异议,属于对执行标的的异议,自无疑问。但此种情况下,债权受让人的执行异议申请能否得到支持?对此有两种观点:一种意见认为,由于被执行人已经将债权转让予受让人,且已经取得对价或取得对受让人的债权,责任财产并未因此减损,债权受让人主张排除强制执行并不会对执行产生不利影响,应当得到支持;另一种意见认为,根据《民法典》第546条规定,债权转让未经通知,对债务人不生效力,在次债务人得到通知之前,债权受让人并非次债务人的债权人,不享有排除强制执行的权利。①

---

① 参见王毓莹、沈建红、李炳录:《到期债权执行异议的处理路径》,载《人民司法》2021年第10期。

债权受让人如举证证明确实已受让被执行人所有的债权,可以认定债权受让人系该到期债权的合法权利人,则因该债权已转移至他人所有,不能再作为被执行人的责任财产予以执行。除此之外,债权转让是否履行了通知义务,关乎债权转让对次债务人的效力,因此亦至关重要。[1]

债权转让后未通知次债务人的,次债务人对被执行人清偿债务仍发生债之消灭法律效果。到期债权的执行作为代位执行,次债务人将应支付给被执行人的价款直接支付至执行法院,在支付价款的数额内,同时产生消灭被执行人对次债务人、申请执行人对被执行人等额债权的效力。也就是说,在债权转让未通知次债务人的情况下,法院通知次债务人直接履行该到期债权,并无法律上的障碍。此外,此时债权转让对次债务人并未产生效力,债权受让人对此债务人尚不存在到期债权,亦不享有排除强制执行的民事权益,因此所提执行异议不应得到支持。[2]

从实践来看,不予支持未进行债权转让通知的债权受让人所提执行异议,具有实益。一方面,可以防止被执行人在执行程序中恶意转移债权,保障申请执行人的执行权利;另一方面,次债务人将对应的价款支付至执行法院,该到期债权因消灭而事实上无法转让,债权受让人还可以依据债权转让合同向被执行人主张权利,仍存在救济途径,不会导致实体上的不公。虽然债权受让人可能因被执行人的清偿能力有限而处于不利境地,但其作为一般债权人,自不应较已进入执行程序的申请执行人处于更优的法律地位。[3]

综上,本书认为,当被执行人转让债权未通知次债务人时,债权受让人通常不能请求排除执行。

【典型案例】

案例:重庆力源实业集团有限公司、重庆三圣实业股份有限公司案外人执行异议之诉纠纷案[4]

基本案情:

一审法院认定事实:2014年12月1日,重庆市第一中级人民法院就顺进投资

---

[1] 参见王毓莹、沈建红、李炳录:《到期债权执行异议的处理路径》,载《人民司法》2021年第10期。
[2] 参见王毓莹、沈建红、李炳录:《到期债权执行异议的处理路径》,载《人民司法》2021年第10期。
[3] 参见王毓莹、沈建红、李炳录:《到期债权执行异议的处理路径》,载《人民司法》2021年第10期。
[4] 参见最高人民法院民事裁定书,(2018)最高法民申4314号。

公司与重庆花溪建设（集团）有限公司（以下简称花溪建司）之间的买卖合同纠纷作出了（2014）渝一中法民初字第01104号民事调解书。该调解书确认：花溪建司欠付顺进投资公司货款4937524.10元，并需在2014年12月20日前支付300万元，逾期则按每月2.22%的标准支付违约金；剩余货款1937524.10元需在2015年1月20日前支付，逾期同样按每月2.22%的标准支付违约金。此外，花溪建司还需承担诉讼费、保全费、律师费和保全担保费共计6万元。由于花溪建司未履行调解书确定的义务，顺进投资公司于2014年12月26日申请强制执行，重庆市第一中级人民法院于2015年1月7日立案执行，案号为（2015）渝一中法民执字第00065号。

另外，2015年7月1日，重庆市第一中级人民法院就重庆三圣实业股份有限公司（以下简称三圣实业公司）与花溪建司的买卖合同纠纷作出了（2014）渝一中法民初字第01321号民事判决书，判决花溪建司在判决生效之日起10日内支付三圣实业公司货款3381336.17元及利息。该判决于2015年8月30日生效，因花溪建司未履行判决义务，三圣实业公司于2015年9月10日申请执行，重庆市第一中级人民法院于2015年10月8日立案执行，案号为（2015）渝一中法民执字第00941号。

再者，2015年7月24日，重庆市第一中级人民法院就科嘉混凝土公司与花溪建司的买卖合同纠纷作出了（2013）渝一中法民初字第01109号民事判决。科嘉混凝土公司不服提起上诉，重庆市高级人民法院于2016年5月4日作出（2015）渝高法民终字第00566号民事判决，改判花溪建司支付科嘉混凝土公司货款5777665.41元及相应违约金。判决生效后，花溪建司未履行义务，科嘉混凝土公司于2016年5月23日申请强制执行，重庆市第一中级人民法院于2016年6月12日立案执行，案号为（2016）渝01执715号。

此外，2015年12月19日，重庆市第一中级人民法院就花溪建司与重庆豪晟实业有限公司的建设工程施工合同纠纷作出了（2013）渝一中法民初字第00906号判决，判决重庆豪晟实业有限公司在判决生效后10日内支付花溪建司工程款5497586元及利息。花溪建司于2016年2月22日申请执行，执行案件案号为（2016）渝01执253号。

2016年6月30日，重庆市第一中级人民法院在执行被执行人为花溪建司的前述三个执行案件过程中，作出了（2015）渝一中法民执字第65号、第941号、（2016）渝01执715号执行裁定书，裁定扣留被执行人花溪建司在重庆市第一中级人民法院另案执行案件[案号为（2016）渝01执253号]的应收执行案款550万元,并向相关承办法官送达了法律文书。花溪建司于2016年7月13日收到该执行裁定书。

2016年7月20日,重庆力源实业集团有限公司(以下简称力源实业公司)认为上述执行裁定书侵害了其合法权益,向一审法院提出书面异议。2016年8月20日,重庆市第一中级人民法院作出(2016)渝01执异941号执行裁定书,驳回了力源实业公司的异议请求。力源实业公司不服,于2016年8月24日提起案外人执行异议之诉。

力源实业公司提交了花溪建司与其签订的《债权转让协议》,约定将(2013)渝一中法民初字第00906号民事判决确认的花溪建司对重庆豪晟实业有限公司的约550万元债权转让给力源实业公司,以抵偿花溪建司所欠力源实业公司借款的一部分,剩余欠款由花溪建司另行偿付。该协议盖有花溪建司和力源实业公司的印章,以及力源实业公司法定代表人李某的签字(但签字与《情况说明》及《借款及利息确认书》上的签字不同),落款时间为打印的2016年5月6日。

同时,力源实业公司还提交了花溪建司与其签订的《借款及利息确认书》,载明截至2016年6月30日,花溪建司尚欠力源实业公司借款本金875.8万元,按月利息2%计息,共计利息360.42万元。借款明细包括2013年12月12日的500万元、2014年3月10日的300万元、2014年7月9日的200万元、2015年1月4日的275.8万元、2015年8月12日的300万元,以及花溪建司于2013年12月23日的还款500万元和2015年1月26日的还款200万元。力源实业公司提交了两份《借款及利息确认书》,一份落款日期为涂改的2016年6月20日,另一份无落款日期,但两份协议均有花溪建司及力源实业公司的签章。

关于借款明细,具体情况如下:1. 2013年12月12日,力源实业公司向重庆花溪建设集团都豪房地产开发有限公司转款500万元,力源实业公司称此为借款。在《借款及利息确认书》中载明,2013年12月23日,重庆花溪建设集团都豪房地产开发有限公司已归还此借款。2. 2014年3月10日,李某向重庆花溪建设集团都豪房地产开发有限公司转款300万元,用途为借款。花溪建司的财务人员张某某出具收条确认收到此款,并存入指定账户。花溪建司的记账凭证将此款记为"收李某款;会计科目内部往来款——湖南辉映江岸"。花溪建司在庭审中陈述,湖南辉映江岸系李某通过花溪建司内部承包的工程项目。3. 2014年7月9日,李某再次向重庆花溪建设集团都豪房地产开发有限公司转款200万元,花溪建司向李某出具借条,确认借款期限至2014年8月9日。后花溪建司于2015年1月26日通过承兑汇票还款200万元。4. 2015年1月4日,河南省郑州市管城回族区人民法院从花溪建司华夏银行账户扣划275.8万元,花溪建司向李某出具借条,说明此账户由花溪建司第十六项目部负责人开设,被法院冻结并划拨扣除275.8万元,此款属花溪建司对外债务,与李某无关,应由花溪建司归还。后花溪建司于2015年12月31日将此款记为"其他应付款——李某"。5.2015年8月12日,重庆新南城投资有限公司向重庆花溪建设集团都豪房地产开发有限公司转账300万元,花溪建司的记账凭证将此款记为"收李某重庆新南城投资有限公司赵家嘴工程款;会计科目为内部往来收款——赵家嘴河道改造"。同时,花溪建司出具借条,确认此款作为向力源实业公司的借款,利息从2015年8月12日起按月息2%计付。

一审诉讼中,花溪建司还提交了其与李某签订的《花溪建设(集团)有限公司项目部内部承包合同》,约定由李某内部承包赵家嘴河道改造工程,落款时间为2009年11月18日。

另经查明:2016年6月30日,重庆市南岸公证处颁发了编号为(2016)渝南岸证字第4821号的《公证书》,该公证书证实,花溪建司于当日通过特快专递的方式,向重庆豪晟实业有限公司寄送了一份《转让债权通知函》。该《转让债权通知函》的主要内容为,花溪建司将其对重庆豪晟实业有限公司在重庆市第一中级人民法院(2013)渝一中法民初字第00906号民事判决书中所享有的全部工程款及相关债权(包括但不限于工程款本金、利息、合同履行过程中产生的滞纳金、违约金等)依法转让给力源实业公司。经核查,该邮件并未成功投递,于2016年7月2日被退回。随后,2016年7月7日,重庆商报刊登了花溪建司发布的相关公告,公告内容与前述《转让债权通知函》一致。另需指出的是,花溪建司已于2015年4月29日被法院纳入失信被执行人名单,具体原因为:该公司具备履行能力却拒不履行生效法律文书所确定的义务。经一审法院对花溪建司的会计凭证进行审查发现,花溪建司多次利用重庆花溪建设集团都豪房地产开发有限公司名下的1039××××××6105账户支付公司员工养老保险、个人所得税以及偿还他人债务。对此,花溪建司的财务负责人李某某表示,该账户实际上一直由花溪建司在使用,重庆花溪建设集团都豪房地产开发有限公司并未设立独立的会计账目。在一审庭审过程中,花溪建司陈述,由于公司涉诉案件较多,因此借用了重庆花溪建设集团都豪房地产开发有限公司的账户进行资金往来操作,且两家公司的法定代表人同为张某某。

二审法院对一审查明的事实予以确认。

裁判要旨：

一审法院审理认为,本案执行异议之诉的核心在于审查力源实业公司是否对花溪建司享有的对重庆豪晟实业有限公司的 550 万余元债权拥有足以阻却强制执行的实体权益。力源实业公司主张,其与花溪建司签订了债权转让协议,据此取得了花溪建司对重庆豪晟实业有限公司的 550 万余元债权,该债权的受让足以排除强制执行。因此,本案的争议焦点归结为以下三点:(1)力源实业公司与花溪建司之间是否存在真实且有效的借贷关系;(2)债权转让协议是否具备真实性、合法性及有效性;(3)债权转让是否对重庆豪晟实业有限公司产生了法律效力。

首先,关于力源实业公司与花溪建司之间是否存在真实借贷关系的问题,一审法院依据力源实业公司提供的三项款项往来进行了细致审查:(1) 2014 年 3 月 10 日,李某向重庆花溪建设集团都豪房地产开发有限公司转账 300 万元;(2)2015 年 1 月 4 日,河南省郑州市管城回族区人民法院从花溪建司的华夏银行账户扣划了 275.8 万元;(3)2015 年 8 月 12 日,重庆新南城投资有限公司向重庆花溪建设集团都豪房地产开发有限公司转账 300 万元。

针对这三笔款项,一审法院作出如下认定:(1)对于 2014 年 3 月 10 日的 300 万元转账,花溪建司出具的收条显示收到的是李某项目部的款项,且其记账凭证将该笔转账记录为湖南辉映江岸项目的内部往来,而非借款。因此,一审法院未采纳力源实业公司关于该款项为花溪建司向其借款的主张。(2)对于 2015 年 1 月 4 日被河南省郑州市管城回族区人民法院扣划的 275.8 万元,花溪建司的记账凭证中确实将此款项列为"其他应付款—李某",并出具了借条,表明该款项转为花溪建司向十六项目部负责人李某的借款。然而,一审法院认为,此款项实为花溪建司对李某个人的借款,而李某虽为力源实业公司的法定代表人,但并无证据表明该款项属于力源实业公司应收之款,故一审法院未采纳力源实业公司关于此款项为花溪建司向其借款的主张。(3)对于 2015 年 8 月 12 日重庆新南城投资有限公司转给重庆花溪建设集团都豪房地产开发有限公司的 300 万元,涉及赵家嘴河道改造工程,花溪建司的记账凭证将此款项记录为内部往来。同时,力源实业公司提供的赵家嘴河道改造工程项目内部承包合同显示李某作为项目部负责人内部承包了该工程的施工。李某出具的《情况说明》称其代表力源实业公司签订承包合同,但这与项目部内部承包的性质不符。因此,一审法院未采纳力源实业公司关于此款项为花溪建司向其借款的主张。

此外,鉴于李某与花溪建司之间存在项目部内部承包关系,资金往来在所难免。除了花溪建司自认的借条外,力源实业公司未能提供其他充分证据证明上述款项为借款而非工程往来款。综上所述，一审法院认为，力源实业公司关于花溪建司尚欠其875.8万元本金及相应利息的主张，因证据不足，不予采纳。

其次，即便力源实业公司与花溪建司之间的借款关系得以确立，仍需对双方签订的债权转让协议是否合法有效进行严格审查。本案中，被执行人花溪建司自2015年4月29日起已被重庆市第一中级人民法院列入失信被执行人名单，且长期利用其关联公司重庆花溪建设集团都豪房地产开发有限公司的账户（账号：1039×××××××××××6105）进行资金进出，以规避执行。因此，一审法院认为，对于花溪建司的自认，应当采取更为严格的审查标准，限制当事人自认原则的适用，不能仅凭花溪建司自认向力源实业公司借款及签订债权转让协议作为定案的依据。

在审查债权转让协议的真实性问题时，一审法院注意到，该协议第一条关于转让事项和第三条关于违约责任的约定表述不够明确。此外，协议的落款时间为打印时间，且法定代表人李某的签名与其在其他文书上的签名存在明显差异。更为关键的是，双方在签订债权转让协议时，并未就借款金额及利息进行清算，这与常规做法不符。因此，一审法院对债权转让的真实性产生了合理怀疑，自然也无法认定其合法有效。

最后，关于债权转让对重庆豪晟实业有限公司是否产生法律效力的问题，《合同法》第80条①规定，债权人转让权利的，应当通知债务人。未经通知，该转让对债务人不发生效力。此处的"通知"是一种事实行为，无须债务人同意，只要通知到达债务人即生效。本案中，花溪建司于2016年6月30日向重庆豪晟实业有限公司邮寄了《转让债权通知函》，但该函件"未妥投"并被退回。随后，花溪建司于2016年7月7日通过登报公告的方式发送了《转让债权通知函》。参照《民事诉讼法》关于公告送达的规定，自公告发出之日起经过60日，即视为送达。然而，在本案中，债权转让的"通知"尚未实际到达重庆豪晟实业有限公司，且花溪建司或力源实业公司均未提供证据证明债权转让的事实已经"通知"了债务人重庆豪晟实业有限公司。因此，该债权转让对债务人重庆豪晟实业有限公司尚未发生效力。

另需指出的是，人民法院的执行机构已于2016年6月30日作出执行裁定，并送达至执行法院的相关执行案件承办人，对该项债权予以扣留，该项债权已成为被执行人花溪建司的责任财产。因此，即使力源实业公司与花溪建司的债权转让

---

① 现已被《民法典》第546条吸收。

协议真实合法有效,但由于在债权转让通知到达债务人之前,该笔债权已被执行法院冻结、扣留,故无法实现债权转让的法律效果。

综上,力源实业公司主张对该债权享有实体权利并足以排除执行,缺乏相应的事实和法律依据,一审法院不予支持。

二审法院认为,力源实业公司所主张的花溪建司与其之间存在借款关系,并据此签订债权转让协议将花溪建司对执行标的的债权转让给力源实业公司,以排除执行的理由不能成立。具体事实与理由阐述如下:

力源实业公司所提供的证据不足以证实其与花溪建司之间存在借款关系。

首先,力源实业公司述称其法定代表人李某于2014年3月10日向重庆花溪建设集团都豪房地产开发有限公司(花溪建司的关联公司)转账300万元。然而,花溪建司出具的收条明确载明该款项为李某项目部存款,且一审法院依职权调取的花溪建司记账凭证将该笔款项记录为"湖南辉映江岸内部往来收款",并非借款性质。因此,一审判决对力源实业公司关于该笔款项系花溪建司向力源公司借款的主张不予认可,此处理并无不当。

其次,力源实业公司声称2015年1月4日河南省郑州市管城回族区人民法院从花溪建司账户扣划的275.8万元,系其挂靠花溪建司承接工程应得的工程款,被扣划后花溪建司向力源实业公司出具了相应金额的借条。但花溪建司出具的借条明确载明该笔款项由花溪建司归还给李某个人,且一审法院依职权调取的花溪建司记账凭证将该笔款项记录为"其他应付款—李某"。并无证据表明该笔款项系力源实业公司应收之款项,故一审判决认定该笔款项为花溪建司向李某个人的借款,此认定并无不当。

最后,力源实业公司述称赵家嘴河道改造工程由花溪建司转包给力源实业公司实际施工,2015年8月12日重庆花溪建设集团都豪房地产开发有限公司(花溪建司的关联公司)收取业主重庆新南城投资有限公司支付的赵家嘴河道改造工程300万元工程款后未向力源实业公司支付,故花溪建司向力源实业公司出具了300万元的借条。但力源实业公司提供的《花溪建设(集团)有限公司项目部内部承包合同》证实,赵家嘴河道改造工程的内部承包主体为李某个人,而非力源实业公司。且一审法院依职权调取的花溪建司记账凭证将该笔款项记录为"收李某重庆新南城投资有限公司赵家嘴工程款—内部往来"。力源实业公司主张该笔款项系花溪建司向力源实业公司的借款,缺乏事实依据,一审判决对此不予认可,此处理正确。

力源实业公司与花溪建司签订的《债权转让协议》的真实性存在疑问。

首先,花溪建司已于2015年4月29日被重庆市第一中级人民法院列入失信被执行人名单。结合花溪建司在二审中陈述的,重庆花溪建设集团都豪房地产开发有限公司并未实际经营业务,其与花溪建司的法定代表人相同,均为张某某,且花溪建司通常使用重庆花溪建设集团都豪房地产开发有限公司账户进行过账的事实,一审判决对花溪建司自认向力源实业公司借款和签订《债权转让协议》的事实进行严格审查,此处理并无不当。

其次,力源实业公司提供的《借款及利息确认书》的落款时间为2016年6月20日,而《债权转让协议》的打印时间却为2016年5月6日。即在签订《债权转让协议》时,双方并未对债权债务关系进行清算,以确定借款金额及利息,这有违常理。

最后,《债权转让协议》尾部力源实业公司法定代表人处"李某"的签名与本案诉讼中力源实业公司提供的《情况说明》中"李某"的签名存在明显差异。

二审法院最终认为:一审法院认定事实清楚,适用法律正确,应予维持。

最高人民法院认为,针对力源公司提出的再审申请,本案的审查焦点集中在以下三个方面:(1)原判认定的事实是否缺乏充分证据支撑;(2)原判据以认定事实的主要证据是否未经法庭质证;(3)原判是否存在法律适用错误。

一、关于原判认定的事实是否缺乏充分证据支撑的问题

首先,本案的核心在于,案涉《债权转让协议》是否已经依法成立并生效,以及力源公司是否据此获得了足以阻却强制执行的债权。经审查,2016年5月6日花溪建司与力源公司签订的《债权转让协议》中,力源公司法定代表人李某的签名与该公司其他文书上的签名存在显著差异,且力源公司对此未能提供合理解释。该《债权转让协议》第1条第1项表述为"作为抵偿重庆花溪建设(集团)有限公司所欠重庆力源实业集团有限公司借款的一部分",但双方在签订《债权转让协议》时并未明确抵偿的借款具体数额,而是直至2016年6月20日才确认了双方之间的借款及利息,这一做法与常规商业实践不符。此外,《借款及利息确认书》的落款日期存在明显涂改,且其中所载明的借款数额与实际查明的借款数额不一致。因此,在案外人提起执行异议之诉的情况下,其应当就其对执行标的享有足以排除强制执行的民事权益承担举证责任,且该举证需达到高度盖然性的证明标准。鉴于《债权转让协议》的真实性存在诸多疑点,原判未认定其合法有效,这一处理并无不妥。

其次,2016年6月30日,花溪建司尝试通过邮寄方式向重庆豪晟实业有限公司送达《转让债权通知函》,但该函件因"未妥投"而被退回。随后,花溪建司于

2016年7月7日采取登报公告的方式再次发出《转让债权通知函》。根据《合同法》第80条的规定："债权人转让权利的,应当通知债务人。未经通知,该转让对债务人不发生效力。"在此情形下,由于债权转让的通知尚未有效送达债务人,因此该债权转让对重庆豪晟实业有限公司不产生法律效力。

最后,若案外人主张执行标的的债权归其所有,其依据的应当是真实且无任何瑕疵的债权。而本案中,一方面《债权转让协议》的真实性存在诸多疑问,另一方面即便双方之间存在合法有效的《债权转让协议》,但由于该债权转让对债务人尚未产生法律效力,其权属变动的公示程序尚未完成。因此,这种效力尚未完备的债权无法产生阻却强制执行的法律效果。综上,案涉《债权转让协议》真实性存疑,力源公司尚未取得足以排除强制执行的债权。原判不存在《民事诉讼法》(2017年修正)第200条第2项规定的情形。

二、关于原判认定事实的主要证据是否未经质证的问题

首先,关于2014年11月11日花溪建司与力源公司签订的《债权转让协议》,力源公司在二审询问阶段已经将该协议出示并发表了相关意见,因此该协议并不属于再审阶段的新证据。其次,从内容上来看,该《债权转让协议》涉及的是花溪建司将其对南城花园一期工程、南城花园二期工程、赵家嘴河道工程、群乐安置房工程所享有的债权转让给力源公司,而这些债权与花溪建司对豪晟公司所享有的债权并无关联,即与本案中被扣留的债权无直接联系。因此,即便该《债权转让协议》真实有效,但由于其与本案所认定的事实不具有直接的关联性,故并不构成认定事实的主要证据。基于此,原判对该份证据的处理方式并无不当之处。

三、关于原判是否适用法律错误的问题

关于债权转让的通知方式,登报通知作为一种合法的通知手段,具有时间性、公开性和广泛性的特点,其在效果上与单个书面通知具有同等的作用和效力。然而,若认为通知一经登报即视为已经送达债务人,这显然与常理不符。在此方面,原判参考了《民事诉讼法》(2017年修正)第92条的相关规定,将公告期合理认定为六十日,这一处理方式并无明显不当之处。

综上,最高人民法院认为:力源公司提出的再审理由不能成立,驳回重庆力源实业集团有限公司的再审申请。

裁判评析:

本案为较为典型的案外人以其系债权受让人提起案外人执行异议之诉的案件。本案中,无论是一审法院还是二审法院,均通过论证力源实业公司与花溪建司之间是否存在真实借款关系的问题、双方之间债权转让协议合法有效性问题、该债权转让对重庆豪晟实业有限公司是否发生法律效力问题,一步步论证力源公司是否取得了足以排除强制执行的债权,论证严谨,值得借鉴。

该案亦反映了在债权受让人提起案外人执行异议之诉这类案件中较为常见的情形,即被执行人为失信被执行人,且多年来存在规避执行的行为,其与债权受让人之间存在恶意串通的可能性。据此,对债权受让人是否取得足以排除强制执行的债权的确定,应当首先对其与被执行人之间一系列相关法律关系的真实性、合法性进行审查,如审理案外人与被执行人是否依法订立真实、有效的债权转让合同、合同订立时间是否早于案涉债权被查封、冻结或被采取强制执行措施之前、转让对价是否合理、债权转让行为是否导致案外人实质上享有优先受偿地位。此系列审查为审理债权受让人是否取得足以排除强制执行的债权的基础与前提。

同时,本案中存在被执行人转让债权未通知次债务人的情形。一审法院及最高人民法院均阐释了,依照《合同法》第80条(现《民法典》第546条),在被执行人转让债权未通知次债务人时,债权转让对债务人尚未发生效力,其权属变动的公示尚未完成,因此,该效力尚未齐备的债权无法产生排除强制执行的效果。

具体而言,在被执行人转让债权未通知次债务人时,因该债权转让行为对次债务人未发生法律效力,债权受让人对该次债务人不享有相应权利,次债务人对被执行人清偿债务仍视为其已完成其清偿义务,双方债权债务关系归于消灭,人民法院的执行通知次债务人直接履行该到期债权无法律上的障碍。同时,即使该债权受让人确实存在相应权利,亦存在其他救济途径,其作为一般债权人,不应具有优先于申请执行人清偿的法律地位。尤其在本案中,债权受让人与被执行人之间的《债权转让协议》真实性存疑,对该债权受让人的主张不予支持亦有防止被执行人恶意转移财产的意义。

第二十四讲　涉及股权的案外人执行异议之诉

导　语

在现代商业社会中，常出现实际出资人与登记股东相分离的情形，而此种形式与实质相分离的财产状态也引发了一系列的法律适用问题。即当名义股东的债权人依照生效的法律文书申请执行时，登记在名义股东名下的股权，通常会被列为被执行人责任财产的范围，隐名股东或者在股权让与担保情况下的担保人在此情况下是否有权主张排除强制执行，成为司法实践中的一大争议问题。各省高级人民法院所出台的地方司法文件，对该问题所表达的意见并不统一。本讲将围绕涉及股权的案外人执行异议之诉展开讨论。

问题一　股权代持情形下实际出资人提起的案外人执行异议之诉

【规范梳理】

《江苏省高级人民法院执行异议及执行异议之诉案件办理工作指引（三）》

17.执行法院对登记在被执行人名下的股权实施强制执行，案外人以其系真实股东或实际出资人为由提出执行异议，请求排除执行或一并提出确认其股东资格的，不予支持。

案外人因此提起的执行异议之诉，如其提供的证据能够充分证明申请执行人明知或应知其是隐名股东或实际出资人的，应予以支持；否则，不予支持。

《黑龙江省高级人民法院关于审理执行异议之诉案件若干问题的解答》

二十六、申请执行人申请强制执行被执行人名下股权，案外人可否以其为该股权的实际权利人为由，请求排除执行？

在执行案件中，申请执行人查找到被执行人名下股权，申请人民法院对该股权强制执行。案外人主张被执行人仅为该股权的名义持有人，其方为该股权的实际权利人，不应强制执行。申请执行人则主张应依照商事外观主义原则，对其信赖利益予以保护。在商事审判的背景下，所谓外观主义原则是指：名义权利人的行为所表现出来的或者有关权利公示所表现出来的构成某种法律关系的外观，导致第三人对于该种法律关系产生信赖，并出于此信赖而为某种民事法律行为时，即使有关法律关系的真实状况与第三人主观信赖的状况不符，只要该第三人的主观信赖合理，其据以作出的民事法律行为效力受法律的优先保护。商事外观主义作为商法的基本原则之一，其实际上是一项在特定场合下权衡实际权利人与外部第三人之间利益冲突所应遵循的法律选择适用准则，通常不能直接作为案件处理依据。根据《公司法解释（三）》第二十五条的规定，股权善意取得制度的适用主体仅限于与名义股东存在股权交易的第三人。据此反向衡量，未与权利人具有实际交易关系的其他第三人，不能基于外观主义而产生信赖利益。进而言之，商事外观主义实际上是一项在特定场合权衡实际权利人与外部第三人之间利益冲突所应遵循的原则，而外部第三人则应限定为与名义权利人存在实际的交易关系的第三人，其在此基础上方可产生对应的信赖利益。归于所引问题，在申请执行人不存在与被执行人协议股权转让、质押等交易关系，仅因未了债务而寻查被执行人财产，其并无信赖利益保护之需要，其无权申请法院强制执行该股份。

《山东省高级人民法院民二庭关于审理公司纠纷案件若干问题的解答》

6. 名义股东因借款、买卖等非股权交易纠纷而成为被执行人时，名义股东债权人依据工商登记中记载的股权归属，申请对该股权强制执行。实际出资人以其实际享有股东权利，提出执行异议被驳回后，又提起案外人执行异议之诉，请求停止对该股权强制执行的，能否予以支持？

答：实际出资人要求停止执行的诉讼请求，应予支持。理由：根据《最高人民法院关于适用〈中华人民共和国公司法〉若干问题的规定（三）》第二十五条的规定，股权善意取得制度的适用主体仅限于与名义股东存在股权交易的第三人。商事外观主义原则的适用范围不包括非股权交易第三人。在外观权利与实际权利不一致的情况下，根据权利外观理论，善意第三人基于对权利外观的信赖而与名义权利人进行民事法律行为的，该民事法律行为效力受法律的优先保护。但是，如果名义股东债权人申请执行的是其与名义股东因借款关系等而形成的一般债权,债权人并没有与名义股东从事涉及股权交易的民事法律行为,从权利外观原则来看,此时的债权人不是基于信赖权利外观而需要保护的民事法律行为之善意第三人,故其债权请求不能受到优先于实际权利人的保护。但是,审理此类案件时,应当对实际出资人所提交的证明权利存在的证据进行严格审查,查明权利的真实性,既要防止虚假诉讼以逃避债务,也要防止侵权了实际出资人的实际权利。

《吉林省高级人民法院关于审理执行异议之诉案件若干疑难问题的解答（二）》

问题十四：金钱债权执行中,案外人以其系案涉股权的实际出资人或隐名股东为由提起执行异议之诉请求排除执行的,人民法院该如何处理？

答：金钱债权执行中,人民法院对登记在被执行人名下的股权实施执行,案外人仅以其系案涉股权的实际出资人或隐名股东为由提起执行异议之诉请求排除执行的,除法律另有规定外,人民法院不予支持。

【理论基础】

对股权代持情形下,关于实际出资人能否作为案外人提起执行异议之诉并排除名义股东的一般金钱债权人申请的强制执行的问题,理论界和司法实务界一直存在截然相反的观点。根本原因有两点,一是股东资格的认定标准不统一,实际出资人能不能享有"股东"的资格意见不一；二是商事外观主义的准确适用问题,即"名义股东"的债权人是否仅限于与其存在股权交易的第三人。由此导致在实际出资人的利益与第三人所谓的"信赖利益"之间存在冲突和对抗时,不同法院裁判的价值取向产生分野。

经过考察最高人民法院的典型案例以及部分地方法院的规范性文件,可以看到的结论是,绝大多数情形下均不能排除,极少数的案例或规范性文件会有排除执行的做法或规定。

对于股权代持情形下,实际出资人（隐名股东）能否排除名义股东的金钱债权人对案涉股权的强制执行这一问题争议的核心因素,主要集中于以下两个方面：

一、商事外观主义的适用范围

实践中,很多案例都肯定了公司的工商登记对社会具有公示公信效力,善意第三人有权信赖公司登记机关的登记文件。尤其是在（2019）最高法民再45号案件中,法院更是明确指出,其中"第三人"并不限于与显名股东存在股权交易关系的债权人。根据商事外观主义原则,有关公示体现出来的权利外观,导致第三人对该权利外观产生信赖,即使真实状况与第三人信赖不符,只要第三人的信赖合理,第三人的民事法律行为效力即应受到法律的优先保护。①

然而,与上述意见相反,2019 年 11 月发布的《全国法院民商事审判工作会议纪要》非常明确地指出,商事外观主义仅限于交易领域,不及于所有的"善意第三人"。在最高人民法院民二庭负责人就《全国法院民商事审判工作会议纪要》答记者问时,就第二个问题"民商事审判要坚持的基本原则和理念"部分,特地指出审判实务中要准确把握外观主义的适用边界,避免泛化和滥用。

依照《全国法院民商事审判工作会议纪要》明确规定,商事外观主义作为一种"学理概括"的法律适用方法,是与"交易安全"密切相关的,因此其功能的正当实现应当有明确的适用边界,即应当限制在善意相对人基于某项具体的"权利公示",相信其真实性而与该项权利进行交易的场景下。在此种情况下,基于商事交易的效率原则与交易安全的价值取向,善意相对人依其对"权利公示"现状的认知,相信该"权利公示"是"真实合法有效"而与之进行与该项"权利"有关的交易,此时才会产生所谓的"信赖利益"。

基于此,有学术观点认为,在涉及"股权代持"的案外人执行异议之诉案件中,对于商事外观主义的适用范围应当限定为与该"公示的股权"直接相关的交易行为更为妥当。在此特定情形下,善意并且相信"公示股权"真实性的合同相对人,通过"与案涉公示股权"直接相关的交易行为所期望达到的法律效果,才是商事外观主义所真正要保护的"信赖利益"。②

有学者指出,外观主义实乃法律基于特定理由才不得已地按照外观及对该外观的合理信赖赋予法律效果,在一般情况下则更关注事物的真实,而不依外观论事。③ 结合《全国法院民商事审判工作会议纪要》对外观主义适用的相关态度,本书认为,外观主义不宜适用于非交易的第三人。适用外观主义原则的目的在于维护交易安全及稳定,而不能将实际权利人的利益置于不恰当的风险之下。如果第三人并非基于信赖利益保护的需要,则不得通过外观主义主张寻求保护。商事外观主义是外观责任,是为保护第三人的信赖利益,非股权交易债权人信赖的是债务人整体清偿能力,该项非特定的利益不足以否定隐名股东未登记的股权。以登记产生的公示力、对抗力为例,通说认为"未经登记,不能对抗第三人"的第三人范

---

① 参见杨秀清:《隐名股东案外人异议之诉的裁判思维》,载《中国应用法学》2023 年第 6 期。
② 参见汪乐:《案外人异议之诉中显名股东名下的股权权属审查标准——以隐名股东作为债务人为切入点》,载《中国矿业大学学报(社会科学版)》2024 年第 26 期。
③ 参见崔建远:《论外观主义的运用边界》,载《清华法学》2019 年第 5 期。

围应当有所限制。通常来说,与交易标的没有直接权利义务关系的第三人,包括不是因为信赖股权登记而和名义股东产生交易关系的一般债权人等,对股权登记并不具有信赖利益,不属于登记对抗的第三人范围。进言之,债之关系因交易产生时,债权人系对债务人整体清偿能力而非单纯基于对转让人的合理信赖,才与之产生债权债务关系,由于不获清偿之风险天然存在,如欲避免遭受不测损害,则应通过设定担保物权等方式增强债权保障能力。

总之,在涉及"股权代持"的案外人执行异议之诉案件中,对于商事外观主义的适用范围,应当限定为与该"公示股权"直接相关的交易行为更为妥当。在此特定情形下,善意并且相信"公示股权"真实性的合同相对人,通过"与案涉公示股权"直接相关的交易行为所期望达到的法律效果,才是商事外观主义所真正要保护的"信赖利益"。我们首先应该正确认识和理解"商事外观主义"的性质和功能,之后才能准确界定"商事外观主义"所庇护的"善意第三人"的范围以及其"信赖利益"的本质和范围。

二、股权代持协议与股权归属

"股权代持"是一种通俗的说法,并非严格意义上的法律概念。如果按照"股权代持"的字面意思解释,应该理解为:归属于甲的股权,基于某些原因,甲与乙协商一致由乙来持有,登记在乙的名下。这样才构成股权代持,即乙代持甲的股权。在此语境下,该股权真正的所有人是甲而不是乙,也不可能既是甲又是乙。换言之,所谓"就甲和乙的内部关系而言,权利人是甲;就第三人视角的外部关系而言,权利人是乙"的说法是不符合逻辑的。

但是,真正面对股权代持协议时,即便甲与乙作出了上述约定,人们对股权归属的认识并不一致。核心原因之一是股权本身的特殊性质,股权实质上是股东基于其地位与公司形成的法律关系。[1] 就其性质而言,虽然有所有权说、债权说、社员权说、股东地位说、独立民事权利说等不同观点,但是基于对股权内容的考察,股权与民法传统意义上的所有权和债权具有较大差异。首先,股权不单纯地表现为一种支配权或者请求权,而是一系列权利的集合,涉及财产权和身份权。其次,股权的行使主体和指向的对象都与公司这种组织体密切相关,受具有组织法特征的法律关系调整,如表决权、知情权、利润分配权、股权优先购买权的行使都离不开公司组织体的意志,同时,股权的产生、变动、消失等也不是股东仅凭自身的意思自治就能完成,除了国家相应的法律法规的调整,还要受到公司章程、公司其他

---

[1] 参见赵旭东:《商法学》,高等教育出版社 2019 年版,第 189 页。

股东的意见等因素的综合影响。

因此,即便是股权代持协议合法有效,股权归属于谁,到底谁享有股东资格,并不是单凭"股权代持协议"所能决定的。在"股权代持"情形下,如何正确地确定隐名股东和显名股东的地位和资格,界定各自所享有的权益性质,是进一步衡量隐名股东能否排除显名股东之一般金钱债权人所申请的强制执行的关键。

对于有限责任公司股东的资格认定,《公司法》没有明确的标准,《最高人民法院关于适用〈中华人民共和国公司法〉若干问题的规定(三)》对此作了补充,但是仍存争议。股权同债权、物权等权利存在着显著的差异,其内容包含着诸如知情权、利润分配请求权、新股认购权等私益权利和参与公司治理等相关的共益权,还包含着诸如投票权这一类兼具私益和共益属性的权利。而在股权转让、隐名持股等场景下,主体一般拥有部分相关权利,实践中,如何认定只享有部分权利的主体是否为股东,则存在着争议。从理论上来讲,确认股东资格的因素较多,例如:转让方与受让方之间合法有效的股权转让合同;股东依法缴纳出资或者认缴出资;股东名册的记载或变更记载;公司登记机关对股东的登记或变更登记;股东实际参与公司治理享有股东权利;公司章程依法记载股东身份;股东依法取得出资证明书。[1] 通常认为,包括股权转让合同、公司章程记载、股东名册变更记载、工商登记变更记载等为主的要素统称形式要件,而股东实际出资或者依法继受取得股权并实际享有股东权利为实质要件。[2] 但是,实践中有限责任公司股东并不是同时具备上述特征。存在隐名股东和显名股东的情况下,到底是以形式要件为准还是以实质要件为准,认识并不统一。

综合《最高人民法院关于适用〈中华人民共和国公司法〉若干问题的规定(三)》第24条、第25条和第26条之规定,可以将隐名股东资格认定的标准总结为"内外有别"标准。[3] 在内部关系上,由于各方当事人只涉及股东、公司,不涉及外部交易第三人,因此,包括公司工商登记、公司章程等在内的一系列公示手段,并不对股东公司产生效力。通常而言,公司的工商登记和在工商部门备案的公司章程所起到的作用往往是对于交易第三人所产生的公示公信效力。其主要目的在于,当公司的实际情况与公示的情况不一致的时候,为维护交易的效率和第三

---

[1] 参见杨善长:《隐名出资法律适用若干问题研究——兼评〈公司法解释三〉相关条文》,载《晋阳学刊》2014年第5期。

[2] 参见范健、王健文:《公司法》,法律出版社2018年版,第264、265页。

[3] 参见杨善长:《隐名出资法律适用若干问题研究——兼评〈公司法解释三〉相关条文》,载《晋阳学刊》2014年第5期。

人的权益,应当认为善意第三人对公示的信息具有信赖利益,法律对此信赖利益持保护态度。但与之相反,公司和股东作为内部主体,对于公示公信所产生的信赖利益就不值得保护,因此在对内关系上,倘若股东的实际情况与工商登记存在不一致的情形,应当探究各方当事人的真实意思表示,而不是工商登记或已经备案的公司章程的记载。在对外关系上,由于交易第三人并没有义务探知公司内部关于股东身份的认定与工商登记是否一致,因此从法律意义上讲,外部交易第三人只能将工商登记或已经备案的公司章程所记载的信息作为其信赖的基础,此时对于股东身份的认定,应当依据公司工商登记,即便该工商登记与实际情况不符,不符合公司内部的各方主体真实意思表示,但为了维护交易的安全和效率,应当允许法律保护外部交易第三人对工商登记和已经备案的公司章程的信赖利益。即如果涉及公司债权人的利益时,股东身份应充分体现商法的外观主义原则与公示主义,应以保护公司债权人为价值取向,允许公司债权人仅凭形式特征判断谁为公司股东,而不必去探索股权背后的真实权利状况。[①]

这种"内外有别"的规定,导致某一股权在同一个时间段内归属于不同的民事主体(并非共有关系下的不同民事主体),令人产生"真假美猴王"般的魔幻感,并不符合法律逻辑。在此情形下,如何准确识别实际出资人与名义股东的金钱债权人两者权益的优先性,确实让人无所适从。本质上,某一股权在同一个时间段内只能归属于特定的民事主体,至于所谓"名义股东"和"实际股东"不一致导致的各种纠纷,可以用"商事外观主义"等法律适用方法或者用代理、信托等制度调整各方的民事权利义务关系,使其对自己的行为后果有比较清楚的预期,而不应在"谁是公司股东"的问题上标准不一、产生歧义。总之,应当从立法层面明确有限责任公司股东的要件和特征,统一认定标准。对于法院或者仲裁机构而言,只有认定标准统一,裁判尺度方能一致。

本书认为,依据《全国法院民商事审判工作会议纪要》相关精神及学理思考,应当对本条中的形式要件进行限缩解释,在涉及"股权代持"的案外人执行异议之诉案件中,对于商事外观主义的适用范围,应当限定为与该"公示的股权"直接相关的交易行为。

[①] 参见《最高人民法院关于适用〈中华人民共和国公司法〉若干问题的规定(三)、清算纪要理解与适用》,人民法院出版社2014年版,第389、414页。

【典型案例】

案例一：贵州雨田集团实业有限公司、逸彭(上海)投资管理合伙企业案外人执行异议之诉纠纷案[①]

基本案情：

一审法院认定事实：贵州雨田公司(甲方)与付某(乙方)于2016年8月10日签订了《代持股协议书》一份，主要约定如下："鉴于：2013年1月13日，甲乙双方及朱某韦共同签署《合作协议》《公司并购协议》，乙方、朱某韦将其持有的原贵州韦顺达源投资有限公司100%的股份全部转让给甲方。"股权转让后，原贵州韦顺达源投资有限公司更名为贵州雨田集团投资有限公司(以下简称雨田投资公司)。其后，原贵州韦顺达源投资有限公司所属资产也应当相应更名至雨田投资公司名下。甲方为便于开展相关证照、资质的办理及更名工作，委托乙方代为持有雨田投资公司10%的股权。为明确双方权利义务，甲乙双方签订如下股份代持协议："1.为便于相关证照、资质的办理及更名，甲方委托乙方为其代持贵州雨田集团投资有限公司10%的股权，乙方所代持的股权只为了便于乙方以股东身份办理《合作协议》《公司并购协议》履行过程中相关证照、资质的办理及更名，除以股东身份办理有关证照、资质的办理及更名外，在代持股期间乙方不享有并不得行使任何股东权利，也不承担任何实质意义上的股东义务和责任。2.为办理乙方代持10%股权而向工商、税务等部门出具的相关文件(包括但不限于《股东会决议》《股权转让协议》等)，并非甲乙双方真实意思的表示，也无实际的股权交易和任何现金交割，不得作为乙方及任何第三方作为权利诉求、法律诉讼的依据。"

一审法院在2017年3月18日，对逸彭(上海)投资管理合伙企业(以下简称逸彭企业)与贵州源达顺韦健康体检管理有限公司、开阳县强臣房地产开发有限公司、贵州强臣房地产开发有限公司、朱某刚、胡某某、付某借款合同纠纷案进行执行时，依据最高人民法院(2016)最高法民终619号民事调解书作出(2017)甘执13号执行裁定，于2017年6月8日冻结了付某持有的雨田投资公司10%1000万元股权。2019年1月23日，贵阳仲裁委员会依据贵州雨田公司的仲裁申请，对贵州雨田公司与付某代持股协议纠纷案作出(2019)贵仲裁字第0074号裁决书，裁

[①] 参见最高人民法院民事判决书，(2020)最高法民终844号。

决:(1)确认贵州雨田公司与付某于2016年8月10日签订的《代持股协议书》有效;(2)确认付某持有的雨田投资公司10%的股权为贵州雨田公司实际所有。其后,贵州雨田公司对一审法院(2017)甘执13号执行裁定提出异议,一审法院依法组成合议庭进行审查后,于2019年9月6日作出(2019)甘执异180号执行裁定,驳回了贵州雨田公司的异议请求,贵州雨田公司遂提起本案诉讼。一审法院另查明,根据雨田投资公司《企业信用信息公示报告》显示,付某持有雨田投资公司10%股权。

二审法院对一审查明的事实予以确认。

裁判要旨:

一审法院认为,《最高人民法院关于人民法院办理执行异议和复议案件若干问题的规定》(2015年施行)第25条第1款第4项规定:"对案外人的异议,人民法院应当按照下列标准判断其是否系权利人:股权按照工商行政管理机关的登记和企业信用信息公示系统公示的信息判断。"同时,《公司法》(2018年修正)第32条第3款规定:"公司应当将股东的姓名或者名称向公司登记机关登记;登记事项发生变更的,应当办理变更登记。未经登记或者变更登记的,不得对抗第三人。"经核查工商档案,付某作为雨田投资公司登记股东持有10%股权,具有法定权利外观。贵州雨田公司虽主张其与付某存在股权代持关系,但双方签订的《代持股协议书》仅具内部约束效力,无法突破其相对性而产生对外公示效力。逸彭企业作为执行申请人,基于对工商登记信息的合理信赖主张权利,其正当权益应予保护。

针对贵州雨田公司主张逸彭企业知晓代持事实的抗辩,法院指出(2014)甘民二初字第65号民事判决仅反映逸彭企业曾变更诉讼请求,付某提交的承诺函仅表明逸彭企业同意给予付某执行宽限期,均无法证实逸彭企业明确知悉代持关系。就贵阳仲裁委员会(2019)贵仲裁字第0074号裁决书能否阻却执行的问题,《最高人民法院关于人民法院办理执行异议和复议案件若干问题的规定》(2015年施行)第25条第2款规定:"案外人依据另案生效法律文书提出排除执行异议,该法律文书认定的执行标的权利人与依照前款规定得出的判断不一致的,依照本规定第26条规定处理。"第26条第2款规定:"金钱债权执行中,案外人依据执行标的被查封、扣押、冻结后作出的另案生效法律文书提出排除执行异议的,人民法院不予支持。"本案中,一审法院已于2017年6月8日采取股权冻结措施,早于仲裁裁决作出时间,故该裁决不产生排除执行效力。

最高人民法院认为,依照《最高人民法院关于人民法院办理执行异议和复议案件若干问题的规定》(2015年施行)第25条第1款第4项、《公司法》(2018年修正)第32条第3款规定,商事登记具有法定的公示公信效力,善意相对人对登记信息的信赖利益受法律保护。贵州雨田公司虽提交股权转让协议及付款凭证证明其与付某的交易关系,但此类内部约定不得对抗外部第三人。在股权登记未变更的情形下,逸彭企业作为执行申请人有权依据权利外观主张权益。至于贵州雨田公司质疑逸彭企业非善意相对人之主张,因缺乏充分证据佐证,法院未予采信。

就仲裁裁决排除执行问题,根据《最高人民法院关于人民法院办理执行异议和复议案件若干问题的规定》(2015年施行)第25条第2款的规定"案外人依据另案生效法律文书提出排除执行异议,该法律文书认定的执行标的权利人与依照前款规定得出的判断不一致的,依照本规定第26条规定处理"、第26条第2款的规定"金钱债权执行中,案外人依据执行标的被查封、扣押、冻结后作出的另案生效法律文书提出排除执行异议的,人民法院不予支持",执行标的被冻结后作出的仲裁裁决,不能对抗已成立的强制执行程序。本案股权冻结早于仲裁裁决作出时间逾一年,故贵阳仲裁委员会确认股权归属的裁决,依法不能产生阻却执行效力。综上,两级法院均认定贵州雨田公司对争议股权不享有排除执行的实体权利,裁判结论具有充分法律依据。

裁判评析:

本案是关于隐名股东提起案外人执行异议之诉请求排除强制执行的典型案例。本案的判决理由可以概括为以下两点:第一,实际出资人和名义股东之间合法有效的《代持协议》仅能约束协议双方,不能对抗第三人;第二,即便是名义股东的一般金钱债权人,仍然对工商登记信息享有信赖利益,在其对代持事宜不知情的情况下,作为善意第三人享有的信赖利益优先于实际出资人,更应得到保护。其背后的逻辑,是商事外观主义在广义上的应用,即"商事外观主义"并非仅仅限于"股权交易"的相对方,而是可以适用于名义股东的"一般金钱债权人"。

在本案的审理过程中,一审法院与二审法院均以外观主义原则的适用作为本案处理的核心进行论述,即依据《最高人民法院关于人民法院办理执行异议和复议案件若干问题的规定》(2015年施行)第25条第1款第4项及《公司法》(2018年修正)第32条,认定付某作为雨田投资公司的登记股东,具备可信赖的权利外观,拥有公示效力,贵州雨田公司与付某所签订的《代持股协议书》仅能约束其双方,而无法对抗外部第三人。同时,本案一审讨论了逸彭企业作为外部第三人对贵州雨田公司与付某的股权代持关系是否知情的问题,进一步论证了逸彭企业应为外观主义原则所保护。二审中,最高人民法院对此进行了补充论证,本案中贵阳仲裁委员会确认股权归属的裁决作出时间晚于股权冻结时间,依照《最高人民法院关于人民法院办理执行异议和复议案件若干问题的规定》(2015年施行)第25条第2款、第26条第2款，不能阻却对案涉股权的执行。可以说，本案中对于股权代持情形下隐名股东作为案外人所提出的案外人执行异议之诉的处理，主要还是通过论证适用外观主义而审理的。然而，本案对外观主义适用的论证，却并没有详细论述逸彭企业作为一般金钱债权人适用外观主义原则的合理性。根据《全国法院民商事审判工作会议纪要》，商事外观主义作为一种"学理概括"的法律适用方法，是与"交易安全"密切相关的，因此其功能的正当实现应当有明确的适用边界。本案中，逸彭企业与付某进行交易时，其对付某的信赖是出于其整体清偿能力，而并非出于其拥有某项特定资产，并且，交易主体的资产情况亦往往是动态的，逸彭企业作为一般金钱债权人是否应当受外观主义原则所保护，仍有待论证。

同时，应当注意到的是，股权的归属决定了案涉权利的真实状态，亦对案外人执行异议之诉的处理具有重大影响。因此，对于此类案件的审理，应当以股权归属状态为出发点，审理股权代持协议的有效性等问题，然而遗憾的是，本案无论是一审还是二审，均只注重对外观主义原则适用的讨论，而忽略了对案涉股权归属的审理与论证。

案例二：皮某与黄某某、李某某与广元市蜀川矿业有限责任公司案外人执行异议之诉纠纷案[①]

基本案情：

一审法院认定事实：广元市蜀川矿业有限公司（以下简称蜀川公司）与四川广达建筑安装工程集团有限公司及其他十六位自然人股东于2012年2月13日发起设立新津小贷公司，公司注册资本为10000万元。黄某某于2011年12月19日通过中国工商银行广元分行营业部将现金500万元转入蜀川公司指定的银行账户，该转账凭证上载明：支付黄某某成都投资款。蜀川公司于2011年12月20日将黄某某转入的500万元投资款再转入新津小贷公司的银行账户。蜀川公司名义上向新津小贷公司投资500万元，持有公司5%的股权。根据国家企业信用信息公示系统显示，蜀川公司系拥有新津小贷公司5%股权的登记股东，投资额为500万元。2012年5月31日，黄某某、李某某与蜀川公司签订《确认书》，载明：黄某某2011年12月19日向蜀川公司转账500万元，并以蜀川公司名义在2011年12月

---

① 参见最高人民法院民事判决书，(2019)最高法民再45号。

20 日向新津小贷公司出资 500 万元,占公司 5% 股份;现各方确认该股份实际系黄某某出资,由黄某某所有,其股东权利义务由黄某某享有和承担,蜀川公司只是名义股东,不实际享有公司股东权利和承担股东义务;公司股份在具备过户条件时,按照法律规定过户给黄某某,在未过户前,该股份由黄某某行使股东权利和履行股东义务,若需要变更过户手续由蜀川公司提供。新津小贷公司于 2011 年 12 月 27 日召开第一次股东会,作为蜀川公司委派代表的黄某某参加会议并被选举为公司监事。黄某某、李某某在新津小贷公司以后召开的多次股东会会议中,作为蜀川公司的委派代表或者新津小贷公司股东身份参加会议并行使表决权;并在多次监事会会议中以监事身份参加会议并行使表决权。新津小贷公司于 2015 年 4 月 3 日通过中国工商银行将 2012 年度和 2013 年度的股东分红共 41 万元直接转入黄某某指定的银行账户。2017 年 1 月 17 日,新津小贷公司出具证明:黄某某、李某某以蜀川公司名义成为公司股东,出资 500 万元,占公司 5% 股份;黄某某、李某某全程参与公司筹建,直接参加公司的股东会议、董事会议和监事会议,行使股东权利和监事权利;公司的利润分配是直接打入黄某某、李某某的银行账户,公司知晓黄某某、李某某是蜀川公司所持股份的实际出资人。

另查明,皮某与蜀川公司民间借贷纠纷一案,一审法院在 2015 年 10 月 30 日作出(2015)德民一初字第 15 号民事判决书,判决蜀川公司于判决生效后十五日内归还皮某借款 452 万元。然而,皮某于 2016 年 6 月因蜀川公司没有在判决生效后主动履行其还款义务,向一审法院申请强制执行。2016 年 6 月 21 日,一审法院作出(2016)川 06 执字第 42-2 号执行裁定书,冻结了蜀川公司持有的新津小贷公司 5% 案涉股权。2016 年 6 月 22 日,一审法院向新津小贷公司作出(2016)川 06 执字第 42-1 号协助执行通知书。2016 年 11 月 9 日,黄某某、李某某向一审法院提出执行异议申请。一审法院受理后,依法进行了审查,并于 2016 年 12 月 9 日作出(2016)川 06 执异 37 号民事裁定书驳回黄某某、李某某的异议请求。2017 年 1 月 11 日,黄某某、李某某向一审法院提起执行异议之诉,并提出前述诉讼请求。

二审法院认定事实:二审法院与一审查明的事实一致,皮某、黄某某、李某某对一审查明的事实均无异议。

二审法院另认定以下事实:黄某某在新津小贷公司以股东身份参加过股东会,除黄某某以外,参会股东人数超过了新津小贷公司全部股东人数的一半,且参会股东均在股东会决议上签字。

裁判要旨:

二审法院认为,本案二审的争议焦点为:黄某某、李某某作为新津小贷公司的实际投资人是否具有排除强制执行的民事权利。

首先,黄某某、李某某请求确认案涉股权归其所有的前提如下:(1)黄某某系案涉股权的实际投资人;(2)由于李某某与黄某某系夫妻关系,基于夫妻财产共有制,案涉股权属于夫妻共同所有。二审法院认为,黄某某通过蜀川公司向新津小贷公司出资500万元,并在案涉股权被查封之前以股东身份参与了新津小贷公司的经营管理,从新津小贷公司处实际上收取了股权对应的分红,得到了新津小贷公司的认可,同时,新津小贷公司存在一半以上的股东知晓黄某某系新津小贷公司案涉股权的实际投资人,并认可其股东身份,黄某某的确是新津小贷公司的实际投资人,在案涉股权被查封之前,依照《最高人民法院关于适用〈中华人民共和国公司法〉若干问题的规定(三)》(2014年修正)第24条关于"有限责任公司的实际出资人与名义出资人订立合同,约定由实际出资人出资并享有投资权益,以名义出资人为名义股东,实际出资人与名义股东对该合同效力发生争议的,如无《合同法》第52条规定的情形,人民法院应当认定该合同有效。前款规定的实际出资人与名义股东因投资权益的归属发生争议,实际出资人以其实际履行了出资义务为由向名义股东主张权利的,人民法院应予支持。名义股东以公司股东名册记载、公司登记机关登记为由否认实际出资人权利的,人民法院不予支持。实际出资人未经公司其他股东半数以上同意,请求公司变更股东、签发出资证明书、记载于股东名册、记载于公司章程并办理公司登记机关登记的,人民法院不予支持"的规定,由于黄某某首先基于股权代持关系享有案涉股权对应的投资权益,同时基于半数以上股东认可其实际股东身份的事实享有请求确认投资权益所对应的案涉股权归其所有、确认其股东身份,使其就案涉股权所享有的投资权益转化为对外宣示的股权的债权请求权。然而,当案涉股权被法院查封后,根据《最高人民法院关于人民法院民事执行中查封、扣押、冻结财产的规定》(2008年调整)第26条第1款关于"被执行人就已经查封、扣押、冻结的财产所作的移转、设定权利负担或者其他有碍执行的行为,不得对抗申请执行人"规定的精神,强制执行措施会限制执行标的物在强制执行阶段的权属状态变动和处分,如果当事人针对执行标的物提出的权利主张导致标的物权属状态发生变动,进而与强制执行行为实施时标的物权属状态发生冲突的,由于执行标的物在强制执行行为发生时的权属状态具有优先性,在强制执行行为实施后,其主张不能得到法律支持,不能对抗申请执行人。具体到本案,在案涉股权被查封后,黄某某所提出的"确认蜀川公司所持的新津小贷公司5%股权属于黄某某"的诉讼请求旨在要求"投资权益显名化",该项诉讼请求将会导致黄某某在案涉股权查封前就案涉股权所享有的债权性投资权益以及"投资权益显名化"的债权请求权直接转变为对案涉股权的所有权,进而与案涉股权在查封时的权属状态产生根本性冲突,其实质是变相的请求对处于查封状态下的案涉股权权属进行变更和处分。在案涉股权处于查封状态的情况下,黄某某提出的关于确认其享有案涉股权的诉讼请求,缺乏法律依据,不能对抗执行申请人,二审法院依法不予支持。同理,黄某某、李某某基于夫妻共同财产制,请求确认共同享有案涉股权的诉讼请求亦不能成立,二审法院依法亦不予支持。

其次,依照《公司法》(2018年修正)第32条第3款关于"公司应当将股东的姓名或者名称向公司登记机关登记;登记事项发生变更的,应当办理变更登记。未经登记或者变更登记的,不得对抗第三人"的规定,新津小贷公司应将黄某某、李某某作为股东,进行工商登记。本案中,蜀川公司为新津小贷公司工商登记信息记载的股东,黄某某、李某某系具有完全民事行为能力的一般理性人,作为新津小贷公司的实际投资人,从风险预知与风险控制的角度而言,其明知新津小贷公司的登记股东与实际投资人不一致,其既有能力预见由此所导致的各类交易风险,包括案涉股权因蜀川公司对外债务可能被法院查封乃至执行,也完全有能力、有机会要求新津小贷公司将登记股东变更为自己,改变此种权利外观与实际状况不一致的情况,确保自身对新津小贷公司的投资权益能够对抗第三人,从而消除前述交易风险。但是黄某某、李某某却放任新津小贷公司实际投资人与登记股东不一致的情况产生并持续存在,黄某某、李某某对案涉股权外观与实际情况不一致存在过错,由此所导致的各类交易风险应由其自行承担。

第三,公司作为参与商事交易的主体,系以自身的全部资产对所有的商事交易承担责任。善意相对人判断公司是否具备履约能力的资信基础包括公司对外所展示的包括股权信息工商登记状况在内的资产状况。换言之,工商登记信息作为公司对外公示的权利外观的一部分,构成了善意相对人判断公司综合商业能力的信赖外观,工商登记信息作为具有公示公信效力的资产信用外观,系善意相对人与公司进行交易时的合理信赖和考量因素,善意相对人对公司的工商登记具有法律上的信赖利益。因此,《公司法》(2018年修正)第32条第3款关于"公司应当将股东的姓名或者名称向公司登记机关登记;登记事项发生变更的,应当办理变更登记。未经登记或者变更登记的,不得对抗第三人"的规定中的"第三人"应当是指基于对工商登记而信赖公司具有履约能力,从而与公司进行商业交易的善意第三人,而不应仅限于基于权利外观的信赖与登记股东发生股权交易的第三人。本案中,工商登记公示信息显示蜀川公司对新津小贷公司持有5%的股权,该信息是蜀川公司对外公示的权利外观,显然构成蜀川公司所展示的履约能力的资产信用保证。皮某作为与蜀川公司进行交易的第三人,对蜀川公司享有新津小贷公司5%股权的权利外观存在合理的信赖利益,而本案中,并无证据证明皮某明知实际享有新津小贷公司5%股权利益的主体是黄某某和李某某,却仍与蜀川公司进行交易,皮某在与蜀川公司交易中系善意相对人,依照《公司法》(2018年修正)第32条第3款关于"公司应当将股东的姓名或者名称向公司登记机关登记;登记事项发生变更的,应当办理变更登记。未经登记或者变更登记的,不得对抗第三人"的规定,实际投资人黄某某和李某某就案涉股权所享有的利益不能对抗皮某就案涉股权所享有的信赖利益,即皮某就案涉股权所享有的信赖利益应当受到法律的优先保护,蜀川公司因未清偿到期债务被列为被执行人,皮某有权依照工商登记信息载明的股权归属申请对蜀川公司享有的新津小贷公司5%股权强制执行,黄某某、李某某不能基于其对案涉股权所享有的利益排除法院的强制执行。

最高人民法院再审认为,本案的焦点问题为黄某某、李某某对案涉股权享有的实际权益,能否阻却其他债权人对名义股东名下持有的案涉股权的执行。

首先,关于投资权益显名化其实质是不是变相请求对处于查封状态下的案涉股权权属进行变更和处分的问题。《最高人民法院关于人民法院民事执行中查封、扣押、冻结财产的规定》(2008年调整)第26条规定:"被执行人就已经查封、扣押、冻结的财产所作的转移、设定权利负担或者其他有碍执行的行为,不得对抗申请执行人。"而本案系因代持股权引发的纠纷,投资权益显名化的核心是确认代持股权的法律关系,并非对已查封股权的处分和转移,仅仅是恢复事物的本来面目,进而保护实际出资人对案涉股权享有的实际权益。故对黄某某、李某某的该项主张,最高人民法院予以采纳。二审法院对该部分的理解有误,最高人民法院予以纠正。但仅该项理由成立,并不能引起最高人民法院对案件实质结果的改变。

其次,依据已查明事实不足以证明新设小贷公司需要至少一家企业法人作为出资人的强制性规定,并且在新津小贷公司的出资人中蜀川公司并非唯一的企业法人。同时,在股权锁定期届满后,黄某某、李某某也未举示证据证明其曾积极督促蜀川公司进行股权变更登记,黄某某、李某某作为具有完全民事行为能力的自然人,其应当预知其对自身权利处分所带来的风险,亦应承担由该风险而导致的不利后果。对于黄某某、李某某称因债务纠纷导致蜀川公司下落不明,无法办理股权变更的意见,因自股权锁定期届满至股权被查封前,黄某某仍担任蜀川公司的法定代表人长达一年多时间,其陈述蜀川公司下落不明无法办理股权变更的意见明显不成立,最高人民法院不予采信。且按照一般的商事裁判规则,动态利益和静态利益之间产生权利冲突时,原则上优先保护动态利益。本案所涉民间借贷关系中债权人皮某享有的利益是动态利益,而黄某某、李某某作为隐名股东享有的利益是静态利益。根据权利形成的先后时间,如果代为持股形成在先,则根据商事外观主义,债权人的权利应当更为优先地得到保护;反之,如果债权形成在先,则没有商事外观主义的适用条件,隐名股东的实际权利应当得到更为优先的保护。因案涉股权代持形成在先,诉争的名义股东蜀川公司名下的股权可被视为债务人的责任财产,债权人皮某的利益应当得到优先保护。故黄某某、李某某的该项再审理由不成立。

另外,关于《公司法》(2018年修正)第32条的理解与适用问题。该条规定:"公司应当将股东的姓名或者名称向公司登记机关登记;登记事项发生变更的,应当办理变更登记。未经登记或者变更登记的,不得对抗第三人。"工商登记是对股权情况的公示,与公司交易的善意第三人及登记股东之债权人有权信赖工商机关登记的股权情况并据此作出判断。其中"第三人"并不限于与显名股东存在股权交易关系的债权人。根据商事外观主义原则,有关公示体现出来的权利外观,导致第三人对该权利外观产生信赖,即使真实状况与第三人信赖不符,只要第三人的信赖合理,第三人的民事法律行为效力即应受到法律的优先保护。基于上述原则,名义股东的非基于股权处分的债权人亦应属于法律保护的"第三人"范畴。本案中,李某某、黄某某与蜀川公司之间的股权代持关系虽真实有效,但基于合同的相对性,仅在双方之间存在内部效力,对于外部第三人而言,股权登记具有公信力,隐名股东对外不具有公示股东的法律地位,不得以内部股权代持关系有效为由对抗外部债权人对显名股东的正当权利。故皮某作为债权人依据工商登记中记载的股权归属,有权向人民法院申请对该股权强制执行。二审法院的认定并无不当。

综上所述,虽然黄某某、李某某再审申请理由部分成立,但最高人民法院经审理后认为,二审法院对投资权益显名化的实质理解有误,但其裁判结果与本院审理的客观结果一致,对皮某权利并未构成实质性影响,故此问题不足以影响法院对案件的实体处理。因此黄某某、李某某的再审请求不成立,最高人民法院予以驳回。

裁判评析:

本案也是关于隐名股东提起案外人执行异议之诉请求排除强制执行的典型案例。在本案中,二审法院非常具体地对黄某某、李某某作为新津小贷公司的实际投资人是否具有排除强制执行的民事权利进行阐述。值得肯定的是,二审法院首先即对本案中案涉股权的权利归属进行了审理和认定,二审法院通过黄某某已经对新津小贷公司进行实际出资、参与经营管理、取得公司分红、取得公司一半以上股东对其实际出资人身份的知晓等事实情况,认定黄某某具备新津小贷公司股东身份。在完成上述前提论证后,二审法院认为,黄某某的诉讼请求旨在要求"投资权益显名化",将会导致案涉股权在查封时的权属状态产生根本性冲突,根据《最高人民法院关于人民法院民事执行中查封、扣押、冻结财产的规定》(2008年调整)第26条,其要求缺乏法律依据。这实际上是二审法院对该条规定的错误理解,"投资权益显名化"的核心实际上是恢复权利外观的本来面目,而非对已查封股权进行处分与转移,二审法院的这一论证存在法律适用上的错误。同时,二审法院亦需对风险自担及外观主义原则的适用进行论述,以补充原告不具有排除强制执行的民事权利。

最高人民法院纠正了二审法院对《最高人民法院关于人民法院民事执行中查封、扣押、冻结财产的规定》(2008年调整)第26条错误理解,同时阐释了关于《公司法》(2018年修正)第32条(新《公司法》第34条已经将原《公司法》第32条有关"不得对抗第三人"的表述修改为"不得对抗善意相对人")的理解与适用问题,其认为,第32条中有关"第三人"的表述并不限缩于与显名股东存在股权交易关系的债权人,根据商事外观原则,经工商登记的股权情况会产生使善意相对人产生信赖的权利外观,具有信用担保功能,第三人基于对其合理信赖而作出的民事法律行为,其效力即应受到法律的优先保护。同时,《股权代持协议》作为合同具有相对性,对隐名股东的其他金钱债权人无约束力,实际出资人作为一般理性主体,选择以此方式进行投资,存在风险预知的能力,应承担由该风险带来的后果。这一观点也是实践中的常见观点。最高人民法院额外指出,按照一般的商事裁判规则,动态利益和静态利益之间产生权利冲突时,原则上优先保护动态利益,依据权利形成时间,代持关系形成在先的,债权人动态利益优先于隐名股东静态权益。论证相对详细、充实。

然而,应当引起注意的是,依照《全国法院民商事审判工作会议纪要》,对外观主义的适用应当采取审慎态度,本案例中对于"第三人"这一表述的解释是否构成了对法条原文的扩张?而这种扩张解释又是否扩展了外观主义的适用界限?商事外观主义的绝对化适用可能导致对实际权利人实质权益的牺牲,法律适用需思考交易安全与实质正义之间的平衡。同时,本案对相对人善意的论述略显单薄,这值得进一步思考。

问题二　股权让与担保情形下担保人提起的案外人执行异议之诉

【规范梳理】

《全国法院民商事审判工作会议纪要》

71.【让与担保】债务人或者第三人与债权人订立合同,约定将财产形式上转让至债权人名下,债务人到期清偿债务,债权人将该财产返还给债务人或第三人,债务人到期没有清偿债务,债权人可以对财产拍卖、变卖、折价偿还债权的,人民法院应当认定合同有效。合同如果约定债务人到期没有清偿债务,财产归债权人所有的,人民法院应当认定该部分约定无效,但不影响合同其他部分的效力。

当事人根据上述合同约定,已经完成财产权利变动的公示方式转让至债权人名下,债务人到期没有清偿债务,债权人请求确认财产归其所有的,人民法院不予支持,但债权人请求参照法律关于担保物权的规定对财产拍卖、变卖、折价优先偿还其债权的,人民法院依法予以支持。债务人因到期没有清偿债务,请求对该财产拍卖、变卖、折价偿还所欠债权人合同项下债务的,人民法院亦应依法予以支持。

《最高人民法院关于适用〈中华人民共和国民法典〉有关担保制度的解释》

第六十八条　债务人或者第三人与债权人约定将财产形式上转移至债权人名下,债务人不履行到期债务,债权人有权对财产折价或者以拍卖、变卖该财产所得价款偿还债务的,人民法院应当认定该约定有效。当事人已经完成财产权利变动的公示,债务人不履行到期债务,债权人请求参照民法典关于担保物权的有关规定就该财产优先受偿的,人民法院应予支持。

债务人或者第三人与债权人约定将财产形式上转移至债权人名下,债务人不履行到期债务,财产归债权人所有的,人民法院应当认定该约定无效,但是不影响当事人有关提供担保的意思表示的效力。当事人已经完成财产权利变动的公示,债务人不履行到期债务,债权人请求对该财产享有所有权的,人民法院不予支持;债权人请求参照民法典关于担保物权的规定对财产折价或者以拍卖、变卖该财产所得的价款优先受偿的,人民法院应予支持;债务人履行债务后请求返还财产,或者请求对财产折价或者以拍卖、变卖所得的价款清偿债务的,人民法院应予支持。

债务人与债权人约定将财产转移至债权人名下,在一定期间后再由债务人或者其指定的第三人以交易本金加上溢价款回购,债务人到期不履行回购义务,财产归债权人所有的,人民法院应当参照第二款规定处理。回购对象自始不存在的,人民法院应当依照民法典第一百四十六条第二款的规定,按照其实际构成的法律关系处理。

第六十九条 股东以将其股权转移至债权人名下的方式为债务履行提供担保,公司或者公司的债权人以股东未履行或者未全面履行出资义务、抽逃出资等为由,请求作为名义股东的债权人与股东承担连带责任的,人民法院不予支持。

【理论基础】

在股权让与担保的框架下,因担保人将其股权变更登记在担保权人名下,导致股权归属在权利外观和实质归属上发生分离;此外,股权让与担保的真实目的通过股权转让的形式要件体现,这种股权转让的形式所产生的公示效果与隐藏的担保目的相背离,这种分离状态导致在股权执行领域衍生一系列纠纷。其中,实际股东(债务人)是否有权排除名义股东(债权人)的一般金钱债权人针对诉争股权的强制执行,在实践中比较典型,分歧意见也比较明显。长期以来,让与担保这种非典型担保形式一直存在,但是相关法律并无明文规定,让与担保合同的效力和法律效果也存有争议。

第一,关于股权让与担保的相关规定及分析。

《全国法院民商事审判工作会议纪要》第71条做了相应规定,根据该规定,让与担保合同系双方当事人的真实意思表示,不违反法律的强制性规定,应为有效。如果对让与担保的实现方式约定为处分清算,则该约定有效,并具有优先受偿的法律效果;如果对让与担保的实现方式约定为归属清算,则该约定无效,与《民法典》禁止流质契约一样的尺度。《民法典》第428条规定,质权人在债务履行期限届满前,与出质人约定债务人不履行到期债务时质押财产归债权人所有的,只能依法就质押财产优先受偿。

与《全国法院民商事审判工作会议纪要》第71条相比,《最高人民法院关于适用〈中华人民共和国民法典〉有关担保制度的解释》第68条同样认定流质条款为无效条款,都认可处分结算的约定效力,在完成财产权利变动公示的情况下,认可债权人针对案涉财产的优先受偿权。该法第69条的规定,反映了股权让与担保情况下,债权人(担保权人)成为名义股东时,其与外部第三人的关系。

在股权让与担保的情形下，外部第三人与股权让与担保的内部当事人发生联系主要有以下两种情形：第一，对担保权人（名义股东）享有债权的债权人请求人民法院查封、执行标的股权，此时实际股东即担保人提出案外人执行异议和案外人执行异议之诉。第二，基于股东出资瑕疵需对公司债权人承担责任的规则，公司债权人在诉讼中以名义股东（担保权人）为共同被告，或者执行中追加名义股东（担保权人）为被执行人。①《最高人民法院关于适用〈中华人民共和国民法典〉有关担保制度的解释》第69条回答了上述第二种情形下名义股东是否承担出资责任的问题。就该问题与《最高人民法院关于适用〈中华人民共和国公司法〉若干问题的规定（三）》第26条规定②的关系问题，《最高人民法院关于适用〈中华人民共和国公司法〉若干问题的规定（三）》前述规则预设时并未考虑股权让与担保情形。在股权让与担保的模式下，债权人受让股权成为名义股东，名义股东的实际地位为债权人，并不负有出资义务，该股权受让人与前述应该承担责任的名义股东之间存在本质区别。③

第二，股权让与担保情形下，"隐名股东"的权利是否足以对抗登记股东一般金钱债权人的强制执行？是否与股权代持情形做相同评价？

从法律关系的结构形式上看，股权代持与股权让与担保就内部关系而言，都出现了所谓"名义股东"和"实际股东"的情形；就外部关系而言，都涉及善意第三人利益的保护问题、商事外观主义的适用范围问题。显然，《最高人民法院关于适用〈中华人民共和国民法典〉有关担保制度的解释》第69条的规定，在股权让与担保情形下，股东出资瑕疵问题上严格遵循实质主义理念，否定名义股东的出资责任，实际上也是否定其股东身份。

该理念能否同样适用于股权让与担保情形下，名义股东（担保权人）的一般金钱债权人申请强制执行的案件中？本书认为应该采取同一种理念，同一种尺度，支持实际股东（股权让与人）排除名义股东的一般金钱债权人针对案涉股权的强制执行。

---

① 参见高圣平：《担保法前沿问题与判解研究》（第3卷），人民法院出版社2019年版，第15页。

② 《最高人民法院关于适用〈中华人民共和国公司法〉若干问题的规定（三）》第26条规定："公司债权人以登记于公司登记机关的股东未履行出资义务为由，请求其对公司债务不能清偿的部分在未出资本息范围内承担补充赔偿责任，股东以其仅为名义股东而非实际出资人为由进行抗辩的，人民法院不予支持。名义股东根据前款规定承担赔偿责任后，向实际出资人追偿的，人民法院应予支持。"

③ 参见最高人民法院民事审判第二庭：《最高人民法院民法典担保制度司法解释理解与适用》，人民法院出版社2021年版，第575页。

【典型案例】

案例：蒋某红、王某珍等借款合同纠纷执行异议执行纠纷案[①]

基本案情：

一审法院认定事实：2017年11月7日，本院对江南银行诉潘某琴、潘某祥、刘某梅、林某建、常熟国服房地产开发有限公司、营口翔润房地产开发有限公司金融借款合同纠纷一案作出（2017）苏0482民初6087号民事判决及2019年2月25日作出的（2017）苏0482民初6087号民事裁定，主要内容包括：（1）判决潘某琴于生效之日起10日内向江南银行偿还借款本金435万元及截至2017年7月28日产生的利息437624.44元，并自2017年7月29日起按年利率4.328%计付逾期利息；（2）林某建、常熟国服公司对上述债务承担连带清偿责任；（3）若潘某琴未按期履行义务，江南银行有权以潘某琴、潘某祥、刘某梅名下位于常州市金坛区的房产（权证号：常金字第0××4号，抵押限额589.7万元）及土地使用权（权证号：坛国用2013第4984号，抵押限额70.3万元）通过变价程序优先受偿；（4）潘某琴另需偿还本金1065万元及利息1064031.8元（截至2017年7月28日），并自该日起按年利率14.328%计息；（5）营口翔润公司名下位于辽宁省盖州市的多处房产及土地（权证号：盖州国用2014第032-037号，抵押限额1891.3万元）被纳入执行范围；（6）被告方需共同承担案件受理费122010元及律师费20万元。

根据江南银行的申请，本院于2018年3月16日立案强制执行，案号为（2018）苏0482执1253号。执行过程中，本院于2021年6月27日作出（2018）苏0482执1253号执行裁定：冻结被执行人潘某琴持有的江苏同大新能源科技有限公司（以下简称同大能源公司）的全部股权。

案外人蒋某红、王某珍、蒋某宇提出异议称，关于江南银行与潘某琴、潘某祥、刘某梅、林某建、常熟国服房地产开发有限公司、营口翔润房地产开发有限公司金融借款合同纠纷执行一案，法院于2018年6月27日作出（2018）苏0482执1253号执行裁定书，裁定冻结被执行人潘某琴在同大能源公司的股权。异议人认为，该裁定是错误的。同大能源公司的股权属于异议人所有。2013年，因借款事宜，王某珍及蒋某红、蒋某宇将其股权作为借款担保。因此，同大能源公司的股权转

[①] 参见江苏省常州市金坛区人民法院执行裁定书，（2021）苏0413执异87号。

让合同实际是借款担保协议。常州市中级人民法院(2019)苏04民终1467号民事裁定书确认股权转让合同为股权让与担保合同,实质不是股权转让。同时,王某珍及蒋某红、蒋某宇也没有向潘某琴借款,因此,潘某琴并不是同大能源公司股权的实际所有人;潘某琴对同大能源公司的股权至多只享有股权让与的担保权;而股权让与的担保权是不可以冻结的。被执行人潘某琴的涉案债务属于个人债务,并非同大能源公司债务。因此,(2018)苏0482执1253号执行裁定书冻结同大能源公司的股权,明显不当。为了维护异议人合法权利,现依法向法院提起异议,依法撤销冻结潘某琴名下同大能源公司的股权的裁定。

另查明,2013年12月3日,蒋某宇与潘某琴签订《股权转让协议》一份。该协议约定:蒋某宇将其持有同大能源公司35%股份以1750万元转让给潘某琴,该股权于2013年12月3日实施转让,受让方应支付给转让方1750万元,以货币形式一次支付完毕。同一天,蒋某红、王某珍也与潘某琴各签订《股权转让协议》一份,蒋某红将其持有的同大能源公司5%的股份以250万元转让给潘某琴,王某珍将其持有的同大能源公司5%的股份以250万元转让给潘某琴,其他内容与蒋某宇《股权转让协议》一致。2013年12月4日,潘某琴(甲方)、于某某(甲方)与蒋某红(乙方)、王某珍(乙方)、蒋某宇(乙方)签订《股权转让协议》一份。该协议约定有如下内容:(1)乙方将同大能源公司各自持有的股权全部转让给甲方,以此向甲方借款人民币叁仟伍佰万元整,借款期限一年,自2013年12月3日起至2014年12月2日止,利息按银行同期利息计算。(2)乙方按期还清本息,甲方将股权归还给乙方,如乙方未能如期归还甲方借款,则视为放弃公司股权。

2013年12月3日,同大能源公司的股东由蒋某红、王某珍、蒋某宇(工商)变更登记为潘某琴、于某某。2017年11月9日,蒋某红、王某珍、蒋某宇诉至法院,请求判决解除与潘某琴、于某某于2013年12月3日、2014年12月4日签订的上述《股权转让协议》。2018年12月6日,法院作出(2017)苏0482民初7317号民事判决。潘某琴、于某某不服该判决,上诉至江苏省常州市中级人民法院。江苏省常州市中级人民法院于2019年5月8日作出(2019)苏04民终1467号民事裁定,该裁定书中认定双方签订《股权转让协议》的真实意思是为借款协议提供担保,而非股权转让,股权转让合同属于股权让与担保合同。

裁判要旨:

一审法院认为,本案的争议焦点为:案外人蒋某红、王某珍、蒋某宇对被执行人潘某琴在同大能源公司的股权是否享有排除强制执行的权益。法院认为,案外人蒋某红、王某珍、蒋某宇对被执行人潘某琴在同大能源公司的股权享有排除强制执行的权益。理由如下:《全国法院民商事审判工作会议纪要》第 71 条规定,债务人或者第三人与债权人订立合同,约定将财产形式上转让至债权人名下,债务人到期清偿债务,债权人将该财产返还给债务人或第三人,债务人到期没有清偿债务,债权人可以对财产拍卖、变价、折价偿还债权的,人民法院应当认定合同有效。合同如果约定债务人到期没有清偿债务,财产归债权人所有的,人民法院应当认定该约定部分无效,但不影响合同其他部分的效力。本案中,被执行人潘某琴与案外人蒋某红、王某珍、蒋某宇签订的股权转让协议是为借款协议进行的担保,而非股权转让,故该股权转让协议属于股权让与担保合同,被执行人潘某琴不是同大能源公司合法股东,案外人蒋某红、王某珍、蒋某宇为同大能源公司的实际股东。《最高人民法院关于人民法院办理执行异议和复议案件若干问题的规定》第 24 条规定:"对案外人提出的排除执行异议,人民法院应当审查下列内容:(一)案外人是否系权利人;(二)该权利的合法性与真实性;(三)该权利能否排除执行。"本案中,因案外人蒋某红、王某珍、蒋某宇为同大能源公司的实际股东,被执行人潘某琴不是同大能源公司合法股东,故案外人蒋某红、王某珍、蒋某宇享有排除对被执行人潘某琴在同大能源公司的股权的强制执行的权利。综上,案外人蒋某红、王某珍、蒋某宇的异议理由成立,应当中止对被执行人潘某琴在同大能源公司的股权的执行。

裁判评析:

本案是关于股权让与担保情形下担保人提起的案外人执行异议的典型案例。该裁定首先明确《股权转让协议》实质为股权让与担保合同,因此,裁定书认定被执行人于某某虽然形式上是"同大能源公司"的"名义股东",但并不是同大能源公司合法股东,而案外人蒋某宇、王某珍、蒋某红为同大能源公司的实际股东。在此逻辑前提下,于某某名下所持有的同大能源公司的股份,并非于某某的责任财产,因此,海林公司要求对该股权予以执行就缺乏合法依据。值得肯定的是,该裁定对案涉股权的实际权利状态进行了充分的论述与说理,明确了本案裁判的前提,即通过分析《股权转让协议》的缔约背景、合同目的、履行情况及当事人双方的真实意思,认定该协议符合让与担保特征,其本质是为借款提供担保的让与担保合同,而非真实的股权转让交易,并进一步根据《全国法院民商事审判工作会议纪要》第 71 条确认其效力,由此论证案涉股权的实际归属,逻辑清晰,分析翔实。裁定书以此认定案外人蒋某宇、王某珍、蒋某红享有排除对被执行人于某某在同大能源公司的股权的强制执行的权利,其结论非常明确。

但是,该裁定书在说理部分还显单薄,没有就本案是否应当适用"商事外观主义"对善意第三人进行保护予以分析论证。本案中,案涉股权登记于潘某琴名下,而却未注明担保性质,导致外部第三人对其真实权利状况难以知悉,而在本案的判决中,法院突破了工商登记的外观主义而径直保护了实际权利人,虽是对权利本身的归属给予了充分的尊重,但仍应当说明在本情况下不适用外观主义的法律依据与法理判断。然而,该裁定书未明确论述在此种情况下是否应当适用"商事外观主义"以保护善意第三人,即欠缺了对于本案重要法律适用争议的讨论,不免使本案在分析论证方面有所缺憾。

同时,值得注意的是,本案依据《最高人民法院关于人民法院办理执行异议和复议案件若干问题的规定》第24条规定:"对案外人提出的排除执行异议,人民法院应当审查下列内容:(一)案外人是否系权利人;(二)该权利的合法性与真实性;(三)该权利能否排除执行",确定案外人蒋某宇、王某珍、蒋某红之权利足以排除执行。然而,由于《最高人民法院关于人民法院办理执行异议和复议案件若干问题的规定》第24条未明确规定足以排除强制执行的权利类型,让与担保亦具有其权利性质等方面的复杂性,法院亦缺少了对案外人蒋某宇、王某珍、蒋某红所享有权利足以排除执行的论述,值得进行进一步的论证说理。

总的来说,由于股权让与担保情形下担保人提起的案外人执行异议的案例在实践中相对较少,本案的出现对关注本类问题具有积极意义。